阎崇年史学论集

清史卷

中

阎崇年 著

生活·讀書·新知三联书店

Copyright © 2023 by SDX Joint Publishing Company.
All Rights Reserved.

本作品版权由生活·读书·新知三联书店所有。
未经许可，不得翻印。

图书在版编目（CIP）数据

阎崇年史学论集.清史卷/阎崇年著.—北京：
生活·读书·新知三联书店，2023.4
ISBN 978-7-108-07058-6

Ⅰ.①阎…　Ⅱ.①阎…　Ⅲ.①史学－文集②中国历史－清代－文集　Ⅳ.①K0-53②K249.07-53

中国版本图书馆CIP数据核字（2021）第007790号

目 录

论努尔哈赤 …… 1

努尔哈赤建立后金考 …… 21

努尔哈赤入京进贡考 …… 33

清太祖汉译名考 …… 42

论袁崇焕 …… 62

抗御后金名将袁崇焕 …… 94

袁崇焕固守宁远之扬摧 …… 111

论明代保卫北京的民族英雄袁崇焕 …… 137

平息哗变：袁督师的胆略与智慧 …… 163

袁崇焕与明金议和 …… 183

袁崇焕籍贯考 …… 216

袁崇焕"谋款"辨 …… 225

袁崇焕"斩帅"辨 …… 233

袁崇焕"死因"辨 …… 249

袁崇焕与聚奎塔 …… 273

于谦与袁崇焕 …… 283

附录 《袁崇焕资料集录》前言 …… 295

论努尔哈赤

爱新觉罗·努尔哈赤是我国满族封建主阶级的杰出政治家。

重大的阶级斗争和民族斗争会造就重要的历史人物。努尔哈赤在阶级斗争和民族斗争推动下，在统一女真各部、促进满族由奴隶制向封建制转变和巩固祖国东北边疆的历史过程中，起了进步的历史作用。

各个少数民族对中国的历史都做过贡献。努尔哈赤促进女真各部统一和社会制度转变的政治活动，顺应历史发展趋势，也符合各族人民意愿。它的实现，不仅以女真劳动人民的生产斗争和阶级斗争做前提，而且以女真劳动人民为动力。作为中华民族大家庭中光荣成员的满族及其杰出的民族英雄努尔哈赤，就为我们统一多民族国家的历史发展做出了贡献。

一

列宁曾经指出："在分析任何一个社会问题时，马克思主义理论的绝对要求，就是要把问题提到一定的历史范围之内。"[1]

---

[1] 列宁《论民族自决权》，《列宁全集》卷20，人民出版社，1955年，第401页。

努尔哈赤作为满族封建主阶级的政治代表，在我国女真社会历史发展中起过进步作用，是有其历史条件的。

满族是我国一个历史悠久的民族。我国东北长白山一带和黑龙江流域是满族的故乡。满族的先世是肃慎[1]，后称挹娄、勿吉或靺鞨，唐末以后又称女真[2]。辽时为避兴宗耶律宗真名讳，改称女直。明时女真分成三大部：即居住在黑龙江两岸和乌苏里江流域的黑龙江女真（又叫"野人"女真）[3]，居住在松花江流域的海西女真，居住在牡丹江和图们江流域的建州女真。其中建州女真"居中雄长，地最要害"[4]。明廷为了加强对建州女真的统辖，永乐元年（1403），在开元设置建州卫军民指挥使司[5]，以阿哈出为指挥使，"给与印信，自相统属"[6]。永乐三年（1405），在斡木河（图们江南岸，今朝鲜会宁）地方增置建州左卫，以努尔哈赤的先祖猛哥帖木儿为都指挥使[7]，后升为都督佥事、右都督。正统七年（1442），又析置建州右卫[8]。建州女真几经迁徙，于正统五年（1440）聚族定居在今辽宁省浑河支流苏子河流域一带后，加快了本部发展的

---

[1]《竹书纪年》卷二，上海中华书局据平津馆校刊本，1936年。
[2]《辽史》卷一《太祖纪》上，中华书局点校本，1974年。
[3] 孟森《明元清系通纪》正编卷六，北京大学刊印，1934年。
[4] 黄道周《博物典汇》卷二〇《四夷附奴酋》，清刻本。
[5]《明太宗实录》卷二五，永乐元年十一月辛丑，台北"中研院"史语所校勘本，1962年。
[6]《李朝太宗实录》卷七，四年四月甲戌，日本学习院东洋文化研究所，1959年。
[7]《李朝太宗实录》卷一一，六年三月丙申。
[8]《明英宗实录》卷八九，正统七年二月甲辰，台北"中研院"史语所校勘本，1962年。

步伐。

女真社会在16世纪末和17世纪前半叶，处于由奴隶制向封建制过渡的变革时期。建州女真移置浑河平原之后，农器"皆以铁为之"[1]，铁制农具普遍推广。"农人与牛，布散于野"[2]，牛耕广泛采用。生产力大为提高，旧生产关系成为生产力发展的桎梏。生产力与生产关系的冲突，主要表现为奴隶与奴隶主之间的阶级斗争。这便引发了大量的奴隶逃亡。如在一份朝鲜公文里，就列举了女真奴隶逃往朝鲜，经朝鲜收容后"转解"辽东的累计达1003名[3]。奴隶们的斗争使奴隶制的经济基础和上层建筑都趋于崩溃。阶级间的斗争更趋激烈，部族间的战争愈演愈繁。"各部蜂起，皆称王争长，互相战杀，甚且骨肉相残，强凌弱，众暴寡"[4]，就是这种女真社会大动荡局面的生动写照。历史提出了女真统一的任务。女真的各部统一与社会改革，是不可阻挡的历史趋势，也是女真人民的强烈愿望。努尔哈赤在顺应历史发展趋势，实现有明一代二百余年未能完成的女真统一大业时，明末的政治腐败，又为它的兴起提供了客观条件。

明初虽然设立奴儿干都司加强对女真等地区的管辖，但明朝后期土地集中，政治腐败，宦官擅权，武备废弛。明廷不但实行反动的阶级政策，血腥镇压农民起义；而且实行歧

---

[1]《李朝中宗实录》卷二七，十二年三月癸未，日本学习院东洋文化研究所，1959年。

[2]《李朝世宗实录》卷七七，十九年六月己巳，日本学习院东洋文化研究所，1959年。

[3]《李朝文宗实录》卷一三，二年四月癸未，日本学习院东洋文化研究所，1959年。

[4]《清太祖武皇帝实录》卷一，内府本，中国第一历史档案馆藏。

视女真的民族政策，妨碍女真的各部统一和社会改革。政治上，它实行民族分裂政策，使女真诸部既"不相统属"又"不相纠合"[1]，分而治之，影响其内部的统一与发展。经济上，明朝在贸易中勒索纳贿、多征税银，又禁止市易盐、布和铁制农器[2]，影响女真正常经济生活，妨碍女真农业生产发展。军事上，明朝的文武边官"穷奢极丽"[3]，腐败无能，侵渔诸部，"袭杀过当"[4]。这就引起女真人的不满，激起女真人的反抗。而女真贵族借口反对明朝政府的压迫，不时出兵辽东地区"犯抢"，又给辽东人民带来灾难。但总的说来，明末的阶级矛盾、民族矛盾和统治集团内部矛盾极其复杂，极其尖锐，面临着"元气羸然，疽毒并发……病入膏肓，而无可救"[5]的局面。明朝日趋没落腐朽，满族处于上升时期，这就是努尔哈赤崛起时的历史背景。

努尔哈赤（1559—1626），出身于建州左卫苏克素浒河部赫图阿拉一个没落奴隶主家庭。建州女真在女真三大部中实力最为强盛。努尔哈赤的先世受明册封，为建州左卫指挥使和都督等官爵。他家势中衰，早年丧母，继母寡恩，"年十九，俾分居，予产独薄"[6]。他得产微薄，不足养生，青年时曾参加劳动，采集人参、松子到抚顺关市出卖，以维持生活。他曾在明辽东总兵李成梁帐下做过仆从，对明朝的封建统治比较清楚。

---

[1]《皇明经济文录》卷三四，清刻本，北京图书馆善本部藏。
[2] 海滨野史《建州私志》（抄本）上卷，中国科学院图书馆藏。
[3] 王一元《辽左见闻录》（抄本），不分卷，谢国桢先生藏。
[4]《清朝开国方略》卷一，清刻本。
[5]《明史》卷三〇九《流贼列传》，第7948页。
[6]《清太祖高皇帝实录》卷一，内府本，中国第一历史档案馆藏。

因父祖对明朝"有殉国忠"[1]，他于万历十七年（1589）被封为都督佥事[2]，万历二十三年（1595）又被晋封为散阶正二品[3]的龙虎将军。他会蒙古语，也会汉语，略识汉字，喜听《三国演义》，受汉文化的影响较深，并经常往来于建州、抚顺之间，曾多次到北京，对汉族地区较为熟悉。他还任用浙江绍兴儒生龚正陆"为师傅"[4]，掌管文书，参与机密。努尔哈赤的上述身世和丰富阅历，为女真各部首领所不及。

总之，客观的和主观的、一般的和特殊的历史条件，使努尔哈赤"能大有为"[5]，具有杰出的政治和军事才能。因此，建州女真首领努尔哈赤，顺应历史发展趋势，利用人民群众力量，作为女真各部统一与社会改革的组织者和领导者，登上了历史政治舞台。

二

努尔哈赤一面做明朝政府的官吏，一面做建州女真的首领，在阶级矛盾与民族矛盾中，通过44年的统一战争，实现了女真各部的统一，从而有着进步的历史作用。

努尔哈赤统一战争的弓矢首先指向建州女真。万历十一

---

[1] 苕上愚公《东夷考略·建州》，不分卷，抄本，北京图书馆善本部藏。
[2] 《明神宗实录》卷二一五，万历十七年九月乙卯，台北"中研院"史语所校勘本，1962年。
[3] 《明史》卷七二《职官志一》。
[4] 《李朝宣祖实录》卷七〇，二十八年十二月癸卯，日本学习院东洋文化研究所，1959年。
[5] 《辽筹》上册，北京图书馆善本部藏。

年（1583），努尔哈赤以父祖"遗甲十三副"[1]起兵，打败尼堪外兰，攻克图伦城。他采取"顺者以德服，逆者以兵临"[2]的两手策略，随后相继吞灭苏克素浒河部、哲陈部、浑河部、董鄂部和完颜（王甲）部。五年时间，统一了建州五部。同时他建佛阿拉城[3]（今辽宁省新宾二道河子旧老城），于万历十七年（1589）"称王"[4]，建立王权。到万历二十一年（1593），又先后夺取长白山三部，即讷殷部、朱舍里部和鸭绿江部。这样，明朝建州左卫指挥使、都督佥事努尔哈赤，十年之间就把蜂起称雄的环满洲诸部，"皆削平之"[5]，统一了整个建州女真。

统一必然遇到阻力，冲破阻力才能统一。努尔哈赤统一建州女真的胜利，引起了海西女真即扈伦四部——叶赫、哈达、辉发和乌拉贝勒的恐惧。万历二十一年（1593）九月，以叶赫为首，纠合九部，结成联盟，向苏克素浒河（苏子河）与浑河交汇处的古勒山[6]摇山震岳而来。侦骑报警，全军惊恐。夜间，敌军烧饭，火密如星。但是，努尔哈赤利用辽东明军主力援朝抗倭，叶赫失其所恃的有利条件，以逸待劳，以静制动，

---

[1]《清太祖高皇帝实录》卷一，癸未年（万历十一年）二月，内府本，中国第一历史档案馆藏。
[2]《满洲实录》卷一，辽宁通志馆影印本，1930年。
[3]《清太祖武皇帝实录》卷一，丁亥年（万历十五年），北平故宫博物院影印本。
[4]《李朝宣祖实录》卷二九，二十二年七月丁巳。
[5]《清太祖高皇帝实录》卷二，戊子年（万历十六年）。另见《大清历朝实录·太祖高皇帝实录》，朱墨影印本，书高23.1厘米，宽14.1厘米，黄布龙纹函套，黄纸凤纹封面。日本东京大藏株式会社影印本，1937年，东京。首都图书馆善本部藏。
[6]《盛京吉林黑龙江等处标注战迹舆图》，二排四上，和田清据大连满铁图书馆藏影印本，1935年。

设险诱敌,重点奋击,以少胜多,大败敌军,斩杀叶赫贝勒布寨以下4000余人。这就是著名的古勒山之战。努尔哈赤自此"军威大震,远迩慑服"[1]。后又渐次吞并哈达(1601年)、辉发(1607年)、乌拉(1613年)、叶赫(1619年),统一了整个海西女真。

努尔哈赤统一战争的矛头转而指向黑龙江女真诸部,接管明朝奴儿干都司的辖境而基本统一了黑龙江流域(后其子皇太极完成了对黑龙江女真的统一)。在黑龙江支流乌苏里江流域及其以东的滨海地区,居住着"满洲所属瓦尔喀"[2]和渥集等部。攻取瓦尔喀部,从万历二十四年(1596)始,"初征瓦尔喀,取噶嘉路"[3]。万历三十五年(1607),努尔哈赤派兵在图们江畔进行了著名的乌碣岩之战[4],打开了通向乌苏里江和黑龙江下游流域的大门。这一地区出现了诸部女真"无不乐附于老酋(即努尔哈赤)"[5]的形势。于是,万历三十七年(1609),努尔哈赤派扈尔汉带兵"完全收取"[6]呼夜卫,即今俄罗斯滨海地区瑚叶河一带。万历三十八年(1610),命额亦都率兵千人,招抚那木都鲁、绥芬、宁古塔和尼马察四路,带回部民编户;额亦都回师又收取雅兰路[7],即今俄罗斯符拉迪沃斯托克(海参

---

[1]《清太祖高皇帝实录》卷二,癸巳年(万历二十一年)九月,中国第一历史档案馆藏。

[2]《图本档》,清国史馆档案,编号691,中国第一历史档案馆藏。

[3]《清史列传》卷四《费英东传》,中华书局,1928年。

[4]《李朝宣祖修正实录》卷四一,四十年二月甲午。

[5]《李朝宣祖实录》卷二〇九,四十年三月庚辰。

[6] 广禄、李学智译注《清太祖朝老满文原档》第1册,台北"中研院"史语所,1970年,第13页。

[7]《满文老档·太祖》第1册,庚戌年(万历三十八年)十二月,中国第一历史档案馆藏。

崴）东北的雅兰河一带。万历三十九年（1611），派阿巴泰等统兵击取乌尔古宸、穆棱二路[1]，即今俄罗斯比金河与穆棱河流域。万历四十三年（1615），遣将征渥集部额赫库伦城。额赫库伦城部民"住在东海之北"[2]，即今俄罗斯乌苏里江以东滨海地区纳赫塔赫河地方。天命十年（1625），又"派兵二千征讨东海瓦尔喀"[3]，东北之滨极北诸部"莫不慑伏"[4]。努尔哈赤先后对瓦尔喀等部用兵12次，"太祖之兵，及于乌苏里江东方沿海"[5]。努尔哈赤在东起日本海，西迄松花江，南达摩洞崴湾，濒临图们江口，北抵鄂伦河这一广大疆域内，基本上统一了渥集、瓦尔喀等部，并取代明朝而实行统辖。后来皇太极又数次征抚，瓦尔喀等部"岁岁入贡"[6]，完全臣服。

居住在精奇里江（结雅河）与黑龙江汇流处以下黑龙江中游区域的虎尔哈及其以北牛满河（布烈亚河）流域的萨哈连部[7]，努尔哈赤曾多次派兵征讨。天命元年（1616）七月，努尔哈赤命达尔汉侍卫扈尔汉、硕翁科罗巴图鲁安费扬古，带兵2000人，乘船200只，水陆并进，取黑龙江南北两岸52屯寨[8]，招抚了萨哈连部。随后牛满河地区的萨哈尔察部长也归附努尔哈赤，并成了后金的额驸。这表明后金开始统治黑龙江中游地区。此后各部相继服属。

---

[1]《满洲实录》卷一，辛亥年（万历三十九年）七月，中国第一历史档案馆藏。
[2]《满文老档·太祖》第4册，乙卯年（万历四十三年）十二月二十日。
[3]《满文老档·太祖》第65册，天命十年四月初二日。
[4]《李朝宣祖实录》卷一四二，三十四年十月壬辰。
[5] 稻叶君山《清朝全史》上（一），商务印书馆，民国二年。
[6]《满洲源流考》卷一三，辽宁民族出版社校注本，1988年。
[7] 刘选民《清开国初征服诸部疆域考》，载《燕京学报》第23期。
[8]《满文老档·太祖》第5册，天命元年七月至十一月。

居住在乌苏里江口以下黑龙江下游地区的赫哲、费雅喀等部，他们来往行猎用犬，所以叫使犬部。为招抚使犬部，万历三十五年（1607），努尔哈赤派兵"远入数千里之外"，直"至北海之滨，并为其所有"[1]。到天命元年（1616），再次"招服使犬路，嗣后全部内附"[2]。在统一各部女真时，努尔哈赤并没有忘记在黑龙江口和库页岛一带的吉烈迷、苦夷人。他们虽地处边陲，但有"尧舜之风"[3]。《库页岛志略》载，努尔哈赤统一战争的"兵锋所及，直抵海中库页岛"。于是，后来库页内附，"每岁进貂皮，设姓长、乡长子弟以统之"[4]。应当指出，努尔哈赤统一黑龙江女真，绝不是像麦利霍夫所谓"军事远征"[5]云云，而是从明廷那里接管了对黑龙江流域的统治权，后在这一地区编丁入旗或编户管辖，征收贡赋，设防镇守。这样，努尔哈赤统一黑龙江女真的事实，证明齐赫文斯基在其著作中的黑龙江两岸"既无满洲人，更无中国人居住过"之言为历史臆断。

努尔哈赤在统一建州女真、海西女真和黑龙江女真的过程中，又对蒙古诸部采取"征抚"策略。蒙古族当时已分为漠北喀尔喀蒙古、漠西厄鲁特蒙古和漠南蒙古三部分。努尔哈赤先专注于漠南蒙古的归附。漠南蒙古的察哈尔部与明朝缔结了抗

---

[1]《李朝光海君日记》卷二三，元年十二月丙寅，日本学习院东洋文化研究所，1959年。

[2]《清朝文献通考》卷二七一《舆地三》，内府本，故宫博物院明清档案部藏。

[3] 罗福颐《满洲金石志》卷六，"满日文化协会"印，1937年。

[4]《库页岛志略》卷一，荣城仙馆本，1935年。

[5] 麦利霍夫著，黑龙江省哲学社会科学研究所第三室译《满洲人在东北》，商务印书馆，1976年，第3页。

御后金的盟约。努尔哈赤为了征服明朝，就要拆散这个联盟，解除后顾之忧，树翼于其同部。万历二十二年（1594），蒙古科尔沁部贝勒明安等"始遣使通好"[1]。天命四年（1619），努尔哈赤统兵大败喀尔喀部，生擒其贝勒介赛，同时又用朝贡、封爵、赏赐、联姻、宗教和会盟等笼络手段，巩固对漠南蒙古诸部的统治。万历三十四年（1606）以后，"蒙古各部，每岁来朝"[2]。后进"九白年贡"[3]，表示臣服。不久，我国蒙古族居住在斡难河（鄂嫩河）与尼布楚河一带的茂明安等部归附[4]。此后，漠北蒙古和漠西蒙古也相继称臣。

努尔哈赤不仅要处理同蒙古族诸部的关系，而且要处理同明朝中央和地方政府的关系。努尔哈赤起兵之后，"忠于大明，心若金石"[5]。他在统一的女真、蒙古等族地方，忠顺看边，"保塞有功"，因而受到明朝的封官晋爵[6]。但是，像一切事物总是要在一定条件下各向着其相反方向转化一样，明朝和后金、汉族和满族的中央与地方、统治与被统治的关系，也会在一定条件下发生转化。随着后金统一东北事业的发展和八旗军事力量的壮大，它就要冲破隶属关系的罗网，摆脱腐败明朝的控制，夺取中央政权；而明朝专制主义的中央集权政府，又要维护自己的统治地位，于是明廷与后金的矛盾便尖锐起来。

---

[1]《清太祖高皇帝实录》卷二，甲午年（万历二十二年），内府本，中国第一历史档案馆藏。
[2]《清太祖实录》（稿本）丙种，第32页，史料整理处影印本。
[3] 祁韵士《皇朝藩部要略》（筠渌山房本）卷三载："贡白驼一，白马八，谓之九白年贡。"
[4] 何秋涛《朔方备乘》卷一五，宝善书局石印本，光绪七年。
[5] 孟森《明清史论著集刊》上册，中华书局，1959年，第210页。
[6] 方孔炤《全边略记》卷十《辽东略》，抄本，北京图书馆善本部藏。

后金农奴主政权的建立，表明它有"射天之志"〔1〕，要取代明朝的统治。万历四十四年（1616），努尔哈赤在赫图阿拉（兴京）建立后金，自践汗位。随后，他发布"七大恨"誓师，进兵辽沈，势如破竹，克抚顺，下清河。败报传京，举朝震动。明于万历四十七年（1619），派经略杨镐统军10万余人，号称47万〔2〕，兵分四路，犁庭扫穴，围攻后金政治中心赫图阿拉。满族杰出的军事家努尔哈赤采取"恁他几路来，我只一路去"〔3〕的战略原则，集中6万八旗兵，先在萨尔浒（赫图阿拉西120里）与明军主力杜松部2万余人激战。明总兵杜松阵亡，全军覆没，尸横山野，血流成河。继而后金军逐路进击。明军四路出师，两双败北。明军将士死亡46200余人〔4〕。萨尔浒之战是明清兴衰史上的一个转折点。乾隆帝说：萨尔浒一战，使"明之国势益削，我之武烈益扬，遂乃克辽东，取沈阳，王基开，帝业定"〔5〕。这话虽然有些夸张，但说明它对后金的深远意义。自此以后，明朝采取守势，后金转为攻势。八旗军接着下铁岭，取开原，夺沈阳，破辽阳。后金遂移都东京（今辽宁辽阳），旋又迁都盛京（今辽宁沈阳）。天命十一年（1626），努尔哈赤在降民不服、汉民反抗的情势下，宁远一战，身负重伤，同年八月，病发死亡。其子皇太极承袭努尔哈赤的事业，于天聪九年（1635）改族名为满洲，次年改国号

---

〔1〕《李朝光海君日记》卷一三三，十年十月戊辰。
〔2〕《满洲实录》卷五，天命四年二月，辽宁通志馆影印本，1930年。
〔3〕 傅国《辽广实录》上卷，北京图书馆藏。
〔4〕 王在晋《三朝辽事实录》卷一，江苏省立国学图书馆藏本。
〔5〕《清高宗实录》卷九九六，乾隆四十年十一月癸未，中国第一历史档案馆藏。

为清，并继续统一东北。崇德七年（1642），皇太极说："予缵承皇考太祖皇帝之业，嗣位以来，蒙天眷佑，自东北海滨（指鄂霍次克海），迄西北海滨（指贝加尔湖），其间使犬、使鹿之邦，及产黑狐、黑貂之地，不事耕种、渔猎为生之俗，厄鲁特部落，以至斡难河源，远迩诸国（部），在在臣服。"[1]这就表明，努尔哈赤及其子皇太极，不仅统一了女真诸部，而且接管明朝东北地区的版图。

努尔哈赤进行的统一战争，有着重要的历史作用。列宁说："历史上常常有这样的战争，它们虽然像一切战争一样不可避免地带来种种惨祸、暴行、灾难和痛苦，但是它们仍然是进步的战争，也就是说，它们促进了人类的发展，加速地破坏极端有害的和反动的制度。"[2]努尔哈赤领导的统一女真诸部和统一祖国东北的战争，就是这样的进步战争。进步战争的根源在于人民。人民是历史的创造者。这场统一战争的基本力量是奴隶、农奴和部民、农民，是人民群众。这场统一战争的历史作用在于：第一，它使满族成为一个民族共同体，把原来处于社会发展不同水平的各部，在较高水平上统一起来，实现了元明三百多年来未能完成的女真统一大业。第二，它推动女真各部的奴隶从奴隶制下挣脱出来，成为封建制下的农奴，促进了生产力的发展。第三，它有利于各族之间经济和文化的交流。第四，它奠下了清朝建立的根基。最后，它巩固了祖国东北边疆，为后来抵御外来侵略提供了重要条件。

---

[1]《清太宗实录》卷六一，崇德七年六月辛丑，中国第一历史档案馆藏。
[2] 列宁《社会主义与战争》，《列宁全集》卷二一，人民出版社，1958年，第279页。

三

努尔哈赤统一女真诸部的进程之所以发展迅速，是因为女真各部统一的过程，就是它们封建化的过程。他利用奴隶们的力量和农奴主的势力，顺应社会发展趋势，在44年统一战争中，初步完成了满族由奴隶制向封建制的转化，从而有着进步的历史作用。

女真奴隶制度陷于危机，封建因素已经出现，这是努尔哈赤统一女真各部、进行社会改革时社会经济形态方面的历史前提。女真奴隶制已有长久的历史。满族的直系祖先女真，在辽金时代已进入奴隶制。近年来黑龙江省逊克县金代铁器的考古发掘[1]和奴隶殉葬的文献记载[2]，都证明了这一点。元时又得到"牛畜田器"[3]，奴隶制更进一步发展。明朝初期，建州女真社会已经出现封建因素。"耕田纳租"[4]和"例置屯田"[5]就是明证。建州女真迁居赫图阿拉以后，地处土壤肥沃的浑河及其支流苏克素浒河（苏子河）谷地[6]，与抚顺毗邻，汉族高度发达的农耕经济的影响，汉人的大量流入，以及通过"贡市"和"马市"换回大量铁制农具和耕牛，使女真社会生产力迅速提高。万历十二年（1584）三月，女真在17次交易中，就买回铧

---

[1]《从出土文物看黑龙江地区的金代社会》，《文物》1977年第4期。
[2] 徐梦莘《三朝北盟会编》卷三，明抄本，北京图书馆善本部藏。
[3]《元史》卷一六《世祖纪十三》，中华书局点校本，1976年。
[4]《李朝太宗实录》卷二六，十三年十一月丁酉。
[5] 申忠一《建州纪程图记》，图版十七，《兴京二道河子旧老城》，日文本，"建国大学"刊印，1939年。
[6]《兴京二道河子旧老城》，日文本，"建国大学"刊印，1939年。

子4388件。同年三月，女真在29次买牛贸易中，就买进耕牛430头[1]。铁制农具和耕牛的大量输进，对女真社会生产力提高有很大意义。同时手工业和商业也有一定发展。然而，旧生产关系成为生产力发展的障碍。生产力和生产关系的矛盾，主要表现为奴隶与奴隶主之间的斗争，也表现为新兴封建主与没落奴隶主之间的斗争。这便爆发了接连不断的奴隶逃亡和奴隶暴动。奴隶斜往"以斧击杀"奴隶主豆里[2]就是其中一例。此外，没落奴隶主也不能照样生活下去了。如依附明朝的叶赫部奴隶主"鬻妻子、奴仆、马牛"[3]就说明这一点。这就使得统治阶级中如努尔哈赤的一部分人，脱离奴隶主阶级而归属于封建阶级。封建主进行改革，抛弃破坏工具、怠工、逃亡和仇杀的奴隶，转而利用农奴生产。

努尔哈赤在统一建州女真时，社会改革的重要措施是"弃农幕""置屯田"。"农幕"，满语称"拖克索"，是奴隶制庄田。万历二十四年（1596），申忠一从朝鲜到佛阿拉，沿途所经80余处居民点中，仅见6处农幕。这些农幕规模不大，日趋衰落。如努尔哈赤要把在大吉号里越边的童阿下农幕，"自今年永为荒弃"，他又"自今年欲置屯田"[4]。建州女真对屯田并不陌生。明朝在辽东实行"分屯所领，卫兵所耕"[5]的封建军事屯田制。建州女真的屯田与明朝辽东的屯田有着承袭关系。女真族和汉

---

[1]《明档》乙107，东北档案馆藏。
[2]《李朝世祖实录》卷四二，十三年四月癸卯。
[3]《清太祖高皇帝实录》卷三，辛丑年（万历二十九年），内府本，中国第一历史档案馆藏。
[4] 申忠一《建州纪程图记》，图版十七，《兴京二道河子旧老城》，日文本。
[5]《辽筹》上册，北京图书馆善本部藏。

族在政治上和经济上有统一不可分割的联系。明朝地方官员努尔哈赤在建州女真地区"置屯田",同明朝辽东的屯田一样,都是封建生产关系。"置屯田""弃农幕",这是奴隶斗争的结果。在努尔哈赤起兵统一建州女真的前后10余年间,据《明世宗实录》记载,女真逃亡奴隶仅被辽东"招还"的就达8157人。奴隶逃亡,农幕荒弃。统治阶级不得不改变剥削方法,废弃农幕,实行屯田。

统一战争推动社会改革,社会改革促进女真统一。努尔哈赤在统一海西女真和黑龙江女真时,对许多归附的部众采取不同策略:"收取藩胡,留屯作农"[1];"设姓长、乡长,分户管辖"[2];"编入户籍,迁之以归"[3];"选其壮丁,入旗披甲"[4]。这就是说,无论是自愿归附者或是战争降顺者,都同样编为民户或编入八旗,不作奴隶看待,从而推动了女真诸部的封建化。如对新招抚的各路部长"授官有差",还对其部众给以"牛马、田庐、衣服、器具,无室者并给以妻"[5]。同时,他在统一的女真地区,劝谕农民"宜勤耕织"[6],又提倡"种棉以织布匹"[7],发展男耕女织的封建自然经济,以巩固农奴主的统治。总之,努尔哈赤这种"招徕安集、收为羽翼"的政策,同顽固奴隶主

---

[1] 《李朝宣祖实录》卷四一,四十年二月甲午。
[2] 《清朝文献通考》卷二七一,内府本,故宫博物院明清档案部藏。
[3] 《清太祖高皇帝实录》卷三,己亥年(万历二十七年)九月,内府本,中国第一历史档案馆藏。
[4] 何秋涛《朔方备乘》卷一,宝善书局石印本,光绪七年。
[5] 《清太祖高皇帝实录》卷五,天命三年二月,内府本,中国第一历史档案馆藏。
[6] 《满洲秘档》,金梁自刊本,民国十八年,第44页。
[7] 同上书,第22页。

"欲攻杀伐、俘掠家产"的政策,形成鲜明对照。那些奴隶主统治下的部民"望风争附"[1]努尔哈赤,使得"老酋新附之众,日益繁满"[2]。这就表明,它符合女真社会发展的趋势,加速了女真各部的统一,促进了封建生产关系的发展。

在女真封建生产关系发展过程中,万历四十一年(1613),又在原有封建军事屯田的基础上,实行牛录屯田。"每牛录出男丁十名,牛四只,以充公差。命其于空旷的地方垦田耕种粮食,以增收获,储于粮库。"[3]这里的"男丁",就是农奴;而奴隶,满语则叫"aha"(阿哈),二者的身份是根本不同的。牛录屯田是清代旗田的雏形。每牛录300男丁中出10名男丁,耕田种粮,粮交官仓。这种"三十税一"的封建徭役经济的普遍实行,标志着八旗封建土地所有制的确立。随着八旗封建生产关系的发展,万历四十三年(1615),创建"出则为兵,入则为民"[4]的八旗制度。八旗制是政治、经济、军事、行政合一的制度。它规定:"凡有杂物收合之用,战斗力役之事,奴酋令于八将,八将令于所属柳累将,柳累将令于所属军卒。"[5]这显然加强了对劳动人民兵役、赋税和徭役的征发。因此,八旗制度是用封建军事等级的方法,加强农奴主的统治。此外,他还主持创立

---

[1]《李朝宣祖实录》卷二○九,四十年三月庚辰。
[2]《李朝光海君日记》卷五○,四年二月癸酉。
[3]《清太祖朝老满文原档》第1册,第51页。
[4]《清太宗实录》卷七,天聪四年五月壬辰,内府本,中国第一历史档案馆藏。
[5] 李民寏《建州闻见录》,影印本,日本天理大学图书馆藏今西春秋本,第33页。

无圈点的老满文[1]，用来记载政事，翻译汉籍，交流思想，传播文化，并汲取明朝封建统治术。到万历四十四年（1616），后金"天地间气化之一变"[2]，这就是带有浓厚奴隶制残余的后金封建主政权的建立。后金汗努尔哈赤登极建元，黄衣称朕，设立一整套官职，公文署印"后金天命皇帝"[3]。后金的建立，是我国满族社会由奴隶制转化为封建制的重要标志。

后金政权建立之后，加快了封建化的进程。天命三年（1618），下抚顺后，将降民编户，"并全给以田庐、牛马、衣粮、畜产、器皿，仍依明制，设大小官属，令李永芳统辖"[4]。同时，朝鲜也有后金得辽后，降民"尽剃头发，如前农作"[5]的记载。后金统治者同这些降民保持着封建的生产关系。特别是在天命六年（1621）进入辽沈地区后，就在"例置屯田"和"牛录屯田"的基础上，参酌明朝辽东封建军事屯田办法，对住在那里的满族兵丁（对汉人也一样）实行"计丁授田"制度。规定：

> 每一男丁，给地六日，以五日种粮，一日种棉，按口均分。……其纳赋之法，每三名男丁，种官田一日。每

---

[1]《清太祖武皇帝实录》卷二，己亥年（万历二十七年）正月，内府本，中国第一历史档案馆藏。

[2]《李朝宣祖实录》卷七一，二十九年正月丁酉。

[3]《李朝光海君日记》卷一三九，十一年四月壬申。

[4]《清太祖高皇帝实录》卷五，天命三年四月乙卯，内府本，中国第一历史档案馆藏。

[5] 李肯翊《燃藜室记述》（朝文本）卷二一，朝鲜古书刊行会本，大正元年，第662页。

二十名男丁中，征一丁当兵，以一丁应公差。[1]

这个"计丁授田"制度，从法律上确立了封建土地所有制在经济基础中的统治地位，表明我国东北地区满族社会封建所有制代替了奴隶所有制。封建生产关系的基础是封建土地所有制。封建主对土地的所有权决定了农奴对封建主的人身依附关系，并决定了封建主以徭役和地租的形态，无偿地占有农奴的剩余价值。"计丁授田"的民户，"每丁给田五日，一家衣食，凡百差徭，皆从此出"[2]。这就清楚地表明了土地所有制、人与人的相互关系和分配方式都是封建生产关系，而其基础则是满洲八旗封建土地所有制。

努尔哈赤在辽沈地区，主要实行授田制，但也搞了一些庄田制（拖克索）。庄田制奴仆的身份需要进行阶级的和历史的分析。劳动者的身份是区别奴隶制和封建制的一个重要标尺。奴隶制生产关系的基础是奴隶主不仅完全占有生产资料，并占有可以任意买卖和屠杀的奴隶；而封建生产关系的基础是封建主占有生产资料和不完全占有剥削对象农奴。辽沈的庄田，天命十年（1625）十月，后金汗在《庄田谕》中规定："每庄十三男丁，七牛，田百日，其中二十日交纳官粮，八十日自己食用。"[3]这就可以看出，庄田制的壮丁，有自己的经济，其身份显然不是可以任意买卖或杀害的奴隶，而是附着在土地上为封建主纳租税、服徭役的农奴。庄田制是在满、汉劳动人民斗争

---

[1]《满文老档·太祖》第24册，天命六年七月十四日。
[2]《天聪朝臣工奏议》上卷，罗振玉编《史料丛刊初编》，东方学会印本，1924年。
[3]《满文老档·太祖》第66册，天命十年十月初三日。

推动下，由"农幕"蜕变而来的。它对女真奴隶制来说，是个进步，对高度封建化的汉族来说，又是个倒退。这就必然引起汉族人民的激烈反抗。如辽东夹山河村田庄20户，80口人，只种七日田，无法生活，集体逃亡[1]。在《满文老档》中，这类记载，比比皆是。但是，努尔哈赤随着统一战争的进程，由于奴隶、农奴和汉民不断斗争的推动，在满族奴隶制向封建制转换中的进步历史作用，是应当加以肯定的。

毛主席说过："历史上奴隶主阶级、封建地主阶级和资产阶级，在它们取得统治权力以前和取得统治权力以后的一段时间内，它们是生气勃勃的，是革命者，是先进者，是真老虎。"[2]在当时的历史条件下，以努尔哈赤为首的满洲军事封建贵族，就其本民族历史发展阶段来说，毕竟还是一个新兴的阶级，因此就带有满族封建制初期封建主阶级的这些特点。这就是努尔哈赤利用人民群众的力量，战胜女真奴隶制、迅速统一女真各部的基本原因。

但是，努尔哈赤毕竟是满族剥削阶级的政治代表。由努尔哈赤及其所代表的封建主阶级利益所决定，他从事的社会改革是不彻底的。他没有也不可能消除女真内部的阶级对立和东北地区各民族之间的不平等，而是用一种新的阶级剥削代替另一种阶级剥削，用一种新的民族压迫代替另一种民族压迫。如他对女真的奴隶（阿哈），采用异常残酷的刑罚。他的妻子死了，将"四婢殉之"[3]。这种奴隶殉葬，正说明奴隶制残余的存在。

---

[1]《满文老档·太祖》第52册，天命八年五月二十日。
[2]《毛泽东选集》，人民出版社，1966年，第1190页。
[3]《满洲实录》卷三，癸卯年（万历三十一年）九月，辽宁通志馆影印本，1930年。

他给挣脱奴隶枷锁的女真奴隶戴上农奴桎梏虽说是个历史的进步，但把大量汉民降作奴仆、编入庄田又是一次历史的回旋。他代表的农奴主阶级每前进一步，都是靠剥削和压迫奴隶与农奴来进行的。特别是他在辽沈地区对汉人反抗斗争进行了残酷的镇压。如天命八年（1623）六月二十六日，发生复州11000人逃亡惨遭镇压的严重事件[1]。这些都反映出后金汗努尔哈赤的历史、阶级与民族的局限性。前面说的社会制度转变，主要指建州女真，因为女真各地区、各部族的经济文化发展是不平衡的。就是建州女真，也还有些女真人沉睡在奴隶状态中。

我们通过评价我国满族封建主阶级政治家努尔哈赤，顺应历史发展趋势，利用女真人民力量，统一女真诸部，进行女真社会改革，巩固祖国东北边疆的进步历史作用，不仅要肯定满族杰出领袖努尔哈赤对中国历史发展所做的贡献，而且要肯定满族等少数民族对中国历史发展做过的贡献。

（原载《中央民族学院学报》1977年第4期）

---

[1]《满文老档·太祖》第56册，天命八年六月二十六日。

努尔哈赤建立后金考

努尔哈赤建立后金,黄衣称朕,是女真各部统一进程、建州与明朝政治力量对比发生变化的重要标志。因此,后金的建立,有一个从"定国政"至"建元天命"的历史发展过程。

"定国政"。万历十一年(1583),努尔哈赤以父祖"遗甲十三副"[1]起兵,数年间基本统一建州女真本部。努尔哈赤旋于万历十五年(1587),在佛阿拉修建山城,筑垣三层,兴楼台衙署,建统治权力。《满洲实录》载:

> 太祖于硕里口呼兰哈达下东南河二道——一名嘉哈、一名硕里加河中一平山,筑城三层,启建楼台。六月二十四日,定国政,凡作乱、窃盗、欺诈,悉行严禁。[2]

从此,努尔哈赤在以佛阿拉为中心的苏克素浒河地区,初步建立起政治权力。这是后金政权的雏形。

"自中称王"。努尔哈赤"定国政"两年后,即万历十七年

---

[1]《清太祖武皇帝实录》卷一,癸未年(万历十一年)五月。
[2]《满洲实录》卷二,丁亥年(万历十五年)五月。

(1589)，一面受明封为都督佥事，一面在佛阿拉"自中称王"。受明职封与"自中称王"，既相联系，又相区别。于前者，《明神宗实录》载：

> 惟建州奴酋者势最强，能制东夷。其在建州，则今日之王台也。既屡送回被掳汉人，且及牛畜，又斩犯顺夷酋克五十献其级，而慕都督之号益切，则内向诚矣。及查其祖、父，又以征逆酋阿台为我兵向导，并死于兵火。是奴儿哈赤者，盖世有其劳，又非小夷特起而名不正者也。查得《大明会典》内一款，建州、毛怜〔等〕三大卫夷人，如有送回抢掳男妇者，止许给赏，不愿赏〔者〕，量升千百户、指挥，存留都督名邑〔义〕，以待能杀犯顺夷酋，及执缚为恶夷人与报事、引路、杀贼有功者。此盟府之典，用以信外夷而安封疆者也。若录奴酋父、祖死事之功，即当与之都督亦不为过，而献斩逆酋之级，则又与明例合矣。奏入，上从其请，准与都督佥事。此奴贼受我殊恩之始也。[1]

于后者，《李朝宣祖实录》载朝鲜平安兵使书状言：

> 左卫酋长老乙可赤兄弟，以建州卫酋长李以难等为麾下属。老乙可赤则自中称王，其弟则称船将。多造弓矢等物，分其军四运：一曰环刀军，二曰铁锤军，三曰串赤军，四曰能射军。间间炼习，胁制群胡。[2]

---

〔1〕《明神宗实录》卷一七，万历十七年九月辛亥，内阁文库本。
〔2〕《李朝宣祖实录》卷二三，二十二年七月丁巳。

努尔哈赤既借明封为都督佥事，以提高其在女真诸部中的声威，又造兵器、练营伍，在建州本部女真人中，自己称王，建立王权。

称"女直国建州卫管束夷人之主"。努尔哈赤在大败叶赫等九部联军，受明封为龙虎将军，完全统一建州女真之后，于万历二十四年（1596），在与朝鲜南部主簿申忠一回帖中称：

> 女直国建州卫管束夷人之主佟奴儿哈赤禀，为夷情事：蒙你朝鲜国、我女直国，二国往来行走营〔学〕好，我们二国，无有助兵之礼〔理〕，我屡次营〔学〕好，保守天朝九百五十于〔余〕里边疆。[1]

努尔哈赤在回帖里虽用"女直国"，但隶属于明，仍称"建州卫"。他的王权范围已扩展至整个建州女真。努尔哈赤在书帖中，既自称"女直国"，又末署"建州左卫之印"，显然蕴含着矛盾。这个矛盾在建州实力不断扩大的过程中得到了解决。

称"建州等处地方国王"。建州在取得其各部统一之后，创满文，并哈达，灭辉发，设牛录，遂于万历三十一年（1603），移其政治中心至赫图阿拉，明称为"蛮子城"[2]，清后称为兴京。赫图阿拉在苏克素浒河与加哈河之间的平冈上，即今辽宁省新宾永陵赫图阿拉村。《清太祖高皇帝实录》载：

> 上自虎拦哈达南冈，移于祖居苏克苏浒河、加哈河之

---

〔1〕 申忠一《建州纪程图记》，图版十五。
〔2〕 《明神宗实录》卷五二四，万历四十二年九月壬戌。

间，赫图阿喇地，筑城居之。[1]

两年之后，于赫图阿拉"城外复筑大郭"[2]。赫图阿拉成为女真的政治中心，满洲的崛兴基地。

同年，朝鲜《东国史略事大文轨》记载，努尔哈赤通过明指挥孟承勋，向辽东巡抚赵楫及辽东总兵李成梁上《建州等处地方龙虎将军佟奴儿哈赤呈文》称：

> 为宣谕虏掠事，蒙抚镇老爷恩典，委官一员，到我夷寨，宣谕朝鲜国王缘由。有我奴儿哈赤收管我建州国之人，看守朝廷九百五十余里边疆。[3]

同年十一月十一日，努尔哈赤又致书与朝鲜边将，自称"建州等处地方国王"。因文繁不做全引，兹摘录如下：

> 建州等处地方国王佟，为我二国听同计议事，说与满浦官镇节度使知道……[4]

以上说明，努尔哈赤这时既称"建州国"，也称"国王"，从而使其王权提高一步。

称"昆都仑汗"。万历三十四年（1606），蒙古恩格德尔引领喀尔喀五部贝勒之使臣，到赫图阿拉谒见努尔哈赤，"尊太祖

---

[1]《清太祖高皇帝实录》卷三，癸卯年（万历三十一年）正月。
[2]《满洲实录》卷三，乙巳年（万历三十三年）三月。
[3]《东国史略事大文轨》卷四六，引自《清史论丛》，文海出版社。
[4] 同上。

为昆都仑汗（即华言恭敬之意[1]）"[2]。

努尔哈赤被尊为"恭敬汗"，这既扩大了他在漠南蒙古地区的影响，又为其登极称汗做了舆论准备。

登极称汗。努尔哈赤灭哈达，并辉发，吞掉乌拉，创制满文，建立八旗制度，实行牛录屯田，并在统一东海女真取得节节胜利之后，遂于万历四十四年（1616），在赫图阿拉登极称汗。据《满文老档》记载：

> fulgiyan muduri aniya, sure han i susai jakūn
> 丙　　辰　　年，淑勒　汗的五十　八
> sede, aniya biyai ice de bonio inenggi, (amba) guruni beise
> 岁时，正　月朔壬　申　日，（大）国的诸贝勒
> ambasa geren gemu acabi gisureme: musei gurun (han be waliy-
> 诸大臣众人　皆　会议　云：我们的　国（汗将　失
> abuai), han akū banjime joboho ambula obi。abka musei
> 去），汗 没有 生活　苦　　极 因为。天 我们的
> gurūn be jirgabukini seme banjibuhabidere。abka i banji-
> 国人 把　安居　欲　　生养。　　　天 的 使
> buha (geren) yadara joboro gurun be gosire (mangga akū
> 生 （众）贫　苦　国 将 仁慈（难　不
> yadara niyalmabe ujire) mergen, ujire faksi han de amba
> 贫　者将　　养）贤良，恩养才智 汗 于 大

---

[1] "华言恭敬之意"系释"昆都仑"，应在"汗"字之前，"昆都仑"三字之后。
[2] 《清太祖武皇帝实录》卷二，丙午年（万历三十四年）十二月。

gebu hūlaki seme geren hebedeme gisureme toktobubi, jakun
名　尊　欲　众人　议　　商　　定，　八
gusai beise ambasa gerembe gaibi duin fadarai duin hosio
旗的　诸贝勒诸大臣　将众人率　四　面的　四　隅
arame jakūn bade ilibi, jakūn gūsaci jakūn amban bithe
分作　八　　处 站立，八　自旗　八　大臣 文书
jafabi gerenci tucibi juleri niyakūraha manggi , jakūn gūsai
捧　从众人　出　前　　跪　　　后，　八 旗的
beise ambasa geren be gaibi amala niyakūraha, han i ici
诸贝勒 诸大臣众人将 率　　后　　跪，　汗的右
ergide iliha adun hiya, hashū ergide iliha erdeni baksi。
侧　站立 阿敦 侍卫，左　　侧　站立 额尔德尼 巴克什。
(juwe mobi) emte ergici okdome genebi, jakūn amban i jafabi
（二个）各一 侧　　迎　　前，八　大臣的 呈
niyakūraha bithe be alime gaibi, han i juleri tukiyehe
　跪　　　文书 把　接　受，汗的 前　　捧
(amba fulgiyan) dere i dele sindabi。erdeni baksi han
　（大红）　　桌 的上面 放。额尔德尼 巴克什 汗
i hashū ergide juleri ilibi (han i susai jakūn se de
的左　方　前 站立（汗的五十 八　岁于
fulgiyan muduri aniya, aniya biyai ice de bonio inenggi
丙　　辰　　年，正　月 朔壬　申　日
muduri erinde amban), abka geren gurumbe ujikini seme
辰　于时 大臣），天　众　将国　抚育　欲
sindaha (amba) genggiyen han seme gebu hūlaha, (hūlaha
任命　（大）　聪睿　　汗 称　号　尊，（呼颂

manggi), niyakūraha beise ambasa geren gemu iliha,
　　后），　　跪　诸贝勒诸大臣 众人 皆 起立，
tereci tuttu geren ba iliha manggi, han tehe sorinci
由此 那 众人处 站立 后，汗 坐 从御座
ilibi yamunci tucibi, abka de ilanggeli hengkilehe。
起立 从衙门 出， 天 对 三次 叩头。
hengkilebi amasi bederebi soorinde tehe manggi, jakūn
　　叩头 毕 回 御座 坐 后， 八
gūsai beise ambasa ilhi ilhi se baha seme han de ilata
旗的诸贝勒诸大臣 依 次 岁 得 而 汗向各三
jergi hengkilehe。[1]
次 叩头。

即"丙辰年，淑勒汗58岁，正月朔壬申日，大国中的诸贝勒、诸大臣等众人会议云：因我们的国中（失去了汗），没有汗的生活极苦。天欲使我们的国人安居乐业。天的仁慈使贫苦的国中生有贤明才智者，将贫苦之人恩养。欲给汗上尊号。于是众人议定，八旗的诸贝勒、诸大臣等率领众人，分作四面四隅八处站立，由八旗的八大臣捧文书，从众人中走出，跪于前面，八旗的诸贝勒、诸大臣等率众跪于后面。阿敦侍卫立于汗的右侧，额尔德尼巴克什立于汗的左侧。（二人）各自一方迎前，接受八大臣跪呈之文书，捧置于汗前（大红色）桌上。额尔德尼巴克什立于汗的左前（汗58岁的丙辰年正月朔壬申日辰时），颂汗为天任命抚育列国（大）聪睿汗。（呼颂后）跪着的

---

[1]《清太祖朝老满文原档》，天命元年正月甲申朔，台北文化书社本。

诸贝勒、诸大臣与众人皆起立，仍回其原处站立。汗自座位起立，走出衙门，对天三叩首。叩首毕回原座位坐定后，八旗的诸贝勒、诸大臣等，依次各向汗三叩首祝贺。"

在《清太祖武皇帝实录》和《满洲实录》中，所载文字与上引述虽稍异，然大体相同。但是，《清太祖高皇帝实录》记载却迥异：

> 丙辰，春正月，壬申朔，四大贝勒代善、阿敏、莽古尔泰、皇太极及八旗贝勒大臣，率群臣集殿前，分八旗序立。上升殿，登御座，众贝勒大臣，率群臣跪。八大臣出班，跪进表章。近侍侍卫阿敦、巴克什额尔德尼接表。额尔德尼跪上前，宣读表文，尊上为"覆育列国英明皇帝"。于是，上乃降御座，焚香告天，率贝勒诸臣，行三跪九叩首礼。上复升御座。众贝勒大臣，各率本旗，行庆贺礼。建元天命，以是年为天命元年。时上年五十有八。[1]

上引《清太祖高皇帝实录》记载，与《满文老档》所载相较，有如下几点不同：

第一，突出"四大贝勒"的地位。《满文老档》《清太祖武皇帝实录》及《满洲实录》，均只称"八固山的大臣"，而《清太祖高皇帝实录》却称"四大贝勒代善、阿敏，莽古尔泰、皇太极及八旗贝勒大臣，率群臣集殿前，分八旗序立"。

第二，称"覆育列国英明皇帝"。《满文老档》载，尊努尔哈赤为 amba genggiyen han，汉音译为"大庚寅汗"，汉意译为

---

[1]《清太祖高皇帝实录》卷五，天命元年正月壬申朔。

"大聪睿汗"或"大英明汗",而《清太祖高皇帝实录》却篡饰为"英明皇帝"。

第三,称"建元天命,以是年为天命元年"。但《满文老档》并无此记载。

自称"后金"。努尔哈赤建立后金、建元天命的载录,直至天命四年即明万历四十七年(1619),在建州夺得萨尔浒大捷之后,始出现在朝鲜和明朝的史册上:

其一,李民寏《栅中日录》同年三月十五日载:"后金国王敬达朝鲜国王七宗恼恨事。"[1]

其二,赵庆男在《乱中杂录》中,同年载三月二十一日[2]"后金国汗奉书于朝鲜国王"[3]。

其三,《光海君日记》同年四月十九日,载后金与朝鲜的文书,经朝鲜详察后回启:"胡书中印迹,令解篆人申如㰎及蒙学通事翻解,则篆样番字,俱是'后金天命皇帝(印)'七个字。"[4]

其四,沈国元《皇明从信录》和王在晋《三朝辽事实录》都在同年五月记载后金天命政权建立事。王在晋于五月二十九日记:"朝鲜咨报,奴酋僭号后金国汗,建元天命,指中国为南朝,黄衣称朕,词甚侮嫚。"[5]

其五,《明神宗实录》同年六月十九日,载礼科给事中亓诗教《题奴儿哈赤僭号疏》云:"近如朝鲜咨报所云,辄敢建国、

---

[1] 李民寏《栅中日录》,影印本,第14页。
[2] 《满文老档·太祖》第9册,天命四年三月二十一日。
[3] 赵庆男《乱中杂录》,引自《清史论丛》,文海出版社。
[4] 《李朝光海君日记》卷一三九,十一年四月壬申。
[5] 王在晋《三朝辽事实录》卷一。

改元、称朕。"[1]

其六,《辽广实录》同年夏载:"奴始僭号,称后金国汗,建元天命"[2],并黄衣称朕,指明为南朝云云。

此外,朝鲜《李朝光海君日记》六年即明万历四十二年(1614)六月,载述努尔哈赤建号之事。因这段记述较前引诸文早五年,故征录如下:

> 建州夷酋佟奴儿哈赤,本名东。我国讹称其国为老可赤,此本酋名,非国名,酋本姓佟。其后或称金,以女真种故也。或称雀者,以其母吞雀卵而生酋故也。今者国号僭称金,中原人通谓之建州。[3]

查《李朝光海君日记》,上述引文是光海君李珲同平安兵使李时言对话中的一段插文,当为《李朝光海君日记》纂修者所加之言。光海君李珲在位十四年,被废。《李朝光海君日记》为李朝仁祖时所修,故其所载上述文字不能视作努尔哈赤建国称号的原始史料。

以上数例说明,努尔哈赤在赫图阿拉登极称汗,至天命四年即万历四十七年(1619),始见自称后金的记载。而《满文老档》出现"后金国汗"的载录,则在天命六年即天启元年(1621)三月二十一日[4]。因此,一些史书载称:万历四十四年(1616),努尔哈赤建立"大金"(史称后金),是缺乏史实根据

---

[1]《明神宗实录》卷五八三,万历四十七年六月庚午。
[2] 傅国《辽广实录》上卷。
[3]《李朝光海君日记》卷七九,六年六月丙午。
[4]《满文老档·太祖》第19册,天命六年三月二十一日。

的。至于"大金"之号，见诸史册文物，则更晚一些。

又称"大金"。努尔哈赤所建的政权又作"大金"，其史籍根据为李永芳于天命六年即天启元年（1621）五月致朝鲜边将三书：

其一，"大金国驸马王李永芳谕朝鲜守边官知道：我大金皇帝收取辽东……"。

其二，"大金国驸马王李，为招抚军民事，票仰义州节度使……"。

其三，"大金国驸马王李，谕义州节度使知道：昨天古河汉人过江，你地方收藏。叫你通送来，屡唤不应，送过文书又不看，我才发兵过江，你地方人心未不惊动。今我到镇江地方，军民安抚已定。中有畏法愚民，跟随韩参将，见在你义州地方，我故行文，叫你送过江来，彼此两便。你又不接谕帖，不送过人来，反说满浦行文。昨你答通事来说，今后就进贡大金皇帝，今又何出此言？你乃礼义之邦，何为出言反吐？且辽东城堡，全归大金。镇江正朝鲜要路，已属大金。行文不由此地，而言满堡〔浦〕，何也？此言甚是可笑。或者你以我大金尚未一统，非可统驭你国……"。[1]

上引李永芳致朝鲜边官书帖，凡八见"大金"，因其文繁，不赘全录。

文献记载之外，文物亦相印证。癸亥年即天命八年、天启三年（1623）所铸云版铭文就是一例："大金天命癸亥年铸"[2]。

---

[1] 赵庆男《乱中杂录续录》卷一，引自《清史论丛》，文海出版社。
[2] 沈阳故宫博物院藏"大金天命癸亥年云版"。

综上，努尔哈赤建立后金，是有衍变过程的。从万历十五年（1587）"定国政"，至天命十一年即天启六年（1626）努尔哈赤死，中经八变，似需历史地对待之。由《满文老档》及朝鲜、明朝的史籍与文物可知，万历四十四年（1616），努尔哈赤登极称汗，其时未称后金，亦未建后金。至万历四十六年即天命三年（1618）闰四月，"奴儿哈赤归汉人张儒绅等，赍夷文请和，自称建州国汗，备述恼恨七宗"[1]，仍称"建州国汗"。而后于万历四十七年即天命四年（1619），才始见载称其年号天命，国号后金。至于"大金"，据现有史料，则为天启元年即天命六年（1621）以后之事。

（原载《社会科学辑刊》1983年第3期）

---

[1] 沈国元《皇明从信录》卷四〇。

努尔哈赤入京进贡考

努尔哈赤入京进贡,《清太祖高皇帝实录》《满洲实录》《清太祖武皇帝实录》和《满文老档》均缺载。其他各书文记载努尔哈赤入京进贡的次数也各异,如《清史稿·太祖纪》载两次,一次为万历二十六年(1598):

冬十月,太祖入贡于明。

另一次为万历二十九年(1601):

十二月,太祖复入贡于明。[1]

稻叶君山《清朝全史》载努尔哈赤先后三次入贡北京:

彼以十八年四月,入贡于北京。此为第一次朝贡。其为都督之升任谢恩可知。……二十一年十一月,彼又为第二次之朝贡。……三十六年九月,彼乃与建州之玺书相混

---

[1]《清史稿》卷一《太祖纪》。

合，而上朝贡之途。此为第三次之朝贡。……彼自此岁以降，北京之朝贡遂废绝。[1]

孟森《清史讲义》也载努尔哈赤三次到北京朝贡：

> 太祖又习知中国事，据《明实录》，朝贡亲到北京者三次。万历十八年四月庚子，建州等卫女直夷人奴儿哈赤等一百八员名，进贡到京，宴赏如例。……又二十六年十月癸酉，宴建州等卫进贡夷人奴儿哈赤等，遣侯陈良弼待。是为二次入京。又二十九年十二月乙丑，宴建州等卫贡夷奴儿哈赤等，一百九十九名，侯陈良弼待。是为三次入京。[2]

《满族简史》载努尔哈赤四次入京进贡：

> 他经常往来抚顺马市上，又曾四次到过北京（1590，1597，1598，1601），对于汉区的情况是熟悉的，所受汉族文化的影响是深厚的。[3]

孙文良在《萨尔浒之战》一文中，也认为努尔哈赤四次至京朝贡：

> 努尔哈赤本身即受明封为建州左卫都督、都督佥事，

---

[1] 稻叶君山《清朝全史》上一，中华书局，1915年。
[2] 孟森《清史讲义》，中国文化服务社，1937年，第154页。
[3] 《满族简史》（初稿），第20—21页。

加爵至正二品龙虎将军，亲至北京朝贡四次——努尔哈赤入北京朝贡实为四次，传说三次不确切。[1]

在《从盛京宫殿看清初对东北的统一》一文中，撰者确信努尔哈赤曾五次到北京进贡：

> 他还五次亲自到北京纳贡。[2]

刘丹（即孙文良）同志《论努尔哈赤与明朝的关系》一文，认为努尔哈赤亲自赴京朝贡为七次：

> 根据现有材料可以肯定努尔哈赤亲自赴京进贡是七次，而绝不是三次。[3]

另据纪平《清入关前对东北的统一》一文，提出努尔哈赤曾八次到北京进贡：

> 据《明实录》记载，从万历十八年到万历三十九年，努尔哈赤除了派他的弟弟舒尔哈齐等人向朝廷进贡外，他本人亲自到北京进贡达八次之多。[4]

---

[1] 孙文良《萨尔浒之战》，《历史教学》1964 年第 8 期。
[2] 沈阳故宫博物院《从盛京宫殿看清初对东北的统一》，《文物》1976 年第 9 期。
[3] 刘丹《论努尔哈赤与明朝的关系》，《辽宁大学学报》1978 年第 5 期。
[4] 纪平《清入关前对东北的统一》，《历史研究》1975 年第 2 期。

但是，此文未及确指努尔哈赤每次到北京进贡的时间，也未列出他历次入京进贡的具体历史事实以为其立论根据。

上引诸书文对努尔哈赤到北京朝贡的次数颇多歧异。即或主张努尔哈赤入京进贡次数雷同者，其所列举的朝贡年代又迥然不同。故据文献所载，将努尔哈赤入京进贡的史实略加考述。

第一次为万历十八年（1590）四月庚子：

> 建州等卫女直夷人奴儿哈赤等一百八员名，进贡到京，宴赏如例。[1]

《国榷》也载：

> 建州等卫□□□□入贡。[2]

努尔哈赤这次入京进贡，各文多无争议。

第二次为万历二十年（1592）八月丁酉：

> 建州等卫都督等官奴儿哈赤等进上番文，乞讨金顶大帽、服色及龙虎将军职衔，下所司议行。[3]

上引内阁文库本《明神宗实录》所载，尚难判定努尔哈赤是否亲自入京奉表、进贡、乞封。但是，下述记载，却明言努

---

[1]《明神宗实录》卷二二二，万历十八年四月庚子。
[2] 谈迁《国榷》卷七五，万历十八年四月庚子。
[3]《明神宗实录》（内阁文库本）卷二〇，万历二十年八月丁酉。

尔哈赤奏表文、乞升赏、受赐宴：

> 建州卫都督奴儿哈赤等奏文四道，乞升赏职衔、冠服、敕书，及奏高丽杀死所管部落五十余名。命所司知之，并赐宴如例。[1]

从《明神宗实录》所载努尔哈赤等受到明廷如例宴赏，可以确定此次努尔哈赤亲自入京进贡。而谈迁在《国榷》中，对此事也做了简略记述。至于努尔哈赤所请龙虎将军之职，因明辽东总兵官李成梁遭劾辞职，故延迟未予实授。至万历二十三年（1595）努尔哈赤才被赐封龙虎将军之崇勋。

第三次为万历二十一年（1593）闰十一月丁亥：

> 建州卫女直夷人奴儿哈赤等赴京朝贡。上命宴赏如例。[2]

此次史籍明确记载，各书文亦无异议。

第四次为万历二十五年（1597）五月甲辰：

> 建州等卫都督指挥奴儿哈赤等一百员名，进贡方物，赐宴赏如例。[3]

谈迁在《国榷》中也做了相似记载：

---

[1]《明神宗实录》卷二五一，万历二十年八月丁酉。
[2]《明神宗实录》（内阁文库本）卷二一，万历二十一年闰十一月丁亥。
[3]《明神宗实录》卷三一〇，万历二十五年五月甲辰。

> 建州卫都指挥□□□□等入贡。[1]

第五次为万历二十六年（1598）十月癸酉：

> 宴建州等卫进贡夷人奴儿哈赤等，遣侯陈良弼待。[2]

第六次为万历二十九年（1601）十二月乙丑：

> 宴建州等卫贡夷奴儿哈赤等一百九十九名，侯陈良弼待。[3]

自是年始，努尔哈赤灭哈达、败乌拉、并辉发，又移都赫图阿拉，势力日强，遂有"奴酋不肯进贡，抢了罢"[4]之语。至万历三十六年（1608），才"补进万历二十六、七两年双贡"[5]。

第七次为万历三十六年（1608）十二月乙卯：

> 颁给建州等卫女直夷人奴儿哈赤、兀勒等三百五十七名，贡赏如例。[6]

《国榷》亦载：

---

[1] 谈迁《国榷》卷七七，万历二十五年五月甲辰。
[2] 《明神宗实录》卷三二七，万历二十六年十月癸酉。
[3] 《明神宗实录》卷三六六，万历二十九年十二月乙丑。
[4] 杨道宾《海建二酋逾期违贡疏》，《明经世文编》卷四五三。
[5] 杨道宾《海建夷贡补至南北部落未明谨遵例夷请乞赐诘问以折狂谋事》。
[6] 《明神宗实录》卷四五三，万历三十六年十二月乙卯。

建州等卫奴儿哈赤、札勒等入贡，赏如例。[1]

第八次为万历三十九年（1611）十月戊寅：

颁给建州等卫补贡夷人奴儿哈赤等二百五十名，各双赏、绢匹、银钞。[2]

《国榷》又载：

建州卫奴儿哈赤补贡，加劳金币。[3]

此外，《国榷》万历四十三年（1615）三月丁未朔载：

建州、海西卫奴儿哈赤等入贡。建州日强，每入贡，千五百人，横索车价，殴驿卒。当事裁之，令在边给赏。至是止十五人。[4]

努尔哈赤此次是否入京进贡，各书文撰者看法不一，但下述史料，或有助于廓清史实：

其一，《明神宗实录》的下述记载，虽文字稍长，但似能说明问题：

---

[1] 谈迁《国榷》卷八〇，万历三十六年十二月乙卯。
[2] 《明神宗实录》卷四八八，万历三十九年十月戊寅。
[3] 谈迁《国榷》卷八一，万历三十九年十月戊寅。
[4] 谈迁《国榷》卷八二，万历四十三年三月丁未朔。

> 兵部以建州、海西夷人进贡上闻。先是，祖宗朝建州、海西诸夷，世受抚驭，故进贡许一年一次，每次贡夷数逾千名。天顺、成化间，为其供费浩繁，量议裁减。嗣后仍复加至一千五百名。其不禁多夷入京者，盖谓来享来王，所以尊天朝之体，然非制也。迨奴酋强富日盛，跋扈渐生，一进贡而横索车价，殴死驿夫，甚且招亡纳叛，蓄马练兵，谋益叵测，当事深切隐忧。复议裁抑，奴酋遂不胜觖望而不贡者凡几年。礼臣条议欲令照北虏俺答事例，免其入京，俱在边守候赍赏，一应折宴折程口粮照例给发。至是蓟辽督抚奏称："迩日奴酋自退地镌碑之后，益务为恭顺。此番进贡止大针等一十五名。夫以千五百名之贡夷，而减至于十有五名，岂不惟命是从哉！……"上嘉纳之，命督抚等官悉心料理，毋致疏虞。[1]

从上述引录可知其时建州与明廷的紧张关系，且说明建州入京进贡唯有止大针等15人，并未言及努尔哈赤。

其二，《满文老档》载努尔哈赤同年三月，曾谕诸贝勒家婚仪，并亲谕巴班。他又在三月二十八日往赫图阿拉衙门：

> 三月二十八日，寅刻，天未明，呈黄色，人脸亦呈淡黄色。汗去衙门升座，至辰刻天明。[2]

这说明努尔哈赤在三月的某些时日，确在赫图阿拉。

---

[1]《明神宗实录》卷五三〇，万历四十三年三月丁未朔。
[2]《满文老档·太祖》第4册，乙卯年（万历四十三年）三月。

其三，查《清太祖高皇帝实录》，在前述努尔哈赤八次入京进贡之月，均没有记载其活动[1]；但是，在同年三月却载：

> 甲戌，寅刻，有黄色亘天，映彻上下。上御殿，至辰刻，方散。[2]

其四，明翟凤翀《疏草存略·再陈东奴情形疏》，引录开原道薛国用揭云：

> 臣复唤董国云亲问根因，据国云吐称，因讲贡事到奴寨。奴酋称说：既嫌人多，我只差十六个人进贡领赏，一路自备盘费，也不用里边酒饭；复说里边因何偏护北关，只说我不忠顺；若我在墙里动一草一木，就是有罪；若兵马出来救北关，说不得不动手相杀。

努尔哈赤说他差人入京进贡，而自己并未纳贡至京。

以上四例说明，努尔哈赤在万历四十三年（1615）三月，未曾进贡至京。

综上，据《明神宗实录》所载，努尔哈赤曾先后八次亲自入京进贡。

（原载《清史研究通讯》1983年第2期）

---

[1]《清太祖高皇帝实录》卷二，万历二十一年闰十一月载努尔哈赤命额亦都等督兵攻佛多和山寨事，实为证其回师之日，而命将出师则在三个月前。
[2]《清太祖高皇帝实录》卷四，乙卯年（万历四十三年）三月甲戌。

清太祖汉译名考

清太祖的名字，满文作 nurhaci 或 nurgaci，其汉文译名，"nur"有"奴儿""弩儿""弩尔"，"haci"或"gaci"有"哈赤""哈奇""哈齐"等，各种书文，纷繁不一。兹据管见史料，纵向按明朝、清朝、朝鲜三个系统，横向按官、私两个系列，酌予采录，分类排比，略加分析，以便参考。

一

先说清朝文献对清太祖名字的汉译。中华书局影印本《清太祖高皇帝实录》卷首记载："太祖承天广运圣德神功肇纪立极仁孝睿武端毅钦安弘文定业高皇帝，姓爱新觉罗氏，讳。"[1]在这里，清太祖的名字是讳缺的。同书之卷一，页七记载："显祖嫡妃喜塔喇氏，乃阿古都督女，是为宣皇后。生子三，长即上也，称为聪睿贝勒，宣皇后孕十三月乃生，岁己未，是为明嘉靖三十八年也。次名舒尔哈齐，号达尔汉巴图鲁。次名雅尔哈齐。继娶纳喇氏，乃哈达万汗所养族女，生子一，名巴雅喇，

---

[1]《清太祖高皇帝实录》卷一，乾隆校订本，中华书局影印本，1986年，第7页。

号卓礼克图。庶妃生子一，名穆尔哈齐，号青巴图鲁。"文中清太祖名字讳缺，但从其胞弟舒尔哈齐，同父异母弟雅尔哈齐、穆尔哈齐可以得到一点启发。

《清太祖高皇帝实录》（小红绫本）卷首记载："太祖承天广运圣德神功肇纪立极仁孝睿武端毅钦安弘文定业高皇帝，姓爱新觉罗氏，讳弩尔哈齐（贴黄）。"[1]

《清太祖高皇帝实录》（大红绫本）卷首记载："太祖承天广运圣德神功肇纪立极仁孝睿武端毅钦安弘文定业高皇帝，姓爱新觉罗氏，讳弩尔哈齐。"清太祖名字写在黄签上[2]。此本原为盛京崇谟阁本。伪满洲国"满日文化协会"即据此本影印出版。[3]台湾华文书局据此本翻印出版[4]。

查《清太祖高皇帝实录》（稿本三种），其甲种本载述："显祖娶奚塔喇氏，乃阿姑都督女，是为宣皇后，生三子，长上也，称淑勒贝勒（淑勒贝勒，犹言聪睿主也）；次名黍儿哈奇，号打喇汉把土鲁；三名牙儿哈奇。次妃纳喇氏，乃哈达万汗所养族女，生一子，名巴牙喇，号兆里克兔；庶妃生一子，名木儿哈奇，号清把土鲁。上受命龙兴，宣皇后孕十三月而生，时己未岁，明嘉靖三十八年也。"其乙种本载述："显祖大福金喜塔喇氏，乃阿姑都督女，是为宣皇后，生子三，长即上也，称为淑

---

[1]《清太祖高皇帝实录》（小红绫本）卷一，第1页；卷二，第15页，中国第一历史档案馆藏。
[2]《清太祖高皇帝实录》（大红绫本），原藏盛京崇谟阁，今藏辽宁省档案馆。
[3]《清太祖高皇帝实录》，伪满洲国"满日文化协会"据盛京崇谟阁藏本影印，日本东京大藏出版株式会社承印，东京单式印刷公司成印，1936年。
[4]《清太祖高皇帝实录》，华文书局根据伪满洲国影印本翻印，1964年。

勒贝勒,宣皇后孕十三月乃生,岁己未,是为明嘉靖三十八年也。次名舒尔哈齐,号达尔汉巴图鲁。次名雅尔哈齐。继娶福金纳喇氏,乃哈达万汗所养族女,生子一,名巴雅喇,号卓立克图。庶妃生子一,名穆尔哈齐,号青巴图鲁。"其丙种本载述:"显祖大福金喜塔喇氏,乃阿姑都督女,是为宣皇后,生子三,长即上也,称为聪睿贝勒,宣皇后孕十三月乃生,岁己未,是为明嘉靖三十八年也。次名舒尔哈齐,号达尔汉把图鲁。次名雅尔哈齐。继娶福金纳喇氏,乃哈达万汗所养族女,生子一,名巴雅喇,号卓立克图。庶妃生子一,名穆尔哈齐,号青巴图鲁。"[1]由上面引述康熙朝修改的《清太祖高皇帝实录》三种稿本,可以看出清太祖诸弟汉译名的演化。

《玉牒·帝系》记载:"显祖宣皇帝塔克世(五子)——太祖高皇帝弩尔哈齐、第二子青巴图鲁贝勒穆尔哈齐、第三子达尔汉巴图鲁贝勒舒尔哈齐、第四子通达郡王雅尔哈齐、第五子卓立克图贝勒巴雅喇。"[2]这份《帝系》上的名字没有避讳,也没有贴黄。此《玉牒》康熙十八年(1679)修。

《清太祖武皇帝实录》卷一,页五记载:"觉常刚第四子塔石,嫡夫人乃阿姑都督长女,姓奚塔喇,名厄墨气,生三子,长名弩儿哈奇(即太祖),号淑勒贝勒(淑勒贝勒,华言聪睿王也);次名黍儿哈奇,号打喇汉把土鲁;三名牙儿哈奇。次夫人乃哈达国汗所养族女,姓纳喇,名揩姐,生一子,名把牙喇,号兆里兔(兆里兔,华言能干也)。侧室生一子,名木儿哈奇,号卿把土鲁。初厄墨气孕十三月,生太祖,时己未岁,大明嘉靖

---

〔1〕《清太祖高皇帝实录》(稿本三种),史料整理处印,癸酉年(1933年)。
〔2〕《玉牒·帝系》,中国第一历史档案馆藏。

三十八年也。"[1]这个本子，明确载录清太祖的汉译名字为"弩儿哈奇"。《清太祖武皇帝实录》卷一，页三十亦记载："天明，饭毕。率诸王大臣谒庙，再拜祝曰：天地三光，万灵神祇，我弩尔哈奇与叶赫，本无事故，今彼引兵攻我，惟天鉴察。"

《清太祖武皇帝弩儿哈奇实录》卷一，页二[2]所载，与《清太祖武皇帝实录》相同。

查《清太祖努尔哈赤实录》卷一，页三载录："显祖嫡妃喜塔喇氏，乃阿古都督女，是为宣皇后，生子三：长即上也，称为聪睿贝勒，宣皇后孕十三月乃生，岁己未，是为明嘉靖三十八年也。次名舒尔哈齐，号达尔汉巴图鲁；次名雅尔哈齐；继娶纳喇氏，乃哈达万汗所养族女，生子一，名巴雅喇，号卓礼克图。庶妃生子一，名穆尔哈齐，号青巴图鲁。"[3]

《满洲实录》卷一，第三十五至三十七页载录："第四子□□□，嫡福金乃阿古都督长女，姓喜塔喇，名额穆齐，生三子：长名□□□□（即太祖），号淑勒贝勒（淑勒贝勒，汉语聪睿王也）；次名舒尔哈齐，号达尔汉巴图鲁；三名雅尔哈齐。侧福金乃哈达国汗所养族女，姓纳喇，名恳哲，生一子，名巴雅喇，号卓里克图（卓里克图，汉语能干也）。侧室生一子，名穆尔哈齐，号青巴图鲁。初额穆齐孕十三月生太祖，时己未岁，明嘉靖三十八年也。"[4]在这里，清太祖的汉译名是讳缺的。

---

[1]《清太祖武皇帝实录》卷一，崇德初修本，广文书局据台北故宫博物院藏本影印本，1970年，第6页。
[2]《清太祖武皇帝弩儿哈奇实录》卷一，故宫博物院铅印本，1932年，第2页。
[3]《努尔哈赤实录》卷一，故宫文献馆据"实录库本"影印本，1932年，第3页。又见《清太祖努尔哈赤实录》，上海书店，1989年。
[4]《满洲实录》卷一，中华书局影印本，1986年，第35—37页。

从上面《清太祖高皇帝实录》《清太祖武皇帝实录》《满洲实录》《清太祖武皇帝弩尔哈奇实录》《努尔哈赤实录》五种版本来看，关于清太祖实录的汉译名字，有以下三种情况：

第一，清太祖汉译名作弩儿哈奇，是为《清太祖武皇帝实录》的明确记载。

第二，清太祖汉译名作弩尔哈齐，是为《清太祖高皇帝实录》（大红绫本）和《清太祖高皇帝实录》（小红绫本）的记载。

第三，清太祖汉译名作努尔哈赤，是为《清太祖努尔哈赤实录》上海书店出版者所加的。

第四，清太祖三位弟弟名字"haci"汉译为"哈奇"，如《清太祖武皇帝实录》《清太祖武皇帝弩尔哈奇实录》。

第五，清太祖三位弟弟名字"haci"汉译为"哈齐"，如《清太祖高皇帝实录》《清太祖努尔哈赤实录》《满洲实录》。

二

明朝官书《明神宗实录》对清太祖汉译名的记载，目之所见，例引如下：

例一，《明神宗实录》万历十五年（1587）十一月己丑（初四日）记载辽东巡抚顾养谦疏言"猛骨孛罗已叛，而从逆奴儿哈赤益骄"[1]云云。是为《明神宗实录》中首次出现清太祖汉译名"奴儿哈赤"。

例二，《明神宗实录》万历十六年（1588）正月己酉（二十五

---

[1]《明神宗实录》卷一九二，万历十五年十一月己丑，台北"中研院"史语所校勘本，1962年。

日）记载辽东巡抚顾养谦奏言"奴儿哈赤者，建州黠酋也，骁骑已盈数千，乃云奄奄垂毙"[1]云云。

例三，《明神宗实录》万历十六年（1588）九月戊寅（二十八日）记载，蓟镇总督张国彦、辽东巡抚顾养谦会题言："建州酋奴儿哈赤亦因结北关亲，以歹商为事，歹商敌益多，故大帅（李成梁）有东征之师，欲诛二酋以安歹商。"[2]

例四，《明神宗实录》万历十七年（1589）九月乙卯（十一日）记载："始命建州夷酋都指挥奴儿哈赤为都督佥事。"是为首见清太祖受明廷封官之"实录"的记载。

例五，《明神宗实录》（内阁文库本）万历十七年（1589）九月乙卯（十一日）记载："……查其祖、父，又以征逆酋阿台为我兵向导，并死于兵火。是奴儿哈赤者，盖世有其劳，又非小夷特起而名不正者也。……查得《大明会典》内一款，建州、毛怜〔等〕三大卫夷人，如有送回抢掳男妇者，止许给赏，不愿赏〔者〕，量升千百户、指挥，存留都督名邑〔义〕，以待能杀犯顺夷酋，及执缚为恶夷人与报事、引路、杀贼有功者。此盟府之典，用以信外夷而安封疆者也。若录奴酋父、祖死事之功，即当与之都督亦不为过，而献斩逆酋之级，则又与明例合矣。"疏入，万历帝从其请，准与都督佥事。此努尔哈赤受明殊恩之始也[3]！

例六，《明神宗实录》万历十八年（1590）四月庚子（二十九日）记载："建州等卫女直夷人奴儿哈赤等一百八员名，

---

[1]《明神宗实录》卷一九四，万历十六年正月己酉。
[2]《明神宗实录》卷二〇三，万历十六年九月戊寅。
[3] 孟森《明清史论著集刊》上册，中华书局，1959年，第167页。

进贡到京，宴赏如例。"是为清太祖第一次到北京朝贡，也是受到明廷礼部第一次正式接待。

例七，《明神宗实录》万历二十年（1592）八月丁酉（十日）记载："建州卫都督奴儿哈赤等奏文四道，乞升赏职衔、冠服、敕书，及奏高丽杀死所管部落五十余名。命所司知之，并赐宴如例。"

例八，《明神宗实录》（内阁文库本）万历二十一年（1593）闰十一月丁亥（初七日）记载："建州卫女直夷人奴儿哈赤等赴京朝贡，上命赏宴如例。"

例九，《明神宗实录》万历二十五年（1597）五月甲辰（十四日）记载："建州等卫都督、指挥奴儿哈赤等一百员名，进贡方物，赐宴赏如例。"

例十，《明神宗实录》万历二十六年（1598）十月癸酉（二十一日）记载："宴建州等卫进贡夷人奴儿哈赤等，遣侯陈良弼待。"

例十一，《明神宗实录》万历二十九年（1601）十二月乙丑（初二日）记载："宴建州等卫贡夷奴儿哈赤等一百九十九名，侯陈良弼待。"

例十二，《明神宗实录》万历三十年（1602）六月戊申（十八日）记载："建州奴儿哈赤，补进二贡，咬思阿等夷，于三河各驿，索要布匹、鞋袜，倍于正额，锁拿马头、车户，擅行拷打。"

例十三，《明神宗实录》（内阁文库本）万历三十六年（1608）二月癸未（二十六日）记载："建州等卫都督等官奴儿哈赤等，进上番文，乞讨金顶大帽、服色及龙虎将军职衔，下所司议行。"

例十四，《明神宗实录》（内阁文库本）万历三十六年（1608）二月癸未（二十六日）记载：蓟辽督臣蹇达疏言："奴儿哈赤忠顺学好，看边效力，于二十三年加升龙虎将军。"

例十五，《明神宗实录》万历三十六年（1608）十二月乙卯（初二日）记载："颁给建州等卫女直夷人奴儿哈赤、兀勒等三百五十七名，贡赏如例。"

例十六，《明神宗实录》万历三十九年（1611）十月戊寅（十二日）记载："颁给建州等卫补贡夷人奴儿哈赤等二百五十名，各双赏、绢匹、银钞。"

上十六例，清楚表明：在明朝官修《明神宗实录》中，清太祖汉译名均作"奴儿哈赤"，译名规范，未见例外。据明实录馆例，一朝实录，同一人名，前后出现，当是统一。

然而，在明代的私人著述中，清太祖汉译名又是怎样的呢？

三

明代私人书籍关于清太祖汉译名字的记载，列举数书，分述如下：

清太祖兴起不久，瞿九思撰《万历武功录》，书约成于万历四十年（1612），即努尔哈赤建立后金之前。该书卷十一记载："歹商为人气弱而多疑，不能善使其左右，其左右多有离心。以故阿台卜花去康古六，导之略人民财产。其后，奴儿哈赤又起。"这里，记载清太祖名字汉译为"奴儿哈赤"。下面举例，以备参考。

例一，《万历武功录·奴儿哈赤列传》记载："奴儿哈赤，故王台部也，后叛走建州，带甲数千人，雄东边，遂为都指挥。"该传中"奴儿哈赤"凡十四见。

例二，茗上愚公《东夷考略·女直》记载："令建州夷酋奴儿哈赤与歹商约婚，亦颇藉为辅车，而奴酋方斩叛夷克五十乞升赏，十七年予都秩，以此遂雄长诸夷。"同书又记载"初奴儿哈赤祖叫场，父塔失，并从征阿台，为响导，死兵火。奴儿哈赤方幼，李成梁直雏视之"云云。篇中"奴儿哈赤"凡十九见。其他如《海西》篇"奴儿哈赤"凡十三见，《建州》篇有"奴儿哈赤佟姓，故建州枝部也"等记载，其中"奴儿哈赤"凡十九见。

例三，张鼐《东夷略·辽夷略》记载："奴之祖曰佟教场，建州卫左都督金事也，生佟他失。有二子，曰奴儿哈赤、速儿哈赤。"

例四，程开祜《筹辽硕画·东夷奴儿哈赤考》记载："奴儿哈赤，王杲之奴，叫场之孙，他失之子也。"此篇"奴儿哈赤"凡五见。

例五，傅国《辽广实录》记载："万历戊午（四十六年）夏四月，故龙虎将军建酋佟奴儿哈赤初发难，袭我抚顺关，陷之。"

例六，方孔炤《全边略记·辽东略》记载："（万历）十七年，逆酋克五十盗塞上，奴儿哈赤（王台部夷）斩其头并还卤者。总督张国彦为之请曰：'哈赤忠顺如是也。'上爵之以都督。"又如："四十一年，奴儿哈赤以部夷阿都乞于松山堡对面开垦，并乞籽粒于边人。"

例七，沈国元《两朝从信录》记载："壬子（万历四十年）冬，奴儿哈赤杀其弟速儿哈赤，并其兵，复侵兀喇诸酋。"

例八，海滨野史《建州私志》（上）记载："歹商遂与建州奴儿哈赤婚。哈赤佟姓，建州枝部也，祖叫场，父塔失。"又记载："四十年，奴儿哈赤杀其弟速儿哈赤，并其兵，复侵兀喇诸酋。"

例九，彭孙贻《山中闻见录》卷一记载："大清太祖讳奴儿哈赤……塔失有二子，长即太祖，次速儿哈赤，俱幼，李成梁抚之。"

例十，黄道周《博物典汇·建夷考》载述："时奴儿哈赤甫四岁，宁远不能掩其功，哭之尽哀，抚奴儿哈赤与速儿哈赤如子。"虽文中史事学者多置异词，但清太祖汉译名值得参考。

例十一，王在晋《三朝辽事实录》卷一，页一记载"万历四十六年辽事起，四月十五日，奴儿哈赤计袭抚顺"云云。王在晋"以在事之人，言当时之事"，将清太祖汉译名写作"奴儿哈赤"，并以其计陷抚顺，作为明朝辽事之开端。

例十二，马晋允《皇明通纪辑要》记载："奴儿哈赤杀其弟速儿哈赤，并其兵，复侵兀喇诸酋。"

例十三，谈迁《国榷》卷八二记载："建州、海西卫奴儿哈赤等入贡，建州日强，每入贡，千五百人，横索车价，殴驿卒，当事裁之。令在边给赏，至是止十五人。"

上十三例，可以证明：在明朝私人著述中，除俗称"奴酋""奴""老奴""东奴""夷奴"等外，清太祖汉译名均作"奴儿哈赤"，译名规范，没有例外。

然而，在清代著述中，清太祖汉译名又是怎样的呢？

四

清人私人编纂如蒋良骐《东华录》云：

> 显祖嫡妃喜塔喇氏，乃阿古都督女，是为宣皇后，生三

子,长即太祖高皇帝(讳努尔哈赤),称为聪睿贝勒,生明嘉靖三十八年己未,孕十三月而生,龙颜凤目,伟躯大耳,声若洪钟。十岁时,宣皇后崩。……太祖母弟曰舒尔哈齐、雅尔哈齐,继母弟曰巴雅喇,庶母弟曰穆尔哈齐。[1]

此为首见清太祖汉译名作"努尔哈赤",其同母弟汉译名作"舒尔哈齐"。蒋良骐,广西全州人,康熙六十一年(1722)生,乾隆十六年(1751)中进士。乾隆三十年(1765),蒋良骐到国史馆任职,时年43岁。他说,"乾隆三十年十月,重开国史馆于东华门内稍北。骐以谫陋,滥竽纂修,夭拟管窥,事凭珠记",而"信笔摘钞,逐年编载,只期鳞次栉比,遂觉缕析条分,积之既久,竟成卷轴"。蒋良骐卒于乾隆五十三年(1788),年六十七。

因此,蒋良骐编纂《东华录》当在乾隆三十年(1765)以后,乾隆五十三年(1788)以前。

《皇朝开国方略》卷首云:"显祖嫡妃喜塔喇氏,阿古都督女,是为宣皇后,生子三,长即太祖高皇帝,宣皇后孕十三月乃生,岁己未,是为明嘉靖三十八年也。次舒尔哈齐(后号达尔汉巴图鲁,追封亲王,谥庄)、次雅尔哈齐(后追封郡王,谥通达)。继妃纳喇氏生子一,名巴雅喇(后号卓哩克图,追封笃义贝勒,谥刚果)。庶妃生子一,名穆尔哈齐(后号青巴图鲁,追封诚毅贝勒,谥勇壮)。"[2]

这同蒋氏《东华录》的汉译名是相一致的,时在乾隆

---

[1] 蒋良骐《东华录》卷一,木刻本,第2—3页。
[2] 《皇朝开国方略》卷首,光绪十年广百宋斋本,第2页。

五十一年（1786）。

由上可见，清太祖汉译名"努尔哈赤"，今见最早于乾隆三十年至五十年之间，在蒋良骐《东华录》中首次出现的。

五

在朝鲜官私文献中，记载清太祖译名主要为"老酋""老胡""奴酋""胡酋""老可赤""老乙可赤""奴儿哈赤"等。在正式文书中，清太祖译名有两种：一是"老乙可赤"，另一是"奴儿哈赤"。《李朝宣祖实录》和《李朝光海君日记》解释：明朝称之为"奴儿哈赤"，朝鲜称之为"老乙可赤"。自明万历二十三年（1595）后，朝鲜满浦镇佥节度使柳濂派通事河世国与明人杨大朝等到佛阿拉，并朝鲜南部主簿申忠一到建州后，多是在同明朝相关的公文中出现清太祖名"奴儿哈赤"。

《李朝宣祖实录》二十二年（明万历十七年）七月丁巳记载："左卫酋长老乙可赤以建州卫酋长李以难等为麾下属。老乙可赤则自中称王，其弟则称船将。"在这里，将清太祖名译作"老乙可赤"。

《李朝宣祖实录》（修正实录）二十五年（明万历二十年）九月辛未记载："……且以咨文见之，则有建州卫老乙可赤来救之言。"此文是说朝鲜受到日本侵略，故有"老乙可赤来救"的报闻。此份记载中，"老乙可赤"出现凡五次。

《李朝宣祖实录》（修正实录）二十五年（万历二十年）九月甲戌记载：明朝兵部令辽东都司移咨朝鲜，文曰："今据女直建州贡夷马三非等告称：本地与朝鲜，界限相连。今朝鲜既被倭奴侵夺，日后必犯建州。奴儿哈赤部下原有马兵三四万、步

53

兵四五万，皆精勇惯战，如今朝贡回还，对我都督说知，他是忠勇好汉，必然威怒，情愿拣选精兵，待严冬冰合，即便渡江，征杀倭奴，报效皇朝。"在朝鲜与明朝公文来往的咨文中，出现清太祖"奴儿哈赤"的译名。

《李朝宣祖实录》二十八年（万历二十三年）十一月甲申记载："河世国持来老乙可赤书"；同月戊子记载：朝鲜译官河世国到建州，"老乙可赤屠牛设宴，小乙可赤屠猪设宴，各有赏给"；十二月己亥记载：朝鲜备边司启曰"老乙可赤等各人赠给锦段事"；同月癸卯记载：差杨大朝（浙江人）入建州，见"浙江绍兴县人龚正六，年少客于辽东，被抢在其处，有子姓群妾，家产致万金，老乙可赤号为师傅，方教老乙可赤儿子书，而老乙可赤极其厚待"。以上四例，都称清太祖为"老乙可赤"。

《李朝宣祖实录》二十八年（万历二十三年）十二月甲辰记载，朝鲜满浦镇金节制使柳濂遣河世国、杨大朝等到建州密探后回报说"蒙差前往建州，看得奴儿哈赤及伊弟速儿哈赤同坐一城"云云。又载"看得夷酋奴儿哈赤近来兵势甚壮"等。

《李朝宣祖实录》二十九年（万历二十四年）正月壬午记载，明辽海东宁道兼理边备屯田山东布政司右参议杨给朝鲜备边司咨文"查得朝鲜国王咨称建州夷人奴儿哈赤等，欲乘冰结，启衅朝鲜"云云。这里清太祖译名作"奴儿哈赤"。

《李朝宣祖实录》二十九年（万历二十四年）正月丁酉载，朝鲜南部主簿申忠一在《书启》中报告："奴儿哈赤、小儿哈赤同母，毛儿哈赤异母云。"朝鲜宣祖李昖曰："观申忠一书启，老乙可赤之势，极为非常，终必有大可忧者。"

申忠一《建州纪程图记》图版十五记载："奴酋回帖云：

'女直国建州卫管束夷人之主佟奴儿哈赤禀,为夷情事。'云云。"该书图版十六记述清太祖世系略云:童交清哈一子托时——子奴儿哈赤(己未生),子歹舍(庚辰生),妻三,其下五子二女皆幼;子毛儿哈赤(壬戌生),子二皆幼;子小儿哈赤(甲子生),妻二,子培未(癸未生),其下三子皆幼,长女则今正月十五日,童时罗破作婿云。图版十六又记:"奴儿哈赤、小儿哈赤同母,毛儿哈赤异母云之。"是为申忠一在佛阿拉访得建州实情,而根据清太祖名字音译作"奴儿哈赤"。

而后,李仁荣《建州纪程图记解说》记载"朝鲜宣祖二十八年乙未(明万历二十三年)十二月,南部主簿申忠一奉命至建州奴儿哈赤(后为清太祖)之居城,得以察其情势而归,事属著闻"云云。文中先后六次出现"奴儿哈赤"。

《东国史略事大文轨》记载:"奴儿哈赤部落住在鸭绿江越边迤西之地。"文中并记载明辽东巡抚赵楫宣抚建州言"建州夷酋奴儿哈赤、速儿哈赤知道"云云。

赵庆男《乱中杂录》记载:"……三多乙舍所吐里,奴弟小乙可赤长子,或阿未罗古……"

李肯翊《燃藜室记述》卷二三记载:"奴儿哈赤,佟姓,故建州枝部也。"又记载:"壬子冬,奴儿哈赤杀其弟速儿哈赤,并其兵,侵兀剌诸酋。"另记载:"是年五月,奴儿哈赤僭号后金国汗,建元天命。"

李民寏的《栅中日录》《建州闻见录》《越江后追录》《自建州还后陈情疏》和《进建州闻见录》五文,虽知清太祖的名字,但因其所进文字表明自己忠于李朝王室而鄙视建州,故一概称清太祖为"奴酋"。

《李朝光海君日记》七年(万历四十三年)六月丙午载述编

者言：建州夷酋佟奴儿哈赤，我国讹称其为老可赤。

综上，在《李朝宣祖实录》《李朝光海君日记》中，清太祖正式译名有二：一为"老乙可赤"，另一为"奴儿哈赤"；前者的"老"对"小"（小乙可赤）而言，故其比较规范的译名是"奴儿哈赤"，这既表明其效忠明朝的心迹，又反映其源于女真的音译。

六

清太祖汉译名自明万历十五年（1587）以降，如"奴酋""老酋""奴""东奴""老奴""老胡""胡酋""老儿赤""老可赤""乙可赤""老亦可赤""老乙可赤"等，是对其名字的简称、略称，或异称、别称，或贬称、蔑称。统合言之，清太祖汉译名主要有奴儿哈赤、努儿哈赤、努尔哈赤、弩儿哈奇、弩尔哈齐、努尔哈齐等。

在当代，清太祖汉译名主要有二：一是努尔哈赤，二是努尔哈齐。

其一是"努尔哈赤"。"努尔哈赤"最早见于蒋良骐的《东华录》。它是从"奴儿哈赤"演化而来。因为"奴儿"带有贬义，故将"奴儿"写成"努尔"，"哈赤"则未变，因之清太祖汉译名作"努尔哈赤"。因"奴儿哈赤"，"奴儿"与"努尔"同音，可视"奴儿哈赤"与"努尔哈赤"为同一类型。

稻叶君山的《清朝全史》，但焘译文，民国四年（1915）印行，其第八章标题为"奴儿哈赤勃兴于建州"。书中叙述清太祖的世系："叫场（教场）——塔失（他失）——奴儿哈赤（老儿赤）"。书中列表分记清太祖及其兄弟：弩尔哈齐、舒尔哈齐、雅尔哈齐、巴雅齐、穆尔哈齐[1]。这说明《清朝全史》对清太祖的汉译名尚未规范统一。

萧一山《清代通史》第一篇第一章标题为"努儿哈赤之勃兴",书中凡提到清太祖的汉译名时,均作"努儿哈赤",如"努儿哈赤之先世及其事略""努儿哈赤之建国""努儿哈赤之兵法""努儿哈赤之死"等[2]。萧一山将"奴"字换成"努"字,而"儿"字未易,故作"努儿哈赤"。

孟森《清太祖起兵为父祖复仇事详考》《清太祖杀弟事实考》《清太祖由明封龙虎将军考》《清太祖告天七大恨之真本研究》《清太祖所聘叶赫老女事详考》五篇论文,概避其名字而用其庙号。其《清史讲义》第三章《清代种族及世系》载"太祖名努尔哈赤"[3]。孟先生用的是"努尔哈赤"。

郑天挺《清史探微》中《清入关前满洲族的社会性质》文中说:"1583年(明神宗万历十一年),满洲(当时称为建州女真)的没落的上层分子努尔哈赤以十三副甲起兵,讨伐他的仇人,经过三十三年,到1616年(万历四十四年),建立了以自己为首的满洲政权金国——后来称为清朝。"[4]郑先生用的是"努尔哈赤"。

戴逸主编《简明清史》上册第四十页标题为"努尔哈赤统一女真各部及后金的建立"[5]。戴先生《简明清史》全书将清太

---

[1] 稻叶君山《清朝全史》(中华书局,1915年)第94页载:"万历十七年九月辛亥,初授建州夷酋为都督金事。"辛亥,误,应作"乙卯(十一日)"。
[2] 萧一山《清代通史》上卷,商务印书馆,1927年。
[3] 孟森《清史讲义》,中国文化服务社,1937年,第14页。
[4] 郑天挺《清史探微》,中华书局,1999年,第404页。
[5] 戴逸主编《简明清史》第1册,人民出版社,1984年,第40页。

祖汉译名规范为"努尔哈赤"。

王思治主编《清代人物传稿》第一卷第一篇为《努尔哈赤》[1]。王先生全书将清太祖汉译名统一为"努尔哈赤"。

李光涛在《明清档案论文集》中，清太祖汉译名为"奴儿哈赤"，其《明清史论集》中《记金国汗之迫而求款》等文，清太祖汉译名亦作"奴儿哈赤"[2]。

黄彰健《明清史研究丛稿》中有《奴儿哈赤所建国号考》[3]等文，称清太祖名为"奴儿哈赤"。

广禄、李学智《清太祖朝〈老满文原档〉与〈满文老档〉之比较研究》中说："根据清代的官书记载，知道清人之有文字，实肇始于清太祖建元天命以前的十七年，也就是明神宗万历二十七年（西元一五九九）。那时清太祖努尔哈赤才开始仿照蒙古文的字形，创造了满文。"[4]

阎崇年《努尔哈赤传》[5]等有关清太祖的中文传记，都以"努尔哈赤"做传主的书名。

张岂之主编，郭成康、王天有、成崇德本卷主编的《中国通史·元明清卷》，其《满洲的兴起与清朝的建立》一节，以《努尔哈赤建立后金》作为纲目，全书统一以"努尔哈赤"作为

---

[1] 王思治主编《清代人物传稿》上编卷1，中华书局，1984年，第1页。
[2] 李光涛《明清档案论文集》，图版三，联经出版事业公司，1986年，第129页；《明清史论集》上册，台湾商务印书馆，1971年，第1页。
[3] 黄彰健《明清史研究丛稿》，台湾商务印书馆，1977年，第481页。
[4] 广禄、李学智《清太祖朝〈老满文原档〉与〈满文老档〉之比较研究》，《中国东亚学术研究计划委员会年报》第4期，1965年6月。
[5] 阎崇年《努尔哈赤传》，北京出版社，1983年。又若松宽的《努尔哈赤传》、滕绍箴的《努尔哈赤评传》、蒋秀松的《清朝开国皇帝努尔哈赤》、李治亭的《努尔哈赤》等，都以"努尔哈赤"名清太祖。

清太祖的汉译名。此书被列为全国"普通高等教育'九五'国家级重点教材"[1]。

以上说明，在全国主要的、代表性的学术著作中，清太祖汉译名多作"努尔哈赤"。

其二是"努尔哈齐"。《清史稿·太祖纪》曰："太祖承天广运圣德神功肇纪立极仁孝睿武端毅钦安弘文定业高皇帝，姓爱新觉罗氏，讳努尔哈齐。"[2]《清史稿》于民国十六年（1927）开始印行，这是今见最早出现的清太祖汉译名作"努尔哈齐"。

王钟翰《清史杂考》中以《满族在努尔哈齐时代的社会经济形态》[3]为题的长篇论文，清太祖汉译名作"努尔哈齐"。

中国第一历史档案馆、中国社会科学院历史研究所《满文老档》中，《蒙古贝勒明安以女妻努尔哈齐》等[4]，全书译者编加标题，将清太祖汉译名通作"努尔哈齐"。

陈捷先在《满洲丛考》中，说"舒尔哈齐是努尔哈齐的胞弟"[5]，在《清史论集》中有《努尔哈齐与〈三国演义〉》的篇目。陈先生还以《努尔哈齐写真》与《努尔哈齐事典》做书名，分别于2003年、2005年由远流出版事业公司出版。陈先生在自己多年的大量论著中，均将清太祖汉译名作"努尔哈齐"。

庄吉发在《清史论集》中说："谈清史，要从清太祖努尔哈

---

[1]　《中国通史·元明清卷》，高等教育出版社，2001年，第184页。
[2]　《清史稿》卷一《太祖纪》，中华书局点校本，1977年，第1页。
[3]　王钟翰《清史杂考》，中华书局，1963年，第1页。
[4]　中国第一历史档案馆、中国社会科学院历史研究所《满文老档》上册，中华书局，1990年，第12页。
[5]　陈捷先《满洲丛考》，台湾大学文学院刊印，1963年，第66页。参见《清史论集》，东大图书公司出版，1997年。

齐时期说起,他统一女真诸部,满洲崛起。"[1]庄先生在论著中将清太祖汉译名作"努尔哈齐"。

七

清太祖的汉译名,当今主要有三种:一是"努尔哈赤",另一是"努尔哈齐",再一是"弩尔哈齐"。虽仅一字之差,却系意见角立。综上所述,略做分析。

第一,清太祖汉译名"努尔哈赤"。《明神宗实录》记载,从万历十五年(1587)十一月己丑(初四日)开始,在明代官书中,将清太祖汉译名统一规范作"奴儿哈赤"。其中,"奴"与"儿"两个字,都是满语对音,只是用字含有贬义。蒋良骐在《东华录》中,最早将"奴儿"改译作"努尔",于是首先出现清太祖汉译名作"努尔哈赤"。清代清太祖名字出现时应讳缺,如《清国史·太祖纪》就只载清太祖之姓,而讳缺其名。民国以来,清太祖的汉译名"努尔哈赤"已经广泛使用,在书籍、报刊、影视、广播、戏曲、教材、小说、网络中,人们普遍使用,流传已久,家喻户晓,老少咸知。

第二,清太祖汉译名"弩尔哈齐"。此为《清太祖高皇帝实录》(小红绫本)贴黄下所见,在其他版本中多避讳。这应是今见《清太祖实录》中清太祖汉译名"弩尔哈齐"的记载,也是清官方所定的。

第三,清太祖汉译名"努尔哈齐"。从《清史稿》问世以来,一些学者在书文中,将清太祖汉译名写作"努尔哈齐"。

---

[1] 庄吉发《清史论集》(一),文史哲出版社,1997年,第1页。

清太祖汉译名，应有两个原则：名从主人与约定俗成。于"名从主人"，似将 nurhaci 汉音译作"努尔哈齐"或"弩尔哈齐"更贴近满语的对音；于"约定俗成"，似将 nurhaci 汉音译作"努尔哈赤"更符合通行习惯。但清太祖汉译名作"努尔哈赤"，相沿四百余年，恐怕变之不易。

中国历史上少数民族著名人物的汉译名，如元太祖铁木真，其蒙古文（拉丁文转写）为"temuchin"，汉音译应作"铁木钦"，而汉译作"铁木真"。其"钦"与"真"译音微有差异，但约定俗成，通行汉译作"铁木真"。

在新修大型《清史》时，清太祖汉译名是作"努尔哈赤""弩尔哈齐"，还是作"努尔哈齐"？这是一个既需要规范划一又需要讨论并慎重对待的问题。

（原载《北京历史文化研究》，人民出版社，2012 年）

论袁崇焕

今年是明代杰出的军事家、抗御后金的民族英雄袁崇焕诞生四百周年。

袁崇焕（1584—1630），字元素，号自如，祖籍东莞，落籍藤县，曾居平南。崇焕官至督师，抗战八年，"杖策必因图雪耻，横戈原不为封侯"[1]，只念社稷安危，不计个人荣辱。他身戎辽事，忠于职守，其"父母不得以为子，妻孥不得以为夫，手足不得以为兄弟，交游不得以为朋友"[2]，体现了高尚的爱国精神。这是袁崇焕留给后人重要的精神财富。

本文就袁崇焕辽事活动的历史条件、军功业绩及其含冤死因等问题，提出浅见，以冀教正。

一

列宁在《什么是"人民之友"以及他们如何攻击社会民主主义者？》一文中说："历史必然性的思想也丝毫不损害个人

---

[1] 袁崇焕《边中送别》，《袁督师事迹》，道光三十年南海伍氏粤雅堂刻本。
[2] 程本直《漩声记》，载《袁督师事迹》，道光三十年南海伍氏粤雅堂刻本。

在历史上的作用,因为全部历史正是由那些无疑是活动家的个人的行动构成的。在评价个人的社会活动时会发生的真正问题是:在什么条件下可以保证这种活动得到成功呢?有什么东西能担保这种活动不致成为孤立的行动而沉没于相反行动的汪洋大海中呢?"[1]这就启示人们,在评价历史人物的活动时,既要分析保证其活动成功的历史条件,又要分析造成其活动失败的历史因素。作为明代杰出军事家、民族英雄的袁崇焕,不仅有羽书奏捷的欢乐,而且有落狱磔死的悲苦。归根结底,袁崇焕是一位悲剧式的英雄人物。这自然有其历史条件。

中国自明万历十一年(1583)努尔哈赤起兵,至清康熙二十二年(1683)玄烨统一台湾的整整一百年间,是处于外敌入侵、民族纷争、阶级搏斗、九鼎频移的历史巨变时代。在这一历史时期,西方在资本原始积累的基础上,资本主义生产方式逐渐发展,先后发生了尼德兰资产阶级革命和英国资产阶级革命。此后,西方各国逐步地建立起资本主义的社会秩序。资产阶级争得自己的阶级统治地位还不到一百年,"它所造成的生产力却比过去世世代代总共造成的生产力还要大,还要多"[2]。然而,中国却处于连绵不断的国内战争时期。满洲兴起,农民起义,清军入关,抗清斗争,三藩之乱,统一台湾,经过百年的战争与整合,激进与回旋,中华民族重新统一,形成一个强大的清帝国。清代这个统一的多民族的封建帝国的起点,是努尔哈赤的勃兴。

袁崇焕生活时代的一个特点是满洲崛兴辽东。万历十一

---

[1]《列宁全集》卷1,人民出版社,1955年,第139页。
[2]《马克思恩格斯全集》卷4,人民出版社,1953年,第471页。

年（1583），女真首领努尔哈赤以父塔克世"遗甲十三副"[1]起兵，是中国16世纪最重大的政治事件之一。努尔哈赤起兵后，统一建州女真，吞并扈伦四部，征抚东海女真，降附黑龙江女真，绥服漠南蒙古，结好东邻朝鲜，创建八旗制度，主持制定满文。万历四十四年（1616），努尔哈赤为"（安巴）庚寅汗"，即"（大）英明汗"[2]，黄衣称朕，建立后金，指明朝为南朝[3]。万历四十六年即天命三年（1618），后金汗努尔哈赤以"七大恨"[4]告天，随后计袭抚顺，智取清河。败报迭至，明廷震惊。翌年，明派杨镐为经略，率11万大军，号称47万，兵分四路，分进合击，进攻后金政治中心赫图阿拉。但明军初动，师期已泄。努尔哈赤采取"任他几路来，我只一路去"[5]的策略，集中兵力，以逸待劳，逐路击破明军的攻剿，取得萨尔浒大捷。后金军接着占开原，据铁岭。天启元年（1621），后金兵东犯，破沈阳、陷辽阳。辽阳是明朝辽东的首府，辽阳的失陷，标志着明在辽东统治的结束。随即辽河以东70余城堡全为后金占领。天启二年（1622），后金军又进犯河西，占领广宁。明辽东经略王在晋说：

> 东事一坏于清、抚，再坏于开、铁，三坏于辽、沈，四坏于广宁。初坏为危局，再坏为败局，三坏为残局，至

---

[1]《清太祖武皇帝实录》卷一，癸未年（万历十一年）五月，台北广文书局影印本，1970年。
[2]《满文老档·太祖》第5册，天命元年正月壬申朔。
[3] 王在晋《三朝辽事实录》卷一，江苏省立国学图书馆藏本。
[4]《清太祖高皇帝实录》卷五，天命三年四月壬寅，中国第一历史档案馆。
[5] 傅国《辽广实录》上卷，《清入关前史料选辑》第一辑，中国人民大学出版社，1984年。

于四坏则弃全辽而无局,退缩山海,再无可退。[1]

明军失陷广宁,丢掉全辽,退缩山海,无局可守。这就是袁崇焕荷任辽职时王在晋所分析的辽东形势。

但是,上述辽东形势的出现,是明代辽东地区历史发展的必然结果。在东北地区,居住着女真等少数民族。明廷除加强对女真等族的管辖外,还采取"分其枝,离其势,互令争长仇杀"[2]的政策。明朝封建统治者对女真等族实行的民族分裂和民族压迫政策,必然引起女真人的反抗。所以,明朝后期主昏政暗,国力衰弱,边备废弛,将骄卒惰,以努尔哈赤为首的女真人乘机起兵反明。然而,明朝与建州的纠纷尽管都是中华民族内部的矛盾,但这里也有个是非问题。明朝与建州的战争,有进犯与防御、侵扰与抵抗、非正义与正义的区别。大体说来,明朝与建州的战争,可以分作前后两期:前期女真军事贵族反抗明廷民族分裂与民族压迫的战争,是正义的战争;后期女真军事贵族掠夺明朝土地、人口、财畜的战争,则是非正义的战争。袁崇焕从天启二年即天命七年(1622)至崇祯二年即天聪三年(1629)任辽职的八年间,加强防戍,守卫宁远,营救十三山难民,抗击后金军南犯,维护长城内外汉族等民族的利益,其所进行的战争,完全是正义的战争。正义的战争,为袁崇焕成为军事家和民族英雄提供了历史的前提。

袁崇焕生活时代的又一个特点是社会矛盾尖锐。明末以皇

---

[1] 《明熹宗实录》卷二〇,天启二年三月乙卯,台北"中研院"史语所校勘本,1962年。
[2] 《神庙留中奏疏汇要·兵部类》卷一,明抄本,北京图书馆善本部藏。

帝、宗室、宦官、勋戚为主体的皇家官僚地主集团，是当时社会上最反动腐朽的大地主集团。袁崇焕身经万历、泰昌、天启、崇祯四朝，至他任辽职时，明祚已传十五代，纪纲败坏，积弊深重，中空外竭，危机四伏。本文不拟全面论述明末社会矛盾，仅对其财政支绌略做侧面分析。《明史·食货志》载："国家经费，莫大于禄饷。"在诸禄之中，举宗禄为例。明制宗藩世世皆食岁禄，然天潢日繁，奸弊百出。御史林润言：

> 天下之事，极弊而大可虑者，莫甚于宗藩禄廪。天下岁供京师粮四百万石，而诸府禄米凡八百五十三万石。以山西言，存留百五十二万石，而宗禄三百十二万；以河南言，存留八十四万三千石，而宗禄百九十二万。是二省之粮，借令全输，不足供禄米之半，况吏禄、军饷皆出其中乎？[1]

虽郡王以上，犹得厚享；但将军以下，多不能自存，饥寒困辱，号呼道路。

在诸饷之中，举三饷为例。御史郝晋言：

> 万历末年，合九边饷止二百八十万。今加派辽饷至九百万；剿饷三百三十万，业已停罢；旋加练饷七百三十余万。自古有一年而括二千万以输京师，又括京师二千万以输边者乎？[2]

---

[1]《明史》卷八二《食货志六》，中华书局点校本，1974年。
[2]《明史》卷七八《食货志二》。

以上宗禄和边饷两例说明，明廷竭天下之力，以供禄饷，致财尽民穷，帑藏匮绌，海内困敝，明社将倾。其时社会矛盾的表现，譬之一身，中原为腹心，西北与东北为肩臂；腹心先溃，肩臂立危。先以东北地区为例，明统治者对辽民剜肉剥肤，啄骨吸髓，迫使大量汉人进入建州地区：

> 建州彝地有千家庄者，东西南北周回千余里，其地宽且肥。往年辽、沈以东，清河、宽奠等处，与彝壤相接，其间苦为徭役所逼者，往往窜入其中，任力开垦，不差不役，视为乐业。彝人利其薄获，阳谓天朝民也，相与安之，而阴实有招徕之意。然矿税未行，人重故土，去者有禁，就者有限，即官司有事勾摄，犹未敢公然为敌也。乃今公私之差，日增月益，已不自支，而矿税之征，朝加夕添，其何能任！况在此为苦海，在彼为乐地。彼方为渊为丛，民方为鱼为雀，而我为獭为鹯。以故年来相率逃趋者，无虑十万有余。[1]

辽民为鱼为雀，建州为渊为丛，而明朝统治者却是为獭为鹯。

辽民逃入建州，社会矛盾激化民族矛盾；辽左连年用兵，民族矛盾又激化社会矛盾。万历末年巡按张铨说："竭天下以为辽，辽未必安，而天下先危。"[2]其后御史顾慥又说："竭全宇以供一隅，今年八百万，明年八百万，臣恐财尽民穷，盗贼蜂

---

[1] 何尔健《按辽御档疏稿·直陈困惫》，何兹全、郭良玉校编本，中州书画社，1982年。
[2] 《明神宗实录》卷五九四，万历四十八年五月己卯，台北"中研院"史语所校勘本，1962年。

起，忧不在三韩，而在萧墙之内也。"[1]

再以西北地区为例。陕西北部，地瘠民穷，科敛过重，"户口萧条，人烟稀少"[2]。明加辽饷，前后三增，至天启七年即天聪元年（1627），加派于陕西省，为银263613两[3]。又值连年灾荒，至人相食。天启六年即天命十一年（1626）八月，陕西发生纪守司等小股农民起义。翌年，陕西大旱，澄城知县张斗耀，"催科甚酷，民不堪其毒。有王二者，阴纠数百人，聚集山上，皆以墨涂面"[4]，冲入县衙，将斗耀砍死[5]，聚众举义。崇祯元年即天聪二年（1628），全陕"连年凶荒，灾以继灾"[6]。继王二首义之后，王嘉胤起府谷，不沾泥起西川，王自用起延川，王左挂起宜川，高迎祥起安塞[7]，举义之火，势如燎原。第二年，当袁崇焕入援京师时，陕西义军风驰电掣，纵横全省，致明廷惊叹"全陕无宁宇矣！"[8]。各路"勤王之师"，因粮饷无着，相继中途哗变。如山西巡抚耿如杞统五千援军，哄然溃归；甘肃巡抚梅之焕所统援兵，哗变逃归；延绥总兵吴自勉带领之师，溃走陕西。许多溃兵相继参加了农民义军。

上述可见，明末社会矛盾与民族矛盾交互激化，是导致袁崇焕悲剧结局的重要社会因素。袁崇焕被起用为蓟辽督师后，

---

[1]《明熹宗实录》卷一，泰昌元年九月丁亥。
[2] 民国《续修陕西通志稿》卷八六，民国二十三年铅印本。
[3] 毕自严《度支奏议·题复加派数目疏》，明崇祯刻本，北京图书馆善本部藏。
[4] 文秉《烈皇小识》卷二，上海书店出版社，1982年。
[5] 金日升《颂天胪笔》卷二一，明崇祯二年刻本。
[6] 孙承泽《山书》卷一，清抄本。
[7] 吴伟业《鹿樵纪闻》卷下，《中国内乱外祸历史丛书》本，神州国光社，1936年。
[8] 吴伟业《绥寇纪略》卷一，《丛书集成》本，商务印书馆，1936年。

面奏"五年复辽"方略，以解天下倒悬之苦。但辽东之局，建州蓄聚，四十余年，原不易结；而中原地区，财竭民穷，义旗遍举，势成燎原。明廷腹心早溃，肩臂已危，辽东陕北，首尾难顾。袁崇焕已经失去辽东取胜的经济前提与社会基础，其"五年之略"，难以按期责功，报之寸磔非刑。

袁崇焕生活时代的另一个特点是明末党争激烈。随着明末民族矛盾与社会矛盾日益激化，明统治者更加腐败，朝政日弛，臣工水火，议论角立。万历十七年（1589）后，朱翊钧怠于政事，二十余年不临朝议政。朱赓为首辅三年，未曾见帝一面，疏奏屡上，十不一下。时"政权不由内阁，尽移于司礼"[1]。朱赓死后五年间，内阁唯叶向高一人[2]，杜门者已三月，六卿只赵焕，户、礼、工三部亦各只一侍郎，都察院八年无正官，原额给事中五十人、御史百一十人，其时皆不过十人。"在野者既赐环无期，在朝者复晨星无几"[3]。于是，大小臣工，日相水火，党人势成，清流逐尽。

天启初，东林党人柄政。天启二年即天命七年（1622），东林党人御史侯恂以袁崇焕"英风伟略"[4]，加以疏荐，袁被擢为兵部职方司主事。袁崇焕虽非东林党人，却倾向于东林，他的座师韩爌等都是东林党。同年二月，东林党魁孙承宗为兵部尚书兼东阁大学士，预机务。八月，命大学士孙承宗督师。后孙承宗巡边，支持袁崇焕守宁远之议。翌年九月，孙承宗决守宁远，命袁崇焕等营筑宁远城，期年竣工，遂为关外重镇。但是，

---

[1] 《明史》卷二一九《朱赓传》。
[2] 《明史》卷一一〇《宰辅年表二》。
[3] 《明史》卷二二五《赵焕传》。
[4] 《明熹宗实录》卷一八，天启二年正月甲子。

天启四年即天命九年（1624）正月，阉党顾秉谦、魏广微入阁，后魏忠贤提督东厂。"自秉谦、广微当国，政归忠贤"[1]。六月，杨涟等疏劾魏忠贤二十四大罪，东林党与阉党公开冲突。不久，杨涟、左光斗被削籍，东林党人被逐一空，阉党专政。阉党决心惩治熊廷弼等，以张威固势。顾大章说："熊、王之案，诛心则廷弼难末减，论事则化贞乃罪魁。"[2]但阉党不甘心，诬其贿东林党求免，终将熊廷弼杀死，并传首九边。随之，孙承宗以不阿附阉党而被迫去职，换以阉党高第为经略。高第令尽撤锦州等城守具，驱屯兵、屯民入关。袁崇焕力争兵不可撤，决心"独卧孤城，以当虏耳"[3]。后袁崇焕虽连获宁远和宁锦两捷，终因被魏党所恶而引疾去职。

崇祯初，魏忠贤被赐死，阉党谋团受到打击，东林党人再次柄政。袁崇焕被起用为蓟辽督师。魏忠贤伏诛，"忠贤虽败，其党犹盛"[4]；颁钦定逆案，"案既定，其党日谋更翻"[5]。阉党谋翻案，先攻辅臣刘鸿训，刘被遣戍，东林开始失势。崇祯二年即天聪三年（1629），后金军攻打京师，袁崇焕下狱。魏忠贤遗党温体仁、王永光等"群小丽名逆案者，聚谋指崇焕为逆首，龙锡等为逆党，更立一逆案相抵"[6]。翌年八月，袁崇焕被杀。寻，钱龙锡也被逮下狱，后遣戍。韩爌、李标、成基命等先后

---

[1]《明史》卷三〇六《顾秉谦传》。
[2] 文秉《先拨志始》，《中国历史研究资料丛书》本，上海书店印行，1982年。
[3] 周文郁《边事小纪》卷一，《玄览堂丛书续集》本，南京国立中央图书馆影印本，民国三十六年。
[4]《明史》卷二五一《刘鸿训传》。
[5]《明史》卷三〇六《阉党列传》。
[6]《明史》卷二五一《钱龙锡传》。

"致仕"，东林党内阁倒台。

在袁崇焕任辽事的九年间，正是明末党争最激烈的时期。明末辽东三位杰出的统帅熊廷弼、孙承宗、袁崇焕，都在东林党与阉党斗争中，因阉党的掣肘、干扰、排陷，或传首九边，或遭劾辞职，或寸磔于市。但是，东林党与阉党的斗争互有消长。袁崇焕的擢用、建功、告归、磔死，无不与东林党同阉党的斗争相联系。所以，袁崇焕在辽事上的建功与蒙辱，除受到民族矛盾和社会矛盾这两个因素的影响外，还受到东林党与阉党之争的制约。

袁崇焕生活时代的再一个特点是西方科技传入。西方殖民者借助大炮进行扩张，嘉靖初佛朗机炮传入中国，"然将士不善用"[1]。谭纶指出："中国长技，无如火器。"[2]万历十年（1582），耶稣会士利玛窦来华，其后艾儒略、邓玉涵、汤若望、罗亚谷、阳玛诺等也相继来华。他们传来西方天文、数学、地学、机械、火器等科技知识。明臣徐光启、李之藻等力排徐如珂、沈㴶等愚顽之见，推崇西学，从事翻译和研究。明失陷辽阳，徐光启"力请多铸西洋大炮，以资城守"[3]。后明廷以数万金调"澳夷"至京教习制作西洋大炮。茅元仪受李之藻嘱，"亲叩夷，得其法"[4]。后袁崇焕将运至关外的红夷大炮，安设于宁远城四面，并派家人罗立、通判金启倧等学习燃放。后金军力攻宁远，"城中用红夷大炮及一应火器诸物，奋勇焚击，前后伤虏数千"[5]，致努尔哈赤大败而回。袁崇焕使

---

[1]《明史》卷三二五《外国列传六》。
[2] 谭纶《战守长策事疏》，《明经世文编》（四），中华书局影印本，1962年。
[3]《明史》卷二五一《徐光启传》。
[4] 茅元仪《督师纪略》卷二〇，北京图书馆善本部藏。
[5]《明熹宗实录》卷六八，天启六年二月甲戌朔。

用西方科技传入而购进的红夷大炮，成为其夺取宁远和宁锦两捷的重要因素。

前述民族矛盾激化，社会矛盾尖锐，朋党之争酷烈，西方科技传入，以及其错综复杂的关系，是袁崇焕宦海浮沉的客观因素。但袁崇焕自身的经历，则是其辽事功业的主观因素。袁崇焕万历三十四年（1606）举于乡[1]。万历四十七年即天命四年（1619）成进士[2]，后官邵武县令。他作为一名下级封建官员，能体恤民情，"明决有胆略，尽心民事，冤抑无不伸；素趫捷有力，尝出救火，着靴上墙屋，如履平地"[3]，是一位清官。他虽身居八闽，却心系辽事，"日呼一老兵习辽事者，与之谈兵"[4]。天启二年即天命七年（1622）大计至京，他单骑出阅边塞，关心社稷兴亡。所以，尖锐的民族矛盾激发了他的爱国热忱，促其弃文从戎，任职辽事。但是，袁崇焕对明末民族矛盾、阶级关系、朋党之争和西学东渐的复杂性认识不足，凭颇热肝肠与个人才智，杖策雪耻、图复全辽。上述诸种矛盾及其变化，既为他铸成英雄塑像，又使他扮演悲剧角色。

二

明代杰出的军事家袁崇焕，重建一支辽军，组成一条宁锦防线，提出一套军事原则，指挥三次重大战役，在军事理论与

---

[1] 崇祯《梧州府志》卷一三，明崇祯四年刻本，清抄本，北京图书馆善本部藏。
[2] 《万历己未科进士题名碑记》，碑藏首都博物馆。
[3] 《乾隆邵武府志》卷一五，清乾隆三十五年刻本，故宫博物院图书馆藏。
[4] 夏允彝《幸存录》卷上，清抄本，北京图书馆善本部藏。

军事实践上均做出了可贵的贡献。

袁崇焕重建了一支辽军。明朝辽东军队在明代初期和中期，对抵御蒙古和女真贵族骑兵的"骚掠"和"犯抢"，入援朝鲜抗击倭军侵略，俱起过重要作用。但万历后期以降，辽军将贪、兵惫、饷缺、马羸、器窳、甲敝，边备废弛，日益腐败。万历四十七年即天命四年（1619）以后，明军陷城失地，将奢卒掠，"将不习于斗而习于奢，卒不善于攻而善于掠"[1]。明军如乱絮纷丝，似乌合之众，兵无纪，饷不清，"且有缚镇杀抚之事"[2]。袁崇焕要抵御后金军南犯，画程复辽，当务之急是改造和重建辽军。

第一，选将。他按兵之多寡设官，按官之德才择将，遴选赵率教、祖大寿、何可纲等五十员将领，皆获旨允。如赵率教分数明白、纪律精详、猷略渊远、着数平实，祖大寿英勇矫捷、腔子玲珑且与士卒通肺腑、同甘苦，何可纲不破公钱、不受私馈、敝衣粝食、韬钤善谋。袁崇焕与三将倚为股肱，誓与始终[3]。

第二，精兵。他汰冗卒，补新兵。"请以十万五千官兵，汰为八万，以二万留关内，六万布关外。"[4]袁为带兵之人，悉知兵多而自稳。但他汰冗兵不仅可减轻各省征调转输之苦，而且能使部伍"焕然一新，数万之兵而有一二十万之用"[5]。他并以

---

[1]《明熹宗实录》卷七五，天启六年八月乙卯。
[2]《崇祯长编》卷二五，崇祯二年八月乙卯，台北"中研院"史语所校勘本，1962年。
[3]《崇祯长编》卷一二，崇祯元年八月丙辰。
[4]《明熹宗实录》卷六八，天启六年二月戊戌。
[5]《明熹宗实录》卷七一，天启六年五月庚申。

广西狼兵、关外辽兵,充实辽伍,组成辽军。

第三,措饷。明军缺饷,数月不发,激起兵变,吊捶抚臣。他起复后,仅在崇祯元年即天聪二年(1628)下半年,即几乎无月不请饷催饷。

第四,治械。明军失陷清、抚后,军士"弓皆断背断弦,箭皆无翎无镞,刀皆缺钝,枪皆顽秃"[1]。袁崇焕疏请工部制造器械,将监督、主事、匠役等名勒上,"倘造不如法,容臣指名参核"[2]。又请工部所制甲械,依祖大寿式,交关内外分造,并极力运用新造西洋大炮。

第五,赏勇。"战争为最危险的领域,所以勇气是超越一切事物之上而成为战士的第一素质。"[3]袁崇焕在守宁远时,置银于城上,"有能中贼与不避艰险者,即时赏银一锭。诸军见利在前,忘死在后,有面中流矢而不动者,卒以退虏"[4]。他既赏勇敢,又罚贪怯,平素驭军最严格,以便法行而实施。

总之,袁崇焕在选将、汰冗、征召、饷粮、炮械、训练、军纪等方面极为严肃,从而重建一支在适当的时间和地点同后金兵进行殊死搏斗的辽军。

袁崇焕建成了一条宁锦防线。先是,明军在辽东,熊廷弼设三方布置策,未能实施而兵败身死;王化贞沿辽河设一字形防线,广宁兵败而身陷囹圄;孙承宗策划关外防线,戎业未竟而愤然告归。明诸将于后金军的进攻,罔敢议战守,"议战守,

---

[1] 熊廷弼《熊襄愍公集》卷三,清道光二十一年刻本。
[2] 佚名《今史》卷四,清刻本。
[3] 克劳塞维茨《战争论》(精华)中译本,第一章第二节,商务印书馆,1978年。
[4] 《明熹宗实录》卷七〇,天启六年四月己亥。

自崇焕始"[1]。袁崇焕议辽东战守有个过程。在宁远之战前，他主要营筑并坚守宁远。宁远之捷表明，明军"文武将吏，从此立脚"[2]。在宁锦之战前，他主要缮守锦州等城。宁锦之捷表明，宁锦防线初步确立。在保卫京师之战前，袁督师为结五年复辽之局，重新部署关外防线，建成锦州、宁远、关门防御体系，并着手整顿蒙古和东江两翼。袁崇焕所建宁锦防线，包括"一体两翼"。"一体"即纵向，由总兵赵率教驻关门，为后劲；自率中军何可纲驻宁远，以居中；总兵祖大寿镇锦州，为先锋[3]。其军队则分为马兵、步兵、车兵、水兵，计二十四营。各将领画地信守，缓急相应，且筑且屯，亦守亦战，逐步而前，更迭进取，战则一城接一城，守则一节顶一节。"两翼"即横向，其左翼为蒙古拱兔等部，采取"抚西虏以拒东夷"[4]的策略；其右翼为东江，实行斩帅抚众、整顿部伍，以挠敌后的措施。这就是袁崇焕所建辽东"一体两翼"的十字形防线。袁崇焕辽东宁锦主体防线的建成，阻挡了后金军的南进。然而其两翼未成，东江一翼杀毛文龙后未及整顿而含冤身死；蒙古一翼，亦未能如愿，致皇太极绕道蒙古，破塞入犯，兵指京师。然而，袁崇焕倚靠重建的辽军，守御宁锦防线，堵御后金军八年之久不得逾越南进，其功不可泯。在袁崇焕身后，祖大寿得以其余威振于边，辽军守御的宁锦防线仍坚不可摧。直至崇祯十五年（1642），锦州才被攻陷，而宁远、关门则几与明祚同终。

袁崇焕提出了一套军事原则。这些重要的军事思想和原则是：

---

[1]《明史》卷二五九《袁崇焕传》。
[2]《明熹宗实录》卷七〇，天启六年四月辛卯。
[3]《崇祯长编》卷一二，崇祯元年八月丙辰。
[4]《明熹宗实录》卷七五，天启六年八月丁巳。

第一,"守关外以御关内"的积极防御方针。袁崇焕在任宁前兵备佥事时,经略王在晋议筑重城八里铺,退守山海关。崇焕以为非策,人微言轻,力争不得,奏记首辅叶向高。寻孙承宗行边纳其主守宁远之议,营筑宁远。后高第又谓关外必不可守,尽撤锦州等城守具,驱屯兵屯民入关,独崇焕孤守宁远不从命。所以关外宁锦防线的建立,是袁崇焕"守关外以御关内"积极防御方针实施的结果。

第二,"以辽人守辽土,以辽土养辽人"的战略原则。大学士孙承宗曾言:"无辽土何以护辽城?舍辽人谁与守辽土?"[1]这个问题的提出,是因为从关内调募之兵将出戍数千里以外,"兵非贪猾者不应,将非废闲者不就"[2],即调募往辽东的兵将,非但不能为辽援而且为辽扰。袁崇焕深悉调募守辽之弊,他说:"宁远南兵脆弱,西兵善逃,莫若用辽人守辽土。"[3]袁崇焕敢于陈其弊,破成议,疏请撤回调兵,招辽人填补,以得两利。他奏请主张"辽人复辽,此其首选"[4]的祖大寿任总兵官,统率辽人以守辽土,即为突出一例。他不但要以辽人守辽土,而且要以辽土养辽人。袁崇焕简述"以辽土养辽人",行则有"七便",否则有"七不便"[5]。对于一个军事统帅来说,其最高境界就是政策。通过选辽兵实辽伍,屯辽土养辽人的政策,足见袁崇焕卓识深谋,迥出流辈。而这一政策的指导思想则是

---

[1]《明熹宗实录》卷四〇,天启三年闰十月丁亥朔。
[2]《明熹宗实录》卷七九,天启六年十二月丁未。
[3]《明熹宗实录》卷六八,天启六年二月戊戌。
[4]《崇祯长编》卷一二,崇祯元年八月丙辰。
[5]《明熹宗实录》卷七八,天启六年十一月乙未。

"以辽东护神京,不以辽东病天下"[1]。

第三,"守为正着,战为奇着,款为旁着"的策略原则。守、战、款三者,包含着防御与攻击、战争与议和两对既相区别又相联系的范畴。以攻击与防御来说,攻击是重要的战争形式,防御也是重要的战争形式。攻击或防御的选择,依时间、地点和双方力量对比而定。其时,"夷以累胜之势,而我积弱之余,十年以来站立不定者,今仅能办一'守'字,责之赴战,力所未能"[2]。这里的守,是积极的防守。彼强己弱,以守为主,以攻为辅,即守为正着,战为奇着。尽管阉党指斥他的积极守御为"暮气",但在不具备以攻击为主的条件下,他仍坚守这一原则。另以战争与议和来说,为着政治目的实现,战争与议和只是两种不同的手段。袁崇焕为了实施政策和夺取胜利,不但敢于并善于防守和攻战,而且敢于并善于议和。袁崇焕能依具体条件,将守、战、和三者,加以巧妙地运用,可防则守,可攻则战,可和则议,表现出军事策略思想的主动性和灵活性。

第四,"凭坚城、用大炮"的战术原则。后金军是一支以骑兵为主的军队。铁骑驰突、野战争锋为后金军所长,但皮弦木箭、短刀钩枪,射程近,威力弱,又为后金军所短。相反,平原作战、摆列方阵、施放火铳、行动速率,为明军所短。而坚城深堑、火器洋炮,又为明军所长。袁崇焕总结明朝与后金战争的历史经验,第一个提出"虏利野战,惟有凭坚城以用大炮

---

[1]《明熹宗实录》卷七一,天启六年五月庚申。
[2]《明熹宗实录》卷八四,天启六年五月甲申。

一着"[1]。后金的骑兵、弓箭,在明军坚城、大炮之下,以短击长,反主为客,犯下兵家大忌。宁远大捷是袁崇焕"凭坚城、用大炮"战术原则的典型战例。

上述由积极防御方针和战略、策略、战术原则等组成的袁崇焕的军事思想是极为丰富的。他不仅在战争实践中总结出军事思想理论,而且亲自指挥了重要战役。

袁崇焕指挥了著名的宁远、宁锦和保卫京师等重大战役。

宁远之战。天启六年即天命十一年（1626）正月,后金汗努尔哈赤值明辽东经略孙承宗易为高第之机,亲率六万大军至宁远,悉锐一攻。他自犯其"攻城必操胜算而后动"之典则,结果遭到致命打击。袁崇焕获宁远之捷,有其政治与军事、策略与武器、思想与指挥[2]等六个方面的因素。但论者或谓"此系红夷大炮之威力",或谓"在人心之齐,不在枪炮之多"[3]。至于红夷大炮,有人认为,"查红夷炮,明军使用已久,萨尔浒之战各军皆用之。萨尔浒战役之后,后金军将明军之红夷炮,用以攻打沈阳、辽阳,故两方皆常使用红夷炮"[4]。据《明史》载,嘉靖二年（1523）,逐寇于广东新会西草湾,敌遁,明军得其炮,即名为佛朗机炮,汪鋐进之入朝。嘉靖九年（1530）,汪鋐疏请依其式铸制,旨允,"火炮之有佛朗机自此始"[5]。但将士不善用。至"天启、崇祯间,东北用兵,数召澳中人入都,

---

[1]《明熹宗实录》卷七九,天启六年十二月庚申。
[2] 参见拙著《努尔哈赤传》,文史哲出版社,1992年,第339—340页。
[3] 辽宁大学历史系编《天聪朝臣工奏议》卷中,铅印本,1980年。
[4]《中国历代战争史》第15册,黎明文化事业股份有限公司,1979年,第161页。
[5]《明史》卷三二五《外国列传六·佛朗机》。

令将士学习"[1]，购进洋炮，时称红夷大炮。袁崇焕将红夷大炮用于宁远保卫战。其使用方法，据云：

> 在袁崇焕指挥之下，使用沉着，瞄准精确，加以炮位安置适当，炮手训练精良，懂得敌人习惯战法，选定适当的时机射击，故一炮发出即开出一条血渠。是其炮位甚低，炮口正对来攻之敌也。亦即是城中穿穴于城墙根而推炮口至墙表皮位置，临发射之时始穿城成孔向外射击也，故有此等奇袭射击之效。惟使用之炮同是旧日之炮，用炮之人亦是旧日之人，所对之敌仍是旧日之敌，所不同者即在于发射时机与使用方法而已。实则只是昔日不曾想，于今想出实用之而已。[2]

实际上，袁崇焕所用之炮，炮身长、威力大，并非旧日之炮；所用之人，为罗立、金启倧，也非旧日之人；所用之法，将炮牵引至城上，而不是置于城墙穿穴之中，亦非旧日之法。明军在萨尔浒之战中使用的洋炮，为身短体轻、火力较弱的佛朗机炮；而在宁远之战中使用的洋炮，为身长体重、火力强大的红夷大炮。所以，将红夷大炮用于守城并取得射击之效，实由袁崇焕为始。

对红夷大炮在宁远之战中的作用应取分析的态度，否认或夸大红夷大炮在宁远之战中的作用都是不符合历史实际的。大量历史事实表明，红夷大炮是袁崇焕在宁远之战中克敌制胜的

---

[1]《明史》卷三二六《外国列传七·意大里亚》。
[2]《中国历代战争史》第15册，第161页。

重要因素，但不是唯一因素。

那么，宁远之战明军获胜的主要因素是什么呢？在明军获胜的诸因素中，如民心、士气、军事、策略、坚城、大炮、天时、地利等，都只有同袁崇焕的指挥相联系，并通过其运筹帷幄才能产生作用。在明军与后金军宁远决死生成败之际，"克敌在兵，而制兵在将；兵无节制则将不任，将非人则兵必败"[1]。萨尔浒之战的杨镐、沈辽之战的袁应泰、广宁之战的王化贞，都因将非其人而兵败。可以说，袁崇焕的正确指挥，是宁远之战明军获胜的主要因素。

宁锦之战。天启七年即天聪元年（1627）五月初六日，皇太极亲率诸贝勒将士起行往攻锦、宁。其时明祚以榆关为安危，榆关以宁远为安危，宁远又以锦州为安危。袁崇焕决心坚守宁、锦，"战则死战，守则死守"[2]。他命赵率教镇锦州，自坐守宁远，并"已令舟师绕后，复令西虏声援"[3]。十一日，后金军围锦州城。翌日，皇太极一面遣使至锦州城守太监纪用等处复书，称"或以城降，或以礼议和"[4]，一面派兵攻城。明军炮火矢石俱下，后金军后退五里扎营[5]。皇太极兵攻锦州半月不下，命兵士于锦州城外凿三重濠，留兵困之；自己亲率三大贝勒代善、阿敏、莽古尔泰等进攻宁远。是役，《三朝辽事实录》载袁崇焕疏言：

---

[1]《明太祖实录》卷三一，洪武元年四月乙酉，台北"中研院"史语所校勘本，1962年。

[2]《明熹宗实录》卷八四，天启七年五月戊辰。

[3] 同上书，天启七年五月丙戌。

[4]《清太宗实录》卷三，天聪元年五月丁丑，中华书局影印本，1985年。

[5]《满文老档·太宗》第5册，天聪元年五月丁丑。

十年来尽天下之兵，未尝敢与奴战，合马交锋。今始一刀一枪拼命，不知有夷之凶狠骠悍。职复冯堞大呼，分路进追。诸军忿恨此贼，一战挫之。[1]

《两朝从信录》亦载："参将彭簪古三次用红夷大炮，击碎奴营大帐房一座、四王子伪白龙旗，奴兵死者甚众。"[2]清官书所记宁远一役，其"贝勒济尔哈朗、萨哈廉及瓦克达俱被创"[3]。

皇太极攻宁一日，军受重创，回师锦州，再攻锦州南城。明军记载："奴贼提兵数万蜂拥以战。我兵用大炮与矢石打死奴贼数千，中伤数千，败回营去，大放悲声！"[4]后金军围攻锦州二十五日，双方战斗异常激烈，"逆奴围锦州，大战三次，小战二十五次，无日不战"[5]。皇太极攻宁锦不克，愤愧地说："昔皇考太祖攻宁远，不克；今我攻锦州，又未克。似此野战之兵，尚不能胜，其何以张我国威耶！"[6]明军打败后金军对宁远、锦州的进犯，获"宁锦大捷"[7]。

宁锦之役中，皇太极有三个错误：于时间，酷暑兵疲，驱师西进，触犯兵家所讳；于空间，以骑攻城，以矢制炮，重蹈其父故辙；于方法，先锦后宁，弃宁攻锦，自吞分兵毒果。相

---

[1] 王在晋《三朝辽事实录》卷一七，江苏省立国学图书馆藏本。
[2] 沈国元《两朝从信录》卷三四，明崇祯刻本，北京图书馆善本部藏。
[3] 《清太宗实录》卷三，天聪元年五月癸巳，中华书局影印本，1985年。
[4] 沈国元《两朝从信录》卷三四。
[5] 同上。
[6] 《清太宗实录》卷三，天聪元年五月癸巳。
[7] 《明熹宗实录》卷八七，天启七年八月乙未。

反，辽东巡抚袁崇焕却值后金军有事江东之机，修缮城池，训练士马，治炮备饷，抚赏蒙古。结果，袁崇焕凭城用炮，以逸待劳，反客为主，以长制短，打败皇太极军，建成宁锦防线。

京师之战。崇祯二年即天聪三年（1629）十月，皇太极发兵攻明，其借口之一是明朝不予议和、通市。他说：

> 从前遣白喇嘛向明议和，明之君臣，若听朕言，克成和好，共享太平，则我国满、汉、蒙古人等，当采参开矿，与之交易。若彼不愿太平，而乐于用兵，不与我国议和，以通交易，则我国所少者，不过缎帛等物耳。我国果竭力耕织，以裕衣食之源，即不得缎帛等物，亦何伤哉。我屡欲和，而彼不从，我岂可坐待，定当整旅西征。[1]

二十六日，后金军破龙井关和大安口，寻陷遵化、略通州。袁崇焕闻警，"心焚胆裂，愤不顾死，士不传餐，马不再秣"[2]，日夜兼驰，回救京师。袁崇焕入蓟部署战守后，至河西务集诸将会议进取。诸将多云宜径趋京师，以先根本。周文郁等谓："大兵宜向贼，不宜先入都。"并建议横兵通州，与敌决战。袁崇焕欲"背捍神京，面拒敌众"。议者言："外镇之兵，未奉明旨，而径至城下，可乎？"袁督师斩钉截铁地说："君父有急，何遑他恤？苟得济事，虽死无憾！"[3]袁崇焕置自身生死于度外，其

---

[1]《清太宗实录》卷五，天聪三年六月乙丑。
[2] 程本直《白冤疏》，载《袁督师事迹》，清道光三十五年南海伍氏粤雅堂刻本。
[3] 周文郁《边事小纪》卷一，《玄览堂丛书续集》本，南京国立中央图书馆影印本，民国三十六年。

忠悃可嘉；但未奉明旨而入卫，其韬略有失。袁崇焕率九千骑兵驰京，露宿郊外，缺粮断薪，忍馁茹疲，背城血战，在广渠门与左安门挫败敌军，连获两捷。但袁崇焕于十二月初一日平台召对时，被下诏狱。保卫京师之战，尽管满桂等先后有德胜门与永定门两败，但由于袁崇焕统率辽军连获广渠门与左安门两捷，北京赖以转危为安。后皇太极见京城难以攻陷，且"勤王之师"四集，令在安定门外和德胜门外留下两封议和书后[1]，率军撤出京师。

综上，袁崇焕依靠全国人民的力量和辽军将士的奋战，首 撄努尔哈赤的雄锋于宁远，再挫皇太极的锐气于宁锦，鼓舞了举朝上下的精神，振奋了关外辽军的士气，创建了明季辽东宁锦防线，阻塞了后金军由山海关入关的通道。特别是他在都门的双捷，不仅捍卫了北京的安全，而且终明之世后金军未敢再犯京师。袁崇焕以其卓越的军事思想和卓著的军事功绩表明，他是明代当之无愧的杰出军事家。

三

督师袁崇焕于崇祯二年即天聪三年（1629）十二月初一日，被下诏狱；翌年八月十六日，遭磔于市。《明史·袁崇焕传》载："自崇焕死，边事益无人，明亡征决矣！"[2]但袁崇焕落狱与磔死的原因，是既相联系又相区别的；其谕定罪状与屈死原因，也是既相联系又相区别的。

---

[1]《满文老档·太宗》第20册，天聪三年十二月壬申，中国第一历史档案馆藏。
[2]《明史》卷二五九《袁崇焕传》。

袁崇焕落狱与磔死之因并不雷同，然官私史书常混而为一。如《清太宗实录》载，皇太极设间，寻"纵杨太监归。后闻杨太监将高鸿中、鲍承先之言，详奏明主。明主遂执袁崇焕入城，磔之"[1]。又如《廿二史札记》载，皇太极设间后，阴纵杨太监去，"杨太监奔还大内，告于帝。帝深信不疑，遂磔崇焕于市"[2]。上举两例，前者或由于撰者为宣扬后金汗的聪睿，而将崇焕入狱，磔死盖归之于设间；后者或由于赵翼重在说明后金间计，而将崇焕入狱，磔死原因加以混淆。

崇祯帝在平台命将袁崇焕下狱时，曾"问以杀毛文龙今反逗留"[3]事，并未宣谕其"罪状"。事后谕各营和谕孙承宗两旨，其一旨称："朕以东事付袁崇焕，乃胡骑狂逞。崇焕身任督师，不先行侦防，致深入内地。虽兼程赴援，又钳制将士，坐视淫掠，其罪难掩，暂解任听勘。"[4]这道"谕旨"并未将其内在原因剖明。因在此前，崇祯帝曾对督师袁崇焕"三日五赐金币宣劳"[5]，所以袁崇焕下狱的真正原因在崇祯之世始终不清。明之士夫、明之清议，竟无有怨袁崇焕之冤者。直至修《明史》时，参校《清太宗实录》，方知此事始于皇太极设间。检天聪朝《满文老档》，仅记纵杨太监归，告以所听高、鲍之言，缺载其言内容[6]。《清太宗实录》却详载此事，云：

---

[1]《清太宗实录》卷五，天聪三年十一月庚戌。
[2] 赵翼《廿二史札记》卷三一，中华书局，1984年。
[3]《明怀宗实录》卷二，崇祯二年十二月辛亥朔，台北"中研院"史语所校勘本，1962年。
[4] 谈迁《国榷》卷九〇，中华书局影印本，1958年。
[5]《崇祯实录》卷三，崇祯三年八月癸亥，台北"中研院"史语所校勘本，1962年。
[6]《满文老档·太宗》第19册，天聪三年十一月庚戌，中国第一历史档案馆藏。

> 先是，获明太监二人，令副将高鸿中，参将鲍承先、宁完我、巴克什达海监守之。至是还兵，高鸿中、鲍承先遵上所授密计，坐近二太监，故作耳语云："今日撤兵，乃上计也。顷见上单骑向敌，敌有二人来见上，语良久乃去，意袁巡抚有密约，此事可立就矣。"时杨太监者，佯卧窃听，悉记其言。[1]

皇太极于十一月二十七日设间，二十九日阴纵杨太监归。下月初一日，崇祯帝借召对议饷为名，在平台将袁崇焕下狱。

崇祯帝执捕袁崇焕，不仅限于上述一个原因。《资治通鉴纲目三编》析其原因为四，云："崇焕千里赴援，自谓无罪。然都人骤遭兵，怨谤纷起，谓崇焕纵敌。朝士因前通和议，诬其引敌胁和。会我大清设间，谓与崇焕有成约。语闻于帝，帝信之，遂执下诏狱。"[2] 可见，都人的责怨、朝士的诬陷、崇祯的刚愎、后金的设间，综为一个结果：袁崇焕被缚下狱。但上述各因素有内有外，有主有从。后金汗的设间和崇祯帝的误信，成为袁崇焕被下诏狱诸因素中的决定因素。

袁崇焕的谕定罪状与屈死之因也并不雷同。崇焕从下诏狱到遭非刑，历时八个半月。其间经过极为错综复杂的政治斗争。崇祯帝对袁崇焕的谕定罪状，尽管《今史》《崇祯朝记事》《幸存录》《崇祯实录》《崇祯长编》《国榷》《石匮书后集》《明季北略》和《明通鉴》等书所载文字略异，但其九派源一。诸如"既用束酋、阳导入犯"，"纵敌长驱、顿兵不战"，"援兵四集、

---

[1]《清太宗实录》卷五，天聪三年十一月戊申。
[2]《资治通鉴纲目三编》卷一九，清同治刻本。

尽行遣散","暗藏夷使、坚请入城"等，早已为史实和公论所否定，不需赘述。但"市米资盗""擅主和议"和"斩帅践约"等至今尚惑人耳目，故略做辨析。

所谓"市米资盗"。"抚㺊拒奴"和"用㺊攻奴"为明末统治者对漠南蒙古哈喇慎三十六家等部的"国策"。辽东督师王之臣请发银，以"驾驭诸㺊，庶得操纵如意"[1]，并获旨允。但崇祯二年即天聪三年（1629）春，"夷地荒旱，粒食无资，人俱相食，且将为变"[2]。蒙古哈喇慎等部室如悬磬，聚高台堡，哀求备至，乞请市粟。袁崇焕先言："人归我而不收，委以资敌，臣不敢也。"[3]他疏云：

> 惟蓟门陵京肩背，而兵力不加。万一夷为向导，通奴入犯，祸有不可知者。臣以是招之来，许其关外高台堡通市度命。但只许布米易柴薪，如违禁之物，俱肃法严禁，业责其无与奴通。[4]

各部首领指天立誓，不忘朝恩，愿以妻子为质，断不敢诱敌入犯蓟、辽。此疏目的在于"西款不坏，我得一意防649"[5]。但疏入，奉旨："着该督、抚，严行禁止。"[6]崇祯帝既绝哈喇慎等部活命之方，其岂肯坐以待毙？果如袁崇焕在上疏中所预言："我不能

---

[1]《明熹宗实录》卷七〇，天启六年四月己亥。
[2]《明清史料》甲编，第8本，中央研究院历史语言研究所刊印，1931年，第707页。
[3]《明熹宗实录》卷七二，天启六年六月戊子。
[4]《明清史料》甲编，第8本，第707页。
[5]《明熹宗实录》卷七二，天启六年六月戊子。
[6]《明清史料》甲编，第8本，第707页。

为各夷之依，夷遂依奴以自固。"哈喇慎各台吉纷投后金：

> 六月："蒙古喀喇沁[1]部落布尔噶都戴青、台吉卓尔毕，土默特部落台吉阿玉石、俄木布、博罗等，遣使四十五人来朝，贡驼马彩缎等物，并以归附圣朝之意具奏。"[2]
>
> 八月："遣喀喇沁部落苏布地杜棱归国，上御便殿，赐宴，厚赉之。"[3]
>
> 九月："蒙古喀喇沁部落台吉布尔噶都来朝，贡币物。"[4]

哈喇慎等部归己而不收，委以资彼，其责任在崇祯帝。因此，"市米资盗"实为袁崇焕"莫须有"之一罪。

所谓"擅主和议"。袁崇焕同后金"谋款"即议和，已著文《袁崇焕"谋款"辨》[5]，兹略做补充。在天启朝，袁崇焕于天启六年即天命十一年（1626）九月二十八日，奏报努尔哈赤死于沈阳。翌日，又奏："臣正与经、督及内臣谋其能往者，万一此道有济，贤于十万甲兵。且乘是以观彼中虚实。臣敕内原许便宜行事，嗣有的音，方与在事诸臣会奏。"[6]疏入，旨称"阃外机宜，悉听便宜行事"。袁崇焕得旨后，始遣李喇嘛及都司傅有爵等三十四人至沈阳[7]。其后袁崇焕多次疏报，并屡奉谕旨。《明史·袁崇焕传》载："崇焕初议和，中朝不知。"此系撰者未

---

[1] 喀喇沁是哈喇慎的分支。
[2] 《清太宗实录》卷五，天聪三年六月丁卯。
[3] 《清太宗实录》卷五，天聪三年八月庚申。
[4] 《清太宗实录》卷五，天聪三年九月癸卯。
[5] 《光明日报·史学》1984年6月6日。
[6] 《明熹宗实录》卷七六，天启六年九月戊戌。
[7] 《清太宗实录》卷一，天命十一年十月癸丑。

细检《明熹宗实录》和《清太宗实录》，而为"擅主和议"说所羁绊。在崇祯朝，袁崇焕于平台受召对后两天，即疏言：辽事恢复之计，"以守为正着，战为奇着，款为旁着"[1]。旨称："悉听便宜从事。"

袁督师出镇行边后，皇太极频繁致书"议和"。以崇祯二年即天聪三年（1629）为例，皇太极先后遣白喇嘛、郑伸、赵登科等致袁崇焕书六封，袁崇焕答书四封。这些往来信札为《明实录》和《清实录》所缺载，但保存于《旧满洲档》和《满文老档》中，现摘引如下。为"钦命出镇行边督师尚书袁""复汗帐下"书，第一书云："来书所言议和者，盖不忍两家之赤子屡遭锋镝也。汗之美意，天地共鉴之。但和亦有道，非一言可定也。我帝继位以来，明哲果断，严于边务。若非十分详实，则不便奏闻。"[2]第二书云："辽东之人西来，坟墓皆在于彼，其心能不思先人之遗骨乎？因不合众意，我受之未便言，是以未奏于帝。……至铸印、封典之事，则非一言可尽也。"[3]这封信重申要恢复辽东土地、人口，并驳回其铸印、封典之请。第三书与上书同日到达，解释使臣久住之因。第四书云："惟十年战争，今欲一旦罢之，虽出大力，亦非三四人所能胜任，更非二三言所能了结。"[4]袁崇焕的上述书札，既不违背谕旨之意，更无擅主和议之嫌。因此，"擅主和议"实为袁崇焕"莫须有"之又一罪。

所谓"斩帅践约"。上已述及，袁崇焕同皇太极有"款议"，

---

[1] 佚名《今史》卷四，清刻本。
[2] 《满文老档·太宗》第16册，天聪三年闰四月丁巳。
[3] 同上书，天聪三年七月丙戌。
[4] 《满文老档·太宗》第17册，天聪三年七月己亥。

而无"款约"。既无"款约",则无须"践约"。所以,"践约"与"斩帅"并不发生因果联系。袁崇焕"斩帅"的功过,迄今公论不定。本人拙见,将另文论述。"斩帅践约"之说,《国榷》载:"至擅杀毛文龙,朝议谓践敌宿约。"[1]《石匮书后集》也载:努尔哈赤死后,"崇焕差番僧喇嘛镏南木座往吊,谋以岁币议和。女真许之,乃曰'无以为信,其函毛文龙首来'"[2]。尔后,《明史纪事本末·补遗》载:崇焕再出,"无以塞五年平辽之命,乃复为讲款计。建州曰:'果尔,其以文龙头来。'崇焕信之"[3]。上述说法,朝鲜《荷潭录》亦载:后金汗"欲杀文龙,结于崇焕;费尽心机,今始幸得杀之"[4]。上引明末清初时之记载,使人如坠云雾中。

以上所载,第一,所谓"朝议"云云。明末门户水火,党争激烈,恩怨是非,尤为纠葛。"而崇焕之被谤,则于温体仁与钱龙锡门户相倾之旧套以外,又多一虚爱国者之张派脉兴,为清太宗反间所中,久而不悟。虽有正人,只能保钱龙锡之无逆谋,不敢信袁崇焕之不通敌。"[5]故而"朝议"既有阉孽之诬谤,也有正人之偾语,均不能作为袁崇焕"斩帅践约"之史据。第二,袁崇焕遣李喇嘛等往吊努尔哈赤丧,事在天启六年即天命十一年(1626)十月,其时明朝与后金久不通使,双方隔阂颇深,态度谨慎,并未言及"岁币议和"之事,更未有"其函

---

[1] 谈迁《国榷》卷九一。
[2] 张岱《石匮书后集》卷一〇,中华书局点校本,1959年。
[3] 谷应泰《明史纪事本末》卷四,中华书局点校本,1977年。
[4] 李肯翊《燃藜室记述》(朝文本)卷二五,朝鲜古书刊行会本,大正元年。
[5] 孟森《明清史论著集刊》上册,中华书局,1959年,第24页。

毛文龙首来"之记载[1]。第三，袁崇焕再起赴辽至毛文龙被杀，为时仅十个月，尚不存在"无以塞五年平辽之命"的忧虑。且从这段时间皇太极与袁崇焕往来书札中，得不出袁崇焕以毛文龙之头，换取同皇太极"讲款"的结论。第四，翻检《满文老档》，未见载录袁崇焕与皇太极杀毛文龙以求款之密约，也未见载述皇太极借袁崇焕尚方杀毛文龙之秘计，而《明实录》《清实录》以及所见明季内阁大库档案于此均无记载。第五，袁崇焕"斩帅践约"说，不仅崇焕同时人以为可信，至明亡后尚欲传为信史。于此，孟森言："《天启朝实录》中，多有毛文龙之罪状；至归恶崇焕以后，反以文龙为贤，谓文龙为建州所深忌，非杀文龙，必不能取信于建州。夫而后崇焕之杀文龙，乃与通敌胁和并为一事。此不必金邪为是言，贤者亦为是言，是可恫矣！"[2]因此，"斩帅践约"实为袁崇焕"莫须有"之另一罪。

由此可见，袁崇焕为崇祯帝所屈杀。然而，崇祯帝为何必杀袁崇焕？这需要从当时的历史环境中加以考察。

袁崇焕之死，既有其历史的偶然性，也有其历史的必然性。皇太极设间陷袁崇焕，为其屈死的偶然因素；崇祯初各种社会矛盾焦点聚于袁崇焕，则为其屈死的必然因素。袁崇焕曾预言：

> 盖勇猛图敌，敌必仇；振奋立功，众必忌。况任劳之必任怨，蒙罪始可以有功。怨不深，劳不厚；罪不大，功不成。谤书盈箧，毁言沓至，从来如此。[3]

---

[1]《清太宗实录》卷一，天命十一年十月癸丑、十一月乙酉。
[2] 孟森《明清史论著集刊》上册，第20页。
[3] 沈国元《两朝从信录》卷三一，明崇祯刻本，北京图书馆善本部藏。

后金的仇恨,都人的怨愤,中贵的不满,同僚的旧怨,阉孽的忌恚,崇祯的昏聩,一句话,袁崇焕被历史偶然性与历史必然性相纽结而造成了悲剧的结局。

后金的仇恨。袁崇焕先败努尔哈赤于宁远,又败皇太极于宁、锦,再败后金军于都门。后金欲打开山海关通道,夺占燕京,入居中原,其军事上的最大障碍就是袁崇焕。皇太极既然在战场上不能打败袁崇焕,便在政治上设计陷害他。袁崇焕疏言:"况图敌之急,敌又从外而间之。"[1]果然,崇祯帝庸而愎,为敌所用。袁崇焕在民族矛盾中,铸成为民族英雄;又在民族矛盾中,被寸磔而屈死。

都人的怨愤。自嘉靖庚戌年(1550)至崇祯己巳年即天聪三年(1629),都人八十年不见敌兵。皇太极兵薄城下,焚掠四郊,九门戒严,一日三惊。关厢居民,先受其害,牛羊粮柴,惨遭劫掠。城内市民,闻敌围城,昼夜惶恐,寝食不宁。上学者,不敢出门;患病者,不敢求医;嫁娶者,不能如期;殡葬者,不能出城。京师居民,谈敌色变,积恐成愤,怨气沸腾。京师传闻袁崇焕"通敌""胁和",一时"难民忿祸,众喙漂山"[2]。都人不明真相,而将怨愤的怒火喷向袁崇焕。

中贵的不满。后金军入犯京畿后,恣意俘掠,曾两次将俘获牲畜分赏兵丁。又焚通州河内船千余艘[3],京畿布散的皇庄及公主、宗室、勋臣、戚畹、中官庄田[4],遭受后金军事贵族的蹂躏。文秉言:"城外戚畹中贵园亭庄舍,为虏骑蹂躏殆尽,

---

[1] 佚名《今史》卷四,清刻本。
[2] 谈迁《国榷》卷九一。
[3] 《清太宗实录》卷五,天聪三年十二月丁丑。
[4] 《明史》卷七七《食货志一》。

皆比而揭其状入告。"[1]李逊之亦言："郊外彻侯中贵之园囿坟墓，为虏兵践踏毁拆，各中贵因环诉督师卖好，不肯力战，上已心疑动矣。"[2]后金军事贵族铁骑践踏京畿地区，严重地损害了皇室、勋戚、缙绅、中官的利益，其一切怨恨倾泻于袁崇焕。

同僚的旧怨。袁崇焕矢心报国，性颇疏直，但未能妥善地处理同满桂等将领的关系。满桂"谋潜九地，勇冠万夫"[3]，筑守宁远，屡建殊勋。后满桂意气骄矜，与赵率教不和。寻崇焕与桂不谐，请调他镇。后在入卫京师时，桂先败于顺义，又败于德胜门，伤卧关帝庙，入休瓮城。但桂军违纪，嫁祸于"袁军"。及平台召对，"桂解衣示创"[4]，使崇祯帝对袁崇焕更加不信任。崇焕下狱，则命满桂总理援兵、节制诸将。

阉孽的忌恚。天启帝死，崇祯帝立，即正阉党罪，起用袁崇焕。崇祯初，东林党再次柄政，袁崇焕成为东林党依恃的长城。魏忠贤遗党王永光、高捷、袁弘勋、史䇦等，乘后金兵薄都门社稷之危，利用勋戚、朝士、缙绅和市民的不满，阿媚帝意，借袁崇焕议和、诛毛文龙做题目，指袁崇焕为逆首，并及曾主定逆案之辅臣钱龙锡，进而打击东林党。阁臣温体仁、吏部王永光图另立一案，以翻前局。致崇焕被磔死，钱龙锡遭遣戍，东林党阁臣先后去职，东林内阁被挤垮。

崇祯的昏聩。崇祯帝即位后，钦定"逆案"，整顿吏治，忧勤惕励，向望治平。但登极两载，后金兵叩都门。自建州兴起，经万历、泰昌、天启三朝，明虽屡次兵败、地失，但后金军从

---

[1] 文秉《烈皇小识》卷二，《明季稗史初编》本，商务印书馆，民国元年。
[2] 李逊之《崇祯朝记事》卷一，清光绪二十三年武进盛氏据旧抄刊本。
[3] 《明熹宗实录》卷七〇，天启六年四月己亥。
[4] 《明史》卷二七一《满桂传》。

未入塞。后金军首次破塞犯阙，群情极郁，陵庙为惊。这对欲励精图治、慨然有为的崇祯帝是最沉重的打击。本来，后金军入犯京师是明廷腐败政治的一个必然结果，但崇祯帝把责任完全推给袁崇焕，称袁崇焕付托不效、纵敌长驱，致"庙社震惊，生灵涂炭，神人共忿，重辟何辞"[1]！因此，崇祯帝将后金的设间，都人的怨怼，朝士的愤懑，中贵的环诉，阉孽的诬谤，自身的愧赧，都集中到袁崇焕身上，命杀崇焕以"慰"庙社，磔崇焕以"谢"天下。袁崇焕成为都门受辱的替罪羊，明末党争的牺牲品。

诚然，袁崇焕是一位历史人物，有其历史的、社会的与民族的局限性，也有其军事失误和举措失当之处，但瑕不掩瑜。袁崇焕作为明代杰出的军事家和著名的民族英雄而永垂史册。

（原载莫乃群主编《袁崇焕研究论文集》，广西民族出版社，1984年）

---

[1] 谈迁《国榷》卷九一。

抗御后金名将袁崇焕

袁崇焕是明末抗御后金的著名将领和民族英雄。袁督师一生最高尚的精神是"爱国",最可贵的性格是"打拼"。袁崇焕含冤磔死已经362年,但其"爱国"与"打拼"的精神风华,超越了时间与空间,民族与政治,震人心弦,荡人魂魄,永远值得学习,永世不会泯灭。

一

袁崇焕(1584—1630),字元素,祖籍广东东莞,落籍广西藤县。他从求学时起,就关心国家大事;虽身居岭表南国,却心念辽东失地。有一个民间故事,说他上学的路上,有一座土地庙,庙里的土地神,不去关外守护土地,却在南国庙里坐享百姓的香火。袁崇焕每当放学回家途经土地庙时,总要在庙前驻足,面对着土地神,念念有词地说:

土地公,
土地公,
为何不去守辽东!

这个故事，只有民间传说，没有史料根据。袁崇焕读书的童年时代，明朝尚未失陷辽东土地。但是，上面故事说明：袁崇焕在早年读书时，便关心天下大事，并下定报国之心。他读书很用功，也很有志气。他在秋闱应试之后的《秋闱赏月》诗中写道：

> 战罢文场笔阵收，客途不觉遇中秋。
> 月明银汉三千里，歌碎金风十二楼。
> 竹叶喜添豪士志，桂花香插少年头。
> 嫦娥必定知人意，不钥蟾宫任我游。

青年时期的袁崇焕，奋苦读书，豪情满怀，立下誓愿：蟾宫折桂。果然，万历三十四年（1606），袁崇焕在22岁那年考中举人。他考举人的乡试在桂林，试后游览"甲于天下"的桂林山水。袁崇焕后来在《募修罗浮诸名胜疏》中说："余生平有山水之癖，即一丘一壑，俱低徊不忍去。"他游览景胜，赏心悦目，陶冶性情。袁崇焕赏悦桂林山水，赋《咏独秀峰》诗，抒言志向：

> 玉笋瑶簪里，兹山独出群。
> 南天撑一柱，其上有青云。

他把独秀峰写得卓然兀立，实际上隐喻和融会了自己的性格与志向，后来他成为明朝的"蓟辽柱石"，正是这种豪迈爱国志向的自我实现。

爱国必亲民。万历四十七年（1619），袁崇焕中进士，这年他35岁。中进士后,他任福建邵武县令。袁崇焕读书是好学生,做官又是个清官。他初任县令,便理政亲民,以"抚字"[1]自缄。他在《初至邵武》诗中写道:

> 为政原非易,亲民慎厥初。
> 山川今若此,风俗更何如。
> 讼少容调鹤,身闲即读书。
> 催科与抚字,二者我安居。

他诗中这样写,实际也这样做。乾隆《邵武府志》记载袁崇焕为官:"明决有胆略,尽心民事,冤抑无不伸。"又记载他亲自登墙上房救火:"素趫捷有力,尝出救火,着靴上墙屋,如履平地。"这不要说在帝制时代,就是在民主时代,一县之父母官——县令,也难得亲自上房去救火。但是,袁崇焕只做了一任知县,便投笔从戎,参与了战火纷飞的辽东战事,并为此流尽了最后一滴血。

二

袁崇焕中进士的万历四十七年(1619)三月,发生了一件影响历史进程和袁崇焕命运的重大事件——萨尔浒之战。先是,满族首领努尔哈赤(1559—1626),借报"父祖之仇"为名,

---

[1]《北齐书·封隆之传》载:"隆之素得乡里人情,频为本州,留心抚字。"此《初至邵武》诗,引自梁章钜辑《三管英灵集》卷七《袁崇焕诗》(六十六首),但此诗之真伪待考。

于万历十一年（1583），以十三副遗甲起兵。他采取"顺者以德服，逆者以兵临"的策略，后来逐渐统一建州女真和海西女真。万历四十四年（1616），努尔哈赤在赫图阿拉（今辽宁新宾老城村）称汗，建立后金，年号天命。两年后，他发布"七大恨"告天，向明进军，攻陷抚顺。万历四十七年（1619），明廷派杨镐为经略，率军12万，号称47万，兵分四路，分进合击，会攻赫图阿拉。努尔哈赤率6万八旗军，采取"凭你几路来，我只一路去"的战术，集中优势兵力，逐路击破明军，清称"萨尔浒大捷"。从此，明辽军转攻为守，后金军则转守为攻。明军四路丧师的败报传到北京，对刚中进士的袁崇焕是一个巨大的震动。

袁崇焕虽身在八闽的邵武，却心系关外的战局。他身为县令，不去批阅县里考试的试卷，而同退伍的校卒谈论关塞军情。《明史》本传说他"为人慷慨负胆略，好谈兵。遇老校退卒，辄与论塞上事，晓其厄塞情形，以边才自许"。

天启元年（1621），后金军攻占沈阳、辽阳。翌年正月，袁崇焕在京朝觐以政绩卓著、英风伟略而被破格留用为兵部职方司主事。恰在这时后金又夺占广宁（今辽宁北镇）。从此，明在关外的两座镇城——辽东的辽阳和辽西的广宁俱失。败报驰京，京师戒严，九门昼闭。他不顾京城戒严，单骑出阅关内外。袁崇焕还京后，畅谈山海关防守形势，说："予我军马钱谷，我一人足守此！"这时京师各官，凡是言及辽事，"皆缩朒不敢任，崇焕独攘臂请行"。这件事充分地表现了袁崇焕热爱社稷、胆识过人、敢作敢为、敢打敢拼的精神风貌。朝廷超擢他为佥事，去山海关外监军。他到山海关后，又受命出关收抚辽西流民。袁崇焕受命当即出发，驰往前屯卫，"崇焕即夜行荆棘虎豹中，以四鼓入城，将士莫不壮其胆"。经略王在晋很器重他，提他为管宁远和前屯二卫的兵备佥事。

辽东经略王在晋畏敌如虎，懦弱无为，认为山海关外无局可守，而竭力主张在关城外的八里铺，再筑一座关城，以便保护关门。袁崇焕以为非策，建议在关外二百余里的宁远（今辽宁兴城）筑城，御守关门。但他人微言轻，力争不得。袁崇焕不怕犯下越级呈报的官场大忌，而奏记首辅叶向高。首辅叶向高同大学士孙承宗相议而不能决，孙承宗行边山海关，做实地考察。孙承宗亲查形势，聆听众谋；驳筑重城之议，并同王在晋"推心告语，凡七昼夜"。因在晋冥顽不化，朝廷命孙承宗取代王在晋为辽东经略。

袁崇焕主守宁远的建议，得到经略孙承宗的支持。天启三年（1623），往宁远筑城，明年竣工。袁崇焕忠于职，勤于责，抚恤将士，安集流民，由是宁远"商旅辐辏，流移骈集，远近望为乐土"，遂为关外重镇。他偕大将马世龙等东巡广宁，泛舟三岔河，巡历诸海岛，作《偕诸将游海岛》诗：

> 战守逶迤不自由，偏因胜地重深愁。
> 荣华我已知庄梦，忠愤人将谓杞忧。
> 边衅久开终是定，室戈方操几时休。
> 片云孤月应肠断，椿树凋零又一秋。

诗中道出了袁崇焕淡泊荣华、愁思关山的情怀。东巡后第二年，孙承宗与袁崇焕计议，遣将缮治锦州、松山、杏山、右屯、大凌河、小凌河诸城，并派兵据守。于是宁远成为内地，关外开疆复土四百余里。

在袁崇焕国而忘家、公而忘私地勤职时,他的父亲袁子鹏过世。他三上请假疏,连遭拒绝。他在《三乞给假疏》中说:"臣自万历四十六年以公车出,幸叨一第,授令之闽,离家今七年矣。七年中,臣之嫡兄崇灿丧矣,嫡叔子腾丧矣,堂兄崇茂育于臣父为犹子者今亦丧矣。诸丧暴露,各有家口,俱待食于臣父。臣父非有厚产,不过终岁拮据。今臣父已矣。止一幼弟崇煜,少不谙事,诸一切生待养而死待葬者,俱靠臣一人。臣自为令至今,未尝余一钱,以负陛下。昨闻讣之日,诸臣怜臣之不能为行李,自阁、督、抚以下,俱醵金为赙。臣择而受之,束装遄归,以襄臣父大事。"疏上,以"渎扰",受旨斥。袁崇焕父死,不能奔丧;奔丧,又没有盘钱。甚至在他死后,"家亦无余赀"。他就是这样一位不爱钱、不顾家的爱国将领。

三

袁崇焕的"爱国"与"打拼"精神,在宁远之战中得到进一步展现。

明朝辽东的兵事胜败与官将荣辱,同朝廷争局密切相关。明朝之亡,主要不是亡于"内乱"与"外患",而是亡于皇帝昏庸与廷臣室戈。明熹宗喜欢做木匠,但不会做皇帝。太监魏忠贤总是乘他做木工最兴致之时,请他批答奏疏。明熹宗便令魏忠贤自己处置之。天启五年(1625),朝廷中以魏忠贤为首的阉党势力日盛,东林党人受到排挤。孙承宗去职,阉党分子高第代为经略。高第懦弱无能,认为关外必不可守,下令全撤锦州、右屯诸城的军马兵械,官兵移到关内。袁崇焕以锦州、右屯、大凌河三城为关外前锋要地,已得到的封疆不可自动撤守;如锦州、右屯动摇，则宁远、前屯震惊，关门便失去保障。高第不仅拒听规劝，而且决意并撤宁远、前屯二城。袁崇焕曾顶撞过经略王在晋，现又顶撞起经略高第。宁前道袁崇焕斩钉截铁地拒命道：

>宁前道当与宁、前为存亡！如撤宁、前兵，宁前道必不入，独卧孤城以当虏耳！

袁崇焕以一个下级军官，敢于违抗自己的顶头上司，命而不从，令而不行，坚守宁远，绝不撤兵，这是何等的胆略，又是何等的豪气！高第无奈，除宁、前二城外，命尽撤锦州等七城守城炮械，抛弃粮料十余万石，尽驱屯兵入山海关，史称其状是"死亡载途，哭声震野！"。

后金汗努尔哈赤占领广宁后，蛰伏四年，未做大举。他得到明经略易人、弃城撤兵的探报后，决定攻打宁远。努尔哈赤是杰出的军事家、优秀的统帅。他缔造和指挥的八旗军，是当时世界上最强大的骑兵部队，攻无不克，坚无不摧。努尔哈赤统率这支军队，先后取得古勒山之役、哈达之役、辉发之役、乌拉之役、抚清之役、萨尔浒之役、叶赫之役、开铁之役、沈辽之役和广宁之役十次大捷。善于捕捉时机的后金汗努尔哈赤，终于等到了向明孤城宁远进攻的机会，便统率屡胜不败之师进攻宁远。

天启六年（1626）正月，后金汗努尔哈赤率领6万八旗军，号称20万，出沈阳，渡辽河，大军所向，如入无人之境，径直来到宁远城郊。这时袁崇焕的守城军队只有1万人，前无烽塞，后无援兵，朝廷以为宁远定守不住。袁崇焕在强敌攻城危难时刻，偕满桂、左辅、朱梅、祖大寿、何可纲等诸将，分城四面，画地死守。他"刺血为书，激以忠义，为之下拜，将士咸请效死"。他命将银一万余两，放在城上，对能杀敌和不畏难险者，即时赏银一锭。他坐镇城中心钟鼓楼上，统率全局，督军固守。袁崇焕部署刚定，努尔哈赤率领大军围城。后金汗先劝降，但遭到袁崇焕的严词拒绝。努尔哈赤命官兵拥云梯、推楯车蜂拥攻城。城堞箭镞如雨注，悬牌似猬皮。城上用矢石、炮弹下击。后金军又冒死凿挖城墙，凿开高二丈多的大洞三四处，宁远城受到严重威胁。袁崇焕在紧急关头，身先士卒，不幸负伤。他临危不惧，自裂战袍，裹扎伤处，奋战益力。将士受袁崇焕英雄行为激励，奋勇争先，杀敌蔽城。他一面选派健丁锤下，用棉花火药做燃烧物；一面亲自"缚柴烧油，并搀火药，用铁绳系下"——烧杀挖城的后金兵，城下敌尸，狼藉堆积。袁崇焕又命城上11门红夷大炮猛轰，"炮过处，打死北骑无算"。后金汗努尔哈赤也在督军攻城中被红夷大炮击伤。后金军攻城三日，死伤惨重，兵败城下。努尔哈赤驰骋沙场，四十四年，身历百阵，未打败仗。后金汗努尔哈赤一生只有过一次大败仗，这就是宁远之败；他一生也只输给过一个人，这就是袁崇焕。袁崇焕在宁远之战中赢了努尔哈赤的原因，固然有"凭坚城""用大炮"的法宝，而且有"爱国家""敢打拼"的精神。

《明史》本传总结宁远之役道："我大清举兵，所向无不摧破，诸将罔敢议战守。议战守，自崇焕始。"有人说："其前有熊廷弼、孙承宗等多人，为何从袁崇焕始议战守？"我以为：袁崇焕固守宁远的要略，有别于马林之守而不防，袁应泰之守而不固，熊廷弼之守而不成，王在晋之守而不当，孙承宗之守而不稳；更不同于李永芳之通敌失守，李如桢之玩忽于守，贺世贤之出城疏守、王化贞之攻而拒守、高第之弃而不守。所以，《明史》对袁崇焕的上述评论，符合历史，恰如其分。

四

袁崇焕的"爱国"与"打拼"精神，在宁锦之战中又得到进一步的展现。他提出"守为正着，战为奇着，款为旁着"，就是敢守、敢战、敢和——

第一，敢守。明廷官员和辽东经略，打了败仗，认为无局可守，主张后退；得了小胜，又忘乎所以，力主进攻。但袁崇焕既不畏敌撤守，又不冒险出兵。宁远一战，明朝由"宁远被围，举国汹汹"，到捷报传京，空巷相庆。袁崇焕因宁远获捷而升为辽东巡抚。但这时魏忠贤实揽乾纲，权势倾朝，派太监刘应坤、纪用等到关外监军。袁崇焕继拒从经略王在晋和高第后，抗疏内臣出镇，遭到严斥，只得屈从。这件事他得罪了魏忠贤，埋下后来虽获宁锦大捷而被迫辞职的因子。刘应坤、纪用到宁远后，袁崇焕同内臣出巡锦州、广宁一带，亲睹兵燹之余的颓垣剩栋、残冢白骨，取得共识，誓同御敌。他乘敌喘息之机，抢修锦州等城，由纪用、赵率教统兵3万驻守锦州。袁崇焕以锦州为前茅、宁远为中坚、榆关为后劲，联络诸城堡，组成纵深五百里的串珠式防御体系，即宁锦防线，遏敌南进，保卫辽西，御守关门，以固京师。

在后金方面，宁远战后政情、军情都发生很大的变化。宁远之败，《清太祖武皇帝实录》记载："帝自二十五岁征伐以来，战无不胜，攻无不克，惟宁远一城不下，遂大怀忿恨而回。"同年，清太祖努尔哈赤死去，由其第八子皇太极继承汗位。皇太极对兵败宁远，颇不服输。他征朝鲜，抚蒙古，调整内部，壮大力量，准备同袁崇焕宁锦一搏，洗雪其先父的遗恨。天启七年（1627）五月，皇太极率倾国之师，攻打锦州、宁远，一场明清战争史上著名的宁锦大战拉开了帷幕。

第二，敢战。宁锦之战，皇太极先率军攻围锦州，大战3次，小战25次，无日不战，皆不克；转攻宁远，又不克；回攻锦州，仍不克。是役，后金军攻城，明辽军守城，前后25天，宁远与锦州，明以全城而结局，史称"宁锦大捷"。袁巡抚在指挥宁锦保卫战中，表现了敢战敢胜，敢打敢拼的精神。首先表现在派兵援锦州。他募集敢死队，出袭锦州，直冲敌营；布置总兵满桂、祖大寿率军出宁远往援锦州，在笊篱山同后金军六个贝勒兵相遇，牵制围城敌军，杀其专向之势。其次表现在宁远出战。皇太极率军攻宁远，袁崇焕除"凭坚城以用大炮"外，还布兵列阵城外，同后金骑兵争锋。总兵满桂、副将尤世威和祖大寿等率师出城结营，依城列阵，严整待敌。后金三位大贝勒谏止冲锋，皇太极怒道："昔皇考太祖攻宁远，不克；今我攻锦州，又未克。似此野战之兵，尚不能胜，其何以张我国威耶！"他身先带兵进击，诸贝勒随后而进。两军在宁远城外，矢镞纷飞，马颈相交。满桂身中数箭，尤世威坐骑被创；济尔哈朗等四位贝勒也都受伤。袁崇焕亲临城堞指挥，命城上发射红夷炮等轰击城下后金军。后金兵败，退向锦州。袁崇焕奏捷道："十年来尽天下之兵，未尝敢与奴战，合马交锋。今始一刀一枪拼命，不知有夷之凶狠骠悍。职复凭堞大呼，分路进追，诸军忿恨此贼，一战挫之。"再次表现在锦州出击。锦州城守军乘后金军主力南下，出城攻击，杀死后金游击觉罗拜山等，撤回城内坚守。在宁锦之战中，袁崇焕不仅敢战，而且敢款，即敢于议和。

第三,敢和。议和是朝廷大事,自宋金议和以降,诸朝大臣多讳言"议和"二字。原辽东经略王在晋疏劾袁崇焕,称明朝同后金议和,如宋金议和一样误国就是一例。但是,袁崇焕同后金议和,不避嫌疑,敢任谤怨。天启六年(1626)九月,他派人到沈阳,吊老汗之丧,贺新汗登位,并探察虚实。尔后,皇太极也派使臣至宁远回书。袁崇焕的议和,稳住对手,探知敌情,争取时间,修城备战。《明史》本传记载他奏报朝廷:"故乘敌有事江东,姑以和之说缓之。敌知,则三城已完,战守又在关门四百里外,金汤益固矣!"果然,皇太极进攻锦州,城池修竣,兵械有备,取得宁锦大捷。梁启超评论袁崇焕以和为守、以守为战的兵略,如同战国末李牧破胡、西晋初羊祜沼吴,是最上的谋略。袁崇焕同后金议和,既反历史文化传统,又反朝廷群臣舆论,实在是大智大勇之举!但袁崇焕后来"莫须有"之罪,于此伏下事机。

虽然袁崇焕获得宁锦大捷,却因得罪了魏忠贤,只得辞职归里。不久,天启帝死,崇祯帝立。袁崇焕任蓟辽督师,重任辽事,在京师保卫战中,再现英雄的风华。

五

袁崇焕的"爱国"与"打拼"精神,在北京之战中得到进一步的展现。

崇祯元年(1628)七月,崇祯帝在紫禁城平台即建极殿后右门召见袁崇焕。袁崇焕奏陈方略,得到旨允,并受赐尚方剑。袁督师赴任,先平息宁远兵变,又计斩毛文龙。毛文龙官东江总兵，拜魏忠贤为父，糜饷冒功，弹章百数。第二年，袁督师以阅兵为名，泛舟双岛，与毛文龙夜饮，规劝，文龙终不悔。袁督师又邀毛文龙观射，文龙入帷幄，其部卒不得入。袁崇焕历数毛文龙十二大罪，请尚方剑，斩于帐前。毛文龙将卒数万，惧袁督师之威，无一人敢妄动。他命备棺装敛文龙尸，泪奠道："昨斩尔，朝廷大法；今祭尔，僚友私情。"遂收编东江部队。袁督师计斩毛文龙，成算在胸，声色不惊，手段霹雳，如探一壳，真是奇智奇勇。他平息兵变，计杀文龙后，忙于整顿防务、冀图复辽之际，皇太极率军入塞，攻打北京。

崇祯二年（1629）十月，后金汗皇太极统率八旗军，绕过袁督师坚守的宁锦防线，以蒙古骑兵做先导，从明蓟镇防御虚脆的龙井关、大安口，破墙入塞，直趋遵化，京师戒严。时袁崇焕在从宁远往山海关途中，得报八旗军破长城，围遵化。他一面令山海关总兵赵率教带骑兵急援遵化，一面亲简辽兵准备入援。赵率教至遵化交战，中矢阵亡，一军全殁。遵化人内应纵火，巡抚王元雅自缢死，城陷。八旗军西进，威逼北京。袁督师急率九千骑兵，士不传餐，马不再秣，日夜兼驰，军至京东。袁崇焕召集诸将会议进取：一些将领主张径趋京师，以先根本；另一些将领主张兵宜向敌，不宜入都。副总兵周文郁说："外镇之兵，未奉明旨，而径至城下，可乎？"袁崇焕果断地说："君父有急，何遑他恤，苟得济事，虽死无憾！"袁崇焕满腔热血，社稷为重，决定直奔京师。

皇太极率八旗军逼京师后，驻跸北城外。时卫守北京城的重兵，一支由满桂率领屯驻德胜门外，另一支由袁崇焕率领屯驻广渠门外。十一月二十日，总兵满桂同八旗军大贝勒代善等激战德胜门外，满桂负伤，明军大溃。满桂带百余残兵躺在关帝庙里，后开瓮城门屯纳其余兵。与德胜门激战的同时，袁崇焕率辽军和皇太极率八旗军在广渠门外展开鏖战。

袁督师仅九千骑兵，屯驻城外，时值寒冬，夜间露宿，昼缺粮草，士马冻馁，已经数日。二十日，皇太极率满洲兵和蒙古兵向袁军扑来。袁崇焕令祖大寿在南，王承胤在北，自率兵在西，组成"品"字形阵，士含枚，马勒口，士气激昂，严阵待敌。后金军分六队，冲向袁军——先直扑祖大寿阵，受挫；又扑向王承胤阵，也受阻；再扑向袁崇焕阵，两军死战。袁崇焕军和皇太极军，自巳至酉，刀挥矢发，激战十小时，转战十余里。袁督师身先士卒，跃马横刀，左右驰突，冲在阵前。他的副将周文郁在《边事小纪》中记载：袁督师在奋战中，中箭很多，"两肋如猬，赖有重甲不透"；袁督师与八旗兵搏斗，马颈相交，奋不顾死，"一贼抡刀砍值公，适傍有材官袁昇高以刀架隔，刃相对而折，公获免"。身为大明兵部尚书兼蓟辽督师的袁崇焕，在京师广渠门激战中，指挥若定，骑先士卒，胸间中矢如猬皮，头上敌刀几丧生，这是何等的爱国精神，又是何等的打拼精神！皇太极军锋受挫后退，袁崇焕军乘胜追击。追军至通惠河边，退军拥渡，骑多冰陷，溃不成伍，败回营去。袁督师夺取广渠门大捷的当夜，亲往受伤将士处所，逐一抚慰，直到天明。二十七日，袁崇焕军与皇太极军又激战于左安门外，皇太极再败于袁崇焕手下。

但是，十二月初一日，崇祯帝在平台召见袁崇焕，将他下锦衣卫狱。

十七日，明朝军与后金军在永定门外再次激战，明四总兵中满桂、孙祖寿阵亡，黑云龙、麻登云被擒。

京师之役，明朝军与后金军凡四战，其中广渠门和左安门两战因袁督师指挥而两胜，德胜门和永定门两战非袁督师指挥竟两败。袁督师高扬"爱国"与"打拼"的精神，亲率铁骑，日夜兼驰，"应援京师，连战大捷"，后金骑兵东撤，北京转危为安。孙承宗"恢疆五载承天语，却虏三师傍帝城"的诗句，肯评了袁督师在北京保卫战中的历史功绩。

六

袁督师和岳武穆一样，是中国历史上两位悲剧式的伟大民族英雄。

袁崇焕获捷反倒落狱的真实原因，终明之世，不得其解。后金汗皇太极在军事上——宁远、宁锦、北京三败于袁崇焕，便在政治上设圈套陷害他，这就是"反间计"。皇太极的"反间计"记载在《旧满洲档》里，明人不得其详。清初修《清太宗实录》始为人所知，康熙朝修《明史》才真相大白。现已研究清楚，这个"反间计"的献计者是范文程，定计者是皇太极，施计者是鲍承先，中计者则是崇祯帝。李光涛先生在《袁崇焕与明社》文中，推断此计为后金副将高鸿中所献，不确[1]。事实上，皇太极在左安门兵败的第二天，布置了"反间计"。《清史稿·鲍承先传》记载：

> 翌日，上诫诸军勿进攻，召承先及副将高鸿中授以秘计，使近阵获明内监系所并坐，故相耳语，云："今日撤兵乃上计也。顷见上单骑向敌，有二人自敌中来，见上，语

---

[1] 参见阎崇年《袁崇焕"死因"辨》。

良久乃去。意袁经略有密约，此事可立就矣。"内监杨某佯卧窃听，越日，纵之归，以告明帝，遂杀崇焕。

杨太监纵归明宫后，将在后金监所中的窃闻，详奏崇祯帝。崇祯帝以议饷为名，诓绐袁督师上城入宫下狱。

袁崇焕对自己可能发生的悲剧结局，似早有预感。天启六年（1626）八月十八日，他在奏疏中说：

> 凡勇猛图敌，敌必仇；振刷立功，众必忌。况任劳之必任怨，蒙罪始可有功。怨不深，劳不厚；罪不大，功不成。谤书盈箧，毁言日至，从来如此。惟皇上与臣始终之。

崇祯元年（1628）七月十六日，袁督师出镇行边前又奏言：

> 盖著著作实，为怨则多。凡有利于封疆者，俱不利于此身者也。况图敌之急，敌又从外而间之，是以为边臣者甚难。

崇祯帝答以"浮言朕自有鉴别"。但是，袁崇焕在军事上的每一个胜利，把上下与左右、前后与内外的一切仇神，都召唤到自己的周围。后金反间、阉孽忌恚、同僚旧怨、君上猜疑，都加到袁崇焕身上。

崇祯三年（1630）八月十六日，崇祯帝命将袁崇焕在北京西市磔示，兄弟妻子流二千里。督师无罪，天下冤之。

袁崇焕之死，有论者说死于门户，也有论者说死于误杀。这都不是确论。在南宋，岳武穆之死，后人多归罪于秦桧。秦桧固有其罪责，但真正杀害岳武穆的，不是秦桧，而是宋高宗。在明末，袁督师之死，后人又多归罪于阉孽。阉孽固有其罪责，但真正杀死袁督师的，不是阉孽，而是崇祯帝。崇祯帝的昏暴，是袁崇焕悲剧的根因所在。当袁督师被缚时，年七十的大学士、礼部尚书成基命，跪在年十八的大明皇帝朱由检的面前，"独叩头，请慎重者再"，不听；又叩头说："敌在城下，非他时比"，也不听。这位成基命一次谏言，跪在宫城会极门外，自辰至酉，长达十二小时未起，这就足以画出崇祯帝的昏暴丑相。对于这位"义气贯天，忠心捧日"的袁崇焕，尚且不能相容，必令凌迟处死，以快己意，自毁长城，表明崇祯帝新政流产，大明朝气数已尽。

"杖策必因图雪耻，横戈原不为封侯。"袁崇焕在《边中送别》里的金玉诗句，展示了他的崇高精神意境。程本直在《漩声记》中，于袁督师的高尚精神，说了如下的一段话：

举世皆巧人，而袁公一大痴汉也。惟其痴，故举世最爱者钱，袁公不知爱也；惟其痴，故举世最怕者死，袁公不知惜也。于是乎举世所不敢任之劳怨，袁公直任之而弗辞也；于是乎举世所不得避之嫌疑，袁公直不避之而独行也；而且举世所不能耐之饥寒，袁公直耐之以为士卒先也；而且举世所不肯破之体貌，袁公力破之以与诸将吏推心而置腹也。犹忆其言曰："予何人哉？十年以来，父母不得以为子，妻孥不得以为夫，手足不得以为兄弟，交游不得以为朋友。"……即今圣明在上，宵肝抚髀，无非思得一真心实意之人，任此社稷封疆之事。予则谓：掀翻两直隶，踏遍一十三省，求其浑身担荷，彻里承当如袁公者，正恐不可再得也！

程本直以血与泪的文字，评述了袁督师"爱国"与"打拼"的精神。

袁崇焕是中华文明史上光明的象征。他像一道闪电，划破了明季黑暗专制社会的天空，照亮了历史前进的道路。

（本文是笔者于1992年9月25日，应台湾淡江大学历史系主任郑樑生教授的邀请，为历史系师生所做《抗御后金名将袁崇焕》的演讲稿，收入本集时做了修改）

袁崇焕固守宁远之扬㩁

袁崇焕固守关外宁远孤城,击败后金军队强攻,取得宁远大捷;寻,获宁锦之捷,他自己总结为"以守胜也"[1]。宁远之捷,要在固守。其守之情势、守之过程、守之扬㩁[2]、守之得失,据史料,试分析,浅论述,冀研讨。

一

袁崇焕庙堂受命,身戎辽事,固守宁远的历史活剧,演出于17世纪20年代之中国。其时,后金崛兴,满洲八旗攻势凌厉;明廷衰朽,辽东明军败不能支;而东西两翼——蒙古与朝鲜,惧金疏明,亦难策应。袁崇焕在明朝辽东无局可守的危难之际,婴守孤城宁远,获取宁远大捷。

---

[1]《明熹宗实录》卷七〇,天启六年四月己亥,台北"中研院"史语所校勘本,1962年。
[2]"扬㩁",又作"扬榷",见于《庄子·徐无鬼》《淮南子·俶真训》和《汉书·叙传下》等。《汉书·叙传下》曰:"扬㩁古今",师古曰:"扬,举也;㩁,引也。扬㩁者,举而引之,陈其趣也。"

满洲八旗所向披靡。辽东明军的劲敌是努尔哈赤统率的满洲八旗铁骑。努尔哈赤不仅是满洲杰出的首领,而且是明末清初著名的军事家。万历十一年(1583),努尔哈赤以其父祖"遗甲十三副"起兵,很快整合环围女真各部。万历四十四年(1616),努尔哈赤建立后金,黄衣称朕[1]。他缔造一支"攻则争先,战则奋勇,威如雷霆,势如风发,凡遇战阵,一鼓而胜"[2]的八旗军。努尔哈赤依靠这支军队,于万历四十六年即天命三年(1618),以"七大恨"告天,向明朝宣战,计袭抚顺[3],智破清河[4],旗开得胜,明廷震惊。庙堂匆促策划反攻,以杨镐为经略,调集12万兵马,四路合击后金都城赫图阿拉,结果被努尔哈赤各个击破。这就是著名的萨尔浒之战[5]。以此作为标志,战局发生根本变化:明朝军由战略进攻转入战略防御,后金军则由战略防御转入战略进攻。尔后,满洲八旗军攻战频仍,势如破竹——下开原,占铁岭,取沈阳,陷辽阳,结束了明朝在辽东的统治。继而进兵辽西,占领广宁,形成同明军争夺宁远的态势。

明朝辽军逐节败退。在努尔哈赤八旗军的猛烈攻势面前,辽东明军丢城失地,损兵折将。明朝辽东经略王在晋概括其时形势道:"东事离披,一坏于清、抚,再坏于开、铁,三坏于辽、沈,四坏于广宁。初坏为危局,再坏为败局,三坏为残局,

---

〔1〕《满文老档·太祖》第5册,天命元年正月,中华书局译注本,1990年。
〔2〕《满洲实录》卷四,中华书局影印本,1986年,第184页。
〔3〕《李朝光海君日记》卷一二七,十年闰四月甲戌,日本学习院东洋文化研究所,1959年。
〔4〕黄道周《博物典汇》卷二〇,明崇祯八年(1635)刻本,第18页。
〔5〕参见拙著《努尔哈赤传》第8章《萨尔浒大战》,文史哲出版社,1992年。

至于四坏——捐弃全辽，则无局之可布矣。"[1]明朝辽军由驻镇全辽、布局分守，而变为丢弃全辽、无局可布的境地，直接原因在于武备废弛，兵伍腐败。这主要表现在：其一，主帅频移，方略屡变。明自抚顺失陷后的八年之间，先后七易主帅，战守方略，因人而异。经略、总兵，或战死，或贬谪，或去职，或落狱。与此相反，后金却形成以努尔哈赤为首之稳定帅将群体。其二，将骄兵惰，漫无纪律。军官上下欺诳，左右盘结，骄奢淫逸，占田侵饷。兵马月无粮料，生活失计，竟至"辽卒不堪，胁众为乱"[2]，哗变围署，捶楚长官。与此相反，后金却诸将骁勇，兵强马壮，训练严格，军纪整肃。其三，军械缺损，后勤混乱。萨尔浒战前誓师演武场上，大将屠牛刀锋不利，"三割而始断"[3]；官将校场驰马试槊，木柄蠹朽，槊头坠地。甚至出现操场阅兵，雇夫顶替，着布衫、持木棍的杂乱局面。与此相反，后金"兵所带盔甲、面具、臂手，悉皆精铁，马亦如之"[4]；出征之军"盔甲鲜明，如三冬冰雪"[5]。所以，明朝辽军势颓兵弱，退守关门，形成了面临后金军进攻而孤守宁远的态势。

漠南蒙古离明靠金。漠南蒙古诸部，驻牧于明朝与后金之间，又在宁远左翼。其倾向于某一方，会使另一方腹背受敌。

---

[1] 王在晋《三朝辽事实录》卷八，天启二年三月，江苏省立国学图书馆据私藏本影印，1930年。
[2] 《明史》卷七七《食货志一》，中华书局点校本，1974年，第1885页。
[3] 王在晋《三朝辽事实录》卷一，万历四十六年七月。
[4] 徐光启《辽左阽危已甚疏》，《明经世文编》第6册，中华书局影印本，1962年，第5381页。
[5] 《满洲实录》卷四，第165页。

后金汗以"蒙古与满洲,语言虽各异,而衣饰风习,无不相同,为兄弟之国"[1],使诸科尔沁、内喀尔喀部臣服。明朝则着重争取察哈尔部,以增加岁币与其缔结共御后金盟约,实行"以西虏制东夷"之策。但是,王化贞驻守广宁,图借蒙古兵力抵御后金进犯,结果企盼落空,痛哭弃城,落荒而逃。尔后,漠南蒙古诸部背明降金。《明史·鞑靼传》载:"明未亡而插先毙,诸部皆折入于大清。国计愈困,边事愈棘,朝议愈纷,明亦遂不可为矣!"[2]明廷未能"抚西虏"而"制东夷",形成了宁远之战前更为严峻之态势。

朝鲜李朝惧金疏明。朝鲜不同于蒙古,它自洪武以降同明朝保持着友好关系。女真(满洲)东邻朝鲜,朝鲜不愿意看到其势力强大。朝鲜曾三次大规模出兵建州,袭攻女真。第一次是宣德八年(1433),朝鲜出兵建州,追袭建州首领李满住及其部民,致李满住"身被九创"[3]。第二次是成化三年(1467),明朝与朝鲜合兵,攻袭建州首领董山屯寨,"焚其巢寨房屋一空"[4],董山亦被明朝杀害。第三次是万历四十七年即天命四年(1619),朝鲜派元帅姜弘立统领万余兵马参加萨尔浒之战,但全军覆没,元帅被俘。此战之后,朝鲜更加惧怕努尔哈赤,又不得不接济明东江总兵毛文龙部[5]。明廷意在联络朝鲜,牵制

---

[1] 《满文老档·太祖》第13册,天命四年九月。

[2] 《明史》卷三二七《鞑靼传》,第8489页。

[3] 《李朝燕山君日记》卷一九,二年十一月甲辰,日本学习院东洋文化研究所,1959年。

[4] 《明宪宗实录》卷四七,成化三年十月壬戌,台北"中研院"史语所校勘本,1962年。

[5] 《东江疏揭塘报节抄》卷二,浙江古籍出版社,1986年,第12页。

后金,使辽军同"丽兵声势相倚,与登、莱音息时通,斯于援助有济"[1]。后金则意在切断朝鲜与明朝的联系,以及朝鲜对毛文龙部的济援,以除后顾之忧。后来皇太极两次出兵朝鲜,结成所谓"兄弟之盟"和"君臣之盟"。朝鲜虽可称为明朝患难之盟友和后金肘腋之隐患,但因其惧后金而疏明朝,也增加了宁远之战前更为困难的态势。

明廷中枢混乱腐败。明朝在辽东不仅失去朝鲜之援、蒙古之助,而且八旗日盛、辽军日衰,其根本原因在于朝廷腐败。明自张居正死后,朝政益墬,边事益坏。万历帝之怠玩,泰昌帝之暴亡,天启帝之愚骏,崇祯帝之刚愎,使得宫内案起,朋党纷争,文武失协,经抚不和,朝廷中枢机制失衡。明廷中枢机制紊乱而殃及辽事的明显事例,是熊廷弼的冤死和孙承宗的去职。熊廷弼在萨尔浒兵败之后,受命经略辽东。他整顿军队,修城治械,疏陈方略,布兵御守,迫使努尔哈赤将兵锋转向叶赫与蒙古。然而仅一年零三个月后,熊廷弼即在党争中被罢免,其治辽方略亦随之夭折。明失陷沈、辽后,举国震惊,熊廷弼被再次起用。他虽建"三方布置策",但终因朋党之争,经抚不和,衔冤而死,"传首九边"[2]。颇有建树之大学士孙承宗,也因阉党排陷而遭劾去职。兵戎大事,慎之又慎,如此翻云覆雨,岂能制敌御辽?朝政的混乱腐败,给宁远守卫战铸成了极为困难的态势。

综上,袁崇焕就是在朝廷腐败、面对强敌、后无援兵、两翼失助、婴守孤城的情势下,率兵进行了一场中国古代史上著名的宁远之战。

---

[1]《明熹宗实录》卷一三,天启元年八月庚午。
[2] 叶向高《蘧编》卷一二,第2页,美国国会图书馆藏本。

二

袁崇焕面临极度危难的情势，同后金汗努尔哈赤进行激烈的宁远之战。

先是，天启五年即天命十年（1625）八月，山海总兵马世龙偷袭后金，兵败柳河。阉党乘隙起衅，以谄附阉党之兵部尚书高第，代孙承宗为辽东经略。高第上任伊始，便推行不谋进取、只图守关的消极策略，令弃关外城堡，尽撤关外戍兵。

袁崇焕主张固守，据理力争，具揭言："兵法有进无退。锦、右一带既安设兵将，藏卸粮料，部署厅官，安有不守而撤之（理）？万万无是理。脱一动移，示敌以弱，非但东奴，即西虏亦轻中国。前柳河之失，皆缘若辈贪功，自为送死。乃因此而撤城堡、动居民，锦、右动摇，宁、前震惊，关门失障，非本道之所敢任者矣。"[1]辽东经略高第撤防命令传至宁前，宁前道袁崇焕斩钉截铁地言道：

> 宁前道当与宁前为存亡！如撤宁前兵，宁前道必不入，独卧孤城以当虏耳！[2]

于是，锦州、右屯、大凌河等城自行毁弃，屯兵与屯民，后退入关，广宁至山海关四百里地域，仅余袁崇焕统兵防守之宁远孤城。

---

[1] 王在晋《三朝辽事实录》卷一五，天启五年十月。
[2] 周文郁《边事小纪》卷一，第19页，《玄览堂丛书续集》本，南京国立中央图书馆影印本，民国三十六年。

高第撤防之报，传至后金都城沈阳。后金攻陷广宁之后，已经蛰伏四年未动。后金汗努尔哈赤得知高第昏弱，辽军撤防的探报，认为时机已到，机不可失；决定告天誓师，统率八旗，西渡辽河，进攻宁远。

天启六年即天命十一年（1626）正月十四日，善抓战机的后金汗努尔哈赤，亲率六万精兵，号称二十万，挥师西进，往攻宁远。十六日，至东昌堡。十七日，渡辽河。随后，连陷右屯、大凌河、小凌河、松山、杏山、塔山和连山七座空城，直扑宁远。

袁崇焕得报强敌临逼，后无援兵，便部署守城。

第一，以城为依，坚壁清野。撤宁远外围之中左所、右屯等处兵马及宁远城外守军，进入宁远城内防守；令尽焚城外房舍，转移城厢商民入城；粮仓龙宫寺等之贮粮，好米运至觉华岛，余皆焚毁。宁远城外不留一卒一民，使可用之兵民全部集于城内；不剩一舍一粮，使后金八旗兵无法持久作战。

第二，画城分守，布设大炮。宁远城守兵万余人，由袁崇焕自任全局指挥，设令于钟鼓楼之上；另派满桂守东面并提督全城，祖大寿守南面，左辅守西面，朱梅守北面，各将画地分守，相机应援。撤城外之西洋大炮入城，将十一门西洋大炮[1]，制作炮车，挽设城上，备置弹药，教习演放。

第三，兵民联防，运送粮药。袁崇焕令通判金启倧按城四隅，编派民夫，供给守城将士饮食。派卫官裴国珍带领城内商民，鸠办物料，运矢石，送火药。以同知程维楑率员稽查奸细，派诸生巡查城巷路口。所以，在辽东诸城中，"宁远独无夺门之

---

[1]《明熹宗实录》卷六八，天启六年二月戊戌。

叛民，内应之奸细"[1]。

第四，激励士气，严明军纪。袁崇焕将宁远军民"结连一处，彼此同心，死中求生，必生无死"[2]。他"刺血为书，激以忠义，为之下拜，将士咸请效死"[3]。又通令对阵前退缩者，径于军前诛之；溃而逃跑者，亦执而杀之。

二十二日。袁崇焕守城部署甫定。翌日，后金汗努尔哈赤统率八旗军，穿越首山与窟窿山之间隘口，直薄宁远城下。

二十三日。八旗军进抵宁远后，努尔哈赤命距城五里，横截山海大路，安营布阵，并在城北扎设汗帐。在发起攻城之前，努尔哈赤命释被掳汉人回宁远，传汗旨，劝投降，但遭到袁崇焕的严词拒绝。袁崇焕答道："宁、锦二城，乃汗所弃之地，吾恢复之，义当死守，岂有降理！"[4]并命罗立等向城北后金军大营燃放西洋大炮，"遂一炮歼虏数百"[5]。努尔哈赤旋移大营而西，谕备战具，明日攻城。

二十四日。后金兵推楯车，运钩梯，步骑蜂拥进攻，万矢齐射城上。雉堞箭镞如雨注，城上悬牌似猬皮。后金集中兵勇攻打城西南角，左辅领兵坚守，祖大寿率军应援，两军用矢石、铁铳和西洋大炮下击。后金兵死伤惨重，又移军攻南城墙。后金汗命在城门角两台间火力薄弱处凿城。明军掷礌石、发矢镞，投药罐、飞火球。后金兵前仆后继，冒死凿墙，前锋凿开高二丈余大洞三四处，宁远城受到严重威胁。时"袁崇焕缚柴浇油

---

〔1〕《明熹宗实录》卷六八，天启六年二月乙亥。
〔2〕 王在晋《三朝辽事实录》卷一五，天启六年正月。
〔3〕《明史》卷二五九《袁崇焕传》，第6709页。
〔4〕《清太祖武皇帝实录》卷四，北平故宫博物院影印本，1932年，第8页。
〔5〕 茅元仪《督师纪略》卷一二，第14页，北京图书馆善本部藏。

并搀火药,用铁绳系下烧之"[1];又选五十名健丁缒下,用棉花、火药等物烧杀挖城的后金兵。是日,后金官兵攻城,自清晨至深夜,尸积城下,几乎陷城。

二十五日。后金兵再倾力攻城。城上施放火炮,"炮过处,打死北骑无算"[2]。后金兵害怕利炮,畏葸不前;其"酋长持刀驱兵,仅至城下而返"[3]。后金兵一面抢走城下尸体,运至城西门外砖窑焚化;一面继续鼓勇攻城。不能克,乃收兵。两日攻城,后金史称:"共折游击二员,备御二员,兵五百。"[4]

二十六日。后金汗努尔哈赤一面派兵继续攻城;一面命武讷格率军履冰渡海,攻觉华岛,杀明兵将,尽焚营房、民舍、屯粮、船只。据经略高第报称:"二十六日辰时,奴众数万,分列十二,头子酋首冲中道,转攻东山。至巳时,并攻西山,一涌冲杀。彼时各兵,凿冰寒苦,既无盔甲、兵械,又系水手,不能耐战,且以寡不敌众。故四营尽溃,都司王锡斧、季士登、吴国勋、姚与贤,艟总王朝臣、张士奇、吴惟进及前、左、后营艟百总俱已阵亡。"[5]

同日,袁崇焕军之西洋大炮,击伤后金军大头目。据经略高第奏报:"奴贼攻宁远,炮毙一大头目,用红布包裹,众贼抬去,放声大哭。"[6]后金汗努尔哈赤在宁远城下,遭受最严重的失败。

---

[1]《明熹宗实录》卷六七,天启六年正月辛未。
[2] 张岱《石匮书后集》卷一一,中华书局标点本,1959年,第91页。
[3]《明熹宗实录》卷七〇,天启六年四月辛卯。
[4]《清太祖武皇帝实录》卷四,第9页。
[5] 王在晋《三朝辽事实录》卷一五,天启六年一月。
[6]《明熹宗实录》卷六八,天启六年二月丙子。

二十七日。后金军全部回师。

历时五天的宁远之战，以袁崇焕的胜利和努尔哈赤的失败而结束。袁崇焕的军事胜利，宁远"固守"是其法宝。袁崇焕凭着"固守"这个克敌制胜的法宝，翌年又取得宁锦大捷。

天启七年即天聪元年（1627）五月初六日，后金新汗皇太极为洗雪其父之遗恨和巩固初登之汗位，亲率诸贝勒将士，往攻锦州和宁远。其时明祚以榆关为安危，榆关以宁远为安危，宁远又以锦州为安危。袁崇焕决心固守宁、锦，战则死战，守则死守。他命赵率教镇锦州，自坐守宁远。十一日，后金军围锦州城。翌日，皇太极一面遗锦州太监纪用等复书，称"或以城降，或以礼议和"[1]，一面派兵攻城。明军炮火、矢石俱下，后金军撤退五里扎营。皇太极兵攻锦州半月不下，命兵于城外凿三重濠，留兵围之；亲率三大贝勒代善、阿敏、莽古尔泰等统八旗军进攻宁远。明参将彭簪古等"用红夷大炮击碎奴营大帐房一座"[2]，后金兵死伤甚众。此战，"贝勒济尔哈朗、萨哈廉及瓦克达俱被创"[3]。皇太极兵攻宁远，军受重创，便回师锦州。后金兵数万蜂拥攻城，被守军以矢石、炮火击死数千，败回营去，大放悲声。后金军围攻锦州二十五日，无日不战，有伤无获，而锦州、宁远坚如磐石。皇太极愤愧言："昔皇考太祖攻宁远，不克；今我攻锦州，又未克。似此野战之兵，尚不能胜，其何以张我国威耶！"[4]皇太极宁锦之役的失败，恰是袁

---

[1]《清太宗实录》卷三，中华书局影印本，1985年，第12页。
[2] 沈国元《两朝从信录》卷三四，天启七年六月，明崇祯刻本，中国国家图书馆善本部藏。
[3]《清太宗实录》卷三，中华书局影印本，1985年，第12页。
[4]《清太宗实录》卷三，华文书局影印本，1964年，第23页。

崇焕固守宁锦之策的胜利。

　　袁崇焕在危难之情势下，固守宁远，连获两捷。辽东局势，为之一变。武器与战术，也随之改观。其连胜两捷之要，在于"固守"二字，具体分析，述于下节。

三

　　袁崇焕任职辽事之历史功业，或言其人生最辉煌之处，在于他固守宁远。在他率兵固守的宁远城下，戎马生涯44载的后金汗努尔哈赤平生第一次战败，饮恨而亡；新汗皇太极又兵败城下，被迫议和。袁崇焕固守宁远之要略，在于"守"字。天启二年即天命七年（1622），他单骑出阅关塞，便提出"予我军马钱谷，我一人足守此"[1]之奇见。他受命监军山海，又操"主守而后战"之策前往。此后，袁崇焕坐守宁远，修缮守城，募练守军，缮治守械，筹措守饷，严肃守纪，谋划守略。一言以蔽之，主"守"一直是其固守之战略秘诀。其"守"之扬搉，即守之要略，列举八端。

　　守略——"守为正着，战为奇着，款为旁着"[2]，守、战、款相互制约，而立足于守。这是正确分析彼己态势后的积极防守战略。其时，"夷以累胜之势，而我积弱之余，十年以来站立不定者，今仅能办一'守'字，责之赴战，力所未能"[3]。明朝与后金，交战十载，溃不成军，元气大伤，无喘息之时，丧还手之

---

[1]《明史》卷二五九《袁崇焕传》，第6707页。
[2]《明熹宗实录》卷八一，天启七年二月辛酉。
[3]《明熹宗实录》卷八四，天启七年五月甲申。

121

力，即使重整旗鼓，只能立足于守。而防守可扬己之长，制敌之短。后金亦有人在《奏本》中认为，虽野地浪战明朝不如后金，但坚守城池后金不如明朝；其所占城池，必计袭智取，即里应外合。这从反面证明袁崇焕婴城固守战略之正确。他取婴城固守之策还有一个原因是，明朝与后金火器之差距。明自洪武、永乐起，军队便装备铳炮类火器，嘉靖、万历间两次引进西方先进火器，如佛朗机、红夷炮等，使军队装备水平得到飞跃。后明军火器占到装备总量的一半以上，且技术性能较好，运作方法简便。明军以坚固城池，合理布局，完备设施，得当指挥，必具有强大防守能力。明朝中期于谦保卫北京之战已提供史例。然而，后金八旗军以铁骑驰突为优势，其兵器全部为冷兵器，如刀、矛、箭、镞等。这类冷兵器用于骑兵野战可借其强大冲击力而优胜于明朝步兵，但在坚城和大炮之下实难以施展威力。

论及袁崇焕之守略，必然涉及守、战、款三者之关系。守、战、款三者，包含着防御与进攻、战争与议和两组既相区别又相关联的范畴。以防御与进攻而言，正如袁崇焕所说，辽兵"战则不足，守则有余；守既有余，战无不足。不必侈言恢复，而辽无不复；不必急言平敌，而敌无不平"[1]。二者都是重要作战形式，其选择，依时间、空间和交战双方力量对比而定。另以战争与议和而言，二者只是实现政治目的之不同手段。袁崇焕能依具体条件，不泥成法，将守、战、和加以巧妙地运用，可防则守，可攻则战，可和则议，表现出其军事策略思想的主动性与灵活性。

守地——不设在近榆关之八里铺，也不设在近沈阳之广宁

---

[1]《东莞五忠传》上卷，《东莞县志》，民国十六年铅印本，第21—22页。

城，而设在距关门不远、离沈阳不近之宁远。部署以宁远、锦州二城为支撑点的宁锦防线，从而"守关外以御关内"。其时，坚守之地选于何处，是关乎辽东全局乃至明朝生死存亡之要事。先是，经略熊廷弼建"三方布置策"，主张重点设防广宁，部署步骑隔辽河而同据沈阳之后金对垒；巡抚王化贞则力主沿辽河设一字形防线，而重点防守广宁。不久，后金兵不血刃地获取广宁，熊廷弼壮志未酬兵败身死，王化贞亦身陷囹圄，后被诛死。此时，经略王在晋又议在山海关外八里处筑重城，以守山海。时为宁前兵备佥事的袁崇焕，以其为非策，争谏不得，便奏记首辅叶向高。明廷派大学士孙承宗行边。孙承宗同王在晋"推心告语，凡七昼夜"[1]，王不听。承宗驳筑重城议，集将吏谋应守之地。阎鸣泰主觉华，袁崇焕主宁远；孙承宗支持崇焕之议。寻，孙承宗镇关门，决守宁远。

宁远地处辽西走廊中段，位居明朝重镇山海关和后金都城沈阳之间，恰好挡住后金军入关之路。史称其内拱严关，南临大海，居表里中间，屹为天然形胜。且宁远背山面海，地域狭窄，形势险要，易守难攻。袁崇焕主守宁远之议得到督师孙承宗支持后，天启三年即天命八年（1623）春，他受命往抚蒙古喀喇沁诸部，收复原为其占据宁远迤南二百里地域。继而手订规划，亲自督责，军民合力，营筑宁远，使一度荒凉凋敝的宁远，变为明朝抵御后金南犯的关外重镇。

守城——守城之要，先在修城。孙承宗初令祖大寿筑宁远城，大寿且城垣疏薄不合规程。于是，"崇焕乃定规制：高三丈

---

[1] 孙铨《孙文正公年谱》卷二，天启二年，清乾隆间孙尔然师俭堂刻本。

二尺，雉高六尺，址广三丈，上二丈四尺"[1]。城墙加高增厚，坚固易守耐攻。城有四门，曰：远安、永清、迎恩、大定，有城楼、瓮城，亦有护城河。城中心建钟鼓楼，两层，可居中指挥，凭高瞭望。袁崇焕修建宁远城的创造性在于，城墙四角各筑一座附城炮台，其三面突出墙外，既便于放置大型火炮，又可以扩大射角，其射界能达到270度。它消除了以往城堡凡敌至城下而铳射不及之缺陷，既可远轰奔驰而来之骑敌，又可侧击近攻城墙之步敌，从而充分发挥火炮之威力。

《兵法》曰："上兵伐谋，其次伐交，其次伐兵，其下攻城。攻城之法，为不得已。"[2]袁崇焕凭借坚城，逼迫后金采用攻城下策，便不战而先胜后金汗一局。同时，坚城深堑，火器洋炮，婴城固守，恰是明朝军之长；驱兵登城，刀矛剑戟，攻坚作战，则是后金军之短。因而，守坚城与用大炮是袁崇焕积极防御方略的两件法宝。

守器——固守宁远不仅使用常规械具、火铳，而且运用红夷大炮。新型红夷大炮是袁崇焕赖以守城之最锐利的武器。袁崇焕固守宁远，正值西方伴随着工业革命而实行火炮重大改进之时。英国新制造的早期加农炮即红夷炮，具有"身管长、管壁厚、弹道低伸、射程远、命中精度高、威力大、安全可靠等优越性"[3]。随着"西学东渐"，以徐光启为代表的有识之士，最先认识到西洋火炮的价值。他于泰昌元年即天命五年（1620），派张焘赴澳门向葡萄牙当局购买红夷大炮，尔

---

[1]《明史》卷二五九《袁崇焕传》，第6708页。
[2] 吴九龙主编《孙子校释》，军事科学出版社，1990年。
[3] 王兆春《中国火器史》，军事科学出版社，1991年，第228页。

后购进三十门西洋制造的红夷大炮。其中有 11 门运送至关外宁远城。徐光启提出"以台护铳,以铳护城,以城护民"[1]的原则。袁崇焕在宁远实行城设附台、台置大炮、以炮卫城、以城护民,与徐光启的上述原则相契合。同时,经葡萄牙炮师训练的火器把总彭簪古,也被调到宁远培训炮手。

在宁远之战中,袁崇焕不仅是中国第一个将红夷大炮用于守城作战的明辽军官将,而且独创了卓有成效的守城新战术。在后金军推着楯车蜂拥攻城时,彭簪古等率领火炮手在"城上铳炮迭发,每用西洋炮则牌车如拉朽"[2]。而在宁锦防御战中,红夷大炮亦取得同样的效应。袁崇焕防守宁远、锦州的成功,使红夷大炮声名大噪。明廷封一门红夷炮为"安国全军平辽靖虏大将军"[3],并封"管炮官彭簪古加都督职衔"[4]。这种红夷大炮,被誉为"不饷之兵,不秣之马,无敌于天下之神物"[5]。它后来得到大规模的仿造和更广泛的使用。后金方面也于天聪五年即崇祯四年(1631),仿造成第一门红夷大炮,"自此凡遇行军,必携红衣大将军炮"[6]。可见,袁崇焕固守宁远率先使用西洋大炮,不但创造了别具一格守城的战术,而且推进了古代火炮的发展,对以后战争产生重要的影响。

守军——不用从关内招募之油滑兵痞,而"以辽人守辽土",征辽兵,保家乡。即重新组建并训练一支以辽民为主

---

[1] 徐光启《徐光启集》上册,中华书局,1963 年,第 175 页。
[2] 《明熹宗实录》卷七〇,天启六年四月辛卯。
[3] 《明熹宗实录》卷六九,天启六年三月甲子。
[4] 同上。
[5] 李之藻《为制胜务须西铳乞敕速取疏》,《徐光启集》上册,第 178 页。
[6] 《清太宗实录》卷八,华文书局影印本,1964 年,第 2 页。

体、兵精将强、含多兵种之守城军队。先是,大学士孙承宗提示"出关用辽人",袁崇焕便着力实施之。因为历史经验表明,自辽事以来,外省调募之兵将,出戍数千里以外,"兵非贪猾者不应,将非废闲者不就"[1],或延期误时、裹足不前,或一触即溃、扰乱边事。正如袁崇焕所言,"宁远南兵脆弱,西兵善逃"[2]。而辽人正处于水深火热之中,熟谙地形,同仇敌忾,誓保乡土。袁崇焕敢于陈其弊、破成议,疏请撤回调兵,而招辽人填补,以得两利,奉旨允行。据袁崇焕统计,至崇祯元年即天聪二年(1628),"实用之于辽者,合四镇官兵共计一十五万三千一百八十二员名,马八万一千六百零三匹"[3]。这支经过整编而新建的辽军,以辽人为主体,含步兵、骑兵、车兵、炮兵和水兵等多兵种。袁崇焕于宁锦之捷后指出:"十年来,尽天下之兵,未尝敢与奴战,合马交锋;今始一刀一枪拼命,不知有夷之凶狠骠悍。"[4]连朝廷也首肯辽兵摧锋陷阵之英勇气概。所以,宁远、宁锦和保卫京师三捷,证明辽军确是明末的一支铁军,直至明亡辽军都被公认是明军中唯一兵精将强的劲旅。

袁崇焕还重用辽将,以统率辽兵。赵率教、祖大寿、何可纲皆在辽东带兵多年,或世居辽东。他们被袁崇焕任用为三员大将,画城分守,战功肤奏。袁崇焕尝言:"臣自期五年,专借此三人,

---

[1]《明熹宗实录》卷七九,天启六年十二月丁未。
[2]《明熹宗实录》卷六八,天启六年二月戊戌。
[3]《崇祯长编》卷二五,崇祯元年八月乙亥,台北"中研院"史语所校勘本,1962年。
[4] 王在晋《三朝辽事实录》卷一七,天启七年六月,江苏省立国学图书馆据私藏本影印,1930年。

当与臣相终始。"[1]袁崇焕选任辽将统率辽军,招募辽兵守卫辽土,在当时不啻为一举两得、牵动关宁全局之正确决策。

守饷——不仅依靠朝廷调运之粮料;而且提出"以辽土养辽人"之明策,安民乐土,垦荒屯田,兴农通商,裕粮助饷。明廷为解决关外粮饷,决定加派辽饷,后数额高达白银六百余万两,成为社会的沉重负担和朝廷的一大弊政。天启六年即天命十一年(1626),袁崇焕陈奏,守城同时,实行屯田,就地取饷,以省转输。尔后,袁崇焕又上疏屯田,陈明"以辽土养辽人",行则有"七便"[2],否则有"七不便"[3],奏请在辽军中实行且战且屯、且屯且守、以战促屯、以屯助守之方针。袁崇焕

---

[1] 《明史》卷二五九《袁崇焕传》,第6714页。

[2] "七便":"计伍开屯,计屯核伍,而虚冒之法不得行,便一。兵以屯为生,可生则亦可世,久之化客兵为土著,而无征调之骚扰,便二。屯则人皆作苦,而游手之辈,不汰自清,屯之即为简之,便三。伍伍相习,坐作技击,耕之即所以练之,便四。屯则有草、有粮,而人马不饥困,兵且得剩其草干、月粮,整修庐舍,鲜衣怒马,为一镇富强,便五。屯之久而军有余积,且可渐减干草、月粮以省饷,便六。城堡关连,有浍有沟,有封有植,决水冲树,高下纵横,胡骑不得长驱,便七。"见《明熹宗实录》卷七八,天启六年十一月乙未。

[3] "七不便":"今日全辽兵食所仰藉者,天津截漕耳,国储外分,京庾日减,一不便。海运招商,那移交卸,致北直、山东为之疲累,二不便。米入海运,船户、客官沿海为奸,添水和沙,苦盖失法,米烂不堪炊,贱卖酿酒之家,而另市本色,有名无实,三不便。辽地新复,土无所出,而以数十万之坐食,故粮价日贵,且转贩而夺蓟门之食,蓟且以辽窘,四不便。今调募到者,俱游手也,不以屯系之,而久居世业,倏忽逃亡,日后更能为调募乎?五不便。兵不屯则着身无所,既乏恒产,安保恒心?故前之见贼辄逃者,皆乌合无家之众也,六不便。兵每月二两饷,岂不厚?但不屯无粟,百货难通,诸物尝贵,银二两不得如他处数钱之用,兵以自给不敷而逃亡,七不便。"见《明熹宗实录》卷七八,天启六年十一月乙未。

的上述主张实施后,辽西经济形势为之一变。至崇祯元年即天聪二年(1628),朝廷解拨辽东饷银,由通支本折色共六百余万两,减为四百八十余万两,实省饷银一百二十余万两。而辽军饷银充裕,粮料盈余,就在锦州久围得解之后,城中尚剩米三万数千石。

袁崇焕在辽东实施的屯田,分为军屯与民屯两种。军屯,且守且屯,所得粮料,以助军用;民屯,则取其租,以充军饷。屯田之策,军民两利。总之,袁崇焕"以辽土养辽人"之策,足衣食,稳军心,安民情,坚守念,为其固守宁远、获取大捷奠定了物质基础。

守纪——严肃军纪,奖勇惩怯,率先示范,励众固守。袁崇焕所训练的辽军,尚勇敢,羞怯懦,纪律严明,部伍整肃。在平日操练时,即严格要求;在激烈战事中,更申明军纪。袁崇焕还破除"割级报功"之陈规。明九边遇战兵士争割首级,上报官长请赏,甚且杀民冒功。他深鉴割级陋规,于未战之先,与诸将士约,唯尽歼为期,不许割首级,故将士得一意冲杀。废除"割级报功"的旧规,提高了群体战斗力。

袁崇焕素重守纪之成效,在宁远大战中得以充分展现。在临战前,他滴血誓盟,激以忠义,死生与共,同城存亡。在激战中,他身赴阵前,左臂负伤,不下火线,以之鼓励将士。为奖励勇者,置银于城上,"有能中贼与不避艰险者,即时赏银一定(锭)。诸军见利在前,忘死在后,有面中流矢而不动者,卒以退虏"[1]。在战争后,他按军功大小,奏请叙赍;并依怠怯轻重,实行惩处。后在京师保卫战中,袁督师统率的五千辽军与

---

[1]《明熹宗实录》卷七〇,天启六年四月己亥。

后金军骑兵鏖战,后金军十一月二十七日,"攻外罗城南面,城上下炮矢击退之。辽将于永绶、郑一麟营,炮药失火,兵立火中不敢退。公当即给赏,每人二十金"[1]。此役,他还令将一偷食民家面饼者斩首示众,以肃军纪。

守民——收集流民,卫土保家,兵民联防,盘查奸细。袁崇焕在固守宁远之实践中,善于收集流离失所的辽民,加以组织,助军御守,保卫家乡,众志成城。在他经营下,辽西宁锦地区商民辐辏,恢复到数十万人,宁远城兵民达到五万家。这就巩固和充实了辽军御守宁远的民众基础。

袁崇焕在宁远之战中,实施兵民联防。战前,他将城外百姓全部迁入城内,既使其得到守军的保护,又使其处于与守军同生死共患难的境地。战中,宁远百姓参战,或登城拼杀,或运弹送饭,或巡逻街巷,或盘查奸细。当后金军攻城时,百姓拿出柴草、棉花,送兵士点燃投下城去焚烧敌人;献出被褥,给兵士装裹火药去烧杀敌军。由于兵民联防,巡城查奸,所以独宁远"无夺门之叛民,内应之奸细"[2]。袁崇焕作为中国17世纪20年代的军事家,能够看到并组织民众力量,兵民联防,共同御守,实属难能可贵。

以上仅就守略、守地、守城、守器、守军、守饷、守纪、守民八项,论述了袁督师崇焕固守宁远其"守"之要略。袁崇焕固守宁远,在八年之间,方寸之地,精心任事,励节高亢,将"守"字做活,从而展现出一代军事家之雄才伟略,使其生命价值放射出斑斓光辉。

---

[1] 周文郁《边事小纪》卷一。
[2] 《明熹宗实录》卷六八,天启六年二月乙亥。

四

袁崇焕固守关外孤城宁远，获取宁远大捷，是袁督师辉煌之历史功业，亦为明辽军屡败之"封疆吐气"[1]。明军虽在宁远城取胜，却在觉华岛惨败。宁远之得，觉华之失，尊重史实，兼而论及。

固守宁远之奇功，是打败后金铁骑进攻。此役，明朝由得报，宁远被围，举国汹汹；及捷报驰至，京师全城，空巷相庆。宁远之捷是明朝从抚顺失陷以来的第一个胜仗，也是自"辽左发难，各城望风奔溃，八年来贼始一挫"[2]的一场胜仗。与其相反，宁远之役是后金汗努尔哈赤用兵44年最为惨痛之失败。《清太祖武皇帝实录》记载："帝自二十五岁征伐以来，战无不胜，攻无不克，惟宁远一城不下，遂大怀忿恨而回。"随之昼夜踌躇，辗转反思："吾思虑之事甚多：意者朕身倦惰而不留心于治道欤？国势安危、民情甘苦而不省察欤？功勋正直之人有所颠倒欤？再虑吾子嗣中果有效吾尽心为国者否？大臣等果俱勤谨于政事否？又每常意虑敌国之情形。"[3]一代天骄后金汗努尔哈赤，同年便在败辱悲愤中死去。

固守宁远之价值，是影响历史演变进程。袁崇焕取得宁远、宁锦两捷，并部署与经营宁锦防线。宁锦防线可概括为"一体两翼"。"一体"即纵向的锦州、宁远、山海关串珠式防守，由总兵赵率教守关门，为后劲；袁崇焕自率中军，何可纲守宁远，

---

[1]《明熹宗实录》卷六八，天启六年二月丙子。
[2] 同上书，天启六年二月乙亥。
[3]《清太祖武皇帝实录》卷四，北平故宫博物院影印本，1932年，第9页。

以居中；总兵祖大寿镇锦州，为先锋。各将画地信守，缓急相应，战则一城接一城，守则一节顶一节。"两翼"指横向而言，其左翼为蒙古拱兔等部，采取"抚西虏以拒东夷"的策略；其右翼为东江毛文龙部，实行斩师抚众、整顿部伍、以扰敌后的措施。袁崇焕部署的宁锦防线，其"两翼"虽未完全实现，但明军依其"主体"，遏止住后金铁骑之攻势，迫使后金军绕道入关，且不敢久留关内，从而拱卫关门，保卫京师。在袁崇焕身后，祖大寿振其余威于边，宁锦防线岿然不动。直至崇祯十五年即崇德七年（1642），锦州才被攻陷；而宁远、关门几乎与明祚同终。在后金方面，皇太极被迫调整战略，先是暂敛兵锋，转为"讲和"与"自固"；开始制造和使用火器，尤其是西洋大炮。这一改革直接影响到后来清军编制、训练、指挥和策略等，使八旗军战斗力迅速提高，从而在十几年后，值李自成进京、明祚倾覆之机，清兵进关，入主中原。

固守宁远之要略，丰富了古代军事思想。袁崇焕固守之要略，有别于马林之守而不防，袁应泰之守而不固，熊廷弼之守而不成，王在晋之守而不当，孙承宗之守而不稳；更不同于李永芳之通敌失守，李如桢之玩忽于守，贺世贤之出城疏守，王化贞之攻而拒守，高第之弃而不守。袁崇焕之固守战略，保证了宁远城以至山海关屹然不动，直至明祚灭亡。袁督师既创造了重点城池防守的新型战术，又部署了关外完整的防御体系。尤其是他提出"凭坚城、用大炮"，即以炮守城、以城护炮的新型战术，是中国古代守城战术的新突破。他顺应历史发展之趋势，及时将兵器进化的新成果应用于实战，从而为火器与冷兵器并用时代的城池攻防战，提供了行之有效的独特战法，发展了中国古代战术学理论，是中国古代军事思想宝库中的新财富。

上述战术由于已经受到固守宁远实战之检验,因而很快被普遍接受和采用。尔后在清朝前期战争中,利用火器强攻硬守之战屡见不鲜,使战争呈现出新的局面。

固守宁远之胆识,充实了中华智慧宝库。雄胆卓识,独立品格,是中华文明史上杰出政治家、军事家和民族英雄的宝贵品质。在固守宁远之役中,袁崇焕表现为雄胆卓识的典范。袁崇焕之胆识,一见于其单骑阅塞、国难请缨;二见于其揭驳经略、主守宁远;三见于其严拒非议、坚守孤城。此役,后金汗率倾国之师进攻,御守之策,大端有二:经略高第主守榆关,兵部阎鸣泰则主守首山。高第虽主守城,城却不在宁远,而在榆关。此策得遂,则关外辽西之地,尽为后金据有。榆关失去屏障,京师愈加危急。此将演化为有明250年来空前之危机。而己巳、庚戌两役,仅蒙古骑兵悬军塞内,明廷尚有辽东完瓯。署兵部右侍郎阎鸣泰同高第相左,虽主在关外御守,却议将宁远城中主力部署于首山。首山在宁远城东北,为护卫宁远孤城之蔽障,亦为控扼自沈阳来敌通道之咽喉。鸣泰画策坚守首山之疏言:

> 首山左近如笔架、皂隶等山险隘之处,俱宜暗伏精兵、火炮,以待贼来,慎勿遽撄其锋,惟从旁以火器冲其胁,以精兵截其尾;而觉华岛又出船兵遥为之势,乘其乱而击之,此必胜之着也。[1]

得旨:"俱依拟着实举行。"此策得遂,则关外孤城宁远,必

---

[1]《明熹宗实录》卷六七,天启六年正月丁卯。

为后金据有。在萨尔浒之役中，杜松吉林崖兵败，刘阿布达里冈之殁，都是史证；在沈辽之役中，沈阳的贺世贤，辽阳的袁应泰，出城迎敌，堕计丧锐，亦是史证。这种明军易己之长为己之短，变彼之短为彼之长；而以己之短，制彼之长，似可断言，必败无疑。袁崇焕既拒从辽东经略高第退守山海关之策，又拒依旨准兵部侍郎阎鸣泰出守首山之策。他不守山，而守城；守城不守榆关，而守宁远。凭坚城，用大炮，以己长，制敌短，孤城孤军[1]，终获大胜。这是袁崇焕雄胆卓识、独立品格的节操之胜。袁督师雄胆卓识之智慧，丰富了中华思想之宝库。

但是，宁远之战，首之在得，宁远城获捷；次之在失，觉华岛兵败。明军兵败觉华岛，其责重在经略高第。因觉华兵败为宁远之役的枝蘖，故略做附论。

觉华岛（今辽宁兴城菊花岛乡），悬于辽东海湾，西距宁远15公里。岛面积13.5平方公里，有淡水，能耕田，可驻军。觉华岛"呈两头宽，中间狭，不规整的葫芦形状，孤悬海中"[2]，即岛为龙形，"龙身"为山岭，穿过狭窄的"龙脖"迤北，便是"龙头"。"龙头"地势平坦，三面临海，北端有天然码头，宜停泊船只。先是，明广宁兵败后，议应守之所，监军阎鸣泰主守觉华岛，佥事袁崇焕主守宁远卫。孙承宗巡勘见"觉华孤

---

[1] 明兵科都给事中罗尚忠疏言："虏众五六万人攻围宁远，关门援兵，并无一至。岂画地分守，不须被缨？抑兵将骄横，勿听节制？据小塘报云：关内道臣刘诏、镇臣杨麒，要共统兵二千出关应援。未几，经略将道臣发出兵马撤回矣。"见《明熹宗实录》卷六八，天启六年二月丙子。
[2] 安德才主编《兴城县志》，辽宁大学出版社，1991年，第67页。

峙海中，与宁远如左右腋，可厄敌之用"[1]。由是决策袁崇焕守宁远，祖大寿驻觉华。后袁崇焕主守宁远，祖大寿负觉华防务之任。孙承宗派祖大寿、姚抚民、金冠等官弁，将觉华岛建成关外辽军后勤基地。在岛之"龙头"开阔地上，建起一座囤积粮料之城。城呈矩形，墙高约10米，底宽约6米。北墙设一门，通城外港口，是为粮料运输之通道；南墙设二门，与"龙脖子"相通，便于岛上往来；东、西两面无门，利于防守。城内有粮囤、料堆以及守城官兵营房，还有一条排水沟纵贯南北。觉华岛上的储粮，既有来自天津漕运之米，又有当地屯田之粮。岛上驻军担负保护粮料和应援宁远之双重任务。孙承宗早就指出：当敌"窥城（宁远），令岛上卒旁出三岔，断浮桥，绕其后而横击之"[2]。因而，觉华岛于固守宁远之价值不可低估。

然而，袁崇焕在固守宁远之时，高第未能兼及觉华岛，致后金兵攻觉华，粮料被焚，全军覆亡。所以，经略高第未能兼顾觉华之失，主要表现在如下四点：其一，只着重于觉华岛后勤基地之作用，而忽视其侧翼机动之地位，因而在诸次作战中均未调发岛上驻军绕敌后而横击策应。其二，岛上囤粮城选址欠当，只考虑粮料运岛方便，而未顾及防敌御守。其三，囤粮城设防疏陋，守军力量薄弱，后金军驰至，守军营于冰上，凿冰为濠，列车楯卫。但时逢严冬，冰濠封冻，致八旗军横行无阻，直捣粮城。其四，岛上兵力部署失当，将重兵集于岛中心之山巅，需重点防守之囤粮城却兵力单薄，且两营步卒缺乏策应。所以，虽宁远之战堪称大捷，但后金仅以八百骑兵便登岛

---

[1] 孙铨《孙文正公年谱》卷二，天启二年，清乾隆间孙尔然师俭堂刻本。
[2] 《明史》卷二五〇《孙承宗传》，第6468页。

获胜，致明七千将士全军覆没[1]，大量粮料和二千余船只被焚烧，经营多年之觉华岛基地被摧毁。就官兵死亡与粮船遭焚而言，明朝军在觉华岛之受损，远超过后金军宁远兵败之所失。更有甚者，从此觉华岛基地便被摧毁，宁锦防线失一重要侧翼。辽东经略高第在宁远之战过程中，畏缩惧敌，御守关门，未能积极指挥，缺乏全面协调，致城胜而岛败、躯健而臂失。觉华岛上数以万计兵民被杀，数以十万计粮料被焚，诚可惜哉，诚可痛哉！

总之，宁远之役结束后，山西道御史高弘图疏言：

> 奴酋鸷伏，四年不动，一朝突至，宁远被围，举国汹汹。一重门限，岂是金汤？自袁崇焕有死地求生、必死无生之气，则莫不翕然壮之。然自有辽事，用兵八年不效，固未敢逆料其果能与贼相持、与城俱存否也。是以深轸圣怀，时切东顾。甫采盈庭之方略，辄得马上之捷书。然后知从前无不可守之城池，而但无肯守之人与夫必守之心。今崇焕称必守矣！况且出奇挫锐，建前此所未有，则又莫不翕然贤之。[2]

袁崇焕固守宁远之历史地位，其时直臣贤士，能予公允评价。综观袁督师固守宁远之历史业绩，既创造了显赫遐迩之战守功业，又发展了笃实精到之军事思想。于当时，挽救危局，护卫京师；于后世，兵坛经纶，警示来人。他不愧为中国古代杰出

---

[1]《明熹宗实录》卷七〇，天启六年四月辛卯。
[2]《明熹宗实录》卷六八，天启六年二月丁丑。

的军事家、抗御后金的民族英雄。袁督师之奇功伟勋和爱国精神,动天地、泣鬼神,光千古、耀万世!

(原载《明末清初华南地区历史人物功业研讨会论文集》,香港中文大学,1992年)

论明代保卫北京的民族英雄袁崇焕

明代保卫北京的民族英雄，前有于谦，后有袁崇焕。他们在军事舞台上，都扮演着威武雄壮的角色；在政治舞台上，却又同样悲剧性地结束了自己的生命。

袁崇焕（1584—1630），字元素，号自如，广西藤县（祖籍广东东莞）人[1]。他是明末一位优秀的军事统帅、杰出的民族英雄。但因后金设间、阉党诬陷、门户猜忌、崇祯昏庸，而含冤被磔死。

本文主要就崇祯二年（1629）北京保卫战的历史条件、袁崇焕在北京保卫战中的历史功绩和袁崇焕含冤而死的历史原因，依据史料，略做论述。

一

袁崇焕是在明朝末年，民族矛盾、阶级矛盾和统治集团内部矛盾错综复杂的历史背景下，千里入援京师，进行北京保卫战的。

---

[1] 见拙文《袁崇焕籍贯考》，《历史研究》1982年第1期。

明朝后期的民族矛盾，突出地表现为满洲的兴起。满族的前身即女真族，是我国境内一个历史悠久的少数民族。明朝统治者对女真的民族压迫和民族分裂的政策，激起女真人的不断反抗。女真族杰出首领努尔哈赤，万历十一年（1583）起兵，阳做明廷官员，暗自发展实力。他在基本统一建州女真、海西女真、东海女真和黑龙江女真之后，于万历四十四年（1616），在赫图阿拉（今辽宁省新宾满族自治县永陵镇老城村）称汗。这表明努尔哈赤怀"射天之志"[1]，要夺取明统。随后，在明朝与后金的关系上，努尔哈赤曾三次得志：其一，万历四十七年（1619）在萨尔浒之战中，大败明军四路之师；其二，天启元年（1621）夺占沈阳、辽阳；其三，天启二年（1622）夺取广宁、义州。明朝辽军望风溃败，举朝震动；辽东经略熊廷弼以兵败弃市，"传首九边"[2]。

在明朝民族危机严重的关头，袁崇焕崭露头角。万历四十七年，袁崇焕中进士[3]。是年，明军萨尔浒之战的败报，震惊了满朝文武，也警醒了有志之士。袁崇焕虽被授为福建邵武知县，却心系辽疆，志图匡复关外河山。形势促使他偃文修武："为闽中县令，分校闱中，日呼一老兵习辽事者，与之谈兵，绝不阅卷。"[4]两年后，他至京师大计，乘时单骑出塞，"遇老校退卒，辄与论塞上事，晓其厄塞情形"[5]。归来后，袁崇焕针对明朝将领畏敌如虎的怯懦心理，发出"予我军马钱谷，

---

[1]《李朝光海君日记》卷一三三，十年十月戊辰。
[2]《明史》卷二五九《熊廷弼传》。
[3]《明进士题名碑记》万历己未科，首都博物馆藏。
[4] 夏允彝《幸存录》卷上《辽事杂志》。
[5]《明史》卷二五九《袁崇焕传》。

我一人足守此"的豪言壮语。旋被擢为兵部职方司主事[1]，后升为宁前兵备佥事。

袁崇焕在督师孙承宗等支持下，力主"守关外以捍关内"，营筑宁远城。天启六年（1626），在宁远之战中，他刺血为书，激励将士，坚壁清野，整械治炮，以万余人打败努尔哈赤号称13万大军的进攻。这是自"辽左发难，各城望风奔溃，八年来贼始一挫"[2]。为此，后金汗叹道："朕用兵以来，未有抗颜行者。袁崇焕何人，乃能尔耶！"[3]努尔哈赤"不怿而归"[4]，同年死去。子皇太极继立。皇太极于天启七年（1627），为报父仇，并想借军事胜利来加强刚取得的汗位，便兵指宁、锦。锦州之战，相持一月，"大战三次，大胜三捷，小战二十五次，无日不战"[5]后金军因伤亡过重，"败回营去，大放悲声"。皇太极悲愤地说："昔皇考太祖攻宁远，不克；今我攻锦州，又未克。似此野战之兵，尚不能胜，其何以张我国威耶！"[6]皇太极对袁崇焕"深蓄大仇"[7]，必欲图之。

皇太极的军事失败，并未勾销其政治雄心。天聪汗的终极政治目标是占领京师，夺取明统。崇祯二年（1629），他说："若谓我国褊小，不宜称帝，古之辽、金、元，俱自小国而成帝

---

[1] 《袁崇焕传》抄本："《明史》记侯恂请破格用袁崇焕在单骑出关之前，不知崇焕时以大计至都，故得自由往视关外；及归而上策畅言形势，故侯恂遂请破格用之。"
[2] 《明熹宗实录》卷六八，天启六年二月乙亥。
[3] 《清史稿》卷一《太祖纪》。
[4] 《满洲实录》卷八，天命十一年二月初九日。
[5] 沈国元《两朝从信录》卷三四。
[6] 《清太宗实录》卷三，天聪元年五月癸巳。
[7] 昭梿《啸亭杂录》卷一。

业,亦曾禁其称帝耶!且尔朱太祖,昔曾为僧,赖天佑之,俾成帝业,岂有一姓受命,永久不移之理乎!"[1]皇太极急欲入主中原,君临四方之情跃然纸上。但是,皇太极占京师、取明统的最大军事障碍,是铁城宁锦和铁帅袁崇焕。袁崇焕不去,关外诸城未下,入关道路难通。皇太极为实现其军事政治目的,就要绕宁锦、薄京师,设反间计、害袁崇焕。袁崇焕对此似有警觉。他在平台[2]受崇祯帝召见时,咨对说:"况图敌之急,敌又从外而间之,是以为边臣者甚难。"[3]尽管袁崇焕的苦衷受到崇祯帝的慰劳优答,却不幸言中了自己的悲惨结局。

明朝后期的阶级矛盾,集中地表现为陕北农民大起义。明末东北地区的民族矛盾和西北地区的阶级矛盾,像铁钳似的紧紧卡住明廷的政治喉咙。但是,阶级矛盾与民族矛盾错综复杂,相互影响。

民族矛盾加深了阶级矛盾。明朝在辽东投入大量的兵力、物力、财力,使得户部财绌饷竭。如户部尚书李汝华条奏:仅万历最后两年半时间,辽饷之数,总计发银20188366两[4],平均每年800余万两。到崇祯初年,户科给事中黄承昊说,边饷比万历时增加175%[5]。时"实计岁入仅二百万"。结果饷库一空,军士号腹;拖欠兵饷,引起哗变。如崇祯元年(1628),三

---

[1]《清太宗实录》卷五,天聪三年十一月丙申。
[2]《日下旧闻考》卷三三:"建极殿后曰云台门,东曰后左门,西曰后右门,亦名曰平台。"
[3]《崇祯长编》卷一一,崇祯元年七月乙亥。
[4]《明熹宗实录》卷五,元年正月乙亥。
[5]《崇祯实录》第1册,元年六月丁未。

月发生"蓟州兵变"[1]；七月辽东宁远军因军饷四月不发而哗变，把巡抚、右佥都御史毕自肃、总兵朱梅等置谯楼上，"捶击交下，自肃伤殊甚"[2]。后袁崇焕自京师回，事变才得以平息。户部为解决入不敷出的财政困难，便增加赋税，裁汰驿卒。这更激化了阶级矛盾。《怀陵流寇始终录》从一个侧面简述了辽东兵事与西北农民起义的关系：

> 陕西兵于万历己未四路出师，败后西归，河南巡抚张我续截之孟津，斩三十余级，余不敢归，为劫于山西、陕西边境。其后，调援频仍，逃溃相次。辽兵为贼由此而始也。天启辛酉，延安、庆阳、平凉旱，岁大饥，东事孔棘，有司惟顾军兴，征督如故，民不能供，道馑相望。或群取富者粟，惧捕诛，始聚为盗。盗起，饥益甚，连年赤地，斗米千钱不能得，人相食，从乱如归。饥民为贼，由此而始。[3]

虽然明末农民战争的根本原因，是土地高度集中，政治黑暗腐败，但上述材料表明，辽东民族矛盾加深社会矛盾，加速了陕北农民大起义的爆发。

阶级矛盾又影响着民族矛盾。天启七年（1627），陕西"连年饥馑，民穷赋重"[4]。白水县农民王二率众冲进澄城县衙门，杀死县官张斗耀，揭开明末农民战争的序幕。崇祯元年（1628），

---

[1] 《明史》卷二三《庄烈帝纪一》。
[2] 《崇祯实录》第1册，元年七月甲申。
[3] 《怀陵流寇始终录》卷一。
[4] 夏允彝《幸存录》卷下《流寇大略》。

陕西"一年无雨，草木枯焦"，农民"死者枕藉"[1]，饥民群起。当八旗军南犯京师时，一支农民军"三千余人入略阳"[2]。不久，王二率农民军"掠蒲城、韩城"[3]；王嘉胤率兵"陷府谷"[4]；神一元等"三千余人破新安县"[5]；张献忠等五六千人"掠靖边、安定、绥德、米脂间"[6]；高迎祥称闯王，李自成为闯将，众至万余，"剽掠秦晋间"[7]。农民军活跃在陕西一带，迫使明廷调动"勤王"军队，去镇压农民起义。如陕西右佥都御史刘广生奉命入援京师，行至陕州，"令急歼流孽，不必入卫"[8]。又如陕西诸路总兵官吴自勉等率师入卫，途中"延绥、甘肃兵溃西去，与群寇合"[9]。当然，我们要肯定农民起义的进步历史作用；但也要看到这使当时北京保卫战的形势受到更加严重的影响，并给崇祯二年（1629）北京保卫战在客观上造成更大的困难。因此，险恶的军事态势是后来造成袁崇焕悲剧的一个重要外在因素。

民族矛盾与阶级矛盾同时激化，反映在政治上的一个突出表现是统治集团内部的党争。天启年间，统治集团内部的党争，主要表现在阉党与东林党之间，争斗不已，愈演愈烈。时"内外大权，一归忠贤"[10]。魏忠贤窃夺皇权，控制阁部，广布特

---

[1] 夏允彝《幸存录》。
[2] 《明怀宗实录》卷一，崇祯元年十月丁卯。
[3] 《明怀宗实录》卷一，崇祯元年十月甲戌。
[4] 《明怀宗实录》卷三，崇祯三年正月己酉。
[5] 《明怀宗实录》卷三，崇祯三年十二月乙巳。
[6] 《明怀宗实录》卷三，崇祯三年十月乙丑。
[7] 谈迁《国榷》卷九〇，崇祯二年十二月癸酉。
[8] 《崇祯实录》第1册，崇祯二年十一月庚戌。
[9] 《明史》卷二三《庄烈帝纪一》。
[10] 《明史》卷三〇五《魏忠贤传》。

务，刀锯忠良，败坏辽事，恶贯满盈。天启帝死，崇祯帝立。崇祯帝柄政后，首先逮治魏忠贤，忠贤自尽。魏忠贤死讯传开，"长安一时欢声雷动"[1]。随即起用先朝旧臣，惩治阉党分子。崇祯二年（1629），崇祯帝命大学士韩爌等办理逆案，把魏忠贤的死党和依附魏忠贤的官僚262人，罪分六等，名曰《钦定逆案》，颁行天下。[2]

袁崇焕在政治舞台上活动的九年，恰是明末党争最激烈复杂的年代。他的座主韩爌，是东林党领袖之一，"先后作相，老成慎重，引正人，抑邪党"[3]，为泰昌、天启、崇祯三朝的内阁大学士。他又依靠"东林党魁"、大学士钱龙锡和大学士、蓟辽经略孙承宗。袁崇焕有这样三位师长做奥援，其军事才能方有施展的机会。

袁崇焕的升迁与引退、胜利与失败，都和东林党的命运息息相关。如"天启初，东林独盛"[4]。东林党主持朝政，袁崇焕被东林党人御史侯恂题请破格用之。天启四年（1624），东林党和阉党展开正面斗争，东林党人失败，袁崇焕虽建有宁远与宁锦两次大捷的奇勋，也被迫引病辞职[5]。崇祯帝即位后，似有振兴之意，大量起用东林党人。到崇祯元年（1628）底，所有的大学士几乎都是东林党人。同年，袁崇焕被命为兵部尚书兼右副都御史、蓟辽督师。袁崇焕的重新起用，得到东林党人的支持。在崇祯帝召袁崇焕于平台时，在阁的东林四辅臣李

---

[1] 佚名《快世忠言》中册。
[2] 《明史》卷三〇六《阉党传》及卷二四〇《韩爌传》。
[3] 《明史》卷二四〇《韩爌传》。
[4] 谈迁《枣林杂俎》卷一《智集》。
[5] 《袁督师遗集》卷一《天启七年七月二十二日乞休疏》。

标、钱龙锡、刘鸿训、周道登等俱奏："崇焕肝胆意气，识见方略，种种可嘉，真奇男子也。"[1]大学士刘鸿训更请赐予崇焕尚方剑，以统一事权。但是，自定逆案之后，阉党受到严重打击，"奸党衔之次骨"[2]。当时，"忠贤虽败，其党犹盛"[3]。都给事中陈尔翼奏言："东林余孽，遍布长安。"[4]那些与逆案有牵连者"日夜图报复"[5]。他们千方百计地"欲以疆场之事翻案"[6]，施展阴谋诡计打击东林党人。袁崇焕是东林党依靠的长城，打击东林党，便率先打击袁崇焕，以网罗东林诸臣。《东林始末》载："初，定魏、崔逆案，辅臣钱龙锡主之。袁崇焕之狱，御史史范力谋借崇焕以报龙锡，因龙锡以罗及诸臣。"[7]所以，"己巳之变"的胜败，便将东林党人和袁崇焕的命运联系在一起了。

综上所述，袁崇焕是在明末民族矛盾、阶级矛盾和统治集团内部矛盾空前激化的情况下，亲率铁骑，驰援京师，进行一场浴血北京保卫战的。

二

崇祯二年（1629），为抗御八旗军南犯的北京保卫战，是明朝同后金在北京进行的最激烈的一场战争。在这次北京保卫战

---

[1] 佚名《今史》卷四，崇祯元年七月十七日。
[2] 《明史》卷二五一《钱龙锡传》。
[3] 《明史》卷二五一《刘鸿训传》。
[4] 蒋平阶《东林始末》。
[5] 《明史》卷三〇五《宦官二》。
[6] 黄宗羲《弘光实录钞》卷一。
[7] 蒋平阶《东林始末》。

中，杰出的民族英雄袁崇焕，在京师军民的支持下，"连战俱捷"[1]，建立了不朽的功勋，树立了卓越的榜样。

皇太极袭受汗位后，继续向明朝发动战争。从后金夺占辽沈之后，八旗军事贵族所发动的对明战争，已从反抗明朝民族压迫、争取女真各部统一的进步战争，转化为掠夺牲畜和人口、破坏社会生产的残暴战争。为了入主中原，皇太极整顿内部、强化汗权、调整政策、稳固后方、东败朝鲜、西抚蒙古，积极准备对明战争。崇祯二年，关外大旱，辽东"饥馑"[2]。依附后金的漠南蒙古诸部，"粮食无资，人俱相食"[3]。而女真地区的经济尤为困难。如有的女真人"因无衣食，投奔南朝"[4]。后金为摆脱经济困难，夺取明统，就以科尔沁等部蒙古骑兵为先导，破墙入塞，南犯京师。

崇祯二年十月初二日，皇太极"亲统大军伐明"[5]，以蒙古喀喇沁部台吉布尔噶都熟识路径，作为向导，率兵西进。

二十日，八旗军联会蒙古诸部兵后，至喀喇沁的青城。大贝勒代善、三贝勒莽古尔泰入皇太极行幄"密议班师"。其理由谓："我兵深入敌境，劳师袭远，若不获入明边，则粮匮马疲，何以为归计？纵得入边，而明人会各路兵环攻，则众寡不敌；且我等既入边口，倘明兵自后堵截，恐无归路。"[6]皇太极既已定攻明之策，岳托、济尔哈朗、阿巴泰等力劝进取。寻章

---

[1]《明史》卷二五〇《孙承宗传》。
[2]《李朝仁祖实录》卷一八，六年五月戊寅。
[3]《明清史料》甲编，第8本《兵部题蓟辽督师袁崇焕塘报残稿》。
[4]《明清史料》乙编，第1本《兵部题蓟辽督师袁崇焕塘报残稿》。
[5]《清太宗实录》卷五，天聪三年十月癸丑。
[6] 同上书，天聪三年十月辛未。

京范文程又献纵反间、去崇焕[1]密策。众议至深夜,"乃决计入寇"[2]。

二十四日,皇太极决定兵分东西两路:东路由贝勒阿巴泰、阿济格率左翼四旗兵及左翼蒙古诸贝勒兵,从龙井关攻入;西路由贝勒济尔哈朗、岳托率右翼四旗兵及右翼蒙古诸贝勒兵,从大安口攻入——两路"至遵化城合军"[3]。先是,皇太极派兵直薄锦州,声东击西:明军未弄清八旗兵的军事意图,劳师扑空。但袁崇焕在上疏中已早有所料:"臣在宁远,敌必不得越关而西;蓟门单弱,宜宿重兵。"[4]唯其一疏再疏,蒙尘御案。

二十六日,八旗军东西两路分别进攻龙井关和大安口[5]。时蓟镇"塞垣颓落,军伍废弛"[6],东骑突兀,两关双破。明大安口参将周镇、汉儿庄副将易爱、洪山口参将王纯臣[7]等阵亡,潘家口守备金有光剃发降。自大安口以东,喜峰口以西,时仅三日,诸多隘口,悉被八旗军攻破。[8]翌日,皇太极督军入边,驻师洪山口城内。天聪汗皇太极在洪山口城驻师三日,而后兵

---

[1] 李霨《内秘书院大学士范文肃公墓志铭》,《碑传集》卷四。
[2] 《袁崇焕传》,《新明史列传》之一,稿本。
[3] 《清太宗实录》卷五,天聪三年十月乙亥。
[4] 余大成《剖肝录》,载《袁督师事迹》。
[5] 《清太宗实录》卷五,天聪三年十月丁丑、十一月壬午。
[6] 《明史纪事本末补遗》卷六。
[7] 《崇祯实录》第1册、《明怀宗实录》卷二、《国榷》卷九〇和《崇祯长编》崇祯二年十月戊寅等,均作"王纯臣";《清太宗实录》卷五作"王遵臣","遵"字误。
[8] 《弘光实录钞》卷一载:"臣按:逆阉魏忠贤既诛,其从逆者先帝定为逆案,颁行天下,逆党合谋翻之。己巳之变,冯铨用数万金导北兵至喜峰口,欲以疆场之事翻案;温体仁讦钱谦益而代之,欲以科场之事翻案,小人计无不至。"

锋直指京东军事重镇遵化。

十一月初一日，"京师戒严"[1]。皇太极率八旗军进抵遵化。同日，袁崇焕在从宁远往山海关途中，得报八旗军已破大安口，围遵化。他先令山海关总兵官赵率教，统所部骑兵急援遵化；又亲简辽兵，准备入援。

初四日，赵率教率援兵至遵化，同贝勒阿济格等所部左翼四旗及蒙古兵相遇，"中流矢阵亡"[2]，一军尽殁。其时，八旗军从四面八方，进攻遵化城。初五日，遵化"内应纵火"[3]，巡抚王元雅"自缢死"[4]，城陷[5]。遵化报至，"人心大震"[6]。同日，督师袁崇焕亲率骑兵入援。

初八日，袁崇焕率铁骑驰入蓟州。同日，崇祯帝起用孙承宗为中极殿大学士、兵部尚书，视师通州。崇祯帝召见孙承宗，孙承宗陈奏保卫京师军事调度言："臣闻督师、尚书袁崇焕率所部驻蓟州，昌平总兵尤世威驻密云，大同总兵满桂驻顺义，宣镇总兵侯世禄驻三河。三边将守三劲地，势若排墙，地密而层层接应。"[7]这时袁崇焕得到崇祯帝"调度各镇援兵，相机进止"[8]的谕旨，并做了军事防御部署：前总兵朱梅守山海关，参将杨春

---

[1] 《崇祯实录》第1册，崇祯二年十一月壬午朔。
[2] 《明史·赵率教传》和《国榷》等书均作十一月初四日；但《清太宗实录》却作初一日，《明怀宗实录》又作初十日，疑后二者误。
[3] 《崇祯实录》第1册，崇祯二年十一月丙戌。
[4] 《明史》卷二九一《王元雅传》。
[5] 《明怀宗实录》卷二和《国榷》卷九〇载遵化城陷为"初五日"；而《清太宗实录》卷五记为"初三日"，疑后者误。
[6] 谈迁《国榷》卷九〇，崇祯二年十一月。
[7] 孙铨《孙文正公年谱》卷四。
[8] 周文郁《边事小纪》卷一。

守永平，游击满库守迁安，都司刘振华守建昌，参将邹宗武守丰润，游击蔡裕守玉田，昌平总兵尤世威守诸陵，宣府总兵侯世禄守三河，保定总兵刘策守密云，辽东总兵祖大寿驻蓟州遏敌。袁崇焕居中调度策应。袁督师意欲"背捍神京，面拒敌众"[1]，堵塞八旗军西向京师之路。孙、袁均熟悉用兵方略，所做军事筹划亦约略相同。上述兵事措置如能有效实施，则不会有己巳京师之围，也不会有袁崇焕蒙冤之狱。

但是，事有不测之变：

其一，崇祯帝庙算不定。孙承宗驻守通州后，疏言：

> 虏薄都城，止有二路，如臣前议。袁崇焕之兵移驻于通近郊，当其东南；满、侯、尤三帅，当其西北。则战于通之外，正所以遏逼京之路。今驻兵永定门外，则是崇焕之来路，而非奴之来路；驻通则可顾京城，而驻永定则不可顾通，通危而京城亦危。臣在关尝闻贼曰："（你）从几路来，我只一路去。"今久聚而不散掠，惧其分也。深入而不反顾，我无以创之也。我分一兵以守通，又分一兵以守京城，则通与京城皆以寡当众，而我无所不寡。臣以为奴既薄通，京城与通之兵，只责之完守，而不责之出战。当责总督刘策守密云，令尤世威率五千兵与满桂、侯世禄联络于顺义之南，袁崇焕列陈于通州左右，不宜逼驻京城。四镇声势相接，贼分攻则分应，合攻则合应，或夹攻，或追蹑，或出奇斫营，或设伏邀击，有机便可一创，否则勿迫其战。今天下之安危在四镇，四镇不一力战，则贼终无

---

[1] 程本直《白冤疏》，载《袁督师事迹》。

已时；一浪战而失，则畿铺将惊溃，而天下危。[1]

疏入，留中。崇祯帝发出"调通、蓟近将，尾击声援"的谕旨，使危急态势愈加危急。

其二，皇太极兵逼燕京。十一日，天聪汗皇太极率八旗军从遵化起行，"向燕京进发"[2]。八旗军兵锋锐盛，兵力集中，总兵满桂、尤世禄兵挫西退，督师袁崇焕也引兵难拒，三天之间后金军"攻苏〔蓟〕州，取玉田、三河、香河、顺义诸县"[3]，进逼通州。袁崇焕先同八旗军相持于京东马伸桥，"斩获酋长，军威大震"[4]。后袁军急驰西行，先八旗军三日到通州。皇太极"不意袁军骤至，相视骇眙"[5]，于是宵夜驰驱，西犯京师。

其三，袁崇焕趋卫京师。十六日，袁崇焕召集诸将会议进取。一些将领力主"径取京师，以先根本"；副总兵周文郁等则主张"大兵宜向敌，不宜先入都"，因为"外镇之兵，未奉明旨而径至城下，可乎？"。袁崇焕断然地说："君父有急，何惶他恤，苟得济事，虽死无憾。"[6]先是，袁崇焕决定直奔京师。次日晚，兵抵广渠门外。

上述三种因素相互交错，出现一个结果：明军与后金军的激战，不是在蓟州至通州一线，而是在辇毂坚城之下。

---

[1] 钱谦益《初学集》卷四七《孙承宗行状》。
[2] 《清太宗实录》卷五，天聪三年十一月壬辰。
[3] 《明怀宗实录》卷三，崇祯二年十一月癸巳，据《崇祯实录》补正。
[4] 周文郁《边事小纪》卷一。
[5] 梁启超《袁督师传》，《饮冰室集》卷二〇。
[6] 周文郁《边事小纪》卷一。

二十日，八旗军兵临北京城下，"烽火遍近郊"[1]。先是，崇祯帝命宣大总督，宣府巡抚，应天、凤阳、陕西、郧阳、浙江各省巡抚，俱"勤王入卫"[2]，但多未至京师。翰林院庶吉士金声荐授游僧申甫为副总兵。申甫收募"市丐"[3]为兵，终至败殁。

但是，辽军到达京师后，袁崇焕积极备战，严明军纪："不许一兵入民家，即野外树木，亦不得伤损。"[4]为严肃军纪，有一兵士曾"擅取民家饼，当即枭示"。为解决粮秣，他密令参将刘天禄等"去劫奴营"[5]，但被八旗军哨兵察觉，未能遂计。到十九日晚，袁军夜间露宿，昼缺粮草，"士马已冻馁两日"。

时北京城重兵，一在德胜门，由侯世禄、满桂屯驻；一在广渠门，由袁崇焕、祖大寿屯驻。八旗兵逼京师后，皇太极驻幄城北土城关之东，两翼兵营于德胜门至安定门一带。己巳之役即北京保卫战，主要在德胜门、广渠门和永定门进行。

德胜门之战。二十日，大同总兵满桂、宣府总兵侯世禄以援兵卫守德胜门。崇祯帝曾召赐满桂"玉带、貂裘，封东平侯"。皇太极亲率大贝勒代善和贝勒济尔哈朗、岳托等统领右翼四旗及蒙古兵进攻德胜门守军。后金军先发炮轰击。发炮毕，蒙古兵及正红旗护军从正面驰突，正黄旗护军从旁冲杀，两路冲入，边杀边进[6]，追至城下。城下明军奋勇弯射，不久"世

---

[1]《明史》卷二五〇《孙承宗传》。
[2]《崇祯实录》第1册，崇祯二年十一月辛卯。
[3] 同上书，崇祯二年十二月甲寅。
[4] 周文郁《边事小纪》卷一。
[5] 同上。
[6]《满文老档·太宗》第19册，天聪三年十一月二十日。

禄兵溃,（满）桂独前搏战"[1]。城上兵发炮配合,但误伤满桂兵殆尽。满桂负伤,带"败兵百余卧关帝庙中"[2]。后开德胜门瓮城,"屯满桂余兵"[3]。

广渠门之战。在德胜门双方激战的同时,督师袁崇焕、总兵祖大寿率骑兵在广渠门（沙窝门）迎击后金军的进犯。皇太极派三贝勒莽古尔泰,贝勒阿巴泰、阿济格、多尔衮、多铎、豪格等带领左翼八旗兵和恩格德尔、莽果尔岱等率领蒙古骑兵数万人,向广渠门明军扑来。袁崇焕仅九千骑兵[4],令祖大寿在南,王承胤在西北,自率兵在西,结成"品"字形阵,士含枚,马勒口,隘处设伏,严阵待敌。

后金军分六队,涌向袁军。后金军的前锋,先向南直扑祖大寿阵。祖大寿率兵奋死抵御,后金军前锋受挫。接着后金军又向北直扑王承胤阵。后金军左、右两次冲锋,都没有达到预期目标,再倾骑西闯袁崇焕阵。袁军将士"奋力殊死战";八旗军阿济格贝勒所乘"马创死"[5],身受箭伤,险些丧生[6];阿巴泰贝勒中伏受挫;蒙古骑兵驱马骤进,"为所败,却走"[7]。八旗军溃败,明军乘胜追击。游击刘应国、罗景荣,千总窦濬等直追至通惠河边,八旗兵仓皇拥渡,"精骑多冰陷,所伤千

---

[1] 陈鹤《明纪》卷五二。
[2] 周文郁《边事小纪》卷一。
[3] 《明怀宗实录》卷三,崇祯二年十一月庚子,据《崇祯实录》补正。
[4] 袁军的数目,《清太宗实录》和《明怀宗实录》作"二万人";《剖肝录》和《白冤疏》作"九千人",从后者。
[5] 《清史列传》卷一《阿济格传》。
[6] 《边事小纪》载"伤东奴伪六王子";努尔哈赤第六子塔拜,未参加这次战役;其十二子"阿济格马创,乃还"。疑受伤者为"十二王子"阿济格。
[7] 《清史稿》卷二二九《恩格德尔传》。

计"[1]。八旗军溃不成伍,败回营去。

这场广渠门血战,袁崇焕军与八旗军,自巳至酉,炮鸣矢发,激战十小时,转战十余里,明军终于克敌获胜。督师袁崇焕在广渠门外,横刀跃马,冲在阵前,左右驰突,中箭很多,"两肋如猬,赖有重甲不透"[2]。他在与八旗兵搏斗中,马颈相交,奋不欲生,后金的骑兵曾"刀及崇焕,相材官袁昇格之,获免"[3]。在督师袁崇焕的指挥下,经过京师军民的大力支持和辽军将士的浴血奋战,取得了广渠门大捷。当夜,袁崇焕亲往受伤将士处所"一一抚慰,回时东已白矣"[4]。

天聪汗皇太极在广渠门之败的夜晚,召集诸贝勒会议,议处其七兄阿巴泰贝勒、额驸恩格德尔贝勒和莽果尔岱贝勒等。后金谓"十五年来未尝有此劲敌也!"[5]。寻皇太极发表"养精蓄锐"自慰话语后,移军南海子[6],秣马射猎,伺机再攻。

二十七日,袁崇焕军与皇太极军又激战于左安门外。袁崇焕率军竖立栅木,布阵守城;皇太极也率师列兵布阵,逼之而营。后金军曾先后三次败在袁崇焕手下,皇太极不敢浪战,《清太宗实录》载:

---

[1]《崇祯实录》第1册,崇祯二年十一月庚子。
[2] 周文郁《边事小纪》卷一。
[3]《明史纪事本末补遗》卷六。又《边事小纪》卷一载:"一贼轮刀砍值公,适傍有材官袁昇高以刀架隔,刃相对而折,公获免。"两书所载歧异,应以后者为是。
[4] 周文郁《边事小纪》卷一。
[5] 程本直《漩声记》,载《袁督师事迹》。
[6]《帝京景物略》卷三:"南海子,城南二十里,有囿,曰南海子。方一百六十里。海中殿,瓦为之。"

上与诸贝勒率轻骑往视进攻之处。云："路隘且险，若伤我军士，虽胜不足多也。此不过败残之余耳，何足以劳我军。"遂还营。[1]

皇太极不敢与袁崇焕战，便牧马于南海子。后袁崇焕用向导任守忠策，"以五百火炮手，潜往海子，距贼营里许，四面攻打，贼大乱"[2]。随后皇太极移营出海子。

但是，"勇猛图敌，敌必仇；振刷立功，众必忌"[3]。袁崇焕获广渠门和左安门两捷，既受到后金的仇畏，又遭到阉党的妒忌。由于敌人的反间和阉党的诬陷，崇祯帝在平台召对袁崇焕，"缒城而入，下之诏狱"[4]。

当时皇太极并不知道其反间计得逞。[5]他一面先后三次致书崇祯帝议和，一面寻机攻城夺门。

永定门之战。明总兵满桂、黑云龙、麻登云、孙祖寿领马兵四万，在永定门外"结栅木，四面列枪炮"[6]，加强防御，"列栅以待"[7]。十二月十七日，皇太极率领八旗军"大噪齐进，毁

---

[1] 《清太宗实录》卷五，天聪三年十一月戊申。
[2] 周文郁《边事小纪》卷一。
[3] 《明熹宗实录》卷七五，天启六年八月丁巳。
[4] 黄宗羲《南雷文约》卷一。
[5] 《李朝仁祖实录》卷二二："朴兰英驰启：'袁经略亦系狱云。'越数日，忽哈、龙骨大、仲男等谓臣曰：'……龙骨大辟左右，附耳语曰：袁公果与我同心，而事泄被逮耳！'此必行间之言也。"按，此条系于仁祖八年二月，即崇祯三年二月。故皇太极当时可能不知道其计得逞。
[6] 王先谦《东华录》卷五，天聪三年十二月丙寅。
[7] 光绪《顺天府志》卷九八《孙祖寿传》。

栅而入"[1]。明军四总兵，满桂、孙祖寿阵亡，黑云龙、麻登云被擒[2]。后金军也伤亡惨重，致使皇太极"心伤陨涕"[3]。

广渠门、德胜门和永定门之战，八旗军丢尸弃马，不能越池破城，尤在广渠门外遭到惨重失败；时"天下勤王兵，先后至者二十万"[4]；皇太极劳师远犯，久曝兵旅，地冻天寒，粮秣匮乏。所以，皇太极分别在德胜门和安定门发出两封致明帝和议书，饱掠京畿后，退出京师。

皇太极南犯京师的战争，是一场女真军事贵族的残暴掠夺战争。八旗军所到之处，俘获人口，掠夺牲畜，劫掠物资，纵火焚毁，其所行为，史不绝书：

"虏骑劫掠，焚烧民舍"[5]；

"纵略良乡县，俘获甚多"[6]；

"上命自克遵化以来，所获马骡，均赏兵丁，人各一匹"[7]；

"焚通州河内船，约千余只"[8]；

"以俘获牛马赏兵丁，每人马一、牛一"[9]；

"胡将所获男女万余"[10]。

一场反对八旗军事贵族南犯的己巳北京保卫战，以明军的

---

[1] 蒋良骐《东华录》卷二，天聪三年十二月丁卯。
[2] 夏燮《明通鉴》卷八一，崇祯三年十二月丁卯。
[3] 《清太宗实录》卷五，天聪二年十二月丁卯。
[4] 《明史》卷二五〇《孙承宗传》。
[5] 文秉《烈皇小识》卷二。
[6] 《清太宗实录》卷五，天聪三年十二月壬子。
[7] 同上书，天聪三年十一月丙午。
[8] 同上书，天聪三年十二月丁丑。
[9] 同上书，天聪三年十二月乙卯。
[10] 《李朝仁祖实录》卷二二，八年二月丁丑。

胜利和八旗军的失败而结束。袁督师在北京军民的支持下，亲率铁骑，星夜兼驰，"应援京师，连战大捷"[1]，使北京转危为安。孙承宗"恢疆五载承天语，却虏三师傍帝城"[2]的诗句，反映了袁崇焕在北京保卫战中的历史功绩。甚至，朝鲜史籍亦载："贼之不得攻陷京城者，盖因两将力战之功也。"[3]两将即督师袁崇焕和总兵祖大寿。因此，袁崇焕不愧是明代保卫北京的民族英雄。

三

围绕着袁崇焕保卫北京的战斗，展开的不仅是一场激烈的军事斗争，而且是一场残酷的政治斗争。

袁崇焕的每个军事胜利，都把一切仇神召唤到自己的周围。阉党在布置陷阱。袁崇焕入援京师，"心焚胆裂，愤不顾死；士不传餐，马不再秣"[4]，十余日，驰千里，间道飞抵郊外，挺身捍卫京师。但城里阉党编造的"崇焕勾建虏"的流言四起。阉孽刑逼某木匠诬袁崇焕为奸细[5]。兵科给事中钱家修在《白冤疏》中说：

> 江西道御史曹永祚捉获奸细刘文瑞等七人，面语口称："焕附书与伊通敌。"原抱奇、姚宗文即宣于朝，谓：

---

[1] 《崇祯长编》卷二九，崇祯二年十二月丁巳。
[2] 孙承宗《高阳集》卷五。
[3] 《李朝仁祖实录》卷二四，八年四月癸丑。
[4] 程本直《白冤疏》，载《袁督师事迹》。
[5] 孙承泽《畿辅人物志》卷一六《李若琏传》。

"焕构通为祸，志在不小。"次日，皇上命诸大臣会鞫明白。臣待罪本科，得随班末，不谓就日辰刻，文瑞（等）七人走矣。[1]

锦衣狱为何地，奸细为何人，七人竟袖手而走？可见阉党为杀崇焕，不惜设陷阱。姚宗文早在天启时附阉，与原抱奇表里为奸，为了打击袁崇焕而设置政治陷阱。

后金在密室策划。早在己巳之变前，后金副将高鸿中即向皇太极奏言："他既无讲和意，我无别策，直抵京城，相其情形，或攻或困，再做方略。"[2]所谓方略，疏未言明。李霨在《内秘书院大学士范文肃公墓志铭》中记述：时为章京范文程，从跬入蓟州、克遵化后，见督师袁崇焕重兵在前，即"进密策、纵反间"[3]。故皇太极在左安门之败的第二天，设下一个政治圈套。《清史稿·鲍承先传》载：

> 翌日，上诫诸军勿进攻，召承先及副将高鸿中授以秘计，使近阵获明内监系所并坐，故相耳语云："今日撤兵，

---

[1] 钱家修《白冤疏》，载《袁督师事迹》。
[2] 《明清史料》丙编，第1册《高鸿中奏本》。
[3] 《大陆》杂志第7卷第1期载李光涛《袁崇焕与明社》文曰："己巳之冬，大安口失守，兵锋直指阙下，崇焕提援师至。先是，崇焕守宁远，大兵屡攻不得志，太祖患之。范相国文程时为章京，谓太祖曰：'昔汉王用陈平计，间楚君臣，使项羽卒疑范增，而去楚。今独不可踵其故智乎？'太祖善之，使人掠得小奄数人，置之帐后，佯欲杀之。范相国乃曰：'袁督师既许献城，则此辈皆吾臣子，不必杀也！'阴纵之去。奄人得是密语，密闻于上。上颔之，而举朝不知也。崇焕战东便门，颇得利，然兵已疲甚，约束诸将不复战，且请入城少憩。上大疑焉，复召对，缒城以入，下之诏狱。"此计应为太宗之时。

乃上计也。顷见上单骑向敌，有二人自敌中来，见上，语良久乃去。意袁经略有密约，此事可立就矣。"内监杨某佯卧窃听。越日，纵之归，以告明帝，遂杀崇焕。[1]

杨太监纵归明宫后，将在后金监所中的窃闻，"详奏明主"。崇祯帝既惑于阉党的蜚语，又误中后金的反间，于十二月初一日，在平台召见时，将袁崇焕下锦衣卫狱。

袁崇焕下锦衣卫狱，是阉党进行翻案活动，排挤东林党，首先打开的一个缺口。阴谋的发起者是温体仁和王永光，"永光与体仁合，欲借崇焕狱，株连天下清流"[2]。吏部尚书王永光是魏忠贤遗党[3]。群小合谋，乘机报复。御史高捷、史䗔尝以"通内自许"[4]，阉党失败后，"皆以得罪公论革职"，而王永光力引二人，又被大学士钱龙锡所阻，三人大恨。他们"谋借崇焕，以及龙锡"[5]，构陷钱龙锡，尽倾东林党，摧抑正人，编织时贤。但他们力量不够，要借助于中官权臣。

先是辽东阉党毛文龙岁饷百万[6]，多半不出都门，落入权臣私囊。魏忠贤的干儿毛文龙被袁崇焕斩后，权臣失去巨贿。又在后金军围城期间，戚畹中贵在京畿的"园亭庄舍，为虏骑蹂

---

[1] 《清史稿》卷二三二《鲍承先传》。又见《清太宗实录》卷五、《满文老档·太宗》第19册、《清朝开国方略》卷一二、《啸亭杂录》卷一、蒋良骐《东华录》卷二、《李朝仁祖实录》卷二四、《明史》卷二五九和《鲒埼亭集》等。
[2] 《明史稿》卷二四〇《王永光传》。
[3] 《明史》卷二五一《文震孟传》。
[4] 夏允彝《幸存录》卷下。
[5] 《明史稿》卷二三五《钱龙锡传》。
[6] 柏宗起《东江始末》。

蹦殆尽"[1]，便一起迁怒于袁崇焕。因此，他们从各自的利益出发，合谋倾覆袁崇焕。袁崇焕成为阉党与东林党斗争的焦点。但阉党余孽名声不好，在阉党与东林党对垒中，"日与善类为仇"的温体仁，成了阉党攻击东林党的挂帅人物。

温体仁与毛文龙是同乡[2]，因文龙之死深衔袁崇焕；又曾贿赂崔呈秀，诗颂魏忠贤，被御史毛九华所劾；于是就同高捷、史䇓结为心腹。当时崇祯帝恶言党争，"体仁揣帝意"，标榜自己为"孤臣"。崇祯帝觉得"体仁孤立，益向之"[3]。温体仁既受到崇祯帝的信任，又得到阉党余孽的支持，"魏忠贤遗党日望体仁翻逆案，攻东林"。机深刺骨的温体仁，先诬奏袁崇焕，"敌逼潞河，即密参崇焕"。温体仁在与其幼弟书信中说："崇焕之擒，吾密疏，实启其端。"[4]他权欲熏心，亟谋入相，所忌唯大学士韩爌与钱龙锡二人。在"体仁五疏，请杀崇焕"[5]之后，温体仁便借袁崇焕事挤去韩爌和钱龙锡而居其位。但是，阉党余孽如果没有崇祯帝的支持，他们是成不了气候的。

崇祯帝的昏庸铸成了袁崇焕的冤案。"怀宗自视聪明，而实则昏庸"[6]。尽管后金的反间和阉党的诬陷，内外呼应，同恶相济，但他们只有通过崇祯帝的昏庸才能得逞。崇祯帝即位之初，想望治平，精励图新。然而整个崇祯朝，仍是一个"主暗政昏"

---

[1] 文秉《烈皇小识》卷二。
[2] 荆驼逸史《袁督师计斩毛文龙始末记》卷上。
[3] 《明史》卷三〇八《温体仁传》。
[4] 叶廷琯《鸥陂渔话》卷四《温体仁家书》。
[5] 余大成《剖肝录》，载《袁督师事迹》。
[6] 《袁崇焕传》稿本。

的时代。崇祯帝对廷臣，时信时疑，亲疏无常，"败者升官，胜者误罪"[1]。如对袁崇焕，先是晋太子太保、兵部尚书、蓟辽督师，赐尚方剑；及其入援京师，又赐玉带、彩币。当阉党的流言、后金的蜚语，灌进两耳之后，他就猜疑袁崇焕。崇祯帝将在德胜门打了败仗的满桂封赏，却将在广渠门打了胜仗的袁崇焕下狱，完全是功罪倒衡，自毁长城。

崇祯帝刚愎自用，偏听专断。阉党余孽开始权力并不大，如温体仁为礼部侍郎，高捷和史䇬为御史。而东林党掌握津要，如袁崇焕入狱时的内阁大学士，除韩爌晋太傅外，李标、钱龙锡、成基命和孙承宗四人，均为东林党人。六部尚书也多为东林党人或倾向东林党人。当时阉党余孽官职低、实力弱，声名狼藉、不得人心。但是，阉党余孽紧紧地抓住崇祯帝，依靠崇祯帝，来打击东林党人。"逆案已定，王永光把持之；皆绍述逆阉之政者也。袁宏勋、高捷、史䇬一辈小人，翩翩而进，以锢君子而抑之。"[2]他们依恃崇祯帝，彼此援引，上下交结，先拆毁东林党所依靠的长城：遵化刚失，兵部尚书王洽以"桢〔侦〕探不明"[3]，下狱；敌在城下，督师袁崇焕被诬为"诱敌胁款"，也下狱。与此同时，刑部尚书乔允升和工部尚书张凤翔相继落狱[4]。阉党余孽逐渐掌握六部的实权。继之，在温体仁和阉党攻击下，崇祯帝将东林党大学士一个一个地解职。东林党受到沉重打击，东林之祸从此益炽。开始形成以周延儒、温体仁为首的反东林新内阁。先是周延儒任首辅，"延儒柄政，必为逆党

---

[1]《崇祯长编》卷二九，崇祯二年十二月丁巳。
[2]《汰存录纪辨》。
[3]《明怀宗实录》卷二，崇祯二年十一月辛卯。
[4]《明史》卷一一二《七卿年表二》。

翻局"[1]；不久，温体仁取代周延儒，朝政越发不可收拾。

崇祯帝"太阿独操"，专制暴戾。他在平台下令逮捕袁崇焕时，东阁大学士兼礼部尚书成基命，年七十，"独叩头，请慎重者再"。崇祯帝拒不纳谏。成基命又叩头曰："敌在城下，非他时比。"[2]崇祯帝仍执迷不悟。在东林党与阉党斗争的关键时刻，崇祯帝支持阉党余孽，将袁崇焕逮捕杀害，使政局急剧逆转。另如成基命一次谏言，自辰至酉，跪在会极门外，长达十二小时未起，不足以画出崇祯帝独裁昏庸的形象吗？所以，康有为"间入长城君自坏，逸多冤狱世无穷"[3]的诗句，说明毁坏长城和袁崇焕冤案责在崇祯帝。袁崇焕愚忠，他在《南还别陈翼所总戎》诗中云："主恩天地重，臣遇古今稀。"[4]但臣忠君疑，惨遭杀身之祸。袁崇焕的冤死，不仅标志着东林党厄运的开始，而且标志着崇祯帝"新政"的结束。

袁督师下狱后，辽军将士震动极大。"袁崇焕被拿，宣读圣谕，三军放声大哭。"[5]关外的将士吏民，也"日诣督辅孙承宗，号哭代雪"[6]。钱家修冒坐牢之险写《白冤疏》，称袁崇焕"义气贯天，忠心捧日"[7]。后任山东巡抚的石衲曾质问道：八旗军围攻北京城时执捕袁崇焕，岂不是"兵临城下而自坏长城"吗？

---

[1]《明史》卷三〇八《周延儒传》。
[2]《明史》卷二五一《成基命传》。
[3] 康有为《题袁督师庙诗》，北京图书馆善本部藏拓片。
[4] 梁章钜《三管英灵集》卷七。
[5]《崇祯长编》卷二九，崇祯二年十二月甲戌。
[6] 余大成《剖肝录》，载《袁督师事迹》。
[7] 钱家修《白冤疏》，载《袁督师事迹》。

"崇焕无罪，天下冤之。"[1]但天下的冤声，灌不进昏君的迷窍。崇祯三年（1630）八月十六日，袁崇焕以"莫须有"的罪名，在西市被含冤磔死。藤县知县边其晋在追念袁崇焕的《藤江即事》诗中写道："总制三边袁元素，擎天柱石人争慕。只因三字莫须有，万里长城难巩固。"[2]袁崇焕的冤死，不仅是他个人的不幸，而且表明东林党在政治上的再次失败。东林党在天启五年（1625）遭遇失败，熊廷弼被弃市；而后，"朝政混淆，谄谀成风，日以谋害诸贤为计，而国事有不可言者矣"[3]。东林党在崇祯三年（1630）再败，袁崇焕被磔杀；从此，"小人进而君子退，中官用事而外廷寝〔浸〕疏，文法日繁，欺妄日甚，朝廷日隳，边防日坏，今日之祸，实己巳（1629）以来酿成之也"[4]。朝鲜史书对袁崇焕之死，也不乏见解，认为崇祯帝不信士流，而任佞臣，"其失在于不知人，而非士流之罪也"[5]。甚至断言：崇祯帝对"袁崇焕辈任之不终，终以此亡也"[6]。似应说明朝亡祚原因很多，但"君子尽去，而小人独存"，确是明朝灭亡的一大原因。因此，袁崇焕冤狱就是给崇祯朝政治窳败做出结论。

但是，历史是由人民写的。袁督师死后，其仆人佘义士"夜窃督师尸"[7]，葬北京广渠门内广东旧义园，终身守墓不去，

---

[1] 佚名《明亡述略》卷上。
[2] 民国《藤县志》稿本。
[3] 文秉《先拨志始》卷上。
[4] 《明臣奏议》卷四〇。
[5] 《李朝纯宗实录》卷二八，二十七年三月辛丑。
[6] 《李朝英宗实录》卷三〇，六年十一月辛未。
[7] 张伯桢《佘义士墓志铭》，北京图书馆善本部藏拓片。

死葬督师墓旁。这就是佘家馆的由来。后在广东东莞修袁大司马祠[1]；在广西藤县修"明督师袁公崇焕故里"纪念碑[2]。袁崇焕受到后人同岳飞一样的敬仰："昔岳武穆以忠蒙罪，至今冤之。督师力捍危疆而身死门灭，其得大略相似。"[3]为了纪念袁崇焕，民国六年（1917），在北京广东新义园（今龙潭湖公园内）建袁督师庙。1952年，北京市人民政府对袁崇焕祠墓重加修葺，使之"与文文山祠，并垂不朽"[4]。

"杖策只因图雪耻，横戈原不为封侯。"[5]袁崇焕身戎辽疆九年，其"父母不得以为子，妻孥不得以为夫，手足不得以为兄弟，交游不得以为朋友"[6]。明代保卫北京的民族英雄袁崇焕，披肝沥胆，跃马横戈，血洒京师，感动万世。[7]

（原载《北京史论文集》1980年第1辑，收入本书时有修订）

---

[1] 民国《东莞县志》卷二〇。
[2] 笔者采访记。
[3] 余大成《剖肝录》，载《袁督师事迹》。
[4] 李济深《重修明督师袁崇焕祠墓碑记》，北京图书馆善本部藏拓片。
[5] 《袁督师遗集·边中送别》。
[6] 程本直《漩声记》，载《袁督师事迹》。
[7] 阎崇年《袁崇焕研究论集》，文史哲出版社，1994年。

平息哗变：袁督师的胆略与智慧

袁崇焕从天启七年即天聪元年（1627）七月离任宁远，至崇祯元年即天聪二年（1628）七月赴任宁远，其间整整一年。在短短一年中，辽东前线发生了一起重大事件，就是明朝辽军的官兵哗变。这个事件的起因、经过、后果及其影响，特别是袁崇焕在平息哗变中所表现出的胆略与智慧，依据史料，略做论析。

一　官逼兵反

山海关外的宁远辽军，是袁崇焕训练和指挥的一支连续夺取宁远大捷、宁锦大捷的铁军。在明末军队中，这支军队不仅作战勇敢、拼死战斗，而且训练有素、纪律严明。然而，究竟是什么原因导致这次军人哗变呢？宁远兵变是各方面矛盾逐渐积聚的结果。

袁崇焕虽是进士出身的文官，却是一位刚正强势的统帅，勇敢机智的军人。在袁崇焕离开宁远的一年时间里，辽东防务由王之臣负责。

王之臣，陕西潼关人，万历二十三年（1595）乙未科三甲第一百一十一名进士[1]。他中进士后，曾任御史，后属阉党。辽东经略高第因坐事被罢去，而以"王之臣代第"，王之臣代替高第为辽东经略。袁崇焕在宁锦大捷后，于天启七年（1627）七月，因受魏忠贤阉党排挤而辞职还乡。朝廷命王之臣代袁崇焕为督师兼辽东巡抚，驻宁远[2]。高第和王之臣都属阉党，受到魏忠贤的信用。

在天启朝庙堂上，袁崇焕依恃东林党，不靠近阉党。他虽然违心地也请为魏忠贤建生祠，但君子小人势同水火，终不为魏忠贤所喜欢。袁崇焕在做辽东巡抚时，王之臣官辽东经略，二人因事不和，闹到庙堂之上。经略与巡抚的关系，至关重要，史有鉴戒。如熊廷弼与王化贞，经抚不和，事权不一，导致广宁兵败，在明朝大臣中，留下深刻烙印[3]。时魏忠贤独揽朝纲，专权跋扈，遂让袁崇焕负责关外，王之臣负责关内，不久又把王之臣调任兵部尚书，而以袁崇焕尽掌关内外事务。王之臣任兵部尚书，时为天启七年即天聪元年（1627）正月，正是魏忠贤阉党猖獗之时。同年七月初二日，袁崇焕被谕准回籍养病。初三日，兵部尚书王之臣便任蓟辽督师兼辽东巡抚，再次执掌辽东军政大权。

不久，辽东巡抚改由毕自肃担任。毕自严、毕自肃兄弟，山东淄川（今属山东省淄博市）人[4]。当明朝辽东局势最困难之时，天启六年即天命十一年（1626）正月，毕自严任户部尚书。时魏忠贤"议鬻南太仆牧马草场，助殿工。自严持不可，

---

[1] 《明清进士题名碑录》下册，上海古籍出版社，1980年，第2576页。
[2] 《明史》卷二五九《袁崇焕传》，中华书局点校本，1974年，第6712页。
[3] 《明史》卷二四六《侯震旸传》，第6378页。
[4] 安作璋主编《山东通史》（明清卷），人民出版社，2009年，第488页。

遂引疾归"[1]。毕自严不同意魏忠贤的主意，执着己见，天启帝自然是听魏忠贤的，毕自严只有借口有病而辞官归里。毕自严刚正公廉，为士人所重。

崇祯元年即天聪二年（1628）三月十一日，因为朝廷要重新起用袁崇焕，遂命王之臣回籍待用。四月初三日，崇祯帝起用并重用袁崇焕，《崇祯长编》记载：

> 袁崇焕起升兵部尚书兼都察院右副都御史，出镇行边督师蓟、辽、登、莱、天津等处军务，移驻关门。[2]

时毕自严受到新帝起用，再拜户部尚书。

这个时期，明朝辽东局势日趋恶化，各种矛盾日趋交错尖锐，最终导致宁远兵变。兵变的具体原因，从六个方面考察：

第一，明朝庙堂：天启朝一大弊病是阉党之祸。举一史例，钟羽正拜工部尚书后，发生宦官到尚书大堂骚乱的事件。史载："故事，奄人冬衣隔岁一给。是夏（天启三年）六月，群奄千余人请预给，蜂拥入署，碎公座，殴椽吏，肆骂而去。"[3]大明公堂之上，千余太监胡闹，大堂骚乱，成何体统！天启帝病死，崇祯帝继位。崇祯帝为天启帝办完丧事后，紧接着进行一系列人事变动：惩治阉党，重组内阁，六部换人，但阉党问题，仅作魏忠贤个案处置，未做制度改革。崇祯帝一时无暇顾及边事，辽东防务，因此懈弛。

---

[1]《明史》卷二五六《毕自严传》，第6610页。
[2]《崇祯长编》卷八，崇祯元年四月甲午，台北"中研院"史语所校勘本，1962年，第5页。
[3]《明史》卷二四一《钟羽正传》，第6274页。

第二，辽东督臣：本来，明天启末、崇祯初，正是后金努尔哈赤死、皇太极立，出于新旧皇位交替之时，为辽东巡抚有所作为，提供有利时机。但是，王之臣督师蓟辽半年多，没有大的建树，基本上在维持，因为明朝也处于新旧皇位交替之时。崇祯登位，惩治阉党，人事变动，震动阁部。王之臣同阉党有瓜葛，也不安其位，更无心整饬辽东防务。

第三，更换巡抚：袁崇焕离任后，先由王之臣兼任辽东，继由毕自肃出任辽东巡抚。毕自肃，万历四十四年（1616）进士，山东淄川（今属山东省淄博市）人。为官勤恳，廉洁自律，曾经在宁远之战和宁锦之战中立有战功。史载："崇焕与中官应坤、副使毕自肃，督将士登陴守，列营濠内，用炮距击；而桂、世禄、大寿大战城外，士多死，桂身被数矢，大军亦旋引去，益兵攻锦州。"[1] 毕自肃在宁锦之战中，为捍卫宁远立有功勋。但在他任辽东巡抚期间，朝廷因为财政拮据，辽东军饷，拖延不发。他向朝廷屡次催饷，没有结果，他自己手上也没有银子，干着急没办法。

第四，军队纪律：辽军纪律，原为整肃，袁崇焕辞官后，巡抚几次变更，部伍松散，极度混乱。举一例。天启七年即天聪元年（1627）十月初七日，宁远前屯大火，烧毁民居6300余间，烧死平民249人，火药器械，荡然一空。

第五，朝廷官员：本来下级军官和士兵生计已经非常困难，如果中高级军官能与他们同甘共苦，大家也能互相扶持渡过难关，不致发生兵变。而事实却是，一些官员的贪污腐败毫不收敛，结果是雪上加霜。比如辽东推官苏涵淳、通判张世荣，一

---

[1]《明史》卷二五九《袁崇焕传》，第6712页。

酷一贪，使得官兵激愤，蓄势待发。

第六，兵粮马秣：当时明廷财政竭绌，异常困难，如御史郝晋上疏言：

> 万历末年，合九边饷止二百八十万，今加派辽饷至九百万，剿饷三百三十万……旋加练饷七百三十余万，自古有一年而括二千万以输京师，又括京师二千万以输边者乎！[1]

在天启朝，短短七年，大工屡兴，禄廪不给，户部银粮，愈加匮缺。崇祯初年，更加严重。辽军兵饷短缺，数月欠饷不发。先是，天启后期，魏阉当权："忠贤乱政，边饷多缺。"[2] 毕自严"在事数年，综核撙节，公私赖之"。他积极筹措，不断奏疏，言：

> 诸边年例，自辽饷外，为银三百二十七万八千有奇。今蓟、密诸镇节省三十三万，尚应二百九十四万八千。统计京边岁入之数，田赋百六十九万二千，盐课百一十万三千，关税十六万一千，杂税十万三千，事例约二十万，凡三百二十六万五千有奇。而逋负相沿，所入不满二百万，即尽充边饷，尚无赢余。乃京支杂项八十四万，辽东提塘三十余万，蓟、辽抚赏十四万，辽东旧饷改新饷二十万，出浮于入，已一百十三万六千。况内

---

[1]《明史》卷七八《食货志二》，第1904页。
[2]《明史》卷二五六《毕自严传》，第6611页。

供召买，宣、大抚赏，及一切不时之需，又有出常额外者。[1]

时岁入银326万两，实际收入不满200万两，边饷银327万两，入不敷出，赤字太大。再加上军官克扣，不发饷银，普通军兵，生计困难。甚至拖欠守军饷银，长达四个多月不发。

此前，有志之士，多奏谏言。如工部尚书钟羽正，谏言不听，连上三疏，求去益坚，因言："今帑藏殚虚，九边壮士日夜荷戈寝甲，弗获一饱；庆陵工卒，负重乘高，暴炎风赤日中，求佣钱不得；而独内官请乞，朝至夕从。此辈闻之，其谁不含愤？臣奉职不称，义当罢黜。"[2]

以上矛盾，错综复杂，仔细分析，多因一果，导致于崇祯元年即天聪二年（1628）七月二十五日，发生辽军哗变。

二 辽军哗变

辽军哗变的直接原因是，朝廷腐败，拖欠军饷。这个问题，在袁崇焕任辽东巡抚期间，因他屡奏皇帝，疏吁困难，紧催户部，粮饷部拨，兵卒饷银，基本到位。在他离任一年间，王之臣接手，情况大变，军饷短缺，日益严重。毕自肃再接替王之臣任辽东巡抚时，军饷拖欠，更趋严重。

崇祯元年即天聪二年（1628）六月二十一日，辽东巡抚毕自肃奏报：

---

[1]《明史》卷二五六《毕自严传》，第6610页。
[2]《明史》卷二四一《钟羽正传》，第6274页。

> 辽饷缺至三月，几四十余万，乞立赐主持，毋将此饷别用。更酌关内外兵数，通融给发。太仆寺俵马，应解州县，令输价以佐军兴。从之。[1]

崇祯帝御批："从之。"但是，明以公文，落实公文，事实上，并未行之。

新任蓟辽督师袁崇焕，崇祯元年即天聪二年（1628）入都，在平台受崇祯帝召对时，提出军饷等问题：

> 陛下既委臣，臣安敢辞难，但五年内，户部转军饷，工部给器械，吏部用人，兵部调兵选将，须中外事事相应，方克有济。帝为饬四部臣，如其言。[2]

袁崇焕提出在户部军饷、工部器械、吏部用人、兵部调遣四个方面，都给予支持。崇祯帝当即敕谕大学士暨户部、吏部、工部和兵部的四部尚书、侍郎，要"如其言"。同样，在晚明官僚体制中，崇祯帝的"如其言"，其"言"者，多未"行"之。

蓟辽督师袁崇焕刚上任，就在崇祯元年即天聪二年（1628）七月甲申（二十五日），提出关外兵马等事疏：

> 辽东督师袁崇焕以关内外缺马，请于附京各州县寄养马

---

[1]《崇祯长编》卷一〇，崇祯元年六月庚戌，台北"中研院"史语所校勘本，1962年，第24页。
[2]《明史》卷二五九《袁崇焕传》，第6713页。

匹中，折给三千匹，买之西边各市口可得四千匹，计非万马不足用。并乞敕将前借六万项下，速凑数万发马商，往西收买，以济急用。从之。命兵部先拨借抚赏二万金以济。[1]

袁崇焕这里说的是马匹不足，尚未说到兵饷。这是因为他离职一年，不知关外辽军缺饷的极端严重性。

袁督师申请拨银买马奏疏三天后，辽东巡抚毕自肃对辽军缺饷问题，再加急上疏云：

丁亥（二十八日），辽东巡抚毕自肃，沥陈急饷云：四月饷银，须七万才可补足，而五、六、七三月，则全欠矣！班军盐菜，自三月至七月，共欠一十三万五千余两，部堂置之不论，群情已愤，祸乱已迫。臣于十日前，得中右所贴甘心饷臣之匿名帖。越数日，复有匿名帖。在宁远鼓楼前，并欲甘心于臣暨粮厅矣！倘此诸军共为，有司莫告之，报臣与饷司粮厅，庸得保有首领乎！关门一重之藩篱，再令决裂大坏，主计者即不为诸臣身家惜，独不为朝廷封疆计乎！旨令速发，而宁军已告变矣！[2]

这篇上疏，"沥陈急饷"，沥沥切切，急急迫迫，欠饷严重，燃在眉睫。拖欠辽军兵饷，实际上是三、四、五、六、七，凡五个月[3]，军士们连吃食盐的钱都没有，何谈生存！毕自肃在

---

[1]《崇祯长编》卷一一，崇祯元年七月甲申，第21页。
[2]《崇祯长编》卷一一，崇祯元年七月丁亥，第23—24页。
[3] 有的单项拖欠，有的是部分拖欠，更多的是全额拖欠。

上同疏中，并奏告：

其一，中右所已有匿名帖，宁远城也有匿名帖。

其二，事态严重，一触即发，"群情已愤，祸乱已迫"。

其三，若仍再拖延，可能旨令未下，"而宁军已告变矣！"。

崇祯元年即天聪二年（1628）七月甲午（初六日），袁崇焕走马上任，急赴辽东，履行使命。明崇祯朝实录记载："督师兵部尚书兼都察院右都御史、赐尚方剑袁崇焕，抵关门受事。"[1] 督师袁崇焕在离京赴关行前，诸事纷繁，百般头绪，军饷为重，再次上疏：

> 壬戌（初五日），督师袁崇焕请速发关内外积欠七十四万金，及太仆寺马价并抚赏四万金，以无误封疆。仍请敕饷司及各道，悉听纠劾，以一事权。俱从之。
>
> 初，督师出关军前支用银，旨令户、兵二部凑发十万金与之，兵部于太仆寺抚□银支三万金解关矣，尚欠七万金。兵部请令户部凑给，户部言督师军前犒赏之银，天启五、七两年有成例，系户、兵二部各五万金，今臣部已将山海饷司存积草豆价银，拨支五万金应用，乞敕令兵部遵照往例，自行措运五万金以应急需。报可。[2]

崇祯的"从之"，不等于已办；户部的"报可"，不等于落实。事到临头，户、兵二部，不顾大局，公文往来，还在扯皮，贻误时机。

---

[1]《崇祯长编》卷一二，崇祯元年八月甲午，第5页。
[2]《崇祯长编》卷一三，崇祯元年九月壬戌，第3页。

辽军问题，一年以来，越积越多，越拖越重。崇祯元年即天聪二年（1628）七月乙丑（初六日）辽东巡抚毕自肃再上疏言：

> 辽事之结局无期，马匹不给于，驰突甲胄不给于，披坚器械不给于，执锐望其养分外之精神，致敌忾之果毅，其将能乎！论兵则无不实之伍，论战未皆可用之兵，皇上见前此诸费空填溪壑，则有不信边臣之想，诸臣见目下诸项俱罄瓶罍，则有忍不相顾之意，即如六万之马价，二万余之皇赏，一奉明旨，一为定额，冏寺尚尔不应，他可知也，臣又何望而欲结辽局哉。旨慰勉之。[1]

皇帝览疏后，未做处理，"旨慰勉之"。庙堂之上，公文往来，以谕旨落实谕旨，以批复落实批复，以"旨慰勉之"，去代落实之。

虽经一再催促，辽饷问题仍在扯皮。《崇祯长编》记载：

> 辛未（十四日），宁远饷金仅发十万，而户部侍郎王家桢[2]疏开十二万，及尚书毕自严奏上，方简举错误，不准。[3]

辽东宁远的士兵，特别是家在南方的军兵，忍耐冰天雪地狂风严寒之苦，身历炮火矢石流血负伤之危，夺取过宁远大捷和宁锦大捷，在袁崇焕的指挥下，有着光荣的历史。但是，他

---

[1]《崇祯长编》卷一一，崇祯元年七月乙丑、七月甲申，第5页。
[2]《明史·王家桢传》作"王家祯"，《崇祯长编》作"王家桢"，盖《崇祯长编》为明人修，《明史》为清人修，清人不避明崇祯帝之讳也。
[3]《崇祯长编》卷一三，崇祯元年九月辛未，第13页。

们生计维艰,饱受盘剥,哀告无门,忍无可忍,最终采取绝招:歃血会盟,激愤哗变。

宁远军队哗变,首先是由从四川、湖广调来的官兵发起,以杨正朝、张思顺等为首。他们先秘密串联,再集中到广武营,会盟歃血,发起兵变。接着,事态扩大,迅速蔓延,遍及十三营兵,起而响应。哗变的官兵涌入辽东巡抚衙门,将辽东巡抚毕自肃、总兵官朱梅、通判张世荣、推官苏涵淳等人,从衙门拉出来,加以捆绑,囚于谯楼[1]。这就是崇祯元年即天聪二年(1628)七月二十五日,在宁远发生的官兵哗变。

此事,《明史·袁崇焕传》记载:

> 是月(崇祯元年七月),川、湖兵戍宁远者,以缺饷四月大噪,余十三营起应之,缚系巡抚毕自肃、总兵官朱梅、通判张世荣、推官苏涵淳于谯楼上。自肃伤重,兵备副使郭广初至,躬翼自肃,括抚赏及朋椿二万金以散,不厌,贷商民足五万,乃解。自肃疏引罪,走中左所,自经死。[2]

此事,《崇祯长编》于崇祯元年即天聪二年七月,做了及时而简明的记载:

> 甲申(二十五日),辽东宁远军变,执巡抚、都察院右佥都御史毕自肃。先是,宁远军乏粮四月,自肃请之户部,

---

[1] 谯楼,有两种解释:一据周祈《名义考》,说是城门上的望楼;另一据曹昭《格古要论》卷五,说是"世之鼓楼曰谯楼"。宁远(今辽宁省兴城市)城中心有鼓楼一座,本处谯楼当为此。
[2] 《明史》卷二五九《袁崇焕传》,第6714页。

户部未发，悍卒因大哗，露刃排幕府，缚自肃及总兵官朱梅、推官苏涵淳、州同知张世荣，置谯楼上，捶击交下。自肃伤殊，血被面。兵备道郭广新至，身翼自肃。自肃为解，括抚赏及朋椿二万金，不厌，益借商民足五万金，始解。自肃草奏，引罪走中左所。八月丙申（初八日），自经死。[1]

不久，《崇祯长编》又据蓟辽督师袁崇焕的奏报，做了至今能看到的最为详细的记载：

> 然是时，已逃去伍应元等六人。十八日，而首恶田汝栋、舒朝兰、徐子明、罗胜、贾朝吹、刘朝、奇大邹、滕朝化、王显用、彭世隆、宋守志、王明十二名，与先一日行道所拿之宋仲义及李友仁、张文元俱至。崇焕令郭广当堂认识，俱当日向前首恶，即令枭示。随出手示，谕抚各营云：朝廷止诛渠魁，今首恶正法，此外不杀一人，诸营肃如。诸兵将变，集广武营，会盟歃血。参将彭簪古、中军吴国琦，知而实纵之。于是，斩国琦而责治簪古，以待处分。至车左营加衔都司王家楫、车石（右）[2]营加衔都司左良玉、管局游击杨朝文、总镇标营都司佥书李国辅，皆分别轻重治革，宥杨正朝、张思顺之死，发前锋立功，以其虽倡乱而有擒叛之功也。时抚院敕书、符验、旗牌、历

---

[1]《崇祯长编》卷一一，崇祯元年七月甲申，第21页。
[2]《明史·左良玉传》载："左良玉，字昆山，临清人。官辽东车右营都司。崇祯元年，宁远兵变，巡抚毕自肃自经死，良玉坐削职回卫。"是知左良玉官辽东车右营加衔都司的"右"字为正，"石营加衔都司"的"石"字为误。

来文卷，碎无复存，及总兵符验亦失去，惟印无恙。抚臣关防，已贮前屯库。总兵旗牌，止失三杆，咸不问。推官苏涵淳、通判张世荣，一酷一贪，致激此变，降责有差。宁城十三营俱乱，惟都司祖大乐一营不动，命奖之。[1]

事情已经清楚，问题十分严重。就是说哗变士兵将辽东巡抚毕自肃、总兵官朱梅等，捆绑在宁远城中心的鼓楼上，逼迫发饷，喊骂乱打。当时巡抚毕自肃银库里没有银子，一时难以筹措。哗变官兵，情绪激烈，局面失控，"捶击交下"。毕自肃满脸流血，伤势严重。衙署里面的敕书、旗牌、文卷、符验等，散碎狼藉，荡然无存。

这时，兵备副使郭广赶来。他一边用身体护翼巡抚毕自肃，一边同哗变首领谈判——主要是保证尽快发放拖欠的兵饷。

郭广先设法筹措了两万两银子发给士兵，哗变兵士不答应，还是平息不下。郭广又向商民借贷三万两银子，凑足五万两，分发下去。哗变官兵情绪才稍为缓和，混乱局面才暂时稳住。趁兵士散去，郭广等救出巡抚毕自肃。但是，哗变的官兵分发完银两后，乱走乱窜乱传，情绪依旧亢奋。这时，十三营的营房，仍然高度警惕，戒备森严，日夜守备。问题没有从根本上得到解决。副将何可纲典领的中军，在平息哗变时发挥了重要作用。

当事主官宁远巡抚毕自肃，在宁锦之战时曾作为副使，协助袁崇焕守卫宁远，督率将士奋力守城，立下战功。崇祯元年即天聪二年（1628）正月十七日，毕自肃任辽东巡抚。其兄毕自严，五月任户部尚书。兵变爆发后，毕自肃上疏引罪，到中

---

[1]《崇祯长编》卷一二，崇祯元年八月乙未，第6—7页。

后所，自缢而死。宁远自毕自肃死后，遂废辽东巡抚，以经略兼之。后梁廷栋力推丘禾嘉的才德，命其超拜右佥都御史，巡抚辽东其地，兼辖山海关诸处。[1]至是，再设辽东巡抚。

此事，《明史·袁崇焕传》中做了记载。特别是《崇祯长编》中载录了袁崇焕关于宁远兵变的奏疏。后人主要靠这两种史料，了解当时宁远兵变及其机智平息的史事。

三 机智平息

蓟辽督师袁崇焕是怎样机智平息宁远兵变，使得处理结果既能让崇祯皇帝满意，又能获得哗变官兵认可的呢？此事，《崇祯长编》载录的《袁崇焕奏疏》记载较详，很有价值，亦为珍贵，不避赘述，全录如下：

> 督师袁崇焕于到任次日，单骑出关，至宁远，未入署，即驰入营。宣上德意，各兵始还营伍。为首者虽川、湖兵，而是时十三营俱动。诸魁散处众兵中，犹日夜为备。崇焕与道臣郭广秘图，召首恶杨正朝、张思顺至膝前，谕以同党能缚戎首，即宥前罪之旨。令报诸逆者名，擒之赎死，二凶唯唯。
>
> 然是时，已逃去伍应元等六人。十八日，而首恶田汝栋、舒朝兰、徐子明、罗胜、贾朝吹、刘朝、奇大邹、滕朝化、王显用、彭世隆、宋守志、王明十二名，与先一日行道所拿之宋仲义及李友仁、张文元俱至。崇焕令郭广当

---

[1]《明史》卷二六一《邱禾嘉传》，第6770页。

平息哗变：袁督师的胆略与智慧

堂认识，俱当日向前首恶，即令枭示。

随出手示，谕抚各营云：朝廷止诛渠魁，今首恶正法，此外不杀一人，诸营肃如。诸兵将变，集广武营，会盟歃血。参将彭簪古、中军吴国琦，知而实纵之。于是，斩国琦而责治簪古，以待处分。至车左营加衔都司王家楫、车石（右）营加衔都司左良玉、管局游击杨朝文、总镇标营都司佥书李国辅，皆分别轻重治革，宥杨正朝、张思顺之死，发前锋立功，以其虽倡乱而有擒叛之功也。

时抚院敕书、符验、旗牌、历来文卷，碎无复存，及总兵符验亦失去，惟印无恙。抚臣关防，已贮前屯库。总兵旗牌，止失三杆，咸不问。推官苏涵淳、通判张世荣，一酷一贪，致激此变，降责有差。

宁城十三营俱乱，惟都司祖大乐一营不动，命奖之。[1]

袁崇焕平息宁远军人哗变，出色表现与特点是：勇武胆略与机变智慧。其整个过程，兹分析如下：

第一，单骑出关。兵变形势危急，"时十三营俱动"。袁崇焕于"到任次日，单骑出关"。就是说，袁崇焕八月初六日到达山海关，次日（初七日），就马不停蹄，单骑出关，不带随从，驰往宁远。宁远兵变是一桩突发的事件，也是一个震惊庙堂的大事件。哗变军人竟然将辽东巡抚、总兵官等朝廷的军政大员，囚禁在谯楼上，捶打羞辱，索讨军饷，可见群情之激愤，反抗之激烈。在这种氛围下，哗变军卒，情绪过激，一旦失控，自身可能被囚，甚至蒙受羞辱。其后果是：既可能丢掉官职，也

---

[1]《崇祯长编》卷一二，崇祯元年八月乙未，第6—7页。

可能身首异处。就是说,可能会断送"兵部尚书兼都察院右副都御使,督师蓟、辽、登、莱、天津军务"的官职。但是,袁崇焕置个人名利、地位、尊严、生死于不顾,出常人之所料,义无反顾、毅然决然地亲入虎穴,解决问题。这表现出袁督师的勇敢与果断、胆略与侠气、镇定与自信、睿智与才华。袁崇焕以兵部尚书、蓟辽督师的高官身份,单骑出关,身入虎穴,亲自处理,难能可贵。

第二,迅驰入营。从北京到山海关七百里路程,袁崇焕急促上道,不顾酷暑,辛苦劳顿,策马兼程,刚到山海关,马不停蹄,立即出关。从山海关到宁远二百里路程,骑马疾行,需一昼夜。袁督师不顾风尘劳苦,日夜奔波,到宁远后,没有进巡抚衙门,没有见往日同僚,没有大讲排场,也没有喝茶喘息,而是"至宁远,未入署,即驰入营",就是驱骑急疾,直入兵营,以取得迅雷不及掩耳的效果。

第三,攻心为上。袁督师驰到军营后,官兵"犹日夜为备"。他没有就事论事,没有舍本逐末,而是先做政治思想工作——"宣上德意,各兵始还营伍"。袁崇焕利用原来的崇高威望与烽火情感,晓之以理,动之以情,安顿士兵,宣抚慰劳,使得骚动官兵情绪趋缓,各回营伍。

第四,密定计划。处理宁远兵变的突发事件,需要分清轻重缓急,制定秘密行动计划。语云:"成大事者,不谋于众。"事关机密,不易轻泄。于是,"崇焕与道臣郭广秘图",就是袁崇焕与掌握实际情况的郭广等,了解实情,密室磋商,制定计谋,采取措施。

第五,宽宥事首。一般做法是:首恶必办,胁从不问。或者是:严惩首恶,轻处胁从。但是,袁崇焕的高明之处,恰恰在于不合处事常例。袁崇焕认为,在十三营军兵哗变的严重局势面前,杀一二个首领简单,但容易激化矛盾,引发更大的骚动。袁崇焕高明之处在于:"召首恶杨正朝、张思顺至膝前,谕以同党能缚戎首,即宥前罪之旨。令报诸逆者名,擒之赎死,二凶唯唯。"宽宥事首杨正朝、张思顺,先瓦解哗变官兵上层内部。

第六,剪除"次恶"。袁崇焕不严惩兵变事首,无法向朝廷有个交代。袁督师将"诸魁散处众兵中"的"次恶"田汝栋等十二人捉获,"崇焕令郭广当堂认识,俱当日向前首恶,即令枭示",将他们戮于市,进行严刑震慑。

第七,擒叛立功。对于这次哗变的两个首领——杨正朝、张思顺,袁崇焕如何处置?事后杀掉,但这将失信于官兵;或开除军籍,但会造成社会麻烦;奏报朝廷,将他们"发前锋立功"——其理由是两位哗变首领"擒叛之功"。这就把难题在内部消化,而不推给社会。唐太宗有"用功不如用过"之说,袁崇焕则把哗变首领的勇敢豪侠的精神,转化为英勇杀敌的力量。

第八,分别处理。辽军军官在兵卒哗变中,要负有一定的责任,不处置责任军官,其他军卒也会不满。于是,袁崇焕以尚方宝剑在手,对负有责任的军官区别对待,做出处理:命将中军吴国琦斩首;参将彭簪古受斥责;都司左良玉等四人被黜免;通判张世荣、推官苏涵淳因贪虐引起哗变,受到降职斥责;总兵官朱梅被解职。

第九,奖惩分明。袁督师既严惩哗变中责任军官,也表彰哗变中有功军官。宁远军兵十三营哗变,只有祖大寿之弟祖大乐[1]所率一营官兵,没有参加哗变。袁崇焕对其进行奖励,表

---

[1]《明史·袁崇焕传》作"程大乐",《崇祯长编》载袁崇焕原疏作"祖大乐",应以"祖"字为是,而以"程"字为误。

现出袁崇焕策略的灵活性与公平性。

第十，奏报朝廷。袁崇焕向朝廷详奏宁远兵变原因、经过、处理及善后事宜，并得到崇祯皇帝的批准。朝廷也象征性地做出小的动作，惩治王家祯。

> 王家祯，长垣人。万历三十五年进士。天启间，历官左佥都御史，巡抚甘肃。松山部长银定、歹成，扰西鄙二十余年，家祯至，三犯三却之，先后斩首五百四十。擢户部右侍郎，转左。崇祯元年摄部事，边饷不以时发，秋，辽东兵鼓噪，巡抚毕自肃自缢死。帝大怒，削家祯籍。[1]

第十一，依靠骨干。在处理兵变过程中，袁崇焕重视依靠骨干力量。一如郭广，视为亲信，秘密谋划。二如何可纲，其先任宁远道中军，廉勇善抚士卒。宁远之战与宁锦之战，坚守有功，迁参将，署宁远副将事。巡抚毕自肃令典中军。及袁崇焕再出镇，复以副将领中军事，靖十三营之变。崇焕欲再加提升，奏报称："中军何可纲专防宁远。可纲仁而有勇，廉而能勤，事至善谋，其才不在臣下。臣向所建竖，实可纲力，请加都督佥事，仍典臣中军。"后何可纲佐袁崇焕更定军制，岁省饷百二十万有余。

第十二，重新布局。新君登极，革除旧政。仅举总兵布局为例。天启朝魏忠贤窃权，任用阉党，山海关地区增设总兵三四人，出现"权势相衡，臂指不运"的问题。袁崇焕因疏请：原蓟辽总兵赵率教，挂平辽将军印，驻山海关；原总兵祖

---

[1]《明史》卷二六四《王家祯传》，第6822页。

平息哗变：袁督师的胆略与智慧

大寿挂征辽前锋将军印，驻锦州；原中军何可纲，为总兵，驻宁远——"臣妄谓五年奏凯者，仗此三人之力，用而不效，请治臣罪"[1]。崇祯帝悉从之。后来事实证明：赵率教、祖大寿、何可纲三员大将果然不辱使命——赵率教誓死御敌，命殒疆场；何可纲气节冲天，含笑被杀；祖大寿捍卫锦州，立下大功。

袁督师利用"首恶"，严惩"次恶"，德化为先，争取多数，分别处置，稳定局面。袁崇焕干净漂亮地平息了宁远兵变，稳定了辽东明军局势。

以上十二条，有些是一般性处理的，有些是特殊性处理的。其中，以下四条是违背常规而不易做到的：

第一，到任次日，单骑出关；

第二，未入衙署，即驰入营；

第三，宽大首恶，正法次恶；

第四，吸取教训，开布新局。

这些表现出蓟辽督师袁崇焕过人的胆略、超人的智慧、坚强的信心和果断的行动。然而，一波刚平，一波又起。十月初一日，锦州守兵也发生哗变，但是很快得到解决。

袁崇焕平息宁远兵变后，回到山海关，见到部下诸将官兵相忆旧事，重申兵法，检阅营伍，激励向前，不禁感慨万千，赋《关上与诸将话旧》诗云：

> 隔别又经年，今来再执鞭。
> 相看人未老，忆旧事堪怜。
> 兵法三申罢，军容万甲前。

---

[1]《明史》卷二七一《何可纲传》，第6965页。

诸公同努力，指日静烽烟。[1]

　　宁远、锦州接连的哗变，主要原因是长期拖欠粮饷[2]，兵不聊生，反映出辽东的明军军心涣散，官兵矛盾尖锐。这样的军队怎能抵御后金铁骑的战斗力呢！这就需要整顿。因此，袁崇焕在平息兵变之后，立即着手整顿关宁锦防线。

　　明朝蓟辽督师袁崇焕在平息军队哗变的过程中，其胆略，其智慧，其作风，其措施，都给后人提供了历史经验。

　　（原载《袁崇焕研究论集》，中国友谊出版公司，2014年）

---

[1] 梁章钜辑《三管英灵集》卷七，清刻本，第10页。
[2] 本文著者按：崇祯朝高官，多不得好下场，以崇祯朝刑部尚书十七人为例，其结局如下：(1)薛贞以阉党抵死；(2)苏茂相半岁而罢；(3)王在晋未任，改兵部；(4)乔允升坐逸囚遣戍；(5)韩继思坐议狱除名；(6)胡应台独得善去；(7)冯英被劾遣戍；(8)郑三俊坐议狱逮系；(9)刘之凤论绞，瘐死狱中；(10)甄淑坐纳贿下诏狱，改系刑部，瘐死；(11)李觉斯坐议狱削籍；(12)郑三俊再为尚书，改吏部；(13)刘泽深，任当月死；(14)范景文未任，改工部；(15)徐石麒坐议狱，落职闲住；(16)胡应台再召不赴；(17)张忻，李自成陷京师，与其子庶吉士端并降。所以，崇祯朝十七位刑部尚书，得善果者只胡应台一人而已。

袁崇焕与明金议和

明朝与后金-清朝的议和,自袁崇焕始,至陈新甲终。先后经过天启后期议和、崇祯初期议和、崇祯后期议和三个阶段。袁崇焕身历天启和崇祯两个议和时期。他身后有一段不长的时间,从某种意义说,可以看作是其后续。为便于叙述,列题目为三:天启后期议和、崇祯初期议和、崇祯后期议和。

一 天启后期议和

后金-清朝与明朝的和议活动,以天启六年即天命十一年(1626)袁崇焕遣使到沈阳,后金汗皇太极也遣使到宁远为始。但在此前,双方边事,书使穿梭,屡有交往。

早在明万历二十四年(1596),明朝就派遣官员余希元到建州。《清太祖高皇帝实录》记载:"明遣官一员,朝鲜官二员,从者二百人来。上令我军尽甲,观兵于外。遇于妙弘廓地界,迎入大城,优礼答遣之。"[1]努尔哈赤"亲迎至妙洪科地界,接

---

[1]《清太祖高皇帝实录》卷二,丙申年(1596)二月戊戌朔,中华书局影印本,1986年,第19页。

入大城，以礼相待。公事毕，辞别而去"[1]。

明万历三十六年（1608）三月，建州就同明辽东官员，盟誓建碑，协议和平。努尔哈赤谓群臣曰："吾欲与明，昭告天地，同归于好。"随后，建州遣使往广宁，会见明辽东副将及抚顺所备御等，共同誓辞勒碑，刑白马、乌牛祭天，其誓辞曰："两国各守边境，敢窃逾越者，无论满洲、汉人，见之杀无赦。若见而不杀，殃及不杀之人。明若渝盟，其广宁巡抚、总兵、辽东道、副将、开原道、参将等官，均受其殃；满洲渝盟，殃亦及之。"誓毕，遂建碑于双方的沿边地方[2]。这是建州同明朝通过议和而达成的第一个盟誓。

尔后，明万历四十一年（1613）九月二十六日，努尔哈赤至明抚顺所。抚顺游击李永芳出城三里外，以礼接见，导入教场。努尔哈赤致李永芳文书，文曰："'昔叶赫、哈达、乌喇、辉发、蒙古、席北、卦尔察等九姓之国，于癸巳岁，合兵侵我。我是以兴师御之。天厌其辜，我师大捷，斩叶赫布寨，获乌喇布占泰以归。逮丁酉岁，刑马歃血，以相寻盟，通婚媾，无忘旧好。讵意叶赫，渝弃前盟，将已字之女，悔而不予。至乌喇国布占泰，吾所恩育者也，反以德为仇，故伐之，而歼其兵，取其国。今布占泰孑然一身，奔于叶赫。叶赫又留之，不吾与。此吾所以征叶赫也。我与汝国，何嫌何怨，欲相侵耶？'[3]努尔哈赤既以书与永芳，遂还。"努尔哈赤此次投书，是想争取李

---

〔1〕《满洲实录》卷二，丙申年（1596）二月，辽宁通志馆影印本，1930年，第99页。

〔2〕《清太祖高皇帝实录》卷三，戊申年（1608）三月，第15页。

〔3〕《清太祖高皇帝实录》卷四，癸丑年（1613）九月庚辰，第11页。

永芳,并通过他向朝廷转述自己的愿望。

万历四十二年(1614)四月,明遣备御萧伯芝,自称大臣,乘八抬轿,到赫图阿拉,递交文书,述古来兴废故事,要建州勿再扩张。时努尔哈赤已经吞并哈达、辉发、乌拉,兵锋锐盛,意气益骄,"竟不视其书,遣之还"[1]。

万历四十三年(1615)四月,明广宁总兵张承胤遣通事董国荫,致书努尔哈赤,曰:"汝所居界外地,皆属我,今立碑其地。其柴河、三岔、抚安,三路之田,汝勿刈获。其收汝边民,迁汝国。"努尔哈赤答曰:"吾累世田庐,一旦令吾弃之,是尔欲弃盟好,故为斯言耳!昔贤云:'海水不溢,帝心不移。'今既助叶赫,又令吾境内之民,所种禾黍,勿刈获而迁。将帝心已移耶?帝之言,自不可违,但不愿太平,与我交恶。吾国小,受小害;汝国大,得无受大害乎!吾国之民无多,不难于迁,汝大国能尽藏其众乎!若构兵起衅,非独吾国患也。汝自恃国大兵众,辄欲陵我,讵知大可以小,小可以大,皆由天意。设汝每城屯兵一万,汝国势亦不能。若止屯兵一千,则城中兵民,适足为吾俘耳!"通事董国荫曰:"此言太过矣!"遂去。自此,"明侵我疆土,于边外数处,立石碑为界"[2]。

以上,努尔哈赤在建州时期,同明朝官员至少有过五次重要的交往。

后金作为一个独立政权,同明朝官员通书往来,始于万历四十六年即天命三年(1618)四月。

---

[1] 《清太祖高皇帝实录》卷四,甲寅年(1614)四月,第11页。
[2] 《清太祖高皇帝实录》卷四,乙卯年(1615)四月,第14页。

先是，万历四十四年即天命元年（1616）正月，努尔哈赤在赫图阿拉称汗建元，自践汗位。天命汗努尔哈赤建立后金，开始成为一个独立政权，同明朝分庭抗礼。他建元称汗后，花费两年的时间，整顿内部，扩大势力。万历四十六年即天命三年（1618）正月，努尔哈赤对诸贝勒大臣宣布："今岁必征大明！"努尔哈赤向明朝发起进攻时，采取军事进攻与政治议和的两手策略。从此，在后金与明朝的关系中，以军事进攻为主，政治议和为辅，战和配合，相辅相成。所以，"军事进攻为主，政治议和为辅"是后金－清朝对明朝的基本方略。

万历四十六年即天命三年（1618）四月十五日，天命汗努尔哈赤率兵进围明抚顺城，捕获一人，遗书谕游击李永芳降。其书曰："尔明发兵疆外，卫助叶赫。我乃兴师而来，汝抚顺所一游击耳，纵战亦必不胜。今谕汝降者：汝降，则我兵即日深入；汝不降，是汝误我深入之期也。汝素多才智，识时务人也。我国广揽人才，即稍堪驱策者，犹将举而用之，结为婚媾。况如汝者，有不更加优宠，与我一等大臣并列耶！汝不战而降，俾汝职守如故，豢养汝；汝若战，则我之矢，岂能识汝！必众矢交集而死。既无力制胜，死何益哉！且汝出城降，则我兵不入城，汝之士卒，皆得安全。若我入城，则男妇老弱，必致惊溃，亦大不利于汝矣！勿谓朕虚声恐喝，而不信也！汝思区区一城，吾不能下，何用兴师为哉！失此弗图，悔无及已。其城中大小官吏兵民等，献城来降者，保其父母妻子，以及亲族，俱无离散，岂不甚善！降不降，汝熟计之。毋不忍一时之忿，违朕言，致偾失事机也。"[1] 抚顺游击李永芳得书后，立城南门

---

[1]《清太祖高皇帝实录》卷五，天命三年四月甲辰，第15—16页。

上,言纳款之事。李永芳见后金军势强兵众,竖云梯登城,遂冠带整齐,乘马出城降。后金固山额真阿敦,引李永芳下马,跪见天命汗努尔哈赤。努尔哈赤在马上,以礼相答。于是,抚顺(今辽宁省抚顺市抚顺县)、东州(今辽宁省抚顺市东洲区)、马根单(今辽宁省抚顺市马郡乡)三城,及台堡寨共五百余悉下。天命汗努尔哈赤驻跸抚顺城。

同年六月,明朝与后金发生纠纷。《清太祖武皇帝实录》记载:大明边民,每年越边窃采满洲参、矿、果、木等物,扰害无极。一日,帝曰:"昔与大明立碑,宰马结盟,原为杜其混扰。今大明边民,累扰吾地。吾杀潜越禁边者,亦不为罪。"遂于六月,遣答儿汉虾(即达尔汉侍卫扈尔汉),将越边窃物之人,遇则杀之,约有五十。时帝闻广宁新任都堂至,乃遣纲孤里、方吉纳二人往见之。都堂李维翰将纲孤里、方吉纳,并从者九人,各以铁索系之。仍差人至满洲,谓帝曰:"吾民出边,汝当解还,安得遽杀之?"帝曰:"昔竖碑盟言,若见越禁边者不杀,殃及于不杀之人,今何负前盟而如是强为之说。"使者曰:"不然,但将首杀吾民者答儿汉虾,献与抵罪则已,不然此事难寝。"甚以言逼之。帝不从。使者曰:"此事已闻于上,乃不容隐者,汝国岂无罪人乎?盍将此等人,献之边上,杀以示众,此事遂息。"帝欲图大明所拘十一人还,即于狱中取自夜黑所掳十人,解至抚顺所杀之。大明遂将所拘十一人放归[1]。

明朝与后金的纠纷,通过遣使,进行沟通。如明万历四十六年即天命三年(1618)的遣使事例。史书记载:"明广宁

---

[1]《清太祖武皇帝实录》卷二,天命三年六月,台北故宫博物院藏本,广文书局影印,第28页。

巡抚遣通事一人、从者五人，及前送书者一人，来言欲两国修好，可还所俘数人，并遗使来。"于此，努尔哈赤说："朕征战时所俘获者，即我民也，虽一人何可还耶！若以我为是，于所俘外更加馈赠之礼则和；如以我为非，则不必言和。当征伐如故耳。"随后，将明朝来使遣还[1]。

萨尔浒大战之前，明朝与后金，仍有使者往来。明派李继学及通事（翻译）就是一例。万历四十七年即天命四年（1619）正月丙午（二十二日），《清太祖武皇帝实录》记载：令大明使者李继学及通事，赍书返回。其文书曰："皇上若声辽人之罪，撤出边之兵，以我为是，解其七恨，加以王封，岂有不罢兵之理！再将我原赏及抚顺所原有敕书五百道，并开原所有敕书千道，皆赐吾兵将，我与大臣外加缎三千疋，金三百两，银三千两。"[2]努尔哈赤提出明朝不可能接受的条件，如要一千五百道敕书，以及大量的金银和绸缎。

努尔哈赤攻打明辽东抚顺、清河、开原、铁岭、沈阳、辽阳、广宁和宁远八座重镇，其中清河、开原、铁岭、沈阳、辽阳、广宁六座重镇都没有提出议和，只有开始的抚顺与结尾的宁远，提出议和，和战配合。前者已述，至于后者，《清太祖实录》记载：努尔哈赤率倾国之师，进攻宁远。后金军连陷右屯、大凌河、锦州、松山、小凌河、杏山、塔山、连山八城后，兵临孤城宁远。后金军越城五里，横截山海大路驻营。努尔哈赤纵放所俘汉人，派其进入宁远城，告袁崇焕曰："汝等此城，吾以兵二十万来攻，破之必矣！城内官若降，吾将贵重之，加豢

---

[1]《清太祖高皇帝实录》卷五，天命三年六月己卯（二十二日），第23页。
[2]《清太祖武皇帝实录》卷三，天命四年正月二十二日，第1页。

养焉。"宁远道袁崇焕答曰："汗何故遽尔加兵耶？锦、宁二城，汝国既得而弃之，以所弃之地，吾修治而居。宁各守其地以死，讵肯降耶！且汗称来兵二十万，虚也！约有十三万，我亦不以来兵为少也！"努尔哈赤欲统兵攻城，命军中准备攻城器具。二十四日，后金兵执楯牌，进薄城下。后金军将毁城进攻，时天寒土冻，凿穿数处，城坚不堕，军士奋勇，乘间攻击。明总兵满桂、宁远道袁崇焕、参将祖大寿，率领兵民，攫城固守，火器炮石，纷射城下。后金军死战不退，但不能攻，且战且退。翼日，再度攻城，又不能克，伤亡惨重，失利而退[1]。后金宁远兵败之后，同年八月十一日，努尔哈赤死去。天命汗努尔哈赤之死，是清朝兴起史上一个转折点。明朝与后金的关系，后金宗室内部，随着天命汗之死，发生了重大变局。这时，明辽东巡抚袁崇焕，抓住有利的时机，提出同后金议和。这是明清关系史上的一件大事，也是明清关系史上的一个转折点。明朝与后金，双方为着"自固"，都需要议和。

议和是后金的急切需要。

自努尔哈赤建元称汗，至南明永历帝兵败被俘，在中华民族内部，明、清（后金）之间的战争长达四十六年。甲申之际，主客易位，明祚灭亡，清都燕京。此前，努尔哈赤崛起辽东，统一建州女真，吞并扈伦四部，征抚漠南蒙古，举兵袭陷抚顺。明军在萨尔浒之役四路丧师后，努尔哈赤一得志于开原、铁岭，二得志于沈阳、辽阳，三得志于广宁、义州。明军败报频至，举朝震惊。努尔哈赤公开打出反明旗帜后，以军事进攻为主，未尝与明帝议和。天命十一年即天启六年（1626），努尔

---

[1]《清太祖高皇帝实录》卷一〇，天命十一年正月戊午，第6页。

哈赤死，子皇太极立。明宁远巡抚袁崇焕遣使往沈阳吊丧，兼贺新汗即位，并觇视其虚实。从此，拉开了明朝与后金议和的帷幕。其时，后金出现重大历史转折，遇到重大社会困难。这主要表现在：

第一，军事上，努尔哈赤率领号称十三万大军攻宁远，兵败。尔后，皇太极兵攻宁、锦，又败。他说："昔皇考太祖攻宁远，不克；今我攻锦州，又未克。似此野战之兵，尚不能胜，其何以张我国威耶！"[1]后金连年出兵征战，竟无尺寸土地之得。后金主殂兵挫，满洲军民沮丧。

第二，政治上，皇太极初立，与三大贝勒"俱南面坐"[2]。皇太极不容于众贝勒，众贝勒也不容于皇太极。天聪汗皇太极"虽有一汗之虚名，实无异整黄旗一贝勒也！"[3]。诸贝勒对皇太极心怀不平，他欲借外交胜利，来缓解其内部骨肉相残之困局。

第三，经济上，连年战争，马市关闭，贡市停止，辽东大饥，粮食奇缺，物价飞涨，"斗谷八两银，人有相食者"[4]。

第四，策略上，后金军西进，受到袁崇焕阻挡；蒙古林丹汗实力强大，又同明朝结有共同抵御后金的盟约。皇太极欲调整进兵方略，希图与明议和，兵锋东指朝鲜，以收到兴师克捷、获取粮布、兼略皮岛和巩固汗位的一石四鸟之效果。

---

[1]《清太宗文皇帝实录》卷三，天聪元年五月癸巳，中华书局影印本，1985年，第16页。

[2]《清太宗文皇帝实录》卷一一，天聪六年正月己亥朔，第1页。

[3]《天聪朝臣工奏议》上卷，辽宁大学历史系铅印本，1980年，第30页。

[4]《满文老档·太宗》册Ⅳ，天聪元年六月二十三日，东洋文库本，1959年，第87页。

其时，有人在奏本中综论当时天下的大局，分析后金与明朝的形势，指出明朝与后金各有其短长："野地浪战，南朝万万不能；婴城固守，我国每每弗下。"并奏称后金战胜明朝，时机未到，不可强求；机会已到，则不可失。故认为后金对明朝"图霸制胜"之大计，"惟讲和与自固二策"[1]。皇太极鉴于形势，运筹帷幄，决计遣使携书赴宁远同明议和。

议和是明朝的缓兵之策。

明自万历四十六年即天命三年（1618）失陷抚顺以后，丢城失地，屡战屡败。先是抚顺、清河，继是萨尔浒，又是开原、铁岭，再是沈阳、辽阳，复是广宁、义州。作战，一仗败一仗；守城，一城失一城。八年以来，宁远虽胜，其北诸城，却需修葺。而要修缮诸城，则需争取时间。明辽东巡抚袁崇焕不仅了解后金前述弱点，而且看到明朝自身困难。

第一，军事上，袁崇焕虽获宁远大捷，但靠"凭坚城以用大炮"[2]之策取胜，并未与八旗军野战争锋。为锐意恢复失地，需借和谈作阻兵之计，宁锦八城，加以修缮，训练士马，运粮治炮，集民耕屯。

第二，政治上，天启末年，庙堂腐败，宦官专权，朝政黑暗。天启帝死，崇祯帝立，国势败坏，党争激烈，新朝初建，也需调整。

第三，经济上，自失陷抚顺以来，兵连十载，军队饷银，数额大增，粮秣军械，运往关外，中空外竭，灾荒严重，哀鸿

---

[1]《明清史料》甲编，第1本，中央研究院历史语言研究所刊印，1930年，第48页。

[2]《明熹宗实录》卷七九，天启六年十二月庚申，台北"中研院"史语所校勘本，1962年，第19页。

遍野。

　　第四，策略上，袁崇焕相机而动，主张同后金议和。崇焕奏报，优旨许之，从而开始了明朝对后金策略的重大转变，是为明朝与后金关系史上的一个转折点。

　　议和同战争一样，都是政治斗争的一种形式而已。为达到政治目的，它可用刀剑，也可用笔舌，或兼而用之。虽然战争已把明朝这个重病躯体拼命地往下拖，但它仍自诩为"天朝"，而视后金为"东夷"，徒好大言，不尚实际，更以宋金和约为鉴戒，不愿同后金议和。然而，袁崇焕能体察形势，不泥成见，疏陈把议和作为明廷对后金的一种策略。他说："守为正着，战为奇着，款为旁着。"[1]这里的"款"，就是"和"，也就是议和。袁崇焕把守、战、款，作为三种策略，在同后金斗争中，守攻相济，款战并用。但是，袁崇焕议和，冒着政治风险："南朝之君，深鉴宋室之覆辙。文臣以口舌纸笔支吾了事，不肯担当以玷清议；武官只垂手听人指挥，不敢专决。"[2]后来，袁崇焕落狱殒身，此为一大原因。

　　既然议和为后金与明朝的双方需要，袁崇焕与皇太极，便开始议和活动。

　　袁崇焕宁远得胜后，升为辽东巡抚，深受朝廷信任，颇有匡复大志。天启六年即天命十一年（1626）八月十一日，努尔哈赤去世，后金军民沉浸在一片悲哀之中。蒙古各部贝勒、台吉，或亲至，或遣使，前往沈阳，烧纸吊祭，哀喑老汗逝世，

---

[1]《崇祯长编》卷一一，崇祯元年七月乙亥，台北"中研院"史语所校勘本，1962年，第15页。

[2]《天聪朝臣工奏议》上卷，辽宁大学历史系铅印本，1980年，第19页。

兼贺新汗继位。先是，王之臣与袁崇焕、内臣依据"便宜行事"谕旨商议，派使前往沈阳，察探"彼中虚实"，并提出"万一此道有济，贤于十万甲兵"。旨批："阃外机宜，悉听便宜行事。"[1]十月，明宁远巡抚袁崇焕派都司傅有爵、田成及李喇嘛（即喇嘛镏南木坐）等三十四人，到沈阳为努尔哈赤吊丧，并贺新汗皇太极即位。这个惊人之举，令人感到意外。后金与明朝自万历四十六年即天命四年（1618）以来，八年之间，矢镞纷飞，处于战争状态，并无使臣往来。他名为吊唁，实则是借机刺探后金内部的军政情报。

天聪汗皇太极也心中有数。他明白袁崇焕的意图，便将计就计，顺水推舟。皇太极对从宁远来的明方使臣，盛情款待，表现大度。时大贝勒代善出征喀尔喀扎鲁特部凯旋，皇太极为展示后金军队士气之旺，军容之盛，邀请明使随同出迎十五里，阅示后金军凯旋大礼，还赏给李喇嘛一峰骆驼、五匹马、二十八只羊。傅有爵、李喇嘛等一行，在沈阳驻留将近一个月。临走时，皇太极派方吉纳、温塔石带领七个人，随同明使去宁远，并向袁崇焕献参、貂、玄狐、雕鞍等礼物。皇太极致袁崇焕书，文曰："大满洲国皇帝，致书于大明国袁巡抚。尔停息干戈，遣李喇嘛等来吊丧，并贺新君即位。尔循聘问之常，我亦岂有他意。既以礼来，当以礼往，故遣官致谢。至两国和好之事，前皇考往宁远时，曾致玺书与尔，令汝转达，至今尚未回答。汝主如答前书，欲两国和好，我当览书词以复之。两国通好，诚信为先。尔须实吐衷情，勿事支饰也。"[2]

---

[1]《明熹宗实录》卷七六，天启六年九月戊戌，第16页。
[2]《清太宗实录》卷一，天命十一年十一月乙酉，第13页。

皇太极明确表示：两国和好之事，父汗往宁远时，曾予致书，要求转奉，但至今未复。你们真要和好，做出回应，我将答复。

后金遣使到宁远，袁崇焕立即奏报朝廷。后金来使，恭谨执礼，袁崇焕奏言："奴遣方金纳、温台什二夷，奉书至臣，恭敬和顺，三步一叩，如辽东受赏时。"[1]袁崇焕又奏言："自宁远败后，旋报（努尔哈赤）死亡，只据回乡之口，未敢遽信。幸而厂臣主持于内，镇守内臣，经、督、镇、道诸臣，具有方略，且谋算周详。而喇嘛僧慧足当机，定能制变，故能往能返。奴死的耗，与奴子情形，我已备得，尚复何求？不谓其慑服皇上天威，遣使谢吊。我既先往以为间，其来也正可因而间之。此则臣从同事诸臣之后，定不遗余力者，谨以一往一还情形上闻。"得旨："据奏，喇嘛僧往还，奴中情形甚悉。皆厂臣斟酌机权主持于内，镇、督、经臣协谋于外。故能使奉使得人，夷情坐得，朕甚嘉焉。夷使同来，正烦筹策，抗则速遣之，驯则徐间之。无厌之求，慎无轻许；有备之迹，须使明知。严婉互用，操纵兼施。勿挑其怒，勿堕其狡。夷在，无急款以失中国之体；夷去，无弛防以启窥伺之端。战守在我，叛服听之。该抚还会同镇守内臣及经臣、督臣、顺天抚臣，酌议妥确。"[2]袁崇焕据此旨意，既将方吉纳等遣还，也不接受皇太极来书。其理由是，来书封面书写"大金"与"大明"字样并列，有失"天朝"尊严，无法向朝廷转奉。袁崇焕没有拆封，就让方吉纳等将原书带回。袁崇焕既不复信，也未派使者随同其往沈阳。

───────

[1]《明熹宗实录》卷七九，天启六年十二月庚申，第20页。
[2]《明熹宗实录》卷七九，天启六年十二月辛亥，第11—12页。

袁崇焕的收获是得到努尔哈赤死亡及其汗位继承的实情。明朝与后金第一次议和使臣往返活动，由此结束[1]。

袁崇焕将遣使、议和之事，及时奏报朝廷。据《明熹宗实录》记载：先后于天启六年即天命十一年（1626）的九月戊戌（二十九日）、十月壬子（十三日）、十二月辛亥（十三日）、十二月庚申（二十二日）、十二月乙丑（二十七日），还有天启七年即天聪元年（1627）的正月庚辰（十二日）、正月甲午（二十六日）、二月己亥（初二日），八次奉书，疏报朝廷。《明史·袁崇焕传》称："崇焕初议和，中朝不知。"此言系失实，为不确之论。袁崇焕自己也辩白道："若臣向以侦谕用间，何尝许以'款'字？前后章疏，俱在御前。有谓以款误，臣不受也！"[2]

明廷对同后金议和的政策，朝臣分歧，摇摆不定。辽东督师王之臣在奏疏中认为"天朝之大，有泰山四维之势，可恃以无恐耳。我若顿忘国贼，与之议和，彼必离心，是殴鱼爵[3]于渊丛，而益敌以自孤也。臣款款之愚，必不敢强同一时，终遗后悔。度我力能战则战，不能则守。观变待时，虏自瓦解。何必曲为之和，以酿无穷之衅乎！"因谕："边疆以防御为正，款事不可轻议。这本说亦是。"[4]袁崇焕于议和持慎重态度，他以皇太极来书"大明"与"大金"并写，不便奏闻，既不遣使，也不回书。既然督师王之臣与巡抚袁崇焕不和，朝廷恐蹈从前

---

[1] 袁崇焕派傅有爵、李喇嘛等往沈阳议和，事在皇太极新登汗位之后，本应列在下文"天聪议和"之内，但因其时年号仍为天命，故将其纳入天命朝。
[2] 《明熹宗实录》卷八四，天启七年五月庚辰，第13页。
[3] 《孟子·离娄上》："为丛驱爵者，鹯也。""爵"字通"雀"字。
[4] 《明熹宗实录》卷七九，天启六年十二月丙辰，第17页。

熊廷弼、王化贞经、抚不和而失陷广宁之覆辙，于此年正月召回王之臣，加太子太保衔，管兵部事；关宁兵马，俱听袁崇焕调度。

后金和明朝都需要以议和作为"自固"之需。皇太极之目的，在于集中兵力，进攻朝鲜。袁崇焕之目的，在于修缮关外八城，加强防御。因此，双方又在进行新的议和试探。

皇太极命达海、库尔缠与三大贝勒代善、阿敏、莽古尔泰等，共同会议，草拟复书。一个月后，天启七年即天聪元年（1627）正月初八日，皇太极命方吉纳、温塔石等九人再去宁远，致书明宁远巡抚袁崇焕，从而开始了崇祯初期的议和。

二　崇祯初期议和

天启七年即天聪元年（1627），金明议和，乃双方需要。其时，后金生员岳起鸾奏曰："我国宜于明朝讲和。若不讲和，则我国人民，死散殆尽。"[1]后金与明朝的议和，在艰难曲折中进行。

皇太极对袁崇焕没有继续遣使持书议和，并不甘心，继续试探。天启七年即天聪元年（1627）正月初八日，皇太极命大贝勒阿敏等率军，东进朝鲜，既攻打毛文龙，又顺道攻朝鲜。天聪汗在东线用兵朝鲜，在西线需要进行和谈，牵制明军东进，解除后顾之忧。

同日，皇太极命方吉纳、温塔石等九人再去宁远，致书明宁远巡抚袁崇焕。书曰："满洲国皇帝致书袁巡抚。吾两国所以

---

[1]《天聪朝实录稿》，天聪元年三月初二日，台北"中研院"史语所藏。

构兵者，因昔日尔辽东广宁守臣，高视尔主，如在天上，自视其身，如在霄汉。俾天生诸国之君，莫得自主，欺蔑陵轹，难以容忍。是用昭告于天，兴师致讨。惟天不论国之大小，止论理之是非。我国循理而行，故仰蒙鉴佑。尔国违理之处，非止一端，可为尔言之。如癸未年，尔国无故兴兵，害我二祖，一也。癸巳年，叶赫、哈达、乌喇、辉发与蒙古，无故会兵侵我，尔国并未我援。幸蒙上天以我为是，师行克捷，后哈达复来侵我，尔国又不以一旅相助。己亥年，我出师报哈达，天遂以哈达畀我。尔国乃庇护哈达，逼我释还其人民。及释还哈达人民，复为叶赫掠去，尔国则置若罔闻。尔既称为中国，宜秉公持平，乃于我国则不援，于哈达则援之，于叶赫则听之。此乃尔之偏私也，二也。尔国虽启衅，我犹欲修好，故于戊申年勒碑边界，刑白马乌牛，誓告天地云：'满、汉两国之人，毋越疆圉，违者殛之。'乃癸丑年，尔国以防卫叶赫，发兵出边，三也。又曾誓云：'凡有越边者，见而不杀，殃必及之。'后尔国之人，潜出边境，扰我疆域，我遵前誓诛之。尔乃谓我擅杀，缧系我广宁使臣纲古里、方结纳，且要我杀十人于边境，以逞报复，四也。尔以兵防卫叶赫，俾我国已聘叶赫之女，改适蒙古，五也。尔又发兵，焚我累世守边庐舍，扰我耕耨，不令收获，且展立石碑，置沿边三十里外，夺我疆土。其间人参、貂皮、五谷、材用产焉，我民所赖以为生者，攘而有之，六也。甲寅年，尔国听信叶赫之言，遣使遗书，种种恶言，肆行侮慢，七也。我之大恨，有此七端。至于小忿，何可悉数。陵逼已甚，用是兴师。今尔若以我为是，欲修两国之好，当以黄金十万、白金百万、缎疋百万、布疋千万相馈，以为和好之礼。既和之后，两国往来通使。每岁我国以东珠十、貂皮千、人参千斤遗尔。尔国以黄金一万、白金十万、缎疋十万、布疋三十万报我。两国诚如约馈遗，以修盟好，则当誓诸天地，永久勿渝。尔即以此言，转达尔主。不然，是尔仍愿兵戈之事也！"[1]书中再申"七大恨"，并提出和好的具体条件。皇太极要求明朝必须拿出大批金银财物给后金，否则后金将继续以兵戈从事，对明朝发动军事进攻。

三月，袁崇焕派杜明忠为使，随同方吉纳等回沈阳，带去给皇太极的回书。袁崇焕的回书写道："再辱书教，知汗之渐渐恭顺天朝，而息兵戈以休养部落。即此一念好生之心，天自鉴之。将来所以佑汗而强大汗者，尚无量也。往事七宗，汗家抱为长恨者，不佞宁忍听之漠漠。但追思往事，穷究根因，我之边境细人与汗家之不良部落，口舌争竞，致起祸端。汉过不先，夷过必后；夷过肯后，汉过岂先。作孽之人，即遗人刑，难逃□□。不佞不必枚举，而汗亦所必知也。今欲一一而明白开晰，恐难问之九原。不佞非但欲我皇上忘之，且欲汗并忘之也。然汗家十年战斗，驱夷夏之人，肝脑涂三韩，膏泽浸野草，天愁地惨，极悲极痛之事，将为此七宗也。不佞可无一言！今南关、北关安在？河东、河西死者，宁止十人？忛离者宁止一老女？辽、沈是界以内乎！人之不保，宁问田禾？汗之怨已雪，而意得志满之日也。惟我天朝难消受耳！今若修好，城池地方，作何退出？官生男妇，作何送还？汗之仁明慈惠、敬天爱人矣！然天道无私，人情忌满，是非曲直，豁若昭然。各有良心，偏私不得。不佞又愿汗再深思之也。一念杀机，起世上无穷劫运；一念生机，保身后多少吉祥！不佞又愿汗图之也。若书中

---

[1]《清太宗实录》卷二，天聪元年正月丙子，第1—3页。

所开诸物，以中国之大，皇上之恩养四夷，宁少此物，亦宁靳此物？然往牒不载，多取违天，恐亦汗所当自裁也。方以一介往来，又称兵于高丽，何故？我文武兵将遂疑汗之言不由心也。兵未回即撤回，已回无再往，以明汗之盛德。息下刀兵，将前后事情，讲折〔析〕明白。往来书札，无取动气之言，恐不便奏闻。"[1]袁崇焕的赍书，驳斥了皇太极的"七大恨"，并将双方多年战争，归结为边民细末争执所引起。他断然拒绝皇太极的贪婪要求，并要皇太极将辽东土地、人民归还明朝。袁崇焕还要求皇太极从朝鲜撤军，并保证以后不再加兵朝鲜。这些要求，皇太极显然不能接受。时天聪汗已派大军进入朝鲜，无暇西顾。袁崇焕则乘机修复锦州、中左所、大凌河三城。工程正在加紧进行时，袁崇焕接到毛文龙和朝鲜告急文书，便派水师应援毛文龙，并派赵率教统领精兵逼近三岔河，作牵制之势。朝鲜被征服后，赵率教等退兵。

四月初八日，皇太极遣明使杜明忠返回，携带其致袁崇焕答书一封，又致李喇嘛答书一封。在致袁崇焕书中，皇太极逐条驳斥了袁崇焕上封信中的论点，坚持"两国是非晓然，以修和好"，即将弄清是非，作为议和条件。皇太极在回书时也做了一些让步。其一，愿意在书写格式上，把自己名字下明朝皇帝一字书写，但不得与明臣并列。其二，将礼物数目减半，规定明朝出"初和之礼"黄金五万两、银五十万两、缎五十万匹、绫布五百万匹。后金以东珠十颗、黑狐皮二张、元狐皮十张、貂鼠皮二千张、人参一千斤作为回报。和好之后，明朝每年送

---

[1]《明清史料》丙编，第1本，中央研究院历史语言研究所刊印，1936年，第1页。

后金黄金一万两、银十万两、缎十万匹、绫布三十万匹。后金给明朝东珠十颗、人参千斤、貂皮五百张。皇太极在致李喇嘛书中道"'苦海无边,回头是岸。'此言是也。然向我言之,亦当向明国皇帝言之。若肯回头,同臻极乐,岂不甚善!"云云。皇太极致袁崇焕与李喇嘛两书缮写完毕,刚要遣使前往时,得报:明军正在抢修塔山、大凌河、锦州等城。皇太极命再附书袁崇焕,指责他诈称和好,修葺城垣,乘机备战,不守信义。他提出,如真心议和,应先划定疆界。皇太极决定不遣使往宁远,而让杜明忠带回去〔1〕。后袁崇焕不满后金入侵朝鲜,停遣使,罢和议。他对皇太极所提要求,不予理睬。因此,双方议和,便告中止。

五月,皇太极既下朝鲜,约为"兄弟之盟",而消除后顾之忧,又知毛文龙虚实后,发动宁锦之战,欲洗雪其先父之遗恨。皇太极兵围锦州,致书纪用太监等,提出"或以城降,或以礼议和"。纪用答复曰:"至和好之事,俟退兵后奏知朝廷再议。"〔2〕皇太极攻城不克,兵败而回。旋即袁崇焕被魏阉排挤离职。袁崇焕受排挤的一个"理由"是:"谈款一节,所误不小。"〔3〕随着袁巡抚的去职,皇太极的议和便中断。

袁崇焕不予回书,自有苦衷。先是,他主持议和,是以议和为缓兵之计,争取时间,加紧修缮城垣。他曾将议和之事奏报朝廷,天启帝旨允。但很多朝臣反对议和,认为此是重蹈宋金议和覆辙。袁崇焕坚持议和,反复说明其策略。当皇太

---

〔1〕《清太宗实录》卷三,天聪元年四月甲辰,第1—6页。
〔2〕《清太宗实录》卷三,天聪元年五月辛巳,第14页。
〔3〕《明熹宗实录》卷八七,天启七年八月壬寅,第12页。

极进兵朝鲜时,群臣纷纷弹劾袁崇焕,说后金敢于入侵朝鲜,是"和议所致"。袁崇焕不服,遂上书辩解:"关外四城虽延袤二百里,北负山,南阻海,广四十里尔。今屯兵六万,商民数十万,地隘人稠,安得所食?锦州、中左、大凌三城,修筑必不可已。业移商民,广开屯种。倘城不完而敌至,势必撤还,是弃垂成功也。故乘敌有事江东,姑以和之说缓之。敌知,则三城已完,战守又在关门四百里外,金汤益固矣。"[1]这说明袁崇焕议和的真实意图。经过此番申辩,天启帝表示谅解。随后,天启帝又改变主意,不准议和,屡下谕旨:"狡奴变诈叵测,款不足信。"[2]不难看出,明朝方面,进行议和,毫无诚意。袁崇焕对后金所提的议和条件,或是敷衍,或是拖延。皇太极议和赍书都被袁扣压,不上奏朝廷。因为不是真和,也就不必奏报。

崇祯元年即天聪二年(1628),崇祯帝初政,魏忠贤已诛。正月初二日,皇太极借给天启帝吊丧、贺崇祯帝继位之机,派人往宁远,赍书总兵祖大寿,曰:"夫构兵则均受苦难,而太平则共享安逸。我愿太平,欲通两国和好之路。"[3]没有得到回答。不久,袁崇焕被起用为蓟辽督师[4]。皇太极致书袁崇焕,要求恢复和谈,并做出让步:奉明朝正朔,去天聪年号。时崇祯帝急欲励精图治,而群臣翘望肤奏辽功。袁崇焕企划五年复辽,整顿诸务,尚需时日,但有其难言之隐。袁督师于议和态

---

[1]《明史》卷二五九《袁崇焕传》,中华书局校点本,1974年,第6711页。
[2]《明熹宗实录》卷八一,天启六年十二月壬子,第18页。
[3]《满文老档·太宗》下册,第875页,天聪二年正月初二日,中华书局译注本,1990年。
[4]《崇祯实录》卷一,崇祯元年二月甲辰,第5页。

度冷漠，回书称："非一言可定也。"[1]

八月，后金佚名《奏本》分析"大势大局"，提出"图霸制胜"之策。略谓：先皇帝席卷辽河以东，已成破竹之势，但怀疑中止。这是皇天有意保留明朝。明朝用兵已久，财力枯竭，然而它以全国之力倾注于一隅之地，还是很充裕的。论野地浪战，南朝则不如我国；而死守城池，我兵却每攻不下。因此，我国屡次进征，屡次不得长驱直入，令人愤恨不已。我以为时间未到，不能强求；机会来临，不可失掉。我国对南朝的方针大计，惟有"讲和与自固二策而已"。南朝君臣亦深知宋朝的教训，但贿赂的积习难以消除，时间一久，它就会疏忽、懈怠，必然踏入不可挽回的颓势之中。等待我国更加富足，兵力更加强大，那时再乘机进攻，破竹长驱，天下可以传檄而定。再有一策，我国努力修明政治，开垦土地，息兵养民，举贤任才，不慕虚名，只求实力。这是最为要紧的一着，即"自固"的上策。况且南朝文官武将，季季更换，年年变迁。它的宰辅大臣，迂腐而不知通权达变；其科、道官员，不懂军事而纸上谈兵。以为边官无功，统统罢官。虽"师老财匮"，却频频催促进兵。那时，我国以逸待劳，以饱等饥，以一击十。这道奏疏，建议对明朝采取和谈之策、对后金采取自固之策。《奏本》中提出的"和谈"，是一个策略，利用和谈，争取时间；强化自身，巩固辽沈，富国强兵。在"自固"同时，利用和谈，装出卑下的姿态，麻痹明朝，促使其内部不攻自乱。时机一到，便"破竹长驱"，天下可定。这份奏议之后，皇太极更主动、更自觉地利用

---

[1]《满文老档·太宗》册Ⅳ，天聪三年闰四月初二日，东洋文库本，1959年，第218页。

议和作为辅助手段，同明朝进行较量。

崇祯二年即天聪三年（1629），据《满文老档》所载，从年初到出兵迂道进攻北京前，皇太极先后发出九封议和书，其中给袁崇焕七封。袁崇焕先后回皇太极书三封。

（1）正月十三日，皇太极致袁崇焕书。

（2）二月二十八日，皇太极致明执政诸大臣书。

（3）闰四月初二日，袁崇焕致皇太极书。

（4）闰四月二十五日，皇太极致袁崇焕书。

（5）六月二十日，皇太极致袁崇焕书。

（6）六月二十七日，皇太极致袁崇焕书。

（7）七月三日，皇太极致袁崇焕书。

（8）七月初三日，袁崇焕致皇太极书。

（9）七月初十日，皇太极致袁崇焕书。

（10）七月初十日，皇太极致袁崇焕书。

（11）七月十六日，袁崇焕致皇太极书。

（12）七月十八日，皇太极致明诸大臣书。[1]

例如：

正月十三日，皇太极在得知袁崇焕被重新起用后，赍书袁崇焕，提出恢复和谈。他就东征朝鲜之事做了解释，提出："我愿罢兵，共享太平。何以朝鲜之故，误我两国修好之事。"二月二十八日，时袁崇焕已任蓟辽督师，皇太极又一次赍书表示："我愿和好，共享太平。是以诚心遣使，如何议和，听尔等之

---

[1] 神田信夫《袁崇焕书简》，载《骏台史学》1962年第12号；又见《袁崇焕与皇太极的往来书信——特别是崇祯二年（天聪三年）间书信》，载《袁崇焕学术论文集》，广西人民出版社，1989年。

言。"闰四月初二日，袁督师复书称："议和有议和之道，非一言所能定之者也。"信中特别提出印信一事，强调"若非赐封者，则不得使用"。闰四月二十五日，皇太极复书袁崇焕，阐述"议和之道"后，提出议和条件，曰：其一，划定两国国界，明以大凌河为界，后金以三岔河为界，其间为空留缓冲地带；其二，明朝给后金铸金国汗印；其三，讲和修好之礼物数目，可以重新考虑等[1]。皇太极派白喇嘛等持上书前往宁远后，久不见回。后金得到消息，白喇嘛等已被扣留。六月二十日与二十七日，皇太极连赍两书给袁崇焕，要求迅速放人，限期于七月初五日前，否则便认定袁加以扣留。七月初三日，白喇嘛等回到沈阳，并带回袁督师书信。书信说，原辽东人逃到辽西，其先人坟墓均在辽东，他们能不思念其先人遗骨吗？礼物之事，只要修好，可以议商，至于"封印之语，皆非一言可尽也！"。上述诸项，"止有受而不可言，故未奏帝知也"[2]。书信又说，解释使者迟归的原因，其时袁崇焕巡视东江并计斩毛文龙[3]，故言："使臣来时适逢出海，是以久留，别无他事。"

七月初十日，皇太极对袁崇焕的来书，先后发出两封回书。其一，为感谢袁督师善待其使臣。其二，阐述后金的态度，略谓：尔言辽西人之先骨坟墓在辽东，此非令我还辽东地方吗？照此来说，尔所得之地，"岂无汗及诸贝勒之坟墓耶"。书中表明："承蒙天恩，（朕）为一国之君。尔等不纳我言，高视尔帝如在天上，内臣等则自视其身若神，以不可奏闻于帝，亦不合众臣之意

---

[1]《满文老档·太宗》册Ⅳ，天聪三年闰四月二十五日，第219页。
[2]《满文老档·太宗》册Ⅳ，天聪三年七月初三日，第223页。
[3]《毛总戎墓志铭》，《东江疏揭塘报节抄》，浙江古籍出版社，1986年，第218页。

为辞,不令我信使直达京城而遣还之,竟达两载。较之大辽欺金,殆有甚哉。此亦天理耳! 我岂能强令修好耶?"[1]这封赍书暗示皇太极将动用武力,以实现其议和所达不到的目的。然而,七月十六日,袁崇焕很快复书皇太极,言:"汗若诚心,我岂可弄虚? 汗若实心,我岂可作假? 两国兴衰,均在于天,虚假何用? 唯十载军旅,欲一旦罢之,虽奋力为之,亦非三四人所能胜任,及三言两语所能了结者也。总之,在于汗之心矣!"[2]七月十八日,皇太极接到袁崇焕来书两天后,即复书称:"我欲修好,尔复败和议。不念将士军民之死伤,更出大言,战争不息,则兵并非易事也。尔若欲和好,而我不从,致起兵端,我民被诛,则非尔诛之,乃我自诛者也。我若欲和好,而尔不从,致起兵端,尔民被诛,则并非我诛之,乃尔自诛之也。我诚心和好,尔自大不从,谅天亦鉴之,人亦闻之矣!"[3]

皇太极想借议和,进行南北贸易,调剂衣食之源;见议和不成,便诉诸战争。他发表汗谕曰:"我屡欲和,而彼不从,我岂可坐待? 定当整旅西征。"[4]皇太极得知袁崇焕既修葺宁远、锦州等城垣,城防坚固,难以攻破,便率军绕道蒙古,直奔京师。袁督师闻警,"心焚胆裂,愤不顾死,士不传餐,马不再秣"[5],日夜兼驰,捍御京城。广渠门激战,打退八旗军的进攻[6]。不久,袁崇焕被下狱。皇太极见"勤王"之师聚集

---

[1]《满文老档·太宗》册Ⅳ,天聪三年七月初十日,第225页。
[2]《满文老档·太宗》册Ⅳ,天聪三年七月十六日,第228页。
[3]《满文老档·太宗》册Ⅳ,天聪三年七月十八日,第229页。
[4]《清太宗实录》卷五,天聪三年六月乙丑,第11页。
[5] 程本直《白冤疏》,《袁督师事迹》,道光伍氏刻本。
[6]《满文老档·太宗》下册,天聪四年二月初十日,第998页。

北京，一面议和，一面退军。其议和，十二月十八日，皇太极"遣达海巴克什赍书，与明君议和"[1]。明廷没做回应。二十二日，皇太极又遣达海巴克什等赍书，与明君议和。和书两封，一置德胜门外，一置安定门外。二十五日，皇太极再遣官赴安定门，赍书与明君议和。天聪大汗，七日之间，三致和书，可谓频矣。明朝君臣，均未作答。其退军，皇太极率军东撤，边撤边战，边退边掠。翌年二月初九日，皇太极连发两封议和书，一封给崇祯皇帝，另一封给明朝诸臣。其后书曰："我欲罢兵，共享太平，屡遣使议和，惟尔等不从。在此战中，将卒被诛，国民受苦，实尔自相戕害也。我前曾六次致书京城议和，意者以城下之盟为耻，抑冀我兵之速退为幸，故不作答。……今我两国之事，惟和与战，别无他计也。和则国民速受其福，战则国民罹祸，何时可已。"[2]后金军占领永平等四城，皇太极回师，于三月初二日到沈阳。八月十六日，崇祯帝以"谋款"即议和等罪，磔杀袁崇焕。袁崇焕之死，即"言和者死"。从而堵塞议和之路，加速了明朝的灭亡。袁崇焕"谋款"即"议和"之罪：

其一，"谋款助敌"。明朝言官以朝鲜及毛文龙被兵，系由议和所致，而攻讦袁崇焕。事实上，皇太极先命阿敏等率师攻朝鲜，另遣方吉纳等致书袁崇焕议和。袁崇焕未及回书，八旗军已陷平壤。皇太极出兵朝鲜，是由于后金、朝鲜、明朝之间错综复杂的矛盾及其力量对比所决定的，同袁崇焕议和并无因果关系。相反，袁崇焕借议和做掩饰，出兵三岔河，牵制后

---

[1]《清太宗实录》卷五，天聪三年十二月戊辰，第35页。
[2]《满文老档·太宗》下册，天聪四年二月初九日，第997页。

金，策应朝鲜；又利用此机，做了击败八旗军进犯之准备。这正如袁崇焕在疏辨中所言："锦州、中左、大凌三城，修筑必不可已。业移商民，广开屯种。倘城不完而敌至，势必撤还，是弃垂成功也。故乘敌有事江东，姑以和之说缓之。敌知，则三城已完。战守又在关门四百里外，金汤益固矣。"[1]明廷优诏报闻。袁崇焕令赵率教驻锦州，护版筑，城益固。后皇太极兵犯宁、锦，袁崇焕获"宁锦大捷"。

其二，"谋款杀帅"。"杀帅"是指袁崇焕计斩辽东总兵毛文龙。袁崇焕借斩毛文龙以向后金乞和，多有书文。如谈迁谓：后金"阴通款崇焕，求杀毛文龙"[2]。其后《明季北略》《石匮书后集》和《明史纪事本末·补遗》等书，以讹传讹，均持此说。袁崇焕"谋款杀帅"之说并不可信。因为：第一，迄今尚未见到一条文献或档案的直接确凿史料，证明袁崇焕杀毛文龙为皇太极所颐指。第二，袁崇焕遣使吊丧，为了探明"奴死的耗与奴子情形"[3]，并无"谋以岁币议和"之举，更无"函毛文龙首来"之诺。第三，袁崇焕在天启年间没有尚方剑，不可能"以文龙头"为讲款即议和之计。第四，袁崇焕杀毛文龙密计，在受命离京之前，与大学士钱龙锡等商定，并非为"无以塞五年复辽之命"而斩毛文龙。第五，《满文老档》和《李朝实录》等编年史料证明，毛文龙早在努尔哈赤时即表露出叛降后金的端倪。其后因魏阉败死失去内恃，朝鲜被兵又断绝后援，毛文龙叛降活动而益甚。仅天聪二年即崇祯元年（1628）春，毛文

---

[1]《明史》卷二五九《袁崇焕传》，第6711页。
[2] 谈迁《国榷》卷九〇，第5488页。
[3]《明熹宗实录》卷七九，天启六年十二月辛亥，第11页。

龙连致皇太极三书,背着明朝皇帝,与之秘密通款。因此,不是袁崇焕为通款而杀毛文龙;相反,是毛文龙因"私通外番"等罪而为袁崇焕所杀。

其三,"诱敌胁款"。在皇太极兵围京师之时,阉党余孽密讦袁崇焕"引敌长驱,欲要上以城下之盟"[1]。京城怨谤纷起,流言四布,皆以为袁崇焕引敌入塞,以结宋金之盟。致袁崇焕磔死时,传闻"百姓将银一钱,买肉一块,如手指大,啖之。食时必骂一声,须臾崇焕肉悉卖尽"[2]。袁崇焕身后蒙受唾訾之辱[3]。后纂《清太宗实录》、修《明史》,皇太极反间计公之于世,袁崇焕的百年沉冤始得以昭雪。

其实,崇祯帝即位后,袁崇焕提出"守为正着,战为奇着,款为旁着"的战略。议和作为一种策略,崇祯并未表示异议。然而,历史上一种新政策的提出,必然会遭到守旧派的反对。明朝崇祯初,"忠贤虽败,其党犹盛"[4]。朝中阉党余孽,以袁崇焕"谋款"做题目,诬其"诱敌胁款",借此为逆党翻案。袁崇焕被磔死,宰辅钱龙锡下狱、李标休致、成基命去职,刘鸿训先已遣戍,东林内阁被摧垮,开始形成以周延儒、温体仁为首的反东林内阁,朝政日非,辽事日坏。明代杰出军事家袁崇焕同后金议和的主张,在当时的历史条件下,既符合明朝和后金的利益,也反映了长城内外中华各族人民的愿望。但明廷出

---

[1] 叶廷琯《鸥陂渔话》卷四《温体仁家书》,清刻本。
[2] 计六奇《明季北略》卷五,光绪十三年刻本,第10页。
[3] 传闻所谓袁崇焕遭磔刑后,"百姓将银一钱,买肉一块,如手指大,啖之。食时必骂一声,须臾崇焕肉悉卖尽"云云,缺乏史证,不合情理,难以置信。
[4] 《明史》卷二五一《刘鸿训传》,第6482页。

于宋金议和之殷鉴，未能实现其同后金的议和，致八旗军以此为借口[1]，驰驱入塞，京师被围，袁崇焕也身遭非刑。

三 崇祯后期议和

袁崇焕身后，明朝与后金-清朝的议和，时断时续，时隐时现。终因兵部尚书陈新甲不慎泄露机密，不仅其身遭死刑，而且明清议和终止。

崇祯五年即天聪六年（1632）六月，范文程、宁完我、马国柱合疏曰："伐明之策，宜先以书议和，俟彼不从，执以为辞，乘衅而入，可以得志。"[2]他们主张"先礼后兵"，边和边战，明朝拒和，继之以战，争取主动，以攻为守。皇太极采纳上述奏议，确定议和方针，使用军事力量，对明发动进攻。同时，皇太极改进其内部政治与经济状况，将议和与自固，军事与政治，相互配合，交互使用，坚定不移，贯彻始终。皇太极进军蒙古察哈尔部，近明宣化、张家口外，致书明守边官员议和，并定和议，在张家口通市贸易。明宣府巡抚沈棨、总兵董继舒，遣人向后金军进献食物。六月二十八日，明宣府沈巡抚、董总兵，派金都司、黄都司及二州官共四员，身往金军大营，同其进行议和。后金阿什达尔汉、达雅齐、龙什及卫寨桑四大臣，同明朝官员，刑白马乌牛，焚书誓告天地。誓曰："大明国、满洲国，我两国皆欲修好，和睦相处。故刑白马乌牛，誓告天地。若大明先渝盟，则天地谴之，统绝国亡；若满洲先渝盟，则天地谴之，统绝国

---

[1]《清太宗实录》卷五，天聪三年六月乙丑。
[2]《清史稿》卷三《太宗纪》，中华书局点校本，1977年，第39页。

亡。两国若遵守誓告天地之言，和睦相处，则天地眷佑，至世世孙孙，永享太平。"[1]是为明朝官员与后金官员秘密签订的第一个和约。十一月，后金派卫征囊苏喇嘛往宁远，致书议和。明官员以其"尔方来书故封，未奉我帝命，不敢擅开"而退还。

崇祯七年即天聪八年（1634）五月，皇太极发动第二次迂道入塞作战，主战区域为明宣、大地区。一边用兵，一边议和。天聪汗皇太极亲率大军，赶到大同。皇太极没有组织军队向明军立即发起进攻，而是派人分别向明总兵官曹文诏及其众官投送两书。皇太极一面向曹文诏等投送议和书，一面派额驸多尔济等率军进攻曹文诏设在城外的骑兵营。明军不敌，退回城内。时明代王之母杨太妃同总督张宗衡、总兵曹文诏议，派降金汉人鲍承先在狱中之子鲍韬，往后金军大营送议和书（后宗衡、文诏论罪）。鲍韬在途中被蒙古兵抢其衣服及骡子，并遭杀戮，但韬命大未死复苏。韬被救活并送到皇太极大营，细报详情。皇太极命赍书答之。同时捉获僧人等，令往大同城里催促回答和议之事。皇太极先后四次派人到大同城内，人不回还，书亦无报。

皇太极此次攻明，军事攻击同时，附之致书议和。皇太极先后发出议和十书：

第一书，七月初八日，刚入边，至宣府，皇太极即发出议和书。此书致明朝官吏，书云："予向与尔等定盟时，在我毫无欺诳之意，亦并无猜疑尔等之心。故对天地盟誓，以成和好。孰意尔等竟阴怀诡谲，不念前盟。初约遣人于辽东，寻盟久候不至。予三次遣使，辽人复拒不纳。且袭我边部，杀我二十余人。伊虽如此，予犹欲追念前盟，共敦和好。曾经遗书归化城。

---

[1]《满文老档·太宗》下册，天聪六年六月二十八日，第1036页。

辽东执事者，毁弃誓词，侵我边塞。尔等之意云何？若谓辽人不和，与尔无涉。我两国盟誓具在，可即遣使来。若谓辽人既不欲和，尔亦难以独和，则不必遣使。至今不惟不遣人来，且无一语相复。是以予切望之心，从此断绝也。尔等或以向日诈盟，自为得计，恐上天必不见佑。予纵可欺，上天岂可欺乎！况盟誓者，同此上天；称名者，各是国主。同盟之人，何论大小耶！今尔等果愿和好，可遣信使，持尔主玺书来，速与裁决，勿延时日。不然，予惟量力前进耳，夫复何言？今予此来，尔地方已遭残破，若再经此，城郭虽存，糗粮不继，民何所恃耶？尔等乃民之父母，明知强弱之形，已不相敌，而不念军民之涂炭，议和不允，其故何也？若谓古人有既盟而复毁者，因而效之，是特守株之见耳。古有盟而复毁者，亦有始终不变者，自宜随时权变也。如执迷不悟，干戈相寻，尔国之祸，何时已乎！既为民父母，不以民之疾苦，奏于朝廷，速议和好，但偷安窃禄，惟恐上之罪己。则尔之所谓大臣者，亦何益于民耶！予未尝不愿太平，值此炎暑，岂乐兴兵？皆尔等不赞成和议之所致耳。"[1]皇太极将入塞攻掠的责任推卸给明朝。

第二书，同日，皇太极发布给明朝军民书。其书谕军民云："予与尔明国构兵之故，非我所愿。止因辽东各官，欺侮难受，及上奏又壅蔽不达，故兴兵至此。冀尔主下询其由，岂知用兵多年，竟无一言相问。及予屡次致书，遣人议和，并不纳我使臣，亦不答书。前年临尔边地，秋毫无犯，结盟而归。予以诚心议和，毫无疑贰，誓诸天地，不意尔官吏阴怀诡诈，从前盟约，尽为尔君臣所毁。凡人盟誓，皆同此天，无论大小，

---

[1]《清太宗实录》卷一九，天聪八年七月壬辰，第13—14页。

称名各是国主，岂有可以轻弃之理耶？古云：'下情上达，天下罔不治；下情上壅，天下罔不乱。'似此干戈不息，皆由汝官吏壅蔽下情，尔国君不愿议和所致。尔等父母妻子离散，无辜之民，死于锋镝，实非予之故，乃尔国君之过也。"皇太极将宣、大军民遭受残毁掳掠的不满，引向明朝皇帝和官吏。

第三书，十三日，给明代王之母的议和书。

第四书，八月十五日，至大同，皇太极给明总兵曹文诏议和书。

第五书，与上同日，皇太极给大同、宣府、阳和各官员书。

第六书，十八日，皇太极派阵获明千总曹天良给明代王母杨氏议和书。此书报代王之母杨太妃曰："朕曾遣使于各处议和，尔皇帝黜戮大臣，大臣畏惧，以致蒙蔽，不能上达。王母今遣使修好，诚属为国为民之意也！我此番进兵，原为情不得达，故入内地，蹂躏土地，扰累人民，以昭白我愿和不得和之故。下民怨恨，上天自鉴，此我进兵意也。已将此意作书，布告各处。今王母诚能主持和议，当速成之，勿延时日。缓一日，则民受一日之害；早一日，则民受一日之福。若和议果成，我兵不终日而出境矣。我若不思太平，专嗜杀戮，又何以服诸蒙古而统众兵也！予之议和，实出真诚。若稍有越志，独不畏上天乎！惟愿尔等，亦以至诚相待耳！"[1]

皇太极想通过明代王母杨氏，将其"议和书"奏报崇祯皇帝，实为空泛之想。城中将崇祯帝致后金的书信置于北楼口，文曰："满洲原系我属国，今既叛犯我边境，当此炎天深入，必

---

[1]《清太宗实录》卷一九，天聪八年八月辛未，第23—24页。

有大祸。今四下聚兵，令首尾不能相救。我国人有得罪逃去，及阵中被擒，欲来投归者，不拘汉人、满洲、蒙古，一体恩养。有汉人来归者，照黑云龙养之；有满洲、蒙古来归者，照桑噶尔寨养之。若不来归，非死于吾之刀枪，则死于吾之炮下。又不然，亦被彼诬而杀之矣！"[1]明朝策动后金内部的汉人、蒙古人、满洲人，来投归明朝。

第七书，二十四日，皇太极给明崇祯皇帝议和书。

第八书，与上同日，皇太极又给明王太监议和书。

第九书，二十六日，皇太极给明总督张宗衡议和书。

第十书，闰八月初三日，皇太极给明宣府王太监、吴太监议和书。

十书议和，皆为不报。出边时间较久，皇太极下令，八旗军撤退。天聪汗皇太极同明朝地方官员的议和活动，虽再一次无果而终，但仍产生一定影响。

其实，议和之事，极为微妙。降金汉人王文奎曾向皇太极直言："汉人以宋时故辙为鉴，举国之人，俱讳言和。"[2]明朝官员，因为和事，罢官者有之，杀头者也有之。袁崇焕身遭磔刑的血淋淋的事实，给明朝官员留下深刻烙印，谁还敢擅自议和！所以，明朝文武官员，对于皇太极的议和书，既不敢回书，更不敢奏报。

最后，明兵部尚书陈新甲因泄密议和被杀，更是断绝明清议和之路。

陈新甲，万历时举于乡，初为知州，继为员外郎、郎中，

---

[1]《清太宗实录》卷一九，天聪八年八月丁丑，第24—25页。
[2]《清太宗实录》卷一二，天聪六年八月丁卯，第12页。

又迁宁前兵备佥事。寻进副使，仍莅宁远。他走着与袁崇焕早期几乎相同的道路。后巡抚宣府，代宣大总督。崇祯十三年即崇德五年（1640）为兵部尚书。时兵事维艰，诸大臣避任兵部尚书，故新甲得其职。他上任第二年，在关内，明失陷洛阳和襄阳，福王和襄王被难；在关外，祖大寿、洪承畴在锦州、松山被清军围困，声援断绝。翌年三月，松山、锦州相继失陷。陈新甲虽遭劾章数十，却也过关。

陈新甲保住兵部尚书的官位，是福矣，亦祸矣？这只有历史做出回答。

初，新甲以南北交困，遣使与大清议和，私言于傅宗龙。宗龙出都日，以语大学士谢陞。陞后见疆事大坏，述宗龙之言于帝。帝召新甲诘责，新甲叩头谢罪。陞进曰："倘肯议和，和亦可恃。"帝默然，寻谕新甲密图之，而外廷不知也。已，言官谒陞。陞言："上意主和，诸君幸勿多言。"言官骇愕，交章劾陞，陞遂斥去。帝既以和议委新甲，手诏往返者数十，皆戒以勿泄。一日，所遣职方郎马绍愉以密语报，新甲视之置几上。其家僮误以为塘报也，付之抄传，于是言路哗然。已，降严旨，切责新甲，令自陈。新甲不引罪，反自诩其功，帝益怒。至七月，给事中马嘉植复劾之，遂下狱。新甲从狱中上书乞宥，不许。新甲知不免，遍行金内外。给事中廖国遴、杨枝起等营救于刑部侍郎徐石麒，拒不听。大学士周延儒、陈演亦于帝前力救，且曰："国法，敌兵不薄城不杀大司马。"帝曰："他且勿论，戮辱我亲藩七，不甚于薄城耶？"遂弃新甲于市。[1]

明崇祯朝的兵部尚书,前有袁崇焕,后有陈新甲,身被弃市,究其原因,都有议和——袁崇焕开其端,陈新甲结其局。这段历史,发人深思!

(原载《袁崇焕研究论集》,文史哲出版社,1994年)

---

[1]《明史》卷二五七《陈新甲传》,第6638—6639页。

袁崇焕籍贯考

袁崇焕的籍贯，自《明史·袁崇焕传》以降，有广东东莞、广西平南和藤县三说鼎称。兹据袁氏家谱和墓碑等新资料，征以文献记载与文物遗迹，对袁崇焕的籍贯略做考辨。

袁崇焕祖籍在广东东莞

据所见明代官私记载，袁崇焕为广西藤县籍。但清初官修《明史·袁崇焕传》却载："袁崇焕，字元素，东莞人。"尔后，《清高宗实录》载乾隆四十七年十二月丙寅《上谕》踵其说[1]。至广东人康有为《袁督师庙记》、梁启超《袁督师传》、张伯桢《明蓟辽督师袁崇焕传》和张江裁《东莞袁督师遗事》等均作东莞籍，影响较大。民国《东莞县志》记载有关袁督师的三地重要文物，似更佐证袁崇焕为东莞籍，如：

莞城镇曾建有袁督师祠，过去香火很盛，每年在袁崇焕生日的四月二十八日，袁氏后代祭祀他。建有牌坊，刻"蓟辽柱石"四字。现均已无存。

---

[1]《清高宗实录》卷一一七〇，乾隆四十七年十二月丙寅。

温塘是袁崇焕族叔袁玉佩的家乡。袁玉佩于明万历四十四年（1616）成进士，后随袁崇焕监军山海关[1]。袁崇焕青少年时经常乘船顺溯西江，往来两粤，到过温塘。在温塘曾有袁督师祠和袁大司马祠。袁督师祠现已无存，据文物调查记载：袁督师祠——建筑形式：面阔三间，深三进，祠宇建筑，梁架屋顶；建筑年代：清代；文物情况：正额石刻"乡贤袁督师祠"及木区"蓟辽柱石"[2]。袁大司马祠，宽三间，深三进，棱石廊柱，黄瓦屋顶，正脊有琉璃螭吻，重脊饰琉璃狮兽，规制肃穆，建筑雅丽。现基本保存。

水南是袁崇焕的祖籍。水南的袁祠，据记载："崇祯三年袁崇焕殁后，乡人陈日昌等悯其冤，悬其生前《待漏图》于三界庙后堂为祭奠地。"[3]过去每年三月初三，当地民众抬着一帧五尺多高的袁崇焕像游会，以示纪念。但庙宇已毁，袁崇焕画像无存。清道光年间，还曾在水南建袁大司马祠，今亦无存。经实地勘察采访，水南没有袁督师籍居遗迹。

由上，东莞虽有莞城镇、温塘和水南三地祭祀袁崇焕的祠宇，但并无其故籍遗址。因其祖父袁世祥（字西堂）早在嘉靖初年就徙居广西，袁崇焕又在广西藤县小试获选、广西桂林乡试中式，故崇祯《东莞县志》、崇祯《梧州府志》与明代乙部史书，皆载其为广西籍。清初修《明史》本传中袁崇焕为东莞籍的记载，在明代，经查核，乙部无征，方志无据。至于同年宴赋，诗人唱和，援缘祖籍，不为史证。

---

[1] 张伯桢《袁崇焕传附录》，《东风》半月刊，第1卷，第19期。
[2] 《调查袁崇焕材料》，广东东莞县博物馆藏。
[3] 民国《东莞县志》卷一八。

袁崇焕父袁子鹏墓在平南

袁崇焕落籍不在广东而在广西。但广西藤县和平南县出于对民族英雄的尊崇，争说袁崇焕为本县籍。

诚然，袁崇焕父祖经商，泛舟两江，往来两粤，江岸枢要，或有栈房。濒江平南白马，袁氏有屋，崇焕住过。平南修县志，列其为乡贤，理所宜然，亦当赞许。如定其籍，尚须考酌。

力主袁崇焕为平南籍者，虽列举三条理由，但均不足征。如其一，清乾隆帝曾命"广西巡抚查出袁崇焕后裔，量材录用"。查《清高宗实录》所载，乾隆帝命广东巡抚尚安访查袁崇焕后裔，后尚安奏报查出袁崇焕五世继嗣孙袁炳[1]。按袁炳为袁崇焕族内五世继嗣孙，其受职时离袁崇焕蒙冤已153年。袁崇焕的后裔四处流散，不能以其后裔嗣孙居址定其先世籍贯。其二，袁崇焕之父袁子鹏墓在平南。平南与藤县各有一个白马，被藤江（西江）阻隔，隔江相望，约距里许。袁崇焕故里在藤县白马，其父墓地在平南白马。因此，不能单纯而孤立地以袁崇焕之父袁子鹏的坟墓属地而定其籍。其三，县志记载。乾隆《平南县志》卷三记载：白马有"总制三边坊"[2]。此坊为袁督师在平南的遗迹，但不能据以定其籍，如不宜以北京、东莞有袁督师祠坊而定其籍然。同书卷四又载："崇焕由藤县籍中式举人，己未成进士。"但道光、光绪《平南县志》和民国《平南县鉴》，据袁子鹏墓地在平南而称其为平南籍。其实，袁子鹏墓碑恰恰证明袁子鹏不是平南人。

---

[1]《清高宗实录》卷一一八一，乾隆四十八年五月戊申。
[2] 乾隆《平南县志》卷三。

袁子鹏墓碑高66厘米，宽44厘米，碑身正中文书："明诰封光禄大夫恩锡封碑讳子朋袁府老太公之墓"。碑文云：

> 二世祖，西堂公之子。西堂公由广东东莞，于嘉靖初年至广西梧州府藤县四十三都白马汛地。子朋公妣氏何，葬于唐埔土，名袁屋平。坐巽向乾。公生三子六孙，长崇焕[1]，赐进士出身，拜三边总制。当朝□请恩锡封碑。次崇灿，三崇煜。公自明季卜葬于此，坐乙向辛兼辰戌。□年泥溶碑陷，是□□等众意重修而光祖墓，虽不能继志于先人，亦可从新而不朽也。[2]

碑文列《顿首敬序》的名字为："男崇灿、崇焕、崇煜，孙兆堉、兆填、兆□、兆勋、兆始、兆□……"

上述碑文不见于著录，笔者录自广西平南县丹竹公社白马大队袁子鹏墓碑，并以拓片校对。它记载袁崇焕祖父袁西堂，早在明世宗嘉靖初年，就已落籍广西梧州藤县。因此，袁子鹏墓碑文是袁崇焕为藤县籍的一个力证。

袁崇焕落籍广西藤县

袁崇焕为广西藤县白马（今天平公社新马大队）籍，主要

---

[1]《袁督师遗集·三乞给假疏》云："臣自万历四十六年以公车出，幸叨一第，即授令之闽，离家今七年矣。七年中，臣之嫡兄崇灿丧矣。"又《袁子朋墓碑文》末署"男崇灿、崇焕、崇煜"。据上，知袁子鹏三子：伯崇灿、仲崇焕、季崇煜。

[2] 笔者录自袁子朋墓碑，并以所藏拓片参校。

根据列下：

第一，白马遗迹。

——袁崇焕祖墓。袁崇焕祖父袁西堂的坟墓在白马圩外犁头岭。这与《藤县志》记载的"南坟祖墓犁头山"相印证。坟前曾有墓碑，现已无存。

——袁崇焕故居遗址。袁督师故居坐落在西江（藤江）畔白马村，临江兴筑，傍偎古榕，基址壮廓，规模宏伟。今仅存赭红莲花石柱墩四个。当地耆老何克夫先生言：袁崇焕故居旧址在"今新马大队第一生产队晒场，现在房屋虽已毁殁，但还遗留有一人合抱不过的红砂石大廊柱座四个，实物尤在。如从故址下挖，部分墙基脚尚可看到"[1]。

——袁崇焕妻跳江石。袁崇焕蒙难后，相传其妻（或妾）在住宅后江岸飞鼠岩石台上，纵身投江，尸浮赤水[2]。

——袁崇焕故里纪念碑。碑立于白马圩尾江边，呈方形，尖顶，东向。碑身正面镌书："明督师袁公崇焕故里"。碑侧镌有何杞题书联句："一塔表孤忠，白马江边留胜迹。千秋传信史，幽燕城下想英风。"[3]碑阴镌蒙民伟撰、欧寿松书《袁督师略》[4]。

第二，文物证据。北京孔庙内矗立着明清进士题名碑。明万历己未科进士题名碑记三甲第四十名镌："袁崇焕，广西藤县。"[5]

---

[1]《何克夫先生关于袁崇焕籍贯的信》，原件。
[2] 光绪《藤县志》卷二三。
[3]《袁氏家谱》，家藏本。
[4] 民国《藤县志》稿本。
[5]《明进士题名碑记》万历己未科，首都博物馆藏；又见《明清进士题名碑录索引》中册。

第三，文献记载。明末清初乙部和方志，如《明怀宗实录》《崇祯实录》《崇祯长编》《国榷》《明季北略》与崇祯《东莞县志》、崇祯《梧州府志》等，均记载袁崇焕为广西藤县籍。当时人记当时事，似更可信。

第四，珉石镌记。前引袁子鹏墓碑文，记袁崇焕祖父"西堂公由广东东莞，于嘉靖初年至广西梧州府藤县四十三都白马汛地"，是知自袁西堂至袁崇焕，其家已落籍藤县三代矣。

第五，遗集自述。袁崇焕在《袁督师事迹·天启二年擢佥事监军奏方略疏》中称"臣籍已属西江"[1]，西江即藤江，其故居在藤江边，似自认为是藤县籍。

第六，谱牒载录。在袁崇焕兄崇灿后裔家中，保存有《袁氏家谱》。《袁氏家谱》虽经转抄，偶有舛误，但它的首次发现，为研究袁崇焕籍贯提供了珍贵的第一手资料。兹摘录如下：

> 始祖，字西堂。公自广东省东莞县水南乡茶园村，〔于〕明正德〔嘉靖〕元年，自粤东贸易广西梧州府苍梧县绒圩。居住数年，迁居藤县五都白马汛。受业建藉〔籍〕，立袁最贤户。西堂公葬于犁头岭。妣谢氏葬于平南西村后背泥坟。
>
> 二世祖，讳子鹏。生于年月日时。葬于白马旧圩白沙村宝鸭落莲塘，大砖坟，坐乙向辛兼辰戌。奉旨立有诰封碑。妣何氏，葬于蒙江埇袁屋坪，大泥坟。
>
> 三世祖，讳崇灿。生于年月日时。妣□氏。次讳崇焕，字元素，号自如，生于年月日时。荣拔万历甲戌〔己未〕

---

〔1〕《袁督师事迹》，清道光伍氏刻本。

科庄际昌榜进士。后官至三边总督、辽东等督师、太子太保，钦赐龙旗、戟夹、蟒袍、玉带等物。终于崇祯三年，被奸臣毙命。生三子，被奸臣秦准，将袁氏抄家。三子思〔私〕走广东东莞县。妣叶氏[1]。

《袁氏家谱》（家藏抄本）表明，袁崇焕之祖父袁西堂，明嘉靖年间由粤往桂贸易，溯西江而上，先在梧州苍梧绒圩居住，后至"居八桂上流、当三江要会"[2]的藤县，因"慕白马山川之胜"，遂于藤县白马圩落籍。

综上，袁崇焕故里的遗迹与文物，历史文献载述与进士题名碑记，袁子鹏墓碑文与《袁氏家谱》，都为近三百年来袁崇焕籍贯之争做出结论：袁崇焕的落籍是广西藤县白马，广西平南旧白马为其父墓所在地及其曾居地，广东东莞水南则为其祖籍。

附记：《袁崇焕籍贯考》在1982年第1期《历史研究》发表后，见清梁章钜辑《三管英灵集》卷七《袁崇焕诗》六十六首中《游雁洲》一诗。诗云："雁信连宵至，洲边与往还。阵遥鹏欲化，队整鹭同班。烟水家何在，风云影未闲。登科闻有兆，愧我独缘悭。"诗注曰："予居平南，初应童子试，被人评。今改籍藤县，故云。"《三管英灵集》收袁崇焕诗六十六首，《南还别陈翼所总戎》与《袁督师事迹》所载之诗题同文异外，余俱不同。故此六十六首诗之流传、真伪待考。姑以此诗及注出自

---

[1]《袁氏家谱》有袁骥绍、袁骥永等多种家藏抄本，文字大同而小异，略有参差。
[2] 同治《藤县志》卷三。

袁崇焕之手，尚需反思如下诸点。

其一，明代科试，首察籍贯。《明史·选举志》载："试卷之首，书三代姓名及其籍贯、年甲，所习本经，所司印记。"[1]明洪武十五年（1382），卧碑文第六条规定："各省廪膳科贡，各省定额南北举人，名数亦有定制。近来奸徒，利他处人材寡少，诈冒籍贯……访出拿问。"[2]正统年间，申严其制："受赃、奸盗、冒籍、宿娼、居丧娶妻妾所犯事理重者，直隶发充国子监膳夫，各省发充附近儒学膳夫、斋夫，满日为民，俱追廪米。"[3]上述可见明代诸生察籍之严。

其二，科规森严，冒籍攻讦。明制童子应试，必有廪保，即在学之廪膳生为保。具保项目之一，为非冒籍。所谓"冒籍者，非本县之人而冒称本县来参加考试也"[4]。其时，每县学有定额，外籍之人多取一名，本籍之人即少取一名。明万历时，张居正当国，核减生员，督学官奉行太过，童生入学，有一州县仅录一人者。故如有廪保卖情或受贿保送非本籍者，准考生或他人检举，称作"攻冒籍"。清沿明制，规定童生考试冒籍入场者杖八十，知情廪生同罪。

其三，屡填籍贯，难以滥冒。定制试卷格式，第一开前半页填写姓名、籍贯、年岁、三代履历等。童生之县试、府试、院试、乡试之试卷，登科录、同年录，以及会试、殿试、朝考等，皆书姓名、籍贯、年岁、三代履历等，规制严，考试频，时间长，过眼人多，累次换保，很难冒籍。

---

[1]《明史》卷七〇《选举志二》。
[2]《卧碑文》，引自《清代科举考试述录》。
[3]《明史》卷六九《选举志一》。
[4] 钟毓龙《科场回忆录》甲《小试》。

其四，袁籍藤县，添一新证。《游雁洲》[1]一诗，似可解释为：袁崇焕及其祖、父三代，落籍藤县，故可应藤县童子试。但其家在平南白马（藤江对岸），或有房产，亦曾住过。因平南雁洲雁多有兆，故冒籍平南应童子试，而为人评告，遂改回原籍藤县，事才得息。后以藤县籍应小试、乡试、会试、殿试皆中。此诗及注恰为袁崇焕藤县籍增加一证。

（原载《历史研究》1982年第1期）

---

[1] 梁章钜辑《三管英灵集》卷七。

袁崇焕"谋款"辨

今年6月6日,是明代杰出的军事家袁崇焕四百周年诞辰[1]。《明史·袁崇焕传》载:"自崇焕死,边事益无人,明亡征决矣。"[2]而"谋款"(即议和)实为袁崇焕冤死、明廷党争和明清更替之一大关节。论者于袁崇焕"谋款"有所非议,兹作粗浅辨析。

双方"自固"之需

自后金努尔哈赤建元称汗,至南明永历帝兵败被俘,在中华民族内部,明、清(后金)之间的战争长达四十六年。甲申之际,主客易位,明祚灭亡,清都燕京。此前,努尔哈赤崛起辽东,统一建州女真,吞并扈伦四部,征抚漠南蒙古,举兵袭陷抚顺。明军在萨尔浒之役四路丧师后,努尔哈赤一得志于开原、铁岭,再得志于沈阳、辽阳,复得志于义州、广宁。明军败报频至,举朝震惊。努尔哈赤公开打出反明旗帜后,以军事

---

[1] 本文为1984年6月6日袁崇焕诞生四百周年而作。
[2] 《明史》卷二五九《袁崇焕传》。

进攻为主，未尝与明议和。天命十一年（1626），努尔哈赤死，子皇太极立。明宁远巡抚袁崇焕遣使往沈阳吊丧，兼贺新汗即位，并觇视其虚实。从此，拉开了明朝与后金议和的帷幕。

议和是后金的急切需要。军事上，努尔哈赤率号称十三万大军攻宁远，兵败。尔后，皇太极兵攻宁、锦，又败。他说："昔皇考太祖攻宁远，不克；今我攻锦州，又未克。似此野战之兵，尚不能胜，其何以张我国威耶！"[1]后金主殂兵挫，军民沮丧。政治上，皇太极初立，与三大贝勒"俱南面坐"[2]，他"虽有一汗之虚名，实无异整黄旗一贝勒也"[3]。诸贝勒对皇太极心怀不平，他欲借外交胜利来缓解其内部骨肉相残之困局。经济上，连年战争，贡市停止，辽东大饥，物价飞涨，"斗谷八两银，人有相食者"[4]。策略上，后金既西进受阻，便图与明议和，兵锋东指，以收到兴师克捷、获取粮布和巩固汗位一石三鸟的效果。

其时，有人在奏本中分析后金与明朝的形势，指出明朝与后金各有其短长：虽野地浪战，明朝不如后金；但坚守城池，后金却不如明朝。并奏称后金战胜明朝，时机未到，不可强求；机会已到，则不可失。故认为"惟讲和与自固二策"[5]，方能"图霸制胜"。皇太极鉴于形势，运筹帷幄，决计遣使携书赴宁远同明议和。

议和是明朝的缓兵之策。明辽东巡抚袁崇焕不仅了解后金

---

[1]《清太宗实录》卷三，天聪元年五月癸巳。
[2]《清太宗实录》卷一一，天聪六年正月己亥朔。
[3]《天聪朝臣工奏议》上卷。
[4]《满文老档·太宗》第6册，天聪元年六月二十三日。
[5]《明清史料》甲编，第1本。

上述弱点，而且看到明朝的困难。军事上，袁崇焕虽获宁远之捷，但靠"凭坚城以用大炮"[1]之策取胜，并未与八旗军野战争锋。为锐意恢复失地，需借和谈作阻兵计，以修缮城池，训练士马，运粮治炮，集民耕屯。政治上，明天启帝死，崇祯帝立，国势败坏，党争激烈，也需喘息之机。经济上，兵连十载，中空外竭，灾荒严重，哀鸿遍野。因此，在策略上，袁崇焕相机而动，主张同后金议和。崇焕奏报，优旨许之，从而开始了明朝对后金策略的重大转变，是明朝与后金关系史上的一个转折点。

议和同战争一样，都是政治斗争的一种形式而已，它可用刀剑，也可用笔舌，或兼而用之。虽然战争已把明朝这个重病的身体拼命地往下拖，但它仍自诩为"天朝"，而视后金作"丑夷"，徒好大言，不尚实际，更以宋金和约为鉴，不愿同后金议和。然而，袁崇焕能体察形势，不泥成见，疏陈把议和作为明廷对后金的一种策略。他说："守为正着，战为奇着，款为旁着。"[2]袁崇焕把守、战、款作为三种策略，在同后金斗争中，守攻相济，款战并用。

三次议和经过

袁崇焕与皇太极"谋款"从天启六年（1626）至崇祯二年（1629），历时三年，可分为三个阶段：

第一次议和。天启六年（1626）十月，袁崇焕遣傅有爵、

---

[1]《明熹宗实录》卷七九，天启六年十二月庚申。
[2]《崇祯长编》卷一一。

李喇嘛等往沈阳。十一月，皇太极派方吉纳、温塔石等往报之，并致书表示愿意"两国通好"。袁崇焕将遣使、议和事，于九月二十九日、十月十三日和十二月二十二日疏报。旨称："严婉互用，操纵兼施，勿挑其怒，勿堕其狡"[1]，表示可以同后金议和，并允其便宜行事。《明史·袁崇焕传》称"崇焕初议和，中朝不知"，显系失实。

但是，明廷对后金议和的政策摇摆不定。辽东督师王之臣在奏疏中认为"天朝之大有泰山四维之势"，同后金议和是"殴鱼爵于渊丛，而益敌以自孤"。因谕"边疆以防御为正，款事不可轻议"[2]。袁崇焕于议和持谨慎态度，他以皇太极来书"大明"与"大金"并写不便奏闻，既不遣使，亦无回书。然而，后金和明朝都需要以议和作为各自政策的继续。皇太极之目的在移兵进攻朝鲜，袁崇焕之目的在修缮关外四城。因此，双方又在进行新的议和试探。

第二次议和。天启七年（1627）正月初八日，皇太极一面派阿敏等率兵进攻朝鲜，一面遣方吉纳等携书往宁远。书中列数"七大恨"后，提出"每岁我国以东珠十颗、貂皮千张、人参千斤送尔，尔国以金一万两、银十万两、缎十万疋、布三十万疋报我，两国馈遗，以修盟好"[3]。袁崇焕遣使回书，驳其"七大恨"之说，责其贪取诸物，斥其称兵朝鲜，促其化干戈为玉帛："兵未回，即撤回；已回，勿再往。"[4]袁崇焕既发兵牵制后金，援应朝鲜；又遣使持书议和，麻痹敌人；并派将

---

[1]《明熹宗实录》卷七九，天启六年十二月辛亥。
[2]《明熹宗实录》卷七九，天启六年十二月丙辰。
[3]《满文老档·太宗》第1册，天聪元年正月初八日。
[4]《满文老档·太宗》第2册，天聪元年三月初五日。

缮治锦州等城，而尽其智慧之能事。

皇太极既下朝鲜，并从朝鲜取得所需物资以和，约为"兄弟盟邦"而消除后顾之忧，又知毛文龙之虚实；而再次使用武力攻明，洗雪其先父之遗恨。后来皇太极率军进攻宁、锦，因袁崇焕葺城有备，兵败而回。旋即袁崇焕被魏阉排挤离职。

第三次议和。崇祯元年（1628），崇祯帝初政，魏忠贤已诛，袁崇焕被起用为蓟辽督师[1]。翌年正月，皇太极致书袁崇焕，要求恢复和谈，并做出让步：奉明朝正朔，去天聪年号。时崇祯帝急欲励精图治，而群臣翘望肤奏辽功。袁崇焕离任一年回辽，整顿诸务，尚需时日，但有其难言之隐。他于议和态度冷漠，回书称："非一言可定也。"[2]皇太极要同明议和，以通贸易，输进粮布，便再次提出划界、铸印、纳币等项。明廷则要求后金退出辽阳、沈阳，这自为皇太极所不能接受。然折冲议款，议不能决。

皇太极图借议和，南北贸易，解决衣食之源，见议和不成，便诉诸战争。他说："我屡欲和，而彼不从，我岂可坐待？定当整旅西征。"[3]皇太极得知袁崇焕既修葺宁远、锦州，因此便率军绕道蒙古，直奔京师。袁督师闻警，"心焚胆裂，愤不顾死，士不传餐，马不再秣"[4]，日夜兼驰，捍御京城。广渠门激战，大破八旗军。不久，袁崇焕被下狱。皇太极见，"勤王"之师聚集北京，在德胜门和安定门外留下议和书后，率军东去，后回沈阳。第二年袁崇焕死，崇祯帝谕言和者死，从而堵塞议和之

---

[1] 《崇祯实录》卷一，崇祯元年二月甲辰。
[2] 《满文老档·太宗》第16册，天聪三年闰四月初二日。
[3] 《清太宗实录》卷五，天聪三年六月乙丑。
[4] 程本直《白冤疏》，《袁督师事迹》道光伍氏刻本。

路，加速了明朝的灭亡。

袁崇焕在同皇太极历次议和时，既不同于前辽抚李维翰锁系后金使臣，致挑其怒；也不同于总兵官毛文龙通牒丧节乞和，致堕其计。他对皇太极的骄妄之言，据理驳辩；无厌之求，慎勿轻许。他采取款中有备，备中有款，尔和我议，尔攻我战的策略，使自己立于不败之地。然而，袁崇焕议和处处受到掣肘，动辄获咎，且蒙受不白之冤。

"谋款"蒙冤辨析

袁崇焕与皇太极"谋款"，成为其下狱磔死的一条"罪状"和明廷党争的一个题目。于其"谋款"，略作三辨：

"谋款助敌"。言官以朝鲜及毛文龙被兵，系由议和所致，而攻讦袁崇焕。事实上，皇太极先命阿敏等率师攻朝鲜，另遣方吉纳等致书袁崇焕议和。袁崇焕未及回书，八旗军已陷平壤。皇太极出兵朝鲜，是由于后金、朝鲜、明朝之间错综复杂的矛盾及其力量对比决定的，同袁崇焕议和并无因果关系。相反，袁崇焕借议和作掩饰，出兵三岔河，牵制后金，策应朝鲜；又利用这一时机，做了击败八旗军进犯之准备。这正如袁崇焕在疏辩中所言：

> 锦州、中左、大凌三城，修筑必不可已。业移商民，广开屯种。倘城不完而敌至，势必撤还，是弃垂成功也。故乘敌有事江东，姑以和之说缓之。敌知，则三城已完。战守又在关门四百里外，金汤益固矣。[1]

---

[1] 万斯同《明史》卷三六四。

明廷优诏报闻。袁崇焕令赵率教驻锦州，护版筑，城益固。后皇太极兵犯宁、锦，袁崇焕获"宁锦大捷"。

"谋款杀帅"。杀帅是指袁崇焕计斩毛文龙。此事迄今颇多争议，将另文论述。袁崇焕借斩毛文龙以向后金乞和，多有记载。如谈迁谓：后金"阴通款崇焕，求杀毛文龙"[1]。其后《明季北略》《石匮书后集》和《明史纪事本末补遗》等书均持此说。

袁崇焕"谋款杀帅"之说并不可信。

第一，迄今尚未见一条文献或档案的直接确凿史料，证明袁崇焕杀毛文龙为皇太极所颐指。

第二，袁崇焕遣使吊丧，是为了侦明"奴死的耗与奴子情形"[2]，并无"谋以岁币议和"之举，更无"函毛文龙首来"之诺。

第三，袁崇焕在天启年间没有尚方剑，不可能"以文龙头"为讲款之计。

第四，袁崇焕杀毛文龙密计在受命离京之前，与大学士钱龙锡等商定，并非为"无以塞五年复辽之命"而斩毛文龙。

第五，《满文老档》和《李朝实录》等编年史料证明，毛文龙早在努尔哈赤时即表露叛降后金的端倪。其后魏阉败死失去内恃，朝鲜被兵又断绝后援，毛文龙叛降活动益甚。仅崇祯元年（1628）春，毛文龙连致皇太极三书，与之秘密通款。因此，不是袁崇焕为通款而杀毛文龙；相反，是毛文龙因"私通外番"等罪而为袁崇焕所杀。

---

〔1〕 谈迁《国榷》卷九〇。
〔2〕《明熹宗实录》卷七九，天启六年十二月辛亥。

"诱敌胁款"。皇太极兵围京师之时,阉党余孽密讦袁崇焕"引敌长驱,欲要上以城下之盟"[1]。京城怨谤纷起,流言四布,皆以为袁崇焕引敌入塞,以结宋金之盟。致袁崇焕磔死时传闻"百姓将银一钱,买肉一块,如手指大,啖之。食时必骂一声,须臾崇焕肉悉卖尽"[2],蒙受唾詈之辱。后纂《清太宗实录》、修《明史》,皇太极反间计公之于世,袁崇焕的百年沉冤始得昭雪。

历史上一种新政策的提出,必然会遭到守旧派的反对。明朝崇祯初,"忠贤虽败,其党犹盛"[3]。朝中阉党余孽,以袁崇焕"谋款"作题目,诬其"诱敌胁款",借为逆党翻案。袁崇焕磔死,宰辅钱龙锡下狱、李标休致、成基命去职,刘鸿训先已遣戍,东林内阁被摧垮,开始形成周延儒、温体仁为首的反东林内阁,朝政日非,边事日坏。

明代杰出军事家袁崇焕同后金议和的主张,在当时历史条件下,既符合明朝和后金的利益,也反映了长城内外中华各族人民的愿望。但明廷出于种种原因,未能实现其同后金的议和,致八旗军以此为借口[4],驰驱入塞,京师被围,袁崇焕也身遭非刑。其后,民族矛盾与社会矛盾交互激化,明朝终于覆亡。

(原载《光明日报·史学》版 1984 年 6 月 6 日)

---

[1] 叶廷琯《鸥陂渔话》卷四《温体仁家书》。
[2] 计六奇《明季北略》卷五《逮袁崇焕》。
[3] 《明史》卷二五一《刘鸿训传》。
[4] 《清太宗实录》卷五,天聪三年六月乙丑。

袁崇焕"斩帅"辨

1984年6月6日,我在《光明日报·史学》版上发表《袁崇焕"谋款"辨》,以纪念袁崇焕四百周年诞辰。拙文中说:"谋款杀帅,杀帅是指袁崇焕计斩毛文龙。此事迄今颇多争议,将另文论述。"时逾四载,尚未著文,朋友催询,五情愧赧。现撰拙文,以作评辨。

格 局

蓟辽督师袁崇焕计斩平辽总兵毛文龙,要从其时政治军事态势的格局中,做考察,辨是非。启末祯初,京师朝野朋党之争盘根错节,辽东政治军事态势错综复杂。就总体说,当时东北地区政治军事格局态势是"三国五方",即后金、朝鲜、明朝及其袁崇焕军、毛文龙军和蒙古军,共五种力量。但三国的性质不尽相同,后文另有论述;而辽远、皮岛、蒙古三种力量的兴衰分合,又同明廷的政策密切相关。上述"三国五方"即五种力量在辽东地区组成的椭圆,其两个圆心点是蓟辽督师袁崇焕与后金国汗皇太极。毛文龙则运动于这个椭圆的轨道上。因此,评辨袁崇焕计斩毛文龙,不能就事论事,孤立析断;而要从其时辽东政治军事格局及其同明廷关系的网络中，探究因果，考索议辨。

朝鲜同明朝为唇齿之邦。洪武二年（1369），朱元璋赐高丽王颛金印诰文，封其为高丽王。洪武二十五年（1392），李成桂拥兵自立，值明皇太子死，遣使表慰，请更国号。"帝命仍古号曰朝鲜"[1]后，朝鲜遣使朝贡，岁以为常。明"永乐中，权贵妃、任顺妃、李婕妤、花美人，皆朝鲜所贡女"[2]。所以，《明史·朝鲜传》载："朝鲜在明虽称属国，而无异域内。"在明朝与朝鲜的关系史上，有三次大的联合军事行动，即：丁亥年，朝鲜与明军合攻建州；壬辰年，明军与朝鲜共抗倭犯（此战断续进行七年）；己未年，朝鲜与明军会攻后金。但是，满洲崛兴后，朝鲜与明朝、后金的关系在发生变化。它先忠于明朝，继依违其间，再降盟后金。于是，毛文龙同朝鲜的关系，变得微妙而复杂。天启初，毛文龙得到朝鲜的支持，被誉以"单骑渡江、义声所暨、莫不奋起"[3]，并立"毛公颂德碑"[4]。尔后，毛文龙据其地，索其粮，征其马，扰其民，甚至"祸及鸡犬"[5]。仅天启六年（1626）八月初，毛文龙向朝鲜请粮，朝鲜"今年支给之数，已过十五万石"[6]。朝鲜义州府尹李莞等状启揭毛文龙所为，"劫夺粮饷，则倒尽边储；侵扰居民，则已过清川。难支之状，日甚一日"[7]。而且，皇太极以"寻找明的

---

[1]《明史》卷三二〇《朝鲜传》。
[2] 王世贞《弇山堂别集》卷一八。
[3]《李朝仁祖实录》卷一三，四年六月丙戌。
[4] 吴骞《东江遗事》上卷。
[5]《李朝仁祖实录》卷四，二年正月壬戌。
[6]《李朝仁祖实录》卷一四，四年八月乙巳。
[7]《李朝仁祖实录》卷一二，四年三月己巳。

毛文龙"[1]为词，攻陷义州，进至平壤，渡大同江，议盟罢兵。所以，毛文龙与皇太极俱为朝鲜"腹心之疾"[2]，引起朝鲜的不满。

后金同明朝在争夺辽东。后金汗努尔哈赤建元称朕，夺占河东，进取广宁，明朝与后金铸成难解之局。皇太极袭受汗位后，采取比其先汗更为灵活的策略：对朝鲜，以兵迫盟；对蒙古，征抚兼施；对宁远，又谈又打；对皮岛，诱其降附。尽管袁崇焕与毛文龙都同皇太极"谋款"，但情况并不相同。袁崇焕的"谋款"，奏报朝廷，义正词严，理、利、节并重，守、战、款同施。毛文龙则不然，第一，无视朝廷："毛文龙再拜致书云，前遣之官员持书来，所说原自今开始讲和之事，我一一接受，凡事都取决于我自己啊！"[3]讲款乃军国大事，总兵擅决，是为过举。第二，尽书失慎："毛文龙谨拜致书金国汗帐下，我常铭之于心，反复于口，放在心上，无时或忘。汗所遣来使者的话，与我意气相投，故立即送其回国。"[4]后金与明朝，辽东对立，已十二年，土地、人民、国号、称谓等，相议颇左，所谓"意气相投""一一接受"，令人费解。第三，预为退局：毛文龙再拜致书云："和好之事，原系两国所愿，有利双方之事。你若不愿，即刻停止，为何以大言大声欺凌我。事成之前，尚且这样，若一旦落入陷阱中，还会礼遇我吗？"[5]这显然不是明朝与后金的和谈，而是毛文龙在向皇太极做政治交易。第四，

---

[1]《旧满洲档译注》（太宗朝一），天聪元年正月初八日。
[2]《李朝仁祖实录》卷二一，七年七月辛亥。
[3]《旧满洲档译注》（太宗朝一），天聪二年五月。
[4] 同上。
[5] 同上。

出尔反尔：毛文龙同皇太极互相遣官议和，却将其使臣马秀才缚至辕门、寸脔其肉，并将"夷目可可（即科廓）孤山一名、牛鹿三名，俘解至阙"[1]。由此，引起后金更为不满。

明朝与后金相对立，它在北部已经或可能利用的力量，主要有三：

其一为漠南蒙古。漠南蒙古东部，处于明朝与后金之间。它们逐渐分化，或则结盟后金，或则依恃明朝，或则首施两端。崇祯初，虎墩兔攻哈喇慎及白言台吉、卜失兔诸部，皆破之，进而危及宣府、大同。居庸蒙古骑兵与山海后金骑兵，威胁京师。总督王象乾受命往与督师袁崇焕计议。二人议合，即"西靖而东自宁，虎不款，而东西并急"[2]。这就是"用西虏以蹙东夷"之策。但是，后金汗也在抚绥蒙古，采用联姻、盟誓、封赏和招养[3]等措施，扩大其实力。天聪元年（1627），辽东大饥，皇太极命将原供养的蒙古人等几万口，渡鸭绿江，"送去吃朝鲜的米谷"[4]。他们受到毛文龙官兵的骚扰，也对其不满。

其二为袁督师部。明自后金发难辽左以来，弃城失地，损兵殒将，败报迭传，京师震惊。抚顺、开原、铁岭、沈阳、辽阳、广宁，相继失守，退至宁远。自万历四十六年（1618）至天启七年（1627）的十年间，明辽军与后金军的交锋中，仅获二胜：一为宁远之捷，另一为宁锦之捷。袁崇焕驻守的宁远成为堵御后金军南进的堡垒。袁督师因此成为明朝守辽、复辽的希望之星。但是，他要守辽、复辽，就应对后金、朝鲜、蒙古

---

[1] 《东江疏揭塘报节抄》卷七。
[2] 《明史》卷三二七《鞑靼传》。
[3] 《东江疏揭塘报节抄》卷三。
[4] 《旧满洲档译注》（太宗朝一），天聪元年二月。

和皮岛采取恰当的策略，此待后文论述。至于宁远与皮岛，袁崇焕不没毛总兵之功：后金军兵犯宁、锦，"孰知毛文龙径袭沈阳，故旋兵相应。使非毛师捣虚，锦、宁又受敌矣。毛师虽被创兵折，然数年牵制之功，此为最烈"[1]。但袁崇焕流露了对毛文龙不满的端倪，他在给朝鲜的咨文中，语及毛都督"移镇之事"[2]，即为隐例。

其三为毛文龙部。先是天启元年（1621），毛文龙为辽东巡抚王化贞标下游击，率兵至镇江，内应外合，遂克取之。寻复失，走朝鲜，据皮岛。翌年，以"文龙灭敌则不足，牵敌则有余"[3]，晋其为总兵。毛文龙尝以大言娱朝廷：天启三年（1623）具呈部云，"得饷百万，明年可以灭奴"；天启五年（1625）又云，"二年之间有不平辽灭奴、复三韩之旧业，甘治欺君诳上之罪"[4]。他自称"有精兵十七万"、辽民男妇数十万口。诚然，后金初据河东，辽民趋之若鹜。后他"不修兵器，不练军士，少无讨虏之意。一不交战，而谓之十八大捷；仅获六胡，而谓之六万级"[5]。兵不练不战，饷断而无继；民不屯不耕，粮绝而无续。值久旱大饥，岛民至食草根，或有饿死者，"毛兵相聚争脔"[6]。饿死兵民遍野，"皮岛白骨如山"[7]。毛文龙开镇皮岛八年，辽东寸土未复，辽民还乡望绝。他们栖滞岛上，

---

[1] 沈国元《两朝从信录》卷三一，天启六年八月。
[2] 《李朝仁祖实录》卷一四，四年八月甲辰。
[3] 《明史纪事本末补遗》卷四。
[4] 《明熹宗实录》卷六六，天启五年十二月乙亥朔。
[5] 《李朝仁祖实录》卷九，三年五月己未。
[6] 《李朝仁祖实录》卷六，二年五月戊寅。
[7] 《崇祯长编》卷二三，崇祯二年六月戊午。

无室、无地、无衣、无食，对毛文龙不满。

最后，毛文龙縻耗粮饷，虚张声势，毫无进取，擅自通款，"不敢窥贼左足，而只以日献伪捷厚罔天朝"[1]，从而引起朝廷内的不满。

综上，平辽总兵毛文龙身居皮岛，在其时"三国五方"关系中，上为朝廷，下为军民，前为后金，后为宁辽，左为朝鲜，右为蒙古，六合之内，俱所不满。但是，对毛文龙于何地、在何时、由何人、以何法而措置之？历史终于做出回答。

选 择

崇祯元年（1628）二月，命袁崇焕为兵部尚书兼右副都御史，督师蓟、辽、登、莱、天津，移驻关门[2]，后驻宁辽。七月十四日，袁督师在宫城建极殿之后右门平台受召。崇祯帝问："边关何日可定？"袁崇焕答："臣期五年，为陛下肃清边陲。"[3]袁督师平台受召二日后，奏言恢复辽事之策："以辽人守辽土，以辽土养辽人，以守为正着、战为奇着、款为旁着"[4]，受到旨奖。寻受赐尚方剑。"五年肃清边陲"是个繁巨的任务，此目标是否切实，本文不做讨论。他为实现上述战略任务和复辽之策，还必须统筹处理同朝鲜、后金、蒙古和东江的关系，并采取相应的谋策，制定切实的措施。

对朝鲜之策，袁崇焕与毛文龙不同。袁督师从复辽靖边

---

[1]《李朝仁祖实录》卷一六，五年七月丁卯。
[2]《崇祯实录》卷一，崇祯元年二月甲辰。
[3]《崇祯实录》卷一，崇祯元年七月癸未。
[4]《崇祯长编》卷一一，崇祯元年七月乙亥。

总战略目标出发，尊重朝鲜，不相扰犯，彼此联合，共御后金："焕当执橐鞬与王东西掎角，海陆并进，首尾合攻。"[1]然他出任督师与初任巡抚时不同，朝鲜发生重大变化。天启七年（1627），皇太极派兵攻入朝鲜。朝鲜国王李倧与后金结盟，定议罢兵。但后金留满洲兵一千、蒙古兵二千驻防义州[2]。这就为袁崇焕御后金、复全辽在东翼增添了困难。

对蒙古之策，袁崇焕与王化贞不同。袁督师对漠南蒙古的状况，做了认真的分析，有别于王化贞的浪言，而提出相应的策略[3]。第一，抚西备东。明有事于东，必修好于西，使其为己用，无左顾之忧。第二，亲自晓谕。他同道臣郭广亲谕朵颜三十六家，体察其情，洞悉其势，晓之以利害，恤之以厚赏。第三，急修边备。东自蓟镇，西至宣府，可虞之处，重防严守。第四，市易布米。哈喇慎等地逢荒旱，室如悬磬。有的投入后金，束不的等求袁督师开市易米。袁崇焕题请"许其关外高台堡通市度命，但只许布米易柴薪，如违禁之物，俱肃法严禁，业责其无与奴通"[4]。第五，相机攻逐。对个别不听约束零部，适当驱逐，令其自戚，无路则归，收而抚之。第六，东西勿合。将炒花五大营与虎墩兔八大营余部，收置于锦州边外，赏其物，筹其粮，"战守从中界断，令东无得与西合"。总之，袁崇焕采取"外战东夷，内抚西虏"[5]的政策，这就为其御后金、复全辽，在西翼准备了条件。

---

[1]《李朝仁祖实录》卷二一，七年七月辛亥。
[2]《满文老档·太宗》第2册，天聪元年三月乙酉。
[3]《崇祯长编》卷一四，崇祯元年十月壬辰。
[4]《明清史料》甲编，第8本，第707页。
[5] 佚名《今史》卷四，崇祯元年七月二十三日。

对后金之策，袁崇焕与王之臣不同。王之臣阿附阉党，后丽逆案[1]，二人相左。袁崇焕任督师后，阉党受到沉重打击。他以宁远为主体，对后金采取"守为正着、战为奇着、款为旁着"的策略[2]，并协调左翼蒙古与右翼东江的力量。左翼蒙古，前已论及；右翼东江，夹于后金和朝鲜之间。朝鲜已同后金议盟，后金又兵驻镇江与义州，于是东江成为袁崇焕面前一个棘手的难题。

对东江之策，袁崇焕有四种选择：收附而用，为上策；驱之投敌，为下策；易将驭军，为中策；任其所为，为庸策。但是，袁督师对毛总兵用何种谋策，并不完全取决于自己的主观愿望，而是多种因素相互交错的一个结果。

毛文龙开镇皮岛，不受节制。他于天启二年（1622）六月，为署都督佥事、平辽总兵官[3]。在袁崇焕任督师之前，几易经略、总督和巡抚，毛总兵几乎未受节制，犹如"海外天子"。他于明廷、后金和朝鲜之间，利用矛盾，虚张声势，谎报军情，冒功糜饷。袁崇焕任督师蓟、辽、天津、登、莱军务后，毛文龙身为平辽总兵，理应受其节制。袁督师先拟移镇，后改饷道，以制约其师，合力御敌。但毛文龙对此不满，上疏奏言：臣读督师尚书画策东江饷道事宜疏毕，"愁烦慷慨，计无所出；忽闻哭声四起，合岛鼎沸"。且云："拦喉切我一刀，必定立死！"又言"督臣为臣上司，臣辨驳其疏。

---

[1]《明史》卷三〇八《周延儒传》。
[2] 神田信夫《袁崇焕书简》，载《骏台史学》1962年第12号。
[3]《明熹宗实录》卷二三，天启二年六月戊辰；但《明史纪事本末·毛帅东江》作：天启二年五月"授参将毛文龙总兵"，"秋八月，平辽副总兵毛文龙遣部将……"，似后二载述既抵牾又疏误。

臣亦自觉非体、非理，听皇上或撤或留，臣随亲抱敕印，竟进登州，候旨逮臣进京"[1]。应当说，总兵对督师的策划，可以奏言异议。昔时兵备佥事袁崇焕与辽东经略王在晋筑关外八里铺重城之议相左，先极力陈谏，继具揭首辅，后纳其议，史称颂之。但毛文龙称览督师疏毕，即"合岛鼎沸"，似有煽惑之嫌。这表明总兵毛文龙对督师袁崇焕节制之议，以兵变相胁，以逮死相吓。可见袁督师无法节制毛总兵，以同心协力、抗击后金。

毛文龙通款后金，谋降有迹。自后金同朝鲜与盟后，后金在镇江和义州驻扎重兵，既防范东江，又监视朝鲜。明朝崇祯帝登极后，逮治阉党，励精图治；毛文龙前附魏阉，揭其疏牒，屡至京师。朝鲜备边司启其王曰："毛将不得志于天朝，则必投于房；既投于房，则必且求逞于我。"[2]毛文龙在朝廷、后金、朝鲜之间，难以久立，形势危殆。他试图降附后金，以脱窘境。朝鲜国王得报："西来状启中，或云投房。"[3]毛文龙通好后金，上背朝廷旨意，下违辽民之心，只能进行"秘密通好"[4]。这对宁远来说，是相当危险的。袁崇焕为实现"五年肃清边陲"的目标，协调右翼东江力量，对毛文龙谕以大义，委曲求全，争取其能受节制，共御后金。但是，毛文龙同皇太极"密通"的信息，通过各种渠道，传至宁远督署。《满文老档》记载，毛文龙致金国汗书云："若你取山海关，我取山东，从两方面来攻，

---

[1]《崇祯长编》卷二〇，崇祯二年四月甲辰。
[2]《李朝仁祖实录》卷一四，四年八月癸丑。
[3] 同上书，四年八月丙辰。
[4]《满文老档·太宗》第12册，天聪二年五月。

则大事可立定。"[1]虽没有资料证明袁督师当时探知上述书简内容，但他已明显地察觉到毛文龙通款后金的危险性。所以，袁督师既无法节制其师旅，又不能坐视其通敌，也不能听任其所为，只有选择"易将驭军"之策。

毛文龙已成赘疣，应当割除。谈迁肯定毛文龙之初功："岛帅初陷镇江，开皮岛，人俱以为功。"[2]崇祯初翰林院编修姜曰广至皮岛阅视后曰："其言牵制，非也。鞭长不及马腹也。"[3]袁崇焕则认为毛文龙已为东江之包袱："文龙谫才无当，小器易盈。以海岛为夜郎，曰'惟予大'；弃国宪若弁髦，曰'莫谁何'。饷馈之供亿若流，牵制之实事安在？十年开镇，不闻复寸土于辽东；一味欺君，徒见私多官于毛氏。掳子女，掳金帛，明明御人国中；杀降夷，杀乱民，日日功报司马。要挟无已，居奇货于东奴；诛索非时，设外府于句丽。不特目无朝廷，抑恐戕及属国。既成不掉之势，讵缓无挢之诛。"[4]所以，袁督师对皮岛采取易其将而驭其军之策。

但是，东江易将之法，四途可供选择。其一，奏请朝廷，调任他镇。但朝廷是否旨准，新将是否得当，均难预料。其二，劝谕解甲，归老西湖。毛文龙对袁崇焕的规劝，不加考虑，断然拒绝，且称"朝鲜文弱可袭"，预为日后荣华之计。第三，缚之入朝，仰祈旨定。但恐其兵哗变，事有不测。第四，尚方杀之，抚绥其军。督师袁崇焕采取了最后一种抉择——计斩平辽总兵毛文龙。

---

[1]《旧满洲档译注》（太宗朝一），天聪二年五月。
[2] 谈迁《国榷》卷九〇，崇祯二年六月戊午。
[3] 同上。
[4]《李朝仁祖实录》卷二一，七年七月辛亥。

辨 议

崇祯二年（1629）六月，蓟辽督师袁崇焕计斩平辽总兵毛文龙。朝鲜回帖评论毛文龙之死曰："在中国为先去腹心之疾，在辽民为脱虎口归慈母，在三韩为决痈溃疽而延命回生。"[1]毛文龙为"五方"所不满，至此算了结一局。但袁崇焕落狱，毛文龙之死争议迭起。孟森先生言："《天启朝实录》中，多有毛文龙之罪状；至归恶崇焕以后，反以文龙为贤。"[2]这是因为，毛文龙的被斩，袁崇焕的磔死，都是启祯时期党争的一个题目。人们持门户之见，议断其功过是非。三个多世纪以来，对于毛文龙之死，见仁见智，诸多歧异。

"功大过小不当杀。"毛文龙开镇八载，其功其过，不可概论。天启初，后金军占河东，文龙陷镇江；后金军占河西，文龙又陷金州。数百里内，辽东难民，扶老携幼，望风归附。尽管两城得而即失，却予后金军迎头两击。天启中，后金巩固辽左，东江虚张声势，他既不能重击后金，也未能抚育辽民，空言相娱，大失民望。宁远之战时，后金精兵尽出，毛文龙称防守紧去攻不得[3]；宁锦之战时，后金精锐悉出，毛文龙又称"臣计难分臂而应"[4]——均未积极牵制敌师，以遥相配合。崇祯初，虚兵，冒饷，不练伍，不修械，私通款，杀难民，日献伪捷，寸土未复。袁崇焕列其罪十二，当不为过。直隶巡抚方大任分析毛文龙之变化言："自毛文龙之纵铁山而获佟养真也，人皆壮之。进出入于

---

[1]《李朝仁祖实录》卷二一，七年九月丁亥。
[2] 孟森《明清史论著集刊》上册，第20页。
[3]《东江疏揭塘报节抄》卷五。
[4]《东江疏揭塘报节抄》卷六。

东江，报功解级，而曾无尺寸之恢复也，人皆叹之。及潜形于皮岛，袁崇焕索粮疾呼谩骂也，人又皆骇之。"[1]"壮之""叹之"和"骇之"，正说明毛文龙开镇八年的衍变。历史上的人物，应该奖功、责过、罚罪，毛文龙亦该如此。

"收抚为用不该杀。"吴国华在《东江客问》中设想："假使焕能和于毛，戮力岩疆，共图实际，结西虏为声援，连朝鲜为犄角，何事不可为？"[2]袁督师亦尝如此画策。他议设文臣以监之，严海禁以羁之，亲面语以谕之，劝归老以警之，但其"狼子野心，终不可制"。毛文龙尝以"五不平"直喷心血，具奏哀告，笔诉所指宁远崇焕，可见结怨已深。前引方大任疏又云："职奏命视师至榆关，特阅邸报，见文龙海运一疏，凌厉咆哮，其心目中岂直无崇焕哉！"所以，袁督师"收抚"毛总兵，需要袁崇焕愿收，而毛文龙愿附，两个因素，缺一不可。前者欲收，后者拒附，一厢情愿，不能成事。袁崇焕未能收抚毛文龙，有他们内在因素——如性格、素质、气度、韬略的反差，也有他们外在因素——如门户、历史、社区、利益的反差。二者差距太大，难以协调合力。他们合力的共同点是抗击后金、匡复辽东，但毛文龙"私自通款，无心抗虏"。因此，在袁督师"五年肃清边陲"的战略目标下，毛文龙受其内在与外在的因素驱使，拒绝受抚共同抗击后金，只能落得个悲剧的下场。

"未经请旨不该杀。"御史高捷倡先疏言："夫文龙当斩，事关军机，崇焕入朝奏对，何不预请密旨？崇焕出海阅视，何不

---

[1]《东江遗事》上卷。
[2]《东江客问》。

飞驰蜡封？"[1]这是在问袁崇焕专杀之罪。但其时舆情帖服，"崇祯时列传涉东江事凡数十处，不曰跋扈，即曰冒饷"[2]。毛文龙不仅跋扈冒饷，而且暗通后金。《旧满洲档》载毛文龙致后金汗书云：

> 我先前曾派姓周的人，去向汗与诸王诉说："你率兵来，我在这里从里面接应。这样，就好像反掌一般地易取。"然而，汉与诸王一点也不采纳我的话。[3]

由于皇太极对毛文龙的书简半信半疑，致使其"内应"的政治交易暂未拍定。仅此一点，毛文龙对明廷而言，已是"十恶不赦"之人。像毛文龙这种人，先奏后斩，实行不通。陈玉树《后乐堂集》载：

> 或曰：崇焕请命而后诛，不亦可乎？不知黄梨洲有言："文龙官至都督，挂平辽将军印，索饷岁百二十万缗，不应则跋扈恐喝曰：'臣当解剑归朝鲜矣。'则其内怀异志非一日也。"梨洲又云："参、貂之赂贵近者，使者相望于道。"史亦云："帝令所司捕其爪牙伏京师者，则其密结朝士为心腹，潜布耳目于辇毂之间，侦伺朝廷动静非一日也。崇焕朝请，文龙夕知，朝命未下，已得预为之备。请之而从，固拥兵不肯就逮；请之而不从，益反侧内不自安，速

---

〔1〕《崇祯长编》卷二九，崇祯二年十二月乙卯。
〔2〕《东江遗事》下卷。
〔3〕《旧满洲档译注》（太宗朝一），天聪二年五月。

其叛而树之敌。非计之得也。"此其所以不请而诛，甘受专杀之罪而不辞者也。[1]

文责袁崇焕计斩毛文龙为专杀者：或阉党余孽，借题目做文章；或受蒙蔽者，臆其"斩帅纳款"；或书生之见，以常理视军机。阉党余孽之攻讦，拙文《论袁崇焕》已做评述；受蒙蔽者之愤怨，拙文《袁崇焕"谋款"辨》也已做驳论；而书生之见，重大历史事件已为镜鉴。历史上的许多重大事件，常使儒生震惊。秦王玄武门之变，史未讥其何不请旨；燕王靖难夺位之役，史亦未讥其何不先奏。史家按唐太宗、明成祖对历史的贡献而评价其历史地位。因此，对袁崇焕计斩毛文龙，拔掉割据军阀，消除内部隐患，整顿东江部伍，图复全辽大业，应做公正评价，似宜无可非议。

"三将降清证错杀。"袁崇焕死后，毛文龙原部属孔定南等降清，论者以此断定毛文龙被错杀。昭梿在《毛文龙之杀》文中云："使留之以拒大兵，不无少补。崇焕仍不计其大事，冒昧诛之，自失其助。遂使孔定南诸将阴怀二心，反为本朝所用，此明代亡国之大机。"[2] 上引昭梿所言，多与史实不合。第一，"留之以拒大兵"。毛文龙在天启后期，已"徒享富贵，无意进取"[3]，"与虏交通，必叛中朝"[4]。前引他与皇太极的书简也表示"从里面接应"云云。可证留之难以拒后金兵。第二，"诛之自失其助"。天启七年（1627），后金兵攻宁、锦，袁巡抚处境

---

[1]《袁崇焕资料集录》（下），第73页。
[2] 昭梿《啸亭杂录》卷一〇。
[3]《李朝仁祖实录》卷三，元年闰十月辛亥。
[4]《李朝仁祖实录》卷一三，四年闰六月丁未。

艰难，毛总兵未能相助。《东江疏揭塘报节抄》载录，同年其"具奏"五件，"具启"一件，"塘报"六件，共十二件。其中，"具启"一件，为启报信息；"塘报"六件，俱报后金兵东攻西突态势，与宁锦之战无直接关系；"具奏"五件中，请饷、请封四件，宁锦之战一件且言"臣计难分臂而应，义当先时而告"。毛文龙却咨牌文朝鲜称："逆奴突丽未退，反戈西犯，本镇亲统官兵，直抵海州、辽、沈地方，一捣巢穴，大展奇功。捉活夷无数，斩首级万余，海外孤军，一朝快捷。"[1]这似为子虚乌有。第三，"遂使孔定南诸将降清"。孔有德、耿仲明、尚可喜降清，同袁崇焕杀毛文龙没有必然的联系。崇祯五年（1632），孔有德在耿仲明内应下据登州，俘巡抚御史孙元化，自称都元帅，后被围困，无路可走，翌年北降后金。后尚可喜亦降。他们投降后金在袁崇焕杀毛文龙四年之后，其责任不能由袁督师负。第四，"明代亡国之大机"不在毛文龙被杀。其原因之一是，毛文龙在明朝与后金对峙中，不具有举足轻重的地位。明朝之覆亡，关内为李自成起义，明亡于大顺军而不是大清军；关外为袁崇焕被杀，自毁长城。《明史·袁崇焕传》说的是："自崇焕死，边事益无人，明亡征决矣！"[2]

但是，袁督师计斩毛文龙，似有余论之处。袁崇焕起自县令，后驻宁远，戎马倥偬，疏于机权。这里举一史例。崇祯帝于平台召见五朝元老、督师王象乾。崇祯帝问及款事，王象乾言所上条奏中，因"事关机密，不敢具载"[3]。崇祯帝喜曰：

---

[1] 《李朝仁祖实录》卷一六，五年七月乙丑朔。
[2] 《明史》卷二五九《袁崇焕传》。
[3] 佚名《今史》卷四，崇祯元年九月二十四日。

"这才是!"当然,袁崇焕与王象乾,其资历、年龄、地位、声望俱不同。如他机栝圆熟,得到"密旨",或可杜塞讥刺其"专杀"者之口。这自然属于题外赘言。

(原载《袁崇焕学术论文集》,广西人民出版社,1989年)

袁崇焕"死因"辨

袁督师之死因,是袁崇焕研究中至为重要又不可回避的问题。近年以来,专论袁崇焕死因的文章达十余篇,其他文中专论之节尚未计入,可见这个问题是袁崇焕研究中的一个焦点。袁崇焕之死因,明末清初的文人,盖从袁崇焕个人责任去找答案;民元以来的学者,则从崇祯帝、明奸臣和天聪汗的个人恩怨去找答案。无疑,前者为非,后者为是;后者比起前者,是历史的进步。但是,本文在肯定前此研究的基础上,试从袁崇焕独立品格与明王朝皇权专制之矛盾的视角,剖析袁崇焕悲剧之原因。

一

袁崇焕之死因,明末清初的学者,从袁督师个人"罪责"而加以解释。此说盖源自崇祯帝给袁督师的谕加之罪。《崇祯实录》记载:

> 谕曰:袁崇焕付托不效,专恃欺隐,市粟、谋款、不战,遣散援兵,潜移喇嘛僧入城,卿等已知之,自当依律

正法。今特流其妻子、兄弟，余不问。[1]

《崇祯长编》载述袁督师"罪状"，较《崇祯实录》为详：

> 谕以袁崇焕付托不效，专恃欺隐，以市米则资盗，以谋款则斩师〔帅〕，纵敌长驱，顿兵不战，援兵四集，尽行遣散，及兵薄城下，又潜携喇嘛，坚请入城，种种罪恶。命刑部会官磔示，依律家属十六以上处斩、十五以下给功臣家为奴，今止流其妻妾、子女及同产兄弟于二千里外，余俱释不问。[2]

崇祯帝"谕加"给袁崇焕的"罪状"是："专恃欺隐""市粟资盗""谋款诱敌""斩帅践约""纵敌长驱""遣散援兵""携僧入城"和"付托不效"八条。此八条，多文已做分析，兹再略做评判。

所谓"专恃欺隐"。袁督师是一位光明磊落、刚正耿直之士。崇祯帝责其"专恃欺隐"，或颐指下述事实：崇祯元年即天聪二年（1628），崇祯帝在宫城平台[3]召见袁崇焕时，问："边关何日可定？"崇焕应曰："臣期五年，为陛下肃清边陲。"召见完毕，出至午门，给事中许誉卿问以五年之略，崇焕答云："上期望甚迫，故以五年慰圣心耳！"[4]朝臣郑重地提醒他，崇

---

〔1〕《崇祯实录》卷三，崇祯三年八月癸亥。
〔2〕《崇祯长编》卷三七，崇祯三年八月癸亥，汪楫本。
〔3〕孙承泽《春明梦余录》（光绪刻本）卷六，第10页："建极殿后曰云台门，东曰后左门，西曰后右门亦名曰平台。"
〔4〕《崇祯实录》卷一，崇祯元年七月癸酉。

焕始"抚然自失"。平心而论,"五年边靖"或"五年复辽",都是失言。但是,崇祯帝若以此事责袁崇焕"专恃欺隐"实属不妥。因为:第一,袁崇焕处处务实,事事责效,偶有失言之举,不宜以斑概豹。第二,从袁崇焕许诺五年之期,至其被下诏狱,才一年多的时间,五年期限未到,不应以此相责。第三,即使袁崇焕有失言之过,亦不至于以磔示相惩处。所以,袁督师"专恃欺隐"之罪名,"莫须有"矣!

所谓"市粟资盗"。明自隆庆以降抚绥蒙古之策,虽时断时续,却沿袭不变。宁远之战后,后金汗加强了对漠南蒙古东部诸部的攻抚。由是袁崇焕提出:"今日之计,我方有事于东,不得不修好西虏,即未必可用,然不为我害,即已为我用矣。岁费金钱数十万,其亦不虚掷乎!西款不坏,我得一意防奴。"[1]天启末,旨许明兵部分设山海关和宁远两抚司,分由阎鸣泰和袁崇焕主持,目的在于"抚西部以拒东夷"[2]。崇祯帝登极后,在平台召见兵部尚书王之臣,之臣详陈抚赏蒙古之策。寻崇祯帝以王之臣请岁两市、重抚赏,令"传示袁崇焕确察以闻"[3]。不久,袁崇焕疏言:炒、虎两部,窘于"无食之穷、凌弱之虎",故应"以其赏物,为其粮饷",恤存西部,对抗后金。"帝是之"[4]。翌年,漠南蒙古东部凶饥:"夷地荒旱,粒食无资,人俱相食,且将为变。"[5]蒙古哈喇慎等部,室如悬磬,聚高台堡,哀求备至,乞请市粟。袁崇焕先言"人归我而不收,委以

---

[1] 《明熹宗实录》卷七二,天启六年六月戊子。
[2] 沈国元《两朝从信录》卷三一,天启六年八月丁巳。
[3] 《崇祯实录》卷一,崇祯元年九月庚辰。
[4] 《崇祯长编》卷一四,崇祯元年十月壬辰。
[5] 《明清史料》甲编,第8本,第707页。

资敌，臣不敢也"[1]。由是，袁督师疏言："臣以是招之来，许其关外高台堡，通市度命，但只许布米易柴薪。"疏入，奉旨："着该督、抚，严行禁止。"[2]先是，各部首领，闻将市粟，指天立誓，不忘朝恩；至是，奉旨严禁，皆失所望，归己不收，遂图自固。哈喇慎诸部，背离明朝，纷投后金。可见，蒙古诸部台吉，附己不纳，委以资彼，其责在崇祯帝。所以，袁督师"市粟资盗"之罪名，"莫须有"矣！

所谓"谋款诱敌"。"谋款"一事，所加之罪如"擅权主款"，帝谓：袁崇焕"遑私谋款，致敌欺貌〔藐〕君父，失误封疆"[3]。并以此罪及辅臣钱龙锡、枢臣王洽等。其实，谋款即议和之事，袁崇焕任蓟辽督师后明确疏言"和为旁着"，目的在于缓其兵而争取时间以固边防，崇祯帝对此"悉听便宜从事"[4]，或"优旨许之"[5]。何以"擅主"！又如"谋款诱敌"，拙文《袁崇焕"谋款"辨》已析之。其实，崇祯二年即天聪三年（1629），袁崇焕与皇太极往来书简凡十封，其中皇太极致袁崇焕七封[6]，袁崇焕致皇太极三封[7]。袁崇焕的第一封复信指出：我皇帝继位以来，明哲果断，整饬边事，若不确凿，不便

---

[1]《明熹宗实录》卷七二，天启六年六月戊子。
[2]《明清史料》甲编，第8本，第707页。
[3]《崇祯长编》卷三七，崇祯三年八月癸丑。
[4]《崇祯长编》卷一一，崇祯元年七月乙亥。
[5]《明史》卷二五九《袁崇焕传》。
[6] 皇太极致袁崇焕七书为：天聪三年正月十三日、闰四月二十五日、六月二十日、六月二十七日、七月初三日、七月初十日和七月初十日。另有二封为皇太极致明执政诸大臣书，未计入。
[7] 袁崇焕致皇太极三书为：崇祯二年闰四月初二日、七月初三日和七月十六日。

奏上；且印玺之事，未降封号，不能妄行[1]。第二封复信又指出：辽东原为明朝土地，且有汉人坟墓，则不应归其占有。使者来时，因在海上航行，而让期久居[2]，即赴双岛斩毛文龙而未在宁远。第三封复信明确表示：战争长达十年，不能一朝停止，不是数人所能为，数语所能定。[3]这封信表明，经过半年多的交涉，和议毫无结果。如果议和有所进展，或可延缓战争爆发。皇太极意识到议和没有结果，不久便率军越过长城攻打北京。可见不是谋款诱敌长驱，而是拒和促其内犯。总之，袁崇焕的复信表明：他既未擅主和议，又未借款诱敌，而是坚守信则，忠于明廷。神田信夫教授在分析袁崇焕书简满译文和皇太极满文书信后指出："它强烈地反映出袁崇焕在与皇太极交涉中忠于明廷的责任感，他强烈地主张议和必须按照中国即明朝所提送的典制方案，并严戒其未经降封，不准随意用印。"[4]所以，袁督师"谋款诱敌"之罪名，"莫须有"矣！

所谓"斩帅践约"。袁督师计斩毛文龙，为其时、为至今争议甚多的一个题目。拙著《袁崇焕"斩帅"辨》[5]，对争议的几个主要论点做了辨析。袁崇焕下诏狱，此为其一大"罪由"：崇祯帝以议饷为名，将袁督师绐至平台，"上问以杀毛文龙"[6]云云，即下诏狱。袁崇焕遭非刑，此亦为其一大"罪由"，诸如：

---

[1] 《满文老档·太宗》第16册，天聪三年闰四月初二日。
[2] 同上书，天聪三年七月初三日。
[3] 《满文老档·太宗》第17册，天聪三年七月十六日。
[4] 神田信夫《袁崇焕与皇太极的往来书信》，载《袁崇焕学术论文集》，广西人民出版社，1989年。
[5] 阎崇年《袁崇焕"斩帅"辨》，载《燕步集》，北京燕山出版社，1989年。
[6] 《明怀宗实录》卷二，崇祯二年十二月辛亥朔。

"斩帅以践虏约"[1];"文龙不杀,建虏不敢深入"[2];"擅杀毛文龙,朝议纷纷,以致杀身"[3];等等。总之,将杀毛文龙同后金议和、同皇太极入犯相联系。史料已经证明,袁崇焕与皇太极书信往来,完全站在明廷立场,既无默契,更无议约。倒是毛文龙通款后金,谋降有迹。[4]毛文龙被杀,后金军才敢南犯之言,实则夸大毛文龙的作用。至于对毛文龙先斩后奏,因而受到"擅杀"之诘,则应做具体分析。崇焕遇事,必先奏问,崇祯帝或褒奖,或旨允。惟杀毛文龙事先斩后奏,但实万不得已,且崇祯帝"优褒答之"[5]于袁崇焕计斩毛文龙的"席藁待诛"之奏,崇祯帝谕旨:

> 毛文龙悬踞海上,靡饷冒功,朝命频违,节制不受。近复提兵进登,索饷要挟,跋扈叵测。且通夷有迹,犄角无资,制〔掣〕肘兼碍。卿能周虑猝图,声罪正法。事关封疆安危,阃外原不中制,不必引罪。一切处置事宜,遵照敕谕行,仍听相机行。[6]

堂堂谕旨,皇皇曲册,何出尔反尔,且翻云覆雨?所以,袁督师"斩帅践约"之罪名,"莫须有"矣!

所谓"纵敌长驱"。后金军破塞,长驱直入,攻围京师。崇

---

[1] 谈迁《国榷》卷九一,崇祯三年八月癸亥。
[2] 《崇祯长编》卷九〇,崇祯二年十二月丙寅。
[3] 《崇祯实录》卷三,崇祯三年八月癸亥。
[4] 《旧满洲档译注》(太宗朝一),天聪二年五月。
[5] 《明史》卷二五九《袁崇焕传》。
[6] 《明清史料》甲编,第8本,第721页。

祯帝责袁督师"纵"敌入犯,罪莫大焉。其实,早在天启六年即天命十一年(1626)四月,辽东巡抚袁崇焕疏陈战守布置大局,强调应防御后金军从宁、锦以西虚怯之处南犯:"宁远成一金汤,彼即舍宁而西向,中一百七十里,空无所掠;前屯有总兵赵率教,出精兵而缀其后,奴必却而不敢前。惟有从宁、锦之后溢出以西,此为我之虚怯,然臣早已虑及此。"[1]两个月后,袁崇焕再疏:"虑其席卷西房,遂越辽而攻山海、喜峰诸处。"[2]及至崇祯元年即天聪二年(1628)十月,袁崇焕被重新起用、升任督师后不久,再疏奏喜峰、古北关隘可虞:蒙古哈喇慎等部"处于我边外,经道惯熟,若仍诱入犯,则东自宁前,西自喜峰、古北,处处可虞,其为衬更烈"[3]。翌年三月,袁督师忧虑后金军避坚乘瑕,从长城薄弱隘口入犯,便及时上疏:"惟蓟门陵京肩背,而兵力不加,万一夷为向导,通奴入犯,祸有不可知者。"[4]他一面谏议——"蓟门单弱,宜宿重兵"[5];一面具疏——济其市粟糊口,免其导诱入犯。崇祯帝对袁崇焕的谏疏,或拖延因循,或严行禁止。己巳事变发生,不出崇焕所料。所以,袁督师"纵敌长驱"之罪名,"莫须有"矣!

所谓"遣散援兵"。后金军破墙而入后,袁崇焕闻警,率九千骑兵,"心焚胆裂,愤不顾死,士不传餐,马不再秣"[6],日夜兼程,驰援京师。初四日,发山海关,"奉上谕,令公调

---

[1] 《明熹宗实录》卷七〇,天启六年四月己亥。
[2] 《明熹宗实录》卷七二,天启六年六月戊子。
[3] 《崇祯长编》卷一四,崇祯元年十月壬辰。
[4] 《兵部行督师袁崇焕题稿》,《明清史料》甲编,第8本,第707页。
[5] 余大成《剖肝录》,载《袁督师事迹》。
[6] 程本直《白冤疏》,载《袁督师事迹》。

度各镇援兵,相机进止"[1]。初十日[2],入蓟州,议战守。十四日,疏奏分兵协守方略。翌日,谕兵部:"各路援兵,俱令听督师袁崇焕调度。"[3]十七日,袁崇焕上疏引咎,得旨:"关内疏虞,责有分任。既统兵前来,其一意调度,务收全胜,不必引咎。"[4]翌日,袁军抵京师广渠门外。二十日,袁崇焕军与皇太极军大战,马颈相交,矢如骤雨,袁督师身先士卒,"两胁如猬,赖有重甲不透"[5],大获全胜,京师稍安。至于遣散援兵一节,遍查官私册籍载录,毫无史实根据,纯属无稽之言[6]。所以,袁督师"遣散援兵"之罪名,"莫须有"矣!

所谓"携僧入城"。袁崇焕军中,有否喇嘛,未做考证。督师率军入京,屯驻广渠门外,时值严冬,河水冰封,辽军将士,露宿荒郊。袁崇焕"力请援兵入城,不许"[7]。督师又"求外城屯兵,如满桂例,并请辅臣出援,不许"[8]。甚至平台召见,督师"缒城以入"[9]。堂堂大明帝国,竟怕几个喇嘛,崇祯帝之猜疑、惶惧到了何等程度,明朝廷之虚弱、窳败到了何等地步。而且,祖大寿沉痛疏言:二十日和二十七日,广渠、左

---

[1] 周文郁《边事小纪》卷一。
[2] 袁督师入蓟之日,周文郁《边事小纪》作"初九日,入蓟料理战守";《崇祯长编》著录《崇焕揭帖》:"初四日,发山海;初十日,抵蓟州。"应以后者为是。
[3] 《崇祯长编》卷二八,崇祯二年十一月丙申。
[4] 同上书,崇祯二年十一月戊戌。
[5] 周文郁《边事小纪》卷一。
[6] 程本直《漩声记》,载《袁督师事迹》。
[7] 《崇祯实录》卷二,崇祯二年十一月甲辰。
[8] 同上书,崇祯二年十一月丙午。
[9] 黄宗羲《南雷文约》卷一,清抄本。

安等门,"两战皆捷,城上万目共见,何敢言功?露宿城濠者半月,何敢言苦?……京师城门口大战堵截,人所共见,反将督师拿问,有功者不蒙升赏,阵亡者暴露无棺,带伤者呻吟冰地,立功何用?"[1]。所以,袁督师"携僧入城"之罪名,"莫须有"矣!

所谓"付托不效"。袁崇焕受明帝付托,诚心竭力,任事封疆。前有宁远、宁锦二捷,后有宁锦固防,且不顾个人之安危,率军千里回援京师。如程本直言:"千里赴援,餐霜宿露,万兵百将,苦死无言。而且忍馁茹疲,背城血战,则崇焕之心迹,与诸将之用命,亦概可知矣!"[2]广渠门与左安门之战,挫敌锐气,捍御京师:"谓十五年来未尝有此劲敌也,于是乎胆落也,于是乎不复逼京师而惟出没于海子、采囿之间以观我动静也!"[3]袁崇焕于朱明社稷,可谓"义气贯天,忠心捧日"[4]。崇祯帝之"付托不效",冀图将后金入犯京师之全部责任,推卸到袁督师一人身上,从而免负其咎,显示主上圣明。所以,袁督师"付托不效"之罪名,"莫须有"矣!

由上,崇祯帝强加于袁督师八款"罪状",并无事实依据,显系蓄意编造。八款谕定"罪名",已被历史否定。

二

袁崇焕之死因,民元以来的学者,或从天聪汗、明奸臣、

---

[1] 《崇祯长编》卷二九,崇祯二年十二月甲戌。
[2] 程本直《矶声记》,载《袁督师事迹》。
[3] 余大成《剖肝录》,载《袁督师事迹》。
[4] 钱家修《白冤疏》,载《袁督师事迹》。

崇祯帝的个人恩怨而加以解释。这虽有其合理因素，却有其可探究之处。

天聪汗的反间。天命汗与天聪汗父子，先宁远之战，后宁锦之战，皆败于袁崇焕坚城洋炮之下，而对袁都堂深衔大恨。在己巳京师之役，又于广渠门与左安门两败于袁军。天聪汗既在军事上不能战胜袁督师，便在政治上施反间计以除之。由此而产生了袁督师死于皇太极反间计之说。鉴此，先对后金反间计略做考察。

皇太极反间计的最早文献记载为《旧满洲档》。《旧满洲档》天聪三年即崇祯二年（1629）十一月二十九日记载：

> 派杨太监去明崇祯帝宫。杨太监去后，将高鸿中、鲍承先的话，都告诉了崇祯帝，遂杀袁都堂。[1]

上文中的"遂杀袁都堂"，显系后记，应作"遂下袁都堂狱"。《旧满洲档》经重新整理之《满文老档》，亦加载录[2]。然《旧满洲档》和《满文老档》庋藏秘府，且为满文，外人难得而知。顺治间修《清太宗实录》，于天聪三年即崇祯二年（1629）十一月二十七日记载：

> 先是，获明太监二人，令副将高鸿中，参将鲍承先、宁完我，巴克什达海监守之。至是还兵，高鸿中、鲍承先遵上所授密计，坐近二太监，故作耳语云："今日撤兵，乃

---

[1]《旧满洲档译注》（太宗朝一），天聪三年十一月。
[2]《满文老档·太宗》第19册，天聪三年十一月二十九日。

上计也。顷见上单骑向敌,敌有二人来见上,语良久乃去。意袁巡抚有密约,此事可立就矣。"时杨太监者,佯卧窃听,悉记其言。[1]

同月二十九日记载:

纵杨太监归。后闻杨太监将高鸿中、鲍承先之言,详奏明主。明主遂执袁崇焕入城,磔之。[2]

《清太宗实录》较《旧满洲档》载述更详,并载明:定计者为皇太极;施计者为高鸿中和鲍承先,故《清史稿·鲍承先传》详载此事;中计者为崇祯帝;但献计者为谁?李霨撰文载献计者为范文程。康熙五年(1666),范文程死,大学士李霨撰《内秘书院大学士范文肃公墓志铭》云:"天聪三年冬,从跸入蓟门,克遵化;将偏师,谕降潘家口、马兰峪、三屯营、马栏关、大安口凡五城,皆下之。是时,明宁远总制某,将重兵居前。公进秘谋,纵反间,总制获罪去。"[3]此为今见皇太极纵反间去袁崇焕的最早私人汉文公开记载,亦为范文程献反间计之最早记载。尔后,康熙三十年(1691),黄宗羲撰《大学士机山钱公神道碑铭》,碑文将范文程向后金汗献反间计事,做了详细记述:

---

[1] 《清太宗实录》卷五,天聪三年十一月戊申。
[2] 同上书,天聪三年十一月庚戌。
[3] 李霨《内秘书院大学士范文肃公墓志铭》,《碑传集》卷四,上海古籍出版社,1987年,第29页。

> 己巳之冬，大安口失守，兵锋直指阙下，崇焕提援师至。先是，崇焕守宁远，大兵屡攻不得志，太祖患之。范相国文程时为章京，谓太祖曰："昔汉王用陈平之计，间楚君臣，使项羽卒疑范增，而去楚。今独不可踵其故智乎？"太祖善之，使人掠得小奄数人，置之帐后，佯欲杀之。范相〔国〕乃曰："袁督师既许献城，则此辈皆吾臣子，不必杀也！"阴纵之去。奄人得是语，密闻于上。上颔之，而举朝不知也。崇焕战东便门，颇得利，然兵已疲甚，约束诸将不妄战，且请入城少憩。上大疑焉，复召对，缒城以入，下之诏狱。[1]

钱机山即龙锡，《神道碑铭》作太祖时；范文肃即文程，《墓志铭》作某总制。论者以为系范文程监修《清太宗文皇帝实录》，"盖其子孙及撰文者惧悖于《清太宗实录》而罹与上争功之重罪，故意用隐晦曲笔而述之"[2]。笔者谓：李霨时为大学士，故讳袁督师之姓；黄宗羲时为布衣，或据传闻而著文，或惧触讳而曲晦，且左安门误作东便门。总之，李霨和黄宗羲是私人撰述中较早披露范文程为献反间计者。至乾隆初《明史》定稿付梓，《明史·袁崇焕传》记载：

> 会我大清设间，谓崇焕密有成约，令所获宦官知之，阴纵使去。其人奔告于帝，帝信之不疑。十二月朔，再召

---

[1] 黄宗羲《大学士机山钱公神道碑铭》，《南雷文约》卷一，清刻本。
[2] 于德金、于德源《后金皇太极反间计考实》，《袁崇焕学术论文集》，广西人民出版社，1989年。

对，遂缚下诏狱。[1]

此先纂修之《清太宗实录》，虽有满、蒙、汉三种文本，但藏之秘阁，外人难得见。故《明史》雕梓后，皇太极纵反间去崇焕事才广布于众。

由上可见，袁督师死于皇太极反间计之说，始于《旧满洲档》，袭于《满文老档》。此说意在表明天聪汗反间计之成功。但是，《明史·袁崇焕传》未将后金反间与崇焕磔死相联系，却以"擅主和议、专戮大帅"两端为其死因，亦未载其因通敌致死；崇祯帝谕定其罪八款，并无"通敌"之词。由是可证：天聪汗反间计是袁督师落狱之由，而不是其磔死之因。明廷小人的群喙诬陷，则是袁崇焕罹难的一个原因。

众小人的诬陷。袁崇焕的每个胜利，都会把小人召唤到自己的周围，而受其攻讦与诬谤。后金骑兵南犯京师，小人攻讦达于顶点。在小人之中，有旧时同僚，有朝廷中贵，更有阉党余孽。同僚中的兵部尚书杨廷栋和大同总兵满桂，为借机陷害袁督师之尤。梁廷栋"曾与焕共事于辽，亦有私隙"[2]，袁落狱后，投石下井，上《请斩袁崇焕疏》[3]。满桂先在宁远战前怯敌拒守，战后与崇焕不协。袁崇焕"请移之它镇，乃召桂还"[4]。满桂在己巳之役中兵败德胜门，却在崇祯帝于平台召对袁督师时站在御侧，诈称中袁军箭射；"上命解衣验示，着锦衣拿掷殿下"[5]，遂擢满桂为

---

[1]　《明史》卷二五九《袁崇焕传》。
[2]　余大成《剖肝录》，载《袁督师事迹》。
[3]　梁廷栋《请斩袁崇焕疏》，中国第一历史档案馆藏。
[4]　《明史》卷二五九《袁崇焕传》。
[5]　计六奇《明季北略》卷五《逮袁崇焕》。

武经略。同僚之外，还有中贵。后金兵犯京师，"郊外彻侯中贵之园囿坟墓，为□兵践踏毁拆，各中贵因环诉督师卖好，不肯力战，上已心动疑矣"[1]。至于中官，袁"于大珰少所结好，毁言日至，竟罹极刑"[2]。皇太极的反间计，也由中官传送，为一明显例证。

　　阉党余孽，蛊惑尤甚。攻讦袁督师的小人，不仅有个人，而且有群体。朝廷官员多不是孤立的，而是结成一定的集团或派别。阉党、浙党、东林党等即是几个重要的政治派别。袁崇焕因其为人正直、忠于职事，虽不属于东林，却倾向于东林。他由东林党人侯恂举荐而被擢升为兵部职方司主事，又由东林党人、大学士孙承宗支持而筑守宁远，且其座师韩爌亦为东林党魁。崇祯初政，阉党受到打击，冀图东山再起。己巳之变，为阉党翻局提供了机会。阉党余孽尚书王永光和御史高捷、袁弘勋、史𡎺等相纠合，拼力诬陷袁崇焕。高捷诬奏袁督师称："其遣弟通好，远在数年之前；其斩将剪忌，近在数月之内。唯别一机关，故另一作用。"[3]高以通款、斩帅二事，欲置其于死地。史则在袁督师刑前十日诬奏之曰："兵倡为款，议以信五年成功之说，卖国欺君，秦桧莫过。"[4]浙党温体仁与毛文龙同乡，同阉党合谋，攻讦袁督师，自称："崇焕之擒，吾密疏，实启其端。"[5]及袁督师下狱，"体仁五疏，请杀崇焕"[6]。他们以

---

[1]　李逊之《崇祯朝记事》卷一。
[2]　杨士聪《玉堂荟记》上卷。
[3]　《崇祯长编》卷二九，崇祯二年十二月乙卯。
[4]　《崇祯长编》卷三七，崇祯三年八月癸丑。
[5]　叶廷琯《鸥陂渔话》卷四《温体仁家书》。
[6]　余大成《剖肝录》，载《袁督师事迹》。

袁崇焕为题目，"起大狱，翻逆案"[1]。果然，东林党依恃之长城被毁，东林朝臣或辞职，或降谪，或下狱，或遣戍。故梁启超引曰："古未有奸臣在内，而名将得立功于外者"[2]，实为肯綮之言。

"逢君之恶，谗谱而成。"朝中奸臣小人，各出自不同目的，群起而谗构督师。但是，明代崇祯皇帝，君权高于一切，口含天宪，太阿独操。群小诬陷，崇祯偏信，旨定磔杀袁崇焕，铸成千古大冤案。

由上可见，探究袁督师之死，要对中后金反间计与听信群小诬陷的崇祯帝做深入分析。

崇祯帝的昏暴。后金的反间，廷臣的谗陷，只有昏暴之君听信才能得逞。其实，早在天启帝时，袁崇焕已就间谗具疏：

> 凡勇猛图敌，敌必仇；振刷立功，众必忌。况任劳之必任怨，蒙罪始可有功。怨不深，劳不厚；罪不大，功不成。谤书盈箧，毁言日至，从来如此。惟皇上与廷臣始终之。

得旨："朕念切封疆，委任责成，不啻推心置腹，安有谤书可间？着殚心防御，一意灭奴，毋以瞻顾分心。"[3]时天启帝荒于政事，由魏忠贤总揽朝纲。袁崇焕外受强敌威逼，内惧间谗威胁。魏忠贤终以其"暮气难鼓，物议滋至"为名，准其引疾归里，却未给予加害。天启帝死，崇祯帝立。崇祯帝起用袁崇

---

[1] 文秉《烈皇小识》卷二。
[2] 梁启超《饮冰室全集》卷七。梁氏此语，语意出自《宋史》，文字略异。参见《宋史》卷三六五《岳飞传》，中华书局点校本，1985年，第11391页。
[3] 《明熹宗实录》卷七五，天启六年八月丁巳。

焕,擢升为蓟辽督师,赐尚方剑。袁督师又就间谍具疏:

> 辽事恢复之计,不外前之以辽人守辽土,以辽土养辽人,以守为正着,战为奇着,款为旁着,法在渐不在骤,在实不在虚。此皆臣与在边文武诸臣所能为,而无烦圣虑者。至用人之人与为人用之人,俱于皇上司其钥,何以任而勿二,信而不疑,皆非用人者与为人用者所得与。夫驭边臣者与他臣异,军中可惊可疑者殊多,故当论边臣成败之大局,不必过求于一言一行之微瑕。盖着着作实,为怨则多。凡有利于封疆者,俱不利于此身者也。况图敌之急,敌又从外而间之,是以为边臣者甚难。我皇上爱臣至、而知臣深,臣何必过为不必然之惧,但衷有所危,不敢不告。

疏上,得旨:"嘉其忠劳久著,战守机宜,悉听便宜从事。浮言朕自有鉴别,切勿瞻顾。"[1]崇祯帝年方十八,锐意中兴,既嘉许其忠与劳,又允鉴其间与谍。但是,一年多之后,崇祯帝自食其言——既中后金之间,将袁督师下狱,又信奸臣之谗,将袁督师磔死。崇祯帝杀袁崇焕,既不是"误杀",也不是"忌杀",而是"必杀"。何以"必杀"?拙文《论袁崇焕》做过如下浅析:

> 本来,后金军入犯京师是明廷腐败政治的一个必然结果,但崇祯帝把责任完全推给袁崇焕,称袁崇焕付托不效、纵敌长驱,致"庙社震惊,生灵涂炭,神人共忿,重辟何

---

[1]《崇祯长编》卷一一,崇祯元年七月乙亥。

辞"[1]！因此，崇祯帝将后金的设间，都人的怨怼，朝士的愤懑，中贵的环诉，阉孽的诬谤，自身的愧报，都集中到袁崇焕身上，命杀崇焕以"慰"庙社，磔崇焕以"谢"天下。袁崇焕成为都门受辱的替罪羊，明末党争的牺牲品。[2]

但是，正统己巳之变，保卫京师的兵部尚书、民族英雄于谦，遭受朱祁镇杀害；崇祯己巳之变，保卫京师的兵部尚书、民族英雄袁崇焕，又遭受朱由检杀害——事隔三个甲子，何其相似乃尔！其间有一条相互联系之隐线，应对袁崇焕死因做深层剖析。

三

袁崇焕之死因，从袁督师孤耿廉直品格与崇祯帝刚愎暴戾个性的矛盾，可以找到其内在的解释。有的学者就袁崇焕之死，试图从其主观上找根因，即从其主观认识上、战略思想上、人际关系上找答案，但未涉及袁督师独立性格与明王朝皇权至上的冲突。袁崇焕品格具有两极性：一极为忠君，另一极为个性；二者既相统一，又相对撞。他三十五岁中进士前，受到系统的儒家教育，以纲常伦理作为思想与行为的规范。他在《三乞给假疏》中言："生杀去留，惟皇上所命。皇上纲常名教主，尊皇上即所以重伦常。"[3]所以，君为臣纲，绝对忠君，

---

[1] 谈迁《国榷》卷九一。
[2] 阎崇年《论袁崇焕》，《袁崇焕研究论文集》，广西民族出版社，1984年。
[3] 袁崇焕《三乞给假疏》，载《袁督师事迹》。

这是袁崇焕性格的一极。他出身于商人家庭，尝顺溯西江而往来两粤，珠江流域受西方文化影响较早，因而家世、阅历和社会又陶冶了他的独立性格。他在《咏独秀峰》诗中云："玉笋瑶簪里，兹山独出群。南天撑一柱，其上有青云。"[1]他又以榕树自喻诗曰："纵斧摧为薪，一任后人事。"[2]前者表现其卓异的心态，后者则表现其寡合的性情。所以，刚毅卓立，不相苟合，这是袁崇焕性格的另一极。袁崇焕这一独立品格，是其区别于同时代诸多官员的一个明显的性格特征。由是，他具有独立心态、独立意志、独立性格和独立行为。这是袁督师铸成英雄塑像与扮演悲剧角色的性格因素。袁崇焕的独立品格，主要表现在：

第一，敢走险路。袁崇焕中进士之年，明军萨尔浒大败；朝觐之年，明军失陷广宁。其时关外形势，经略王在晋认为已无局可守。但是，袁崇焕不与同僚、家人商量，单骑出阅关内外。回京后，具言关上形势，曰："予我军马钱谷，我一人足守此。"[3]而当时的"京师各官，言及辽事，皆缩朒不敢任，崇焕独攘臂请行"[4]。廷臣称其才，遂超擢佥事，监关外军，从此袁崇焕与辽事结下终生不解之缘。时袁崇焕从八闽而至京都，由县令而升主事，他可选走笔直平坦之道，却择行崎岖危险之路。有文于此论曰：

> 作为一位年几不惑之年而又初供职于京的下层官员来

---

[1] 维元《咏独秀峰》，《北京日报》1986年7月19日。
[2] 《袁崇焕诗》（六十六首），梁章钜辑《三管英灵集》。
[3] 《明史》卷二五九《袁崇焕传》。
[4] 张岱《石匮书后集》卷一一《袁崇焕列传》。

说，在上述的抉择以前，存在多种选择的可能性，他完全可以行某种平稳之计而不冒此风险，担此重任，特别是在那样艰难的局面之下。而他却不畏困难，择险而行。[1]

袁崇焕选走险路是由其价值取向与性格特征所决定的。他出关之后，继续择险而行。如受命赴前屯安集流散辽民，史载："崇焕即夜行荆棘虎豹中，以四鼓入城，将士莫不壮其胆。"[2]又如宁远以缺饷四月而兵哗，巡抚毕自肃、总兵朱梅等被缚于谯楼上，寻自肃自经死。督师袁崇焕于到任次日，"单骑出关，至宁远，未入署即驰入营"[3]，迅即平息之，表现了超凡的胆魄。先是，袁崇焕任邵武令时，县衙旁着火，他"素趫捷有力，尝出救火，着靴上墙屋，如履平地"[4]。一位县令，登墙上屋，奋力救火，实属非凡。袁崇焕令邵武时，童试之后，他绝不阅卷，却"日呼一老兵习辽事者，与之谈兵"[5]，亦属超越常规，奇异行为。以上说明，袁崇焕脱常轨、走险路之性格特征。

第二，敢犯上司。袁崇焕善待同僚（后同满桂关系例外）；体恤下属，"焕得大将风，士卒同甘苦"[6]。但是，袁崇焕不善于"应对"上司。或谓："举世所不得不避之嫌疑，袁公直不

---

[1] 李宝臣《论袁崇焕的个性》，《袁崇焕学术论文集》，广西人民出版社，1989年。
[2] 《明史》卷二五九《袁崇焕传》。
[3] 《崇祯长编》卷一二，崇祯元年八月乙未。
[4] 乾隆《邵武府志》卷一五。
[5] 夏允彝《幸存录》上卷。
[6] 钱家修《白冤疏》，载《袁督师事迹》。

避之而独行也！"[1]他不爱钱，不惜死，不辞劳怨，不避嫌疑，而秉性耿直，忠于朝廷，是其所是，非其所非。他于经略王在晋：深受其倚重，并被题为兵备佥事；但是，"崇焕薄在晋无远略，不尽遵其令。及在晋议筑重城八里铺，崇焕以为非策，争不得，奏记首辅叶向高"[2]。袁崇焕以区区小官，在唯诺成风的官场中，冒犯上司，径直奏记，是何等刚直，又是何等胆魄。他于大学士孙承宗：深受其器重，并被委任筑守宁远；但是，"崇焕尝核虚伍，立斩一校。承宗怒曰：'监军可专杀耶？'"[3]。又如孙承宗、马世龙出击后金，兵败柳河。他不顾及孙承宗之情面而揭斥道："前柳河之失，皆缘若辈贪功，自为送死。乃因此而撤城堡，动居民，锦、右动摇，宁、前震惊。"[4]他于经略高第：高第代承宗后，谓关外必不可守，令尽撤锦、右将士入关，崇焕力争不可，第撤意愈坚，并欲撤宁、前二城。崇焕抗曰："我宁前道也，官此，当死此，我必不去！"[5]高第无以难，听其守宁远。他于督师王之臣：先是袁崇焕请移满桂往他镇，桂被召还，王之臣又奏留桂。"崇焕以之臣奏留桂，又与不协"[6]。他于厂臣魏忠贤：天启六年即天命十一年（1626），明廷"内外大权，一归忠贤"，魏忠贤"矫诏遣其党太监刘应坤、陶文、纪用镇山海关，收揽兵柄"[7]。袁崇焕具抗疏言：

---

[1] 程本直《矶声记》，载《袁督师事迹》。
[2] 《明史》卷二五九《袁崇焕传》。
[3] 同上。
[4] 王在晋《三朝辽事实录》卷一五，天启五年十月。
[5] 《明史》卷二五九《袁崇焕传》。
[6] 同上。
[7] 《明史》卷三〇五《魏忠贤传》。

兵，阴谋而诡道也，从来无数人谈兵之理。臣故疏裁总兵，心苦矣。战守之总兵且恐其多，况内臣而六员乎？又所辖之随行，军法不得问者，不知几许乎？昨部臣崔呈秀疏谏厂臣魏忠贤，约束内官，不干与部事。部事且不令干与，况呼吸存亡之兵事乎？[1]

疏上，拒纳。崇焕虽尽力与忠贤委蛇，却终不为其所喜，而引疾辞职归里。袁崇焕一心忠君，以社稷为重，竭力抗御后金，图复辽东失地，因而敢于冒犯上司，不太注意对上级的人际关系。正如《天启朝袁崇焕人际关系的变化》文中论道："他并不重视向上看的联系上级的人际关系，他重视的是同僚关系，以及与将下属的人际关系。他向下看多过向上看，他不急于升官。"[2]袁崇焕自赋诗句："杖策只因图雪耻，横戈原不为封侯"[3]，是其价值取向，也是其孤迂性格的诗词表征。

第三，敢违圣颜。在帝制时代，君威至高，皇权至上。袁崇焕不仅犯上司，而且违圣颜。后者，仅举讲款与斩帅二例。讲款，为庙堂之大事。天启末讲款，袁巡抚首疏。辽东巡抚袁崇焕以传闻后金汗努尔哈赤死，遣使吊丧，探其虚实。此事虽由内臣主持，却未先行奏请圣旨。天启六年即天命十一年（1626）九月二十八日，《明熹宗实录》载督师王之臣和巡抚袁崇焕奏报："奴酋哈赤死于沈阳，四子与长子争继未定。"[4]第

---

[1]《明熹宗实录》卷六九，天启六年三月癸亥。
[2] 罗炳绵《天启朝袁崇焕人际关系的变化》，《明末清初华南地区历史人物功业研讨会论文集》，香港中文大学历史系，1993年。
[3] 袁崇焕《边中送别》，载《袁督师事迹》。
[4]《明熹宗实录》卷七六，天启六年九月丁酉。

二天即二十九日，袁崇焕复奏："臣敕内原许便宜行事，嗣有的音，方与在事诸臣会奏。"[1]可见，此奏上报之时，李喇嘛已派出。十二月十三日，《明熹宗实录》载：李喇嘛返回，袁崇焕奏报，得旨："夷在，无急款以失中国之体。"[2]此奏报虽优旨许之，后争议却频旨戒谕。"崇焕欲藉是修故疆，持愈力。"[3]而朝鲜被兵，言官谓款议所致。御史智铤、刘徽、李应荐等交章奏劾，甚至王之臣与袁崇焕缘此而"意见异同，遂成水火"[4]。袁崇焕具疏抗辩[5]，无济于事，宁锦捷后，引疾归里。右副都御史霍维华为其疏鸣不平，却得到"袁崇焕谈款一节，所误不小"[6]的罪名。崇祯初讲款，袁督师又议。但是，仅崇祯二年即天聪三年（1629）间，皇太极与袁崇焕往来书简十二封[7]，《崇祯实录》和《崇祯长编》均缺载袁督师向崇祯帝奏报此事。斩帅，亦为庙堂之大事。拙文《袁崇焕"斩帅"辨》[8]，已做讨论。袁督师计斩总兵毛文龙，虽同辅臣钱龙锡私商过，却未先请旨，斩尔后奏，致留下"擅杀"的罪名。钱龙锡"悉封上崇焕原书及所答书"[9]，得减死，遭谪戍。

---

[1]《明熹宗实录》卷七六，天启六年九月戊戌。
[2]《明熹宗实录》卷七九，天启六年十二月辛亥。
[3]《明史》卷二五九《袁崇焕传》。
[4]《明熹宗实录》卷八〇，天启七年正月庚辰。
[5]《明熹宗实录》卷八四，天启七年五月庚寅。
[6]《明熹宗实录》卷八七，天启七年八月壬寅。
[7] 神田信夫《袁崇焕与皇太极的往来书信》，《袁崇焕学术论文集》，广西人民出版社，1989年。
[8] 阎崇年《袁崇焕"斩帅"辨》，《燕步集》，北京燕山出版社，1989年。
[9] 孟森《明本兵梁廷栋请斩袁崇焕原疏附跋》，《明清史论著集刊》，中华书局，1959年。

袁崇焕在奏疏中,陈述自己的性格称:"臣孤迁耿僻,原不合于边臣旧格。"[1]孤迁、廉直、耿僻是袁崇焕重要的性格特征。因其孤迁,则是其所是,而行险路;因其廉直,则非其所非,而冒犯上司;因其耿僻,则不工阿附,而触违圣颜。由是,袁崇焕的孤迁耿僻性格与崇祯帝的刚愎暴戾性格发生冲突。袁督师的历史悲剧,从心理史学视角看,是崇焕孤迁耿僻性格与崇祯刚愎暴戾性格冲撞的结果。在帝制时代,正人君子,名节清流,仕途坎坷,难得通达,主昏政暗,尤其如是。检《明史》宦官、阉党、佞幸、奸臣诸传,其奸佞之臣,或邪,或阴狡,或善伺旨意,或恶正丑直。阉党如魏广微"曲奉忠贤,若奴役然"[2];阎鸣泰则"专事谄谀""虚词罔上"[3]。奸臣如周延儒"善伺意指"[4];温体仁则"机深刺骨"[5]。至于严嵩,"嵩无他才略,惟一意媚上,窃权罔利"[6]。伺旨、谄谀、结纳、通贿和阴险,这是历史上一切奸佞之臣的共性。袁崇焕刚正、孤迁、不党、清廉[7]和忠耿的品格,自为明季昏君和奸臣所不容。在明末官场中,君子之清流与小人之浑浊,泾渭分明,势同水火。但是,小人必逢君恶,方能谗构售奸,这就是《明史·宦官传》

---

[1]《明熹宗实录》卷七二,天启六年六月戊子。
[2]《明史》卷三〇六《魏广微传》。
[3]《明史》卷三〇六《阎鸣泰传》。
[4]《明史》卷三〇八《周延儒传》。
[5]《明史》卷三〇八《温体仁传》。
[6]《明史》卷三〇八《严嵩传》。
[7] 钱家修《白冤疏》载:"臣查袁崇焕自握兵以来,第宅萧然,衣食如故。"程本直《漩声记》载:"举世最爱者钱,袁公不知爱也。"《明史·袁崇焕传》亦载:"三年八月,遂磔崇焕于市,兄弟妻子流三千里,籍其家。崇焕无子,家亦无余赀,天下冤之。"

中的"逢君作奸"[1]。所以，袁崇焕孤耿刚廉的品格，不仅同诸奸臣谄附媚上的奴性相冲突，而且与崇祯帝刚愎昏暴的个性相冲突。在君为臣纲、君视臣如草芥的帝制时代，袁崇焕性格与崇祯帝个性相对撞的结局，袁督师只能以悲剧结束自己的一生。

综上所辨，袁崇焕之死，有着多层面的、极复杂的原因，可谓多因而一果。后金设间是其诱因，阉党排构是其外因，崇祯昏暴则是其主因。袁崇焕之死，是个人的悲剧；是社会的悲剧；是历史的悲剧——"自崇焕死，边事益无人，明亡征决矣"[2]；更是文明的悲剧——"衣冠填于狴犴，善类殒于刀锯"[3]，正义被亵渎，文明遭玷污！袁崇焕之死，就心理史学而言，崇祯帝刚愎暴戾的个性，袁崇焕孤耿刚廉的性格，矛盾冲突，君为臣纲，演出了袁督师的历史悲剧。

（原载《历史档案》1995年第4期）

---

[1]《明史》卷三〇四《宦官一》。
[2]《明史》卷二五九《袁崇焕传》。
[3]《明史》卷三〇六《阉党传》。

袁崇焕与聚奎塔

袁崇焕与聚奎塔之关系,鲜为人知,更无论文。笔者于1996年7月和1999年3月,两赴福建省邵武市和平镇,对聚奎塔进行了学术考察。现就袁崇焕同聚奎塔相关诸问题,做如下论述。

一

袁崇焕(1584—1630),官至兵部尚书、蓟辽督师,著名的民族英雄。他于明万历三十四年(1606)中举人,四十七年(1619)成进士。旋任福建邵武知县。天启二年(1622),袁崇焕升为兵部职方司主事。袁崇焕在邵武县令任上,虽然为官的时间很短,却做了三件重要事情:

第一,尽心民事。乾隆《邵武府志》记载:袁崇焕"明决有胆略,尽心民事,冤抑无不伸。素捷有力,尝出救火,着靴上墙屋,如履平地"[1]。这说明身为县令的袁崇焕,不仅能秉公办事、折狱公断,而且能视同布衣、救火为民。作为一个知县

---

[1] 乾隆《邵武府志》卷一五。

来说，这确实是难能可贵的。

第二，关心辽事。夏允彝《幸存录》记载：袁崇焕"为闽中县令，分校闱中，日呼一老兵习辽事者，与之谈兵，绝不阅卷"[1]。袁崇焕中进士那年，明军在萨尔浒之战中四路大军两双败北；任邵武县令那年，明军丢掉辽东重镇沈阳和辽东首府辽阳。其时，明廷朝野震惊、京师九门紧闭。这就使得忠于社稷、胸怀大志、满腔热血、图复失地的袁崇焕，公务之暇，了解边事，偃文习武，志图报君。从而为日后身戎九载辽疆，连获宁远、宁锦和京师三次大捷，做了军旅生涯的初步准备。

第三，聚会奎英。袁崇焕企盼做一番大事业，就要联络、组织志同道合者，为共同理想而奋斗。他在走上仕途的第一站——邵武知县，便为尔后要迈越的征途奠下基石。袁崇焕在邵武招纳的军人如罗立，后在固守宁远之战中发挥了很大的作用。天启六年即天命十一年（1626）的正月二十三日，天命汗努尔哈赤率军首攻宁远城，袁崇焕"命家人罗立等向城北后金军大营，施放西洋大炮"[2]，"遂一炮歼虏数百"[3]。炮显神威，初战告捷。这个勇士炮手罗立，就是袁崇焕从闽北邵武招募，结为心腹，辗转跟随到宁远，参与固守宁远之战而获战功的[4]。

上述袁崇焕在邵武尽心民事、关心辽事、聚会奎英的文物标志，是他题写塔名的聚奎塔。

---

[1] 夏允彝《幸存录》卷上《辽事杂志》。
[2] 阎崇年《天命汗》，吉林文史出版社，1993年，第374页。
[3] 茅元仪《督师纪略》卷一二，清刻本，第14页。
[4] 笔者赴福建邵武采访笔录。

二

聚奎塔位于今福建省邵武市和平镇天符山上[1]。塔为六角形，高五层，系砖、木、石混合结构。全塔分为塔座、塔身和塔刹三个部分。

塔座：石砌，三层，高为85厘米，平面呈六角形，每边长380厘米，其上层每边长为445厘米，下层每边长为425厘米。

塔身：面北，塔体以砖筑为主，共五层，每层有券门，其朝向各异。门中有砖雕佛像，雕像细腻、凝重，其上部雕像较为完好。每座券门或券窗上面，有一组（三块）镂空花纹砖雕。每层塔檐，分作六层，自下而上，第一层为方砖，第二层为立砖，第三层又为方砖，第四层为尖砖，第五层为圆木椽，第六层为石板，构成斗拱状。塔身外部每层均辟有券门，券门横额第一层北向，上部有黑砚石塔额一方，长106厘米，宽46厘米，额镌阴文"聚奎塔"三个行楷大字，并有上、下题款（见后文）。第二层券窗额题"昼锦锁钥"[2]，第三层券窗额题"二涧玄朝"，第四层券窗额题"雄峙中区"，第五层券窗额题"层峦叠翠"。塔身底边每边长380厘米，佛龛高151厘米、宽67厘米，距底座高143厘米。塔高逐层递减，第一层高450厘米，第二层高420厘

---

[1] 和平镇位于邵武市西南部，离城区42公里。天符山在和平镇西南1.5公里处。

[2] 《邵武文史资料选辑》第10辑（和平专辑），第3页载其建置沿革：唐称昼锦里；宋时邵武建置分厢、尉、里，和平属昼锦乡和平里；元代仍称和平里，属昼锦下乡；清乾隆年间，设置和平县，县治在和平旧市街，下设昼锦上乡、昼锦下乡等五个乡；1950年，设立和平镇云云。"昼锦"一典，系出自唐之"昼锦里"。

米，第三层高 400 厘米，第四层高 370 厘米，第五层高 350 厘米。总计塔身高为 20.75 米。塔内中空。塔内沿壁嵌砌石蹬旋梯，第一层 15 级，其余每层 14 级，可攀达顶层。楼板及桁条，均为木质[1]，塔券窗高 229 厘米。内壁亦每层辟有朝向各异的窗龛。窗龛横额系四个砖雕大字：第一层为"一柱擎天"，第二层为"慈悲普度"，第三层为"三元昭应"，第四层为"文昌拱照"，第五层为"玉铉上映"。塔的内边，依层递收。其内边长第一层为 185 厘米，第二层为 176 厘米，第三层为 172 厘米，第四层为 170 厘米，第五层为 165 厘米。该层内壁镶嵌四块碑石，其中长方、横方各二。塔内每层有佛龛，内龛高 150 厘米，宽 100 厘米，各供石雕佛像三尊，残多整少。其第四层佛像保存完好，左尊座狮，右尊座象，中尊座莲花，雕工细腻，造型拙朴。

塔刹：原塔刹已毁，其高度无据可查。新修塔刹，呈宝珠状，高约 50 厘米。经过实测：聚奎塔的塔座、塔身和塔刹，总高约 21.25 米[2]。

聚奎塔的修缮，于 1990 年冬动工，翌年告竣。聚奎塔南向左方竖立《聚奎塔修缮记》石碑一座，其正面文字，兹笔录如下：

> 聚奎塔，亦名奎光塔，建于晚明。塔名系民族英雄袁崇焕于天启初任邵武知县时书题。该塔为砖、木、石混构，殊为罕见，是古塔建筑艺术的珍贵实物资料，兼具历史、

---

[1] 本文关于聚奎塔的数据，系笔者于 1999 年 3 月 31 日，同和平镇文化站廖孝德站长、陈国明先生，共同测量所得。
[2] 聚奎塔原为木楼板和木扶栏，民国二十六年（1937）因念经比丘尼燃烛于塔内柱上，酿成火灾，导致三、四、五层楼板和旋梯木栏被焚，仅余石级。1990—1991 年重修时，改建为水泥楼板和圆铁扶栏。

艺术、科学价值。1989年被列为邵武市文物保护单位。

近四个世纪来，聚奎塔历尽风雨沧桑，已破败不堪。为了保护文物，市文物部门与和平镇党委、政府决定修缮聚奎塔，和平镇还专门成立了"聚奎塔修缮委员会"。省文物管理委员会、邵武市政府、和平镇政府、市博物馆均拨出资金，和平镇广大干部、群众也纷纷捐助，集腋成裘，乃筹足资金。由市博物馆主持修缮工程，于1990年冬动工，历时一年告竣。

巍巍古塔，再展昔年雄姿。

公元一九九五年六月

其背面碑文，镌刻捐资者单位名称和个人姓名，从略。

聚奎塔南向右方竖立《邵武市第三批文物保护单位 聚奎塔》石碑一座，其正面文字，亦笔录如下：

邵武市
第三批文物保护单位
聚奎塔
一九八九年十二月五日经邵武市十届人大常委会
第二十次会议公布

邵武市人民政府立
一九九二年十月

其背面碑文，复笔录如下：

聚奎塔 亦称"奎光塔"，始建于晚明，天启元年知县袁崇焕题塔名，砖木石混结构。龛内遗存佛像砖刻，龛顶花卉雕砖，图案清晰。层间原系木板相隔，后焚毁。塔身遭雷击，有垂直裂痕。1991年和平镇、市博物馆主持修缮，古塔增辉。

上述袁崇焕在邵武题书塔名的聚奎塔，标明他同聚奎塔有着密切的关系。

三

袁崇焕与聚奎塔的关系，下列诸点，略加讨论。

第一，聚奎塔的修建时间。福建省邵武市所立的《聚奎塔修缮记》，说该塔"建于晚明"；《邵武市第三批文物保护单位 聚奎塔》，也说该塔"始建于晚明"。聚奎塔"建于晚明"或"始建于晚明"的论断并不错；但"晚明"之时限较长，且嫌笼统。据载，聚奎塔为当地黄峭后裔黄六臣及其子黄穆生所建[1]。建于万历、天启间[2]。但聚奎塔的塔额，有明确的时间标示。聚奎塔的塔额，上款题"天启元年秋月 吉旦"立。又查邵武的志书，此前未见关于聚奎塔的记载。福建省邵武市和平镇的聚奎塔，始建的时间，应以聚奎塔的塔额，确定其建塔的时间，即明熹宗天启元年即后金天命六年（1621）七月。

第二，聚奎塔的正俗塔名。福建邵武所立的《聚奎塔修缮

---

[1] 《黄氏宗谱》，福建邵武和平镇黄氏家藏本。但有学者对此提出异议。
[2] 政协邵武市文史资料委员会编《和平的古建筑和古迹·聚奎塔》，《邵武文史资料选辑》第10辑（和平专辑），1989年铅印本。又参见黄承坤主编《黄峭研究》，自刊铅印本，1997年。

记》，说"聚奎塔，亦名奎光塔"[1]；福建《邵武市第三批文物保护单位聚奎塔》，也说"聚奎塔 亦称'奎光塔'"。"奎光塔"不见于文献记载，只闻于民间口传。其旁有奎光寺，民间称其为"奎光塔"，或同此有关。应当说，"奎光塔"是当地民间对聚奎塔的俗称，而不是其正式的塔名，其正式塔名为"聚奎塔"。

第三，聚奎塔的塔额题书。聚奎塔的塔额，其上款题："天启元年秋月 吉旦"。此已略论，不再赘述。其下款题："赐进士第知邵武县事袁崇焕立"。这说明，聚奎塔由其时邵武知县袁崇焕题写塔名。额中题"聚奎塔"三个字，阴文、颜体、行楷，舒朗，苍劲，刚挺，圆浑，流畅。

这里要讨论的问题是："聚奎塔"三个字是否为袁崇焕所题书？邵武市所立《聚奎塔修缮记》撰者认为，"塔名系民族英雄袁崇焕于天启初任邵武知县时书题"。《邵武市第三批文物保护单位聚奎塔》撰者也认为，"天启元年知县袁崇焕题塔名"。我认为，聚奎塔塔额上的塔名——"聚奎塔"三个字，是邵武县知县袁崇焕题书的。根据是：

其一，袁崇焕时任邵武县令，为当地最高行政长官；

其二，袁崇焕支持修建聚奎塔，自愿应请题写塔名；

其三，塔额系袁崇焕所立，有下款题记为证；

其四，邵武是当时闽北文化落后之区，袁崇焕系进士出身，题书塔名为士望所归；

其五，袁崇焕以知县的身份、进士的名望，理应由其题书

---

[1] 塔旁有奎光寺（又作魁光寺），始建于何时，不见诸文献记载。笔者询及住持比丘尼，亦不详其始建年代。

塔名；

其六，袁崇焕为当地父母官，如由官位、声望出其右者题书塔名，定会在塔额下款志记；

其七，袁崇焕以"聚奎"名塔，同其聚合奎英、报效社稷的志趣相符；

其八，袁崇焕为人谦恭，如系他人题书塔名而不在落款题记，似有掠美之嫌。

据上八点，整合分析，我认为：福建邵武"聚奎塔"之塔名，是由时任邵武知县的袁崇焕所题书。

然而，论者或谓：聚奎塔额下款题记未有"袁崇焕题书"的字样，当时人文集笔记中亦未见有"袁崇焕题书"的字样，因而不能断定"聚奎塔"三个字为袁崇焕所题书。应当说，如果有上述两条直接史证之一，便不需进行讨论。可惜，其时仕人没有知识产权观念，故古人在题书塔额时不可苛求。

第四，聚奎塔的重要价值。

一是历史价值。袁崇焕作为中华五千年文明史上惊天地、泣鬼神的伟烈英杰，由于死得极惨，加上专制淫威，至今没有见到一件他的确无争议的文物。中国有造假文物的传统，连儒家经典古文尚书[1]都敢伪造，何况其他乎！但是，聚奎塔耸立于闽北偏乡僻壤，在此次修缮前，塔额字迹已漫漶不清，近世以来无人知其由袁崇焕题书塔名。在这次修缮时，邵武文物专家傅唤民先生等见由袁崇焕题书塔名，著文介绍[2]，并在塔之

---

[1] 见阎若璩《古文尚书疏证》，清刻本。

[2] 《中国文物报》1993年3月21日第11期，刊登《邵武发现袁崇焕题刻》一文。现将全文转录如下："福建省邵武市在修缮一座明代古塔时发现该塔塔名系袁崇焕题刻。这座古塔坐落在邵武市和平镇天符山，（转下页）

南向两块石碑上做了说明。这是20世纪关于袁崇焕文物最重要的发现，对于研究袁督师的性格、思想、功业、书法及与之相关的历史问题，有着广泛的意义。

二是思想价值。"聚奎塔"的"聚"字，许慎《说文》："聚，会也"[1]；《史记·天官书》："五星皆从而聚于一舍。"[2]"聚奎塔"的"奎"字，指奎宿，奎宿为天庭二十八宿之一，其一说主文运，故学人拜天之楼为奎星楼（又作魁星楼）；另一说主库兵，《后汉书·苏竟传》载"奎为毒螫，主库兵"，李贤注曰"奎主武库之兵也"[3]。袁崇焕以"聚奎"二字名塔，其含义可诠释为汇聚天下之文武英才。此塔没有以"报国""报恩"为名，而以"聚奎"为名，这充分说明袁崇焕有着朴素的民本思想。这是他关怀民瘼、救民于火，进而投笔从戎、图复辽疆的思想底蕴。

三是文物价值。明代的塔，现存不少。北方的塔，砖石结构为多；南方的塔，木结构的不少。但像聚奎塔那样砖、木、石相混合结构的塔，并不多见。聚奎塔以其砖、木、石相混合的结构，为明塔的研究多提供一个范型。

四是艺术价值。塔中的题字，尤以"聚奎塔"三字为佳，是一份明代书法艺术珍品[4]。塔中券门、券窗之砖雕，简洁疏

（接上页）砖木石混构，六角五层，名'聚奎塔'，去年开始修缮。工程峻（竣）工后清洗底层塔门黑砚石门额，现出'天启元年秋月　吉旦　聚奎塔　赐进士第（知）邵武县事袁崇焕立'的题刻。这方题刻为阴刻行楷，字迹清晰，完好无损。"（傅唤民）

[1] 段玉裁《说文解字注》第8篇上，中华书局据经韵楼原刻本校刊本。
[2] 《史记》卷二七《天官书》，中华书局点校本，1959年，第1312页。
[3] 《后汉书》卷三五《苏竟传》，中华书局点校本，1965年，第1045页。
[4] 广东省东莞市《莞城文化报》1994年7月18日刊载张铁文先生（转下页）

朗，技艺纯熟；龛内的佛像，造型典雅，质朴慈祥；龛顶花卉，雕朴无华，图案清晰，是明代闽北民间工艺的精品，也是明代南方民间工艺的佳作。

综上，袁崇焕与聚奎塔之历史关系的重新展现，既充实了袁崇焕研究的新资料，又丰富了明清之际历史研究的新内容。

附记：笔者值参加"武夷山专家休假团"在武夷山市休假之机，于1996年7月5日，专程到邵武市和平镇察看聚奎塔。蒙邵武市博物馆副馆长傅唤民先生陪同考察。1999年3月31日，值赴香港中文大学历史系讲学返程之机，又专程到和平镇考察聚奎塔。时和平镇地区连续阴或雨一个月，是日晴空万里、阳光灿烂，蒙镇党委宣传委员曾献伟先生、镇党委办公室黄承坤主任、镇文化站廖孝德站长和镇干部陈国明先生陪同，再次考察了聚奎塔。此外，笔者得到张俭东（铁文）先生赠送"聚奎塔"塔额文字拓片。谨此致谢。

（原载《袁崇焕研究论集》，中国友谊出版公司，2014年）

（接上页）《袁崇焕真迹寻访记》一文。文中说：袁崇焕"聚奎塔"三字，其"选笔恰当、粗壮，具有弹性。用笔无论回锋、露锋，都轻捷、奔放"，"三字显现飞白，潇洒飘逸，可知袁崇焕办事果断、沉着、自信"。

于谦与袁崇焕

于谦与袁崇焕,都是明朝著名的英雄人物。他们有诸多相似之处:出身平民,考中进士,兵部尚书,身临前线,英锐过人,居官清廉,为人正直,性格耿介,保卫京师,在京冤死,后世昭雪,流芳千古。于谦与袁崇焕,都为明朝立下安邦定国的大功,也都是明朝著名的大忠臣、中华民族的大英雄。

而且,于谦之死与袁崇焕之死,都留给后人永久的思考。

一

于谦的死,《明史·于谦传》说:"丙戌,改元天顺,丁亥,弃谦市,籍其家,家戍边。"明英宗朱祁镇在景泰八年(1457)正月壬午(十七日)发动"南宫复辟",丙戌(二十一日)改年号景泰为天顺,丁亥(二十二日)将于谦等斩于市。

明英宗斩于谦的理由,《明史·于谦传》记载:

> 景泰八年正月壬午(十七日),(石)亨与(曹)吉祥、(徐)有贞等,既迎上皇复位,宣谕朝臣毕,即执(于)谦与大学士王文下狱。诬谦等与黄𬭶构邪议,更立东宫,又

与太监王诚、舒良、张永、王勤等谋迎立襄王子。亨等主其议，嗾言官上之。都御史萧惟祯定谳，坐以谋逆，处极刑。文不胜诬，辩之疾，谦笑曰："亨等意耳，辩何益？"奏上，英宗尚犹豫曰："于谦实有功。"有贞进曰："不杀于谦，此举为无名。"帝意遂决。[1]

《明英宗实录》对于谦的"罪状"，做了如下的记述：

> 甲申（十九日），六科给事中劾王文、于谦，内结王诚、舒良、张永、王勤，外连陈循、江渊、萧镃、商辂等，朋奸恶党，逢迎景泰，易立储君，废黜汪后，卖权鬻爵，弄法舞文。乃者景泰不豫，而文、谦、诚、良等包藏祸心，阴有异图，欲召外藩入继大位，事虽传闻，情实显著，且王文党古镛、丁澄，于谦党项文曜、蒋琳及俞士悦、王伟辈，皆憸邪诡佞，国之大蠹，乞将谦、文等明正典刑。[2]

综上，明英宗给于谦定的所谓罪名是：

其一，"朋奸恶党"。在景泰与天顺之际，无可讳言，确有朋党。君子小人，水火不容。于谦等对立的朋党是些什么人呢？是徐有贞（珵）、石亨、曹吉祥等人。他们的结局："是年，有贞为亨所中，戍金齿。又数年，亨亦下狱死，吉祥谋反族诛，谦事白。"[3]

---

[1]《明史》卷一七〇《于谦传》，中华书局点校本，1974年，第4550页。
[2]《明英宗实录》卷二七四，天顺元年正月甲申，台北"中研院"史语所校勘本，1962年，第3页。
[3]《明史》卷一七〇《于谦传》，第4551页。

其二,"逢迎景泰"。景泰为君,于谦为臣,《大学》曰:"为人君,止于仁;为人臣,止于敬。"[1]

且土木之变,国难当头,社稷无主,于谦力挽狂澜,力保宗庙,何罪之有?

其三,"易立储君"。这也就是"欲召外藩入继大位"。在皇朝时代,储君废立,操之国君。明朝家法,立嫡以长,兄终弟及。在常态局面下,廷臣是没有权力决定储君的。况且,此事,《明英宗实录》记载:"事虽传闻,情实显著。"[2]怎么可以根据"传闻"作依凭,根据"情实"做臆断呢!

其四,"废黜汪后"。景泰帝所废的皇后汪氏,顺天(今北京)人。正统十年(1445)册为郕王妃。十四年(1449)冬,郕王即皇帝位,册为皇后。为什么要废汪后呢?《明史·后妃传》记载:"(后)生二女,无子。景泰三年,妃杭氏生子见济,景帝欲立为太子,而废宪宗(见深),后执不可。以是忤帝意,遂废后,立杭氏为皇后。"[3]立废皇后,是皇帝的大事,于谦身为兵部尚书,以此作为被杀的一个理由,不能成立。

其五,"卖权鬻爵"。《明史·于谦传》记述太监兴安言及于谦时,说:"彼日夜分国忧,不问家产。"于谦遇难后,史载:"及籍没,家无余赀,独正室镌钥甚固。启视,则上赐蟒衣、剑器也。"[4]于谦死后,石亨党羽陈汝言代为兵部尚书,未及一年,事情败露,赃累巨万。天顺帝曰:"于谦被遇景泰朝,死无

---

[1]《大学》第4章,宋本十三经注疏本附校勘记本,清刻本。
[2]《明英宗实录》卷二七四,天顺元年正月甲申,第3页。
[3]《明史》卷一一三《后妃传》,第3519页。
[4]《明史》卷一七〇《于谦传》,第4550页。

余赀，汝言抑何多也。"[1]可见所谓"卖权鬻爵"之罪，纯属子虚乌有。

其六，"弄法舞文"。明宪宗成化帝给于谦平反"诰告"文曰："卿以俊伟之器，经济之才，历事先朝，茂著劳绩。当国家之多难，保社稷以无虞，惟公道而自持，为权奸之所害。"[2]因此，所谓"弄法舞文"云云，显系朝廷权奸嫉妒于谦的诬陷之词。

于谦的所谓罪名与袁崇焕的所谓罪名，有惊人的相似之处。

二

崇祯三年（1630）八月十六日未刻，崇祯帝御平台，召辅臣并五府、六部、都察院、通政使司、大理寺、翰林院记注官，吏科等科，河南等道掌印官及总协、锦衣卫堂上等官，宣谕：

> 以袁崇焕付托不效，专恃欺隐，以市米则资盗，以谋款则斩帅，纵敌长驱，顿兵不战，援兵四集，尽行遣散，及兵薄城下，又潜携喇嘛，坚请入城，种种罪恶，命刑部会官磔示，依律家属十六以上处斩，十五以下给功臣家为奴，今止流其妻妾子女及同产兄弟于二千里外，余俱释不问。[3]

---

[1]《明史》卷一七〇《于谦传》，第4551页。
[2]《明宪宗实录》卷三三，成化二年八月丁卯，台北"中研院"史语所校勘本，1962年，第12页。
[3]《崇祯长编》卷三七，崇祯三年八月癸亥，台北"中研院"史语所校勘本，1962年，第17页。

崇祯帝给袁崇焕定的所谓罪名，共有九款，逐条分析：

其一，"付托不效"。是指崇祯帝命袁崇焕为蓟辽督师，期望他五年复辽；而后金军长驱直入，攻打京师，使明朝居民受困，庙社震惊。面对后金铁骑长驱直入，作为兵部尚书、蓟辽督师，袁崇焕应当承担自己应承担的责任。先是，嘉靖二十九年（1550），蒙古俺答兵，犯薄北京城，嘉靖帝下令将兵部尚书丁汝夔斩首。此次皇太极攻打北京城，崇祯帝命将兵部尚书王洽下狱。在京师之役中，崇祯帝迁怒于重臣，接连重惩多位重臣，兵部尚书王洽是第一位。第二天，崇祯帝又命将工部尚书张凤翔下狱，把负责城防工事的官员廷杖八十，有三人毙于杖下。不久，又将总理蓟、辽、保定军务兵部侍郎刘策下狱、弃市。袁崇焕受明帝付托，诚心竭力，任事封疆，于朱明社稷，可谓"义气贯天，忠心捧日"，而且，尽管他的防区主要在关外而不在蓟镇，他仍提醒要重视蓟镇的防守，所以，袁督师"付托不效"之责有，而将后金入犯京师的全部责任加到袁督师身上，显示主上圣明，显然是不完全公平的。

其二，"专恃欺隐"。是指袁崇焕依恃崇祯帝的信任而行欺骗和隐瞒。欺骗隐瞒了什么呢？没有明说。袁督师是一位光明磊落、刚正耿直之士。崇祯帝责斥其"专恃欺隐"，或指袁崇焕"五年复辽"的目标。但是，崇祯帝若以此事责袁崇焕"专恃欺隐"，确实不妥。因为：第一，不能实现目标，有各种各样的原因，不是袁崇焕一个人可以左右；第二，袁崇焕督辽才一年多时间，五年期限未到，不应以此相责。或许崇祯帝所谓"专恃欺隐"另有所指。当时除后金的反间计，皇帝身边的小人也极尽造谣诽谤之能事。所以，袁督师"专恃"之罪没有，"欺隐"

之罪也无。

其三,"市米资盗"。这件事指崇祯二年(1629)漠南蒙古东部大饥,"夷地荒旱,粮食无资,人俱相食,且将为变"。就是说蒙古哈喇慎等部,室如悬磬,聚高台堡,哀求备至,乞请市粟。这件事怎么办?在明朝与后金的辽东争局中,蒙古是双方争夺的力量。袁崇焕坚持笼络蒙古,来集中对抗后金。袁崇焕先言:"人归我而不收,委以资敌,臣不敢也。"[1]

各部首领,闻将市粟,指天立誓,不忘朝恩。所以袁崇焕疏言:"臣以是招之来,许其关外高台堡,通市度命,但只许布米易柴薪。"奏上,奉旨:"着该督、抚,严行禁止。"奉旨严禁,皆失所望,归己不收,遂图自固。哈喇慎诸部,背离明朝,纷投后金。这件事——卖米,可能会争取到蒙古一些部落偏向明朝,否则,可能他们投向后金。结果出现后一种情况:蒙古一些部落帮助后金攻打京师。可见,蒙古诸部台吉,附己不纳,委以资彼,其责任在崇祯皇帝。所以,袁督师"市粟"之事有,而"资盗"之罪无!

其四,"谋款诱敌"。是指袁崇焕以议和来引诱后金攻打北京。其实,谋款即议和之事,袁崇焕任蓟辽督师后明确疏言"和为旁着",目的在于争取时间,以固边防。崇祯帝对此"悉听便宜从事",或"优旨许之"。何以"擅主"!崇祯二年即天聪三年(1629),袁崇焕与皇太极往来书简凡十二封,其中皇太极致袁崇焕八封,袁崇焕致皇太极四封[2]。袁崇焕的第

---

[1]《明熹宗实录》卷七二,天启六年六月戊子,台北"中研院"史语所校勘本,1962年,第18页。
[2] 神田信夫《袁崇焕与皇太极的往来书信——特别是崇祯二年(天聪三年)间书信》,《袁崇焕学术论文集》,广西人民出版社,1989年,第117页。

一封复信指出：印玺之事，未降封号，不能妄行。第二封复信又指出：辽东原为明朝土地，且有汉人坟墓，则不应归其占有。第三封复信解释：使者来时，因在海上航行，而让其久居。第四封复信明确表示：战争长达十年，不能一朝停止，不是数人所能为，数语所能定。对袁崇焕的四封复信日本著名满学家神田信夫教授有一个评价："它强烈地反映出袁崇焕在与皇太极交涉中忠于明廷的责任感，他强烈地主张议和必须按照中国即明朝所提送的典制方案，并严戒其未经降封，不准随意用印。"所以，袁督师"谋款"之事有，而"诱敌"之罪无！

其五，"斩帅践约"。是指责袁崇焕为了达到与后金议和的目的而杀毛文龙。史料已经证明，袁崇焕与皇太极书信往来，既无默契，更无议约。倒是毛文龙通款后金，谋降有迹。毛文龙被杀，后金军才敢南犯之言，实则夸大毛文龙的作用。至于对毛文龙先斩后奏，因而受到"擅杀"之诘，则应做具体分析。于袁崇焕计斩毛文龙的"席藁待诛"之奏，崇祯帝谕旨："毛文龙悬踞海上，糜饷冒功，朝命频违，节制不受。近复提兵进登，索饷要挟，跋扈叵测。且通夷有迹，犄角无资，掣肘兼碍。卿能周虑猝图，声罪正法。事关封疆安危，阃外原不中制，不必引罪。"[1]所以，袁督师"斩帅"之事有，而"践约"之罪无！

其六，"纵敌长驱"。是指袁崇焕纵容后金铁骑长驱直薄京师，而不加阻拦。其实，早在天启六年即天命十一年（1616）四月，辽东巡抚袁崇焕就上疏：应防御后金军从宁、锦以西虚

---

[1]《蓟辽督师袁崇焕题本》，《明清史料》甲编，第8本，中央研究院历史语言研究所刊印，1931年。

怯之处南犯。两个月后,袁崇焕再疏:"虑其席卷西虏,遂越辽而攻山海、喜峰诸处"。及至崇祯元年即天聪二年(1628)十月,袁崇焕再疏奏喜峰、古北关隘可虞:蒙古哈喇慎等部"处于我边外,经道惯熟,若仍诱入犯,则东自宁前,西自喜峰、古北,处处可虞,其为衬更烈"。翌年三月,袁督师又上疏:"惟蓟门,陵京肩背,而兵力不加,万一夷为向导,通奴入犯,祸有不可知者。"他一面谏议——"蓟门单弱,宜宿重兵",一面具疏——济其市粟糊口,免其导诱入犯。崇祯帝对袁崇焕的谏疏,或拖延因循,或严行禁止。己巳事变发生,不出崇焕所料,罪名却要崇焕独负。所以,袁督师"纵敌长驱"之罪名,"莫须有"矣!

其七,"顿兵不战"。是指袁崇焕虽然率领辽军入援京师,但是保留实力,而不与后金军作战。曾在袁崇焕部伍中的布衣程本直疏辩道:自敌人逸蓟入京,崇焕心焚胆裂,愤不顾死,士不传餐,马不再秣,间道飞抵郊外,方幸敌未近城,得以身翼神京。出营广渠门外,两相鏖战。崇焕躬擐甲胄,以督后劲,自辰至申,转战十余里,冲突十余合,竟至运河,血战殊劳。辽事以来,所未多有,此前月二十日也。至二十六日,又舍广渠门而攻左安门,亦时有杀伤。惟是由蓟趋京,两昼夜疾行三百里。随行营仅得马兵九千,步兵不能兼进。以故专俟步兵调到,随地安营,然后尽力死战。初二、初三,计程可至。不期初一日,再蒙皇上召对,崇焕奉有拿禁之旨矣!时未旬日,经战两阵,逗留乎,非逗留乎?可不问而明矣![1]所以,袁督师"顿兵不战"之罪名,"莫须有"矣!

---

[1] 程本直《白冤疏》,见《袁督师事迹》,道光伍氏刻本。

其八,"遣散援兵"。是指袁崇焕遣散前来增援京师的明军。十五日,袁崇焕奉谕调度各路援兵。时形势紧急,四镇大将并未统一思想,由孙承宗统一调度,所以袁崇焕只得率领自己的关宁铁骑,驰往京师。对此,曾在袁崇焕部伍中的布衣程本直疏辩道:若夫诸路援兵,岂不知多多益善。然兵不练习,器不坚利,望敌即逃,徒寒军心。故分之则可以壮声援,合之未必可以作敌忾也。况首回尤世威于昌平,陵寝巩固;退侯世禄于三河,蓟有后应。京营素不习练,易为摇撼,以满桂边兵,据护京城,万万可保无虞。此崇焕千回万转之苦心也。以之罪崇焕,曰散遣援兵,不同堵截,冤哉!所以,袁督师"遣散援兵"之罪名,"莫须有"矣!

其九,"携僧入城"。是指袁崇焕兵临城下,又暗中带着喇嘛,要求进入北京城内。袁督师军中有喇嘛,他率军入京,露宿荒郊。袁崇焕"力请援兵入城,不许"。督师又"求外城屯兵,如满桂例,并请辅臣出援,不许"。崇祯帝之猜疑、惶惧到了何等程度,明朝廷之虚弱、窳败到了何等地步!袁督师军中有喇嘛,"携僧入城"就会内应吗?袁崇焕身为兵部尚书受召进城,都要坐在筐子里,从城下吊到城墙上,喇嘛怎么会进城呢?所以,袁督师"携僧"之事有,而其"入城"之事无!其罪名,"莫须有"矣!

由上,九款钦定"罪名",前八款都已被历史否定。至于第一款"付托不效",应当说袁崇焕负有一定责任,但定罪"论死",尚有"八议"或"戴罪立功"等处理办法,崇祯帝为什么在经历八个月犹豫之后,一定要置袁崇焕于死地,且必施之于磔刑?这是多种原因导致的结果。

三

《老子》说："国家昏乱有忠臣。"[1]或者说：国君昏庸有忠臣。于少保之死与袁督师之死，有其共同之处：都是逢到国家昏乱、国君昏庸的天时。

于少保与袁督师一样，他们每项义举，每个胜利，都把小人、仇人、敌人召唤到自己的周围，而受其攻讦、陷害与诬谤。

于谦性格刚直，办事干练，勤奉简约，公而忘私，自然为奸臣所不满。侍讲徐珵以议南迁，为于谦所斥，因改名有贞，对之切齿以视；石亨德胜门之捷后因功而不加，对其妒忌大患；都督张軏以征苗失律，为于谦所劾，与内侍曹吉祥等皆素憾谦。南宫复辟时，明英宗主要依靠的朝廷大臣，恰恰就是徐有贞、石亨与曹吉祥等人。因此，明英宗复辟后，犒赏功臣徐有贞、石亨与曹吉祥等的一项奖品是清除于谦；而巩固自己的皇位要清除的也是于谦。

袁崇焕的性格，他在奏疏中陈述道："臣孤迂耿僻，原不合于边臣旧格。"孤迂、廉直、耿僻既是袁崇焕重要的性格特征，也是于谦重要的性格特征。因其孤迂，则是其所是，而行险路；因其廉直，则非其所非，而冒犯上司；因其耿僻，则不工阿附，而触违圣颜。由是，袁崇焕的孤迂耿僻性格与崇祯帝的刚愎暴戾性格发生了冲突。袁督师的历史悲剧，从某种意义上来说，从心理史学视角看，是袁崇焕孤迂耿僻性格与崇祯帝刚愎暴戾性格之间冲撞的结果。

在帝制时代，正人君子，名节清流，仕途坎坷，难得通达，

---

[1]《老子》第十八章，参见陈鼓应《老子注译及评介》，中华书局，1984年。

主昏政暗，尤其如是。检《明史》宦官、阉党、佞倖、奸臣，或憸邪，或阴狡，或善伺旨意，或恶正丑直。阉党如魏广微"曲奉忠贤，若奴役然"，阎鸣泰则"专事诌谀""虚词罔上"。奸臣如周延儒"善伺意指"；温体仁则"机深刺骨"。至于此前的严嵩，"嵩无他才略，惟一意媚上，窃权罔利"[1]。

伺旨、诌谀、结纳、通贿和阴险，这是历史上一切奸佞之臣的共同特点。于谦和袁崇焕刚正、孤迂、清廉和忠耿的品格，自为明朝昏君和奸臣所不容。在明朝官场中，君子之清流与小人之浑浊，泾渭分明，势同水火。但是，小人必逢君恶，方能谗构售奸，这就是《明史·宦官传》所说的"逢君作奸"。所以，于谦和袁崇焕孤耿刚廉的品格，不仅同诸奸臣谄附媚上的奴性相冲突，而且与明英宗、崇祯帝自私刚愎的个性相冲突。在君为臣纲、君视臣如草芥的帝制时代，于谦性格和明英宗性格、袁崇焕性格与崇祯帝性格相对撞的结局，只能是于少保和袁督师以悲剧结束自己的一生。

事情不仅如此。于少保和袁督师之所以必死，主要是政治原因。明英宗南宫复辟后，对于谦的处置，可杀、可贬、可流、可囚，为什么要必杀于谦呢？前述那个徐有贞（珵）说："不杀于谦，此举为无名。"于是，"帝意遂决"。明英宗命斩于谦。

同样，崇祯帝在后金撤军、北京解围之后，为什么要必杀袁崇焕呢？因为皇太极率八旗军攻打北京，从而使崇祯帝的"中兴之梦"破灭。因此，只有把袁崇焕推上祭坛，做自己的"替罪羊"！

于少保之死与袁督师之死，有着多层面的、极复杂的原因，

---

[1]《明史》卷三〇八《严嵩传》，第 7916 页。

可以说是多因而一果，主要的则是政治原因。明英宗杀于谦的"六大罪状"也好，崇祯帝杀袁崇焕的"九大罪状"也好，都是"说辞"，其君主专制国君的昏暴，则是其政治主因。于少保之死、袁督师之死，是个人的悲剧，是社会的悲剧，是历史的悲剧，更是文明的悲剧——"衣冠填于狴犴，善类殒于刀锯"，正义被亵渎，文明遭玷污！

屈原《天问》曰："何所不死，长人何守？"就是说君子不得其死，小人也同归于尽——后徐有贞戍金齿、石亨下狱死、曹吉祥谋反族诛，后周延儒自尽、籍其家，都没有好下场。君子与小人不同的是：小人得意于一时，君子则流芳千古！

然而，袁督师身后比于少保更为令人唏嘘——于谦有子于冕为父鸣冤，并收集乃父遗诗遗文，雕梓《节庵存稿》传世；袁崇焕却由其敌之裔乾隆皇帝给予平反，且至今还没有完整的《袁督师集》传世。

（原载《袁崇焕研究论集》，中国友谊出版公司，2014年）

附录 《袁崇焕资料集录》前言

1984年6月6日,是明末优秀的军事统帅、著名的民族英雄袁崇焕诞生四百周年。为示纪念,并飨读者,我们撰辑了《袁崇焕资料集录》[1]。

袁崇焕,字元素,广西藤县(祖籍广东东莞)人。生于明万历十二年(1584)四月二十八日(6月6日)。万历三十四年(1606)举于乡,万历四十七年(1619)成进士。天启初,官福建邵武知县。天启二年(1622),朝觐至都,单骑出阅关内外,被擢为兵部职方司主事。寻监军关外,后任宁前道。他深为大学士、蓟辽督师孙承宗所倚重,力主营筑宁远、守关外以捍关内。袁崇焕统率辽军,先后获丙寅(1626)宁远之捷、丁卯(1627)宁锦之捷和己巳(1629)京师之捷。一扫明军望敌而溃的暮气,使久经疆场的后金汗努尔哈赤及其子皇太极屡受重挫。但是,明季阶级矛盾、民族矛盾和统治集团内部矛盾盘根错节、交互激化,导致了袁崇焕的悲剧结局。崇祯三年(1630),袁崇焕因阉孽诬陷、后金设间、崇祯昏庸而被含冤磔死。崇祯帝在自割股肱,自毁长城。

---

[1] 《袁崇焕资料集录》,广西民族出版社,1984年。

袁崇焕疏草诗文，刑后散佚。余大成于崇祯八年（1635）至广东电白戍所，"晤督师弟崇煜，将所汇前后奏疏十本，付煜藏之"[1]。后曾为袁督师幕宾的王予安见屈大均，曰："大司马袁公崇焕者，方其督师蓟、辽，予以诸生居幕下。其为国之忠勤，予独知之。其不得死于封疆，而死于门户，天下人更未必知之也。……其疏稿及余集生、程更生讼冤诸疏，予藏之箧中久矣。今授子，以为他日国史之采择，其可乎？"[2]袁崇焕疏稿诗文，经余大成、袁崇煜、王予安、屈大均、蔡均等辗转，虽几乎遗失殆尽，但幸存十一。明亡清兴，清人佚名辑《袁督师事迹》一卷，收《明史·袁崇焕传》、钱家修《白冤疏》、程本直《矶声记》和《漩声记》、余大成《剖肝录》及袁崇焕文十三篇、诗十一首。道光年间，伍崇曜据其刊削，捐赀雕梓，名《袁督师事迹》，后汇入《岭南遗书》。崇曜及刻书，梁启超评论道："乃至贩鸦片起家之伍崇曜，亦有《粤雅堂丛书》之刻，而其书且以精审闻。"[3]粤东有伍氏刻《袁督师事迹》，粤西则有督师之《乐性堂遗稿》流传[4]。梁章钜任广西巡抚兼署广西学政时，辑《三管英灵集》，因粤西为唐桂、邕、容三管地，故以"三管"名其集，集之卷七收录袁崇焕诗六十六首，道光年间由桂林唐日新堂刊刻。至清末民初，粤东尚留传旧抄本《袁督师事迹》一卷，有李觉斯小引和蔡均《率性堂诗集序》，末附《督师行状》[5]，惜未寓目。宣统年间，陈伯陶纂《东莞县志》，

---

[1] 民国《东莞县志》卷九七。
[2] 屈大均《翁山文钞》卷一〇。
[3] 梁启超《清代学术概论》十八。
[4] 梁章钜《退庵诗话》，《三管英灵集》卷七。
[5] 民国《东莞县志》卷八五。

对袁崇焕遗迹采访殊勤。而后，张伯桢于民国二年（1913）编《袁督师遗集》，其子张次溪（江裁）又于民国三十年（1941）编《袁督师遗稿遗事汇辑》，张氏父子用心良苦，绩不可泯。但因其囿于所限，未见之书甚多。如官书仅采《明史》《清朝开国方略》及《东华录》等，而于《明实录》《清实录》《李朝实录》及《满文老档》等均未得见。又如私人著述佚名《今史》、周文郁《边事小纪》、茅元仪《督师纪略》、孙承泽《畿辅人物略》、万斯同《明史》、谈迁《北游录》及朝鲜李肯翊《燃藜室记述》等，也未见征引。另如袁崇焕之父袁子鹏墓碑记，袁氏家谱及与其生平有关之明刻本志书，亦未及见。自《袁督师遗稿遗事汇辑》出版至今已逾四十年。为了加强对明清之际历史的探讨，尤其是加深对袁崇焕的研究，亟须将有关袁崇焕的资料网罗搜集。兹在前人的基础上，编纂《袁崇焕资料集录》。

本书将搜罗的袁崇焕研究资料，分为十集。第一集是官书中袁崇焕资料汇录。从《明实录》《满文老档》《清实录》《李朝实录》和《八旗通志》等书中辑录袁崇焕资料十四万余字。其中《满文老档》中有关袁崇焕资料，由辽宁大学历史系李林同志译出，译文力求忠于满文原意，但因其首次译为汉文，待商之处，在所难免。《崇祯长编》虽为王楫所辑，因系抄录档案邸报，亦归入官书。第二集为私人撰述中的袁崇焕资料汇录。选取《今史》等三十八种，凡十四万余字。明末清初，私人著述册籍浩繁，且有的存目无书，不见插架，深恐挂一漏万，有的为抄本，衍误颇多，未及逐一考厘。而所录资料，其内容相同者，或并录，或互见，以便读者。第三集是《袁督师事迹》，以伍氏雕梓为底本，于其他版本，略加参酌。第四集是采录档案与金石方面的袁崇焕资料，其中《袁子朋墓碑记》，初次公之于世。第五集是辑录方志与谱乘中有关袁崇焕的资料。所录通志、府志、县志资料，以今存有关方志最早刻本或抄本为尚，但对《东莞县志》《藤县志》和《平南县志》，自崇祯以降各种版本，多酌予选录。谱乘中《袁氏家谱》，亦照家藏原抄本录出。第六集选录自崇祯元年（1628）迄今三百五十余年以来，对袁督师的颂悼诗赋。第七集为杂录，纂入程本直、余大成等与袁崇焕关系至切的材料。第八集收录《三管英灵集》中袁崇焕诗六十六首，访求四方，殊为难得。该集所辑袁崇焕诗出自袁珏。袁珏，字醴庭，广西平南人，嘉庆七年（1802）进士，与梁章钜会试同年。官广西平乐镇安教授，有《今是轩诗草》[1]。梁章钜抚桂，袁醴庭已死，其哲嗣以《五亩石山房文稿》乞序，并以《今是轩诗草》呈览。梁章钜云："余尝读平南袁醴庭同年诗集，有修明蓟辽督师家自如先生遗稿。"检《袁督师事迹》载录《率性堂诗集》十一首，与《三管英灵集》载录《乐性堂遗稿》诗六十六首，除《南还别陈翼所总戎》一首题同文异外，余俱不同。自袁崇焕蒙冤至梁章钜抚桂近二百年，袁督师诗之流嬗待考，鱼鲁待辨。第九集为补遗，收毛泽东、鹿继善和全祖望等有关袁崇焕之文，并全录莫乃群先生重修"明督师袁崇焕故里纪念碑"文——《明督师袁公崇焕事略》（1983年9月30日）。第十集是附录。首列《袁崇焕疏文编年索引》，其中有的疏咨时间待考，依其内容暂附系年；有的存题缺文；有的详略悬殊，文字迥异；也有的原无标题而由编者拟拟。草就疏文索引，以便读者经纬。次列《袁崇焕研究论著目录》，尽量采辑近百年来海内外研究袁崇焕的论文与著述索引，以备考阅。复列《本书参考书目》一百种，注明本书征引与参考书目及

---

[1] 道光《平南县志》卷二〇。

其版本，以便考证。

本书所收资料，均依原文照录。取消抬头空格。至若"虏""贼"等封建统治者对少数民族及其首领的诬称，概不加引号，以存原貌。集录原资料时，各书记载间有讹误、异文之处，均仍其旧。但个别之处，或附按语，或予校订，如努尔哈赤第八子、四贝勒皇太极误作为第四子，余大成《剖肝录》崇祯二年（1629）己巳误刻作"乙巳"，周文郁《边事小纪》王楹误作"王楹"，梁启超《袁督师传》犄角误印作"粗角"，王在晋《三朝辽事实录》宦官陶文误为"陶文佐"，《明熹宗实录》祖大寿写作"祖天寿"等，均随手厘正。改正的错字或补录的缺字，另加〔〕号列出。全书据原资料编排，加以分段标点，原文没有标题的，酌加标题，以清眉目。

关于袁崇焕的资料，尤其是野史笔记，册类繁多，限于见闻与篇幅，或搜录不周，或忍痛割爱，故沧海遗珠，疏漏孔多。而对收入之资料，间有重复，亦有疏误。编排处理，未必妥帖；校勘标点，亦多舛误。凡诸失误，均切望读者不吝补充和教正。冀以后有机缘重修，再作增补与厘定。

本书在编纂过程中，承蒙中国社会科学院历史研究所谢国桢研究员，北京大学历史系商鸿逵教授和许大龄教授，北京师范学院历史系齐治平教授，中国历史博物馆史树青研究员，以及北京师范大学历史系顾诚、中华书局胡宜柔、中央民族学院历史系陈梧桐、北京市社会科学研究所姜纬堂、北京图书馆善本部徐自强等师友，俯嘱宝贵意见，提示资料照片，吕孟禧同志指正疏误，莫乃群先生为本书题签作序，谨致谢忱。

（原载《袁崇焕资料集录》，广西民族出版社，1984年）

阎崇年史学论集

清史卷

下

阎崇年 著

生活·讀書·新知三联书店

Copyright © 2023 by SDX Joint Publishing Company.
All Rights Reserved.

本作品版权由生活·读书·新知三联书店所有。
未经许可，不得翻印。

图书在版编目（CIP）数据

阎崇年史学论集.清史卷/阎崇年著.—北京：
生活·读书·新知三联书店，2023.4
ISBN 978-7-108-07058-6

Ⅰ.①阎… Ⅱ.①阎… Ⅲ.①史学-文集②中国历史-清代-文集
Ⅳ.① K0-53 ② K249.07-53

中国版本图书馆 CIP 数据核字（2021）第 007790 号

责任编辑	张　龙
装帧设计	蔡立国
责任校对	张国荣　张　睿　陈　明
责任印制	卢　岳
出版发行	生活·讀書·新知 三联书店
	（北京市东城区美术馆东街 22 号 100010）
网　　址	www.sdxjpc.com
经　　销	新华书店
制　　作	北京金舵手世纪图文设计有限公司
印　　刷	山东新华印务有限公司
版　　次	2023 年 4 月北京第 1 版
	2023 年 4 月北京第 1 次印刷
开　　本	635 毫米 × 965 毫米　1/16　印张 58.75
字　　数	656 千字
印　　数	0,001-3,000 册
定　　价	298.00 元（上中下）

（印装查询：01064002715；邮购查询：01084010542）

目 录

评康熙帝 …… 1

康熙：千年一帝 …… 19

康熙皇帝与木兰围场 …… 39

康熙大帝与避暑山庄 …… 67

康熙南巡与碧螺春茶 …… 92

盛清社会与扬州文化 …… 108

论雅克萨之战 …… 130

清代名将萨布素 …… 151

清郑各庄行宫、王府与城池考 …… 167

雍正理王府址考 …… 188

明珠论 …… 211

《明珠及妻觉罗氏诰封碑文》考述 …… 231

清代史坛大家孙承泽述论 …… 242

孙承泽生年考 …… 266

唐英：千年一瓷人 …… 273

蒋良骐及其《东华录》 …… 301

附录　20世纪的满族历史研究 …… 313

后记 …… 340

评康熙帝

清朝的康熙帝爱新觉罗·玄烨,是一位有作为的地主阶级政治家。他是清朝定都北京后的第二个皇帝,年号康熙。顺治十八年(1661)正月,顺治帝福临死,康熙帝玄烨立。[1]康熙帝自顺治十八年(1661)至康熙六十一年(1722),在位六十一年,是我国历史上执政时间最长的封建帝王。康熙帝在当时的历史条件下,为维护国家统一、反对偏霸割据,维护领土主权、抗击外来侵略,做出了重要的历史贡献。

一

清朝是中国历史上最后一个封建王朝。作为这个王朝的最高统治者康熙帝,实行维护国家统一、抗击外来侵略的政策,有其具体的历史条件。

康熙帝袭受皇位后,面临着复杂的社会矛盾。于御外,从

---

[1]《清史稿·圣祖纪一》载:"顺治十八年正月丙辰,世祖崩,帝即位,年八岁,改元康熙。"此段记载有二误:其一,清世祖死于丁巳,并非丙辰,《清世祖实录》等可证;其二,清圣祖立于己未,亦非丙辰,《清圣祖实录》等可证。

明朝中叶以来，葡萄牙、西班牙、荷兰和英国等西方殖民者，先后蚕食中国领土，并以通商和传教做手段，渗入中国腹地。葡萄牙占据澳门。西班牙和荷兰一度侵占台湾。沙俄侵入中国黑龙江流域，并在中国西北地区进行骚扰活动。中国的主权和领土完整遭受着严重的威胁。于制内，一方面封建社会进入后期，资本主义的萌芽，商品经济的发展，各族人民经济和文化的交流，对国家统一和领土完整的要求更加迫切；另一方面，特别是明末清初，满汉地主阶级对农民起义的残酷镇压，使土地荒芜，人口剧减。因此，国家统一和领土完整是恢复生产和发展经济的需要，也是各族人民的共同愿望。到康熙帝亲政时，清定鼎北京已经二十四年，但清廷仍面临着内部敌人分裂和外部敌人侵略的严重局面。因此，康熙帝的制内御外政策是：维护国家统一，反对外来侵略。

康熙帝采取上述制内御外政策，绝不是偶然的。明末清初的农民战争，尤其是李自成农民大起义，是康熙帝得以推行制内以维护国家统一、御外以抗击沙俄侵略政策的一个重要的历史条件。

李自成农民起义，是我国封建社会后期规模空前的伟大农民战争。百万农民起义军，驰骋黄河上下，转战大江南北，"其势燎原不可扑"[1]，朱明王朝像纸房子一样倒塌了。这次农民大起义，政治上戳破了明政权的腐烂脓包。起义军"不杀平民，唯杀官"[2]，"明之宗支几百万，歼于贼者十之九焉"[3]，诛

---

[1] 郑廉《豫变纪略》卷三。
[2] 戴笠《怀陵流寇始终录》卷一三。
[3] 温睿临《南疆逸史》卷首。

藩王、锄国戚,贵族豪绅"覆宗绝祀者,不可胜纪"[1]。这次农民大起义,经济上冲击了明王朝的封建生产关系。明朝的皇室及藩王、公主、国公、戚畹、勋臣、中官等,恣夺民田,"渔敛惨毒"[2]。农民起义军踏平了上万座皇帝贵族庄园,明令"霸占土田,查还小民"[3],许多农民领回被官宦强占的土地。这次农民起义,思想上扫荡了以儒家思想为核心的程朱理学,起义军所到之处,文庙的遗迹"鲜有存者",儒家的典籍"斯灭无存"[4]。程朱理学受到了一次巨大的社会冲撞。上述一切说明,明末农民战争为历史的继续前进准备了有利条件。

李自成领导的农民战争,是明末清初社会前进的巨大动力。毛主席说:"凡属正义的革命的战争,其力量是很大的,它能改造很多事物,或为改造事物开辟道路。"[5]以李自成大起义为主体的明末清初四十年农民战争,扫荡了盘踞在当时中国大地上的皇权、藩王、戚畹、中官和豪绅黑暗势力,冲击了儒家思想的网罗,改造了大量的黑暗事物。这就为国家统一清扫了障碍,也为维护国家主权、抗击外来侵略奠定了基础。同时这次农民大起义,由于沉重打击了朱明贵族和豪强势力,代表中小地主利益的政治力量相对得到某些发展,改变了地主阶级内部的力量对比,这也使康熙帝推行其制内御外政策具有了更为广泛的社会基础。

满族入主中原,建立满、汉、蒙地主阶级联盟,是康熙帝

---

[1] 彭孙贻《流寇志》卷七。
[2] 《明史》卷七七《食货志一》。
[3] 杨山松《孤儿吁天录》卷一六。
[4] 康熙《嵩县志》卷一〇。
[5] 《毛泽东选集》合订本,人民出版社,1962年,第447页。

得以推行制内以维护国家统一、御外以抗击沙俄侵略政策的另一个重要的历史条件。康熙帝是在明末清初农民大起义所造成的有利历史条件下,穿着满洲新兴军事封建主的戎装,登上历史舞台,施展其政治才能的。满族是中国统一多民族国家的一个成员。他们世代居住在白山黑水的广阔地域。到17世纪上半叶,满族正由奴隶制向封建制过渡。天命元年(1616),努尔哈赤建立后金政权[1],黄衣称朕。此前,努尔哈赤实行"牛录屯田"[2]。天命年间,努尔哈赤又"明赏罚""严法度"[3],对新统一的叶赫部降民,并不统统变做奴隶,而是给以"房、田、粮谷等物,查其无马者千余赐以马匹"[4]。到天命六年(1621)进入辽沈地区后,实行"计丁授田"[5]制度,还实行"按丁编庄"法令,"一庄十三男、七牛",收获的粮食,"二成入官、八成自食"[6]。这显然是封建所有制。与此相适应,在天聪年间,皇太极仿照明朝制度,设立内三院和六部,封建集权的体制已初具规模。满族在清军入关时虽然还拖着一条奴隶制残余的辫子,但其封建制已取代了奴隶制。毛主席指出:"历史上奴隶主阶级、封建地主阶级和资产阶级,在它们取得统治权力以前和取得统治权力以后的一段时间内,它们是生气勃勃的,是革命者,是先进者,是真老虎。"[7]以努尔哈赤为首的满洲军事封建

---

[1]《满文老档·太祖》第5册,天命元年正月初一日。
[2]《满文老档·太祖》第4册,乙卯年(万历四十三年)十一月。
[3]《清太祖武皇帝实录》卷四,天命十一年六月二十四日。
[4]《满洲实录》卷六,天命四年八月二十二日。
[5]《满文老档·太祖》第24册,天命六年七月十四日。
[6]《满文老档·太祖》第66册,天命十年十月初三日。
[7]《毛泽东选集》合订本,第1190页。

贵族，就其满族的历史发展来说，还是一个新兴的阶级，也是一个有生气的军事政治势力。清军入关取得全国政权以后，它的阶级地位有所变动，社会基础有所扩大，并在政治、经济、思想、文化等方面受着汉族封建地主阶级的影响。以满洲军事封建贵族为主体的清朝政权，改变不了中国封建社会日益没落的总趋势。但是，与汉族地主阶级相比，满洲新兴军事封建主毕竟还具有革新图强的精神。这对康熙帝推行制内御外政策也有一定的影响。

由上，康熙帝在明末清初农民战争和清军入关定鼎北京所形成的历史趋势之下，实行了制内以维护国家统一、御外以抗击敌人侵略的政策。

二

实现安定统一、反对偏霸割据，是康熙帝制内御外政策的一个大题目。康熙帝擒鳌亲政，拉开了其制内政策的帷幕。

康熙六年（1667），十四岁的玄烨始御门亲政。[1]当时以辅政大臣鳌拜为首的满洲贵族保守集团，把持朝政，嚣张庙堂。鳌拜以"圣人"自诩，结党专擅，多戮无辜[2]，骄横跋扈，"凡事在家定议，然后施行"[3]，竟然"攘臂上前，强奏累日"[4]，矫旨绞杀辅政大臣苏克萨哈等。鳌拜"率祖制、复旧章"，强令将遵化等正白旗诸庄屯田拨镶黄旗，再圈民地补正白旗。这不仅

---

[1]《清圣祖实录》卷二三，康熙六年七月己酉。
[2]《清史列传》卷六《鳌拜传》。
[3]《清圣祖实录》卷二九，康熙八年五月戊申。
[4]《清史稿》卷二四九《苏克萨哈传》。

使旗人牒诉户部[1],而且广大汉族地区的农民和中小地主闻命之后,旗地待换,民地待圈,田地荒芜,粮草尽绝,"哀号乞免,一字一泪"[2],从而阻碍了社会生产力的发展,加剧了满汉之间的矛盾,也影响了正常的社会秩序。鳌拜还策划政变,图谋刺杀康熙帝,据《啸亭杂录》载:

> (鳌拜)尝托病不朝,要上亲往问疾。上幸其第,入其寝。御前侍卫和公托,见其貌变色,乃急趋至榻前,揭席刃见。上笑曰:"刀不离身,乃满洲故俗,不足异也。"因即返驾。以弈棋故,召索相国额图入谋画。[3]

数日后,伺鳌拜入见日,十六岁的玄烨指挥"布库"(满洲贵族在宫中的角扑武术戏)少年,擒捕鳌拜[4],寻列其大罪三十,禁锢籍没[5],并镇压了他的死党。康熙帝清除了一只榻旁的恶虎,从此掌握了实际的权力,并为建立和巩固多民族的、统一的封建中央集权制政权搬掉了一大障碍。

清除鳌拜满洲军事贵族保守集团后,康熙帝展开了削平"三藩"维护国家统一的斗争。三藩是清初鼎踞的三个地方军阀:盘踞云南的平西王吴三桂、盘踞广东的平南王尚之信和盘踞福建的靖南王耿精忠。其中吴三桂权势最大。吴三桂原系明山海关总兵,叛明降清,引满入关,镇压李自成起义。他"好

---

[1] 《清史稿》卷二四九《苏纳海传》。
[2] 《八旗通志》卷一八九《朱昌祚传》。
[3] 昭梿《啸亭杂录》卷一。
[4] 姚元之《竹叶亭杂记》卷一。
[5] 《清圣祖实录》卷二九,康熙八年五月庚申。

为人主"[1]，拥兵割据，大搞独立王国。他设藩庄藩田，掠卖人口，自铸钱币，私征赋税[2]，税额比明季增加几十倍。他以"剿寇"为名，搞假战备，及调兵往，又称寇遁。这实际上是为发动武装叛乱进行军事演习。康熙十二年（1673），吴三桂假意疏请移藩，允撤藩诏使至滇，三桂失望；他的一封策划叛乱的密信又被朝廷截获，便狗急跳墙，抢先发动叛乱。数月之间，"掠地陷城，连山接海，首尾相应"[3]，占据六省。耿、尚二藩也相继响应。

三藩之乱，一举滔天。康熙帝主张"天下大权，当统于一"[4]。他以"三藩及河务、漕运为三大事，夙夜廑念，曾书而悬之宫中柱上"[5]，将削平三藩而划一事权列为其政务之首。当时反对撤藩、反对平叛的论见，竟占了上风，在朝廷会议上，"云不可撤者甚多，云宜撤者甚少"[6]。其主撤者仅兵部尚书明珠、户部尚书米思翰和刑部尚书莫洛，寥寥数人而已。康熙帝认为，吴三桂其势已成，"撤亦反，不撤亦反，不若先发制之"[7]。及至吴三桂反，索额图请诛明珠等建议撤藩者。康熙帝曰："出自朕意，他人何罪？"[8]康熙帝一心运筹，举兵平叛。一小撮"割人肉，喂爱犬"的藩镇头子发动叛乱，极不得人心，很快陷于全国清军的包围之中。吴三桂势竭力绌，欲以"称帝"

---

［1］ 刘健《庭闻录》。
［2］ 孙旭《平吴录》。
［3］ 《固山贝子平浙纪略》。
［4］ 《清圣祖实录》卷二七五，康熙五十六年十一月辛未。
［5］ 《清圣祖实录》卷一五四，康熙三十一年二月辛巳朔。
［6］ 《康熙起居注册》，康熙二十年十二月初九日。
［7］ 昭梿《啸亭杂录》卷一。
［8］ 《清史稿》卷二六九《明珠传》。

来稳定自己的地位，结果适得其反。康熙十七年（1678）七月，吴三桂在衡州称帝。他日暮途穷来不及盖宫殿，就用黄漆髹瓦画皇宫[1]。但他七月称帝，八月暴死。真是"永夜角声悲不寝，青史难宽白发人"！

康熙帝在平定这场为时八年、蔓延十省的三藩之乱以后，接着又统一台湾。台湾自古以来就是中国的领土。明朝以来，外国殖民者蜂拥侵台。郑成功于顺治十八年（1661）率兵赶走荷兰侵略者[2]，台湾光复。郑成功不愧是我国历史上第一个战胜西方殖民侵略者的杰出民族英雄。郑成功死后，子郑经嗣立。郑经与耿精忠勾结，参与三藩叛乱，"郑、耿二逆通好，分地盘踞"[3]。后兵围潮州，"荼毒海疆"[4]，"杀掠所至，十室九匮"。郑经盘踞的台湾成了一个偏霸王国。但是，在统一台湾的过程中，始终存在着尖锐的斗争。三藩既平，郑经又死："经死，克塽幼，诸部争权，攻之必克。"[5]康熙帝抓住时机，派施琅进军台湾。但是，大军初动，理学名臣梁清标借彗星见，"凡事不宜开端，当以安静为主"[6]，陈疏御案，谏阻兴师。后康熙帝旨准施琅的作战方略，施琅下澎湖、取基隆。康熙二十二年（1683），清军统一台湾。台湾初定之后，弃留两议，廷争未决。李光地以台湾孤悬海外，主张"招徕红毛，畀以其地"[7]。

---

[1] 苍弁山樵《吴逆取亡录》。
[2] 杨英《先王实录》，永历十五年。
[3] 《清三藩史料》（五）。
[4] 《皇朝经世文编》卷八五。
[5] 连横《台湾通史》卷三〇《施琅传》。
[6] 《清史列传》卷九《施琅传》。
[7] 《榕村全书》卷末《李光地年谱》。

施琅则力主不可,疏曰:

> 台湾北连吴会,南接粤峤,延袤数千里,山川峻峭,港道纡回,乃江、浙、闽、粤四省之左护。……且此地原为红毛所居,无时不在贪涎,亦必乘隙以图。一为所有,彼性狡黠,善为鼓惑。重以来贩船只,制作精坚,从来无敌于海外。若得此数千里之膏腴,必倡合党伙,窃窥边场,迫近门庭,此乃种祸。……弃留之际,利害攸关。臣思弃之必酿成大祸,留之诚永固边疆。[1]

康熙帝问阁臣,大学士李霨言:"台湾孤悬海外,屏蔽闽疆。弃其地,恐为外国所据;迁其人,虑有奸宄生事。应如琅议。"[2]康熙帝以台湾弃取,所关甚大,弃而不守,尤为不可[3],从施琅议,在台湾设一府三县,隶属福建布政使。这就维护了国家统一,粉碎了外国侵略者垂涎我国领土台湾的阴谋。

台湾统一后,康熙帝又击败了噶尔丹的东犯。噶尔丹是厄鲁特蒙古准噶尔部大牧主。厄鲁特蒙古"皆聚牧天山之北,阿尔台山之南"[4],以及巴尔喀什湖以东、以南地带。明后期厄鲁特蒙古分为和硕特、准噶尔、杜尔伯特和土尔扈特四部。后准噶尔部势力日渐强大,先据有天山北麓;进兵南疆,"回部及哈萨克皆为其属"[5],复据有天山南麓。值康熙帝平定三藩和统

---

[1] 连横《台湾通史》卷三。
[2] 《清史稿》卷二五〇《李霨传》。
[3] 《康熙起居注册》,康熙二十三年正月二十一日。
[4] 祁韵士《皇朝藩部要略》卷九。
[5] 魏源《圣武记》卷四。

一台湾时,噶尔丹已控制天山南北并威胁青海、西藏和喀尔喀蒙古。噶尔丹野心勃勃,正当康熙帝派钦差大臣启程去尼布楚举行边界谈判的时候,他却接受沙俄军火,与侵入黑龙江流域的俄军相配合,发动大规模的武装东犯。噶尔丹扬言"俄罗斯兵且至"[1],狐假虎威地驱骑越过杭爱山,沿途烧杀抢掠,"数百里一望灰烬,扑面尽黧黑"[2]。喀尔喀蒙古数十万众,"各弃其庐帐器物,马驼牛羊,纷纷南窜,昼夜不绝"[3],到张家口一带。噶尔丹兵锋逼向乌兰布通(今内蒙古昭乌达盟克什克腾旗南境),朝廷震惊,"京师戒严"[4]。噶尔丹的东犯,威胁着清朝的中央政权,破坏了国家的安定统一。

康熙帝欲亲征噶尔丹,但李光地用《易经》给他算了个不吉利的卦。《啸亭杂录·解易占》载:

> 噶尔丹叛时,侵犯乌兰布通,其势甚急。上命李文贞公占《易》,得复之"上六"。文贞变色。上笑曰:"今噶尔丹背天犯顺,自蹈危机,兆乃应彼,非应我也。"[5]

康熙帝谕斥了李光地的"天命论",认为噶尔丹发动不义战争,自罹危难,凶卦会应在他的身上,遂决意出塞亲征。康熙帝"雪花扑战袍,黄河为马槽",先后于康熙二十九年(1690)、三十五年(1696)和三十六年(1697),三次率师亲

---

[1] 魏源《圣武记》卷三。
[2] 《西征纪略》。
[3] 《清圣祖实录》卷一三五,康熙二十七年六月庚申。
[4] 刘献廷《广阳杂记》卷一。
[5] 昭梿《啸亭杂录》卷一。

征噶尔丹。首次由东路出古北口,至古鲁富尔坚嘉浑噶山,组织乌兰布通战役,火烧噶尔丹"驼城阵"[1]。二次由中路出居庸关,至克鲁伦河拖讷阿林地方,费扬古大败噶尔丹于昭莫多,斩其妻阿奴并三千级。噶尔丹从者仅数十骑,"鸟兽散回"[2]。再次由西路出昌平,至贺兰山达希图海地方。费扬古疏报:噶尔丹于闰三月十三日在阿察阿穆地方死[3]。之后,康熙五十九年(1720),清军进入西藏,粉碎了策旺阿拉布坦的分裂阴谋。同年,清军师入乌鲁木齐[4]。这就加强了清朝版图的统一。

  康熙帝还采取了许多维护国家统一的民族政策、经济政策和文化政策。他对满洲贵族的特权加以必要的限制,对汉族地主分化、笼络,吸收、扩大汉族儒士参加政权机构,满、汉尚书同官同品,设立南书房等,以此来缓和满、汉之间的矛盾;对维吾尔族拉拢王公上层;对藏族同教(喇嘛教)不通婚;对蒙古族既同教又通婚,还通过巡幸塞外、多伦会盟、封爵赏赐和宗室女子下嫁等方法,密切同其上层统治者的关系。特别是多伦会盟,加强了清廷同喀尔喀蒙古的关系。康熙帝说:"昔秦兴土石之工,修筑长城。我朝施恩于喀尔喀,使之防备朔方,较长城更为坚固。"[5]这就打破了"夷夏之防"的千年精神壁垒,巩固并发展了国家的统一和民族的团结。他实行一系列恢复和发展经济的措施:诸如治淮理黄,鼓励垦荒,禁止圈地,边疆屯田,统一台湾后曾开放海禁,"盛世滋生人丁永不加赋",

---

[1]《出师塞北纪程》。
[2]《西征纪略》。
[3]《清圣祖实录》卷一八三,康熙三十六年四月甲子。
[4]《清圣祖实录》卷二八九,康熙五十九年九月壬申。
[5]《清圣祖实录》卷一五一,康熙三十年五月壬辰。

承认"废藩田地予民"以及"禁止八旗包衣佐领下奴仆随主殉葬"[1]等。这些措施的实行，使得关内外受明末清初百年战争破坏的社会生产力，有了较快的恢复和较大的发展。他还开馆修《明史》，诏举博学鸿儒，纂修《古今图书集成》，编绘《皇舆全览图》，孜求天算等新知识，著述《几暇格物编》[2]等。总之，在康熙帝统治时期，政局安定，府库充盈，人口日繁，贮粮有余，文业振兴，国力强盛，为实现国家统一、抗击沙俄侵略准备了条件。

综上可见，康熙帝力排各种干扰，推行制内政策，实现了国家的大一统局面，这是符合中国历史发展总趋势的。同时也说明他吸取了历史上正反两方面的经验，继承了秦以来维护国家统一、反对偏霸割据的制内政策。正如魏源所总结的："我朝自平定四藩（三藩和噶尔丹）以后，不复以兵权、土地世予臣下，凡元功亲王，毕留京师。……各省提、镇、驻防将军，掌兵柄而不擅财赋，与文臣互牵制焉。于封建有其名无其实，于藩镇收其利去其害。损益百王二千年之法，至是而大定。"[3]这就清楚地表明：康熙帝在巩固和发展中华民族统一的事业中，是一位有作为的帝王。

三

维护领土主权，反对外来侵略，是康熙帝制内御外政策的

---

[1] 《清圣祖实录》卷四二，康熙十二年六月乙卯。
[2] 玄烨《几暇格物编》。
[3] 魏源《圣武记》卷二。

又一个大题目。康熙帝抗击沙俄侵略，签订《尼布楚条约》，是其御外政策的史证。

俄国是一个欧洲国家，自古同我国并不接壤。明朝后期，沙俄殖民者越过乌拉尔山迅速向东扩张。明崇祯十六年即清崇德八年（1643），波雅科夫带领一支沙俄侵略军，越过外兴安岭，侵入我黑龙江流域[1]。他们抢劫貂皮，掳掠妇女，扣留人质，焚烧屯舍，甚至灭绝人性地吃人肉。顺治七年（1650），哈巴罗夫步其后尘，率领武装的侵略军窜到黑龙江畔。翌年，哈巴罗夫等窜往黑龙江下游地区，据英国戈尔特《俄国在太平洋的扩张（1641—1850）》所载，他们仅在桂古达尔城就一次杀死达斡尔族男子661人，抢走妇女243人和儿童118人。到顺治年间，沙俄侵占雅克萨（今阿尔巴津），又侵据尼布楚（今涅尔琴斯克）。他们实行赤裸裸的铁血殖民政策。《清圣祖实录》载：

> 向者罗刹，无故犯边，收我逋逃，后渐越界而来。扰害索伦、赫哲、飞牙喀、奇勒尔诸地，不遑宁处。剽劫人口，抢掳村庄，攘夺貂皮，肆恶多端。是以屡遣人宣谕，复移文来使，罗刹竟不报命，反深入赫哲、飞牙喀一带，扰害益甚。[2]

稻叶君山《清朝全史》亦载："盖俄人残酷，为日已久。无端而侵略他人土地，屠戮无辜人民，奸淫掳掠，横暴凶恶。江

---

[1] 拉文斯坦《俄国人在黑龙江》中译本，第11页。
[2]《清圣祖实录》卷一一九，康熙二十四年正月癸未。

岸人民，莫不含恨切齿，欲醢其肉而歃其血。"[1]

蚕食中国这块"肥肉"，是沙俄政府的一项国策。佩戴沙皇"金质奖章"[2]的殖民者哈巴罗夫蛊惑说："黑龙江一带，金银矿产，遍地皆是；牛马羊貂，逐处成群；土地膏腴，居民丰裕；衣服宫室，俱镂黄金——真人间之宝库，世界之乐国。"[3]他们岂止垂涎黑龙江流域，甚且贪涎长城脚下。康熙十五年（1676），值三藩变乱，清军主力南下，东北边防减弱的机会，沙皇遣使尼果赖至京[4]。俄国使臣曾扬言：只要有两千名俄兵就"能够征服所有地方，直到中国的长城"。

沙俄对中国的侵略和威胁是需要认真对付的。先是顺治年间，清朝军民曾不断予沙俄侵略军以沉重打击。接替哈巴罗夫任俄军指挥的斯杰潘诺夫，于顺治十五年（1658）七月，在牡丹江口一带，被昂邦章京沙尔虎达战败[5]，葬身鱼腹。但清初在黑龙江沿岸要处，未能"多贮粮食，永戍官兵"[6]；致使尚书明安达理、将军巴海等，率军远袭失计，皆因"饷匮班师"[7]。康熙帝亲政之后，首次东巡，视察边情，谕示宁古塔将军巴海，"罗刹虽云投诚，尤当加意防御，操练士马，整备器械，毋堕狡计"[8]。虽不久三藩变乱，中原鼎沸，日理戎机，但他仍留意北徼防务，"细访其土地形胜、道路远近及人物性情，

---

[1] 稻叶君山《清朝全史》上册（三），第113页。
[2] 巴赫鲁申《哥萨克在黑龙江上》中译本，第38页。
[3] 萧一山《清代通史》第1册，第750页所引。
[4] 《清圣祖实录》卷六一，康熙十五年五月丙戌。
[5] 《清世祖实录》卷一一九，顺治十五年七月庚戌。
[6] 《清圣祖实录》卷一三一，康熙二十六年十月己巳。
[7] 《平定罗刹方略》一。
[8] 《清圣祖实录》卷三七，康熙十年十月壬辰。

以故酌定天时地利、运饷进兵机宜"[1]。三藩的削平与台湾的统一，使抗击沙俄侵略军事机宜，摆在康熙帝的面前。然而，朝廷诸臣于"征剿罗刹，众皆难之"[2]。日讲起居注官李光地则强调"'礼之用，和为贵'，以今日用礼者言之，必以和行之，乃可贵也"！他又说：虽有强邻敌国侵逼，犹当修文偃武[3]。但是，康熙帝为根本计，庙堂睿算，"不徇众见，决意命将出师，深入挞伐"[4]沙俄侵略者。

康熙帝不仅制定了抗击沙俄入侵的御外政策，而且亲自主持了两次胜利自卫雅克萨反击战。康熙二十四年（1685）四月，他派都统彭春、副都统郎坦和黑龙江将军萨布素，率军水陆并进，直抵雅克萨城下。大军行前，康熙帝谕示："勿杀一人，俾还故土。"[5]这完全是自卫战争。敌人不堪一击，惨败投降，遂毁雅克萨城。清军毁城撤兵后，俄军又从尼布楚返回雅克萨，筑城种田，屯兵复扰。康熙二十五年（1686），康熙帝在得到俄军复回雅克萨城盘踞的探报后，命黑龙江将军萨布素率军"攻取雅克萨城"[6]。在清军久围强攻之下，雅克萨城俄军危在旦夕。俄国政府派遣代表进行边界谈判。

康熙帝对沙俄侵略采取你侵我打，你和我议的策略。康熙帝在派兵进行第二次雅克萨之战的同时，向俄国沙皇发出咨文："仍望察罕汗（沙皇）撤回其属下，以雅库某地为界，各于

---

[1] 《清圣祖实录》卷一二一，康熙二十四年六月癸巳。
[2] 同上。
[3] 李光地《榕村全书》卷三。
[4] 《康熙起居注册》，康熙二十四年六月初四日。
[5] 《清圣祖实录》卷一二一，康熙二十四年六月癸巳。
[6] 《清圣祖实录》卷一二四，康熙二十五年二月丁酉。

界内打牲，互相和睦相处。"[1]沙皇在两次雅克萨战争中吃了败仗之后，才同意坐到谈判桌旁，解决两国边界问题。沙皇派戈洛文为全权代表，康熙帝派领侍卫内大臣索额图等为钦差大臣，共同在尼布楚举行边界谈判。康熙帝在索额图等启行前谕示道：

> 罗刹侵我边境，交战于黑龙、松花、呼马尔诸江，据我属所居尼布潮、雅克萨地方，收纳我逃人根特木尔等。及我兵筑城黑龙江，两次进剿雅克萨，攻围其城。此从事罗刹之原委也。其黑龙江之地，最为扼要。由黑龙江而下，可至松花江，由松花江而下，可至嫩江；南行，可通库尔瀚江及乌喇、宁古塔、席北、科尔沁、索伦、打虎儿诸处；若向黑龙江口，可达于海；又恒滚、牛满等江及净溪里江口，俱合流于黑龙江。环江左右，均系我属鄂罗春、奇勒尔、毕喇尔等人民及赫哲、飞牙喀所居之地。若不尽取之，边民终不获安。朕以为尼布潮、雅克萨、黑龙江上下及通此江之一河一溪，皆我所属之地，不可少弃之于鄂罗斯。[2]

索额图等领旨启行。寻噶尔丹兵犯喀尔喀蒙古报至，遣官将索额图等召还。后康熙帝为了防止沙俄与噶尔丹进一步勾结，又谕示索额图可在谈判中做一些让步："彼使者若恳求尼布潮，可即以额尔古纳（河）为界。"[3]康熙二十八年（1689）七月，

---

[1]《兵部为通告俄国撤回罗刹于雅库立界察罕汗咨文》，康熙二十五年七月三十日，故宫博物院明清档案部藏。
[2]《清圣祖实录》卷一三五，康熙二十七年五月癸酉。
[3]《清圣祖实录》卷一四〇，康熙二十八年四月壬辰。

中俄两国全权代表在尼布楚举行分界事宜谈判。在谈判过程中，戈洛文"固执争辨"[1]；索额图则摆事实，叙原委，据理"斥其侵踞之非"[2]。双方经过会上谈判，会外协商[3]，中国做出让步，最后于七月二十四日，中俄签订《尼布楚条约》。

《尼布楚条约》是康熙帝御外政策的一个重要成果。它共有7条，仅334字，征引如下：

> 一、将由北流入黑龙江之绰尔纳即乌伦穆河、相近格尔毕齐河为界，循此河上流不毛之地，有石大兴安以至于海，凡山南一带流入黑龙江之溪河，尽属中国，山北一带之溪河，尽属鄂罗斯。
>
> 一、将流入黑龙江之额尔古纳河为界，河之南岸属于中国，河之北岸属于鄂罗斯。其南岸之眉勒尔客河口，所有鄂罗斯房舍，迁移北岸。
>
> 一、将雅克萨地方鄂罗斯所修之城，尽行除毁。雅克萨所居鄂罗斯人民及诸物，尽行撤往察汉汗之地。
>
> 一、凡猎户人等，断不许越界。如有一二小人，擅自越界捕猎偷盗者，即行擒拿，送各地方该管官，照所犯轻重惩处。或十人、或十五人，相聚持械捕猎、杀人抢掠者，必奏闻，即行正法。不以小故沮坏大事，乃与中国和好，毋起争端。
>
> 一、从前一切旧事不议外，中国所有鄂罗斯之人，鄂

---

[1]《清圣祖实录》卷一四三，康熙二十八年十二月丙子。
[2]《清史列传》卷八《索额图传》。
[3]《张诚日记》中译本，第34页。

罗斯所有中国之人，仍留不必遣还。

一、今既永相和好，以后一切行旅，有准令往来文票者，许其贸易不禁。

一、和好会盟之后，有逃亡者，不许收留，即行送还。[1]

《尼布楚条约》明确规定：第一，中俄两国东段边界以外兴安岭至海、格尔毕齐河和额尔古纳河为界。它从法律上肯定了黑龙江和乌苏里江流域的广大地区都是中国领土。第二，分界之后，原越界之人民及财物，全部撤回。第三，两国行旅商民，可持文票，往来贸易。第四，两国已划定边界，即"永相和好"；越界逃人、立行送还，不以细故滋起争端。

雅克萨之战的胜利与《尼布楚条约》的签订，是康熙帝御外政策的两个重要的史例。它维护了中华民族的尊严，捍卫了中国领土的完整，保持了东北边疆的长期安定，加强了中俄两国的和好邻谊。

同世界上一切事物无不具有两重性一样，康熙帝也具有两重性。他的制内御外政策，对加强国家统一、抗击外来侵略，起过进步的历史作用；但他多次镇压农民起义，时而禁海排外，也起过消极的历史作用。康熙帝的制内御外政策，盖着历史、阶级与民族的烙印。这需要做出历史的分析、科学的说明。本文限于篇幅，留待以后阐述。

（原载《北京师范学院学报》1975年第2期）

---

[1]《清圣祖实录》卷一四三，康熙二十八年十二月丙子。

康熙：千年一帝

一 三种评价

康熙帝的历史评价，古今中外，众说纷纭。概括说来，主要有十：

第一种观点，对康熙帝历史功过、对康熙朝历史地位，清朝人的评价是赞扬的。清朝皇廷对康熙帝的评价，集中反映在其谥号、庙号上："大清圣祖合天弘运文武睿哲恭俭宽裕孝敬诚信中和功德大成仁皇帝"[1]，共29个字[2]。这是对康熙皇帝的最高评价。康熙帝于康熙六十一年（1722）十一月十三日宾天后，雍正帝二十日在大行皇帝梓宫前即皇帝位的当日，命礼部议"尊谥"。二十四日，雍正帝谕曰："我皇考大行皇帝，缵继大统，旧典本应称宗，但经云'祖有功而宗有德'，我皇考鸿猷骏烈，冠古轹今，拓宇开疆，极于无外。且六十余年，手定太平，德洋恩溥，万国来王。论继统则为守成，论勋业实为开创。朕意宜崇祖号，

---

[1]《清高宗实录》卷一四，乾隆元年三月乙巳，中华书局影印本，1985年。
[2]《清史稿·圣祖纪一》开宗文曰"圣祖合天弘运文武睿哲恭俭宽裕孝敬诚信功德大成仁皇帝"，在"诚信"之下脱"中和"二字。

方副丰功。"[1]因命诸王大臣等，会同九卿詹事科道、文六品以上、武四品以上，详考旧章，从公确议。二十八日，众议：谥号突出"仁"，庙号突出"圣祖"。其仁，《礼记》云："为人君，止于仁。"同心合词，恭上尊称，庙号为"仁皇帝"。其圣祖，古有三祖之例，谥义帝王功业隆盛得称祖，因谓："惟圣字，可以赞扬大行皇帝之峻德；惟祖号，可以显彰大行皇帝之隆功。"所以，尊谥仁皇帝，庙号曰圣祖。雍正帝持针刺中指出血，将奏内"圣祖"二字圈出，康熙帝的尊谥和庙号遂定[2]。

第二种观点，清史馆纂修者的评价。《清史稿·圣祖纪三》论曰："圣祖仁孝性成，智勇天锡。早承大业，勤政爱民。经文纬武，寰宇一统。虽曰守成，实同开创焉。圣学高深，崇儒重道。几暇格物，豁贯天人，尤为古今所未觏。而久道化成，风移俗易，天下和乐，克致太平。其雍熙景象，使后世想望流连，至于今不能已。《传》曰：'为人君，止于仁。'又曰：'道盛德至善，民之不能忘。'于戏，何其盛欤！"[3]这比《清高宗实录》对康熙帝的评价略低一些，如没有"合天弘运""文武睿哲""诚信中和""功德大成"等字样。

第三种观点，康熙帝自我评价。他晚年自我评价说："朕自幼强健，筋力颇佳，能挽十五力弓，发十三握箭，用兵临戎之事，皆所优为。然平生未尝妄杀一人，平定三藩，扫清漠北，皆出一心运筹。户部帑金，非用师赈饥，未敢妄费，谓此皆小民脂膏故也。所有巡狩行宫，不施彩绘，每处所费，不过

---

[1] 《清世宗实录》卷一，康熙六十一年十一月乙巳二十四日，中华书局影印本，1985年。
[2] 《清世宗实录》卷一，康熙六十一年十一月己酉二十八日。
[3] 《清史稿》卷八《圣祖纪三》，中华书局点校本，1976年，第305页。

一二万金，较之河工岁费三百余万，尚不及百分之一。幼龄读书，即知酒色之可戒，小人之宜防，所以至老无恙。"又说："朕之生也，并无灵异；及其长也，亦无非常。八龄践祚，迄今五十七年，从不许人言祯符瑞应……惟日用平常，以实心行实政而已。"[1]康熙帝的行为，换而言之，没有功劳，也有苦劳。这种评价与清人不乏溢美之词的赞语相比，既更为谦逊，也更为中肯。

第四种观点，辛亥反满派学者的观点，对康熙帝、对康熙朝的历史是否定的，主要的论点说康熙朝是"封建专制"。封建君主专制从秦始皇起，到宣统帝止，共历2132年，三百多位君主，不可一概而论，不可不加分析。历史上的"文景之治""贞观之治""洪宣之治"等，也都是"封建专制"。因此，以"封建专制"而全面否定康熙帝功绩、否定康熙盛世历史的观点是值得商榷的。

第五种观点，康熙朝是专制黑暗的时代。20世纪90年代初，香港回归之前，香港大学要做一个历史研究课题：论黄金时代——康乾盛世。时拟成立一个由香港、北京两方面学者合作的课题组。但课题组主持人说：这个课题要立项，需要经过一个专家委员会审议通过。结果没有被通过，其理由是：康乾时代不是历史的盛世，而是专制黑暗时代。这就启发人们思考一个严肃的课题：康熙朝的历史地位怎样评价？

第六种观点，论者虽认同康熙朝是"辉煌"，却是"落日的辉煌"。这个提法有道理，但值得深究。所谓日升日落，虽可用

---

[1]《清圣祖实录》卷二七五，康熙五十六年十一月辛未，中华书局影印本，1985年。

来喻指兴盛衰亡，但应当有明确的本体。如将讨论限定于清朝，康熙时期将清朝推向了盛世，恰如旭日向中天攀升，显然不能算"落日"。而如将讨论扩展到两千多年的皇朝史，那么所谓"落日"，就是喻指皇朝社会走向没落的历史大势。清朝处于中国皇朝序列的末端，从宏观上当然带有皇朝社会衰落的色彩。但是，中国皇朝社会的衰落，并不自清朝始，更非自康熙始；中国与世界差距的迅速拉大，更不全是且主要不是康熙帝的历史责任。

第七种观点，耶稣会士的评价。法国耶稣会士白晋在给其国王路易十四题名为《康熙帝传》的报告中说："他是自古以来，统治天下的帝王当中最为圣明的君主。"又说：康熙帝不仅在"国内享有绝对的尊严，而且以其具有高尚而贤明的品德、丰富的阅历以及非凡的见地和诚意，受到邻近各国国民的尊敬和颂扬，他在亚洲的所有地方是赫赫有名的"[1]。

第八种观点，康熙五十二年（1713）三月三十日，朝鲜谢恩兼冬至使金昌集、尹趾仁向其国王报告时，评价康熙帝说："清皇节俭惜财，取民有制，不事土木，民皆按堵，自无愁怨。"[2]

第九种观点，"文化大革命"时期造反派观点，认为康熙皇帝是封建地主阶级的总代表，是封建社会最大的剥削者、寄生虫，是人民的罪人、民族的罪人。对康熙帝、康熙朝的历史予以全面否定。

第十种观点，赞成《清史稿·圣祖纪三》"论曰"中的部分论断："早承大业，勤政爱民。经文纬武，寰宇一统。虽曰守

---

[1] 白晋著《康熙皇帝》，赵晨译，黑龙江人民出版社，1981年，第2、63页。
[2] 《李朝肃宗实录》卷五三，三十九年（康熙五十二年）三月丁未三十日，日本学习院东洋文化研究所，1959年。

成,实同开创焉。"这25字的评价,还是比较符合历史的。康熙帝及其子雍正帝、孙乾隆帝时期的版图,东濒大海,南及曾母暗沙,西接葱岭,西北到巴尔喀什湖,北达贝加尔湖以东、外兴安岭以南,东北至库页岛(今萨哈林岛),总面积约1400万平方公里,是当时世界上幅员最为辽阔、人口最为众多、军事最为强盛、实力最为雄厚的大帝国。康熙大帝吸收了中华多民族的、西方多国家的、悠久而又新近、博大而又深厚的文化营养,具有其时最高的文化素养。这为他展现雄才大略、帝王才气,实现国家一统、宏图大业,陶冶了性情,开阔了视野,蓄聚了智慧,奠定了基础。康熙大帝奠下了清朝兴盛的根基,开创出康熙盛世的大局面。

说康熙帝是中国皇朝史上的千年一帝,不仅指其历史功业,而且含其个人品格。康熙皇帝的个人品格,在中国封建社会后段一千年九十位君主中,内圣外王,**修养品格**,严于律己,可谓仅见;天性好学,手不释卷,性情仁孝,兼具智勇,为政勤慎,敬天恤民,崇儒重道,博学精深,几暇格物,学贯中西,八拒尊号,知行知止。一个以满洲语为母语的皇帝,其汉文书法,其汉文诗篇(1147首诗),便是康熙帝人格与学养的一个例证。

目前学术界对康熙帝、康熙朝历史的评价,主要有三种观点:康熙朝是中国皇朝社会一个黑暗的时期;康熙朝是中国皇朝社会一个兴盛的时期;康熙朝是中国皇朝史上一个落日辉煌的时期。

古今中外的伟大人物,都有其杰出的过人之处,也都有其突出的历史贡献。康熙帝以其才华与天赋,智慧与胆识,勤政与谦虚,好学与著述,顽强与坚韧,宽容与简约,在人生旅途中,克服诸多艰难，完成重大使命。康熙帝的文治与武功，学养与行事，都令人称道，也都有特殊贡献。他幼年登极，以智取胜，亲掌朝纲；他崇儒重道，治理中国；他奖励农桑，蠲免田赋；他重视治河，兴修水利；他重视士人，协合满汉；他提倡学术，编纂群书；他勤奋好学，工于诗书；他平定三藩，巩固中原；他重用施琅，统一台湾；他悉心筹划，打败俄军；他善抚蒙古，安定北边；他进兵安藏，加强管理——这是两千年帝王文治武功所罕见的。

我个人观点，不提"雍正盛世"，因为雍正朝十三年，时间太短；也不提"乾隆盛世"，因其"持盈保泰"[1]，无视西方进步，不做社会改革，在国内外争议较大；而认为康熙帝是中国皇朝史上的千年一帝，康熙朝是中国皇朝史上的"康熙盛世"。

我的论点的主要依据，是康熙帝的历史贡献。

二 主要贡献

康熙帝（1654—1722），姓爱新觉罗，名玄烨，是清朝自努尔哈赤起第四代君主、清入关后第二任君主。他八岁继位，在位六十一年。其间，曾经先后智擒权臣、平定三藩、收复台湾、打败帝俄，还有绥服蒙古、抚安西藏，武功盛极一时，前朝无人可比。他重视个人修养，好学习武，敬孝仁爱，手不释卷，克己修身。他又能重视学术、弘扬文化、编纂图书、奖励学者，文治上的成就也很高。

康熙帝六十一年的君主生涯，对中国历史和世界文明的发

---

[1]《清高宗实录》卷一二二三，乾隆五十年正月丙寅。

展，做出重大贡献。就其贡献而言，概括说来，主要有五——中华版图奠定、民族关系稳定、中华文化承续、经济恢复发展、社会秩序安定。

第一，中华版图奠定。打开中国地图和东亚地图，看看康熙时的清朝疆域。

在东南，征抚台湾，金瓯一统。明天启四年（1624），荷兰人侵占台湾。顺治十八年十二月十三日（1662年2月1日）[1]，郑成功从荷兰人手中收复台湾。郑成功死后，儿子郑经奉南明正朔。康熙二十二年（1683），康熙帝抓住郑经死后，其子郑克塽年幼、部属内讧、政局不稳的时机，以施琅为福建水师提督，文武兼施，征抚并用，率军收复了台湾。设台湾府，隶属于福建。台湾府下设三县——台湾县（今台南）、凤山县（今高雄）、诸罗县（今嘉义）。派总兵官一员，率官兵八千，驻防台湾。从而加强了清廷对台湾的管辖，并促进了台湾经济文化的发展。

在东北，抵御外侵，缔结和约。黑龙江地域在努尔哈赤和皇太极时已经逐渐归属清朝。清军入关后，沙俄东进侵入中国黑龙江流域地区，占领雅克萨（今阿尔巴津）、尼布楚（今涅尔琴斯克）、呼玛尔（今呼玛）等城。康熙帝统一台湾后，调

---

[1]《辞海》（上海辞书出版社，2010年）"郑成功"条释文："康熙元年（1662）二月一日，荷兰总督揆一投降，台湾重回祖国怀抱。"这种说法有欠缺：其一，二月一日应是阳历，而不是阴历；其二，1662年2月1日，实际上是顺治十八年十二月十三日。康熙元年正月初一日应是1662年2月18日。事情虽发生在1662年2月1日，却是顺治十八年十二月十三日，本月末为二十九日，这时距康熙元年元日还有16天。因此，从帝王纪年方面，说郑成功收复台湾在顺治十八年（1661）可以，说郑成功收复台湾在康熙元年（1662）不可以；从公元纪年方面，说郑成功收复台湾在1662年可以，说郑成功收复台湾在1661年不可以。

派军队进行两次雅克萨自卫反击战，取得胜利。康熙二十八年（1689），同俄国在尼布楚签订中俄《尼布楚条约》，规定：格尔毕齐河、额尔古纳河以东至海，外兴安岭以南，整个黑龙江流域、乌苏里江以东到海地域（包括库页岛）土地，归中国所有。康熙帝设立黑龙江将军衙门、吉林乌喇将军衙门，加强了对黑龙江地区和乌苏里江地区的管辖，初步奠定后来黑龙江和吉林等行省的规模。

在正北，会盟多伦，善治蒙古。努尔哈赤和皇太极解决了漠南蒙古问题，康熙帝则进一步解决漠北蒙古、初步解决漠西蒙古问题（后雍正和乾隆解决漠西蒙古问题）。从秦汉匈奴到明朝蒙古，两千年古代社会史上的北疆难题，到康熙帝时才算真正得解。康熙帝说："昔秦兴土石之工，修筑长城。我朝施恩于喀尔喀，使之防备朔方，较长城更为坚固。"[1]秦汉以来，长城是中原农耕民族用来防御北方南进势力的屏障；康熙之后，蒙古是中华各民族防御沙俄南进的长城。

在西北，三次亲征，败噶尔丹。康熙帝先后三次亲征，遏制噶尔丹势力东犯，不仅稳定了漠北喀尔喀蒙古局面，也稳定了漠南内蒙古的社会，更有利于中原地区的社会安定。

在西南，进兵高原，安定西藏。清初，顺治帝册封达赖喇嘛，康熙帝又册封班禅额尔德尼，西藏已经完全归属于清朝。康熙帝派兵平定西部蒙古势力对西藏的扰犯，维护西藏的社会安定。

康雍乾盛清时的版图，东濒大海，东南包括台湾，南及曾母暗沙，西南到喜马拉雅山脉，西接葱岭，西北到巴尔喀什湖，

―――――――――
[1]《清圣祖实录》卷一五一，康熙三十年五月壬辰。

北达贝加尔湖、外兴安岭，东北至库页岛（今萨哈林岛），后乾隆帝底定新疆，总面积约1400万平方公里。特别是对满、蒙、疆、藏、台地区，完全置于清廷长期、全面、有效、稳固的管辖之下。清康熙朝是当时世界上幅员最为辽阔的大帝国。

康熙朝国家一统，国力强盛，周边国家没有出现威胁，也没有出现动荡，仅有的俄国侵犯亦被击退。这既是康熙帝治国的功绩，也是康熙盛世的表现。

第二，民族关系稳定。清代民族关系，从康熙朝开始，是中国皇朝史上最好的时期。在东北，打败俄国的侵略，解决并巩固了自辽河到黑龙江流域各民族的问题及成果。东北的达斡尔、索伦（鄂温克）、鄂伦春、赫哲、锡伯等，前代所谓的"边徼"之野，在清朝则成为"龙兴之地"。在北方，中国自秦、汉以来，匈奴一直是中央王朝北部的边患。明代的蒙古问题，始终未获彻底解决，"边境之祸，遂与明终始云"[1]。己巳与庚戌，蒙古军队两次攻打京师，明英宗皇帝甚至成了蒙古瓦剌部的俘虏。清朝兴起后，对蒙古采取了既完全不同于中原汉族皇帝，也不同于金代女真皇帝的做法，先后绥服了漠南蒙古、漠北喀尔喀蒙古、漠西厄鲁特蒙古。清朝对蒙古的绥服，"抚驭宾贡，夐越汉唐"[2]。在西北，对南、北疆维吾尔族、哈萨克族、蒙古族等统一。在西南，进兵安藏，加强了对西藏的统治。后雍正设驻藏大臣，在西藏驻军，册封达赖喇嘛和班禅额尔德尼，设立金奔巴瓶制度；西南云、贵、川的苗、瑶、彝等，改土归流，加强了对这个地区民族的管理。清朝实现了中国皇朝史上多民

---

[1]《明史》卷三二七《鞑靼传》，中华书局点校本，1974年。
[2]《清史稿》卷五一八《藩部列传一》，中华书局标点本，1977年。

族国家新的协合。

康熙朝国家一统、国力强盛,多民族协合在一个中华民族大家庭中,没有出现大的民族动荡、大的民族分裂。这既是康熙帝治国的功绩,也是康熙盛世的表现。

第三,中华文化承续。清朝帝王为了钳制知识分子的思想、镇压异端、打击政敌,实行文字狱。清代文字狱始于顺治、康熙,发展于雍正,大行于乾隆,约计百起。康熙帝亲政后重大文字狱,主要有一起,即《南山集》案。这是应当批评的。在文化方面,康熙帝主要做了几件事情:其一,兴文重教,编纂典籍。他重视文化教育,主持纂修了《康熙字典》《古今图书集成》《佩文韵府》《律历渊源》《全唐诗》《清文鉴》《皇舆全览图》等,总计六十余种,二万余卷。特别值得一提的是,康熙帝下令在熙春园设"古今图书集成馆",用铜活字印刷了一万卷、一亿六千余万字的《古今图书集成》[1],于雍正初,最后完成。其二,移天缩地,兴建园林。康熙帝先后兴建畅春园、避暑山庄、木兰围场等,雍正、乾隆又兴修或扩修"三山五园"——香山静宜园、玉泉山静明园、万寿山清漪园(后改名颐和园)、畅春园和圆明园等,将中国古典园林艺术推向高峰。其三,引进西学,学习科技,设立被誉为皇家科学院的蒙养斋等。李约瑟博士称康熙帝为"科学的皇帝"。康熙帝同法王路易十四、俄皇彼得大帝等,都有文化往来与交流。

世界四大文明古国——古埃及、古巴比伦、古印度和古中国,其中古埃及、古巴比伦、古印度的文明都中断了,中华文

---

[1] 苗日新《熙春园·清华园考——清华园三百年记忆》(增订本),清华大学出版社,2010年。

明在清朝不仅得到薪火传承,而且延续活力。

康熙朝国家一统、国力强盛,中华文化在交融中传承、在曲折中发展。这既是康熙帝治国的功绩,也是康熙盛世的表现。

第四,经济恢复发展。清军入关后,最大的弊政,莫过于圈占土地,也就是跑马占田,任意圈夺。康熙帝颁令,停止圈地,招徕垦荒,重视耕织,恢复生产。治理黄河、淮河、运河、永定河,并兴修水利。培育新的稻种,取得很大成绩。康熙四十八年(1709)十一月,户部库存银五千万两,"时当承平,无军旅之费,又无土木工程,朕每年经费,极其节省,此存库银两,并无别用。去年蠲免钱粮至八百余万两,而所存尚多"云云[1]。上年十二月,征银27804553两,加上课银2950728两,共征银30755281两[2]。康熙帝既使户部库储充盈,又强调藏富于民——减免天下钱粮共达545次之多,其中普免全国钱粮3次,计银一亿五千万两。

康熙朝国家一统、国力强盛,社会经济在经过战乱、灾荒后,有所恢复,也有所发展。这既是康熙帝治国的功绩,也是康熙盛世的表现。

第五,社会秩序安定。康熙朝社会安定,主要是指康熙二十二年(1683)统一台湾之后,虽然社会矛盾也有,民族纠纷也有,但没有大的、严重的社会动荡。康熙帝很幸运,他生活的后四十年,中国社会处于由乱到治、由弱到强、由分到合、由动到静的历史时期。原有的社会冲突、原有的动乱能量已经释放殆尽,新的社会冲突、新的民族动乱能量还没有积聚起来。

---

[1]《清圣祖实录》卷二四〇,康熙四十八年十一月丙子。
[2]《清圣祖实录》卷二三五,康熙四十七年十二月。

康熙朝的社会安定，兹举三例：

（1）从康熙二十一年（1682）到六十一年（1722），中原地区四十年间，没有大的厮杀争战，没有大的社会动荡，也没有大的社会危机。在中国两千多年皇朝史上，统一王朝皇帝在位四十年以上的皇帝，只有六位：汉武帝在位五十四年，但有天汉民变；唐玄宗在位四十四年，但有安史之乱；明世宗嘉靖帝在位四十五年，但有庚戌之变；明神宗万历帝在位四十八年，但有萨尔浒大战；清高宗乾隆帝在位六十年，但有王伦起义；但清圣祖康熙帝在位六十一年，中原地区无大乱。所以，自秦始皇到宣统帝，在位期间中原地区连续四十年无战争的，只有康熙帝一朝。

（2）秋决死刑人数比较少。秋决死刑的案件，康熙十二年（1673），"死犯共有八十余名"[1]。后来"决一年之罪犯，减至二三十人"[2]。康熙十六年（1677），终岁断狱死刑，"不过十数人焉"[3]！当时的全国人口，当在一万万以上。当时全国设18个省，包括直隶、江苏、安徽、山东、山西、河南、陕西、甘肃、福建、浙江、江西、湖广、偏沅、四川、广东、广西、云南、贵州（以康熙六十年为例）。平均每省每年死刑不到一人。对于一个上亿人口大国来说，一年死刑十余人，数字算是很少。这就说明：当时社会，相当安定。

（3）康熙帝多次四方出巡。他三次东巡、六次南巡、五次西巡、三次北征、四十八次去木兰秋狝、五十三次到避暑山庄。

---

[1]《清代起居注册·康熙朝》，康熙十二年三月十一日辛巳，中华书局影印本，2009年。

[2]《清代起居注册·康熙朝》，康熙四十五年十二月三十日甲寅。

[3]《清代起居注册·康熙朝》，康熙十六年十二月三十日壬申。

试想：如果社会动荡，康熙帝四方出巡，则是不可能的。如康熙帝第五次南巡途经山东，民众扶老携幼，随舟拥道："夹岸黄童白叟，欢呼载道，感恩叩谢者，日有数十万。"[1]又如到江南，史书载：自古帝王不惮跋涉之劳、为民阅视河道，现场指示，亘古未有；缙绅士民，数十万人，欢声雷动，夹岸跪迎[2]。以上两则史料，难免有官员组织民众夹道欢呼以博得圣上喜欢，也难免有官方夸大舆情的现象[3]，但可以透露当时社会比较安定。

康熙朝国家一统、国力强盛、民族协合、文化发展，社会秩序比较安定。这既是康熙治国的功绩，也是康熙盛世的表现。

"盛世"的"盛"是强盛、繁盛、兴盛的意思。康熙朝的后四十年，在中国皇朝史上，确是一个相对兴盛、强盛、繁盛的局面——"兴"，当时是东亚兴隆的帝国；"强"，当时是世界上强大的帝国；"繁"，当时是比欧洲国家繁荣的帝国。

概括地说，康熙帝超越前人的重大贡献是，在中华两千多年皇朝史上，实现了中原农耕文化、西北草原文化、东北森林文化和西部高原文化的空前大融合。

但是，康熙大帝有缺憾也有缺失，有疏误也有错误。这主

---

[1]《清圣祖实录》卷二一九，康熙四十四年三月己亥。
[2]《清圣祖实录》卷二一九，康熙四十四年三月己未和庚子。
[3] 李斗《扬州画舫录》记载：乾隆帝南巡到扬州时，"两岸支港汊河，桥头村口，各安卡兵，禁民舟出入。纤道每里安设围站兵丁三名。令村镇民妇，跪伏瞻仰。于应回避时，令男子退出村内，不禁妇女"。这说明："舟车所经"是要戒严的，"桥头村口"是有警跸的，"夹道跪迎"是有组织的。

要表现在五个问题上：于皇位传承，立之过早，立而废，废而立，立而再废，晚年失之于当断未断；于八旗制度，也想改革，改而停，停而改，改而再停，晚年失之于当改未改；于满汉关系，企望合协，亲满洲，疏汉人，合而未协，晚年失之于当协未协；于吏制管理，向往仁善，扬清官，惩贪官，惩而不严，晚年失之于当严未严；于海洋文化，预见外患，严海禁，闭而开，开而再闭，晚年失之于当开未开。这更加导致其儿孙们主宰的大清帝国，以"天朝大国"自诩，持盈保泰，故步自封，逐渐走向衰落。

总上，康熙帝虽有缺失与过失，康熙朝虽有矛盾与危机，但总体而言，康熙帝确是中国皇朝史上的千年一帝。

三　千年一帝

康熙帝能够成为千年一帝，是因为遇到了一个大"天时"。小天时决利钝，大天时出明君。

在国内，康熙帝遇到的"天时"，有四个特点：

第一，金瓯需要一统。从明万历十一年（1583）努尔哈赤起兵，到康熙二十二年（1683），南明最后的象征——台湾郑氏延平郡王郑克塽归清，整整百年。这一百年间，中华大地一直处于战争和分裂状态，人民最重要的历史期待是什么？作为帝王，最重要的历史使命又是什么？答案都是重新实现金瓯一统。

第二，民众需要富裕。战争的破坏，社会的动荡，灾害的降临，给人民生命财产造成了巨大损失：在北方，"一望极目，田地荒凉"；在中原，"满目榛荒，人丁稀少"；在江南，"荒凉景象，残苦难言"；在湖广，"弥望千里，绝无人烟"；在四川，

"民人死亡，十室九空"。就全国而言，国库空虚，民生凋敝，田土抛荒，路暴白骨，村无炊烟，户无鸡鸣。民要富，家要兴，族要盛，国要强。

第三，文化需要融合。自努尔哈赤以"七大恨"告天，打着反抗民族压迫旗帜对抗明朝，到康熙帝即位，再到吴三桂反叛，满汉之间，文化差异，异常凸显，冲突不断。满洲统治者在统一中国的过程中，曾经实行镇压和屠杀的政策。流传到现在的"扬州十日""嘉定三屠""江阴抗清"等故事，就反映了这种暴政和由此引发的汉族军民的强烈反抗。特别是多尔衮摄政以后，在中原地区普遍推行剃发、易服、圈地、占房、投充、捕逃"六大弊政"，更激化了族群矛盾和文化冲突。

第四，天下需要太平。一百年间，地不分南北，族不分夷夏，人不分老幼，民不分贫富，都蒙受着战乱、屠杀、大旱、水患、瘟疫、地震等灾难。黎民百姓，背井离乡，饥寒交迫，奔波流离，历尽苦难，饱经沧桑，他们最渴望天下太平。而实现金瓯一统、民众富裕、文化融合、天下太平的民众百年梦想，既是康熙大帝的责任，也是康熙大帝的荣光。

同时，从中国历史规律来看，大乱之后往往有大治，短命天子之后往往有长寿皇帝。明末清初，数十年战乱，给康熙大帝提供了一个做明君的历史机遇；从满洲贵族集团来看，康熙帝正好处在从"打江山"到"坐江山"的转变——满洲虽占有中原大地，却没有坐稳江山，如果不能恰当处理满汉民族关系，而使族群矛盾激化，有可能会重蹈元朝最后被赶回漠北的历史悲剧。如能缓和各种矛盾，成功实现"转型"，而其"守成"之功，实同"开创"之业。

这些就是康熙皇帝成为一代"大帝"的重要"天时"条件。

康熙帝利用了有利条件，做出历史功绩。那么，怎样评价康熙帝的历史地位呢？

中国有确切文字记载的历史有三千多年。秦王嬴政二十六年（前221），嬴政自以为"德高三皇、功过五帝"，自称始皇帝，从此中国开始有了皇帝；到清宣统三年（1911），辛亥革命推翻清朝，帝制被废除。这段历史有一个特点，就是有皇帝。我将这段历史称作中国皇朝历史。中国皇朝历史，总算为2132年。

这2132年的皇朝历史，有多少位皇帝呢？有人统计共349位皇帝，康熙帝让他的大臣统计奏报说211位皇帝，再加上自康熙到宣统九位，共220位。其统计数字之差异，主要缘于标准不同，这可以不管。我们重在思考这2132年皇朝的历史。

中国两千多年皇朝历史，大体可以分作前后两段。前一段一千年，中国的政治中心主要是在西安。其间政治中心经常东西摆动——秦在咸阳，西汉在长安，东汉在洛阳，唐在长安等，但摆动中心在西安。这一时期先后出现文景之治（文帝在位二十三年，景帝在位十六年）、贞观之治（唐太宗在位二十三年）。《旧唐书·太宗纪下》史臣曰："千载可称，一人而已。"[1] 后一段一千年，中国的政治中心主要是在北京。其间政治中心经常南北摆动——辽上京在临潢（今内蒙古巴林左旗），金都先在上京（今黑龙江哈尔滨阿城区）后在中都（今北京），明都先在金陵（今江苏南京）后在北京，清都先在盛京（今辽宁沈阳）后在北京；就是从今哈尔滨往南，经沈阳、北京、开封、南京，到杭州，但摆动中心在北京。从上述可以看出一个有意思的历史现象：中国两千多年帝国历史政治中心

---

[1]《旧唐书》卷三《太宗纪下》，中华书局点校本，1975年，第63页。

的摆动，先是东西摆动，后是南北摆动，从而呈现出大"十"字形变动的特点。

就其后一千年来说，辽、北宋、金、南宋、西夏、元、明、清八朝，共九十帝，一个重要的特点是国内的民族纷争与融合。辽—契丹、金—女真、西夏—党项、元—蒙古、清—满洲，八朝中有五朝是少数民族建立的。明朝虽然是汉族人建立的，但朱元璋以"驱逐胡虏、恢复中华"[1]为号召，结果又被"胡虏"所替代。

这里有一个很有意思的历史现象。辽、北宋、金、南宋、元、明、清七朝，共有皇帝八十位。这七朝都有一个民族融合的问题。辽朝与北宋对峙，金朝与南宋对峙，元朝取代金朝，都是民族问题。朱元璋是汉人，他的口号是"驱逐胡虏、恢复中华"，带有浓厚的民族色彩。满洲以"七大恨告天"的民族旗号起兵，取代了明朝；民国孙中山先生又以"驱除鞑虏、恢复中华"[2]为纲领而推翻满洲人建立的清朝。

从辽太祖耶律阿保机神册元年（916），到清宣统三年（1911），总算一千年。折腾来，折腾去，都离不开"民族"二字。

现在回到本题——对康熙帝的评价问题。

先从纵向比较。中国自辽金以降，千年以来，有九十帝。辽九帝、金十帝与北宋九帝、南宋九帝，半壁山河，西夏十帝偏隅一方，凡四十七帝，均不足论。元朝十五帝，太祖成吉思汗，一代天骄，打下基业，武功卓越，略输文采，并未一统，

---

[1]《明太祖实录》卷二六，吴王元年（元至正二十七年）十月丙寅，台北"中研院"史语所校勘本，1962年。

[2]《中国同盟会总章》第二条，载中国史学会编《中国近代史资料丛刊·辛亥革命（二）》，上海人民出版社、上海书店出版社，2000年，第7页。

更无盛世。元世祖忽必烈，在位三十四年，定鼎大都，武功赫赫，文治稍逊，也无盛世。其他诸帝，均不足论。明朝十六帝，太祖朱元璋，推翻元朝，一统天下，功绩很大；但是，冤案烦苛，史多讥评。明成祖朱棣，雄才大略，迁都北京，派郑和下西洋，派亦失哈下奴儿干，设奴儿干都司，然"靖难"之举，史称之为"篡"；蒙古难题，六次北征，死于道途，抱恨归天。所谓"洪宣"之治，洪熙在位一年，宣德在位十年，都没有形成盛世的局面。至于清朝，共十二帝，可以提及的是"三祖三宗"——清太祖努尔哈赤、世祖顺治、圣祖康熙，太宗皇太极、世宗雍正、高宗乾隆。"三宗"自然位在"三祖"之下。仅以"三祖"而论，清太祖努尔哈赤奠基清朝，未入主中原。顺治帝虽迁都燕京，后期荒唐，英年早逝。算来算去，自辽以降，约一千年，康熙帝的前述五大贡献及其个人品格，迈越古人，千年以来，谁能与比？千年一帝，首推康熙！

再从横向比较。其时，清朝与四邻国家，比较和睦。东面的朝鲜，皇太极时已经向清朝纳贡称臣，其国王受清帝册封。西面的哈萨克、阿富汗都比清朝经济落后，更没有形成气候。南面的越南、泰国、缅甸、马来亚、菲律宾、爪哇等，都比清朝落后、弱小。西南的印度，处于莫卧儿帝国时期，受喜马拉雅山脉阻隔，也没有同清朝发生纠纷与摩擦。清朝北面和东面后来的两大强敌——俄国和日本，在康熙时期都还没有崛起，俄国废除农奴制是在1861年（清咸丰十一年），日本明治维新则在1868年（清同治七年），都是在康熙朝以后。虽然俄国有些小的动作，但都被击败，没有形成大的威胁。

此时的"西方"，经济方面，工业革命还远没有开始（1765年哈格里夫斯发明珍妮纺纱机，被公认为工业革命的先声，已是康熙帝的孙子弘历乾隆三十年的事）；文艺复兴以来的欧洲新科技，在明末已经传入一些，康熙帝本人也比较重视学习，但对生产影响重大的科技突破（如蒸汽机的改良等）都发生在康熙朝之后；政治方面，其时欧洲处于民族国家形成时期，主要大国都实行君主制，只有英国在1688年（康熙二十七年）"光荣革命"后确立了君主立宪制。但那时英国的力量还基本达不到中国，也没有其他国家效仿英国政体，大英帝国的海上霸主之梦更是迟至19世纪才实现。至于美利坚合众国，则是康熙帝死了半个多世纪以后才建立的。所以说，给康熙帝扣上"丧失学习西方、富国强兵机遇"的帽子，是不太公平的。

康熙时代，英国尚未工业革命。法国大革命和美利坚独立，都是乾隆朝的事。俄国和日本的崛起，都在19世纪中叶。俄国的彼得大帝，法国的路易十四，与康熙同时代，他们都是当时世界上的伟大君主。但是，康熙时的清帝国是当时世界上幅员最为辽阔、人口最为众多、经济最为雄厚、文化最为昌盛、军力最为强大的大帝国。康熙大帝不仅是中国历史上的千年一帝，而且是世界历史上一位伟大的君主。

但是，清帝国有内在矛盾吗？有。有潜存危机吗？也有。康熙帝晚年谕曰："海外如西洋等国，千百年后，中国恐受其累。此朕逆料之言。"[1] 虽康熙帝预见可贵，但他没有在政策上、制度上做出安排。康熙帝留下的缺憾，致使其儿孙们主宰的大清帝国，和西方列强的差距愈拉愈大。

综上，无论就中国历史做纵向比较，或就世界历史做横向

---

[1]《清圣祖实录》卷二七〇，康熙五十五年十月壬子。

比较，都可以说康熙大帝是中国皇朝史上的千年一帝，也是世界历史上的千年名君。他同俄国彼得大帝、法国太阳王路易十四，同列世界伟大的君主。

（原载《康熙大帝与太阳王路易十四特展——中法艺术交流会·专论》，台北故宫博物院，2011年）

康熙皇帝与木兰围场

清康熙帝是木兰围场的经始者。"木兰"是满语 muran 的音译,意译为"哨鹿"[1];"围场"的满语音译是 hoihan,意为设围狩猎之地。康熙皇帝设置木兰围场之经始因素、围猎规程及其社会功能,兹据史料,略作阐述。

一

康熙皇帝设置木兰围场,是多种因素的综合结果。

历史的因素。"围场"一词,《宋史》已见。《宋史·礼志》载:"太祖建隆二年,始校猎于近郊。先出禁军为围场,五坊以鸷禽细犬从之。"[2]然而,围猎是北方游猎民族具有军事与经济、社会与游乐功能的重要活动。契丹人畜猎以食,皮毛以衣,车马为家,转徙随时。契丹主秋冬讳寒,春夏避暑,四时行在,谓之"捺钵"。其秋捺钵,至伏虎林。七月中起牙帐,入山射鹿

---

[1] 姚元之《竹叶亭杂记》卷三载:"哨者,哨鹿也。哨鹿者着鹿皮,衣鹿角冠,夜半于旷山中吹哨作牡鹿声,则牝鹿衔芝以哺之。"中华书局点校本,1982年,第64页。
[2] 《宋史》卷一二一《礼志二四》,中华书局点校本,1977年,第2840页。

及虎。《辽史·营卫志》中载：

> 每岁车驾至，皇族而下分布泺水侧。伺夜将半，鹿饮盐水，令猎人吹角效鹿鸣，既集而射之。[1]

辽帝不仅设围场射猎，而且设官围场使[2]，以管围场，理猎事。但是，辽亡金兴，建立金朝的女真人也常游猎。《大金国志》记载：

> 金国好田猎，昔都会宁，四时皆猎。海陵迁燕，以都城外皆民田，三时无地可猎，候冬月则出。一出必逾月，后妃、亲王、近臣皆随焉。每猎则以随驾军密布四围，名曰"围场"。待狐、兔、猪、鹿散走于围中，帝必先射之，或以鹰隼击之。次及亲王、近臣。出围者许诸余人捕之。……有三事令臣下无谏：曰作乐，曰饭僧，曰围场。其重田猎如此。[3]

金帝不仅赴围场射猎，而且设官治围场。金宗室完颜奕，以能治围场，受金章宗之委信[4]。上述契丹、女真游猎打围之事，宋末元初文人周密在《癸辛杂识续集》中，做了如下记载：

> 北客云："北方大打围，凡用数万骑，各分东西而往，

---

[1]《辽史》卷三二《营卫志》中，中华书局点校本，1974年，第375页。
[2]《辽史》卷八《天祚帝纪二》，第332页。
[3]《大金国志校证》卷三六，中华书局，1986年，第521页。
[4]《金史》卷六六《宗室奕传》，中华书局点校本，1975年，第1569页。

凡行月余而围始合,盖不啻千余里矣。既合,则渐束而小之。围中之兽,皆悲鸣相吊,获兽凡数十万,虎、狼、熊、罴、麋鹿、野马、豪猪、狐狸之类皆有之,特无兔耳。猎将竟,则开一门,广半里许,俾余兽得以逸去。不然,则一网打尽,来岁无遗种矣。"[1]

上述根据传闻的载述,如"获兽凡数十万"云,显属小说家言;但描述了北方契丹、女真、蒙古等游猎民族狩猎打围之习俗。元朝奠都燕京后,忽必烈在大都南郊辟建游猎场。《日下旧闻考》载记南苑猎场曰:

南海子即南苑,在永定门外。元时为飞放泊,明永乐时复增广其地,周垣百二十里。[2]

元帝之猎场在大都有,在上都有,在他处亦有。元亡明兴后,永乐帝自南京迁都北京。明帝为汉族,属农耕文化。明自永乐帝以降,诸帝多喜静而怠动,娱声色而厌狩猎。但是,满洲兴起后,康熙帝设置木兰围场,除上述历史因素外,还有其传统因素。

传统的因素。满洲的先世女真,早在明初即打围放牧。明永乐帝谕建州首领阿哈出:

---

[1] 周密《癸辛杂识续集》卷上,景印文渊阁四库全书本,台湾商务印书馆,第3—4页。
[2] 《日下旧闻考》卷七四,北京古籍出版社,1981年,第1231页。

> 今听朕言,给与印信,自相统属,打围放牧,各安生业,经商买卖,从便往来,共享太平之福。[1]

又谕清皇室直系祖先猛哥帖木儿:

> 令尔抚安军民,打围放牧,从便生理。[2]

这从一个侧面说明,围猎是满洲先世女真的重要活动。而且,满洲八旗制度的创立,同围猎活动密切相关:

> 凡遇行师出猎,不论人之多寡,照依族寨而行。满洲人出猎开围之际,各出箭一枝,十人中立一总领,属九人而行。[3]

满洲自努尔哈赤崛起后,出猎行围,官书所载,屡见不鲜[4]。如天命八年(1623)九月十四日,后金汗努尔哈赤"率诸贝勒、福晋及蒙古众贝勒,往山河狩猎"[5]。是行,昼猎夜宿,兼御政事,凡十二日,夜间时宿于山上、时宿于河畔。但《满洲实录》和《太祖实录》,俱缺载后金汗此十二日之行踪与事功。努尔哈赤军猎并重,行军出猎,法令森严,不得逾越。

---

[1]《李朝太宗实录》卷二,四年四月甲戌。
[2]《李朝太宗实录》卷五,五年三月丙午。
[3]《满洲实录》卷三,民国十九年铅印本,第3—4页。
[4]《满文老档·太祖》第4册,乙卯年(万历四十三年)十月初四日、十二月二十日;第5册,天命元年五月;第49册,天命八年四月十六日、二十日;第59册,天命八年九月十四日;第65册,天命十年七月初七日等。
[5]《满文老档·太祖》第59册,天命八年九月十四日。

他素好打猎，善于治猎，颁行《治猎之谕》，略谓：

> 行军喧哗，敌易察觉。围猎喧哗，兽必逃逸。每遇行猎，同牛录人，得进围底。他牛录人，如不同路，勿进围底，进则罪之。若见兽出，勿于围场内追逐，而由各自所立之地迎射。兽出围场之外，应追截射之。若听任各行所欲，肆意入围拦射，则马快者将兽先获，而马慢者和严己者会有何猎获！故命以先射获之兽，分偿无获兽者。见有伏虎，勿得惊动，应告众人。若地势有利，要围而杀之；若地势不利，则弃而去之。凡众人同猎之兽，其兽肉由同猎者平分。若因贪肉而拒绝助杀，致兽逃逸者，令其赔偿逃逸野兽之肉。[1]

努尔哈赤的《治猎之谕》，成为清帝围猎制度的第一个"家法"。继努尔哈赤之后，皇太极继承"家法"，率臣出猎，史多记载。天聪元年（1627），后金汗率诸贝勒大臣，猎于盛京迤东三百里外，驻跸达十五日[2]；五年（1631），畋猎于辽西十三山一带[3]；翌年，率军出征，边行边猎[4]；他亲率诸贝勒大臣官兵行围[5]等。皇太极不仅出畋猎，而且有围场：

> 围场中有厮卒，射中狍。扈从人以为上所射，持至。

---

[1]《满文老档·太祖》第4册，乙卯年（万历四十三年）十二月。
[2]《满文老档·太宗》第8册，天聪元年九月十五日。
[3]《满文老档·太宗》第42册，天聪五年十月二十日。
[4]《满文老档·太宗》第57册，天聪六年七月初二日至十九日。
[5]《满文老档·太宗》第58册，天聪六年九月二十八日。

> 上命勿妄取，令诸臣审验。诸臣亦以为上所射，复来献。上视之曰："非朕所射"，命仍给射者。[1]

《清太宗实录》上述记载，意在说明皇太极体恤射者，不自妄取；但透露一个史实——清入关前已有围场。清军入关，移鼎燕京。顺治帝在南苑设围场，《日下旧闻考》载：

> 凡田于近郊，设围场于南苑，以奉宸苑领之。统围大臣督八旗统领等，各率所属官兵，先苲围场布列——镶黄、正白、镶白、正蓝四旗以次列于左，正黄、正红、镶红、镶蓝四旗以次列于右，两翼各置旗以为表，两哨前队用白，两协用黄，中军用镶黄。驾至围场，合围较猎。[2]

由上可见，满洲的围猎有着历史的传承。但是，康熙皇帝设置木兰围场，除前述历史因素和传统因素外，也有习武的因素。

习武的因素。满洲初期，行军出猎，互依互存；治军治猎，相辅相成。清帝以弓马得天下，"首崇骑射"乃是满洲之国策。但自清军入关以后，特别是底定中原以降，满洲贵族逐渐贪图安逸，疏于骑射。于此，顺治帝曾颁严谕：

> 我朝原以武功开国，历年征讨不臣，所至克捷，皆资骑射。今仰荷天休，得成大业。虽天下一统，勿以太平而

---

[1]《清太宗实录》卷七，天聪四年十一月甲午，中华书局，1986年。
[2]《日下旧闻考》卷七四，第1236页。

忘武备。尚其益习弓马,务造精良。嗣后满洲官民,不得沉湎嬉戏,耽娱丝竹,违者即拿送法司治罪。[1]

倡弓马武备,戒丝竹嬉戏,违者法司治罪,可谓至严至厉。但是,满洲贵族怠于骑射、贪于奢逸之风有增无减。康熙帝即位之后,四大臣辅政,满洲贵族益加骄横。康熙帝亲政前,四年(1665)、五年(1666),年方十二三岁,即往南苑校射行围[2]。但是,满洲贵族在优裕、特权的生活中,多磨损锐气,志意消沉;新一代王公贝勒生长于安乐、悠闲的环境中,多不长骑射,庸碌无能。所以,八旗官兵锐气日减,纪律日弛,弓马日劣,体质日衰,这在削平三藩战争中表现得尤为突出。三藩乱起,形势陡变,清廷失陷滇、黔、川、湘、桂、闽六省,陕、甘动摇,浙、赣不靖。在清廷面临社稷危殆、满洲死生之际,满洲官兵仍贪图名利、畏缩不前。如都统朱满统兵逍遥武昌,六百里之程,竟徐行一月,致岳阳、长沙陷;都统巴尔布则怯懦不前,坐失险要。康熙帝曾颁谕严责曰:

用兵地方,诸王、将军、大臣,于攻城克敌之时,不思安民定难,以立功名,但志在肥己,多掠占小民子女,或借名通贼,将良民庐舍焚毁,子女俘获,财物攘取。[3]

至康熙十九年(1680),命将怯懦畏敌将帅严行处治:多罗

---

[1]《清世祖实录》卷四八,顺治七年三月戊寅,华文书局影印本。
[2]《清史稿》卷六《圣祖纪一》,中华书局点校本,1976年,第172—173页。
[3]《清圣祖实录》卷八二,康熙十八年七月壬戌,华文书局影印本。

顺承郡王、宁南靖寇大将军勒尔锦率军退缩不前、劳师糜饷、贻误事机，着削去郡王并议政，仍行拘禁；贝勒察尼迁延瞻顾、坐失军机，着革去贝勒并议政，为闲散宗室；贝勒、尚书、公兰布不速剿贼、退缩贻误，因其卒于军，着革去镇国公；贝勒尚善与兰布同罪，着革去贝勒；都统朱满着革职、鞭一百、籍没家产；都统鄂内着革职；护军统领伊尔度齐和额司泰、参赞多谟克图、副都统巴喀等，着俱革职、籍没有差[1]。尔后，都统巴尔布、原尚书哈尔哈齐、宗室公瓦山、公倭赫、额驸华善、左都御史多诺、都统觉罗画特、都统穆占、西安将军希福和都统阿密达等，以在平定三藩之战中交战失利等罪，俱革职、遣戍、籍没、入奴有差。康熙帝有鉴于此，而自平定三藩后，为扭转八旗官兵临战而惧、好逸恶劳之习，更为建设一支能征善战、勇于骑射之剽悍军旅，便"用都统赵璟议，以安不忘危，每岁秋冬较猎于塞上"[2]。由是，习武塞上，设置围场。但是，康熙帝设置木兰围场，除前述历史、传统和习武诸因素外，还有气候的因素。

  气候的因素。北京盛夏溽暑酷热，但明永乐帝从南京就国燕京，便是从炎热金陵到了清凉世界。其子洪熙帝，生长于金陵，后召至北京，立为皇太子，亦觉夏天比金陵凉爽。但是，清皇室祖居明辽东赫图阿拉，即今辽宁省新宾满族自治县永陵镇老城村。赫图阿拉较北京纬度为高，群山环抱，森林茂密，盛夏季节，比较凉爽。满洲皇帝进关之后，难以忍受北京盛夏的酷热。清摄政睿亲王多尔衮，难耐北京伏夏酷暑，谕建喀喇

---

[1]《清圣祖实录》卷九三，康熙十九年十一月辛酉。
[2] 金德纯《旗军志》，《辽海丛书》本，1933年，第3页。

避暑城言：

> 京城建都年久，地污水咸。春、秋、冬三季，犹可居止。至于夏月，溽暑难堪。但念京城乃历代都会之地，营建匪易，不可迁移。稽之辽、金、元，曾于边外上都等城，为夏日避暑之地。予思若仿前代造建大城，恐糜费钱粮，重累百姓。今拟止建小城一座，以便往来避暑。[1]

多尔衮的上引谕言，道出其塞外建城避暑的旨趣。后来，乾隆帝亦就居园避暑，赋之于诗：

> 宫居未园居，夏月度两次。
> 炎热弗可当，少壮禁之易。
> 慈闱祝万龄，然终必有事。
> 图兹境清凉，结宇颇幽邃。[2]

此诗直抒乾隆帝园居清凉、以避炎暑之意。所以，虽顺治帝修葺南海子，康熙帝创修畅春园，但都在燕京，围场不够宽广，暑夏不够清凉，于是，便寻觅合适地方，开辟木兰围场，兴筑避暑山庄。

上述四种因素，乃约略言之，实则还多。诸种因素，汇成一果，即择设木兰围场。围场的选址，需融避暑、游猎、习武、御政为一。其选址条件——一是气候：燕京迤北，纬度偏

---

[1]《清世祖实录》卷四九，顺治七年七月乙卯。
[2]《日下旧闻考》卷一六，第223页。

高，林莽气息，夏季凉爽；二是位置：距离京师，远近适宜，便于递送题本，批发谕旨，接见臣工，不旷政事；三是环境：山川水草，景观恢宏，丛林畜兽，肥草牧马，河清泉甘，傍水扎营；四是空间：塞上高原，极为辽阔，地形复杂，便于围猎。所以，康熙帝新围场的设置因素已备，选址条件已明，便着手经始木兰围场。

二

康熙皇帝经始木兰围场，其设置、规制、围猎及特质，于宫史与满学、清史与园林，都是中华文化的鸿篇巨制。

木兰围场的设置，康熙决策，亲自选址。康熙二十年（1681）四月七日，康熙帝出喜峰口，依次驻跸北台、宽城北、达希喀布齐尔口北、察汉河屯、乌兰布哈苏、席尔哈河、拜察、和尔和、巴尔汉、乌郎冈冈、穆雷布尔扯儿、胡西汉台、塔布恩海落思泰和俄伦蒿齐特等地方。先后有蒙古喀喇沁部郡王札锡、镇国公吴特巴喇，翁牛特部镇国公奇塔特，敖汉部郡王札木苏、萨木迫尔，土默特部贝勒额尔得木图、贝子衮齐思札布，科尔沁部亲王鄂齐儿、台吉敦罗布，喀尔喀部台吉丹津等率所属朝见。二十二日，康熙帝在达希喀布齐尔口北原野，御行宫黄幄，设大宴颁赏，郡王札锡等1884人，"因前往相度地势，酌设围场，具有勤劳，故加赏之"[1]。鉴此，康熙二十年（1681）四月二十二日（6月8日），是康熙帝决定设置木兰围

---

[1]《康熙起居注册》，康熙二十年四月二十二日（乙巳），中国第一历史档案馆藏。

场的日子。

《啸亭杂录》记载："木兰在承德府北四百里，盖辽上京临潢府、兴州藩地也，素为翁牛特所据。康熙中，藩王进献，以为蒐猎之所。"[1] 其地位置在今河北省围场满族蒙古族自治县境，蒙古高原东南侧，大兴安岭和燕山余脉汇接处，塞罕坝横亘西北，自西北高原海拔1350米，向东南倾斜至750米。治所为北纬41°52′，东经117°44′[2]，七月平均气温为16℃。其境山环水绕，毗连千里，林木葱郁，水草丰茂，群兽孳畜，暑夏凉爽，被誉为"万灵萃集，高接上穹，群山分干，众壑朝宗"[3] 之灵囿胜地。《钦定热河志》载述木兰围场曰：

> 国语谓哨鹿曰木兰，围场为哨鹿所，故以得名。地在蒙古各部落中，周一千三百余里，南北二百余里，东西三百余里，东北为翁牛特界，东及东南为喀喇沁界，北为克西克腾界，西北为察哈尔正蓝旗界，西及西南为察哈尔正蓝、镶白二旗界，南为热河厅界。围场外北为巴林，东为土默特，西为西四旗察哈尔，南则入围场之路也。围场四面立界，曰柳条边。自波罗河屯入围场，有二道：东道由崖口入，即石片子也；西道由济尔哈朗图入。每岁行围，俱出入崖口。[4]

但乾隆二十四年（1759）建行宫于济尔哈朗图，于是东驾

---

[1] 昭梿《啸亭杂录》卷七，中华书局点校本，1980年，第219页。
[2] 《中国市县大辞典》，中共中央党校出版社，1991年，第77页。
[3] 颙琰《木兰记》，《石渠宝笈》三编，第9本，清内府本。
[4] 《钦定热河志》卷四五，影印文渊阁四库全书本，台湾商务印书馆，第7页。

行围由崖口入，则回銮由济尔哈朗图；若由济尔哈朗图入，则回銮由崖口。遂以为定制。

木兰围场的规制，康熙肇始，历朝相因。木兰围场栅界驻八旗，1营统5卡伦，八旗按方位部署，分守其境。木兰围场内有69个围（猎场）[1]，每围相距数十里或数里，围间以山峰或河壑为界。每围以冈阜为依，周围为林草。行围之时，先撒围——以数百人，分翼山林，称"阿达密"，行而不合。次布围——用蒙古1250人为虞卒，中以黄纛为中军，左右分两翼，由王公大臣统领，由远及近，围圈渐合。次合围——其步骤《木兰行围制度》载：

> 合围之制，则于五鼓前，管围大臣率领蒙古管围大臣及虞卒，并八旗禁旅，虎枪营士卒，各部落射生手，齐出营盘。视其围场山川，大小远近，纤道绕出围场之后，或三十里、五十里，以及七八十里，齐至看城，则为围合。[2]

看城是设在冈阜的黄色御幄。合围之后，渐促渐近，薄至冈阜，北邻看城，以待皇帝莅围。次莅围——康熙帝躬出看城，佩櫜鞬，具弓矢，莅围所，策骑射猎。次罢围——猎毕，场收，回营，罢围[3]。但是，哨鹿之日，制稍不同。皇帝于五更放围之前，御骑猎鹿：

---

〔1〕《钦定热河志》卷四六，第31—35页。
〔2〕昭梿《啸亭杂录》卷七，上海文瑞楼印行本，第19页。
〔3〕《钦定热河志》卷四七，第1—4页。

亲御名骏，命侍卫等导引，入深山叠嶂中，寻觅鹿群。命一侍御，举假鹿头，作呦呦声，引牝鹿至，急发箭殪毙，取其血吸之。不惟延年益寿，亦以为习劳也。[1]

康熙帝早期秋狝时，尝奉太皇太后，驻跸围场东界之威逊格尔，其"所居为桦皮室。蒙古语谓桦皮为威逊，室为格尔也"[2]，以其所居之桦皮御屋，音译为围场地名。其实木兰围场中的69个围场，因原是蒙古牧放之地，故多用蒙古语称呼。但是，个别围场用满语定名，如永安莽喀围场，乾隆帝《永安莽喀》诗注云：国语"沙"谓之"永安"；"冈"谓之"莽喀"，是地为入崖口第一围场[3]。又如永安湃围场，"永安"上文已释，"湃"意为"处"。以上两围场名，为木兰围场中仅有的二处以满语称之的围场。于此，乾隆帝《永安湃围场作》诗注云：

东伊逊崖口内，首围为永安莽喀；西伊玛图口内，首围为此永安湃。围场内，地多仍蒙古名，惟此二处则国语："永安"为"沙"，"莽喀"谓"冈"，"湃"谓"处"，均皇祖所赐名，而以汉字书"永安"，亦协猎场吉语也。[4]

康熙帝御定的木兰围场典制，《清会典》载述甚详，此不赘述。但这些典制是在多次行围中，逐渐形成、逐渐完善的。

木兰围场的行围，康熙躬亲，始终如一。康熙帝一生的围

---

[1] 昭梿《啸亭杂录》卷一，上海文瑞楼印行本，第12页。
[2] 吴振棫《养吉斋丛录》卷一六，北京古籍出版社，1983年，第174页。
[3] 弘历《永安莽喀》诗，《钦定热河志》卷四六，第8页。
[4] 弘历《永安湃围场作》，《钦定热河志》卷四六，第15页。

猎，大体上可以分作三个时期：

第一个时期：自康熙四年（1665）至康熙二十年（1681），以南苑行围为主。康熙帝八岁登极，年龄冲幼，初习骑射，不能行围。康熙四年（1665）正月十一日，"上幸南苑行围"[1]，是为康熙帝首次御南苑行围，也是他首次躬御行围。此后幸南苑，岁或一举，抑或两举。但是，自康熙十七年（1678）吴三桂死后，削藩战争态势为之一变，康熙帝行围之场所也在转变。上年，谒孝陵，次喀喇河屯；同年，巡近边，次滦河；翌年，至保定行围。这说明康熙帝行围、巡幸的范围在逐渐扩大，已不局囿于南苑；但新围场的处所尚未确定，至热河巡幸，始定新围场。

第二个时期：自康熙二十年（1681）至康熙四十二年（1703），以木兰围场行围为主，但尚未建成避暑山庄。康熙二十年（1681），康熙帝择定木兰围场为新行围之所。尔后，每年亲往热河行围，仅有两次例外。康熙二十一年（1682），往盛京谒陵，又躬谒永陵，行围乌拉，并泛舟松花江；康熙三十五年（1696），亲征噶尔丹，次克鲁伦河，至拖纳阿林而还。其他或未举行秋狝大典，但均亲往塞外，或巡或猎，或途经木兰围场，或因故途中返京。总之，康熙帝出边北上，二十二载，年无空缺。

第三个时期：自康熙四十二年（1703）至康熙六十一年（1722），建成避暑山庄，行猎木兰围场。自康熙四十二年（1703），承德避暑山庄建成之后，至康熙六十一年（1722）康熙帝病故，凡20余年间，康熙帝每年均至避暑山庄，且每年均

---

[1]《清圣祖实录》卷一七，康熙四年十月癸亥。

至木兰围场行猎,无年间断,无年例外。康熙帝晚年,健康状况甚为不佳,例往木兰围场行猎。康熙六十一年(1722),康熙帝69岁,以抱病之躯,行木兰围场,四月十三日离京,八月二十六日驻跸汗特穆尔达巴汉,史载:

> 汗特穆尔围场在正蓝旗古都古尔卡伦之北,其西则汗特穆尔达巴汉,南则云特穆尔达巴汉,云特穆尔达巴汉之东有崆郭达巴汉。[1]

是日,"赐来朝喀喇沁、翁牛特、敖汉、阿霸垓、科尔沁、巴林、土默特、乌朱穆秦、喀尔喀、苏尼特、扎鲁特、杜尔伯特、奈曼、王、贝勒、贝子、公、台吉等银币、鞍马有差"[2]。这是康熙帝最后一次木兰行围,也是他最后一次觐赏蒙古王公官兵。康熙帝于九月二十八日回驻畅春园,44天后,即十一月十三日,崩逝于园内的清溪书屋[3]。康熙帝四十年的木兰围猎,留下历史的印迹。

木兰围猎的特质,康熙一朝,颇为鲜明。康熙帝择设与行猎的木兰围场,有着历史的特质:

其一,木兰围场设而清朝强。康熙帝一生出塞50余次,至木兰地域48次,举行木兰秋狝大典凡40次。他自康熙二十年(1681)择设木兰围场后,除康熙二十一年(1682)东巡谒陵和三十五年(1696)漠北亲征,没有亲临木兰围场外,其

---

[1]《钦定热河志》卷四六,第11页。
[2]《清圣祖实录》卷二八九,康熙六十一年八月己卯。
[3]《日下旧闻考》卷七六,第1277页。

余40年间，都到木兰围场举行秋狝大典。尤在康熙四十二年（1703）建立避暑山庄后，有时一年两临木兰围场，直至康熙六十一年（1722）。所以，木兰围场是康熙朝兴盛的产物，也是康熙朝兴盛的象征。清初，中原鼎定，三藩削平；尔后，台湾统一，北疆宁静。康熙中期以降，清帝国民族和谐，社会安定，府库充盈，戎马强盛，屹立于世界的东方。只有这样的政治一统、社会安定、经济发展、军力强盛的环境，康熙帝才有可能设立木兰围场，也才有可能行猎木兰围场。

其二，木兰围场兴而清朝盛。康熙帝死后，雍正帝虽登极后未往避暑山庄及木兰围场，但煌煌谕责"是予之过，后世子孙当遵皇考所行，习武木兰，毋忘家法"[1]。经过雍正帝十三年之勤政，清朝益加巩固与发展。乾隆帝登极后，秉承祖训，自乾隆六年（1741）至六十年（1795）的54年间，先后40次往木兰围场举行秋狝大典。其时，乾隆朝较前代更为繁荣与强盛，从而出现史称"康乾盛世"的局面。由是，木兰围场便成为"康乾盛世"的一个象征。如果金瓯分裂，社会动荡，民族纷争，财政竭绌，清帝便不可能设立木兰围场，也不可能行猎木兰围场。

其三，木兰围场废而清朝衰。嘉庆帝登位之年，便发生白莲教起义。他在位25年，仅往木兰围场行围12次，已不及其曾祖与乃父。且嘉庆帝于嘉庆二十五年（1820）七月二十四日，至承德避暑山庄，即"圣躬不豫"[2]，翌日，崩于烟波致爽殿。从此，康熙帝经始的木兰行围，实际上告以结束。道光帝承袭嘉庆帝位

---

[1]《钦定热河志》卷二五，第10页。
[2]《清仁宗实录》卷二七四，嘉庆二十五年七月乙卯，中华书局，1986年。

后，30年间未到过木兰围场及避暑山庄。他谕称：

> 我朝木兰秋狝，原以习劳肄武，嘉惠蒙古。朕临御以来，尚未举行。敬念成规，未尝一日敢忘，即我后世子孙，亦当敬谨率由，遵守勿替。惟热河为驻跸之所，一切殿宇房间，规模宏敞，阅年既久，修理不易。前经降旨，传谕该总管等，查明宽大处所，将应行收贮各件，妥为归并。此项房间，毋庸修理。因思异日即举行旧典，驻跸热河，信宿经临，房间座落，亦无需如许之多。其陈设物件，看管兵丁及各庙喇嘛等栖止之所，均应通盘筹画，以归简易。[1]

上述谕旨可见，道光帝一方面口称"敬念成规，未尝一日敢忘"，另一方面则命收贮物件，勿修房间。其后咸丰帝在避暑山庄住居近一年，亦未往木兰行围。同治元年（1862），热河都统瑞麟以"秋狝礼废，请开围荒"，获旨允行。

诚然，木兰围场的兴废同大清王朝的兴衰，虽无必然的联系，但有密切的关系。清朝兴衰的原因固多，但就木兰围场与大清王朝之兴衰关系而言，其兴是清朝强盛的标志，其废则是清朝衰落的表征。这在木兰围场诸多功能的分析中，可以得到有力的证明。

三

康熙皇帝行猎木兰围场，在历史上有着正面的作用。木兰

---

[1]《清宣宗实录》卷三〇四，道光十七年十二月己未，中华书局，1986年。

围场是一个巨大的载体，其诸种功能，交错纷呈。

避暑休憩是木兰围场的第一个功能。清康熙帝开辟木兰围场，兴建避暑山庄，避暑休憩为其首先旨趣，亦为木兰围场之首要功能。清初有作为之君主，不同于明代淫靡之帝王，他们不是靠青楼与仙丹去怡神、去健身，而是寓围猎与弓马以怡神、以健身。康熙帝为承德行宫题匾"避暑山庄"，此点出其兴建避暑山庄与设置木兰围场之真谛。康熙帝《喜岭外水土》诗可为证，诗云："霜凝肥草净无尘，处处泉源漾碧津。食少事多宵旰老，暂偷闲暇养吾身。"[1]乾隆帝径直书云："圣祖仁皇帝以热河为清暑之所。"[2]年老体衰，鬓发如丝，更需避暑，怡养精神，诗云："胜地清凉适，衰年水土宜。非因耽逸豫，实借憩神思。"[3]于此，康熙帝《穹览寺碑文》曰：

> 朕避暑出塞，因土肥水甘，泉清峰秀，故驻跸于此。未尝不饮食倍加，精神爽健，所以鸠工此地，建离宫数十间，茆茨土阶，不彩不画，但取其容坐避暑之计也。[4]

这种"三庚无暑，六月生风，地脉宜谷，气清少病"的佳境胜地，确具避暑休憩之功能。

围猎习武是木兰围场的第二个功能。清康熙帝开辟木兰围场，较猎行围，频岁举行。在木兰围猎之准备、行猎、宴赏过程中，训练八旗官兵长途跋涉、吃苦耐劳、娴习弓马、严守纪

---

[1] 玄烨《喜岭外水土》诗，《钦定热河志》卷二，第7页。
[2] 《钦定热河志》卷一，第1页。
[3] 弘历《六十一年秋出哨》诗，《钦定热河志》卷四五，第8页。
[4] 玄烨《穹览寺碑文》，《钦定热河志》卷八〇，第34页。

律的素质，培养八旗官兵行军野战、摧锋挫锐、协同配合、攻击取胜的能力。经过严格训练的八旗军，在雅克萨、乌兰布通与昭莫多等役中，长途远击，克敌制胜。于此，康熙帝长谕曰：

> 从前曾有以朕每年出口行围，劳苦军士条奏者。不知国家承平虽久，岂可遂忘武备。前噶尔丹攻破喀尔喀，并侵扰我内地扎萨克至乌兰布通。朕亲统大兵征讨。噶尔丹败走，后又侵犯克鲁伦。朕统兵三路并进，至昭莫多剿灭之。今策妄阿喇布坦，无端侵犯哈密地方。朕征发阿尔泰及巴尔库尔，两路兵进剿。策妄阿喇布坦闻之心胆俱碎，乃遣策零敦多卜等，潜往西藏劫掠，毁坏寺庙，土伯特地方，已被残蠹。朕又遣大兵前往，击败策零敦多卜等，复取西藏，救土伯特于水火之中。我兵直抵西藏，立功绝域。此皆因朕平时不忘武备，勤于训练之所致也。若听信从前条奏之言，惮于劳苦，不加训练，又何能远至万里之外，而灭贼立功乎！[1]

清军的训肄，《清史稿·兵志十》专志训练，诸如月习步射、骑射，春、秋二季擐甲步射、骑射与分操、合操，以及卢沟桥演炮、大阅之典等。但是，木兰秋狝是皇帝亲自统率的隆重习武之典。乾隆帝谕明秋狝与习武的关系，曰：

> 古者春蒐、夏苗、秋狝、冬狩，皆因田猎以讲武事。我朝武备，超越前代。当皇祖时，屡次出师，所向无敌，

---

〔1〕《清圣祖实录》卷二九九，康熙六十一年九月乙酉。

皆由平日训肄娴熟，是以有勇知方，人思敌忾。若平时将狩猎之事，废而不讲，则满洲兵弁，习于晏安，骑射渐致生疏矣。皇祖每年出口行围，于军伍最为有益，而纪纲整饬，政事悉举，原与在京无异。至巡行口外，按历蒙古诸藩，加之恩意，因以寓怀远之略，所关甚巨。[1]

清军围猎时，登山、涉水、入林、履草，栉风、沐雨，分进、合围，令行、禁止，因而将士临战能风餐露宿，履冰历沙，赴机劳苦，人思自效。清朝前期的赫赫武功，同平素习武、木兰秋狝有着不可分割的关系。

绥柔蒙古是木兰围场的第三个功能。康熙帝在《溥仁寺碑文》中称："蒙古部落，三皇不治，五帝不服。"蒙古为困扰有明一代的北部边患。木兰围场的选址，同绥柔蒙古攸关。康熙帝曰："念热河之地，为中外之交。朕驻跸清暑，岁以为常。而诸蕃来觐，瞻礼亦便。"[2]康熙帝"岁幸木兰行围，诸蒙古部落，云集景从"[3]。许多未出痘而不便到京朝觐的蒙古各部王公等，则编入"围班"，轮流到木兰围场陪同打猎。木兰围场与避暑山庄，成了塞外诸族聚会之所。康熙帝又在木兰围场西90里之多伦诺尔，召集内蒙古四十九旗、喀尔喀三部诸王公贵族，举行盛大的多伦会盟，密切清廷同蒙古的关系。康熙帝通过巡察、随围、接见、封赏、塞宴、赈济、重教、盟会等多种形式，联络感情，密切关系，从而巩固边防。《清朝文献通考》载述：

---

[1]《清高宗实录》卷一三六，乾隆六年二月癸卯，中华书局，1986年。
[2] 玄烨《溥仁寺碑文》，《外八庙碑文注释》，紫禁城出版社，1985年，第1页。
[3] 弘历《虎神枪记》，《钦定热河志》卷四六，第3页。

蒙古诸部，献其牧地，以为至尊肄武合围之所。秋时大狝，各王扈从射猎，奔走恐后，畏威怀德，悉主悉臣。盖于讲武示度之中，寓柔远绥远之略。[1]

魏源称："本朝抚绥蒙古之典，以木兰秋狝为最盛。"其时，"岁举蒐狩，车攻马同，以师兵为营卫。凡内外各札萨克，悉率左右，分班扈猎，星罗景从，霆驱雨合。而天子亲御王弧，止齐步伐，三驱田禽，寓绥远于训武"[2]。康熙帝绥柔蒙古，取得成效。高士奇《赐宴喀喇沁诸部落恭纪》诗云：

黄幄高张羽卫陈，远方述职尽称臣。
金螺酒醴颁三爵，宝碗茶膏遍一巡。
问俗远同虞出狩，要盟欲笑汉和亲。
长城有险休重设，至治从来守四邻。[3]

康熙帝在上引《溥仁寺碑文》中称，昔时三皇五帝不治不服之蒙古部落，"今已中外无别矣"！此语虽不乏夸张之意，却道出木兰秋狝于绥柔蒙古之重大作用。

行政运作是木兰围场的第四个功能。康熙帝在口外避暑行围期间，经其旨定之内阁大学士及部院大臣等，亦随同前往，处理政务。其留京王公大臣，日诣文华门办事，恭请合符，轮流值宿。非值班者，卯刻而入，申初散去；值宿班者，次晨交

---

[1]《清朝文献通考》卷一三九，江苏古籍出版社影印本，1988年，第6059页。
[2] 魏源《圣武记》卷三，中华书局点校本，1984年，第100页。
[3] 高士奇《赐宴喀喇沁诸部落恭纪》，《钦定热河志》卷一〇九，第6页。

替，合符后出。其行营之制，中为黄幔宫城，外加网城；外为内城，设连帐七十五座，设旌门三，每门树二纛；次为外城，设连帐二百五十四座，置旌门四，每门亦树二纛。各门列旗分值，外周设卫警跸[1]。外城东旁设内阁、六部、都察院、提督等衙门官帐。皇帝罢围后，住行营黄幔城御政。其"行围所有奏章，皆俟上还营后，披览发出，毫无遗滞。……实非汉、唐诸君，较猎于上林、骊山，惟知驰骋田猎之为娱者，所可比拟于万一也"[2]。清帝木兰行围，行政运作如常。承德"去京师至近，章奏早发夕至，综理万机，与宫中无异"[3]。北京与承德间行政运作，后乾隆帝加以规定：各部院题本，每三天一次，由驿递送热河；其各地重要奏折：

外省督、抚、提、镇等奏折，着赍折人前赴行在投递。惟进哨以后，仍照例交留京办事处，加封转交内阁，随本呈送。候朕批示发回，仍于留京办事处，交付赍折人祗领。[4]

所以，后来嘉庆帝在《木兰记》中曰："每岁秋狝，不逾三旬，驻营莅政，接见臣工，一如宫中，不致稍旷庶事。"他秉承其曾祖康熙帝之家法，行围御政。康熙二十七年（1688）八月，康熙帝在木兰围场的巴隆桑吉斯台地方，得报噶尔丹大举进犯喀尔喀三部，即急令"见随八旗骁骑兵丁及下五旗护军前

---

[1] 吴振棫《养吉斋丛录》卷一六，第173页。
[2] 昭梿《啸亭杂录》卷七，中华书局点校本，1980年，第221页。
[3] 张廷玉《御制恭注避暑山庄三十六景诗恭跋》，《钦定热河志》卷一〇八，第11页。
[4] 《清高宗实录》卷八八六，乾隆三十六年六月壬午。

锋，以其半往驻张家口外形势之地，以听调遣；两苏尼特、四子部落、三旗，派兵二千……"[1]进行军事部署，即为一例。康熙帝在木兰围场批准中俄《尼布楚条约》[2]，又为一例。康熙帝许多重大决策，是在木兰围场崖口行营中做出的。

皇子教育是木兰围场的第五个功能。木兰围场是康熙帝教育子孙、贵胄的课堂。他往返木兰围场行程中，兼以省方问俗、视察民瘼：

> 自出宫以来，观览禾稼，一束不登，人民无不愁困者。朕自春至今，缘兹旱灾，无日不殷忧轸念，而口外尤为可虑。出口阅视，更不堪寓目。方今比户，即以山核桃作粥而食，若时届冬春，何以存活？且闻诸蒙古，所在亦然。[3]

康熙帝以巡察之民情，教育诸子孙。后乾隆帝赋诗《示七弟及诸皇子》云：

> 祖制不可忘，勉继在后人。
> 汝观此稼穑，勤哉劳万民。
> 汝观彼部落，何以来相亲。
> 乘马汝安逸，仆役殊苦辛。
> 深宫汝丰裕，蔀屋多窭贫。

---

[1]《清圣祖实录》卷一三六，康熙二十七年八月丁卯。
[2] 约瑟夫·塞比斯《耶稣会士徐日昇关于中俄尼布楚谈判的日记》，商务印书馆，1973年，第213页。
[3]《康熙起居注册》康熙二十八年八月十四日（丁丑），中国第一历史档案馆藏。

> 见猎可悟学,射鹿应怀仁。
> 絜矩汝其覆,大旨斯略陈。[1]

乾隆帝上诗,道出教育皇家子弟之深旨大义。满洲皇权,世代相传,为求万世,至重教育。在行程、围猎中,诸皇子孙,经雨猎、雪猎、射熊、射虎,受到勇敢、机智、和谐的教育,得到体能、骑射、群体的训练。他引述《清太宗实录》训诫道:"朕行围回京之后,恭读《太宗皇帝实录》,内载:昔太祖时,我等闻明日出猎,即豫为调鹰蹴毬。若不令往,泣请随行。今之子弟,惟务出外游行,闲居戏乐"[2]云云。康熙帝通过木兰行围教育子孙,乾隆帝是成功之例。乾隆帝幼龄侍随康熙帝秋狝,登极后循此家法,坚持不渝,曰:

> 予年十二,侍皇祖行围。维时询之御前诸臣,知皇祖围中弗乘骑者已数年矣。今秋连举十二围,马上命中,不减昔时。仰邀天眷,更加优厚,后岁即不欲乘骑。然秋狝令典,我朝家法所贻,予未致政以前,不敢自逸。届时仍拟率皇子及孙、曾、元等进木兰,令皇子等行围。予于看城临观,或坐而引弓射兽,仿效前规,是亦伊古所无之盛事。[3]

康熙帝以木兰围场作为课堂,在围猎的动态之中,对天潢贵胄进行教育与训练,确是一种既切实可行又行之有效的方法,

---

[1] 弘历《示七弟及诸皇子》,《钦定热河志》卷三,第1页。
[2] 《清高宗实录》卷一五一,乾隆六年九月庚寅。
[3] 《石渠宝笈续篇》第5本,内府本。

也是皇家教育的可贵经验。

文化交融是木兰围场的第六个功能。行围木兰，蒙古进宴。塞宴时，蒙古王公献绰尔齐者（胡笳奏曲人）和什榜者（作乐人），奏乐唱歌，以伴酒食。并依次表演诈马（赛马）、什榜（奏乐）、相扑（摔跤）和教駼（套马）四项具有蒙古草原文化特色的娱乐活动：

诈马——"进宴时，择名马数百，列二十里外，结束鬃尾，去羁鞯，驰用幼童，皆取其轻捷致远。以枪声为节，递施传响，则众骑齐骋，骉驶山谷，腾跃争先，不逾晷刻而达。抡其先至者三十六骑，优赉有差"[1]。

什榜——"蒙古乐名，用以侑食。今俗所谓十番，或因此。杨万里诗有'全番长笛横腰鼓，一曲春风出塞声'之句。盖乐曲各番，本塞外语，而传讹耳。其器则笳、管、筝、瑟、弦、阮、火不思之类。将进酒辄于筵前鞠奏之，鼓喉而歌，酥罗赴节"[2]。

相扑——"相扑之戏，蒙古所最重。筵宴时必陈之。国朝亦以是练习健士，谓之布库，蒙古语谓之布克。脱帽短褌，两两相角以搏，踣仆地决胜负。胜者，劳以卮酒"[3]。

教駼——"教駼攻驹，《周礼》虽载，然后世仅知攻驹，而不能教駼，蒙古则熟习其法，谓之骑额尔敏达。骟马三岁以上曰达，骟额尔敏则未施鞍勒者也。每岁札萨克于所部，驱生马多群至宴所，散逸原野。诸王公子弟雄杰者，执长竿驰絷之，加以羁鞯。始则怒骋趠，或豨突人立，嘶啮雷殷。驭者腾越而

---

[1] 弘历《塞宴四事·诈马·序》，《钦定热河志》卷四八，第21页。
[2] 弘历《塞外四事·什榜·序》，《钦定热河志》卷四八，第22页。
[3] 弘历《塞外四事·相扑·序》，《钦定热河志》卷四八，第23页。

上，控御自如。须臾调良，率得名马"[1]。

塞宴之后，"有时上引诸文士，赓唱终夕，以示暇焉"[2]。唱和、相扑、马技、蒙乐，充分显示了满洲、蒙古和汉族的文化交流。而皇帝行围，著文赋诗，篇什蔚为大观，《热河志·艺文志》收录其中部分，成为狩猎文化的鸿篇巨什。随着木兰秋狝与山庄驻跸，热河地区兴文庙、建学宫，文教日昌，礼乐日兴。乾隆帝谕称：

> 热河地方，朕每岁木兰秋狝，先期驻跸。数十年来，户口日增，民生富庶，且农耕蕃殖，市肆殷阗，其秀民蒸蒸向化，弦诵相闻。现已兴建学宫，议定廪额，并命设立考棚。将来人文日盛，已俨然成一大都会。[3]

兴建文津阁，纂修《热河志》，都是塞外亘古未有之盛举。而在避暑山庄之外，修建诸多庙宇；在避暑山庄之内，兴筑康熙三十六景和乾隆三十六景。木兰围场与避暑山庄，展现出满、汉、蒙、藏、维等族五色文化光环，成为中华五千年历史上的一大文化奇观。

开发塞北是木兰围场的第七个功能。木兰行围与山庄驻跸，促成了塞上地区的经济开发。在设置木兰围场与避暑山庄之前，其情状是："夫山庄居塞外，伊古荒略之地。"[4]自设置木兰围场与避暑山庄之后，首先是土地开发：

---

〔1〕 弘历《塞外四事·教·序》，《钦定热河志》卷四八，第24页。
〔2〕 昭梿《啸亭杂录》卷七，中华书局点校本，1980年，第221页。
〔3〕 《清高宗实录》卷一〇四八，乾隆四十三年正月乙亥。
〔4〕 弘历《文津阁记》，《钦定热河志》卷四一，第3页。

> 沿边旷地多，弃置良非策。
> 年来设屯聚，教以分阡陌。
> 春夏耕耨勤，秋冬有蓄积。
> 霜浓早收黍，暄迟晚刈麦。[1]

开垦荒地，种植水稻。康熙帝将在西苑丰泽园亲手培植的"早御稻"，移植到避暑山庄。这种"早御稻"——"米色微红，较长，味甘香，六月早熟。本丰泽园种，移艺山庄。四十余年以来，内膳所进皆此米也。"[2] 又移种"乌喇白粟"，《康熙几暇格物编》载：

> 七年前，乌喇地方树孔中，忽生白粟一科，土人以其子播获，生生不已，遂盈亩顷。味既甘美，性复柔和。有以此粟来献者。朕命布植于山庄之内，茎干叶穗较他种倍大，熟亦先时。作为糕饵，洁白如糯稻，而细腻香滑殆过之。[3]

山庄苑内不仅种稻、粟，还种麦、黍，并种果树，如草荔支。草荔支"丛生朱颗，味甘且芳。似普盘而无子，普盘亦内地所无，而塞外恒有此，惟兴安及乌喇乃有之。皇祖时命移植山庄，锡名草荔支。当秋而实，闽贡适至，蠲渴生津，难拟伯仲也"[4]。在《康熙几暇格物编》中，康熙帝对普盘、樱额、倒吊果、花红以及落叶松、枫树等做了载述与研究。他还对粮之

---

[1] 玄烨《口外设屯耕植聚落渐成》，《钦定热河志》卷九二，第11页。
[2] 《钦定热河志》卷九二，第1页。
[3] 《钦定热河志》卷九二，第3页。
[4] 弘历《草荔支诗·序》，《钦定热河志》卷九三，第1页。

属的稻、麦、豆、荞麦、玉蜀黍、蚕豆，药之属的薏苡、脂麻，蔬之属的菘、蕨、山葱、山韭、山蒜、萝卜，瓜之属的西瓜、甜瓜、菜瓜、南瓜、寒瓜等皆入诗。此外，还有开矿。先是平泉州有铅矿，封山禁开。康熙五十一年（1712），"许内地民人及蒙古开采"[1]。

以木兰围场和避暑山庄这两个地区为中心，并及塞外驿站沿线地带，土地增辟，户口增加，作坊栉比，商贾连楹，史称：人民殷义，物产充盈，闾阎栉比，原隰沃衍。以两间房行宫地域为例：

　　自昔以两间房得名者，今且成聚成都，农鄽布列，烟火相望，鸡犬之声相闻矣！[2]

从上述两间房的变化，可窥塞外经济与文化开发之一斑。而木兰围场与避暑山庄之开发，则更不待言。

康熙皇帝经始的木兰围场，实际运作了康、乾、嘉三朝，凡126年，正值清代鼎盛之期。木兰围场的设置与围猎，避暑山庄的兴建与消夏，民众付出巨大的代价，历史负荷沉重的包袱。然而，它留下的文化遗产，永放光彩；它铸下的历史经验，永著史册。木兰围场兴而清朝盛，木兰围场废而清朝衰，其因其果，启迪思索。

（原载《故宫博物院院刊》1994年第2期）

---

[1]《钦定热河志》卷九六，第16页。
[2]《钦定热河志》卷四四，第25页。

康熙大帝与避暑山庄

康熙大帝在位六十一年，对中华历史、对世界文明，做出贡献，兹举其要，下列十项，以见一斑：一是削平三藩，巩固中原一统；二是统一台湾，实现海峡两岸金瓯完整；三是取得雅克萨自卫反击战胜利，签订中俄《尼布楚条约》；四是挫败噶尔丹骚乱，加强对西疆的管辖；五是多伦会盟，绥服喀尔喀蒙古；六是两次派兵入藏，在西藏地区施政；七是治理黄河，取得明显效果；八是编纂图书，纂辑《古今图书集成》《皇舆全览图》《律历渊源》和《全唐诗》等；九是学习西方科技，促进东西方文化交流；十是兴建避暑山庄、木兰围场（已有专述）[1]。其中避暑山庄是康熙帝的园林艺术杰作。今年（2003）是避暑山庄建成300周年，草撰此文，以作纪念。

一

避暑山庄的兴建，有历史传统与民族文化的背景。

北京在清朝定都之前，先后有蓟、燕、前燕、大燕、刘燕、

---

[1] 阎崇年《康熙皇帝与木兰围场》，《故宫博物院院刊》1994年第2期。

辽、金、元、明、大顺十个政权在北京建都,其中有的是方国都城,如先秦的蓟和燕;有的是割据政权的都城,如慕容儁的前燕、安禄山的大燕、刘守光的刘燕;有的是半壁山河的政权都城,如辽朝和金朝[1];也有的是全国政权的都城,如元朝和明朝。蓟、燕、前燕、大燕、刘燕的皇家苑囿,均不足论。北京正式成为皇都是从辽代开始的,从此皇家园林兴建进入新的时期。

辽朝设立五京,燕京为其一。《辽史·地理志》记载辽所设之五京:上京临潢府、东京辽阳府、中京大定府、南京析津府(又称燕京)、西京大同府。辽朝除实行五京制之外,还实行四时捺钵制。《辽史·营卫志》记载:"辽国尽有大漠,浸包长城之境,因宜为治。秋冬违寒,春夏避暑,随水草就畋渔,岁以为常。四时各有行在之所,谓之捺钵。"[2]"捺钵"为契丹语音译,汉译意为"住坐处""行在""行宫"[3]。所以,辽帝在燕京兴建行宫,又在京郊兴建延芳淀苑囿。延芳淀在燕京东南90里的潞阴镇(今通州地区),其规模很大,包括今北京、天津、河北三地交界区域。每年春季,辽帝率队,前往弋猎。《辽史·地理志》记载:

> 延芳淀方数百里,春时鹅鹜所聚,夏秋多菱芡。国主春猎,卫士皆衣墨绿,各持连锤、鹰食、刺鹅锥,列水次,相去五七步。上风击鼓,惊鹅稍离水面。国主亲放海东青

---

[1] 阎崇年《北京"十二为都"诹议》,《燕史集》,北京燕山出版社,1997年。
[2] 《辽史》卷三二《营卫志》,中华书局点校本,1974年,第373页。
[3] 陈述《契丹社会经济史稿》,生活·读书·新知三联书店,1963年,第203页。

鹘擒之。鹅坠，恐鹘力不胜，在列者以佩锥刺鹅，急取其脑饲鹘。得头鹅者，例赏银绢。国主、皇族、群臣，各有分地，户五千。[1]

金朝正式定都燕京。在燕京大建皇家苑囿，但其规模不如辽朝的延芳淀。

蒙古灭亡金朝和南宋之后，建立元朝。元在上都，建有苑囿："内有泉渠川流，草原甚多，亦见有种种野兽，惟无猛兽，是盖君主用以供给笼中海青、鹰隼之食者也。海青之数，二百有余，鹰隼之数，尚未计焉。"[2]忽必烈定都大都后，在南郊兴建飞放泊即南海子，又称南苑。南苑不断变化，《日下旧闻考》引述《明一统志》记载："南海子在京城南二十里，旧为下马飞放泊，内有按鹰台。永乐十二年增广其地，周围一万八千六百六十丈。中有海子三，以禁城北有海子，故别名南海子。"[3]前文的"下马"，意思是很近；"飞放泊"是苑囿的名称，因禁城北有海子即今积水潭，故别称其为南海子，又称为南苑；周围长度，据清朝实测，南海子周围19280丈。《元史·兵志》记载元朝的定制："冬春之交，天子或亲幸近郊，纵鹰隼搏击，以为游豫之度，为之飞放。"[4]清人记载："城南二十里有囿曰南海子，一百六十里，中有殿，殿旁晾鹰台，台临三海子筑七十二桥以渡，元之旧也。"[5]《养吉斋丛录》记述

---

[1]《辽史》卷四〇《地理志》，第496页。
[2] 冯承钧译《马可·波罗行纪》，商务印书馆，1936年，第277页。
[3]《日下旧闻考》卷七五，北京古籍出版社，1985年，第1264页。
[4]《元史》卷一〇一《兵志》，中华书局点校本，1976年，第2599页。
[5]《日下旧闻考》卷七五，第1266页。

南苑"旧称一百六十里,实止一百二十里"。南海子周围有鹰户,内养獐、鹿、雉、兔,以供皇帝弋猎。

元亡明兴,明朝皇帝为农耕文化,重文轻武,不尚畋猎。南海子除明初永乐帝岁时蒐猎、正德帝偶尔临幸外,闲多用少,几近荒芜。

清朝太祖努尔哈赤习尚牧猎,但不同于辽、金、元三代皇帝,契丹辽主、女真金主和蒙古元主喜欢弋猎,而满洲主崇尚射猎。前者主要是纵鹰捕猎,后者则主要是骑马射猎。因此,清朝需要的苑囿,其范围更广、规模更大、丛林更阔、野兽更多。

满洲的先民建州女真,喜好围猎,崇尚骑射。八旗组织的形成,源自部民的狩猎。《满洲实录》记载八旗制度的起源道:"前此,凡遇行师出猎,不论人之多寡,照依族寨而行。满洲人出猎开围之际,各出箭一枝,十人中立一总领,属九人而行,各照方向,不许错乱。"[1]满洲的这种民族习俗,太祖努尔哈赤、太宗皇太极、世祖福临、摄政睿亲王多尔衮、圣祖玄烨、高宗弘历等,世代传承,相沿不衰。

努尔哈赤的射猎,《清太祖高皇帝实录》记载:"上出猎,驻跸牧奇。"[2]又记载"上出猎,时雪初霁"云云[3]。努尔哈赤几次迁都,都将"易于射猎"作为条件之一。沈阳具备射猎条件是其迁都的一条重要原因:"时而出猎,山近兽多。"[4]努尔

---

[1] 《满洲实录》卷三,辽宁通志馆影印本,第3—4页。
[2] 《清太祖高皇帝实录》卷四,乙卯年(万历四十三年)十月丁未,中华书局影印本,1986年,第18页。
[3] 《清太祖高皇帝实录》卷四,乙卯年(万历四十三年)十一月癸酉,第18页。
[4] 《满洲实录》卷八,中华书局影印本,1986年,第8页。

哈赤郊迎出征东海瓦尔喀部凯旋,边迎边猎,凡四日,"以所猎兽百余,所携酒二百瓮,飨从征士卒,并及降附户口"[1]。天命十年(1625)努尔哈赤率军援科尔沁奥巴,"因先经射猎,马羸甚"[2],别选精骑而往,取得胜利。此期,赫图阿拉、辽阳、沈阳城外,有大片的天然猎场,不需另建大汗狩猎围场。

皇太极的射猎,《清太宗实录》记载,在天聪年间,皇太极每年都有大的出猎活动。天聪元年(1627)十月,皇太极率诸贝勒大臣猎于沈阳东郊300里外,历时十五日。天聪二年(1628)十二月,又率贝勒大臣猎于沈阳东北400里外,历时十三日,"上亲殪五虎"[3]。天聪三年(1629)十二月,皇太极在北京之战的间隙,在京南良乡、海子地带"且猎且行"[4]。天聪四年(1630)五月和十一月,两次大规模出猎,大贝勒代善、莽古尔泰都坠马受伤。天聪五年(1631)四五月间,皇太极再次出猎,"上行猎于郊外"。天聪六年(1632)五月、九月、十月、十二月,皇太极率诸贝勒大臣先后四次出猎,东到抚顺,西到叶赫,北到开原,南达归化界外。皇太极留下"一矢贯二黄羊"、共"射羊五十八"只的记载[5]。天聪七年(1633)、八年(1634)都有皇太极率诸贝勒大臣出猎的记载。天聪九年(1635)十一至十二月间的一次出猎,历时十七日,

---

[1]《清太祖高皇帝实录》卷九,天命九年四月己卯,第11页。
[2]《满洲实录》卷八,第35页。
[3]《清太宗实录》卷四,天聪二年十二月戊子,中华书局影印本,1985年,第18页。
[4]《清太宗实录》卷五,天聪三年十二月辛亥,第11页。
[5]《清太宗实录》卷一二,天聪六年五月丙辰,第24页。

"是猎也，上射殪虎四，鹿狍、野豕共一百二十有八"[1]。在崇德年间，皇太极的出猎活动连年不断，但在崇德八年（1643）即他去世之年，因健康状况欠佳，而没有大规模地出猎。其中崇德二年（1637）春季"出猎凡二十六日"[2]；冬季"行猎凡二十三日"，猎获"殪虎四，射野猪、鹿、狍、黄羊一百五十有九"[3]。

射猎被视作清朝的国家根本之策。为此，皇太极告谕诸王贝勒大臣曰：

> 我国家以骑射为业，今若不时亲弓矢，惟耽宴乐，则田猎行阵之事，必致疏旷，武备何由而得习乎！盖射猎者，演武之法；服制者，立国之经。朕欲尔等，时时不忘骑射，勤练士卒。凡出师田猎，许服便服，其余俱令遵照国初之制，仍服朝衣。且谆谆训谕者，非为目前起见也。及朕之身，岂有习于汉俗之理？正欲尔等识之于心，转相告诫，使后世子孙遵守，毋变弃祖宗之制耳！和硕睿亲王多尔衮等皆跪奏曰："皇上谆谆诫谕，臣等更复何言？惟铭刻在心，竭力奉行而已。"[4]

但是，好逸恶劳，耽于安乐，在皇太极时期已经显现端倪。皇太极说：

> 昔太祖时，我等闻明日出猎，即豫为调鹰蹴球，若不

---

[1]《清太宗实录》卷二六，天聪九年十二月己卯，第2页。
[2]《清太宗实录》卷三五，崇德二年五月戊辰，第8页。
[3]《清太宗实录》卷三九，崇德二年十二月癸丑，第29页。
[4]《清太宗实录》卷三五，崇德二年四月丁酉，第26页。

令往，泣请随行。今之子弟，惟务出外游行，闲居戏乐。在昔时，无论长幼，争相奋励，皆以行兵出猎为喜。尔时仆从甚少，人各牧马披鞍，析薪自爨。如此艰辛，尚各为主效力。国势之隆，非由此劳瘁而致乎！今子弟遇行兵出猎，或言妻子有疾，或以家事为辞者多矣。不思勇往奋发，而惟耽恋室家，偷安习玩，国势能无衰乎！诸王大臣奏曰："诚如圣谕，臣等谨识弗忘。"[1]

游猎是辛苦的，也是危险的。如崇德四年（1639）十一月辛巳（二十八日），皇太极、代善等到英格布占地方狩猎。和硕礼亲王代善"射獐，马仆，伤足"。皇太极看见后，骑马驰至代善前，下马，亲为裹创，酌金卮，劝代善饮毕，叹曰："此番畋猎，原欲巡省，非为从兽习射也。朕以兄年高，不可驰马，曾屡劝之。兄奈何不自爱耶？"因泣下，遂驻营其地，罢猎。[2]

狩猎的一个重要目的，是获得经济利益。一次，皇太极行猎至开库尔地方，因身体违和，遂驻跸其地。于是诸王、大臣等，奏请停止行猎，车驾回宫，息劳静摄。皇太极曰："朕躬偶尔违和，岂可使如许从猎军士，一无所获，而遂空返耶？尔诸王、贝子、大臣等率之行猎可也。"[3]

以上清太祖、太宗的出猎活动，其目的在于猎获、习武、健身、娱悦。在清入关之前，围猎所获，是其皮毛、肉食需求

---

[1]《清太宗实录》卷三〇，崇德元年七月丁卯，第12页。
[2]《清太宗实录》卷四九，崇德四年十一月辛巳，第9页。
[3]《清太宗实录》卷六三，崇德七年十二月丁丑，第28页。

的一个重要来源。满洲崇尚骑射,通过围猎进行军事演习,培养官兵的勇敢精神、协作能力、增强体能,训练纪律。至于健身和娱悦,列举两例。其一,皇太极关雎宫宸妃海兰珠病逝后,"追悼不已",诸王、贝勒等"奏请出猎,以慰睿怀"。皇太极允之。其二,皇太极追念宸妃,过于伤悼,"圣怀不怿"。诸王、贝勒、大臣奏言:"皇上深居九重,不若出猎,以阅武畅怀。"[1]皇太极应允所请,率领后妃、亲王、贝勒等到叶赫地方出猎。

福临继位后,承袭家风祖制,传承骑射文化。先是,福临在崇德七年(1642),年刚五岁,就随皇父出猎。《清太宗实录》记载:"时皇九子甫五岁,射中一狍,众皆称异。"[2]这条史料可能张饰,但说明福临从小受到骑射文化的熏陶。福临到北京之后,据《清史稿·世祖纪》载,顺治亲政前没有"幸南苑"的记录;亲政后的十年间,先后"幸南苑"共23次。顺治十三年(1656),皇弟襄亲王博穆博果尔死,册董鄂氏为皇贵妃,是年"幸南苑"5次。十七年(1660)皇贵妃董鄂氏死,此年没有"幸南苑"的记录。顺治在京外的出猎与阅武,其亲政前只有1次;亲政后共有4次:一次是顺治八年(1651),到故元上都;第二次是同年"上猎于近郊";第三次是十六年(1659)"上猎于近畿",到昌平、汤泉、三屯营,并为自己选定墓穴;第四次是十七年(1660),皇贵妃董鄂氏七月病死,顺治心情很坏,十月"幸近郊",散散心。以上4次记载,真正出猎,只有2次。清朝在南苑举行的大阅

---

[1]《清太宗实录》卷五八,崇德六年十一月乙酉,第16页。
[2]《清太宗实录》卷六三,崇德七年十二月丁丑,第28页。

之典,"世祖二次、圣祖十二次、世宗二次、高宗四次、宣宗□次"[1]。

清初太祖、太宗、世祖三朝,努尔哈赤与皇太极时期,矢镞风发,战火不断,既无苑囿,也无猎场。他们充分利用大自然的条件,纵马驰驱,任意出猎。福临虽深居九重,中原尚未一统,财政颇为拮据,只有利用先朝南苑,没有兴建大的苑囿。其间,睿亲王虽主建避暑城,未竣身死,被列罪名。所以,清朝兴建皇家苑囿,到康熙时才得以实现。

二

康熙帝冲龄继承皇位,大权掌握在四辅政大臣手中。康熙帝亲政后,先后平定"三藩之乱"、统一台湾、取得雅克萨保卫战胜利并签订《尼布楚条约》、平定噶尔丹的叛乱、绥服喀尔喀蒙古,清朝江山,空前一统。康熙四十二年(1703),康熙大帝到热河下营,开始兴建热河行宫。康熙五十年(1711),热河行宫初步建成,改名为"避暑山庄"。

避暑山庄有八项功能——避暑、行政、游幸、巡狩、射猎、防疫、宗教、绥蒙。

第一,避暑。避暑山庄主要功能之一是避暑。清太祖努尔哈赤、太宗皇太极都是女真人的后裔。女真-满洲的骑射文化,给满洲皇帝以深刻的影响,满洲皇室祖居辽东建州赫图阿拉,冬季不甚严寒,夏季不甚炎热。满洲皇帝世祖福临虽然入关定居北京,圣祖玄烨又出生在北京,但骑射文化的影响,仍然根深蒂

---

[1] 吴振棫《养吉斋丛录》卷一六,中华书局标点本,2005年,第178页。

固。他们定居北京，难以忍受燕京盛夏之酷暑。明帝与清帝不同，朱棣由金陵就国北平，脱出金陵火炉之地，入于燕京清凉之境。多尔衮与朱棣相反，由盛京迁居燕京，尤其难耐燕京之溽暑。早在睿亲王多尔衮摄政时，因受不了北京的夏季炎热气候，而在今承德市西40里处，兴建喀喇城避暑。康熙《穹览寺碑文》载："喀喇河屯者，蒙古名也，译之即乌城也。"喀喇城，时称喀喇河屯，为蒙古语译音，"喀喇"汉意译为乌或黑，"河屯"汉意译为城。多尔衮兴建喀喇城缘由：京城"春、秋、冬三季，犹可居止。至于夏月，溽暑难堪。但念京城乃历代都会之地，营建匪易，不可迁移。稽之辽、金、元，曾于边外上都等城，为夏日避暑之地。予思若仿前代造建大城，恐糜费钱粮，重累百姓。今拟止建小城一座，以便往来避暑"[1]。这话说得直白无隐。康熙帝御制《避暑山庄记》，并以御书"避暑山庄"四个大字，命名热河行宫，榜额丽正之门。他因京中暑天炎热，而到塞外沐浴清风。其诗序云："每时届炎暑，即赴口外，掖撑视膳，朝夕温清。"[2]他在《溥仁寺碑文》中说："朕驻跸清暑，岁以为常。"[3]康熙帝劳累的躯体，到塞外得到休息。他在《穹览寺碑文》中说："因其地土肥水甘，故驻跸于此，未尝不饮食倍加，精神爽健。"后乾隆帝亦诗云："宫居未园居，炎热弗可当；图兹境清凉，结宇颇幽邃。"这也说的是园居清凉，以避盛暑之意。清人也认为其为避暑之所："康熙戊子，肇建山庄，为避暑所。"[4]汪灏《随銮

---

[1]《清世祖实录》卷四九，顺治七年三月乙卯，中华书局影印本，1986年，第7页。
[2] 王志民、王则远《康熙诗词集注》，内蒙古人民出版社，1995年，第485页。
[3] 玄烨《溥仁寺碑文》，紫禁城出版社，第1页。
[4] 吴振棫《养吉斋丛录》卷一八，第200页。

纪恩》载:"皇上避暑于塞外,兼行秋狝之典。"也是说康熙帝去承德避暑之意。所以,康熙帝以"避暑山庄"命名热河行宫,体现了"避暑"是这座行宫的第一功能。康熙帝在《夏日山庄百花齐放》诗中写道:"咫尺雄关一线墙,景风已拂尚芬芳,近都爱此清凉地,逢草逢花莫不香。"[1]这就是说此地夏日清凉,花草因凉而皆香。康熙帝曾说:避暑山庄"风清夏爽,宜人调养之功"。因此,避暑山庄比秀丽的江南、浑厚的秦陇、质朴的东北、物阜的中原,更适宜于避暑休养[2]。

第二,行政。避暑山庄在康熙、乾隆、嘉庆的百余年间是清朝的第二个政治中心。康熙帝兴建"澹泊诚敬殿",作为临朝听政之所。其内有"依清旷殿","召见臣工,往往在此"[3]。康熙帝在避暑山庄,"日理万机,未尝稍辍,与宫中无疑"。其时,跟随康熙到避暑山庄的,有宗室王公、高官显宦、六部九卿、护军侍卫等,山庄之外,修府第,建宅院,避暑山庄成为皇清的行都。康熙帝从四十二年(1703)以后,几乎每年都到避暑山庄。他一般是四五月出口,九十月回宫。每年从北京去木兰围场,在避暑山庄驻留。每年大约有半年的时间,住居避暑山庄。所以乾隆帝在《澹泊诚敬殿门额题记》中说:"祖功避暑山庄,夏五来临岁以常。"避暑山庄成为此期的国家政治中心。康熙年间,从北京到围场,先后共建有17处行宫(后增为20处),其中心则是热河行宫。热河行宫,康熙四十二年(1703)

---

[1]《清圣祖仁皇帝御制文集》第4集,卷三六,文津阁《四库全书》影印本,第7页。

[2] 玄烨《避暑山庄记》,《清圣祖仁皇帝御制文集》第3集,卷二二,文津阁《四库全书》影印本,第12页。

[3] 吴振棫《养吉斋丛录》卷一八,北京古籍出版社,1983年,第201页。

建。康熙五十年（1711），热河行宫改扩建工程告竣，康熙帝撰写了《避暑山庄记》，叙述其选址、营建、扩修的过程，以此标志将热河行宫命名为避暑山庄[1]。避暑山庄建有宫殿区，其功能在于处理军政要务。康熙在《芝径云堤》诗中说："若使扶养留精力，同心治理再精求。"[2]就是说避暑山庄同北京宫城具有同样的政治功能。避暑山庄的历史表明，从顺、康到咸、同，清廷许多重要决策、重要事件、重要人物，都或多或少，或直接或间接，同避暑山庄有着关联，其影响一直到晚清的同、光、宣。

第三，游幸。避暑山庄是康熙游幸之所。康熙四十三年（1704）九月，康熙帝在《赋得霜叶红于二月花》诗云："塞鸿初度惊霜信，枫叶流丹树树红。最喜山林清俗念，故应暂却世尘风。"[3]康熙到避暑山庄，避却世俗风尘，超然游兴乐趣。他在避暑山庄读书、翰墨、听戏、垂钓、打猎、赋诗、赏花、泛舟、游山、宴饮等，享尽人间仙境之乐。乾隆帝在《避暑山庄后序碑文》中说："若夫崇山峻岭，水态林姿，鹤鹿之游，鸢鱼之乐，加之岩斋溪阁，芳草古木。物有天然之趣，人忘尘世之怀。较之汉、唐离宫别苑，有过之而无不及也。"[4]避暑山庄经过康乾近百年的修建，辟为宫殿区、湖区、林区，是塞外理想的游幸胜地。康熙题名的三十六景诗便是诗证。康熙三十六

---

[1] 王思治《兴建避暑山庄》，《清朝通史·康熙朝》第5册，紫禁城出版社，2003年，第560页。

[2] 王志民、王则远《康熙诗词集注》，第563页。

[3] 《热河志》卷九三，第29页。

[4] 弘历《避暑山庄后序碑文》，《避暑山庄碑文释译》，紫禁城出版社，1985年，第92—93页。

景：烟波致爽、芝径云堤、无暑清凉、延薰山馆、水芳岩秀、万壑松风、松鹤清越、云山胜地、四面云山、北枕双峰、西岭晨霞、锤峰落照、南山积雪、梨花伴月、曲水荷香、风泉清听、濠濮间想、天宇咸畅、暖溜暄波、泉源石壁、青枫绿屿、莺啭乔木、香远益清、金莲映日、远近泉声、云帆月舫、芳渚临流、云容水态、澄泉绕石、澄波叠翠、石矶观鱼、镜水云岑、双湖夹镜、长虹饮练、甫田丛樾、水流云在。有山有水、有云有霞、有树有花、有日有月、有石有泉、有雪有凉、有馆有亭、有堤有风，真是一幅天然图画。《养吉斋丛录》作者评曰："宇内山林，无此奇丽。宇内亭园，无此宏旷。"[1]

第四，巡狩。避暑山庄兴建的一个目的是居安思危，倡劳戒逸。清太宗曰："我国家以骑射为业，今若不时亲弓矢，惟耽宴乐，则田猎行阵之事，必致疏旷，武备何由而得习乎！盖射猎者，演武之法，……朕欲尔等，时时不忘骑射，勤练士卒。"且告诫道："尔等识之于心，转相告诫，使后世子孙遵守，毋变弃祖宗之制耳！"[2]不崇尚骑射，而耽于逸乐，前车之鉴，祖宗遗训，必相传承，不可忘记。康熙帝针对有人以出口巡狩劳苦军士的条奏，列举三征噶尔丹、西征策妄阿拉布坦、遣军进藏区胜利之事实说："我兵直抵西藏，立功绝域，此皆因朕平时不忘武备，勤于训练之所致也。若听信从前条奏之言，惮于劳苦，不加训练，又何能远至万里之外，而灭贼立功乎！"[3]所以，乾隆帝总结历史经验说："三代以下，享国最长者，莫如

---

[1] 吴振棫《养吉斋丛录》卷一八，北京古籍出版社，1983年，第206页。
[2] 《清太宗实录》卷三四，崇德二年四月丁酉，第27页。
[3] 《清圣祖实录》卷二九九，康熙六十一年九月乙酉，中华书局影印本，1986年，第1页。

汉、唐、宋、明，然四姓皆一再世而变乱生焉。是岂天心之怠倦，亦人事之偷惰实致之？我皇祖有鉴于此，故自三逆底定之后，即不敢以逸豫为念。巡狩之典，或一岁而二三举行，耗财劳众之论，夫岂不虑？然而凛天威，鉴前车，查民瘼，备边防，合内外之心，成巩固之业，习劳苦之役，惩宴乐之怀，所全者大，则其小者有不必恤矣！"其实，这就是康熙帝"以守还兼创，居安不忘危"的意思。

第五，射猎。避暑山庄和木兰围场，特别是后者，是康熙帝重要的猎场。先是，清太祖时，皇太极回忆说："我等闻明日出猎，即豫为调鹰蹴球，若不令往，泣请随行。"他又说："在昔时，无论长幼，争相奋励，皆以行兵出猎为喜。"[1]康熙帝继续保持这种满洲习俗。他在65岁时说："朕自幼至今，凡用鸟枪、弓矢获虎一百三十五、熊二十、豹二十五、猞猁狲十、麋鹿十四、狼九十六、野猪一百三十二、哨获之鹿凡数百，其余围场内随便射获诸兽，不胜记矣。朕曾于一日内，射兔三百一十八。若庸常人，毕世亦不能及此一日之数也。"[2]

第六，防疫。避暑山庄和木兰围场兼有防疫之功能。康熙帝兴建避暑山庄的一个原因，就是为了防范痘症（天花等传染病）在蒙古、西藏地区的流行。因蒙古游牧地区，空气清新，人烟稀少；中原地带，长城以南，人烟稠密。他们到北京，水土不服，受感染的机会较多。蒙古、西藏、新疆的王公、伯克、贵族、喇嘛等，畏惧关内酷暑和疾疫，又想向皇帝朝觐。蒙、藏、维等王公、喇嘛、伯克等在避暑山庄、木兰围场朝觐，可

---

[1]《清太宗实录》卷三〇，崇德元年七月丁卯，第12页。
[2]《清圣祖实录》卷二八五，康熙五十八年八月己未，第7页。

以减少传染痘症的概率。乾隆帝在《避暑山庄百韵诗序》云："我皇祖建此山庄于塞外，非为一己之豫游，盖贻万世之缔构也。……而四十八旗诸部落，屏蔽塞外，恭顺有加，每岁入朝，锡赉燕飨，厥有常典。但其人有未出痘者，以进塞为惧，延颈举踵，以望六御之临，觐光钦德之念，有同然也。我皇祖俯从其愿，岁避暑于此，鳞集仰流而来者，无不满志而归。"[1]

第七，宗教。避暑山庄在康熙时兴建溥仁寺、溥善寺。兴寺庙、宣佛教、抚远人、绥蒙古。康熙帝在《溥仁寺碑文》中说："朕思治天下之道，非奉一己之福，为合天下之福为福；非私一己之安，遍天下之安为安。"康熙帝了安天下，合众心，提倡佛教，兴修佛寺。其目的在于"以佛氏施仁之因果，共诸藩保巩固之休"。后经乾隆帝兴建普宁寺、安远庙、普乐寺、普陀宗乘之庙、须弥福寿之庙、殊像寺，从而形成避暑山庄外八庙。

第八，绥蒙。避暑山庄是康熙帝抚绥蒙古的重要场所。蒙古王公每年要朝见清朝皇帝，分为"年班"和"围班"两种。前者，主要是已经出过痘症的蒙古王公，称之为"熟身"，每年末轮班进京朝见皇帝；后者，主要是未出过痘症的蒙古王公，称之为"生身"，每年夏秋轮班到木兰围场随从行围，随后到避暑山庄觐见皇帝。正如乾隆帝诗云："万幕拱黄城，千山绕御营。朝家修武备，藩部输忠诚。"康熙帝通过蒙古王公的随围、觐见、赏赐、宴饮、乐舞等，直接同他们会面，密切情谊，安定边塞。所以，乾隆帝说："自秦人北筑长城，畏其南下，防之愈严，则隔绝愈盛，不知来之乃所以安之。我朝家法，中外

---

[1]《热河志》卷二五《行宫一》，第19页。

一体，世为臣仆。皇祖辟此避暑山庄，每岁巡幸，俾蒙古未出痘生身者，皆得觐见、宴赏、锡赉，恩益深而情益联，实良法美意，超越千古。"[1]康熙帝每年在避暑山庄期间，蒙古王、贝勒、贝子、公、台吉，朝觐皇帝，施恩联情，促进民族的情谊。乾隆帝在普陀宗乘之庙大红台上千佛阁碑，以满、汉、蒙文撰写碑记，其汉文说："山庄者，我皇祖圣祖仁皇帝，宠嘉群藩，岁岁行边展觐，燕赉频繁。而朕勤思绍闻，惟此锡类联情，眷然顾省弗谖者也。"[2]因之，避暑山庄成为清帝同蒙古王公贵族"宠嘉群藩"和"锡类联情"的处所。

三

避暑山庄暨外八庙在经济、军事、文化、民族、建筑、生态、园林、宗教、文物、艺术等十个方面具有重要价值。避暑山庄暨外八庙被列为世界文化遗产名录，更具有深远的国际影响。本文于避暑山庄暨外八庙的诸多价值，不展开全面论述，只就其经济、园林艺术、民族与历史四点，略作阐述。

其一，避暑山庄暨外八庙与热河地区的经济发展。热河地带，如《辽史》所载：

> 长城以南，多雨多暑，其人耕稼以食，桑麻以衣，宫室以居，城郭以治。大漠之间，多寒多风，畜牧畋渔以

---

[1] 弘历《出古北口·诗注》，《热河志》卷二一，第21页。
[2] 弘历《千佛阁碑记》，《外八庙碑文注译》，紫禁城出版社，1985年，第83页。

食，皮毛以衣，转徙随时，车马为家。此天时地利所以限南北也。[1]

到元、明以至清初，热河地带仍是蒙古一片荒地。康熙帝在《溥仁寺碑文》中说："名号不掌于职方，形胜无闻于地志。"[2]自兴建避暑山庄之后，热河广大地带，经济日渐发展，人口日益增多，商贾熙拥而至，蔚然成为都会。先是，康熙皇帝每年来避暑山庄，随行大批官员、成千上万的官兵，他们的衣食住行，各项供应，需求很大。每年"凡秋狝率于山庄驻跸数十日，万骑云屯，百货骈集，阛阓殷赈，拟于京师"。避暑山庄俨然"为一大都会矣！"[3]由于皇帝每年都来避暑山庄，于是在这个地区，一些行商变成坐商。随之，出现买卖街。到乾隆时，承德"买卖街在山庄西，最称繁富，南北杂货，无不有"[4]。

朝鲜使者朴趾源亲历避暑山庄，据其目睹热河的宫殿与市井情状而写成的《热河日记》记载："既入热河，宫闱壮丽，左右市廛，连亘十里，塞北一大都会也。"又载："商贾辐辏，酒旗茶旌，辉映相望，里闬栉比，吹弹之声，彻夜不休。"

在热河地区，农业得到长足发展："一川禾黍，万户耕桑"，"万家烟景，鳞次栉比"。康熙帝在《烟波致爽》诗中形容说："生理农桑事，聚民至万家。"[5]

---

[1]　《辽史》卷三二《营卫志》，第373页。
[2]　玄烨《溥仁寺碑文》，《热河志》卷七九，第3页。
[3]　吴振棫《养吉斋丛录》卷一八，北京古籍出版社，1983年，第200页。
[4]　吴锡麟《热河小记》，《小方壶舆地丛书》本。
[5]　玄烨《烟波致爽》，《热河志》卷二六，第2页。

所以，热河地带，数十年来，户口日增，市肆繁盛，农桑种植，烟火万家，承德俨然成为塞外的一大都会。其行政建制，由隶属于内务府的围场总管大臣、热河总管大臣，到雍正元年（1723）设立热河厅。

其二，避暑山庄是康熙帝园林艺术的杰作。避暑山庄暨外八庙，由康熙帝经始，乾隆帝发展，历百余年的雕琢，终于大成。避暑山庄暨外八庙的建筑与艺术，借天借地，因山因水，移江南园林美景，展北国林莽雄姿，将中华田园、草莽、森林、高岭等文化，取精撷华，熔冶一体，成为园林艺术的奇葩。有人赞其景胜曰："自有山川开北极，天然风景胜西湖。"园林的造诣，艺术的佳趣，真是"万树攒绿，丹楼如霞，谓之画境可，谓之诗境亦可，而诗与画逊真境远矣"[1]。后将《避暑山庄三十六景图》制成铜版，印装成册，风靡欧洲，西人赞叹。

其三，避暑山庄暨外八庙增进了民族的聚合与融汇。我国自秦始皇到清宣统，中央皇朝处理同四域民族的关系，以唐朝和清朝为最好的两个朝代，但唐朝有"安史之乱"。清朝处理蒙、疆、藏有成功的历史经验，如破解了自秦始皇以降两千多年中央皇朝没有解决的匈奴－蒙古难题。在清朝，努尔哈赤和皇太极解决了漠南蒙古（内蒙古）难题，康熙帝解决了漠北蒙古（喀尔喀蒙古）难题，乾隆帝又解决了漠西蒙古（厄鲁特蒙古）难题。康熙帝说：

> 昔秦兴土石之工，修筑长城。我朝施恩于喀尔喀，使

---

[1] 吴振棫《养吉斋丛录》卷一八，第205页。

之防备朔方，较长城更为坚固。[1]

民谚云："明修长城清修庙。"昔日修筑万里长城为了防御蒙古，今日蒙古成为抵御外来侵略之长城。清朝不修长城，协合各部蒙古。

乾隆五十七年（1792）秋，蒙古四十九旗以及喀尔喀、青海等未出痘的生身王公贵族齐聚避暑山庄，是一次民族大盛会，弘历作《赐蒙古王公等宴》诗曰：

> 青海何曾阻玉关，清秋来觐忘途艰。
> 可无三接酬诚素，况复万几当务闲。
> 未习朝仪瞻北阙，许随典属祝南山。
> 嘉宾旨酒同和乐，仁祖怀柔想像间。[2]

总之，为民族，为边疆，民族和谐，中华一统，避暑山庄暨外八庙的历史功能，以诗概括为："行围既训士，怀远已巡边"[3]，"所期绥内外，即以靖封疆"[4]。

清朝对边疆民族的基本政策是，首重于利，附之以力。于此，皇太极讲过一个故事：

> 昔科尔沁部土谢图额驸有名马曰"杭爱"，朕曾以甲十副往易之，彼察哈尔汗（林丹汗）强索之，止予一胄。从

---

[1]《清圣祖实录》卷一五一，康熙三十年五月壬辰，第13页。
[2] 弘历《赐蒙古王公等宴》，《热河志》卷一五，第31页。
[3]《热河志》卷一五，第22页。
[4] 同上书，第27页。

此，科尔沁诸贝勒与之解体。察哈尔汗又以一胄，遗阿噜济农，索马千匹。阿噜济农曰：此直欲拘衅而来侵伐耳。与之马五百。从此，阿噜诸贝勒亦为解体。科尔沁卓哩克图亲王有一鹰，能横捕飞鸟，察哈尔汗又遣人往索，卓哩克图亲王欲不与，土谢图额驸劝令与之。既取其鹰，一无所偿，并送鹰之人亦不令见，如此人心何从而服？今各处蒙古，每次来朝，皆厚加恩礼，因此俱倾心相附，虽去犹恋恋。而蒙古各国，亦从此富足安闲。由此揆之，以力服人，不如令人心中悦服之为贵也。[1]

其四，历史文化遗产。清朝前期的"三祖三宗"即太祖努尔哈赤、太宗皇太极、世祖福临、圣祖玄烨、世宗胤禛、高宗弘历诸帝，在处理民族事务时，重视心附。如康熙帝的多伦诺尔会盟，是一个生动而成功的典范性史例。又如乾隆帝说：

> 朕自乾隆八年以后，即诵习蒙古及西番字经典，于今五十余年，几余究心讨论，深识真诠。况本朝之维持黄教原因，众蒙古所皈依，用示尊崇，为从宜从俗之计。[2]

乾隆帝30多岁以后，为了工作，也为修养，学习蒙古文、藏文经典，并学习维语，同不同民族、宗教首领交谈，而用其

---

[1] 祁韵士《皇朝藩部要略》卷一，筠渌山房本，第27页。
[2] 《清高宗实录》卷一四二七，乾隆五十八年四月辛巳，中华书局影印本，1986年，第3页。

本民族语言，并熟悉佛教经典，以此作为维系民族之间交流与协合的手段。

总上，清帝对待蒙、藏、维、回等民族之事，有力服、利服、礼服、心服等抚绥策略。所谓抚绥民族，当是予之以利，施之以礼，化之以心，附之以力，心服则是清朝治理民族、宗教、边疆策略的基本经验。

四

一座避暑山庄，一部清朝历史。清朝创造避暑山庄，避暑山庄映现清史。避暑山庄兴，则清朝兴；避暑山庄衰，则清朝亡。清朝的历史，经过兴起、强盛、衰落、覆亡四个时期，避暑山庄则是清朝兴盛衰亡历史的一面镜子。

清朝兴起时期，太祖努尔哈赤、太宗皇太极和世祖福临，弓马为本，重戎习武。避暑山庄的起点正是顺治帝时摄政睿亲王多尔衮。顺治六年（1649），多尔衮在提出兴建喀喇城理由时说：京城"春、秋、冬三季，犹可居止。至于夏月，溽暑难堪。但念京城乃历代都会之地，营建匪易，不可迁移。稽之辽、金、元，曾于边外上都等城，为夏日避暑之地。予思若仿前代造建大城，恐糜费钱粮，重累百姓。今拟止建小城一座，以便往来避暑"[1]。这应是避暑山庄兴建的序幕和前奏。

清朝在康熙、雍正、乾隆三朝，达到鼎盛时期。时避暑山庄暨外八庙相继建成。康熙帝到避暑山庄53次，乾隆帝到避暑山庄49次。避暑山庄暨外八庙是清朝兴盛历史的见证。

---

[1]《清世祖实录》卷四九，顺治七年七月乙卯，第7页。

清朝到嘉庆、道光、咸丰三朝，是走向衰落时期。嘉庆、道光、咸丰三帝，其中嘉庆帝和咸丰帝死于避暑山庄。这作为避暑山庄衰落的标志，是历史的必然，还是历史的偶然，可以不去讨论。在这个时期，于外，英国军舰打开国门，英法联军侵入北京；于内，白莲教民烽火，太平天国军队，两度危及清朝江山社稷，虽被镇压下去，却大伤元气。避暑山庄暨外八庙是清朝衰落历史的见证，其突出事例，是道光帝关闭避暑山庄，停止木兰秋狝。

先是，乾隆帝恐后世子孙不明修建避暑山庄的初衷和安不忘危的深意，告诫说：

> 此意蓄之久而不忍言，今老矣，终不可不言，故书之，既以自戒，仍敬告我后人。若后人而忘予此言，则与国休戚相关之大臣，以及骨鲠忠直之言官，执予此言，以谏之可也。设谏而不从，或且罪之者，则是天不佑我国家，朕亦无如之何也，已矣！[1]

道光帝违背上述祖制，做出停止木兰秋狝的重大决策。道光四年（1824）正月初八日，道光帝以粮食收成歉薄为由，谕旨停止木兰秋狝：

> 谕内阁：今岁秋狝木兰，允宜遵循成宪，肄武绥藩，然不可不审度时事，量为展缓。所有今岁热河，亦著停止。此朕不得已之苦衷，非敢耽于安逸也。直省文武大吏，务

---

[1]《热河志》卷二五，第11页。

当体朕之心以为心，惩黜昏墨，奖劝贤能，凡有益于民者，尽心讲求，广为抚恤，期吾赤子共免颠沛流离之苦，以佐朕顺时休养之至意。[1]

遇有特殊原因，暂停木兰秋狝，亦情亦理，非谓不可。此谕一下，大臣无言，言官失语，遂为定宪。后来，道光帝发布谕旨，进行解释。

> 谕军机大臣等：我朝木兰秋狝，原以习劳肄武，嘉惠蒙古。朕临御以来，尚未举行。敬念成规，未尝一日敢忘，即我后世子孙，亦当敬谨率由，遵守勿替。惟热河为驻跸之所，一切殿宇房间，规模宏敞，阅年既久，修理不易。前经降旨，传谕该总管等，查明宽大处所，将应行收贮各件，妥为归并。此项房间，毋庸修理，因思异日即举行旧典，驻跸热河，信宿经临，房间座落，亦无需如许之多。其陈设物件，看管兵丁及各庙喇嘛等栖止之所，均应通盘筹画，以归简易。着文庆、耆英奉到此旨，或审案之暇，或结案之后，亲赴各该处，督同该总管等，逐一查勘。所有陈设等件，何者应行归并存贮，何者应行运送来京，分别开单，随折呈览。至房间既议归并，看管兵丁，较为省便，其应撤兵丁，嗣后应如何安置，或拨给闲田耕种，俾资糊口。至各庙喇嘛，前经理藩院奏明，陆续裁撤。现在裁撤几何，其庙宇年久倾圮者，旧有佛像，自应归并供奉。

---

[1]《清宣宗实录》卷六四，道光四年正月壬申，中华书局影印本，1986年，第6—7页。

其不堪栖止之庙宇，应作何办理，均着该侍郎等，悉心体察情形，妥议章程，据实具奏。将此谕，令知之。[1]

这是一篇道光帝违背清廷祖制的谕旨，也是道光帝关闭避暑山庄、停止木兰秋狝的史证。道光帝放弃"习劳肆武"的传统，加快了清朝衰落的步伐。

在道光朝，不仅关闭避暑山庄，停止木兰秋狝；而且减少南苑大阅，租卖南苑土地。例如，道光帝以节俭费用为由，不去热河行宫，停止木兰秋狝，要在南苑驻围。实际上，他派大阿哥、惠郡王住宿南苑行围，而自己呢？并未见到道光皇帝在南苑行围习武的记载。这就表明：在道光帝秉政的整整三十年间，道光帝秉政的第一个十年，虽不到木兰秋狝，却派大阿哥、惠郡王到南苑行围；道光帝秉政的第二个十年，"实录"只有"幸南苑""住南苑"的记录，却不见"驻围"或"行围"南苑的记载。道光帝秉政的第三个十年，出现租卖南苑田地的现象。南苑为讲武重地，却出现租垦土地的现象。这里举两条史例。

其一，谕内阁："昨降旨饬令载铨、裕诚，将南苑新旧开垦地亩，何人任内开垦若干等情，分晰详查，据实具奏。"[2]虽经严查，却屡禁不止，且愈演愈烈。

其二，谕内阁，载铨等奏："南苑禁地，私开地亩数顷，恐尚不止此数，该管苑丞等，难保无知情故纵，通同舞弊情事。"[3]

---

[1]《清宣宗实录》卷三〇四，道光十七年十二月己未，第22—23页。
[2]《清宣宗实录》卷三〇九，道光十八年闰四月壬辰，第23页。
[3]《清宣宗实录》卷三八三，道光二十二年十月甲辰，第25页。

南苑的衰落,还可举二例:

其一,南苑坍塌围墙,改用土坯成砌。[1]

其二,有人潜入南苑,抢劫牲口财物。[2]

天子眼皮底下的南苑,作为皇家行宫御苑,管理之疏漏,问题之严重,何遑于避暑山庄!

清朝同治、光绪、宣统三朝,是走向覆亡时期。清朝末期三位皇帝登极时,一个6岁、一个4岁、一个3岁,何谈"习劳肄武",又何谈"弓马骑射"!

由上可见:避暑山庄兴,则清朝盛;避暑山庄衰,则清朝亡。由是,可以得出一个结论,一座避暑山庄,一部清朝历史。

总上,康熙帝经始,乾隆帝鼎盛,嘉庆帝转衰——避暑山庄暨外八庙,因其文物与艺术价值被列入世界文化遗产,而其历史价值则见证了清朝的兴盛衰亡。

（为纪念避暑山庄建立300周年而作）

---

[1]《清宣宗实录》卷七三,道光四年九月甲寅,第31页。
[2]《清宣宗实录》卷三八三,道光二十二年十月甲辰,第26页。

康熙南巡与碧螺春茶

康熙南巡与碧螺春茶有什么关系呢？我分三个题目，进行交流。

一

康熙南巡，主要期待有六：一是治河通漕，二是收揽士心，三是宣扬皇威，四是巡视吏治，五是访察问俗，六是观光赏景。康熙先后六次南巡：

（1）第一次南巡，康熙二十三年（1684）九月辛卯二十八日启行，到十一月庚寅二十九日回京，共60天。途经河间、济南、桃源、高邮、扬州、镇江、苏州、江宁（南京），登泰山、祭孔庙、亲祭明孝陵等。

（2）第二次南巡，康熙二十八年（1689）正月丙子初八日启行，到三月丙戌十九日还京，共71天。途经济南、泰安、扬州、苏州、杭州、绍兴、江宁，亲祭大禹陵、二次亲祭明孝陵等，并到高家堰，巡视中河、下河。

（3）第三次南巡，康熙三十八年（1699）二月癸卯初三日启行，到五月乙酉十七日回京，共103天。途经河西务、天津、济南、高邮、宝应、扬州、镇江、无锡、杭州、苏州、江宁等。皇太后随同。

（4）第四次南巡，康熙四十二年（1703）正月壬戌十六日启行，到三月庚申十五日回京，共59天。途经良乡、德州、济南、泰安（登泰山）、宿迁、淮安、扬州、苏州、杭州、江宁、济宁、天津等。

（5）第五次南巡，康熙四十四年（1705）二月癸酉初九日启行，闰四月辛酉二十八日回宫，共109天。途经张家湾、天津、济南、淮安、扬州、苏州、松江、杭州、江宁等。康熙皇帝为了阅视黄河中河南口改建工程，他说："两河告成，特来巡阅。"率皇子向明孝陵行礼。阅高家堰。

（6）第六次南巡，康熙四十六年（1707）正月丙子二十二日启行，到五月癸酉二十二日回畅春园，共118天。途经东安、静海、沧州、德州、济宁、济南、清口、扬州、江宁、苏州、杭州。进一步巡视治黄工程。

康熙六次南巡总计520天。其中，发生两个故事。

第一个故事。康熙南巡至江宁，江宁知府陈鹏年（1662—1723）是个清官，下令将暗娼老窝端掉，改为乡约讲堂，堂内张写《圣谕十六条》，堂中悬挂"天语丁宁"匾。有人告发他"不敬莫大"，就是对皇帝的不敬，没有比这再大的。定罪"论斩"。正好是康熙第五次南巡到江宁。江宁织造曹寅向康熙免冠叩头，为陈鹏年求情：跪地不起，不停磕头，阶石有声，至血被额。康熙命其起身，免陈鹏年死，到北京武英殿修书处效力。如果不是碰上康熙南巡，陈鹏年可能命归西天。后来陈鹏年主持将镇江摩崖刻石《瘗鹤铭》，从长江中打捞上来，今藏镇江碑林博物馆。陈鹏年曾官苏州知府、河道总督。黄河决口，陈鹏年"自请前往堵筑,寝食俱废,风雨不辞,积劳成疾,殁于工所。闻其家有八旬老母,室如悬磬"。雍正帝说:"此真'鞠躬尽瘁,死而后已'之臣!"[1]

第二个故事。康熙与碧螺春的故事。

康熙第三次南巡,正值宋荦任江苏巡抚,君臣两人有"碧螺春"的故事。

康熙巡视太湖,宋荦进献当地名茶"吓杀人香"。康熙询问此茶之名,认为其原名难登大雅之堂,因其出自碧螺峰,故赐名为"碧螺春"。

康熙以内府所制豆腐一品赐给宋荦,并派御厨到宋荦衙署厨房去向宋荦厨师传授做法,作为宋荦后半辈子食用。可能是康熙想到宋荦年纪大了,牙口不好,吃点软而有营养的食品,便将自己喜欢吃的豆腐一品送给宋荦,还"全程服务",教给烹调技艺。宋荦以此为殊荣,曾把这件事写入自己的《筠廊偶笔》里。

康熙与宋荦之间,不似君臣拘谨,而是随意沟通。第四次南巡,赐江苏巡抚宋荦御书"督抚箴"一幅。第五次南巡,赐江苏巡抚宋荦御书对联、匾额,赐"福""寿"字,衣服一袭、帽子一顶、砚台一方,又蒙赐诗。宋荦三次接驾南巡,年老致仕回乡,享年八十。

上述故事说明,江苏巡抚宋荦给康熙送碧螺春茶,康熙给宋荦送豆腐一品,交互往来,一君一臣,加深了解,增进情谊。康熙六次南巡,广泛接触汉族官员,对增进君臣了解、消解君臣隔膜,起了不可估量的作用。

---

[1] 《清史列传》卷一三《陈鹏年传》。

二

宋荦的父亲宋权（？—1652），河南商丘人，进士，任明朝顺天府巡抚，刚上任三天，崇祯帝吊死。他投降清朝，仍任原官。他上疏给摄政睿亲王多尔衮，提出三条建议：一是给崇祯帝发丧，二是免除明末加派粮饷，三是选贤任能，都被接纳。后升任大学士，病故。[1]

宋荦（1634—1713），因父曾任内国史院大学士，顺治四年（1647），应诏以大臣子列三等侍卫，逾岁考试，注铨通判。经常出入宫廷，熟悉朝章典制。康熙朝历官知府、布政使、巡抚、尚书等官，几与康熙一朝相始终。

康熙三年（1664），授湖广黄州通判。八年（1669），丁母忧。十六年（1677），补理藩院院判。十七年（1678），迁刑部员外郎，出榷赣关，还迁本部郎中。二十二年（1683），授直隶通永道。

康熙二十三年（1684），令湖广、江西、安徽、江苏动支芦课购铜，每斤六分五厘，江苏非产铜之地，越江西、湖广各关购买，每斤至一钱六七分，较定价昂贵过半。牒请巡抚田雯奏停采买。部议不准，得旨再议，仍照各关每斤一钱例行。

二十六年（1687）二月，擢山东按察使。十月，迁江苏布政使，司库亏银366000余两，宋荦揭报督抚察劾，前布政使刘鼎、章钦文两人分追完补。

二十七年（1688）二月，宋荦以钱局铜斤旧系各关采买，每斤定价一钱。四月，擢江西巡抚。六月，行至彭泽，闻江西抚镇标兵赴湖广会剿叛贼夏逢龙，次九江，以乏饷哗。宋荦檄发湖口

---

[1]《清史列传》卷七八《宋权传》。

县库银 1000 两，委道员赍给行月军粮，众兵乃前进。宋荦至南昌甫数日，有首告旧裁督标兵李美玉、袁大相散布号纸，煽诱 3000 余人，联合夏逢龙谋劫仓库，宋荦遣游击赵永吉擒至，鞫实，即斩以徇众。疏言："擒获叛犯李美玉、袁大相谋劫仓库，合伙湖广，供吐确凿，即押赴市曹正法，以慰人心，以安反侧。其煽诱多人，未经指实，应免深究。"事下所司知之。十月，疏言："江西每年采买竹木、紫竹，取给于饶州，猫竹通派于闽省，檀楠木轮解于南康、九江。名虽官捐，其实累民。请嗣后动支正帑，并严禁借端揩勒等弊。"又报宁州、宜春等十二州县夏末徂秋亢阳不雨，兼之螟螣为虐，委令各府确勘轻重分数，请蠲十分之二三。十二月，疏言："各省在监罪囚，俱有支给口粮之例，虽起解囚徒，向无额设钱粮。伏读康熙二十六年恩诏：'凡解部及递解外省各犯，按程给与口粮。'仰见圣慈矜恻，无微不周。江右路当孔道，解部及递解各犯，络绎不绝，应给何项粮米，尚未有部文。请照囚粮之例，亦在常平仓内交给，按日行五十里为一程，每犯日给米一升。其道里远者逐程加给。"

二十八年（1689）四月，疏言："近奉谕旨，藩库于年终奏销时，巡抚躬自察盘。如有亏空，立行纠参。法严且密，诚万世可遵也。惟是粮、驿二道，各有经收支放，既不在藩库之内，为巡抚察盘所不及；而各府库内，亦有收贮钱粮。似应一并清厘，请于每年奏销及离任之日，二道责成藩司察盘，知府责成道员察盘，可永杜侵挪亏空之弊。"

三十年（1691）三月，疏言："近来在外汉军文武官员解任裁缺者，并其家口概催归旗，既立限期，复令取经过州县印结，逐程递送，点验家口，竟与罪犯相似。所当区别定例，凡因赃私黜革及侵挪钱粮解部比追者，仍逐程递送取结；其丁忧降调裁缺候补等员，免其递送取结，止给到京定限咨文，自知违限处分，不敢后期，益感戴皇仁体恤矣。"

诸疏并下部议行。

三十一年（1692）六月，调江苏巡抚。

三十五年（1696）七月，疏报苏、松所属沿海地因六月朔遇飓风骤雨，潮水泛溢，田舍被淹，俱经地方抚绥，劝谕补种，唯崇明县田荡被淹，勘确成灾。九月，疏报江宁府属之六合、上元、句容，松江府属之上海，镇江府属之丹徒，七月内山水陡发，秋禾俱淹，请照例蠲免，并动支贮谷赈恤饥民。又疏报淮、扬、徐三属二十州县及三卫滨河之地，值秋雨连绵，黄、淮交涨，田地俱沉水底，其被灾十分田亩额赋，请破格全蠲，并移江宁仓米10万石，镇江截留漕米95000余石，凤阳仓麦66000余石，散赈。事并得旨允行。

三十八年（1699）二月，康熙南巡，至苏州，御书"怀抱清朗""仁惠诚民"两匾额赐之。

四十二年（1703）二月，南巡回銮，谕嘉其居官安静。

四十四年（1705）四月，驻跸苏州，赐"福""寿"二大字，题云："江宁巡抚宋荦年逾古稀，步履壮健，故特书'福''寿'二字赐之。"又允宋荦请御书"世有令仪"以额其家祠。宋荦在任三逢巡幸，叠蒙宠锡无数，详见奏谢疏中。

先是，请豁吴县太湖旁坍地1070余亩，额粮180石、银170两有奇。户部议湖旁坍没数逾十顷，似有虚捏，驳令详察。至是，复以积年沉水额赋难征复请，得旨，允豁除。五月，疏言：苏、松、常、镇四府州县有本任经征钱粮完及九分以上，因接征前任旧欠不完，概行降调者，请改为降留。部议不准，命九卿等再议，准留任一年催征，如仍不完，乃调用。十一月，升吏部尚书。

四十七年（1708）闰三月，以衰老乞罢，康熙曰："宋荦才品优长，前者巡抚江西，敬慎持己，加意爱民。在任十有四年，地方相安无事，简秉铨衡，正资料理。览奏，以衰老求罢，情词恳切，着以原官致仕。"濒行，赐诗，有云："久任封疆事，苏台净点尘。"

五十三年（1714）三月，赴京祝圣寿，诏加太子少师，赐诗有"世家耆德自天全"之句。九月，卒于家，年八十。遗疏至，得旨："宋荦宣力年久，敬慎自持，勤劳素著。予告以来，尚期优游颐养，忽闻溘逝，深为轸恻！下部议恤。"[1]著作有《漫堂年谱》《西陂类稿》《筠廊偶笔》等。

三

"碧螺春"茶产于我国著名风景旅游胜地今江苏苏州的吴中区东山镇碧螺村洞庭东山，所以又叫"洞庭碧螺春"，是中国著名绿茶之一。太湖辽阔，碧水荡漾，烟波浩渺，山清水秀。太湖洞庭山有洞庭东山与洞庭西山。

康熙《苏州府志》记载："洞庭东山，周五十余里。本名莫里山（今呼为莫釐），相传隋莫釐将军居之；一名胥母，则谓子胥尝迎母于此也。以洞庭在西，故今称为洞庭东山。"又记载："洞庭西山，周八十余里，一名包山，以四面水包之，或谓包公尝居之。……其称洞庭，则以湖中有金庭、玉柱，左太冲赋云：指包山而为期，集洞庭而淹留。山居太湖中，遥望一岛而重冈，复岭萦洄，曲澈灵踪异迹，殆不可穷。房云：不游洞庭，未见

---

[1]《清史列传》卷九《宋荦传》。

山水，信非虚也。"[1]

洞庭东山位于太湖之滨，犹如巨舟伸进太湖岛（今为半岛），西山与东山相隔水面约10里，屹立湖中的岛屿，气候温和，冬暖夏凉，空气清新，云雾弥漫，是茶树生长得天独厚的环境，加之采摘精细，加工考究，形成了别具特色的品质特点。洞庭东山的自然环境为碧螺春茶生长提供了良好的生长条件。这里湖光山色相映，果园茶林相间，碧螺春就在花团锦簇中迸发新芽，花香果香陶冶着碧螺春的天然美质。碧螺春的采摘需十分及时，高级碧螺在春分前后便开始采制，清明时正是采制的黄金时节，谷雨后只加工一般绿茶了。采摘标准为一芽一叶初展，称为"雀舌"。茶区山水相依，茶果间作，云雾弥漫，温暖湿润，茶树在浓荫如盖的果树下茁壮成长。真是"入山无处不飞翠，碧螺春香千里醉"。

茶史钩沉，洞庭山是古老的茶区，早在唐宋时期就见经传。这里产的小青茶，被列为贡品。有苏轼的诗句为证："无疑泉香夸绝品，小青茶熟占魁元。"

为什么叫碧螺春茶呢？碧螺春茶名的来源，主要有五：

其一，神话故事。相传很早以前，西洞庭山上住着一位名叫碧螺的姑娘，东洞庭山上住着一个名叫阿祥的青年。男女两人，真心相爱。有一年，太湖中出现一条残暴的恶龙，扬言要占有碧螺姑娘，阿祥决心与恶龙拼一死战。一天晚上，阿祥操起渔叉，潜到西洞庭山同恶龙搏斗，斗了七天七夜，双方都筋疲力尽，阿祥昏倒在血泊中。碧螺姑娘为报答阿祥的救命之恩，亲自照料他。可是阿祥的伤势一天天恶化。一天，姑娘找草药来到了阿祥

---

[1] 康熙《苏州府志》卷九《山阜》。

与恶龙搏斗的地方，忽然看到一棵小茶树长得特别好，心想：这可是阿祥与恶龙搏斗的见证，应该把它培育好。至清明前后，小茶树长出了嫩绿的芽叶，碧螺采摘了一把嫩叶，回家泡给阿祥喝。说来也奇怪，阿祥喝了这茶水后，身体居然一天天好了起来。阿祥得救了，姑娘心上沉重的石头也落了地。就在两人陶醉于爱情的幸福之中时，碧螺的身体却支撑不住了，她倒在阿祥怀里，再也没有睁开双眼。阿祥悲痛欲绝，把姑娘埋在了洞庭山的茶树旁。从此，他努力培育茶树，采制名茶。"从来佳茗似佳人"，为了纪念碧螺姑娘，人们就把这种名贵茶叶取名为"碧螺春"[1]。

其二，民间传说。1927年，徐珂的《可言》记下了有关的民间传说：相传碧螺春茶不用火焙制，采后以薄纸裹之，放于女郎胸前，等干了取出泡饮，所以虽纤芽细料，而无焦卷之患。清人梁同书《碧螺春》诗云："此茶自昔知者希，精气不关火焙足。蛾眉十五采摘时，一抹酥胸蒸绿玉。纤褋不惜春雨干，满盏真成乳花馥。"[2]

中国文人的想象力实在太丰富了，而且，以香艳诗句写茶事，也有点出人意料，但不管怎么说，碧螺春是出尽了风头。碧螺春也并非浪得虚名，它以纤细条、螺旋形、毛茸茸、花果香而著称，品质特别高。

杨维忠先生编的《康熙赐名碧螺春》一书，收集有关民间传说版本多种。[3]

其三，坊里传闻。一位朋友相告：洞庭西山水月寺的碑文

---

[1] 张忠良《中国世界茶文化》，时事出版社，2006年，第84—85页。
[2] 《频罗庵遗集》。
[3] 杨维忠编《康熙赐名碧螺春》，东山历史文化研究会印本。

康熙南巡与碧螺春茶

曰：有一位和尚按照佛祖释迦牟尼卷发的形状，在洞庭西山采摘茶叶，经过揉捏、焙干至玉片。为了证实这一传闻，便到今金庭镇（西山）水月禅寺，踏访四通石碑：一为《水月寺中兴记》，明正统十四年（1449）立，赐进士及第、翰林院修撰张益撰文；二为《重修水月禅寺大雄宝殿记》，清乾隆四十四年（1779）立；三为《重建水月禅寺大慈宝阁碑记》，清乾隆四十五年（1780）立；四为《苏州洞庭山水月禅院记》，宋苏舜钦撰文，2006年严艺林重书立碑。水月禅寺的这四通碑文，都找不到上述记载，因此存疑。

其四，望茶生义。据当地文史专家言：碧螺春的"碧"，是绿色的意思；"螺"，是茶叶像螺蛳一样卷曲；"春"是春天所产，因之茶名叫"碧螺春"。

其五，文献记载。太湖东山有一座碧螺峰，峰的石壁缝里，生长数株野茶。每年当地人提着竹筐来采茶，以供日用，数十年间，没见异常。康熙某年，按季节采茶，有一人因采茶较多，筐里装不下，便揣在怀里，茶得热气，发出异香，采茶人争呼："吓杀人香！""吓杀人"是吴中的方言，于是就把这种茶叫"吓杀人"。从此以后，每到采茶时节，当地男女老幼，都要沐浴更衣，前来采茶。新茶不用筐装，而是放在怀里。有一人叫朱元正，独精制法，尤称妙品，每斤值银三两。康熙三十八年（1699），第三次南巡车驾到太湖，巡抚宋荦特进献当地色香味俱佳的名茶。康熙品茶后，问茶名，答"吓杀人"。康熙嫌这茶名粗俗，赐名"碧螺春"。

（1）《柳南随笔》的记载。其作者王应奎，字东溆，号柳南，江苏常熟人，生于康熙二十二年（1683），八次入闱，皆不中式，退隐山中，堆书及肩，埋头诗文。他在《柳南随笔》中记载：

"洞庭东山碧螺峰石壁,产野茶数株。每岁土人持竹筐采归,以供日用,历数十年如是,未见其异也。康熙某年,按候以采,而其叶较多,筐不胜贮,因置怀间,茶得热气,异香忽发,采茶者争呼'吓杀人香'。'吓杀人'者,吴中方言也,因遂以名是茶云。自是以后,每值采茶,土人男女长幼,务必沐浴更衣,尽室而往,贮不用筐,悉置怀间。而土人朱元正,独精制法,出自其家,尤称妙品,每斤价值三两。已卯岁(康熙三十八年),车驾幸太湖,宋公购此茶以进,上以其名不雅,题之曰'碧螺春'。自是地方大吏岁必采办,而售者往往以伪乱真。"[1]

(2)清乾隆年间成书的《太湖备考》记载:"茶出东西两山,东山者胜。有一种名碧螺春,俗呼吓煞人香,味殊绝,人矜贵之,然所产无多,市者多伪。"[2]

(3)清嘉庆年间成书的《清嘉录》记载:"谷雨前,邑侯采办洞庭东山碧螺春茶入贡,谓之茶贡。"[3]

(4)《朗潜纪闻》的记载。其作者陈康祺,字均堂,浙江鄞县人,生于道光二十年(1840),咸丰十年(1860)进士,官至刑部员外郎。曾官江苏昭文(今属常熟)县知县,后侨居苏州。他在《朗潜纪闻》中记载:洞庭东山碧螺峰石壁,岁产野茶数株,土人称曰:"吓杀人香。""吓杀人"三字,吴谚,见《柳南随笔》。康熙已卯,车驾幸太湖,抚臣宋荦购此茶以进。上以其名不雅驯,题之目"碧螺春"。自是地方有司,岁必采办进奉矣。[4]

---

[1] 王应奎《柳南随笔 续笔》卷二,中华书局,1997年。
[2] 《太湖备考》卷六。
[3] 《清嘉录》,中华书局,2008年,第8页。
[4] 陈康祺《朗潜纪闻初笔》卷四,中华书局,1997年,第69页。

（5）民国初年成书的《吴县志》记载："东山有一种碧螺春最佳，俗呼吓煞人香。"

（6）民国九年（1920）成书的《洞庭东山物产考》，也记载了碧螺春茶。苏州太湖洞庭东山与西山产茶，早有记载。但碧螺春茶的名称，清朝以前，未见记载。

（7）《清宫遗闻》的记载："洞庭东山碧螺峰石壁，岁产野茶数株，土人称曰：吓杀人香。（'吓杀人'三字，吴谚，见《柳南随笔》）。康熙己卯，车驾幸太湖，抚臣宋荦购此茶以进。圣祖以其名不雅驯，题之曰：'碧螺春'。自是地方有司，岁必采办进奉矣。"[1]

（8）《中国名茶志》主要沿袭并概括王应奎《柳南随笔》的上述记载。

综上记载，可以看出：

第一，碧螺春茶的名称，据现今见到的文献记载，最早出现于清初。

第二，碧螺春茶名来源，比较可靠的出处是王应奎的《柳南随笔》。

第三，碧螺春茶最早的记载在康熙朝。

查康熙《苏州府志》的《物产》一节，没有记载茶，也没有记载碧螺春茶。不能据此说苏州洞庭东山与西山没有碧螺春茶，但可以说明当时的碧螺春产量不多，影响不大。

查宋荦自编《漫堂年谱》，在康熙三十八年、四十二年、四十四年，记载三次接驾。在接驾中，记载康熙同宋荦的君臣对话：

---

[1]《清朝野史大观》卷一《清宫遗闻》，上海书店，1990年，第19—20页。

问:"多少年纪?"

　　答:"年六十有六。"

　　问:"齿好么?眼好么?"

　　答:"灯下看文书,要用眼镜。"

后康熙送宋荦一副眼镜,一品豆腐,并说:"朕有自用豆腐一品,与寻常不同。因巡抚是有年纪的人,可令御厨太监传授与巡抚的厨子,为他后半世受用。"[1]

但没有记载康熙御赐碧螺春茶名一事。《漫堂年谱》没有记载御赐碧螺春茶名,不能证明没有此事,因为可能有此事而宋荦认为不重要而缺载。

陈康祺著《朗潜纪闻》时间比王应奎著《柳南随笔》要晚。因此,《柳南随笔》与《朗潜纪闻》可视为两条材料,也可视为同一材料。因此,王应奎著《柳南随笔》中"碧螺春"条的真实性、可靠性,仍需要佐证。

康熙对宋荦的评价:"宋荦才品优长,前者巡抚江西,敬慎持己,加意爱民。在任十有四年,地方相安无事。简秉铨衡,正资料里。"康熙赠宋荦诗曰:"久任封疆事,苏台净点尘。"[2]

康熙与碧螺春的史事与故事,流传久远,影响至今。

---

[1] 宋荦《漫堂年谱》"七十二岁条"。
[2] 《清史列传》卷九《宋荦传》。

附　　　　《苏州大讲坛》序

苏州图书馆邱冠华馆长打来电话，嘱我为将要出版的《苏州大讲坛》前面写几句话。我既感谢，又很不安。不安的是我于苏州图书馆何德何功，堪此重任！然而，我一向敬重邱馆长，语云"恭敬不如从命"，虽内心不安，却勉强为之。

我生长在北方，在孩提时常听大人讲："上有天堂，下有苏杭。"后来学了历史，也学了地理，对人间天堂的苏州和杭州更加向往，想走一趟，去看一眼。

机会终于来了。那是1966年，"红色风暴"狂吹全国。当时我没有"资格"参加红卫兵，不能免费乘火车外出串联；自己是学明清史的，对京杭大运河情有独钟，又想借串联去考察。不乘火车串联也罢，骑自行车考察更为方便。于是，便骑自行车从北京天安门出发，沿京杭运河，直到杭州。途经苏州，住在当时作为"接待站"的沧浪亭。夜间，一轮明月当空，竹影摇曳窗前，诗情画意，如梦如幻。白天，骑着自行车，看闾门、逛虎丘，去灵岩山、礼寒山寺，游园林、串街巷。姑苏胜景文萃，留下美好印象。

近年，苏州图书馆主办的"苏州大讲坛"，有声有色，饮誉四方。目前已形成16个系列，举办现场讲座308场，卫星直录播讲座368场，直接和间接参与人数超过了10万。2009年3月，"苏州大讲坛"荣获由江苏省委宣传部授予的"江苏优秀讲坛"称号。笔者有幸受邀前去演讲《康熙南巡与碧螺春茶》。但在讲前，苏州地方文献需要查核，洞庭东山地理需要踏勘，邱馆长和馆里诸君都给予关照和帮助，从中更加体会到明人揭示的做学问八字真言："读万卷书，行万里路。"

更令我对苏州难忘的是,去年"烟花三月下扬州"的季节,我到"扬州讲坛"演讲,应邱馆长之约,同上海图书馆的陈凌康主任、常熟图书馆的包岐峰馆长四人,在苏州又见一炊烟的山庄品茶,忘却尘俗,如临仙境。茶饮之间,兴致勃然,谈起了"苏州大讲坛"。它始于2001年,屈指一算,已近十年。过去图书馆同读者间只有一个"阅读平台",现在多了"网络平台",更复建起"讲坛平台"。苏州图书馆的"苏州大讲坛",颇具特色,举例有三:

其一,占天时,贵在先。近年来,办讲坛,大江南北,蔚然成风。举国提倡学习型城市,这对各地图书馆来讲,是难得的天时。苏州图书馆办"苏州大讲坛",起步早,执先鞭,成效显著,影响深远。这些讲座的内容,既有对宏观政治经济的阐述,又有对文学名家名篇的鉴赏;既有对民族民间文化的传播,又有对百姓实际生活的关注;既有对建筑园林文化的品读,又有对儿童文学的推介,等等,内容丰富,抢占先机,长期持续,办得精彩。

其二,占地利,贵在用。苏州历史悠久,园林幽美,风景秀丽,人文荟萃,文化繁兴,交通便利。特别是明清两代,苏州园林甲于天下,士子文人出类拔萃。苏州图书馆不仅占有地利,而且善用地利——既利用本地的空间资源,又借用外地的空间优势,邀请全国各地以至于海外的著名专家学者,来到苏州图书馆同读者进行面对面的学术与文化的交流。本书精选于300多场现场讲座,内容广博,以飨读者。本书收录的25位作者中,苏州以外的作者有9位,占总数的36%。这就是苏州图书馆贵用地利——既贵用本土的地利,又贵借外乡的地利。上述数字,可为例证。

其三，占人和，贵在爱。"苏州大讲坛"赢得了广大听众的喜爱，受到了全国媒体的关注，博得了社会各界的认可，得到了专家学者的肯定。究其原因，主要在于：苏州图书馆，全体同仁，重视人和。办好一个图书馆，关键在于"敬"与"爱"：敬天、敬地、敬人、敬己，爱书、爱馆、爱业、爱人。儒家讲"仁爱"，佛家讲"慈悲"，耶教讲"博爱"，都可以归结到一个"爱"字。在图书馆，这个"爱"突出体现为爱图书、爱读者。"爱"字的繁体字作"愛"，其简、繁体字的主要区别在于，简体"爱"字把繁体"愛"字的"心"字给简掉了。这难道是、或许是、抑或是现在社会中某些人"爱心"欠缺的一个文字学上的解释吗！然而，苏州图书馆恰恰在为读者服务的实践中，把爱的"心"找了回来。"苏州大讲坛"在爱图书、爱读者方面，奉献爱心，做得出色。

一个城市的发展，一个学习型城市的建设，不仅在于它的历史、建筑、园林和财富，更在于它的精神、文化、教育和素养。图书馆是培育民族高尚精神、提升国民文化素养的终身课堂。"苏州大讲坛"已成为读者与听众获取丰富知识、提高文化素养、共享文化成果和增添社会活力的有效载体。《苏州大讲坛》则是这个载体的一枚朱果。

朱熹《春日》诗云："胜日寻芳泗水滨，无边光景一时新。等闲识得东风面，万紫千红总是春。"愿苏州图书馆如春日景色，生机日新：讲坛越办越好，爱心越献越多，人气越聚越旺，影响越来越大。

［原载《苏州大讲坛》（1），文汇出版社，2010年］

盛清社会与扬州文化

盛清的康熙、雍正、乾隆三朝，扬州文化，位置凸显，尤为繁盛，出现高峰。本文以扬州文化中的三个史例——康熙朝编修《全唐诗》、雍正朝蒋衡书写"十三经"和乾隆朝纂修《四库全书》为主，兼及其他，就盛清社会与扬州文化的关系，钩稽史料，略加探讨。

一

康熙朝编修《全唐诗》，功在当朝，影响至今。《全唐诗》在扬州刻印，既是扬州文化的一次展演，也是扬州文化的一大贡献。

《全唐诗》为康熙帝敕编。康熙帝喜欢诗，著有《圣祖仁皇帝御制诗集》初集、二集、三集、四集，共176卷，现能看到康熙帝的诗词有1147首。[1]写诗的人，自然爱诗，也喜读诗。康熙帝御定《全金诗》74卷；《御定四朝诗》即宋、金、元、明的诗312卷，收作者5800人；《御定题画诗》120卷；《御定

---

[1] 王志民、王则远校注《康熙诗词集注》，内蒙古人民出版社，1995年。

历代赋汇》140卷、"外集"20卷、"逸句"2卷、"补遗"22卷，合计184卷；《御选唐诗》32卷等，共计722卷。

唐诗是中国诗歌史上的一个高峰，康熙帝喜欢并学习唐诗。他在文化史上做的一件盛事，就是敕编《全唐诗集》，尔后定名为《御定全唐诗》，凡900卷。唐人诗集，从北宋以来，虽有选录的总集，却无唐诗的全集。明朝浙江海盐人胡震亨编的《唐音统签》，其汇编之唐诗，虽初具规模，却尚多遗漏。清初扬州泰兴人季振宜编辑《全唐诗》717卷[1]，稿方成，而身故，存写本，未付梓。康熙帝亲自敕编，以内府所藏唐人诗集为基础，借鉴《唐音统签》、季振宜写本《全唐诗》，参考残碑断碣，诗笺篇什，稗史杂书，汇集唐诗48900余首，作者2200余人，汇成《御定全唐诗》。这部诗集，"根据诸本，一一校注，尤为周密，得此一编，而唐诗之源流、正变、始末厘然。自有总集以来，更无如是之既博且精者矣"[2]。《全唐诗》至今仍是许多学人特别是诗人插架的必备之书。

《全唐诗》的刊印，由时任江宁织造、通政使司通政使曹寅负责，在扬州天宁寺刻印。现中国第一历史档案馆珍藏的《奏为〈全唐诗集〉定期于天宁寺开局刊刻等事》（康熙四十四年五月初一日），记载了这件事情。清宫珍藏原文件记载：

> 江宁织造、通政使司通政使臣曹寅谨奏：臣寅恭蒙谕旨，刊刻《全唐诗集》。命词臣彭定求等九员校刊。臣寅已

---

[1] 季振宜《全唐诗序》，《全唐诗季振宜写本》第1册，《故宫珍本丛刊》第621册，海南出版社，2000年，第1页。
[2] 《四库全书总目》卷一九〇，中华书局，1965年。

行文，期于五月初一日天宁寺开局，至今尚未到扬，俟其到齐校刊，谨当奏闻。又，闰四月二十三日，有翰林院庶吉士臣俞梅，赴臣寅衙门，口传上谕，命臣俞梅就近校刊《全唐诗集》。钦此。奏请圣旨。钦遵。咨行江苏巡抚臣宋荦，移咨吏部、翰林院衙门，俟刊刻完日，该衙门一并具本奏闻。康熙四十四年五月初一日。

（朱批）知道了。[1]

这一年恰为康熙帝第五次南巡，往返途经并驻跸扬州。在扬州诗局开设后，康熙帝亲自钦派江浙翰林彭定求、俞梅、汪士鋐、汪绎、徐树本、沈三曾、杨中讷、查嗣瑮、车鼎晋、潘从律十位等[2]，被称为"十翰林"或"十学士"。康熙帝还就书的凡例、刻板、纸张、装潢、进度等发出谕旨。《全唐诗》"于康熙四十六年（1707）四月十六日书成。谨装潢成帙，进呈圣览。（朱批）知道了"[3]，曹寅奏称："此皆皇上圣心独运，定为必传之书。"[4]在扬州编纂刻印的《全唐诗》，写刻一丝不苟，前后字体一致，"散帙编摩，订疑晰误"[5]，校勘精细，纸墨精

---

[1] 中国第一历史档案馆、扬州市档案局（馆）编《清宫扬州御档选编》第1册，广陵书社，2009年，第19—20页。

[2] 彭定求《南畇老人自订年谱》，《北京图书馆藏珍本年谱丛刊》第86册，北京图书馆出版社，1999年。

[3] 《进全唐诗表》，《全唐诗》，上海古籍出版社，1986年。

[4] 《江宁织造曹寅奏谢列名全唐诗刊刻衔名折》（康熙五十年三月初十日），中国第一历史档案馆编《康熙朝汉文朱批奏折汇编》第3册，档案出版社，1985年，第375页。

[5] 彭定求《翰林院修撰东山汪君墓志铭》，《四库全书存目丛书》集部第246册，齐鲁书社，1997年，第742页。

良，装潢美观，书林典范，乃"成一代之书"[1]，至今仍被誉为清代雕版史上的佳作。

在扬州编纂刻印《全唐诗》资费的来源，学者多认为出资"盐羡"，但有学者认为："应肯定扬州诗局的经费来自国库。"[2]

在扬州除刊刻《全唐诗》外，还刻印《佩文韵府》。先是，颜真卿的《韵海镜源》已失传，凌氏、阴氏的韵书，不够完备；至是，康熙帝敕编较前人更为完备的《佩文韵府》。在敕编《佩文韵府》过程中，康熙帝不仅原则指示，而且参与编审——文臣"每缮初稿，先呈御览"，阅后"点摘阙疑，……亲加批乙，宣付诸臣，再三稽考"[3]。随后，又有《御定韵府拾遗》120卷。康熙五十年（1711），康熙帝《御定佩文韵府》444卷，凡18000余页，也在扬州天宁寺刊刻告竣。《奏为御颁〈佩文韵府〉在扬州刊刻工竣装箱进呈等请旨事》（康熙五十二年九月初十日），记载此事。其文曰：

> 臣李煦跪奏：窃臣煦与曹寅、孙文成，奉旨在扬州刊刻御颁《佩文韵府》一书，今已工竣。谨将连四纸刷钉十部，将乐纸刷钉十部，共装二十箱，恭进呈样，再连四纸应刷钉若干部、将乐纸应刷钉若干部，理合奏请，伏乞批

---

[1] 章宏伟《十六——十九世纪中国出版研究》，上海人民出版社，2011年，第476页。
[2] 《江宁织造曹寅奏报全唐诗集月内可以刻完折》（康熙四十五年七月初一日），中国第一历史档案馆编《康熙朝汉文朱批奏折汇编》第1册，档案出版社，1985年，第389页。
[3] 《四库全书总目》卷一三六。

示遵行，解送进京。臣煦临奏可胜悚惕之至。康熙五十二年九月初十日。

（朱批）此书刻得好的极处。南方不必钉本，只刷印一千部，其中将乐纸二百部，即足矣。[1]

此期在扬州刊刻的第三部要籍是《御批资治通鉴纲目》。北宋司马光编纂《资治通鉴》，南宋朱熹则对其剪枝挺干、撰纲列目，而成《资治通鉴纲目》，便于简明阅读，益于资政治国。康熙帝说：司马光"编辑《资治通鉴》，论断古今，尽得其当"[2]。朱熹因读《资治通鉴》以作纲目，康熙帝因读《资治通鉴纲目》以作"御批"，而成《御批资治通鉴纲目》。康熙帝说自己仔细阅读"通鉴纲目"三遍，并对其析疑正漏[3]，折中权衡，亲加评定，御批著论，成《御批资治通鉴纲目》，凡五十九卷、前编一卷、外纪一卷、举要三卷、续编二十七卷[4]。这部《御批资治通鉴纲目》，也在扬州天宁寺刊刻竣工。

在清宫档案中，有《奏为遵旨刷印〈御批资治通鉴纲目〉事》折片，对此做出记载：

管理苏州织造、大理寺卿、兼巡视两淮盐课监察御史臣李煦谨奏：恭请万岁万安。前臣煦遵奉圣旨，刷印《御批资治通鉴纲目》不必用套，草钉送来，钦此钦遵。臣

---

[1] 中国第一历史档案馆、扬州市档案局（馆）编《清宫扬州御档选编》第1册，第43页。
[2] 《清圣祖仁皇帝庭训格言》，圣训第九十四条，清雍正八年，内府刻本。
[3] 《御批历代通鉴辑览·序》，清武英殿刻本。
[4] 《四库全书总目》，第755页。

煦鸠工刷钉六百部，从水路解运进呈，谨奏以闻。康熙四十九年三月十九日。

（朱批）知道了。[1]

上列康熙朝扬州文化中的刊刻《全唐诗》《佩文韵府》和《御批资治通鉴纲目》三例盛事，以及康熙帝《御制诗集》在扬州刊刻，说明扬州的雕印水平、精美装订和文化氛围，在清代文化史上占有重要地位，并为中华文化发展做出贡献。

在《清宫扬州御档选编》的康熙朝 32 件档案中，直接与文化有关的档案 8 件，占本书收录档案的四分之一[2]，可见扬州文化的一斑。

还有，康熙朝纂修、雍正朝成书的《古今图书集成》，乾隆帝谕旨将其一部"发往扬州天宁寺行宫"[3]贮藏。

此外，嘉庆朝的《全唐文》1000 卷，也在扬州进行慎校抽补、雕刻梨版、刊印装订、完竣呈送。"选编"中收录嘉庆朝有关《全唐文》的奏折 4 件：

---

[1] 《清宫扬州御档选编》第 1 册，第 34 页。
[2] 如：《奏为御批高旻寺碑文事》（康熙四十三年十二月初二日）、《奏为僧人纪荫出任高旻寺主持事》（康熙四十三年十二月初十日）、《康熙帝御书"贤守清风"匾额悬挂平山堂等事》（康熙四十四年四月至闰四月）、《奏为〈全唐诗集〉定期于天宁寺开局刊刻等事》（康熙四十四年五月初一日）、《奏为曹寅奉佛到扬州日期及前往普陀寺安置等事》（康熙四十七年三月二十九日）、《奏为遵旨刷印〈御批资治通鉴纲目〉事》（康熙四十九年三月十九日）、《奏为御颁〈佩文韵府〉在扬州刊刻工竣装箱进呈等请旨事》（康熙五十二年九月初十日）、《奏为遵旨斋戒择日在扬州天宁寺内延僧讽经力保皇太后圣体康宁事》（康熙五十六年十一月初七日）。
[3] 《清宫扬州御档选编》第 3 册，第 186 页。

其一,《奏为承刊〈钦定全唐文〉在事诸臣及附近江浙官绅冀得捧函快诵请赏准各臣分印事》(嘉庆二十一年十月二十七日)。先是,嘉庆十九年(1814)六月十九日,将内府《全唐文》写本1000卷、总目4卷,计100函套,交两淮盐政在扬州刊校印装。[1]

其二,《奏为遵旨校刊〈钦定全唐文〉完竣及装函进呈事》(嘉庆二十一年十月二十七日)。奏折中称,锦套陈设本二十四部,每部装成一百套;石青杭细套赏赍本一百部,并日后将版片存贮运库。[2]

其三,《奏为校刊〈钦定全唐文〉告成奉旨赏还顶戴谢恩事》(嘉庆二十一年十二月十一日)。奏折请将该书赏给江浙等处官绅等,自备纸墨工价,分印赏赐。[3]

其四,《奏为遵旨办理改装〈全唐文〉书函并分赴江浙文汇等阁安放事》(嘉庆二十四年正月二十五日)。所云"改装"一事,系呈送的《全唐文》"每部一百函,每本皆有衬纸",其函数较多,命将内府陈设之书各部,"撤去衬纸,每部改装五十函";又在扬州文汇阁、镇江文宗阁、杭州文澜阁各贮存一部。[4]

扬州除刊刻诗书外,还有蒋衡书写经文盛事。

---

[1]《奏为承刊〈钦定全唐文〉在事诸臣及附近江浙官绅冀得捧函快诵请赏准各臣分印事》(嘉庆二十一年十月二十七日),《清宫扬州御档选编》第4册,第327页。

[2]《奏为遵旨校刊〈钦定全唐文〉完竣及装函进呈事》(嘉庆二十一年十月二十七日),《清宫扬州御档选编》第4册,第328页。

[3]《奏为校刊〈钦定全唐文〉告成奉旨赏还顶戴谢恩事》(嘉庆二十一年十二月十一日),《清宫扬州御档选编》第4册,第331页。

[4]《奏为遵旨办理改装〈全唐文〉书函并分赴江浙文汇等阁安放事》(嘉庆二十四年正月二十五日),《清宫扬州御档选编》第4册,第339页。

二

雍正朝蒋衡在扬州书写的"十三经",后勒石竖碑,矗立于国子监,不仅是中华文化珍宝,而且是世界文化遗产。

雍正朝与扬州的文化关系,在《清宫扬州御档选编》的雍正朝6件档案中,直接与文化有关的档案有2件:其一是,《遵旨覆奏拟以明纯为扬州高旻寺方丈并安排该员进京等事》(雍正十二年四月初一日);其二是,《奏为扬州安定书院修理完竣并延师课训事》(雍正十三年十月十八日)。以上两件关于"寺院"和"书院"的折片,说明雍正朝对扬州文化的关注。然而,雍正朝扬州的一件文化盛事,就是蒋衡在扬州琼花观抄写"十三经"。

蒋衡(1672—1742)[1],江苏金坛人,初名衡,改名振生,字拙存,号湘帆,晚号拙叟人、拙老人。祖、父皆精书法,幼承家学,自小临摹,尤工行楷,苦练有成。科试落第后,便四处游学,寻师访友,切磋书艺,足迹半海内,尝"观碑关中,获晋、唐以来名迹,临摹三百余种",刻成《拙存堂临古帖》28卷。

非历磨炼,难以大成。蒋衡科试不第,转意游学,研工书法。史书记载:"先生好远游,既不遇,遂东诣曲阜、谒孔陵,至会稽,涉西江,历嵩少,导荆楚,登黄鹤矶,过大庾岭,升白鹤峰,访东坡故宅,抵琼海,观扶桑日出,登雁门山,历井陉,逾龙门,为终南华之游,浴骊山温泉,登慈恩寺雁塔,纵

---

[1] 蒋衡卒年,见有两说:其一,《清史列传·蒋衡传》:"(乾隆)八年,卒,年七十二。"按:乾隆八年为1743年。其二,王一宁著《清代书法大家蒋衡及其家族》载述:"乾隆七年(1742)蒋衡病死,终年70岁。"(载《金坛文史选萃》上册,金坛市政协文史委员会编,2000年)

观碑洞金石遗刻，所至以笔墨自随，赋诗作画，或歌哭相杂，至不能自止。"[1]在游学历程中，蒋衡长见识，展胸怀，摩碑刻，强意志，逐渐发愿要书写"十三经"。但他书写"十三经"是在长安碑林发愿的。

他在长安观摩碑林时，痛觉唐代"开成石经"出于众手，杂乱不齐，于是决心重写"十三经"——《周易》《尚书》《毛诗》《周礼》《礼记》《仪礼》《春秋左传》《春秋公羊传》《春秋穀梁传》《论语》《孟子》《孝经》和《尔雅》。决心下定，矢志不移。雍正四年（1726）授英山教谕，力辞不赴。后又催促就职，仍以病老为由，上书求免。他在"邗江之琼花观"[2]，专心写经。"邗江"，古为邗沟，《左传·哀公·哀公九年》："秋，吴城邗，沟通江淮。"杜预注："于邗江筑城穿沟。"[3]汉名邗沟为邗江。史载：秦置广陵县，隋改邗江县，元废。清人顾祖禹《读史方舆纪要》引《太平寰宇记》载："在（扬州）西四里蜀岗上。"[4]今扬州市邗江区，以古邗江得名[5]。可见，"邗江之琼花观"其地在扬州。琼花观在扬州何处？在今扬州市文昌中路360号。[6]

琼花观，为扬州历史名胜之一。原为古后土祠（庙），建于西汉成帝元延二年（前11）。北宋政和年间（1111—1118），徽

---

[1]《国朝耆献类征初编》卷四三三《蒋衡传》，光绪十六年刻本。
[2]《国朝耆献类征初编》卷四三三《蒋衡传》。
[3]《左传·哀公·哀公九年》，《十三经注疏附校勘记》，中华书局影印本，1980年。
[4] 顾祖禹《读史方舆纪要》卷二三，上海书店影印本，1998年。
[5]《辞海》（第六版缩印本），"邗江"条，上海辞书出版社，2010年，第696页。
[6] 笔者在蒋鸿青先生陪同下，同爱新觉罗·启骦和李味辛夫妇考察琼花观遗址记录。

宗赵佶赐额"蕃釐观",遂改名为"蕃釐观"。后因观内有一株琼花,树茂花繁,洁白可爱,故又称"琼花观"。文人墨客,多有诗颂。宋臣韩琦诗曰:"维扬一株花,四海无同类。"刘敞诗则云:"东风万木竞纷华,天下无双独此花。"欧阳修任扬州知府时,在观内筑"无双亭"赏花,并诗曰:"琼花芍药世无伦,偶不题诗便怨人。曾向无双亭下醉,自知不负广陵春。"琼花美誉,驰名遐迩。[1]当年琼花观内,亭台楼榭,轩坊花石,几焚几建,遗韵犹存。今扬州以琼花为市花。这里在清雍正年间,成为蒋衡书写"十三经"的重要场所。

蒋衡在扬州琼花观,青灯相伴,中正灵静[2],勤奋不辍,笃志写经。自雍正四年(1726)至乾隆二年(1737),历时十二年,手抄"十三经",楷书工整,60余万字,终于大功告成。《清史稿·蒋衡传》记载:"键户十二年,写十三经。乾隆中,进上,高宗命刻石国学,授衡国子监学正,终不出。"[3]

大成垂名,常在身后。蒋衡所书"十三经",身后五十年,乾隆帝前命将蒋衡所书写的"十三经"刻石,贞珉工竣,御制序文,立于太学,以垂万世。

蒋衡书写"十三经"的成功,得到三位贵人的鼎助:

第一位是扬州富商马曰琯。马氏出资两千金,将其手书"十三经"装裱成册。史载:"扬州马曰琯为出白金二千锾,装潢成三百册,五十函。"[4]

第二位是江南河道总督高斌。乾隆四年(1739),高斌将蒋

---

[1]《蕃釐观简介碑》,碑在琼花观内,笔者抄录。
[2] 蒋衡《书法论》,见《国朝耆献类征初编》卷四三三,第53页上。
[3]《清史稿》卷五〇三《蒋衡传》,中华书局点校本,1977年,第13888页。
[4]《清史列传》卷七一《文苑传二》,中华书局点校本,1987年,第5856页。

衡手书的"十三经"上奏："总河高斌奏称，江南镇江府金坛县贡生蒋振生，依石经式，手书'十三经'正文，计三百册，共五十函。谨先进《易经》二函，可否将全册五十函进呈？"得旨进呈后，经武英殿儒臣详加校阅，奏报的结论是：其《易经》两册，经审查，"字画尚属端楷"。而后，得旨："令高斌将全册五十函，送交武英殿，再加校定。"又经审定："经文果无讹误，字画一律端好。"于是，"大学士等以该生年近七旬，志在尊经，请赏给国子监学正职衔。其手书'十三经'，请用枣木板镌刻刷印，以备颁发。疏入，报闻。"[1]

第三位是乾隆皇帝。蒋衡手写"十三经"进呈后，乾隆帝先要将其雕版印刷，但受阻未果。于是，乾隆五十六年（1791），命以蒋衡手书"十三经"为底本，刻石太学，定名"乾隆石经"。乾隆五十九年（1794），石碑镌刻成，立于国子监。全部刻石碑189通，加"谕旨"告成表文碑1通，共190通，现藏于北京孔庙和国子监博物馆内。

蒋衡手书、乾隆刻石的"十三经刻石"，即"乾隆石经"，其规模之宏大，楷法之工整，笔力之雄健，毅力之坚韧，学志之专一，价值之珍贵，国内仅有，世界也无，从而成为中国也成为世界文化艺术宝库中的稀世珍品。

此外，今存扬州大明寺东墙外之"淮东第一观"五字，每字约一米见方，笔力遒劲，挥洒廓大，为蒋衡手书。

蒋衡书写"十三经"时一度寓居扬州，死后葬于扬州大明寺外斜坡下。他死后，扬州文化在乾隆朝又有新的发展。

---

[1]《清高宗实录》卷九九，乾隆四年八月庚寅十六日，中华书局影印本，1985年。

三

乾隆帝继位之后，扬州文化之地位和贡献，远超康熙和雍正时期。在《清宫扬州御档选编》的乾隆朝102件档案中，直接与文化有关的档案45件，约占其总数的44%。其中与书籍等相关的档案21件，约占总数的四分之一。而与《四库全书》有关的档案10件，约占同书相关档案的近50%。乾隆朝扬州文化的一个特点，是同纂修《四库全书》密切关联。这主要表现在两个方面：一方面是《四库全书》原本大量来自扬州；另一方面是《四库全书》藏书七阁之一扬州文汇阁。

扬州为《四库全书》的重要书源之一。先是，扬州有怀素真迹[1]、米芾手卷[2]和苏轼墨迹[3]等珍贵文物进献，在征集书籍编修《四库全书》时，乾隆帝自然想到扬州。

《四库全书》之原书大量来自扬州。"选编"中，收录扬州等藏书御档7件，如《奏为采选书籍二百九十一种派专差赍送事》（乾隆三十八年闰三月三十日）、《扬州商人马裕家藏好书挑交四库全书总裁事》（乾隆三十八年四月十九日）、《上谕编四库全书征集民间旧书事》（乾隆三十八年五月十七日）、《奏为已得书籍专差赍送事》（乾隆三十八年六月初八日）、《奏为续得书籍专差赍送事》（乾隆三十八年六月二十四日）、《奏为恭

---

[1]《奏为遵旨觅得藏经纸等物并将家传怀素等真迹恭呈御览事》（乾隆三十五年五月二十六日），《清宫扬州御档选编》第2册，第147页。

[2]《奏为遵旨觅得米芾手卷等物于装修船上附带进京并请免开价值事》（乾隆三十五年闰五月初二日），《清宫扬州御档选编》第2册，第148页。

[3]《奏为觅得宋苏轼墨迹手卷等恭呈御览事》（乾隆三十五年九月初三日），《清宫扬州御档选编》第2册，第149页。

进书籍事》(乾隆三十八年七月十一日)和《奏为续购各书专差赍送事》(乾隆三十八年九月二十八日)等。仅以扬州商人马裕为例。

扬州商人马裕家中藏书丰富,乾隆帝有所耳闻:"上谕:前以办理《四库全书》,闻扬州商人马姓家内藏书颇富,曾传谕李质颖,令其就近妥协访问借抄。"[1]其书为借抄,用毕应发还。但有些书用完存库,并未归还。后乾隆帝谕旨:"所有底本,将来俱应存贮翰林院衙门。"[2]马裕家藏书,经过核查,共1385种。

朝廷对马裕家藏书有个了解过程,马裕对朝廷"借书"也有个信任过程。以"选编"所载4件御档为例:乾隆三十八年四月十九日,两淮盐政李质颖奏报,马裕家先检出133种,后又检出62种,共计195种。但乾隆帝认为马裕"未免心存畏惧,又惮将善本远借",故乾隆帝在上谕中强调将书"上紧抄进,仍将原本给还",并令李质颖"善为询觅"[3]。而后,马裕进呈书目,选取210种,督臣高晋续选62种,又检出370种。再后将马裕家1385种书籍,选取776种呈送。到同年五月十七日,内阁奉上谕,江浙督抚及两淮盐政共购求书籍四五千种,而马裕一家拣选之书约占江浙督抚及两淮盐政购求书籍总数的近20%,数量之大,殊为可观[4]。

《四库全书》不仅书源之一在扬州,而且书藏之一也在扬州。扬州文汇阁为《四库全书》的七阁藏书之一。《四库全书》

---

[1]《清宫扬州御档选编》第3册,第164页。
[2]《清高宗实录》卷一二八二,乾隆五十二年六月戊申十二日。
[3]《清宫扬州御档选编》第3册,第164—165页。
[4] 同上书,第167页。

七份写本陆续告竣之后，分别贮藏于北四阁——紫禁城文渊阁、圆明园文源阁、避暑山庄文津阁和盛京沈阳文溯阁，南三阁——扬州文汇阁、镇江文宗阁和杭州文澜阁[1]。杭州为浙江省会，也是杭州将军驻地；镇江在江南；而扬州既不在江南，也并非省会，更不是将军驻地——江宁（南京）为江宁将军驻地、六朝古都，苏州为江苏巡抚驻地、人文荟萃，但《四库全书》并未藏在江宁和苏州，却藏在江北的扬州，当别有一番深意。

《四库全书》南三阁之一为扬州文汇阁。"选编"收录档案3件，即《奏为扬州天宁寺等地藏书楼盖造完竣请旨颁赐御书匾额事》（乾隆四十四年十月二十六日）、《上谕〈四库全书〉告竣分贮扬州大观堂之文汇阁等处事》（乾隆四十七年七月初八日）和《奏为遵旨交办文宗文汇二阁书籍事》（乾隆五十五年十一月初九日）。

到乾隆四十七年（1782）七月初八日，《四库全书》的头份已经告竣，其第二、第三、第四份，限于六年之内，按期抄写完毕，分贮于文渊阁、文溯阁、文源阁和文津阁。乾隆五十五年（1790），"上谕：《四库全书》现在头分已经告竣，其二三四分，限于六年内，按期蒇事，并特建文渊、文溯、文源、文津等阁，以供藏庋。因思江浙为人文渊薮，允宜广布流传，以光文治，现特发内帑银两，雇觅书手，再行缮写全书三分，分贮杨〔扬〕州大观堂之文汇阁，镇江金山寺之文宗阁，

---

[1]《四库全书》底本藏于翰林院。见《清高宗实录》卷一三五五，乾隆五十五年五月癸卯二十三日。但有学者以未见实物传存而质疑之。

杭州圣因寺内拟改建文澜一阁，以昭美备。"[1]其扬州大观堂已经贮藏《古今图书集成》，命在其空格里收储《四库全书》，如不敷用，再行添补。着闽浙总督兼浙江巡抚陈辉祖等督办，其费用由两浙商人捐办。[2]

在办理过程中，发现存在问题。乾隆五十二年（1787）六月，乾隆帝谕道："朕前披阅文津阁所贮《四库全书》，看到其中讹谬甚多。令大学士将文渊、文源二阁所贮书籍一体校阅，其讹舛处不一而足。如阎若璩《尚书古文疏证》一书，有引李清、钱谦益诸说未经删削，并有连篇空白页，实属草率已极。着将承办之总校、分校等，交部议处。凡有违碍，即行修改，再行赔写抽换，务期完善等语。"并命武英殿提调、总校陆费墀对文澜、文汇、文宗三阁三份"所有面页、装钉、木匣、刻字等项，俱着陆费墀自出己赀，仿照文渊等三阁式样罚赔，妥协办理"[3]。《四库全书》南三阁的三份全书，到乾隆五十五年才算告竣。

陆费墀时已身故，事情却有了变化。乾隆五十五年十月，"谕军机大臣等，前因江、浙两省，为人文之薮，特将《四库全书》添办三分，发交扬州、金山及杭州文宗、文汇、文澜三阁藏贮，所有装潢皮架等事，俱交两淮、浙江盐政办理。嗣因陆费墀总理《四库全书》，草率错误，获咎甚重，即罚令出赀承办。陆费墀本系寒士，家无担石，向在于敏中处，藉馆为业，谅不过千金产业耳！今所办三阁书匣等项，及缴出罚银一万两，

---

[1]《清宫扬州御档选编》第3册，第207页。
[2] 同上书，第208页。
[3]《清高宗实录》卷一二八二，乾隆五十二年六月戊申十二日。

计其家赀已不下二三万，若非从前在四库馆提调任内，苞苴馈送，何以有此多赀？现在陆费墀业已身故，所有插架、装匣等事，若令伊子接办，恐未能谙习。且身后所遗家业，想已无多，亦难措办。此时三分书俱已校对完竣，自应全行发往三处藏弆，未便稽延。着传谕海宁、全德，即仿照前次发去装潢、书匣等式样制造，专派妥商办理。并着海宁查明陆费墀原籍现有田房产业，加恩酌留一千两之数，为伊家属养赡，如尚有余赀，即作为添补三阁办书之用。海宁、全德务须认真督率该商等经理，妥速蒇工，毋任迟延草率。"[1]

乾隆五十五年十一月初九日，《四库全书》扬州、镇江两份已经抄写告竣，并已校对，其装订、装潢、书匣、书架，按照内府所发式样，由地方办理。[2] 此事，《清高宗实录》记载："谕：《四库全书》荟萃古今载籍，至为美备。不特内府珍藏，藉资乙览，亦欲以流传广播，沾溉艺林。前因卷页浩繁，中多舛错，特令总纂等复加详细雠校，俾无鲁鱼亥豕之讹。兹已厘订蒇工，悉臻完善。所有江、浙两省文宗、文汇、文澜三阁，应贮全书，现在陆续颁发藏庋。该处为人文渊薮，嗜古好学之士，自必群思博览，藉广见闻。从前曾经降旨，准其赴阁检视抄录，俾资搜讨。但地方有司，恐士子等翻阅污损，过为珍秘，以阻其争先快睹之忱。则所颁三分全书，亦仅束之高阁，转非朕搜辑全书，津逮誊髦之意。即武英殿聚珍版诸书，排印无多，恐士子等亦未能全行购觅。着该督抚等，谆饬所属，俟贮阁全

---

[1]《清高宗实录》卷一三六五，乾隆五十五年十月戊辰二十一日。
[2]《奏为遵旨交办文宗文汇二阁书籍事》（乾隆五十五年十一月初九日），《清宫扬州御档选编》第3册，第327页。

书排架齐集后,谕令该省士子有愿读中秘书者,许其呈明,到阁钞阅,但不得任其私自携归,以致稍有遗失。……互为抄录传之日久,使石渠天禄之藏,无不家弦户诵,益昭右文稽古嘉惠士林盛事,不亦善乎!"[1]

事过四年,又起波澜。《清高宗实录》记载,乾隆五十九年(1794)七月,谕曰:"朕披阅《通鉴辑览》内,唐开元五年九月,令史官随宰相入侍,群臣对仗奏事条下,引贞观旧制,诸司皆正邪奏事。又注称:唐大明宫含元殿为正邪,亦谓之南邪等语。心疑笔误,因查诸旧史,乃知俱将牙字误作邪字。更检阅字书,牙与衙字,本属通用。至邪字从无与牙字相通之义,甚为舛错。所有原办《通鉴辑览》之总裁、纂修、校对等官,现经军机大臣查明,原书首卷开列衔名内,现存各员,如阿桂、孙士毅、纪昀、彭元瑞、毕沅、吴省钦等,本应交部议处,姑念成书已久,事隔多年,阿桂等及其余纂修校对各官,着一体加恩,免其交部。至武英殿刊本,及《四库全书》缮本,俱查明改正外,所有颁行各直省刻本,并盛京,江、浙省文溯、文宗、文汇、文澜四阁存贮缮本,亦着各该督抚府尹等,一律改正。"[2]

贮藏《四库全书》的文汇阁,在扬州大观堂旁侧。据《扬州画舫录》云:"御书楼在御花园中,园之正殿为大观堂,楼在大观堂之旁,恭贮《钦定图书集成》全部,赐名文汇阁,并'东壁流辉'匾。……文汇阁凡三层,枓庙楹柱之间,俱绘以书卷,最下一层,中供《图书集成》,书面用黄色绢。两畔皆经

---

[1]《清高宗实录》卷一三五五,乾隆五十五年五月癸卯二十三日。
[2]《清高宗实录》卷一四五六,乾隆五十九年七月乙未初十日。

部，书面用绿色绢；中一层，尽史部，书面用红色绢；上一层，左子右集，子书面用玉色绢，集用藕荷色绢；其书帙多者，用楠木作函贮之，其一二本者，用楠木板一片夹之，束之以带，带上有环，结之使牢。"[1]

文汇阁本《四库全书》的数量，《续金山志》载文宗阁本数量，虽不尽同，却资参考。其数量为：经部947匣，5402本；史部1625匣，9463本；子部1583匣，9084本；集部2042匣，12398本。总目录计22匣，127本。[2]

但是，时间仅过五十多年，扬州文汇阁所藏《四库全书》便遭厄难。

扬州文汇阁贮藏的《四库全书》，毁于战火。在一份《扬州阖属士民公告启》中说："敬启者：扬州自二月二十三日，贼匪陷城，所有绅士百姓，逃出者居半，被陷者居半。其逃出者虽弃其家，尚存其命；而坐陷者，或悬梁、或投井、或自焚、或被掳，全家覆没者，不知凡几，惨何可言！贼匪始而搜掳，既而焚烧。两月以来，城内外殆将烧尽。是昔日之花团锦簇，今日之断井颓垣，真有目不忍睹，耳不忍闻者！"[3]在这场战火中，"扬城已为灰烬"[4]。扬州城的建筑与文物，遭到焚毁，甚为可叹。文汇阁及其贮藏的《四库全书》，焚烧殆尽，殊为可惜！

---

[1] 李斗《扬州画舫录》卷四，中华书局，1960年，第103—104页。
[2] 参见吴哲夫《四库全书纂修之研究》，台北故宫博物院，1990年，第148页。
[3] 见《呈贼匪陷毁扬州城早将误国害民之帅撤回阖属士民公告启》（咸丰三年五月十二日），《清宫扬州御档选编》第5册，第414页。
[4]《呈扬州城战况记事单》（咸丰三年五月十二日），《清宫扬州御档选编》第5册，第416页。

当时繁华城市有"两京两州"即北京、南京和扬州、苏州之誉。在两京、两州中，选在扬州设诗局刻印《全唐诗》，同盛清扬州文化有关。盛清时期的扬州文化，之所以发达，主要是由于——其一，舆地因素：濒临长江、淮河、黄河、运河，东为海，系水陆交通枢纽，扼南北漕运咽喉；其二，历史因素：近2500年文化积累，尤其是隋唐、明代和清朝（前期）的三次繁盛；其三，政治因素：康熙皇帝和乾隆皇帝都曾六次南巡，驻跸扬州；其四，经济因素：两淮盐商，财货积厚，捐纳重金，赞助书籍出版；其五，人文因素：人文荟萃，文化昌盛；其六，工艺因素：雕版印刷，技艺高超。所印之书，康熙帝赞誉为"此书刻得好的极处"。

总之，盛清时期扬州文化，已经成为历史。然而，综观盛清扬州文化，仅从《全唐诗》、"十三经刻石"和《四库全书》三个文化实例，可以看出盛清社会与扬州文化的互动关系——扬州文化既拥簇盛清文化的繁荣，盛清文化也催促扬州文化的繁华；扬州文化为中华文化历史的发展和繁荣做出了自己的贡献。

附　　《盛清社会与扬州研究》序

我对陈捷先教授心仪很久，却相见恨晚。

20世纪70年代，海峡阻隔，信息不通。先生已经出版和发表《满洲丛考》和《清史杂笔》等多部专著和多篇论文，我却对先生的学术研究信息一无所知。

20世纪80年代，我作为清史访问学者到了美国。在进行学术访问和交流期间，我在图书馆的书架上，在同友朋的交谈中，才看到或听到"陈捷先"这个名字，也才看到《满洲丛考》这部书。那个时候，我的重点研究领域是清朝开国史，所以对陈先生的学术成果和学术活动格外关注。

1989年我倡议建立北京社会科学院满学研究所，接着筹备"首届国际满学研讨会"。这期间，我同陈先生不断有通信、传真和电话联系。1992年，我在北京前门饭店主持召开"首届国际满学研讨会"，陈先生当时正在筹备第35届国际阿尔泰学会议，难以分身，但还是寄来《三田渡满文清太宗功德碑研究》的论文。随后我在《满学研究》第1辑，刊出陈先生的这篇论文，并在"满学家"专栏里，载文介绍陈捷先教授和神田信夫教授两位国际满学界的大家。然而，我和陈先生仍没机会见面。

直到同年秋后，应陈捷先教授邀请，我同王锺翰、韦庆远、王戎笙、冯尔康、徐艺圃、刘耿生、林岷一行，作为大陆第一批社会科学工作者，登上美丽的台湾岛，出席陈捷先教授主持的"海峡两岸清史档案学术研讨会"，我和陈先生终于有了第一次握手，第一次拥抱。

从此开了先河，我后来多次赴台交流。每念及此，感激捷公。

性情率真，袒露肺腑，是陈先生给我留下的第一个印象。

我因长期受着无形绳索的捆绑、政治运动的拷打,夹着尾巴做人,谨小慎微,万分拘谨。到台湾第一个感受是,陈先生等学人开朗豪放,言所欲言,纵情畅饮,通宵达旦。

治学认真,著作等身,是陈先生给我留下的又一个印象。陈先生早在1956年就毕业于台湾大学历史学系,1959年获台湾大学历史研究所硕士学位,后应邀到美国哈佛大学做访问学者。先生六十年如一日,勤奋研究,笔耕不辍。《满文清实录研究》《满文清本纪研究》《满文档案资料概述》(*Manchu Archival Materials*),近年出版《蒋良骐〈东华录〉研究》《清史论集》,以及清十二朝的《清史事典》,还有《努尔哈齐写真》《皇太极写真》《顺治写真》《康熙写真》《雍正写真》和《乾隆写真》等,尤其是后者,一人之力,连出六册。

满腔热忱,肝胆相照,是陈先生给我留下的再一个印象。陈先生于我,可谓亦师亦友,多次来京,欢快相聚,倾心交谈。我也多次受邀飞抵台湾,出席学术活动。屈指算来,已有八次。记得2004年10月20日,陈捷先教授提出两岸学者共同编著出版"清代台湾"丛书的重要倡议,同我和冯尔康先生商量,三人一拍即合。对于《清代台湾》一书,陈先生不仅主持全局,拟定编写体例,通审全稿,并撰写为全书之纲的《通纪》篇,概述清朝以前的台湾历史,重点阐述清代台湾的历史与文化,特别叙述清代台湾与中央政府的关系。这部书稿,历时五年,多方协作,终于由九州出版社出版。

2009年,应台北故宫博物院周功鑫院长、冯明珠副院长邀请,我到台北出席"两岸故宫第一届学术研讨会——为君难:雍正其人其事及其时代"。会间,我和冯尔康先生又发现了新的缘分——原来我们俩是同年同月同日生。在高兴之际，同为扬州籍的两位清史才子——陈先生和冯先生共商于2010年在扬州举办"盛清社会与扬州"学术研讨会。这次学术盛会，得到扬州市王燕文书记、谢正义市长等领导的支持，按期举行，圆满结束。会间，又套出一个主意，就是以此次会议论文为基础，再约请未及与会的先生撰写文章，合作出版一本论文集。事情也巧，一算年份，恰是陈捷先教授八十华诞，大家相约以此论集作为向陈捷先教授八十大寿敬示的一个学术纪念。

现在，《盛清社会与扬州研究》文集即将出版，谨遵操持此事的冯明珠副院长之嘱，撰写上文，忝做小序。

（原载《盛清社会与扬州研究》，远流出版公司，2011年）

论雅克萨之战

清康熙二十四年（1685）和二十五年（1686），中国军民为反击沙俄侵犯祖国东北领土、蹂躏北疆各族人民，进行了著名的雅克萨之战。清朝军民在自己国土上抗击沙俄侵略者的雅克萨战争，是一场正义的、自卫的、反侵略战争。

雅克萨之战的历史背景、战争概貌和重要意义是什么呢？

一

雅克萨自卫反击战是沙俄侵略我国东北广大领土的必然产物。

外兴安岭以南、黑龙江以北、乌苏里江以东的广阔地域，自古以来就是中国的领土。这里土地肥沃，森林茂密，鱼产丰富，鸟兽繁多。如民谣所说："棒打獐子瓢舀鱼，野鸡掉到饭锅里。"中国的汉、满、蒙古、索伦、赫哲、达斡尔、鄂伦春、费雅喀等各族人民，世世代代在这里捕鱼打猎、采集放牧、耕农植谷、生息繁衍，开发着祖国的东北边疆，创造出灿烂的古代文明。早在远古时代，他们就同中原地区的人民有所联系。至晚到8世纪前期，唐朝就在黑龙江流域设置了黑水州都督府等行政机构[1]。历经辽、金、元、明几个王朝，一直在这里行使有效的管辖。明永乐七年（1409），设置奴儿干都指挥使司[2]，治所在辽代奴儿干城旧址，即黑龙江下游恒滚河口对岸附近特林地方。其下有408个卫、所。[3]明制，外卫官员"凡袭替、升授、优给、优养及属所军政、掌印、金书报都指挥使司，达所隶都督府，移兵部"[4]。奴儿干都指挥使司是明朝的地方军政机构，其辖境东起鄂霍次克海，西迄斡难河（鄂嫩河），南濒日本海，北达外兴安岭。奴儿干都司的设置，加强了明廷对黑龙江和乌苏里江流域广大地区的管辖。

明朝的建州左卫指挥使努尔哈赤，崛兴辽东，四方征抚，于万历四十四年（1616），建立后金政权[5]。努尔哈赤以赫图阿拉为中心，通过四十余年的统一战争，统一了女真各部，并基本统一了东北地区。其中包括乌苏里江以东的渥集部和瓦尔喀部，黑龙江中游地区的萨哈连部和萨哈尔察部，以及黑龙江下游两岸的使犬部和鱼皮部。因为在这一地区居住的赫哲、费雅喀和吉烈迷等族人，用犬狩猎、拉船和拉雪橇[6]，并用鱼皮做衣[7]，所以俗称使犬部和鱼皮部。努尔哈赤死后，其子皇太极袭受汗位，继续统一东北地区。天聪元年（1627），黑龙江萨哈尔察部60人至盛京朝贡。[8]天聪五年（1631），黑龙江虎尔哈

---

〔1〕《旧唐书》卷一九九下《靺鞨传》。
〔2〕《明太宗实录》卷九一，永乐七年闰四月己酉。
〔3〕《明史》卷九〇《兵志二》。
〔4〕《明史》卷七六《职官志五》。
〔5〕《满文老档·太祖》第5册，天命元年正月甲申。
〔6〕罗曰褧《咸宾录》卷二。
〔7〕吴桭臣《宁古塔纪略》。
〔8〕《清太宗实录》卷三，天聪元年十一月辛巳。

部托思科等至盛京朝贡。[1]天聪八年（1634），世居精奇里江（结雅河）流域的达斡尔首领巴尔达齐内属[2]，后被授为后金的额驸。同年，在尼布楚（涅尔琴斯克）周围游牧的蒙古茂（毛）明安部归附后金。[3]崇德二年（1637），黑龙江索伦部博穆博果尔等至盛京朝贡[4]，其驻居的雅克萨（阿尔巴津）地区归入后金。两年之后，皇太极派兵往雅克萨及其以西地带[5]，将黑龙江上游地域完全置于后金－清的统治之下。努尔哈赤和皇太极经过半个多世纪的征抚，终于接管了明朝黑龙江、乌苏里江流域的广大地区，在那里委任首领，设官镇守，分部管辖，征收赋税。所以，崇德七年（1642），皇太极庄严诏告天下：

> 予缵承皇考太祖皇帝之业，嗣位以来，蒙天眷佑，自东北海滨，迄西北海滨，其间使犬、使鹿之邦，及产黑狐、黑貂之地，不事耕种、渔猎为生之俗，厄鲁特部落，以至斡难河源，远迩诸国（部），在在臣服。[6]

这里的"东北海滨"系指鄂霍次克海，"西北海滨"系指贝加尔湖，"斡难河"即鄂嫩河。就是说，东起鄂霍次克海，西到贝加尔湖，南临日本海，北至外兴安岭的广大地区，已被后金－清政权重新统一。这时整个黑龙江流域还没有出现过一支

---

[1]《清太宗实录》卷九，天聪五年七月甲戌。
[2]《清太宗实录》卷一八，天聪八年五月丙戌。
[3]《清太宗实录》卷二〇，天聪八年十月辛丑。
[4]《清太宗实录》卷三五，崇德二年闰四月庚戌。
[5]《清太宗实录》卷五一，崇德五年三月己丑。
[6]《清太宗实录》卷六一，崇德七年六月辛丑。

俄国军队,也没有出现过一个俄国居民。

俄国是一个欧洲国家,本来同中国并不接壤。明万历九年(1581),俄国叶尔马克的扩张铁蹄东进,翌年越过乌拉尔山。后来沙俄打败库程汗,占领伊斯堪城,征服了西伯利亚汗国。俄国殖民者继续东进,到达鄂毕河流域,万历三十二年(1604),建托木斯克。而后,又东进至叶尼塞河流域,万历四十七年即天命四年(1619),建叶尼塞斯克;崇祯元年即天聪二年(1628),建克拉斯诺亚尔斯克。俄国殖民者再往东进,到达勒拿河流域,崇祯五年即天聪六年(1632),建雅库茨克(勒拿堡寨)。后俄国政府分别在叶尼塞斯克和雅库茨克设立督军和统领。叶尼塞斯克和雅库茨克成为俄国殖民者侵入我国东北地区的两个重要据点。

从雅库茨克伸出的一只扩张触角,先后由波雅科夫、哈巴罗夫和斯捷潘诺夫率领的三股殖民军,侵入我国黑龙江流域。崇祯十六年即崇德八年(1643)冬,波雅科夫带领92个武装哥萨克,舍舟登橇,翻越外兴安岭,进入黑龙江流域。他们抢掠粮食,强索貂皮,焚烧村屯,绑架头人,甚至灭绝人性地"吃掉了五十个"[1]被其杀害的当地居民尸肉。这伙"吃人生蕃"受到当地达斡尔人的抵抗,死伤惨重,冻馁交加,于顺治三年(1646),狼狈地逃回雅库茨克。继波雅科夫之后,顺治七年(1650),哈巴罗夫带领70人组成的"远征队",经勒拿河转奥廖克马河纤舟而行,进入达斡尔头人阿尔巴西的驻地雅克萨等地。后哈巴罗夫在雅克萨附近,令将全部男俘淹死,将他们的妻子、女儿以及貂皮、财物,按照哥萨克的习俗劈分。他还掐

---

[1] 瓦西里耶夫《外贝加尔的哥萨克(史纲)》中译本,卷一。

死不肯受其奸污的达斡尔头人希尔基涅伊的妻子。哈巴罗夫一伙制造了惨绝人寰的桂古达尔血案：攻占桂古达尔寨堡后，血洗全寨，共杀死男子661人，抢走妇女243人、儿童118人，合计1022人，仅有15个达斡尔人幸免于难[1]！哈巴罗夫等后又进至精奇里江（结雅河）口附近的托尔加城。该城首领托尔加是索伦部长、额驸巴尔达齐的亲戚，早已向清进贡。哈巴罗夫袭占托尔加城后，对城主托尔加施以酷刑，"放在火上烧，用鞭子抽打"[2]，而后将托尔加城付之一炬。托尔加见城焚民亡，不堪凌辱，便引刀自尽。悲号的黑龙江水会永远做桂古达尔和托尔加血案的历史见证。哈巴罗夫一伙受到当地居民强烈反抗后发生内讧，他被殴打一顿，揪掉胡须，押回莫斯科。继哈巴罗夫之后，斯捷潘诺夫于顺治十年（1653），侵入黑龙江及其支流松花江流域。他们捕捉人质，掳掠妇女，劫夺貂皮，无恶不作。但是，恶有恶报。顺治十一年（1654）在松花江口[3]，翌年在呼玛尔（呼玛）[4]，顺治十四年（1657）在尚坚乌黑[5]，清朝军民给斯捷潘诺夫以沉重打击。顺治十五年（1658），镇守宁古塔昂邦章京沙尔虎达率领清军，在牡丹江口一带，大败斯捷潘诺夫，毙俘270人，斯捷潘诺夫也葬身鱼腹。沙尔虎达因功得到察叙[6]。顺治十七年（1660），镇守宁古塔昂邦章京巴海，在伯力（哈巴罗夫斯克）以北的古法坛村附近大败敌军，"斩首

---

[1] 拉文斯坦《俄国人在黑龙江》中译本，第17页。
[2] 巴赫鲁申《哥萨克在黑龙江上》中译本，第29页。
[3] 何秋涛《朔方备乘》卷六一。
[4] 《平定罗刹方略》一。
[5] 何秋涛《朔方备乘》卷首五。
[6] 《清世祖实录》卷一一九，顺治十五年七月庚戌。

六十余级,淹死者甚众"[1]。在中国军民的不断打击下,黑龙江流域的俄国侵略势力曾被一度肃清,而执行沙俄殖民政策的急先锋——波雅科夫、哈巴罗夫和斯捷潘诺夫,已被永远地钉在历史的耻辱柱上。

从叶尼塞斯克伸出的另一只扩张触角,在黑龙江中下游沙俄殖民势力受挫之后,便侵入贝加尔湖以东尼布楚和雅克萨地区。顺治十一年(1654),别克托夫受叶尼塞斯克统领巴什科夫之命,率领一支百人的队伍,占领了尼布楚[2]。但别克托夫在尼布楚遭到根特木尔等的反抗,未能站住脚而退走。四年后巴什科夫奉沙俄政府之命,率军重占尼布楚,并筑尼布楚城,即涅尔琴斯克堡。后设尼布楚总督。尼布楚成为沙俄在黑龙江中上游地区的殖民扩张重心。沙俄殖民者又从尼布楚染指雅克萨。

雅克萨,是满语音译,意译为河岸坍塌成半圆形的河湾子。它原是我国达斡尔首领阿尔巴西的驻地。《清圣祖实录》载"雅克萨系我国虞人阿尔巴西等故居,后为所窃据"[3],即被俄国殖民者所占领,把它叫作阿尔巴津。雅克萨位于黑龙江上游左岸,与额穆尔河口隔江相对。城堡西部朝向黑龙江,位置在高峻台崖上[4],其周围是一片开阔的农田、牧场和沼泽。崇德二年(1637)雅克萨归入清后,崇德四年(1639)清又出兵雅克萨[5],将其

---

[1] 《清世祖实录》卷一三八,顺治十七年七月丙子。
[2] 拉文斯坦《俄国人在黑龙江》中译本,第31页。
[3] 《清圣祖实录》卷一四三,康熙二十八年十二月丙子。
[4] 马克《黑龙江旅行记》中译本,第100页。
[5] 《清史稿》卷二二五《索海传》,卷二二七《萨穆什喀传》《伊逊传》《叶克舒传》和《谭布传》,卷二三三《巴奇兰传》,卷二四一《法谭传》和《蓝拜传》。

完全置于统辖之下。清军入关之后，东北防务空虚。顺治七年（1650），哈巴罗夫侵据雅克萨，不久退出。康熙四年（1665），流放犯切尔尼果夫斯基率领一支84人的侵略军，重占了雅克萨。后来沙俄成立雅克萨督军区，任命托尔布津为雅克萨督军。殖民者恃雅克萨为据点，"剽劫人口，抢掳村庄，攘夺貂皮，肆恶多端"[1]。他们在雅克萨城郊修道院霸占的土地上，把20名中国猎人关进一间屋子里烧死[2]，并抢走了这些猎人的马匹和财物，犯下了令人发指的血腥罪行。因而这座据点被称作"阿尔巴津贼堡"[3]。盘踞在雅克萨的俄国殖民者，不仅在我边境地区建立殖民统治，并策动达斡尔头人根特木尔叛清投俄。

根特木尔叛清投俄成为雅克萨之战的一根导火线。根特木尔是我国达斡尔族的一个头人，为清朝的四品官员[4]。清政府把他的部属编为三个佐领。但他受到俄国殖民者的引诱，于康熙六年（1667）背叛清朝，逃至俄军占据之尼布楚。清朝政府屡次要求俄国政府将根特木尔归还中国，但俄国政府置若罔闻，拒绝交出。根特木尔问题就成为清俄两国交涉中的一个重要争端。康熙帝说：

> 罗刹侵我边境，交战于黑龙、松花、呼马尔诸江，据我属所居尼布潮、雅克萨地方，收纳我逃人根特木尔等……此从事罗刹之原委也。[5]

---

[1]　《清圣祖实录》卷一一九，康熙二十四年正月癸未。
[2]　《清圣祖实录》卷一一二，康熙二十二年九月丁丑。
[3]　巴赫鲁申《哥萨克在黑龙江上》中译本，第48页。
[4]　巴德利《俄国·蒙古·中国》中译本，下卷，第1602页。
[5]　《清圣祖实录》卷一三五，康熙二十七年五月癸酉。

对于清俄边境争端问题，清朝政府坚持和平谈判解决的方针。康熙五年（1666），清政府派索伦人切普切乌尔为使至尼布楚，要同俄国谈判。俄国殖民者却蛮横无理地对中国使者"加以镣铐，禁锢达三个月之久"[1]。但清廷仍抱着和平解决清俄问题的愿望，又三次派使至尼布楚，催促俄方交出根特木尔，归还雅克萨，停止边境挑衅，进行外交谈判，但都遭到俄国当局的拒绝。康熙帝仍然通过俄国尼布楚总管代表米洛瓦诺夫和沙皇政府使者尼果赖[2]，再次提出上述要求。然而，俄方不理睬清廷的劝告和建议，固执地坚持扩张主义的方针。

因此，中国军民必须以自卫的武装反击，回答沙俄的武装侵略。

二

领土被践踏，人民被杀害，叛逃被收纳，使者被禁锢——在这种严重的势态下，清朝军民被迫向沙俄侵略者进行一场自卫反击战争。

然而，雅克萨之战的时机是历史的抉择。康熙帝尝言"朕亲政之后，即留意于此"[3]，就是留意于反击沙俄的殖民侵略。但他亲政不久，中原爆发了三藩之乱。康熙帝在削平三藩与统一台湾之后，才将军事战略重点移向北疆。

"多算胜，少算不胜"[4]。清朝政府决定用军事力量驱逐俄

---

[1] 帕尔申《外贝加尔边区纪行》中译本，第143页。
[2] 巴德利《俄国·蒙古·中国》中译本，下卷，第1503页。
[3] 《清圣祖实录》卷一二一，康熙二十四年六月癸巳。
[4] 《孙子兵法·计篇》。

国殖民者，收复被其侵占的黑龙江沿岸诸城寨，需要周详谋划，加强战备：

巡视边防——康熙帝于康熙十年（1671）和二十一年（1682）两次东巡，御銮至吉林，泛舟松花江，巡视东北边防，进行实地考察，"将其土地险易、山川形胜、人物情性、道途远近，备细访问，以故酌定天时地利、馈运道路、进剿机宜"[1]。他诏谕宁古塔将军巴海：于罗刹尤当"加意防御，操练士马，整备器械，毋堕狡计"[2]，积极准备抗击沙俄侵略军。

增设将军——设置黑龙江将军[3]，任命萨布素为黑龙江将军[4]。黑龙江将军是与宁古塔将军（吉林将军）、盛京将军同级的地方最高军政长官，时其辖境东临吉林，南濒松花江，西接贝加尔湖，北界外兴安岭。黑龙江将军初驻黑龙江城（瑷珲），后移墨尔根（今黑龙江省嫩江）[5]，再移卜魁（今黑龙江齐齐哈尔）[6]。黑龙江将军下设副都统、协领、佐领等官，并调集军队，加强戍守。黑龙江将军的设置，不仅是准备雅克萨之战的重要决策，而且是管辖与开发黑龙江地区的重大措施。这也奠定了后来东北三省行政区划的基础。

筑城驻军——先是，黑龙江地区未能筑城驻军，加强御守，致使"我进则彼退，我退则彼进，用兵无已，边民不安"[7]。康

---

[1]《康熙起居注册》，康熙二十四年六月初四日癸巳。
[2]《清圣祖实录》卷三七，康熙十年十月壬辰。
[3]《清圣祖实录》卷一二，康熙二十二年九月丁丑。
[4]《康熙起居注册》，康熙二十二年十月二十五日壬戌；此条《清圣祖实录》缺载。
[5] 徐宗亮《黑龙江述略》卷二。
[6] 英和《卜魁纪略》。
[7]《清圣祖实录》卷一一九，康熙二十四年正月癸未。

熙帝汲取40年的历史教训，决定先后调乌拉、宁古塔兵1500人，达斡尔兵500人，"于黑龙江、呼马尔二处，建立木城，与之对垒，相机举行"[1]。但将军巴海等不愿建城永戍，力主速行征剿："黑龙江、呼马尔，距雅克萨城辽远，若驻兵两处，则势分道阻，难以防御。且过雅克萨，有尼布潮等城。罗刹倘水陆运粮，增兵救援，更难为计。宜乘其积储未备，速行征剿。"[2]议政王大臣等也议如巴海所请。康熙帝谕示：陈奏与所议军务疏略；再命建黑龙江和呼马尔（呼玛）城，后命建墨尔根和齐齐哈尔城，驻防官兵，永戍北疆。

屯田储粮——建城戍守和屯田储粮，是清兵得逸、俄兵得劳与清军为主、俄军为客的重要条件。建城戍守，前已述及；屯田储粮，清廷尤重。为供给黑龙江驻兵和自卫反击战的用粮，清政府命令清军，一面备战，一面屯垦；并移民屯田，拨给耕牛农器。同时，建仓储谷，组织运输，筹措了三年的军粮。尔后，"分设官庄，广开田亩"[3]，作为长久之计。

造船铸炮——清政府在宁古塔（今黑龙江省宁安）和吉林乌拉（今吉林省吉林市）等处制造运粮船和战舰[4]，先后修造大小战舰和运粮船几百艘。清朝又遴选官兵，"日习水战，以备老羌"[5]。同时，制鸟枪，铸大炮，其中有神威无敌大将军、神威将军、龙炮和子母炮诸名。仅康熙十五年（1676），就铸造红衣大炮52尊。康熙帝定其名为"神威无敌大将军"者，据载：

---

[1]《清圣祖实录》卷一〇六，康熙二十一年十二月庚子。
[2]《清圣祖实录》卷一〇九，康熙二十二年四月庚辰。
[3]《清圣祖实录》卷一三一，康熙二十六年十月丙午。
[4]《平定罗刹方略》稿本。
[5] 高士奇《扈从东巡日录》卷下。

　　　　神威无敌大将军炮，铸铜为之。前杀后丰，底如覆盂。
　　　重自二千斤至三千斤，长自七尺三寸至八尺。不镌花文，
　　　隆起五道，面镌大清康熙十五年三月造，汉文。受药自三
　　　斤至四斤。铁子自六斤至八斤。载以三轮车，横梁承炮，
　　　辕长一丈二尺二寸，后二轮，辕间一轮，各十有八辐。辕
　　　前施铁镮以挽之。[1]

　　"神威无敌大将军"炮，射程远，威力大，在雅克萨自卫攻城战中发挥了重要作用。

　　设置驿站——为在雅克萨战争中传递军报，自吉林乌拉至黑龙江城需设驿站。户部初议设十驿，但康熙帝命派员会同向导"详加丈量"[2]。经郎中包奇等反复丈量，实为"一千三百四十里，置十九驿。此为黑龙江省创设台站之始"[3]。于是，黑龙江将军辖19驿，宁古塔将军辖22驿，盛京将军辖24驿[4]，京师谕旨，江城军报，驿站传送，南北畅通，既密切了清廷与边徼的政治联系，也加强了黑龙江地区反侵略的军事力量。

　　扫清外围——康熙帝派军将雅克萨以下沿江的敌堡全部拔除；令蒙古车臣汗断绝与俄国的贸易；又派人前往雅克萨地区"刈其田禾，不令收获"[5]。这就使雅克萨成为一座粮断援绝的孤城。

---

[1]　《皇朝礼器图式》卷一六。
[2]　《清圣祖实录》卷一一二，康熙二十二年十月庚申。
[3]　徐宗亮《黑龙江述略》卷二。
[4]　杨宾《柳边纪略》卷二。
[5]　《清圣祖实录》卷一一五，康熙二十三年五月甲申。

侦察敌情——清廷派副都统郎坦等率几百人，以捕鹿为名，沿黑龙江行围，直抵雅克萨城下，探明其居址、地形、情势和交通[1]；并派大学士明珠之子、一等侍卫纳兰性德随同前往[2]。清军又派出以倍勒尔为首30余人的侦察队伍，潜入敌巢，捉回6名"舌头"[3]，为清军收复雅克萨提供了重要军事情报。

清朝政府在做了一系列充分准备之后，会议进取雅克萨方略。都统、公瓦山与黑龙江将军萨布素等会奏：

> 我兵于四月抄，水陆并进，抵雅克萨招抚——不行纳款，则攻其城；倘万难克取，即遵前旨，毁其田禾以归。[4]

议政王大臣等议如所奏。康熙帝决定排除干扰，命将出师，进行雅克萨自卫反击战，深入挞伐沙俄侵略者。

康熙二十四年（1685）四月二十八日，受康熙帝之命，都统彭春、副都统郎坦和班达尔沙、黑龙江将军萨布素和建义侯林兴珠等统领由满、汉、蒙古、达斡尔等民族组成的军队约2000人，分水陆两军，向雅克萨进发。一队队抗俄轻骑，同仇敌忾，马蹄疾驰，尘埃飞扬；一船船藤牌勇士，怒火燃胸，帆樯纤缆，溯江直上。当地各族居民，积极配合清军作战。他们争做向导，探报敌情，送粮运炮，袭击罗刹。

五月二十二日，清军主力进抵雅克萨城下。雅克萨城平面呈矩形，长18俄丈，宽13俄丈，三面围以木墙和2俄丈宽的

---

[1] 《清圣祖实录》卷一〇四，康熙二十一年八月庚寅。
[2] 徐乾学《纳兰性德碑文》，《通志堂集》卷一九。
[3] 《清圣祖实录》卷一二〇，康熙二十四年四月戊戌。
[4] 《清圣祖实录》卷一一九，康熙二十四年正月癸未。

壕堑。靠陆地一侧墙上盖有塔楼，塔楼下辟城门、上设岗哨。在临河一侧建有两座带住房的塔楼。城里建了粮仓、教堂和店铺。其军役人员平时的住处在城外，护以木栅和刺障[1]。城内外有450人。清军前锋抵雅克萨郊野后，"击其哨兵，尽擒之"[2]。托尔布津急命烧毁关厢房舍，将军役人员撤入城内，以负隅顽抗。

二十三日，清军水陆列阵，包围雅克萨。在清军到达后，攻城之前，都统彭春向托尔布津发出行前康熙帝御定并分别用满、蒙、俄三种文字书写的咨文：

> 前屡经遣人移文，命尔等撤回人众，以逋逃归我。数年不报，反深入内地，纵掠民间子女，构乱不休。乃发兵截尔等路，招抚恒滚诸地罗刹，赦而不诛。因尔等仍不去雅克萨，特遣劲旅徂征。以此兵威，何难灭尔！但率土之民，朕无不恻然垂悯，欲其得所，故不忍遽加歼除，反覆告诫。尔等欲相安无事，可速回雅库，于彼为界，捕貂收赋，毋复入内地构乱，归我逋逃，我亦归尔逃来之罗刹。果尔，则界上得以贸易，彼此晏居，兵戈不兴；倘执迷不悟，仍然拒命，大兵必攻破雅克萨城，歼除尔众矣！[3]

但是，由于俄国殖民者恃强负固，对咨文置若罔闻。

二十四日，有一队增援雅克萨的哥萨克乘筏顺江而下，在

---

[1] 巴赫鲁申《哥萨克在黑龙江上》中译本，第49页。
[2] 陈仪《萨布素传》，《碑传集》卷一一五〇。
[3] 《清圣祖实录》卷一一九，康熙二十四年正月癸未。

城外江面受到清水师的截击。建义侯林兴珠率福建藤牌兵奋勇杀敌："众裸而入水，冒藤牌于顶，持掮刀以进。罗刹众见之，惊所未见，呼曰'大帽鞑子'。众皆在水中，火器无所施；而藤牌蔽其首，枪矢不能入。以长刃掠牌〔筏〕上，折其胫，皆踣江中。"[1]乘哥萨克惊魂未定，"阿米纳等跃入罗刹舟中，杀败乘筏往雅克萨城之罗刹"[2]。水战结果，俄军被杀伤大半，余众奔溃而逃，清军未丧一人。

当日夜，清军开始攻城：在城南，彭春派黑龙江将军萨布素、副都统班达尔沙、协领纳秦[3]、营门校尉胡布诺等进兵，设置挡牌土垒，施放矢镞；在城北，遣副都统温岱、护军参领瓦哈纳、提督刘兆奇等率军潜进红衣炮，猛烈轰击；在两翼，令护军参领博里秋、营门校尉乌沙等放神威大将军炮进行夹攻；又令都督何佑、副都统雅齐纳，镇守达斡尔提督白克等在江面密布战舰，巡逻打援，严防敌窜[4]。清军各路互相配合，激烈攻城。经过鏖战，雅克萨城内"一百人被击毙，塔楼与城堡，破坏无遗，商铺、粮仓以及教堂，连同钟楼，统统被火药箭烧毁。除此以外，全部火药和铅弹，皆已告罄"[5]。神甫额摩尔金手捧十字架，仰呼上帝，为败军打气，也无济于事。

二十五日，郎坦令在城下"三面积柴，将焚城"。城内俄军

---

〔1〕 刘献廷《广阳杂记》卷二。
〔2〕 《康熙起居注册》，康熙二十四年十月二十三日庚戌。
〔3〕 《八旗通志·郎谈传》载："分遣副都统雅钦（纳秦）……"而《康熙起居注册》二十四年九月初七日载："兵部题黑龙江副都统雅齐纳革职员缺，开列侍郎阿兰泰等。上曰：'协领纳秦人材健壮堪用，着升补此缺。'"是证纳秦时为协领，《八旗通志·郎谈传》载误。
〔4〕 《八旗通志》卷一五三《郎谈传》。
〔5〕 巴赫鲁申《哥萨克在黑龙江上》中译本，第65页。

伤亡惨重,力竭势穷。神甫额摩尔金等要求托尔布津向清军投降,求允堡内军民撤退至尼布楚。托尔布津四面楚歌,走投无路,派员至清军大营"稽颡乞降"[1]。彭春等遵照康熙帝"勿杀一人,俾还故土"[2]的谕旨,给予降人以宽大待遇:允许"堡内驻军携带武器和行李撤退"[3],并供给马匹和食物;另有25人不愿回俄国,要求留居中国,后来清政府将他们编入上三旗[4],给予妥善安置。托尔布津等感激万分,"稽颡而去",并保证不再回雅克萨骚扰。城内被俄国殖民者抓去的100余名我国达斡尔等族人,也得释回归。

清军光复被沙俄侵略军窃据长达20年的雅克萨之后,没有派兵驻守,也没有刈取庄稼,仅焚毁城堡,回军瑷珲。第一次雅克萨之战胜利结束。

三

在雅克萨之战捷报传奏行幄、举朝上下共庆凯旋之际,俄国殖民者却在窥伺时机,侦察虚实,集结兵力,准备反扑。托尔布津等回到尼布楚后,尼布楚督军弗拉索夫派人往雅克萨方面进行侦察。弗拉索夫得到雅克萨清军返航瑷珲和城外庄稼完整无损的探报后,决定派军重据雅克萨。

同年六月,尼布楚督军弗拉索夫派托尔布津和拜顿率领500余人,携带大炮和弹药,又侵占了雅克萨。殖民者在雅克

---

[1]《平定罗刹方略》二。
[2]《清圣祖实录》卷一二一,康熙二十四年六月癸巳。
[3] 拉文斯坦《俄国人在黑龙江》中译本,第42页。
[4]《康熙起居注册》,康熙二十四年十月二十二日己酉。

萨废墟上构筑城堡，四周围以长方形土城，长40俄丈，宽36俄丈，底宽4俄丈，高1.5俄丈，城上起筑炮垒，城外挖掘壕堑。堑外陆地一侧竖立木栅，直抵江边。托尔布津再筑雅克萨城堡，挑起战端，黑龙江畔又袭来了腥风血雨。第二次雅克萨自卫反击战迫在眉睫。

沙俄殖民者重占雅克萨的行径，激起清朝军民极大的愤慨。当地的奇勒尔人、达斡尔人等将沙俄殖民者重据雅克萨的消息，驰骑报告黑龙江将军衙门。黑龙江将军萨布素即驰奏清廷"鄂罗斯复来城雅克萨地"[1]，并待示方略。先是，在得到雅克萨捷报后，康熙帝谕大学士等言"至雅克萨城，虽已克取，防御决不可疏"[2]，其永驻官兵戍守事，着议政王大臣等会议具奏。廷议尚未奏闻，边警军报驰至。康熙帝以萨布素所奏，并非遣人亲抵雅克萨侦取确音，而是道听传闻之言，因命确探实情以闻。在查实沙俄侵略军窃据雅克萨之后，康熙帝颁发谕旨：

> 今罗刹复回雅克萨，筑城盘踞，若不速行扑剿，势必积粮坚守，图之不易。其令将军萨布素等，姑停迁移家口，如前所请，速修船舰，统领乌喇、宁古塔官兵，驰赴黑龙江城。至日，酌留盛京兵镇守，止率所部二千人，攻取雅克萨城。并量选候补官员及见在八旗汉军内，福建藤牌兵四百人，令建义侯林兴珠率往。[3]

---

[1]《清圣祖实录》卷一二四，康熙二十五年正月甲戌。
[2]《清圣祖实录》卷一二一，康熙二十四年六月癸卯。
[3]《清圣祖实录》卷一二四，康熙二十五年二月丁酉。

康熙二十五年（1686）五月二十八日，黑龙江将军萨布素、副都统郎坦和班达尔沙、建义侯林兴珠等率军2000余人，分水陆两路，会师查克丹，进逼雅克萨城。托尔布津下令焚毁关厢，"退进要塞，挖洞穴居"[1]，顽守城堡。萨布素要求沙俄侵略军投降，托尔布津不答。

六月初四日夜，清军发动攻城：副都统郎坦率兵从城北用红衣炮向城内轰击；副都统班达尔沙率步、骑兵从城南攻击——清军施放炮火，奋勇仰攻，自夜至旦，予敌重创。七月十四日，清军又发动猛烈攻城战，但城内俄军藏在地穴里躲避清军炮火的攻击。敌军先后五次出城逆战，均被清军击败。清军每天都向城内发炮轰击，俄军死伤人数也在逐日加增。八月中，俄军头目托尔布津被清军炮弹击中，右腿齐膝被炸断，血肉横飞，呻吟不止，四天后伤重毙命[2]。拜顿继任为统领。后清军加强了对雅克萨的封锁。清军在城西要地设立营寨，控制江面，切断从尼布楚方向援敌的通道。城内无井，饮水全靠通向黑龙江的水道。清军激战四昼夜，断其水道，并在城下"三面掘壕筑垒，壕外置木桩鹿角，分汛防御"[3]，把城堡团团围住。神威无敌大将军炮又日夜猛击城堡，侵略军已困于城中。

在清军围攻之下，侵略军死伤累累。到十月中，严冬逼临，俄军困守孤城，饮水匮乏，柴薪奇缺，弹尽粮竭，饥寒交加。噩运接踵，堡内俄军住在阴暗潮湿的地窖里，坏血病蔓延，患者盈窖，死者枕藉。在736名沙俄侵略军中，大部分战死、病

---

[1] 涅维尔科伊《俄国海军军官在俄国远东的功勋》中译本，第35页。
[2] 拉文斯坦《俄国人在黑龙江》中译本，第45页。
[3] 《清史列传》卷一〇《萨布素传》。

死，只剩下115人。清军料到城中俄军的困境，便将劝降书绑在箭上射入城内，允其投降后，可自由撤回；但被拜顿拒绝。此后城内情况继续恶化，官兵不断死亡，至来年春，"杯敦（拜顿）已病危，唯余二十余人，亦皆羸病"[1]。雅克萨的侵略军水断粮绝，死伤殆尽，孤立穷竭，无力拒守，围城旦夕可下。

清政府在兵迫雅克萨城下的同时，再次表现出和平谈判解决两国边境问题的愿望。清政府给沙俄政府咨文言：

> 我领兵大臣命鄂罗斯降人伊凡·米海罗莫洛多依，持书送尼布楚、雅克萨头目，令其悔改，撤回本地。讵彼等仍收我逃人，拒不撤至伊界，朕乃进兵围雅克萨城。其鄂罗斯人俱行投降，未戮一人，悉行放回，并再三晓谕，令其撤至伊界，毋复来犯。今鄂罗斯人乘我班师之隙，竟复占雅克萨，将我人员俱行杀害。……惟虽经屡次宣谕，鄂罗斯人竟不撤回，死守尼布楚、雅克萨地方。今仍望察汉汗撤回属民，以雅库等某地为界，各于界内打牲，彼此和睦相处。[2]

清廷和平谈判的咨文[3]和雅克萨俄军的败报，在沙皇政府中产生了强烈的反响。沙皇政府鉴于它在雅克萨城下吃了败仗，其内部矛盾重重；同时，它的战略重点在西方，雅克萨离莫斯

---

[1] 巴赫鲁申《哥萨克在黑龙江上》第69页载"只剩下了六十六人"，此据《八旗通志·郎谈传》。
[2] 《兵部为俄应撤回侵我兵并于雅库立界事致俄皇咨文》，康熙二十五年七月三十日，故宫博物院明清档案部藏。
[3] 参见巴德利《俄国·蒙古·中国》中译本，下卷，第1597—1601页。

科辽远，无力把大量军队和物资运到中国进行更大规模的战争，因此，接受了清朝政府的谈判建议。

俄国政府派魏牛高和法俄罗瓦等为先遣使前来北京。俄国先遣使于九月二十五日到京。他们要求和平谈判、议定边界并"乞撤雅克萨之围"[1]。康熙帝即允其所请。他于同月二十八日，令黑龙江将军萨布素等"撤回雅克萨之兵，收集一所，近战舰立营，并晓谕城内罗刹。听其出入，毋得妄行攘夺；俟鄂罗斯后使至定议"[2]。康熙帝派侍卫马武到雅克萨，传达停止攻城的谕旨。十月十五日，萨布素根据马武传示的旨意，宣布停止攻城，军队后撤三俄里[3]。然而，俄军继续顽守城堡[4]。其时，雅克萨城内薪断粮竭，后"罗刹酋长杯敦（拜顿）遣人来求饮食"[5]，萨布素和郎坦即予惠济。翌年正月，康熙帝派太医携药往雅克萨为清军疾者治病。他谕示萨布素言："至于罗刹，虽与我兵对垒，但我兵攻雅克萨城，从未诛戮其人。如城中有患疾之罗刹，亦应听其就医，使还彼国。"[6]这种态度，充分表明清朝政府和平解决中俄边界问题的诚挚愿望。同年三月二十五日，清军又从城堡外后撤四俄里，停止对雅克萨的封锁，允许城内俄军出入，以至准许其同尼布楚联系。《哥萨克在黑龙江上》一书于此写道："残余的筋疲力尽的防军，得到了出城寻找食物，与涅尔琴斯克（尼布楚）取得联系，甚至从那里求得援助的机

---

[1]《平定罗刹方略》三。
[2]《清圣祖实录》卷一二七，康熙二十五年九月己酉。
[3] 拉文斯坦《俄国人在黑龙江》中译本，第45页。
[4]《十七世纪俄中关系》中译本，卷2，第8页。
[5]《八旗通志》卷一五三《郎谈传》。
[6]《清圣祖实录》卷一二九，康熙二十六年正月戊子。

会。中国指挥部不仅没有对此加以阻挠,相反,对敌人表现出非常温文尔雅的殷勤态度。"[1]

康熙帝在得到俄国谈判代表到达边境的奏报后,于康熙二十六年(1687)七月十二日,命"萨布素等统率官兵,乘天时未寒,还至黑龙江、墨尔根,修整器械,休息马匹,以度隆冬。仍于要地,严设斥堠"[2]。同月二十三日,黑龙江将军萨布素奉旨率领全部清军撤离雅克萨,回驻黑龙江城和墨尔根[3]。清朝政府主动停战,单方面无条件地从雅克萨撤军,历时一年零两个月的第二次雅克萨自卫反击战至此宣告结束,亦为行将在尼布楚举行的中俄边界谈判创造了有利条件。康熙二十八年(1689)中俄《尼布楚条约》签订后,俄军从中国领土上撤走,雅克萨又回到了祖国的怀抱。

雅克萨自卫反击战的胜利有着重要的历史意义。"中华民族的各族人民都反对外来民族的压迫,都要用反抗的手段解除这种压迫。"[4]雅克萨之战表现了中国各族人民不甘屈服于外来民族压迫的反抗精神和英雄气概。雅克萨之战是清俄关系史上的一个转折点。它沉重地打击了沙俄侵略者,斩断了沙俄伸向黑龙江流域40余年的侵略魔爪,遏止了沙俄对我国东北地区的进一步侵略,维护了中国的领土主权和民族尊严,使东北边疆获得了比较长久的安宁。雅克萨之战促成了康熙二十八年

---

[1] 巴赫鲁申《哥萨克在黑龙江上》中译本,第70页。
[2] 《清圣祖实录》卷一三〇,康熙二十六年七月戊子。
[3] 《平定罗刹方略》二;拉文斯坦《俄国人在黑龙江》中译本第46页作"中国人全部离开雅克萨,回到从前的齐齐哈尔和瑷珲去","齐齐哈尔"似为"墨尔根"之误。
[4] 《毛泽东选集》合订本,第617页。

(1689)中俄尼布楚会议的召开。中俄双方经过平等谈判,在中国方面做了重大让步的情况下,签订了《尼布楚条约》。它规定了中俄两国的东段边界,从法律上划定了以额尔古纳河、格尔毕齐河和外兴安岭为界,整个外兴安岭以南、黑龙江和乌苏里江流域(包括库页岛)都是中国的领土。胜利的雅克萨自卫反击战,在中华民族反对外国侵略的斗争史上,写下了光辉的一页。

(原载《北京师范大学学报》1978年第5期)

清代名将萨布素

萨布素（1629—1701），姓富察氏，宁古塔（今黑龙江省宁安市）人，隶满洲镶黄旗，是清初著名的爱国将领。

"出身微贱" 年轻有为

萨布素的四世祖充顺，居住在噶哈里（今吉林延边汪清县境），膂力过人，笃好仁爱，为岳克通鄂城主。在清太祖努尔哈赤统一女真各部的进程中，充顺归附于后金。天命十年（1625），后金迁都沈阳后，萨布素的三世祖哈木都也携眷移居沈阳。他的祖父哈尔苏军功不著，史传缺载。萨布素的父亲随哈纳被派往宁古塔驻防，就在这里安家落户。

宁古塔老城在今宁安县城西北50里的海浪河南岸，背山面水，水草肥美。城高丈余，周围一里，东西各一门，是一座不太大的边城。随哈纳在宁古塔城的南马场，做一名低级的官员。他的妻子舒木鲁氏，生有二子：长为萨布素，次为党丹。萨布素因父亲官职低微，所以史称其"出身微贱"。

萨布素少年时聪明伶俐，勤奋好学。他像其他满族少年一样，八九岁就开始用一种满语叫作"斐兰"的小弓，练习射箭，还常帮助父亲牧放马群。稍长便随同族人行围打猎，驰射山林。萨布素在青少年时所受的家庭教育和生活磨炼，使他勤劳朴实，待人宽厚，勇敢坚毅，弓马娴熟。萨布素成年后，被挑补披甲，在宁古塔城当兵。

在萨布素青少年时期，黑龙江流域受到俄军的侵略。崇德八年（1643），沙俄波雅科夫率兵翻越外兴安岭，侵入精奇里江（今结雅河）流域，受到达斡尔人的反击。他们因抢不到粮食，竟以被杀害的达斡尔人尸体作为食物。顺治六年（1649），沙俄哈巴罗夫又率兵侵入黑龙江流域，捕捉人质，强索貂皮，抢劫粮食，掳掠妇女。顺治八年（1651），侵略军攻占桂古达尔屯寨（在今呼玛尔以北）后，一次就杀死达斡尔人661名，掳去妇女和儿童361人。

顺治十年（1653），清廷命沙尔虎达为昂邦章京，镇守宁古塔地方，以加强黑龙江流域的防务。从此，宁古塔（吉林）昂邦章京辖区从盛京昂邦章京辖区中析置出来，成为与其同级的军政区。萨布素在沙尔虎达麾下披甲，不久因粗通文墨，喜读《三国演义》，勤于职，有韬略，被提拔为笔帖式（书手）。沙尔虎达任昂邦章京后，慑于前宁古塔章京海色因反击沙俄侵略不力而被处死，挑补丁壮，修船造炮，练兵习武，反击侵略。顺治十一年（1654），沙尔虎达获取击败斯捷潘诺夫进犯的松花江之捷。顺治十四年（1667），又在尚坚乌黑（据考其地在今黑龙江佳木斯市郊一带），击败斯捷潘诺夫。第二年，沙尔虎达率船舰40余艘，在松花江口再败沙俄侵略军，俄军头目斯捷潘诺夫葬身鱼腹。萨布素随沙尔虎达屡败沙俄侵略军，并被晋升为武职正六品的骁骑校。但顺治十六年（1659）沙尔虎达病故，清廷命其子巴海继任为宁古塔昂邦章京。萨布素则继续在巴海麾下任职。

康熙元年（1662），清廷以宁古塔为东北边陲要地，改巴海为宁古塔将军。巴海兴建宁古塔新城，新城在旧城南约60里。内城周约2里，北为将军衙署，东、南、西各开一门。外城设木城两重，周约8里，开四门，南临牡丹江。后宁古塔将军移驻新城。萨布素为新城的修建而殚心经营。

康熙三年（1664），宁古塔将军率师前往黑龙江下游费雅喀、赫哲地区，萨布素随往。巴海在恒滚河即阿姆贡河口一带的黑喇乌苏，击败沙俄侵略军。从此，黑龙江下游地区边患稍息。萨布素以军功，署防御（官职在骁骑校之上、佐领之下）。

但是，康熙四年（1665），沙俄切尔尼果夫斯基继俄军于顺治十五年（1658）强占尼布楚（涅尔琴斯克）之后，又窜至雅克萨（阿尔巴津）。雅克萨位于黑龙江上游左岸，与额穆尔河口隔江相对。俄军在雅克萨四处抢掠，垒城筑室。城堡西部朝向黑龙江，位置在高峻悬崖上，其周围是一片开阔的农田、牧场和沼泽。雅克萨是从贝加尔湖方向和从雅库茨克方向进入黑龙江地区的水陆咽喉。俄军占领雅克萨后，不仅剽掠人口，强夺貂皮，而且把20名中国猎人关进一间屋子里，活活烧死，并抢走了这些猎人的财物和马匹，犯下令人发指的罪行。

康熙十年（1671），康熙帝首次东巡。他除谒陵祭祖外，还在爱新地方召见宁古塔将军，谕其对沙俄侵略"加意防御，操练士马，整备器械，毋堕狡计"[1]，并命宁古塔将军对费雅喀、赫哲等部民"广布教化"。于是，宁古塔将军将招抚珲春河以北的少数民族居民，编为12个佐领，移住吉林。其后，

---

［1］《清圣祖实录》卷三七，康熙十年十月壬辰。

宁古塔将军大规模地招抚新满洲，包括松花江下游、诺罗河、乌苏里江和穆棱河流域的部民，编成40个佐领，安置在宁古塔和吉林等地。康熙十五年（1676），宁古塔将军移驻吉林，萨布素以武职从三品的协领留守宁古塔，继续练兵戍守，招抚新满洲。康熙十六年（1677）四月，康熙帝派武默讷等前往瞻视长白山。六月，武默讷等至吉林。宁古塔将军派协领萨布素率二百兵、携三月粮，护送武默讷等往长白山。武默讷、萨布素一行，从吉林出发，循温德亨河、库勒纳岭、奇尔萨河、布尔堪河、纳丹佛勒城等陆行七日，抵讷殷江岸。其时先行运粮的船队也到达此地。武默讷和萨布素分道而进：武默讷等乘小船由江中逆流而上；萨布素带领官兵由瓦努河逆航二日，至佛多和河顺航一日，先武默讷一日抵额赫讷殷。从这里往前望去，林木蔽天，无路可寻。萨布素亲率官兵，伐木开路，艰难前进，行30余里，登上山岭，升树而望，见长白山熠熠白光，巍巍挺拔，计相距百余里。萨布素派人报告武默讷后，又开路同行一日，听见林中鹤鸣，即寻声疾走，找到鹿蹊，循蹊驰行，进至山麓。武默讷、萨布素对山礼毕，云雾散开，峰峦清晰，香树纷郁，黄花灿烂。萨布素先登上山巅，只见五峰环拱耸立，天池碧波粼粼。随之萨布素测量了天池至峰顶的距离为250丈。瞻礼后，武默讷和萨布素等由原路返回吉林。第二年，康熙帝再遣武默讷前往封长白山之神，祀典如同五岳。康熙十七年（1678），升萨布素为宁古塔副都统。

肩负重任　反击侵略

先是，康熙十二年（1673），吴三桂、耿精忠、尚之信先后发动了反叛清廷的战争。清从东北抽调大量军队入关，以平定"三藩之乱"。东北防务，一度空虚。这时沙俄加紧了对黑龙江流域的侵略。康熙十九年（1680），俄国成立尼布楚督军区。随后，俄军一路沿额尔古纳河，另一路沿黑龙江中下游进犯，并派俄军乘船顺黑龙江而下，直至下游广大地区。这正如康熙帝所指出的："向者罗刹（俄罗斯），无故犯边，收我逋逃，后渐越界而来，扰害索伦、赫哲、飞牙喀（费雅喀）、奇勒尔诸地，不遑宁处，剽劫人口，抢掳村庄，攘夺貂皮，肆恶多端。是以屡遣人宣谕，复移文来使，罗刹竟不报命，反深入赫哲、飞牙喀一带，扰害益甚。"[1]

康熙帝在平定"三藩之乱"和统一台湾后，即将战略重点转向东北边疆，加强边防建设，准备剿灭沙俄侵略军。

康熙二十一年（1682），康熙帝以"三藩"平定，第二次东巡。谒告祖陵，兼巡视边疆、远览形胜。康熙帝祭陵后，率领诸王大臣至吉林，遥拜长白山，泛舟松花江，船200余艘，旌旗朱缨映水，彩帆画鹢风轻，连樯接舰，格外壮观。萨布素受到康熙帝的召见。同年八月，康熙帝遣副都统郎坦、彭春偕宁古塔副都统萨布素率几百人，以捕鹿为名，沿黑龙江行围，直抵雅克萨城下，探明居址、地形、道里、交通。萨布素同郎坦、彭春等从墨尔根（今黑龙江省嫩江）越兴安岭，行程十六日，抵雅克萨。萨布素熟悉东北山川形势，遂与郎坦、彭春在雅克萨城外"指画言可图状"[2]。萨布素还与随同官员察看从瑷珲至额苏里的舟行水路，以及从额苏里至宁古塔的陆路交通。郎坦

---

[1]《清圣祖实录》卷一一九，康熙二十四年正月癸未。
[2] 陈仪《萨布素传》，《碑传集》卷一一五。

和彭春回京后,奏称雅克萨易取。康熙帝考虑到以往黑龙江一带没有建城驻兵,从宁古塔出兵反击,每次都因粮食不继而停止,而俄国侵略军虽为数不多,却筑城居住,耕种自给,因而造成"我进则彼退,我退则彼进,用兵无已,边民不安"[1]的局面,命建黑龙江(瑷珲)与呼玛尔(呼玛)两地木城,并调宁古塔兵1500名前往驻扎。

康熙二十二年(1683)四月,吉林将军巴海等奏言:瑷珲、呼玛尔距雅克萨辽远,若驻兵两处,则势分道阻,难于防御,而且过了雅克萨,有尼布楚等城,如俄兵从水路运粮,增兵救援,更难为计——宜乘其积储未备,速行征剿。巴海等"速行征剿"的奏疏,同康熙帝在瑷珲和呼玛尔"建城永戍"的旨意相抵牾。疏下议政王大臣会议,议如所请。康熙帝以其未合机宜,命再议。他对巴海等的上述疏奏不甚满意,决定巴海仍留守吉林,命副都统萨布素同瓦礼祜率军前往黑龙江。因瑷珲与呼玛尔之间的额苏里,可以藏船,有田垄旧迹,允王大臣所议,在此建木城,由萨布素与瓦礼祜率兵驻守。

同年夏,萨布素率吉林和宁古塔官兵1500人,分水陆两路行进,于三姓(今黑龙江省依兰)地方会合,向黑龙江进发。不久,清军进至特尔德尼附近,发现一队俄军乘船顺流而下。萨布素令将俄军包围,俄军势孤力竭而降。后清廷命郎坦会商黑龙江驻兵事宜。寻奏言:额苏里于今年七月,便降霜雪。若在明年秋后移宁古塔兵往驻,恐地寒霜早,谷物不获,难以糊口。应就近移达斡尔兵五百人,在来春赴额苏里耕种,再派宁古塔兵三千人,分为三班,轮番驻防。康熙帝谕斥道:

---

[1]《清圣祖实录》卷一一九,康熙二十四年正月癸未。

"兵丁频事更番，必致困苦，非久长之策"[1]，因命在瑷珲建城戍兵，备船置炮，运贮粮食，设立驿站。萨布素即奏言："永戍黑龙江（瑷珲）诸务，上谕周详，悉宜遵奉。"[2]十月，清始设黑龙江将军。以萨布素"年力强壮，文武兼通，才堪委用"[3]，着授为黑龙江将军。黑龙江将军的辖境，东至宁古塔西界，西接额尔古纳河，南临漠南蒙古，北跨外兴安岭。黑龙江将军与盛京将军、吉林将军鼎称，奠定了后来东北三省区划的建制。黑龙江将军萨布素受命后，即着手加强边疆防务，准备抗俄战争。

第一，建瑷珲城。萨布素经过勘察，在精奇里江口的黑龙江东岸，瑷珲河畔明忽里平寨址，建瑷珲城。城为方形，四周覆以带草的土埝，城外掘濠，濠外设栅。不久，萨布素因瑷珲城僻处江东，水上交通及公文往来均不方便，一旦有警，缓不济急，遂决定在黑龙江西岸托尔加城旧址，另建瑷珲城（今黑河县爱辉公社爱辉大队）。原瑷珲城称为旧瑷珲。康熙二十三年（1684），"左枕龙江，右环兴岭"[4]的新瑷珲城建成，遂成为北陲屏藩，北门锁钥。

第二，运贮粮食。清开辟辽河、松花江和黑龙江的水陆粮食联运，即从辽河的巨流河渡口，溯流运至东辽河等色屯（今吉林梨树县），再陆运至伊屯门（今吉林伊通县），经伊通河入松花江，顺江而下入黑龙江，再溯黑龙江而上抵瑷珲。清廷先命萨布素负责从松花江口至瑷珲的黑龙江上粮食水运，后又命

---

[1] 何秋涛《平定罗刹方略一》，《朔方备乘》卷首五。
[2] 《清圣祖实录》卷一一二，康熙二十二年九月丁丑。
[3] 《康熙起居注册》康熙二十年五月十六日戊辰，中国第一历史档案馆藏。
[4] 何秋涛《北徼形势考》，《朔方备乘》卷一一。

其统管松花江与黑龙江的水运。康熙二十三年（1684）春，萨布素组织吉林、打牲乌喇和宁古塔的兵丁、猎户共2000余人，将辽河流域等地的粮食水运至瑷珲。

第三，屯田备兵。萨布素根据康熙帝"我兵一至，即行耕种"的谕旨，在瑷珲等地屯田。他又调达斡尔官兵500人，赴额苏里耕种戍守，并逐渐迁移满洲、达斡尔等官兵家口于戍地。清廷又命先后修造大小船舰及运粮船数百艘，并命铸造红衣大炮等运往瑷珲。萨布素整肃部伍，训练士卒，日习水战，操演施炮，加紧备兵，准备作战。

第四，拔敌据点。康熙二十二年（1683）冬，萨布素与精奇里江一带鄂伦春头人朱尔铿格等，会同派兵扫除沿江被俄军侵据的堡垒。他们先后拔除多隆斯克、西林宾斯克、结雅斯克，并救出被关押的人质。康熙二十三年（1684）春，萨布素等疏请于四月冰解后，派官兵300人，携炮四门，以费雅喀人为向导，对黑龙江下游地区进行招抚，"不即归降，则进兵剿灭"，若敌兵"闻风先遁，所发之兵，即乘机安辑"。[1]他的陈奏获准后，便派兵进抵恒滚河一带，俄军闻风先遁。萨布素同当地少数民族共同拔掉黑龙江中下游的俄军侵略据点，唯余其在上游的最后据点——雅克萨。

雅克萨城　两败俄军

康熙二十三年（1684）七月，黑龙江将军萨布素受到康熙帝"坐失机宜"的谴责。先是，侍郎马喇曾疏请"敕黑龙江将

---

〔1〕《清圣祖实录》卷一一四，康熙二十三年正月乙酉。

军,水陆并进,作攻取雅克萨状,因取其田禾,则罗刹不久自困,量遣轻骑,剿灭似易"[1]。因此,康熙帝命萨布素进兵雅克萨,取其田禾,使之自困。但萨布素委婉地疏言:臣军粮六月初三日始能运到,分粮、治装至初十日方能启行,溯江而上,约需一月,其时雅克萨城外庄稼已收割完毕,则取禾无及,徒劳士马,请于来年四月进兵。康熙帝览奏后,虽在表面上斥责萨布素,但在实际上仍采纳了他的疏议,后派都统瓦山等往瑷珲,会同萨布素议商攻取雅克萨的作战方案。

康熙二十四年(1685)正月,萨布素同瓦山经过精心谋划,会奏攻取雅克萨的作战方案:"我兵于四月杪,水陆并进,抵雅克萨招抚,不行纳款,则攻其城。倘万难克取,即遵前旨,毁其田禾以归。"[2]议政王大臣等议如所奏,并获旨准。清廷即派都统彭春任统帅,并派副都统班达尔沙、护军统领佟宝、副都统马喇、銮仪使林兴珠及台湾投诚左都督何佑等,分率八旗、绿营兵丁及藤牌兵赴瑷珲,会同黑龙江将军萨布素收复雅克萨。

三月初五日,先期赴雅克萨侦察的达斡尔30多人,生擒俄军7人,从口供中得知雅克萨城的设防及兵力不足千人的情况,为彭春、萨布素提供了重要的情报。

四月二十八日,都统彭春、将军萨布素等统领清军约3000人,携火炮、刀矛和藤牌等兵器,分水陆两路,向雅克萨进发。萨布素指挥的前锋骑兵,先抵雅克萨城郊,"击其哨兵,尽擒之"[3],扫清了雅克萨城的外围敌军。五月二十三日,清大军抵

---

[1] 《清圣祖实录》卷一一五,康熙二十三年五月甲申。
[2] 《清圣祖实录》卷一一九,康熙二十四年正月癸未。
[3] 陈仪《萨布素传》,《碑传集》卷一一五。

雅克萨城下，当即向俄军头目托尔布津发出用满、蒙、俄三种文字书写的咨文：要求其撤出雅克萨，归还我逃人，以雅库茨克为界，互相贸易，彼此晏居；"倘执迷不悟，仍然拒命，大兵必攻破雅克萨城，歼除尔众矣"[1]。托尔布津恃其城垣坚固，有兵450人、炮3门、鸟枪300支，不肯迁归。二十三日，彭春、萨布素等，分水陆两路，列营攻城：萨布素亲率陆师阵于城南，列红衣炮于城北，集重师于城东南，布战舰于城西江面巡逻打援、严防敌窜。二十四日夜，将神威将军等火器移置于阵前。二十五日黎明，急进攻城，发炮轰击，城垣断毁，敌不能支。二十六日上午，托尔布津"稽首乞降"。都统彭春、黑龙江将军萨布素等遵照康熙帝"勿杀一人，俾还故土"的谕旨，准其撤离雅克萨，后俄军回至尼布楚，清军赶走俄军后，平毁雅克萨城，即行班师。留副都统纳秦驻守瑷珲，派兵500名在瑷珲和墨尔根屯田戍守，自吉林经墨尔根至瑷珲增设驿站，萨布素移驻墨尔根并建城防御。黑龙江将军萨布素在雅克萨之捷中的战功，受到康熙帝的嘉奖。

俄军撤回尼布楚后，由拜顿率领的600余名援军由莫斯科到了尼布楚。尼布楚督军伊凡·符拉索夫，派出哥萨克70人赴雅克萨侦察，侦知清军已经毁城撤兵。同年八月，托尔布津偕拜顿率俄军再次侵据雅克萨。他们依旧址筑城，城墙夹板，中填泥土，外面涂泥。在江面一侧竖立木栅。据雅克萨的俄军兵力增至800余人，炮11门，炮弹和榴弹157发。[2]

康熙二十五年（1686）正月，萨布素奏称："罗刹复来雅克

---

[1]《清圣祖实录》卷一一九，康熙二十四年正月癸未。
[2] 瓦西里耶夫《外贝加尔的哥萨克（史纲）》中译本，第257页。

萨，筑城盘踞。臣请于冰消时，督修船舰，亲率官兵，相机进剿。"康熙帝览奏后，派理藩院郎中满丕前往，满丕查明萨布素所奏属实。二月十三日，康熙颁发谕旨说，对复据雅克萨的俄军，若不速行扑剿，势必积粮坚守，图之不易。于是"令将军萨布素等，姑停迁移家口，如前所请，速修船舰，统领乌喇、宁古塔官兵，驰赴黑龙江城（瑷珲）。至日，酌留盛京兵镇守，止率所部二千人，攻取雅克萨城"[1]，并令建义侯林兴珠率八旗汉军及福建藤牌兵400人前往瑷珲。

六月底，黑龙江将军萨布素、副都统郎坦率清军2000余人，从瑷珲出发，七月十八日，会师于查克丹，进逼雅克萨城。俄军"退进要塞，挖洞穴居"[2]，准备负隅顽抗。七月二十三日，清军列阵围城，令侵略军撤离雅克萨，托尔布津不答，并鸣放枪炮，射击清军。萨布素命清军攻城，弓矢齐射，炮火轰鸣，托尔布津中弹身死。俄军改由拜顿指挥，继续顽抗。八月，萨布素命在雅克萨城的东、南、北三面，"掘长堑，立土垒，以困之"[3]。濠外设置木桩，划界分区围困。派舰在城西江面巡逻，截堵从尼布楚来的援兵。侵略军被围困长达十一个月，战死、病死很多，最后只剩下66人。雅克萨城旦夕可下。

俄国沙皇在雅克萨城危急之时，派官向清帝"乞撤雅克萨之围"，并遣使议定边界。此前清廷曾多次写信给俄国政府，谴责其侵略行径，要求其撤军谈判，但均未获结果。康熙帝在这次接到俄国政府信件后，即谕萨布素撤围城兵，列舰结营。

---

[1]《清圣祖实录》卷一二四，康熙二十五年二月丁酉。
[2] 涅维尔科伊《俄国海军军官在俄国远东的功勋》中译本，第35页。
[3]《八旗通志初集》卷一五三《郎谈传》。

十二月，康熙帝派侍卫马武到达雅克萨前线，宣布停止攻城。康熙二十六年（1687）八月，萨布素奉命将清军先撤至查克丹驻扎，后分别撤至瑷珲和墨尔根驻守。

康熙二十八年（1689），萨布素奉命随索额图等往尼布楚，同俄国代表费要多罗举行边界谈判。萨布素和郎坦率黑龙江兵1500人，分乘船只，装载粮米，从瑷珲出发，溯黑龙江而上，至尼布楚，设帐驻扎。在谈判过程中，萨布素既负责中国使团的安全保卫和粮食供应，又因熟悉东北山川形势而成为中国使团的重要成员。七月二十四日，缔结了中俄《尼布楚条约》，规定以外兴安岭至海、格尔毕齐河与额尔古纳河为中俄两国东段边界。

黑龙江以北，外兴安岭以南和乌苏里江以东至海地区为清朝领土，并规定俄国自毁雅克萨城，徙其人员以回。

《尼布楚条约》签订后，萨布素率黑龙江兵，顺江而下，返回瑷珲，后驻守墨尔根。萨布素回将军任后，负责勘界的事宜。

索额图奏称："将军萨布素等，系专为管辖黑龙江等处之人，勘界事宜完毕后，将交伊管理。"[1]尔后，萨布素即负责其将军辖区的管理、防务与建设。

巩固边防 建设北疆

清廷在取得两次雅克萨之战胜利、签订《尼布楚条约》之后，着手反击厄鲁特蒙古准噶尔部首领噶尔丹的东犯。噶尔丹骑兵的东进，骚扰了喀尔喀蒙古和漠南蒙古。黑龙江将军辖区

---

[1]《索额图等奏抵尼布楚以来与俄方官员往返交涉情形本》，中国第一历史档案馆藏。

西南接喀尔喀蒙古，南临漠南蒙古。康熙二十九年（1690），噶尔丹第一次东犯漠南蒙古，在乌兰布通（今内蒙古克什克腾旗境）兵败后，又图再犯。康熙帝命黑龙江将军萨布素整兵预备，要冲设防，并相机攻剿。

康熙三十四年（1695），萨布素奉命前往呼伦贝尔、索岳尔济山等地巡视，拟定沿索岳尔济山设防，堵御噶尔丹骑兵的防御计划。他疏奏说，臣拟派兵自盛京、吉林、墨尔根三处，至索岳尔济山，一一丈量，分程设站。在无水之处，掘井以待用。嗣后，若索岳尔济山的东北呼伦贝尔有警，则与臣驻军之地相近，臣即先进兵，吉林和盛京兵继之；若索岳尔济山之西乌尔会等处有警，则与盛京相近，盛京先进兵，吉林及臣兵继之——总期会于索岳尔济山以进。[1]康熙帝允其奏，并命他在噶尔丹顺克鲁伦河向呼伦贝尔、索岳尔济山东进时，即速行侦察，并酌情堵御。

康熙三十五年（1696）二月，康熙帝亲率三路大军出击噶尔丹：黑龙江将军萨布素率东三省地区军队，会内蒙古科尔沁部出东路，沿克鲁伦河遏其窜逸之路；大将军费扬古、将军孙思克率陕甘兵等出宁夏西路，邀其归路；自率禁旅由独石口出中路——裹粮长驱，分进合击，捕其主力，速战速决。萨布素调集所属各路大兵，于四月初由索岳尔济山，刻期驰进克鲁伦河。康熙帝亲临克鲁伦河流域。噶尔丹知道康熙帝亲率大军前来征讨时，吓得尽弃庐帐、器械西逃，在肯特山之南、土拉河之北、汗山之东的昭莫多，为西路大将军费扬古所败。萨布素奉旨在喀尔喀河附近择水草丰美地方秣马。六月，萨布素奉命

---

〔1〕《清圣祖实录》卷一六六，康熙三十四年正月甲子。

率兵1000往科图。康熙三十六年（1697）正月，萨布素因年老体弱被召回，寻令仍回原任。

康熙三十八年（1699），黑龙江将军移驻齐齐哈尔。其辖区以将军驻地齐齐哈尔计，东至杨山（布列亚山）2200余里吉林界，西至喀尔喀900余里车臣汗界，南至松花江500余里吉林界，北至外兴安岭3300余里沙俄界。萨布素任黑龙江将军凡20年，在其辖区内，实行军政兼施的方针。

第一，设置军政机构。黑龙江将军萨布素，奏经清廷旨准，组建了其下齐齐哈尔、墨尔根和瑷珲的军政机构：齐齐哈尔城，将军、副都统各一员，统辖八旗。旗各协领一，佐领五，防御一，骁骑校五，火器营参领一员；该城满洲、汉军及索伦、达斡尔、巴尔虎兵共2040名。墨尔根城，副都统一员，协领四，旗各佐领二、防御二、骁骑校二，有兵900名。瑷珲城，副都统一员，协领四，旗各佐领三、防御一、骁骑校三，火器营则统于齐齐哈尔参领，有兵1200名。定例实行操练和围猎，以训练技勇，修武戍边。

第二，配置多种火器。萨布素治军，重视火器的配置和使用，神威无敌大将军炮，齐齐哈尔和瑷珲各4位；神威将军炮，齐齐哈尔和瑷珲各12位，墨尔根8位；龙炮，齐齐哈尔6位；威远炮，齐齐哈尔和瑷珲各1位。并配置火铳、鸟枪等多种火器。

第三，加强军民联防。萨布素遵奉康熙帝的谕旨，将其辖区内的少数民族索伦、达斡尔、巴尔虎三十二佐领兵，编入齐齐哈尔、墨尔根和瑷珲驻防八旗。又将鄂温克、鄂伦春等编入布特哈八旗，以旗统民，设官分治，屯种戍守，强固边防。

第四，建立巡边制度。《尼布楚条约》签订后，萨布素会同理藩院定制，其所属齐齐哈尔、墨尔根、瑷珲各副都统，于每年五、六月间，派遣协领、佐领等官，率兵分三路，至格尔毕齐、额尔古纳等处巡边，年终具疏报闻。沿边设立巡逻鄂博，加强边境巡察。

第五，严格驿站管理。萨布素经手建立自齐齐哈尔经墨尔根至瑷珲，又自瑷珲经宁古塔至吉林的驿站。自瑷珲至吉林1340里，共设19驿，每站设站丁30人，马20匹，牛30头，每丁种地5垧。萨布素为维护驿站制度，陈奏曾做过康熙帝侍卫的瑷珲副都统关保，滥用驿站车马。关保因此受到降五级调用的处分。

第六，开始设立学校。黑龙江地区文化教育比较落后。萨布素早在宁古塔任职时，就优礼从关内流放至宁古塔的文士吴兆骞、杨越等人。这些人既授徒教书，又撰写诗文。吴兆骞曾写有《送萨参领入都》和《奉赠副帅萨公》等诗。《尼布楚条约》签订后，黑龙江地区开始进入和平安定、开发经济的新时期，文化教育也得到了发展。康熙三十四年（1695），萨布素疏请在墨尔根两翼各设一所学校，设立教官，每年从索伦、达斡尔佐领下各选幼童入学，教习书义[1]。这是黑龙江地区"建学立师之始"。尔后，又在齐齐哈尔和瑷珲等城，相继建立学校，设师教学。

康熙三十七年（1698），康熙帝第三次东巡，在吉林召见萨布素，谕称："黑龙江将军萨布素，授任以来，为国效力，训练士卒，平定鄂罗斯，勤劳可嘉。着给一等阿达哈哈番，令

---

[1]《清圣祖实录》卷一六六，康熙三十四年二月癸巳。

其世袭。"[1]阿达哈哈番为满语音译,系勋爵,汉意译为轻车都尉。

黑龙江将军萨布素,被誉为康熙朝的"将军第一"[2]。

康熙四十年(1701)二月,黑龙江将军萨布素被以"捏报兵丁数目,浮支仓谷"[3]罪革任,并革去一等轻车都尉世职,在佐领上行走。寻授散秩大臣,后死。

(原题作《抗俄大将萨布素》,
载陈梧桐、苏双碧主编《中国历代名将》(下),
河南人民出版社,1987年)

---

[1]《清圣祖实录》卷一九〇,康熙三十七年十月己亥。
[2] 陈仪《萨布素传》,《碑传集》卷一一五。
[3]《清圣祖实录》卷二〇三,康熙四十年二月己未朔。

清郑各庄行宫、王府与城池考

北京昌平郑各庄（郑家庄）有清康雍乾时期行宫、王府、城池与兵营的遗址。郑各庄的理王府，曾有书文述及。[1]但有关郑各庄城池、行宫的学术论文，经过检索，几无所见。因此，清郑各庄行宫、王府、城池、兵营之兴建，史事不明，尚需探讨。本文依据满文档案与汉文册籍、实地踏查与民间采访，加以综汇，爬梳条理，考证分析，略做考述。

一

康熙帝谕建郑各庄王府与营房事，最早的文献见于康熙六十一年（1722）《清圣祖实录》记载："朕因思郑家庄已盖设王府及兵丁住房，欲令阿哥一人往住，今着八旗每佐领下，派出一人，令往驻防。此所派满洲兵丁，编为八佐领；汉军，编为二佐领。朕往来此处，即着伊等看守当差。着八旗都统会同佐领等派往。"[2]这里只说在郑各庄[3]已建王府和营房，而没有

---

[1] 参见杨珍《清朝皇位继承制度》，学苑出版社，2001年，第312—313页。
[2]《清圣祖实录》卷二九七，中华书局影印本，1985年，第876—877页。
[3] 郑各庄，康熙朝满文奏折中为"郑家庄"，雍正朝满文奏折中为（转下页）

谕及皇城与行宫事宜。

清郑各庄行宫、王府、城池与兵营,始建于康熙五十七年（1718）十二月。其最初根据是：笔者最近在台北故宫博物院查阅康熙和雍正两朝的满文档案,看到有"水渍霉斑"的康熙六十年（1721）十月十六日,监造郑各庄行宫与王府工程郎中尚之勋、五十一等四人,联署的满文奏折《上驷院郎中尚之勋等奏报郑家庄行宫工程用银数折》,其中对康熙郑各庄行宫、王府、城池与兵营兴建工程记载详细,汉译如下：

> 监造郑家庄地方行宫、王府郎中奴才尚之勋等谨奏：为奏闻事。
>
> 康熙五十七年十二月内,为在郑家庄地方营建行宫、王府、城垣及城楼、兵丁住房,经由内务府等衙门具奏,遣派我等。是以奴才等监造行宫之大小房屋二百九十间、游廊九十六间,王府之大小房屋一百八十九间,南极庙之大小房屋三十间,城楼十间、城门二座、城墙五百九十丈九尺五寸、流水之大沟四条、大小石桥十座、滚水坝一个、井十五眼,修葺土城五百二十四丈,挑挖护城河长六百六十七丈六尺,饭茶房、兵丁住房、铺子房共一千九百七十三间,夯筑土墙五千三百五十丈七尺一寸。营造此等工程,除取部司现有杉木、铜、锡、纸等项使用外,采买松木、柏木、椴木、柳木、樟木、榆木、清沙石、豆渣石、山子石、砖瓦、青白灰、

（接上页）"郑各庄",《清圣祖实录》中为郑格庄、郑家庄。今名为郑各庄。清昌平人麻兆庆在《昌平外志》中认为："郑各庄"的"各",旧均作"家"云云。本文在引文中照原文引用,但在行文中用"郑各庄"。

绳、麻刀、木钉、水坯、乌铁、磨铁等项及席子、苫箔、竹木、鱼肚胶等，计支付匠役之雇价银在内，共用银二十六万八千七百六十二两五钱六分三厘。其中扣除由部领银二十三万七百五十二两五钱六分三厘，富户监察御史鄂其善所交银二千二百二十两，富当所交银六百五十两，原员外郎乌勒讷所交银一万两，员外郎浑齐所交银一千八百一十两，顺天府府丞连孝先所交银一万七千六十七两八钱三分，并出售工程所伐木签、秤兑所得银四千八百八十三两五分二厘。以此银采买糊行宫壁纱橱、绘画斗方、热炕木、装修、建造斗栱、席棚、排置院内之缸、缸架、南极神开光做道场、锡香炉、蜡台、垫尺、桌子、杌子等项，匠役等所用笤帚、筐子、缸子、水桶等物，以及支给计档人、掌班等之饭钱，共用银四千八百六十七两三钱八分二厘，尚余银十五两六钱七分。今既工竣，相应将此余银如数交部。为此谨具奏闻。

上驷院郎中尚之勋、营造司郎中五十一、都虞司员外郎偏图、刑部郎中和顺。[1]

此为孤例，尚需佐证。经中国第一历史档案馆研究员郭美兰等查阅，找到康熙五十七年（1718）此项工程兴工的满文奏折。这份满文奏折为工程样式的文字说明，包括行宫、王府、城池，营房的间数、长宽、柱高、甬路等数据，大小房屋2649间，围墙、子墙、隔墙、土墙的长、宽、高及城楼、角楼等工

---

[1]《上驷院郎中尚之勋等奏报郑家庄行宫工程用银数折》（满文），康熙六十年十月十六日，郭美兰译，台北故宫博物院文献处藏。

程内容。[1]

由上，康熙郑各庄行宫与王府等工程，其开工与竣工的满文档案，亦始亦终，合掌印证。上述档案明确记载：

第一，清郑各庄行宫与王府等工程，康熙五十七年（1718）开始动工，五十八年（1719）正月初八日卯时兴工，二月初八日未时上梁[2]。康熙六十年（1721）十月竣工。

第二，所营建的行宫、王府、兵丁住房、庙宇、城垣及城楼、护城河等工程，其地点在今北京昌平郑各庄，而不在山西祁县郑家庄。

第三，工程包括：行宫房屋290间、游廊96间，王府房屋189间，南极庙房屋30间，城楼10间、城门2座、城墙590丈5寸、流水大沟4条、大小石桥10座、滚水坝1个，井15眼，修葺土城524丈，挑挖护城河长667丈6尺，饭茶房、兵丁住房、铺子房共1973间，夯筑土墙5350丈7尺1寸。

第四，郑家庄原有土城，奏报中"修葺土城五百二十四丈"可资证明。郑各庄修葺土城和夯筑土墙共长5874丈7尺1寸。

第五，行宫里建"nanji"庙，音译作"南济"[3]或"南极"庙。此典最早见于《史记·天官书》和《史记·封禅书》。[4]在

---

[1] 《内务府等奏为核计郑家庄马房城地方建房所需钱粮事折》（满文），康熙五十七年十二月初五日，郭美兰译，中国第一历史档案馆藏。

[2] 《内务府等奏为经钦天监敬谨看得可于康熙五十八年正式动工折》，康熙五十七年十二月初八日，郭美兰译，中国第一历史档案馆藏。

[3] 中国第一历史档案馆编译《康熙朝满文朱批奏折全译》，中国社会科学出版社，1996年，第1489页。

[4] 《史记》卷二七《天官书》载："狼比地有大星，曰南极老人。老人见，治安；不见，兵起。"《集解》曰："比地，近地也。"《正义》曰："老人一星，在弧南，一曰南极，为人主占寿命延长之应。"又曰：（转下页）

《中文大辞典》里有："南极"，系星名，即南极星，就是老人星。崔骃《杖颂》云："寿如南极，子孙千亿。"李白《与诸公送陈郎将归衡阳》云："横山苍苍入紫冥，下看南极老人星。"杜甫《覃山人隐居》也云："南极老人自有星，北山移文谁勒铭。"[1]因此，应将"nanji"庙译作"南极庙"，供奉南极星即老人星之神。康熙帝晚年打算住在行宫，休养身心，祈国长兴，愿己福寿。

第六，康熙郑各庄行宫与王府等工程花费，实际用银268746两8钱9分3厘。

康熙郑各庄行宫与王府等建成后，按照前引康熙帝谕旨表明：行宫，康熙帝住；王府，阿哥去住；营房，官兵驻防。康熙帝为什么选择在郑各庄兴建行宫、王府呢？主要原因，析分有六：

第一，历史因素。明永乐帝迁都北京后，因为军事的需要，皇陵的修建，京北地位愈加重要。明宣德四年（1429），设顺天府郑各庄马房仓，置大使、副使各一员[2]。万历朝也是如此。[3]清入关后，仍设郑各庄仓房、马厂（场）[4]。康熙平定"三藩

（接上页）"见，国长命，故谓之寿昌，天下安宁；不见，人主忧也。"（中华书局，1959年，第1308页）《史记》卷二八《封禅书》载："杜、亳有寿星祠。"《索隐》曰："寿星，盖南极老人星也，见则天下理安，故祠之以祈福寿。"（第1376页）戏曲中则有南极仙翁的故事。

[1] 《中文大辞典》第5册，中国文化研究所印行，1968年，第267—268页。
[2] 《明宣宗实录》卷五八，宣德四年九月辛亥，台北"中研院"史语所校勘本，1962年，第3页。
[3] 万历《顺天府志》卷四，第21页，万历二十一年（1593）刻本。
[4] 《清世祖实录》卷九五，顺治十二年十一月戊申，中华书局影印本，1985年，第748页。

之乱"期间，温榆河南岸郑各庄附近的洼地，被征作"皇家御地"，供养马之用，成为皇家的"御马房"，时称"郑各庄马房"，至今村西尚有"马道沟"的地名，便是当年赶马群去温榆河边饮水的通道[1]。这里已经建起土城，康熙《昌平州志》称之为"郑家庄皇城"[2]。监造郑各庄行宫的官员，不仅有营造司郎中，而且有上驷院郎中，说明它同御马厂（场）的密切关系。郑各庄至今已至少有580年的历史。

第二，方舆区位。郑各庄位于北京市区和昌平之间，南距紫禁城、北距昌平城，各约40里，恰好居中。郑各庄在北京自永定门、经紫禁城、到钟鼓楼的子午线即中轴线的延长线上，俗称在龙脊上。由京师北巡，东面出古北口，西面出居庸关，郑各庄在这两条通道的中间。背负居庸，面向京城，"处喉吭之间，司门户之寄，京师大命"[3]。所以，郑各庄的方舆优胜是：借山襟城畔水，天地风光亦佳，地理区位，极为重要。

第三，地近汤泉。清朝皇帝从努尔哈赤开始，经皇太极、顺治，到康熙，还有孝庄太后和多尔衮等，一贯重视温泉。康熙帝尤喜温泉，"上常临浴，谓之坐汤"[4]，温泉又称汤泉。汤泉"其水温可浴而愈疾"，俗称"圣汤"[5]。康熙帝赋《温泉行》，感怀抒情。[6]温泉是皇帝保健、治病、休憩、养生的重

---

[1] 蒋国震《郑家庄皇城》，打印稿，2008年。
[2] 康熙《昌平州志》卷一《昌平总图》，第1页，澹然堂刻本，康熙十二年（1673）。
[3] 顾祖禹《读史方舆纪要》卷一一，上海书店出版社，1998年，第23页。
[4] 萧奭《永宪录》卷一，中华书局，1959年，第41页。
[5] 永乐《顺天府志》卷一四，北京大学出版社，1982年，第5页。
[6] 玄烨《温泉行》，《康熙诗词集注》，内蒙古人民出版社，1994年，第62页。

要场所和有效手段。康熙帝晚年患中风，洗浴温泉，健身益神。北京附近的温泉，遵化温泉、赤城温泉离京师较远，昌平温泉（今小汤山温泉）在郑各庄北10里处。郑各庄以其北邻汤泉、南距畅春园较近，而成为兴建康熙行宫的一个重要原因。

第四，实际所需。康熙帝晚年，身体多病，需要找一个离京城不远不近的清静之处，兴建行宫，此其一。康熙帝两立两废皇太子允礽后，如何安置他的住处？久住宫内，不是办法；住在城里，又怕生事。反复思虑，精心筹划，选择了既离京城较近，又不在城里的郑各庄。此其二。他说："朕因思郑家庄已盖设王府及兵丁住房，欲令阿哥一人往住，今着八旗每佐领下，派出一人，令往驻防。"这位阿哥是谁呢？康熙帝没有言明。雍正帝则说："郑各庄修盖房屋，驻扎兵丁，想皇考圣意，或欲令二阿哥前往居住。"雍正帝揣度皇父遗意，是打算命废太子二阿哥前去居住[1]。康熙兴建的郑各庄阿哥王府，设置围墙、护城河和兵营，带有高墙圈禁的特点。这既承继了清太祖以来对犯罪宗室的圈禁惩处，也参酌了明代圈禁犯罪宗室的高墙制度。[2]

第五，交通便利。郑各庄位于温榆河南岸，有渡河码头。温榆河又名榆河，因附近有温泉，而称温榆河[3]。东汉时"疾风知劲草"的上谷太守王霸，从温水引漕，通水上运输[4]。温榆河在通州与通惠河汇流，再汇北运河，与京杭大运河连接；逆流可达沙河，与昌平、居庸交通。通过北运河、海河，可航联天津，与海运相通。康熙帝晚年，从畅春园启銮走"汤山之

---

[1]《雍正朝满文朱批奏折全译》（上），黄山书社，1998年，第148页。
[2] 黄培《明代的高墙制度》，《中国文化研究所学报》2004年第44期。
[3]《日下旧闻考》卷一三四，北京古籍出版社，1981年，第2164页。
[4]《后汉书》卷二〇《王霸传》，中华书局点校本，1965年，第737页。

道"[1]到避暑山庄，第一日行程由郑各庄渡温榆河，在汤泉驻跸。乾隆帝第四次奉皇太后南巡，皇太后经水路回銮，御舟到郑各庄停泊。乾隆帝"遣额驸色布腾巴勒珠尔赴郑家庄御舟问安"[2]。乾隆帝则到三间房奉迎皇太后居畅春园，自居圆明园。郑各庄以水陆两路、四通八达的交通优势，而被选址修建行宫。

第六，熟悉地情。康熙帝晚年，疾病缠身，到避暑山庄或到木兰围场，路途较远，在离京城不远的郑各庄兴建行宫，"朕往来此处"，是一个合适的落脚休憩养生的行宫。庶吉士汪灏在康熙四十二年（1703），随驾到避暑山庄。他在《随銮纪恩》中写道："五月二十五日黎明，值微雨后，凉风袭襟，月钩挂树，乘舆发畅春园，十二里清河桥。十二里何家堰。五里沙河城……十里郑家庄。渡河入昌平州界。又十里，抵汤山，驻跸焉。"[3]汪灏所记康熙帝的这次巡行，距在郑各庄兴建行宫与王府仅15年。康熙帝多次到过郑各庄，并对郑各庄有所了解。康熙帝自畅春园出发，途经清河桥、郑各庄，渡温榆河，驻跸汤泉。返程居住畅春园时，所行御路，也常如是。

由是，康熙帝晚年选择在郑各庄兴建行宫、王府、城池与营房。

康熙帝曾三次"驻跸郑格庄"，即郑各庄行宫，也就是郑家庄行宫[4]。他于六十一年（1722）十一月十三日，在畅春园病

---

[1]《畿辅通志》卷一五，河北人民出版社，1985年，第480页。

[2]《清高宗实录》卷七三五，乾隆三十年四月丙寅，中华书局影印本，1986年，第91页。

[3] 汪灏《随銮纪恩》，《小方壶斋舆地丛钞》第一帙，第286页，上海著易堂铅印本，光绪十七年。

[4] 康熙帝三次驻跸郑各庄行宫的时间是：康熙五十八年十月丙午（初七日）、五十九年四月戊申（十二日）和五十九年十月壬寅（初九日）。

逝，废太子允礽没有迁居郑各庄王府。那么，郑各庄行宫、王府、城池与兵营如何使用，留待继任者雍正帝处理。

二

雍正帝继位后，郑各庄行宫与王府怎样办？还是台北故宫博物院藏满文档案暨汉文文献，详细地回答了这个问题。

康熙六十一年（1722）十二月十一日，雍正帝继位不满一个月，就封康熙帝废太子允礽之子弘晳为理郡王："二阿哥子弘晳为多罗理郡王。"[1]

弘晳的封王，朝鲜《李朝实录》有一段记载康熙帝遗言："废太子、皇长子性行不顺，依前拘囚，丰其衣食，以终其身。废太子第二子朕所钟爱，其特封为亲王。言讫而逝。"[2]

雍正帝既封皇侄弘晳（1694—1742）为理郡王，就要分府迁居。雍正帝曾考虑在城内给理王弘晳觅个居处。[3]

雍正元年（1723）五月，雍正帝决定理郡王弘晳搬迁到郑各庄王府居住事，谕宗人府曰："郑家庄修盖房屋，驻扎兵丁，想皇考圣意，或欲令二阿哥前往居住，但未明降谕旨，朕未敢揣度举行。今弘晳既已封王，令伊率领子弟，于彼居住，甚为妥协。其分家之处，现今交与内务府大臣办理。其旗下兵丁，

---

[1]《清世宗实录》卷二，康熙六十一年十二月壬戌，中华书局影印本，1985年，第53页。

[2]《李朝景宗实录》卷一〇，景宗二年十二月戊辰（十七日），《李朝实录》第42册，日本学习院大学东洋文化研究所，1959年，第151页。

[3]《和硕恒亲王等议奏修整房屋为理王弘晳下榻处折》，雍正元年六月二十七日，郭美兰译，台北故宫博物院文献处藏。

择日迁徙之处，俟府佐领人数派定后举行。弘晳择吉移居，一切器用及属下人等如何搬运安置、何日迁移、兵丁如何当差、府佐领人等如何养赡，及如何设立长久产业之处，着恒亲王、裕亲王、淳亲王、贝勒满都护，会同详议具奏。"[1]

上述"实录"的记载，材料来源于雍正元年五月二十二日满文档案《和硕恒亲王允祺等奏理王弘晳迁居郑各庄事宜折》。其译文如下：

> 想郑各庄修盖房屋，派出兵丁情形，料皇考圣意，或令二阿哥前往居住，然未明降谕旨，朕未敢揣度料理。今既封弘晳为王，令伊率领子弟于彼居住甚是合宜。至分府之处，适已俱交内务府总管办理。其旗下兵丁现拟择日迁移，俟内府佐领人数确定，弘晳择吉移居可也。其一切器用及属下人等如何迁移、如何安置、何日迁移、兵丁如何当差、内府佐领人等如何养赡，及如何从长计议之处，着恒亲王、裕亲王、淳亲王、贝勒满都呼会同详议具奏。一切供用，务令充裕，毋令为难，亦勿贻累属下人等。彼处距京城既然有二十余里，不便照城内居住之诸王一体行走，除伊自行来京请朕安外，其如何上朝及步射诸事，着亦议奏。钦此。钦遵。臣等会议得，为安置理王弘晳，仰蒙皇上筹虑降旨者甚是。钦遵施行。理王弘晳分府之事，已皆钦命内务府总管办理，故将修房等事不议外，理王弘晳如何带往其子弟之处，可由伊另行奏请谕旨。由京迁往郑各庄时，交付钦天监择吉，请旨

---

[1]《清世宗实录》卷七，雍正元年五月乙酉，中华书局影印本，1985年，第141—142页。

迁移。迁移时，由内务府计其足敷，照例由兵部领取官车，运往理王所用各项物品。其随迁之下人，亦计其足敷，拨给官车迁移可也。今赏给理王之人，有诚王所属一百八十五人、简王所属八十人，弘昉所属八十人，合计三百四十五人，今郑各庄城内，有四百一十间，既不敷用，将此交付原监修房屋之侍郎傅绅、牛钮，于城内计其敷用建房，令理王之人全住城内。郑各庄城之六百名兵丁，仍令住兵丁所住营房，分十班，城南北门各派兵丁三十名防守。理王之大门，由王之侍卫官员看守。随王前去之三百四十五人内，原系护军、领催、甲兵、蓝甲等人，除俱改充拜唐阿，仍供给原食钱粮外，其余之人各供一两钱粮。其所食口米，亦随钱粮照例发放。因将理王并入镶蓝旗内，故领取俸银时，除由该旗照例行文发放外，领俸米时，派王府长史，会同城守尉，再由王属侍卫、官员内派往一人，前往通州领取可也（朱批：核之，再议）。再，若系拜唐阿等人之钱粮，每月王府长史会同城守尉查明，造具名册，钤城守尉关防，咨送镶蓝满洲旗，由旗向该部领取，交付所派之人遣回。俟至，由王府长史会同办理府务之人，散给拜唐阿等人。因郑各庄靠近清河，相应将拜唐阿等人之口粮，由该处行文到部，由清河仓发放。领取此米时，派王府长史及王属官员一人，并城守尉、佐领一员，遣往清河领米。领米之后，由王府长史会同办理府务之人，看视散给。此等饷米，由王府长史等散给众人之处，俱晓谕城守尉。再，凡王等分府之后，并无由大内发给太监等以钱粮之例，理王弘晳甫经分府，故其一百一十一名太监暂给饷米，三年截止，再由王府发放。若理王之侍卫、官员出缺，由王府长史请旨补放。今既给理王府以佐领之人，相应将先前所领上三旗之拜唐阿，退还各原处。随同前往居住之侍卫、官员、拜唐阿、太监等，若因事请假，告王府长史、城守尉后，限期遣往，若逾期，不陈明缘由，加以隐瞒，则由城守尉参奏王府长史、办理府务之人。郑各庄距京城二十余里，理王未便如同京城王等上朝，除上升殿时，听宣赶赴京城上朝外，每月上朝一次，射箭一次。凡外宣、集会，俱免来。来上朝或来射箭时，只带侍卫、官员、拜唐阿等人。若皇上外出，免每日朝会。自正月到十二月，理王几次来京请圣安、上朝、射箭，及非正常时间令开城门出入行走之处，俱由城守尉清楚记录在案，年终汇总开列，报宗人府备案。再，正月初一拜堂子、进表、祭祀各坛庙，于何处斋戒之处，臣等未敢擅便，伏乞圣上指教。为此谨奏，请旨。〔1〕

这篇恒亲王允祺、裕亲王保泰、淳亲王允祐、多罗贝勒满都呼的联名奏折，获得旨批。

从上述实录和档案中知道，雍正帝旨批：理王弘晳到郑各庄居住，并派345人随从，派兵丁600名住在营房，派30名兵丁守南北大门，还派111名太监随侍，让他们分别从通州、清河领取银米。奏折中对理王进京上朝、出入城门等都做了详细规定。随后，钦天监选择吉日，于雍正元年（1723）九月二十日（公历10月18日），理王弘晳乔迁郑各庄。

雍正帝谕旨，主要内容有：

---

〔1〕《和硕恒亲王允祺等奏理王弘晳迁居郑各庄事宜折》，雍正元年五月二十二日，郭美兰译，台北故宫博物院文献处藏。

第一，理王迁居：命理郡王弘晳率领子弟家人迁移到郑各庄居住。

第二，随迁人员：废太子允礽有妻妾11位，有子12人，哪些人随迁呢？理王弘晳之弟在大内养育者有2人，与其同住一处者有3人，弘晳之子在大内养育者有3人，与其同住一处者有5人，将他们与弘晳一同移往郑家庄居住。弘晳又有1子由十五阿哥抚养，仍由其抚养。弘晳之弟弘晋之子，在宁寿宫其母处养育者有1人、履郡王养育者有1人，既系其弟之子，仍留之。

第三，搬家车辆：理王弘晳自京师移至郑各庄时，由内务府、兵部领取官车，运往一应器用等物。

第四，所属人员：拨给理王弘晳诚王所属185人、简王所属80人、弘昉所属80人，共345人，将满洲内府佐领一员、旗鼓佐领一员，兼归理王弘晳所属侍卫官员。现有护军、披甲、领催、拜唐阿等，俱兼归两个牛录，各拨饷米。理王弘晳既已拨入镶蓝旗满洲，则领取王之俸米及所属人等之饷米时，由其府牛录行文该旗下，照例领取。

第五，王府住房：郑各庄城内有房410间，若不敷用，再行添建。

第六，人员待遇：理王弘晳甫经分府，其111名太监暂给饷米，三年截止，再由王府发放。

第七，管理规定：王府由长史（管王府）和城守尉卫（管戍守）二元管理，理王的侍卫、官员出缺，由王府长史请旨补放。随同理王弘晳前往居住的侍卫、官员、拜唐阿、太监等，若因事请假，告王府长史、城守尉后，限期遣往；若逾期，不陈明缘由加以隐瞒，则由城守尉参奏王府长史、办理府务之人。

第八，弘晳出入：郑各庄距京城20余里，可不同于在京城诸王等上朝，除皇帝升殿时听宣赴京城上朝外，每月上朝一次、射箭一次。凡有集会，听宣而来。若皇上外出，免每日朝会。正月初一堂子行礼、进表、祭祀各坛庙，理王弘晳前来，调拨房屋一处，为王下榻之所[1]。

理王府的总体规模：雍正元年（1723）五月，按清廷有关规定拨给郑各庄驻防官兵房屋，"城守尉衙署一所，十五间；佐领衙署六所，各七间；防御衙署六所，骁骑校衙署六所，俱各五间；笔帖式衙署二所，各三间；甲兵六百名，各营房二间"[2]。有文计算：郑各庄行宫、王府与官兵用房，总计驻防官兵房舍衙署等1323间。另外，王府所属当差行走之345人，若按每人分配2间住房，则又需要住房690间。合王府151间，共计建筑住房当在2164间以上。[3]

理王弘晳乔迁时，按郡王礼举行。仪式隆重，史有记载。恒亲王允祺、办理旗务裕亲王保泰、办理内务府总管事务庄亲王允禄、内务府总管来保、协理内务府总管事务郎中萨哈廉等的奏报并获旨准。其要点，列如下：

第一，时间。雍正元年（1723）九月二十日卯时（5—7时）乔迁起行。

第二，辞行。乔迁前一日，理王弘晳及其福晋，进宫向雍

---

[1]《和硕恒亲王允祺等奏请理王弘晳迁居折》，雍正元年六月二十日，郭美兰译，台北故宫博物院文献处藏。

[2]《钦定八旗通志》卷二四《营建志六》，吉林文史出版社，2002年，第2000—2001页。

[3] 韩光辉《清康熙敕建郑家庄王府考辨》，《中国历史地理论丛》1996年第2期。

正皇帝请安、辞行。

第三，礼仪。设多罗郡王仪仗，王同辈弟兄内有品级、已成亲的阿哥等，前往送行。在王福晋启行之前，派内管领妻四人、果子正女人六人、果子女人十人随送，派护军参领一员、计护军校在内派内府护军二十人，在前引路。

第四，随送。派领侍卫内大臣一员、散秩大臣二员、侍卫二十名、内务府总管一员、内府官员十名送行。

第五，衣饰。送行的阿哥、大臣、侍卫、官员等，俱着锦袍、补褂。

第六，饭食。派尚膳总管一员、饭上人四名，委尚茶正一员、茶上人四名，内管领二员，于前一日前往郑各庄，备饭桌三十、饽饽桌十。

第七，礼迎。照例派出内府所属年高结发夫妻一对，先一日前往新家等候，王到出迎，祝福祈祷。

第八，返回。所备饭桌、饽饽桌的食品，供王、福晋食用之。待食毕谢恩，送往之阿哥、大臣、侍卫、官员等即可返回[1]。

雍正元年（1723）九月二十日（公历10月18日），理郡王弘晳乔迁到郑各庄王府。康熙时兴建的郑各庄的王府，正式成为理郡王府。

据文献记载：雍正二年（1724）十二月，废太子允礽病故后，停灵在郑各庄理王府。《清世宗实录》记载："择定出殡日期，送至郑家庄，设棚安厝，令伊子弘晳得尽子道。出殡时，每翼派领侍卫内大臣各一员，散秩大臣各二员，侍卫各五十

---

[1]《和硕恒亲王允祺等奏议理王弘晳移居诸事折》，雍正元年九月十六日，郭美兰译，台北故宫博物院文献处藏。

员，送至郑家庄。"[1]并追封允礽为和硕理亲王，谥曰密。[2]雍正帝要亲往郑各庄祭奠，臣劝再三，在西苑五龙亭（今北海公园内），哭奠二阿哥、理亲王允礽[3]。后埋于蓟县黄花山王园寝（王坟）。

雍正八年（1730）五月，弘晳晋封为理亲王。《清世宗实录》记载：理郡王弘晳，着晋封亲王。[4]但《清史稿·诸王六》作"六年，弘晳进封亲王"，误，应作雍正八年。因《雍正朝起居注册》《清世宗实录》《恩封宗室王公表》和《八旗通志》等，都同样记载雍正八年五月二十八日乙未，弘晳晋封为亲王，故可证《清史稿》上述记载之误。

从此，郑各庄的理郡王府成为理亲王府。

但是五年后，雍正帝病故，乾隆帝继位，理亲王弘晳及其王府，发生大变故。

三

在乾隆朝，理亲王弘晳被革除王爵、永远圈禁，郑各庄皇城、王府随之发生变故。

乾隆四年（1739）十二月，乾隆帝处分理亲王弘晳。事情由宗人府福宁首告引发。经过审讯，乾隆帝旨定：将弘晳革除

---

[1]《清世宗实录》卷二七，雍正二年十二月壬午，中华书局影印本，1985年，第416页。

[2]《清世宗实录》卷二七，雍正二年十二月癸未，第417页。

[3]《雍正朝起居注册》，雍正二年十二月十六日乙酉，中华书局影印本，1993年，第397页。

[4]《清世宗实录》卷九四，雍正八年五月乙未，第268页。

王爵,于景山东果园永远圈禁,是为"弘晳案"。

乾隆朝的"弘晳案",分作前后两个时期。

第一时期。乾隆四年(1739)十月,革除弘晳理亲王,其御定理由是:

> 弘晳,乃理密亲王之子,皇祖时父子获罪,将伊圈禁在家。我皇考御极,敕封郡王,晋封亲王;朕复加恩厚待之。乃伊行止不端,浮躁乖张,于朕前毫无敬谨之意,惟以诏媚庄亲王为事;且胸中自以为旧日东宫之嫡子,居心甚不可问。即如本年遇朕诞辰,伊欲进献,何所不可?乃制鹅黄肩舆一乘以进,朕若不受,伊将留以自用矣。今事迹败露,在宗人府听审,仍复不知畏惧,抗不实供,此尤负恩之甚者。[1]

乾隆帝御定弘晳的罪过是:

第一,弘晳在历史上曾随同乃父允礽获罪,圈禁在家。这只能说明过去,而不能说明现在。

第二,弘晳"行止不端,浮躁乖张,于朕前毫无敬谨之意"。此一事情,说大就大,说小就小。

第三,弘晳"自以为旧日东宫嫡子,居心甚不可问"。旧日东宫嫡子是实,"居心甚不可问",既不可问弘晳内心,又何以知其内心呢?

第四,弘晳于乾隆帝诞辰,进献"鹅黄肩舆一乘"。进献鹅黄肩舆,可以接受,也可以不接受;如皇上不接受,弘晳可供起来,怎能据此判定其会僭越自用呢?

---

[1]《清高宗实录》卷一〇三,乾隆四年十月己丑,第546页。

第五，弘晳与庄亲王允禄"交结往来"；允禄是弘晳第十六皇叔，此事允禄并未被革亲王爵，弘晳则被革除王爵。

第六，弘晳在宗人府听审时，态度不好，"抗不招供"。事不确凿，心里不服。应当重其罪证，而不应重态度。

以上六条，据以定罪，似是而非，难以服人。所以，宗人府拟定对弘晳的处分是革除王爵，永远圈禁。但是，乾隆帝谕旨："弘晳着革去亲王，不必在高墙圈禁，仍准其在郑家庄居住，不许出城。"〔1〕但是，事情没有完结，此波刚平，彼波又起。

第二时期。乾隆四年（1739）十二月，重新审理弘晳一案。一个叫安泰的人，招供说："弘晳曾问过准噶尔能否到京，天下太平与否，皇上寿算如何，将来我还升腾与否等语，口供凿凿，殊属大逆不道，应照例革去宗室，拟绞立决，其家产、妻子应如何办理之处，交宗人府议奏。"如何处理呢？旨定："着从宽免其死罪，但不便仍留住郑家庄，着拿交内务府总管，在景山东果园永远圈禁，其家产、妻子不必交宗人府另议。伊子仍留宗室，但亦不便仍在郑家庄，着来京交与弘㫛管束。"〔2〕

这里，《清史稿·皇子表》于弘晳记载："雍正元年，封理郡王。六年，晋理亲王。乾隆四年，缘事革爵。"〔3〕上面三句话，有两错一漏：封理郡王，在康熙六十一年十二月十一日壬戌；晋理亲王，在雍正八年五月二十八日乙未；"缘事革爵"后，似应加"永远圈禁"。

总之，乾隆帝或出于妒忌之心，或疑其阴谋不轨，或嫌其

---

〔1〕《清高宗实录》卷一〇三，乾隆四年十月己丑，第547页。
〔2〕《清高宗实录》卷一〇六，乾隆四年十二月戊寅，第588页。
〔3〕《清史稿》卷一六四《皇子世表四》，中华书局点校本，1976年，第5083页。

有些张扬，或恐其尾大不掉，而对理亲王弘晳，做出革除王爵、永远圈禁的决定。

弘晳被黜宗室，改名四十六，其子孙照阿其那、塞思黑子孙之例，革除宗室，系红带子。弘晳于乾隆七年（1742）九月二十八日去世，享年49岁，葬于郑各庄西南黄土南店村[1]。乾隆四十三年（1778）正月复入宗室，恢复原名。弘晳的王爵，由允礽第十子弘㬙继承，降为理郡王。王府由郑各庄迁到城里，后在东城王大人胡同（今东城区北新桥三条东口路北华侨饭店一带）。

乾隆二十九年（1764）二月，郑各庄兵丁被派往福州驻防。乾隆帝谕旨："郑家庄兵丁，伊等多系亲属，共处年久。今遣往福州二百五十名，其余三十名回京当差，殊觉不便，着将此三十名，一同派往，俟下次请人时，即入于应派数内。"[2]随之，官兵调走，整户跟随，人走房空，连根拔除。

事情的经过是："议覆：护军统领、宗室弘晌奏称，郑家庄官兵移驻福州，其空闲房屋，毁仓空地，请暂交昌平州文武地方官，俟兵全数起程，其屋交内务府，其地仍交昌平州。兵丁原领器械，城守尉、佐领关防、图记，事竣后，分交户、工二部查核。兵丁垄地，原系恩赏，无庸回交，均应如所奏。至所称'现存房租先交内务府，其恩赏兵丁银，造册行户部查核'等语，查房租与恩赏无二，应一并交部办理。从之。"[3]

从此，理亲王弘晳及其郑各庄王府成为历史的陈迹。其历

---

[1]　冯其利《寻访京城清王府》，文化艺术出版社，2006年，第111—112页。
[2]　《清高宗实录》卷七〇四，乾隆二十九年二月甲申，第864页。
[3]　《清高宗实录》卷七〇六，乾隆二十九年三月壬子朔，第882—883页。

史遗迹,1949年后郑各庄尚有残迹城墙百余米。1958年北京文物普查时,这里还有土墙垣约500米;有城南门遗址,并保存南门(正门)汉白玉石匾额一方,楷书"来熏门"[1]。现经实测:郑各庄皇城遗址,东西长570米,南北长510米,总面积近30万平方米;护城河遗存,其南、北各长约504米,东、西各长约580米,总长2176米[2]。二者实测数据与档案记载数据大体相当。经笔者与该村黄福水、郝玉增、李永宽、蒋国震等先生实地踏查,在郑各庄皇城东南角,有一段城墙残垣的遗迹,有墙基遗存和青灰城砖。城墙外是护城河,现东、南、西三面护城河基本保存。2006年,村里出土一眼水井,为铜井帮,同民间传说的"金井"吻合[3]。清郑各庄行宫与王府的实测和踏查资料,可同档案资料和文献记载,相互印证,基本吻合。

康熙的行宫很多,清朝的行宫更多,但清郑各庄行宫与王府有其特点与价值。清朝既有城墙又有护城河的皇帝行宫,仅郑各庄一处。避暑山庄、畅春园、南苑,后来的圆明园、颐和园(清漪园),虽有围墙,但没有护城河。有清一代,城墙与护城河兼具、行宫与王府同城的皇帝行宫,只有康熙郑各庄行宫。从雍正元年(1723)九月弘晳迁到郑各庄居住,到乾隆四年(1739)十二月弘晳获罪离开郑各庄被圈禁在景山东果园,理王弘晳在此生活了17年。"弘晳案"的发生,宣告清代郑各庄行宫与王府历史的结束。从康熙五十七年(1718)始建,到乾隆四年(1739)十二月谕令毁废,清郑各庄行宫、王府、城

---

[1] 王梓《王府》,北京出版社,2005年,第97页。
[2] 郑各庄村委会实际测量的数据。
[3] 黄福水主编《中国·郑各庄》,打印本,2007年,第27—29页。

池与兵营历时48年。文献资料遭焚损，宫府建筑被平毁，郑各庄的行宫、王府、城池与兵营，从此土地上消除、在史册上消隐，由是成为清朝史、清宫史的一桩悬案。清郑各庄行宫、王府、城池与兵营，康熙经始，雍正兴盛，乾隆结束，今有遗迹，这是康雍乾三朝激烈残酷、曲折起伏、错综复杂、内含玄机的宫廷斗争的一个侧面、一个缩影，既具重要历史价值，又为历史文化遗产。

（本文原名《清郑各庄行宫、王府、城池与兵营考》，载《北京社会科学》2010年第6期）

雍正理王府址考

雍正理亲王弘晳府址郑家庄，地在何处？史有异议。据《清实录》和《清史稿》记载，清代有四个郑家庄——安徽合肥郑家庄、山西太原郑家庄、直隶蓟州郑家庄和北京德外郑家庄。清理亲王府所在地的郑家庄，位于何处，论著歧异，兹据史料，略做考证。

一

清朝郑家庄行宫与王府，自康熙五十七年（1718）十二月，开始兴工；到康熙六十年（1721）十月，工程告竣。

此事，《清圣祖仁皇帝实录》康熙六十一年（1722）三月记载："朕因思郑家庄已盖设王府及兵丁住房，欲令阿哥一人往住，今着八旗每佐领下，派出一人，令往驻防。此所派满洲兵丁，编为八佐领；汉军，编为二佐领。朕往来此处，即着伊等看守当差。着八旗都统会同佐领等派往。"[1]

---

[1]《清圣祖实录》卷二九七，康熙六十一年三月乙未（初十日），中华书局影印本，1985年，第876—877页。

郑家庄王府兴工的时间，满文档案有明确记载。中国第一历史档案馆藏有康熙五十七年（1718）此项工程兴工的满文奏折及朱批。这份满文奏折为呈奏工程样式的文字说明，奏报内容，汉译如下：

> 初五日奏，总管内务府等衙门谨奏，为核计郑家庄马坊城地方建房所需钱粮事。

> 康熙五十七年十一月二十一日，署理总管内务府大臣事务郎中董奠邦、郎中佛保、尚志勋，将马坊城地方所建行宫、王府、连房之式样，交付奏事太监孔连恭呈御览时附奏称，就此所需钱粮，拟会同工部核计具奏。等因奏入，由哈哈珠子太监魏柱转降谕旨曰：东边有地，可将行宫展深。着将此详核具奏。钦此。钦遵。计郑家庄马坊城建行宫一处，其中前后殿各五间，总长五丈二尺，计廊在内深二丈四尺，柱高一丈一尺。将此建作八檩卷棚硬山，装修用格扇、横披、支窗、推窗、帘架、棚格子、柏木碧纱橱、门罩、樟木隔板。台阶、柱脚、埋头、踏跺等石，用青砂石，磉墩用旧式城砖堆砌，拦土用沙滚子砖堆砌。台阶下、山墙、檐墙之裙肩、槛墙之内外用打磨之新式城砖干砌灌浆，裙肩以上外用打磨之停泥滚子砖堆砌拉缝，内用沙滚子砖粗砌，抹以灰土。地用黄土两层、灰土一层夯填，铺以打磨之方砖。顶用灰土苫背，铺以筒板瓦。挖基用灰土小夯夯填五层。两侧朝房各五间，总长五丈，深一丈六尺，柱高九尺。大门五间，总长五丈一尺，计廊在内深一丈八尺，柱高九尺。两侧厢房各三间，总长三丈，计廊在内一丈八尺，柱高九尺。庐顶各一间，其长一丈，计廊在内

深一丈五尺，柱高八尺，将此均建成六檩卷棚硬山。门内两侧房各五间，总长五丈，计廊在内深二丈，柱高九尺五寸。顺山房四排，其一排为三间，总长三丈二尺，计廊在内深二丈二尺，柱高一丈。照房十七间，共长十七丈二尺，计廊在内深二丈，柱高九尺五寸，将此皆建成八檩卷棚硬山。厢房四排，其一排为三间，共长三丈、深一丈二尺，柱高八尺，将此建成五檩卷棚硬山，装修有门、格扇、槛窗、支窗、碧纱橱、门罩、隔板、棚格子。台阶、柱脚、埋头、踏跺、马尾礓磜等石，用青砂石，磉墩、拦土用沙滚子砖堆砌。台阶下、山墙、檐墙之裙肩、槛墙之内外用停泥滚子砖干砌灌浆，裙肩以上外用打磨之停泥滚子砖堆砌拉缝，内用沙滚子砖粗砌，抹以灰土。地用黄土一层、灰土一层夯填，铺以打磨之方砖。顶用灰土苫背，铺以筒板瓦。挖基用灰土小夯夯填三层。小房六处，共五十八间，其一间长一丈、深一丈二尺，柱高八尺，将此建成五檩卷棚硬山。净房十四间，其一间长深八尺，柱高七尺，将此建成四檩卷棚硬山，装修皆有支窗、门、棚格子、隔板。台阶、柱脚、埋头等石，用青砂石，磉墩、拦土用沙滚子砖堆砌。台阶下、山墙、檐墙之裙肩内，裙肩以上外用打磨之沙滚子砖灰堆砌，裙肩以上内用沙滚子砖粗砌，抹以白灰。地用黄土一层、灰土一层夯填，铺以打磨之方砖。顶用灰土苫背，铺以筒板瓦。挖基用灰土大夯夯填三层。垂花门两座，其一长一丈，深九尺，柱高八尺，将此建成六檩挑山。游廊八十六间，其一间长七八尺不等，深三尺五寸，柱高七尺五寸，将此建成四檩卷棚，装修有屏门、横楣、栏干。台阶、柱脚、埋头等石，用青砂石，磉墩、拦土用沙滚子砖堆砌。台阶下、山墙之裙肩内外，用打磨之停泥滚子砖干砌灌浆，裙肩以上外用打磨之停泥滚子砖堆砌拉缝，内用沙滚子砖粗砌，抹以白灰。地用黄土一层、灰土一层夯填，铺以打磨之方砖。顶用灰土苫背，铺以筒板瓦。挖基用灰土大夯夯填三层。围墙一百五十八丈，深二尺四寸五分，将此以旧式沙滚子砖粗砌，夹以黑灰，平顶四层，铺以筒板瓦，挖基用灰土大夯夯填三层。子墙十六丈，高八尺，深一尺六寸，其裙肩用打磨之停泥滚子砖干砌灌浆，裙肩以上用沙滚子砖干砌，抹以白灰，平顶四层，铺以筒板瓦，挖基用灰土大夯夯填二层。院之隔墙九十一丈二尺，深一尺六寸，高八尺，其裙肩用打磨之停泥滚子砖干砌灌浆，裙肩以上用沙滚子砖粗砌，抹以白灰，平顶压方砖，挖基用灰土大夯夯填二层。甬道六十四丈一尺，其中间铺打磨之方砖，两边铺打磨之停泥滚子砖。散水一千零六十一丈，将此铺以打磨之新式城砖、停泥滚子砖，挖基用灰土大夯夯填一层。

行宫以北，照十四阿哥所住房屋之例，院落加深，免去后月台、丹陛前配楼、后楼，代之以房屋，修建王府一所，其中大衙门五间，总长八丈二尺五寸，计廊在内深四丈二尺五寸，柱高一丈五尺，将此建成十一檩歇山斗科。北面正房五间，总长七丈二尺五寸，计廊在内深三丈六尺，柱高一丈四尺，将此建成九檩歇山斗科。装修有天花、棂花、格扇、窗、横披。台阶、柱石、陡板、土衬、踏跺等石，用青砂石，磉墩用旧式城砖堆砌，拦土用沙滚子砖堆砌。山墙、檐墙之裙肩、槛墙之内外用打磨之新式城砖干砌灌浆，裙肩以上用打磨之旧式城砖粗砌，外抹红土刷浆，内抹白灰。地用黄土两层、灰土一层夯填，铺以打磨之方砖。顶用灰土苫背，铺以筒板瓦。挖基用灰土小夯夯填七层。大门五间，总长五丈七尺九寸，计廊在内深二丈七尺五寸，柱高一丈三尺五寸，将此建成七檩歇山斗科，挖基用灰土小夯夯填五层。大衙门两侧厢房各五间，总长六丈一尺，计廊在内深二丈五尺，柱高一丈二尺，将此建成七檩硬山斗科，挖基用灰土小夯夯填五层。正房两侧厢房各三间，总长三丈七尺，计廊在内深二丈五尺，柱高一丈二尺。两侧顺山房各三间，总长三丈一尺，计廊在内深二丈五尺，柱高一丈二尺。罩房十九间，总长十九丈六尺，计廊在内深二丈二尺，柱高一丈，将此均建成七檩硬山，装修用天花、棚格子、楞花、格扇、横披。柱脚、槛垫、门枕、台阶、陡板、土衬、踏跺等石，用青砂石，磉墩用旧式城砖堆砌，拦土用沙滚子砖堆砌。山墙、檐墙外，内裙肩、槛墙之内外皆用打磨之新式城砖干砌灌浆，内裙肩以上用沙滚子砖粗砌，抹以白灰。地用黄土两层、灰土一层夯填，铺以打磨之方砖。顶用灰土苫背，铺以筒板瓦。挖基用灰土小夯夯填四层。小衙门三间，总长三丈八尺，计廊在内深二丈二尺五寸，柱高一丈三尺，将此建成七檩歇山斗科，装修用天花、楞花、格扇、槛窗。柱脚、台阶、陡板、土衬、踏跺等石，用青砂石，磉墩用旧式城砖堆砌，拦土用沙滚子砖堆砌。山墙、檐墙之裙肩、槛墙之内外皆用打磨之新式城砖干砌灌浆，裙肩以上用沙滚子砖粗砌，外抹红土刷浆，内抹白灰。地用黄土两层、灰土一层夯填，铺以打磨之方砖。顶用灰土苫背，铺以筒板瓦。挖基用灰土小夯夯填四层。两侧顺山房各六间，总长六丈九尺六寸，深一丈六尺，柱高一丈。小衙门两侧围房各五间，总长六丈四尺，深一丈六尺，柱高九尺五寸；两侧小房各十间，其一间长一丈、深一丈五尺，柱高八尺，将此皆建成五檩硬山，装修用夹门窗、支窗、门。台阶、柱脚、埋头，用青砂石，磉墩用旧式城砖堆砌，拦土用沙滚子砖堆砌。山墙、檐墙之内裙肩，用打磨之新式城砖干砌灌浆，裙肩以上用沙滚子砖粗砌，抹以白灰，外皆用旧式城砖粗砌，勾以黑灰。地用黄土一层、灰土一层夯填，铺以打磨之方砖。顶用灰土苫背，铺以筒板瓦。挖基用灰土小夯夯填三层。净房四间，其一间长深八尺，柱高七尺，将此建成四檩硬山，装修用门、窗。台阶、柱脚、埋头，用青砂石，磉墩、拦土用沙滚子砖堆砌。山墙外用旧式城砖粗砌，勾以黑灰，内裙肩槛墙用打磨之新式城砖干砌灌浆，裙肩以上用沙滚子砖粗砌，抹以白灰，檐墙外、内裙肩用新式城砖干砌灌浆，内裙肩以上用沙滚子砖粗砌，抹以白灰。地用黄土一层夯填，铺以打磨之方砖。顶用灰土苫背，铺以筒板瓦。挖基用灰土小夯夯填二层。前月台长五丈一尺，深二丈五尺，高二尺六寸。其周围台阶、陡板、土衬、踏跺，用青砂石，表面铺方砖。外围房一百零五间、堆房三十六间、仓房三十间、堆放草豆房十五间、门一间，其一间长一丈，深一丈二尺，柱高八尺，茅楼四间，其一间长深八尺，柱高七尺，将此均建成五檩硬山，装修用门窗。柱脚石用豆渣石，磉墩、拦土、台阶用沙滚子砖堆砌。山墙、檐墙、槛墙外用沙滚子砖粗砌，勾以黑灰，内用水砖堆砌，抹以白灰。地用黄土夯填，铺以沙滚子砖，顶铺板瓦，挖基用灰土大夯夯填二层。马厩二十间，其一间长一丈一尺，深二丈，柱高九尺，将此建成七檩硬山，柱脚石用豆渣石，磉墩用沙滚子砖堆砌，山墙用沙滚子砖粗砌勾灰，顶铺板瓦，挖基用灰土大夯夯填三层。围墙一百二十四丈，高一丈二尺，深二尺四寸五分，将此用旧式沙滚子砖堆砌，顶垒四层，铺筒板瓦，挖基用灰土大夯夯填三层。隔墙一百九十六丈，高八尺五寸，深一尺六寸，将此用沙滚子砖粗砌，顶抹鹰不落，挖基用灰土大夯夯填二层。甬道三十八丈五尺，其中间铺打磨之方砖，两边铺打磨之城砖。院内以打磨之城砖墁地，地基用灰土大夯夯填一层。城内所建三间一栋房一百四十三座，城外建十间一栋房一百六十五座，共房二千零七十九间，其一间长一丈，深一丈二尺，柱高七尺，将此建成五檩，装以门窗，栋梁木料用各种松木，柱脚石用豆渣石，磉墩、台阶用沙滚子砖堆砌，拦土、山墙、檐墙外砌虎皮石，墀头、山墙顶端、槛墙外砌沙滚子砖勾灰，内皆砌以水砖抹灰，地用黄土夯填，顶铺板瓦，挖基用灰土大夯夯填一层。院墙五百零一丈，深一尺二寸，高七尺，其下砌以虎皮石，其上砌以水砖，抹以灰土，顶作鹰不落抹灰，挖基用灰土大夯夯填一层。夯筑土墙六千三百四十一丈，其深二尺，高七尺。城四周之围墙，共五百五十四丈，其中外倒墙五百二十一丈八尺五寸，城垛一百九十七丈一尺，拦马墙五百五十九丈五尺，将此照旧砌复。城楼二座，其一总长三丈，深二丈二尺，柱高一丈，将此建成七檩重檐歇山。角楼四座，其一长深一丈二尺，柱高九尺，将此亦建成重檐。装修用格扇、槛窗。台阶、柱石，用青砂石。磉墩、拦土，用沙滚子砖堆砌，台阶下、山墙之裙肩、槛墙之内外用打磨之停泥滚子砖干砌灌浆，裙肩以上外用打磨之停泥滚子砖堆砌拉缝，内用沙滚子砖粗砌抹灰。地铺打磨之方砖，顶用灰土苫背，铺筒板瓦。南北门外修建豆渣石平桥二座，其一长四丈、深一丈五尺。雁翅长一丈四尺，高七尺，其石栏板，设地栿修建。东边修豆渣石平桥二座，其一长四丈，深一丈。雁翅长一丈，高七尺，挖其地基钉柏木地丁，钉之间夯填虎皮石。井十三口，挖出此井垒沙滚子砖，设豆渣石井板。

修建此等地方，共需大小柏木二万五千七百三十九根、滚木三万零一百八十料七分三厘、沙木四百三十二丈六尺、樟木四十二块、松木六十七块、榆木七根、椴木一百九十二根、柳木一百零四块，此连运脚价在内需银六万九千七百四十五两八钱二分一厘。青砂石一千三百一十七丈八尺三寸七分八厘、豆渣石一千八百一十二丈四尺八寸五分二厘，此连运带工价需银一万五千四百六十五两二钱二分八厘。虎皮石一千零八十六方九分六厘，此需银四千五百六十五两二钱三分二厘。城砖二十万四千八百一十四块、方砖四万五千一百六十四块、滚子砖五百七十一万六千零二十四块、筒板瓦六百一十三万二千二百块，此连运脚价在内需银六万四千四百八十七两六钱九分五厘。铁件共九十五万二千四百一十七斤十两，此需银二千四百三十八两五钱三厘。亮铁之鹅项、转轴等件，需银四百五十六两二分。铜之寿山福海等物，需银一百三十五两七钱九分。石灰一千五百四十八万九千六百二十斤，此需银一万八千五百八十七两五钱四分四厘。柏木地钉三千三百一十一个,此需银三百一十四两五钱四分五厘。黄土六千二百六十四方四分二厘,此运脚价银二千五百零五两七钱六分八厘。绳麻刀十三万三千四百七十六斤,此需银二千一十八两六钱。水砖二百五十九万三千七百六十八块,此需银一千二百九十六两八钱八分四厘。苇箔一万八千九百块、桐油二千六百二十五斤五两、麦面二千六百二十五斤五两、肠胶二百五十六斤、江米四石三斗九升七合[1]、矾四百三十九斤一十四两,红土四千三百六十一斤,席子五百一十六张、麦糠二万一千六百九十一斤。此等物件需银一千六百八十两三钱三分。各种工匠十五万七千三百零四个,夯填工六万六千四百三十三个半,大工二十万六千一百九十二个,此付雇价银四万一千八百一十七两一分六厘。

　　以上共建大小房屋、游廊二千六百四十九间,所需银二十二万五千五百一十四两九钱七分六厘,俟有旨下,将动工上梁吉日交付钦天监择吉,调派内务府官三员、部院官三员监工,敬谨监造牢固。所用青砂石,现红石口等处已禁采石,及筑城所用仿旧烧制之砖、沙滚子砖、板瓦,于马坊城周围挖窑烧制之处,皆经交钦天监勘验,称其石可于西山石府地方开采,马坊城东南方向可挖窑烧制。此项工程所需物料,仍照汤泉地方建房之例,将木植交付张鼎鼐,石料交付李鑫,砖瓦石灰等物,交付工部铺户等,

---

[1]《汉书·律历志上》记载:"量者,龠、合、升、斗、斛也。"颜师古注:"龠音籥。合音阁。"按:籥音yuè;阁音gé。阁是多音字,读gé、hè、hé,山东和东北方言读guō。谷、黍中粒一千二百粒为一龠,合龠为合,十合为升,十升为斗,十斗为斛,是为五量。

照奏准之价付给彼等，准时无误送至工程处。其中倘有应省处，加以节省。再，其雨搭、帘子、糊棚、床、铺垫、席、毡等物，因无法预算，故未估算。

为此谨奏。请旨。

等因缮折，由署理总管内务府大臣事务郎中董殿邦，郎中佛保、尚之勋、五十一，主事赫达色，工部尚书徐元梦、侍郎常泰、员外郎昂吉图，将图样一并交付奏事太监张朝凤具奏，哈哈珠子太监魏柱转降谕旨曰：着依议。所需钱粮，朕将另拨。着照行宫东边扩展之处增建房屋，王府东边为箭所，建马厩于路东之式样修建。其动土、明年可否修建之处，交付钦天监验看。钦此。

营造司郎中五十一、笔帖式童一刚送至。由本处皆已咨行应行之处。[1]

清郑家庄的王府与行宫，同清代其他行宫与王府不同的主要特点是：行宫与王府在京城外同地，外面有城墙与护城河环绕[2]。

郑家庄王府竣工的时间，满文档案也有明确记载。笔者最近在台北故宫博物院查阅康熙和雍正两朝的满文档案，看到有"水渍霉斑"的康熙六十年十月十六日，监造郑家庄行宫与王府工程郎中尚之勋和五十一等四人，联署的满文《奏报郑家庄行宫工程用银数折》，朱批奏折中对康熙郑家庄城池、行宫与王府

---

[1] 原文为满文，由中国第一历史档案馆满文部郭美兰研究员译成汉文，中国第一历史档案馆藏。
[2] 参见本书《清郑各庄行宫、王府与城池考》一文。

的兴建工程，记载详细明确，满文汉译如下：

　　康熙五十七年十二月内，为在郑家庄地方营建行官、王府、城垣及城楼、兵丁住房，经由内务府等衙门具奏，遣派我等。是以奴才等监造行官之大小房屋二百九十间、游廊九十六间，王府之大小房屋一百八十九间，南极庙之大小房屋三十间，城楼十间、城门二座、城墙五百九十丈九尺五寸，流水之大沟四条、大小石桥十座、滚水坝一个、井十五眼，修葺土城五百二十四丈，挑挖护城河长六百六十七丈六尺，饭茶房、兵丁住房、铺子房共一千九百七十三间，夯筑土墙五千三百五十丈七尺一寸。营造此等工程，除取部司现有杉木、铜、锡、纸等项使用外，采买松木、柏木、椴木、柳木、樟木、榆木、清沙石、豆渣石、山子石、砖瓦、青白灰、绳、麻刀、木钉、水坯、乌铁、磨铁等项及席子、苫箔、竹木、鱼肚胶等，计支付匠役之雇价银在内，共用银二十六万八千七百六十二两五钱六分三厘。其中扣除由部领银二十三万七百五十二两五钱六分三厘，富户监察御史鄂其善所交银二千二百二十两，富当所交银六百五十两，原员外郎乌勒讷所交银一万两，员外郎浑齐所交银一千八百一十两，顺天府府丞连孝先所交银一万七千六十七两八钱三分，并出售工程所伐木签、秤兑所得银四千八百八十三两五分二厘。以此银采买糊行官壁纱橱、绘画斗方、热炕木、装修、建造斗拱、席棚、排置院内之缸、缸架、南极神开光做道场、锡香炉、蜡台、垫尺、桌子、杌子等项，匠役等所用笤帚、筐子、缸子、水桶等物，以及支给计档人、掌班等之饭钱，共用银四千八百六十七两三钱八分二厘,尚余银十五两六钱七分。今既工竣,相应将此余银如数交部。为此谨具奏闻。

上驷院郎中尚之勋、营造司郎中五十一、都虞司员外郎偏图、刑部郎中和顺。[1]

由上,康熙五十七年(1718)和六十年(1721)郑家庄行宫与王府开工与竣工的满文朱批奏折证明:郑家庄王府,似应无争议。

然而,需要探讨的是:康熙帝敕建王府的郑家庄,到底是哪个郑家庄呢?《清史稿·诸王列传六·允礽传》记载:"(康熙)六十一年,世宗即位,封允礽子弘晳为理郡王。雍正元年,诏于祁县郑家庄修盖房屋,驻扎兵丁,将移允礽往居之。"[2]这条记载,疏失有三:

其一,谕旨在郑家庄"修盖房屋,驻扎兵丁,将移允礽往居之"的时间,始于康熙五十七年(1718),而不是雍正元年(1723);

其二,在郑家庄"修盖房屋,驻扎兵丁,将移允礽往居之"者,不是雍正帝,而是康熙帝;

其三,此地为北京德胜门外郑家庄(今北京昌平郑各庄),而非山西祁县郑家庄。但是,民国以来,众多论著,据此传讹,相互辗转。《清史稿校注》校正《清史稿》疏误四万余条[3],此处亦未出校注。

---

[1]《上驷院郎中尚之勋等奏报郑家庄行宫工程用银数折》(满文),康熙六十年十月十六日,郭美兰译,台北故宫博物院文献处藏。
[2]《清史稿》卷二二〇《诸王列传六》,中华书局点校本,1976年,第9067页。
[3]《清史稿校注》卷二二七《诸王列传六》,台湾商务印书馆修订本,1999年,第7827页。

由上看来，郑家庄在何地，需要加以考辨。

二

经查，清"三祖三宗"实录和《清史稿》中，有四个郑家庄：安徽合肥郑家庄、山西太原郑家庄、直隶蓟州郑家庄和北京德外郑家庄。雍正理王府址的郑家庄，位于何处，略做考析。

其一，安徽合肥郑家庄。顺治十一年（1654），安徽合肥郑家庄出现怪异，因在清史留下记述。《清史稿·灾异志三》记载："合肥郑家庄产一鸡，三嘴、三眼、三翼、三足，色黄，比三日死。"[1]说明安徽合肥有个郑家庄。但是，在《清实录》中，特别是在《清圣祖实录》《清世宗实录》和《清高宗实录》中，没有出现安徽合肥郑家庄的记载，更没有康熙帝、雍正帝、乾隆帝到过此地并在此地建造王府的记载。且该地区也没有清朝皇帝行宫与亲王府邸的历史遗迹。康熙郑家庄行宫与王府，在黄河以北，不在淮河以南，显然合肥郑家庄的地理方位不相符，历史场景不相符，历史遗迹也无留存，且没有文献记录与档案记载，因之康熙行宫与王府所在地的郑家庄，不会是、不可能是安徽合肥的郑家庄。那么，是山西祁县的郑家庄吗？

其二，山西祁县郑家庄。山西省太原府祁县郑家庄，在"府西南百四十里"[2]。《清史稿·傅尔丹传》记述："傅尔丹，瓜尔佳氏，满洲镶黄旗人，费英东曾孙，倭黑子也。康熙二十年，

---

[1]《清史稿》卷四二《灾异志三》，第1588页。
[2]《清史稿》卷五四《地理志一》，第2023页。

袭三等公，兼佐领，授散秩大臣。四十三年[1]，上西巡，驻跸祁县郑家庄，于行宫前阅太原城守兵骑射。有卒马惊逸近御仗，傅尔丹直前勒止之，捽其人下。上悦，谕奖傅尔丹，赐貂皮褂。"[2]此事，《清史稿校注》据《国朝耆献类征初编》记载，注云：傅尔丹授散秩大臣在康熙三十八年（1699）[3]。郑家庄御前惊马之事，《清圣祖实录》也做了记载：辛丑（二十九日），上驻跸祁县郑家庄。"是日，上于行宫前，阅太原城守官兵骑射，善者分别赐金，劣者革退遣还京师。阅射时，有一兵丁乘马惊逸，渐近御仗，散秩大臣、公傅尔丹，疾趋向前，擒之使下，并勒止其马。上回宫，传集内大臣等，谕傅尔丹曰：今日阅射时，兵丁所乘之马惊逸，渐近御仗，诸年少大臣，俱效年老大臣，旁观不动，惟尔直前，勒止之，可谓继武前人矣！特赐尔貂皮褂一领，嗣后益加勉励。"[4]

查山西祁县郑家庄，《清圣祖实录》出现两次[5]，《清高宗实录》也出现两次[6]，都可以确指，其地并无城墙、护城河与王府的记载。因此，城池、行宫与王府同在一地的，不是山西太原郑家庄。那么，是直隶蓟州的郑家庄吗？

其三，直隶蓟州郑家庄。《清世祖实录》中没有出现蓟州郑

---

[1]《清圣祖实录》卷二一三、《清史稿·圣祖纪三》均系于康熙四十二年（1703），故《清史稿·傅尔丹传》系年误。
[2]《清史稿》卷二九七《傅尔丹传》，第10389页。
[3]《清史稿校注》卷三〇四《傅尔丹传》，第8923页。
[4]《清圣祖实录》卷二一四，康熙四十二年十月辛丑（二十九日），第168页。
[5]《清圣祖实录》卷一八〇，康熙三十六年二月辛丑；卷二一三，康熙四十二年十月辛丑。
[6]《清高宗实录》卷一〇一，乾隆四年九月癸亥；卷三八七，乾隆十六年四月丁亥。

家庄的记载。《清圣祖实录》中出现三次蓟州郑家庄[1]，都是康熙帝到清孝陵祭祀途中的临时行宫。《清世宗实录》中没有出现蓟州郑家庄的记载。《清高宗实录》中，也没有出现蓟州郑家庄的记载。此处没有兴建王府的文献与档案记载，也没有发现行宫与王府的遗迹。因此，城池、行宫与王府同在一地的郑家庄，不是蓟州的郑家庄。

其四，北京德外郑家庄。《清史稿·世宗纪》记载：雍正元年（1723）五月乙酉初七日，"敕理郡王弘晳移住郑家庄"[2]。这个郑家庄，既不是安徽合肥郑家庄，也不是直隶蓟州郑家庄，更不是山西祁县郑家庄，而是北京德外郑家庄[3]，今为北京市昌平区北七家镇郑各庄村。其理由，述如下：

第一，地理区位。光绪《昌平州志》记载：郑各庄即郑家庄，"距城三十五里，东至沙各庄三里，南至平西府三里，西至白各庄一里，北至河，东南至白庙村四里，西南至七里渠六里，东北至尚信三里，西北至半壁街四里"[4]。郑家庄不仅有仓房，还有马厂（场）。到康熙时，在郑家庄兴建行宫、王府、城墙和护城河。其地理方位："郑各庄离京城既然有二十余里，除理王弘晳自行来京外，不便照在城居住诸王一体行走，故除上

---

[1] 《清圣祖实录》卷七八，康熙十七年十一月戊午；卷九五，康熙二十年三月乙亥；卷二四〇，康熙四十八年十二月甲寅。

[2] 《清史稿》卷九《世宗纪九》，第309页。

[3] 康熙《大兴县志·舆地》记载：大兴县疆域，"正北，县基至安定门计一里，安定门至燕丹村计二十五里，燕丹村至海青庙计十六里，接昌平界"。康熙朝汪灏在《随銮纪恩》中说："郑家庄渡河，入昌平界。"昭梿也说："德胜门外郑家庄。"可见当时郑家庄隶属顺天府大兴县辖。后改属昌平州辖。今为昌平区北七家镇郑各庄村。

[4] 光绪《昌平州志》卷三，第50页，光绪十二年（1886）刻本。

升殿之日，听传来京外，每月朝会一次，射箭一次。"[1]合肥郑家庄、祁县郑家庄和蓟州郑家庄，从里程说，都不符合上文记述；只有北京德外郑家庄是清郑家庄行宫与王府的所在地。

第二，地面遗存。1949年后郑家庄尚有残破城墙百余米。1958年北京文物普查时，这里还有土墙垣长约500米；有城南门遗址，并保存南门（正门）汉白玉石匾额一方，楷书"来熏门"[2]。现经实测为：郑家庄皇城遗址，东西长570米，南北长510米，总面积近30万平方米；护城河遗存，南、北各长约504米，东、西各长约584米，总长2176米[3]。二者实测数据与档案记载大体相当。经笔者与该村黄福水、郝玉增、李永宽、蒋国震等先生实地踏查，在郑家庄皇城东南角，有一段城墙残垣的遗迹，有墙基遗存和青灰城砖。城墙外是护城河，现东、南、西三面护城河基本保存。2006年，村里发现一眼铜帮水井，同民间传说的"金井"吻合[4]。清郑家庄行宫与王府的实测和踏查资料，可同档案和文献的记载，相互印证，合掌相符。

第三，地名民俗。当地民俗，民间传说，其说法是：连接郑家庄城南门和北门的中轴大道，现在仍称为"中街"。中街以东是康熙帝的行宫旧址，村民称之为"东城里"；中街以西是理亲王府旧址，村民称之为"西城里"。在东城外，有戍守皇城的兵营旧址，村民称之为"东营子"。在北城外，地势平坦，濒临

---

[1]《和硕恒亲王允祺等奏请理王弘皙迁移郑各庄折》，雍正元年六月二十五日，《雍正朝满文朱批奏折全译》，黄山书社，1998年，第194页。
[2] 王梓《王府》，北京出版社，2005年，第97页。
[3] 郑各庄村委会实际测量的数据。
[4] 黄福水主编《中国·郑各庄》，打印本，2007年，第27—29页。

温榆河,是当年驻军练兵演武的操场。村民称之为"东场后"和"西场后"。以上这些流传至今的民间地名,与史籍记载的郑家庄皇城、行宫、王府与驻防,大体相似,基本吻合[1]。但是,还需要同档案记载勘核、比对、分析、研究。

第四,方志载述。康熙《昌平州志》的总图中有"郑家庄皇城"的标识。郑家庄行宫、王府、营房当时划拨的土地数字,已难考据。但光绪《昌平州志》记载:康熙五十八年(1719)奉旨盖造王府、营房,仅占去"垦荒地"为"伍拾玖亩伍厘玖毫"[2]。还有城墙、护城河、营房、马厂等占地,资料残缺不全,难以据实统计。

第五,笔记载录。礼亲王代善后裔昭梿在《啸亭杂录·续录·京师王公府第》中记载:"理亲王府在德胜门外郑家庄。"[3]昭梿既是清帝宗室,又是乾隆朝人,记载当为可信。清人朱一新《京师坊巷志稿》也记载:"王讳弘晳,圣祖孙、废太子理密亲王允礽次子,谥曰恪。(理)密王旧府在德胜门外郑家庄,俗称平西府。王得罪后,长子[4]弘晳降袭郡王,晋亲王,仍居郑家庄。乾隆四年黜属籍,以弘绍封。"[5]

第六,实录记载。《清圣祖实录》中出现"郑家庄"6处,其中祁县郑家庄2次,蓟州郑家庄3次,北京郑家庄1次;《清世宗实录》中出现"郑家庄"9处,都是指北京郑家庄;《清高

---

[1] 蒋国震《郑家庄皇城》,打印稿,2008年。
[2] 光绪《昌平州志》卷一一,光绪十二年(1886)刻本,第4页。
[3] 昭梿《啸亭杂录·续录》卷二《京师王公府第》,上海鸿章书局石印本,第21页。
[4] "长子"应作"次子"。
[5] 朱一新《京师坊巷志稿》上卷,北京古籍出版社,1982年,第175页。

宗实录》中出现"郑家庄"20次，其中祁县郑家庄2次，北京郑家庄18次。从中可以清楚地反映出：康熙郑家庄行宫与王府的所在地，是北京德外郑家庄。康熙帝死后，其停灵厝柩之所，曾有几种方案："安奉之处，或在南海子，或在郑家庄，此二处隔越郊外，离宫禁甚远，朕心不忍，缅惟世祖章皇帝大事时，曾安奉景山寿皇殿，朕意亦欲安奉于景山寿皇殿，庶得朝夕前往亲行奠献。"[1]雍正帝拟在景山、南苑和郑家庄三处之一安奉哀悼大行皇帝，说明它不会是在祁县郑家庄，也不会是在蓟州郑家庄，更不会是合肥郑家庄。

第七，八旗布防。雍正元年（1723）五月，郑家庄驻防被列为京畿八旗驻防十个要隘之一。驻防官兵等总计用房1323间[2]。这十处要隘按八旗驻防住房数量，排列如下：（1）热河（1813间）、（2）郑家庄（1323间）、（3）张家口（1000间）、（4）山海关（623间）、（5）冷口（278间）、（6）喜峰口（183间）、（7）古北口（170间）、（8）独石口（107间）、（9）千家店（96间）、（10）罗文峪（68间）。郑家庄的八旗住房规模仅次于热河，位列第二。热河盖因建有避暑山庄，并接近木兰围场之故。昌平州驻防，增加后才到147间[3]。其地位之所以如此重要，是因为这里建有康熙行宫和理亲王府。

第八，档案为证。现在查到相关16件满文档案，凡涉及郑

---

[1]《清世宗实录》卷一，康熙六十一年十一月丁酉（十六日），中华书局影印本，1985年，第35页。

[2]《八旗通志初集》卷二四《营建志二》，东北师范大学出版社标点本，1985年，第447—450页。

[3]《钦定八旗通志》卷一一七《营建志六》，吉林文史出版社，2002年，第1992页。

家庄的，都是指在北京德胜门外郑家庄。如《内务府等奏为核计郑家庄马房城地方建房所需钱粮事折》（康熙五十七年十二月初五日）中的"郑家庄马房"；《内务府等奏为经钦天监敬谨看得可于康熙五十八年正式动工折》（康熙五十七年十二月初八日）中的动工上梁折；《内务府谨奏为弹劾事折》（康熙五十八年四月初三日）中的"郑家庄地方行宫、王府尚之勋等"云云；《和硕恒亲王允祺等奏理王弘晳迁居郑各庄事宜折》（雍正元年五月二十二日）中"郑各庄距京城二十余里"；《和硕恒亲王允祺等奏请理王弘晳迁居折》（雍正元年六月二十日）中"因郑各庄靠近清河，相应将拜唐阿等人之口粮，由该处行文到部，由清河仓发放"；《和硕恒亲王允祺等奏请理王弘晳迁移郑各庄折》（雍正元年六月二十五日）中"郑各庄离京城既然有二十余里，除理王弘晳自行来京外，不便照在城居住诸王一体行走，故除上升殿之日，听传来京外，每月朝会一次，射箭一次"等，都是明证。

综上，地理区位与地面遗存、地名民俗与方志载述、笔记记载与实录所载、八旗布防与档案实证，可以得出一个结论：康熙帝兴建的郑家庄行宫与王府，其地址就在今北京昌平郑各庄（郑家庄）。

三

本题相关的郑家庄与郑各庄、平西府与理王府的关系，依据史料，附作辩证。

第一，郑家庄与郑各庄的关系。查《清圣祖实录》和康熙朝满文朱批奏折中，有关郑家庄的地方，盖称作"郑家庄"。但在雍正朝满、汉文的文献里，又称作"郑各庄"。乾隆朝文献有时称"郑家庄",亦称"郑各庄"。清朝昌平人麻兆庆在《昌平外志》中认为:"郑各庄"的"各",旧均作"家",土人呼"家"音若"歌",《字典》"家"叶音有读"歌"者,作入声。"各"字非。其实,当地"土人"称之为"各",约定俗成,未必为非。

其实,早在汉代,家亦读姑。《汉书》著者班固之妹班昭,号曰大家,其夫曹世叔,史称班昭作"曹大家",亦称"曹大姑",可见其时"家"与"姑"音相通假。后来历代相沿。元、明、清三代北京郊区的移民,常以先居者姓氏为村名。以昌平为例,如刘家庄、杨家庄、曹家庄、王家庄、邓家庄、武家庄等,也有郑各庄、白各庄、史各庄、吕各庄、沙各庄、聂各庄等。有学者认为:这里的"各",实际上就是"家"。"家"的读音,《康熙字典》既引《唐韵》《韵会》《正韵》的读音:"居牙切,并音加";又引《集韵》另一读音:"古胡切,音姑";还音"各","古俄切,音歌"。"家"是个多音字,读若加、姑、各、歌等,而不能说读作"各"或写作"各"是错误的。[1]因此,从历史地名学来说,"郑家庄"与"郑各庄"都通;从历史地理学来说,北京昌平郑家庄与郑各庄是一地,而不是两地;从民俗地名学来说,亦有"家"而衍变为"各"的,郑家庄衍变为郑各庄就是一例。北京昌平郑家庄与郑各庄,其地理方位、地貌特征、文献记载、档案载述,都证明了这一点。所以,本文在引文中,照原文引用;在行文中,则用"郑各庄"。

第二,平西府与理王府的关系。郑家庄理王府在当地俗称作"平西府"。"平西府"一词,最早见之于昭梿《啸亭杂录·续录》

---

[1] 王道成《关于"家"与"各"读音的意见》,手稿未刊印,2009年。

的记载:"理亲王府在德胜门外郑家庄,俗名平西府。"[1]其后,理亲王弘晳被革黜圈禁,弟弘㬙降袭郡王,迁到城里。

光绪《顺天府志》记载:"王大人胡同,井二。《啸亭续录》:理郡王府在王大人胡同。《采访册》:梁公第在王大人胡同。谨案:王讳宏〔弘〕晳,圣祖孙、废太子理密亲王允礽次子[2],谥曰恪。密王旧府在德胜门外郑家庄,俗称平西府。王得罪后,长子宏〔弘〕晳降袭郡王,晋亲王,仍居郑家庄。乾隆四年,黜属籍,以宏〔弘〕㬙绍封。今为丰公第。辅国公奕梁,淳度亲王之后。旧府在玉河桥西,同治初迁此。"[3]

为什么郑家庄俗称"平西府"呢?

第一种说法:有人问路"弘晳府",指路人顺手平着往西一指,人们就称其为"平西府"。此说为当地民间传说,并不可信。

第二种说法:府在昌平州偏西,所以称"平西府"。此说地理方位不对,也不可信。

第三种说法:吴三桂开山海关门迎降清摄政睿亲王多尔衮而受封为平西王,吴三桂曾住过此府,所以称作"平西府"。历史证明:平西王吴三桂根本没有在此居住过,自然此说也不可信。

第四种说法:理王弘晳,因罪被革爵,囚于景山东果园,王府遭平毁。亲王、郡王等被革爵后,不能用其封爵称呼,而直用其名。雍正帝谕内阁:"亲王、郡王,俱赐封号,所以便于称谓也。如无封号之王、贝勒,在诸臣章奏内,自应直称其名。再小人等,并将闲散宗室亦称为王,又有贝勒王、贝子王、公

---

[1] 昭梿《啸亭杂录·续录》卷四,中华书局校点本,1980年,第509—510页。
[2] 《清史稿·皇子世表四》记载:弘㬙系允礽第十子。
[3] 光绪《顺天府志》卷一三,《京师志》,北京古籍出版社,1987年,第385—386页。

王之称，嗣后俱着禁止。"[1]《上谕八旗》也记载：亲王、郡王等都有封号，凡是没有封号的王、贝勒等，只可直呼其名，九贝子（指允禟）和十四王（指允禵）等称呼[2]，不合体例，以后不许再用[3]。乾隆朝也沿袭乃父之规定。所以，时人不能再称"理亲王府"或"理郡王府"，甚至于讳碍"弘晳"二字，谐音作"平西"，因而"弘晳府"谐音作"平西府"。我认为这样解释似乎可通。

综上，可以得出如下结论：

第一，雍正朝理王府不在安徽合肥郑家庄，不在山西太原郑家庄，也不在直隶蓟州[4]郑家庄，而是在北京昌平郑家庄，即今北京市昌平区北七家镇郑各庄。

第二，乾隆四年（1739）以后，理王府迁到北京东城王大人胡同。《宸垣识略》记载："理亲王府在北新桥北王大人胡同。"[5]

民国年间，理郡王府西侧，方恩寺与南边马厩等附属建筑被理郡王后裔变卖，后王府逐渐荒废。今为华侨饭店址。

第三，康熙帝废太子允礽于雍正二年（1724）薨逝，后被追封为理密亲王。允礽生前并未在郑家庄理王府居住过，但死后其遗体在此举丧祭奠。

第四，宗室成员犯罪监禁，明朝实行高墙制度[6]。清代监禁

---

[1]《清世宗实录》卷一二，雍正元年十月壬戌（十六日），第222页。
[2] 黄培《史料、史学和雍正帝的即位疑案》，《陶希圣先生八秩荣庆论文集》，食货出版社有限公司，1979年。
[3]《雍正朝上谕八旗》，雍正元年十月十六日，内府本，雍正九年（1731）。
[4]《清史稿·地理志》记载：直隶顺天府领五州、十九县，五州包括通州、昌平州、涿州、霸州和蓟州。蓟州西北的盘山、桃花山、葛山，有行宫三。
[5] 吴长元《宸垣识略》，北京古籍出版社，1981年，第119页。
[6] 黄培《明代的高墙制度》，《中国文化研究所学报》2004年第44期。

宗室的高墙制度，滥觞于天命汗，始建于康熙帝，完成于雍正帝。清代"高墙"一词，始见于雍正四年（1726），《清世宗实录》记载："命将允禵在宗人府看守。寻命圈禁高墙，着总管太监派老成太监二名，在内随侍。"[1]雍正帝曾参照明朝以皇室祖陵安徽凤阳为中心建立高墙，在清东陵附近设圈禁高墙，囚禁宗室允禵等。在郑家庄兴建"王府、城池与驻兵"，就是清代高墙制度的典型表现。

总之，康熙帝兴建的王府，雍正封敕、乾隆平毁的理王府，为康熙帝废太子允礽次子弘晳的府邸。弘晳先为理郡王、后晋理亲王的王府所在地，是北京德胜门外郑家庄，即今北京昌平区北七家镇郑各庄。允礽次子弘晳于康熙六十一年（1722）十二月十一日袭封为理郡王，雍正八年（1730）晋封为理亲王，乾隆四年（1739）被革爵并圈禁在景山之东果园。允礽第十子、弘晳之弟弘㬙，袭封为理郡王，其郡王府则在京城内王大人胡同。

【鸣谢】感谢台北故宫博物院院长冯明珠教授、庄吉发教授、陈龙贵先生、吕玉如和许玉纯女士，北京中国第一历史档案馆馆长邹爱莲研究员、郭美兰研究员、吴元丰研究员，中国人民大学王道成教授、中国第一历史档案馆秦国经研究员等，为本文给予的热心诚挚的帮助。

（原载《为君难——雍正其人其事及其时代论文集》，台北故宫博物院，2010年）

---

[1]《清世宗实录》卷四一，雍正四年二月癸酉（初十日），第606页。

明珠论

在评价历史人物时,要确定纵的和横的两个坐标。纵的坐标是指历史人物所处的历史条件,横的坐标是指历史人物所处的社会环境。这两个坐标的交叉,予历史人物以重要的影响;而历史人物表现出来的主观能动性,又影响着历史的发展。

清代名君康熙帝的权相明珠,有辅君开拓一朝新政之功;但旧史及前论多对其抑功扬过,均不足为训。以往对明珠的偏颇评价,是由于未能从纵的和横的坐标去分析,即未能对其进行历史与社会的层次分析,尤未能对其做民族的、家族的、旗分的和派别的分析,因而顾此失彼,捉襟见肘。

本文以明珠为例,着重从民族与家族、旗分与派别的分析入手,就明珠的评价及清初百年社会发展趋势以及与之相关诸问题,略做阐述。

一

历史人物的社会活动,既要有纵向历史条件的坐标,又要有横向社会环境的坐标。在这纵横坐标组成的历史舞台上,展现自己所扮演的角色。

对于明珠政治活动的历史条件,要做纵向的考察。自明万历十一年（1583），努尔哈赤起兵，至清康熙二十二年（1683），玄烨收复台湾，整整一百年。这一百年间，统一多民族的封建中央集权国家，由统一而发生分裂，又由分裂而走向统一。民族战争、农民战争、捍卫民族独立战争、统治集团内部战争，此起彼伏，相互交错。社会的稳定局面受到战争的震荡，社会的发展车轮又在战争震荡中前进。这场巨大的社会变动，其时间、其规模、其深度、其层次，都超过了元明时期。西方与东方、塞北与江南、民族与阶级、文官与军人、皇帝与贵胄、开明与守旧，一句话，各种政治集团和社会力量，都在社会动荡的漩流中，互相冲击，反复较量，或升腾，或沉降。

在上述百年间，以满洲历史发展线索而言，大体上经历了三个阶段：其一为统一内部，立权自固。由努尔哈赤起兵至建立后金的三十余年间，建州朝贡明廷，统一女真，绥服蒙古，结好朝鲜，发展生产，积聚力量，创建八旗，制定满文，形成满族共同体。其二为统一关外，反抗明朝。后金汗黄衣称朕，同明抗争，先立足辽左，后伺机叩关。在天命、天聪、崇德三朝的近三十年间，后金最大的贡献是接管了明辽东都司和奴儿干都司的辖地，绥服漠南蒙古，重新统一整个东北地区。虽然八旗军多次入关扰明，但终未改变明主金客的政治格局。其三为统一中国，巩固皇权。李自成农民军攻占北京，推翻明朝，为清军入关提供了历史契机。从清军入关至收复台湾的近四十年间，清基本实现国家统一，后又多次用兵边陲，奠定了统一多民族封建国家的版图。

在满洲历史发展中，叶赫那拉氏家族与建州爱新觉罗氏家族之间亲与仇的矛盾，是制约和影响明珠政治活动的一个历史因素。明珠的始祖为明海西女真叶赫部长星根达尔汉："灭呼伦国内纳喇姓部，遂居其地，因姓纳喇。后移居叶赫河，故名叶赫。"[1]星根达尔汉五传至太杵，太杵有二子——清佳努和扬佳努，皆称贝勒，各据山城，能声气相通，与哈达争雄。清太祖努尔哈赤早年从明辽东总兵李成梁帐下走脱，途经叶赫部，贝勒扬佳努以爱女许之。史载："太祖如叶赫国。时上脱李成梁难而奔我，贝勒仰佳努识上为非常人，加礼优待。"[2]后努尔哈赤迎娶之，生皇太极。清皇室爱新觉罗氏与叶赫那拉氏始结为懿亲。清佳努和扬佳努死后，其子布寨和纳林布禄分别继为贝勒。但在叶赫与建州的战争中，努尔哈赤杀死叶赫贝勒布寨。布寨被杀后，"北关（叶赫）请卜酋（布寨）尸，奴酋（努尔哈赤）剖其半归之。于是北关遂与奴酋为不共戴天之仇"[3]。叶赫另一贝勒纳林布禄见兄被杀，愤郁成疾，后来死去[4]。后建州进攻叶赫，破其两山城，杀死布寨之子布扬古贝勒和纳林布禄之弟金台石贝勒。金台石身死城陷，其子倪迓汉随叶赫部民被迁至建州，后任佐领。倪迓汉于顺治三年（1646）死，其子明珠在顺治朝亦未受重用。明珠家族与清朝皇室既为懿亲，又结世仇，这予明珠的政治生涯及其政治活动以重要的影响。

康熙中另一权相索额图则与明珠相反，他的哈达赫舍里氏家族与建州爱新觉罗氏家族之间只亲无仇，也是制约和影响索额图政治活动的一个历史因素。索额图的父祖索尼、硕色，早在努尔哈赤时便携家归附。后硕色直文馆，索尼官一等侍卫。索尼为清初五朝重臣，两辅幼主。皇太极死后抢攘之际，多尔

---

[1]《满洲实录》卷一，辽宁通志馆影印本，1930年。
[2]《叶赫国贝勒家乘》，清抄本，第2页，北京图书馆善本部藏。
[3]《明神宗实录》卷五二八，万历四十三年正月乙亥，台北"中研院"史语所校勘本，1962年，第12页。
[4]《正白旗满洲叶赫纳喇氏宗谱》，同治庚午年（1870）抄本。

衮诣三官庙,召索尼议册立。索尼以"先帝有皇子在,必立其一,他非所知也"[1],而严拒多尔衮对皇位的觊觎。索尼与图赖等"不惜性命,勠力皇家"。经过激烈争执,议立福临即位。索尼等又盟于三官庙,誓辅幼主。顺治帝死,遗诏年八岁的玄烨继承皇位,以索尼与苏克萨哈、遏必隆、鳌拜共同辅政。索尼辅理政务,毕殚忠悃,奏请康熙帝亲政,被授为一等公。索尼子领侍卫内大臣噶布喇之女,为康熙帝孝诚仁皇后。孝诚仁皇后生子胤礽,受命立为皇太子。索额图家族于清皇室既为勋臣,又结懿亲,这不仅予索额图的政治生涯,而且予明珠的政治活动以重要的影响。

同明珠政治活动密切相关的满洲旗分政治地位变化,在这里也略做历史的考索。满洲旗分的政治地位,已先后经过五次大的变动。第一次是天命十一年(1626),努尔哈赤死后,诸子争夺汗位。皇太极袭受汗位,亲掌两黄旗;代善在汗位角逐中失败,所掌正红旗及其子岳托所掌镶红旗处于劣势。这是一次满洲的黄旗对红旗的胜利。第二次是崇德八年(1643),皇太极死后,"国势抢攘无主,宗室昆弟各肆行作乱,争窥大宝"[2]。这在满洲旗分上,主要表现为皇太极的两黄旗与多尔衮(正白旗)及其同母弟多铎(镶白旗)的两白旗之争。为定立皇位,两黄旗大臣在议立新汗会议之日的黎明时,盟誓于盛京大清门,并派两黄旗巴牙喇兵张弓挟矢,环立宫殿。因黄、白两方实力相埒,又各自让步,由福临登极,多尔衮摄政,两黄旗与两白旗暂时势相均衡。第三次是顺治七年(1650),多尔衮死(其同母弟多铎于上年死

---

[1]《清史稿》卷二四九《索尼传》,中华书局点校本,1977年,第9672页。
[2]《索尼诰封碑文》拓片。

去），翌年定多尔衮罪，两白旗受到沉重打击。后正白旗归皇帝自将，连同其原自将的两黄旗，称为上三旗。第四次是顺治十八年（1661），福临死，遗诏索尼（正黄旗）、苏克萨哈（正白旗）、遏必隆（镶黄旗）、鳌拜（镶黄旗）四臣辅政。虽然上三旗大体维持均衡局面，但辅臣的争斗也在上三旗中进行。第五次是康熙八年（1669），下诏逮治鳌拜，并下遏必隆狱，镶黄旗受到严重打击。正白旗辅臣苏克萨哈已先死。于是从康熙十六年（1677）至二十七年（1688），在满洲大学士中，除觉罗勒德洪外，出现正黄旗独占的局面。这个时期朝廷权臣之争，便在满洲正黄旗内以明珠为代表的叶赫那拉氏家族，同以索额图为代表的哈达赫舍里氏家族之间展开。

明珠与索额图虽然都隶属满洲正黄旗，又都同清皇室结为懿亲，但他们分属于叶赫那拉氏和哈达赫舍里氏两个不同的家族。这两个家族同清皇室有着不同的历史渊源关系和现实利害关系。这就使明珠与康熙帝、索额图与康熙帝以及明珠与索额图之间的关系，呈现出异常的复杂性。康熙帝与明珠、索额图三方面的关系，不是简单的三角形关系，而是以康熙帝为主体，以明珠和索额图为两个侧翼，从而形成康熙中期，康熙帝与权相明珠和索额图的"一体两翼"关系。这种关系又同当时各种社会矛盾相联结，受着阶级矛盾与民族矛盾的影响和制约，组成康熙朝中期错综复杂社会矛盾的网络。在当时的社会环境中，上述复杂矛盾表现尤为突出。

明珠政治活动的社会环境，要做横向的考察。康熙帝登极后，"康熙初叶，主少国疑"[1]，四臣辅政，鳌拜专恣。康熙帝

---

[1]《清史稿》卷二五〇《徐元文传》"论曰"，第9780页。

稍长之后，摆在其御案上的主要课题是，废去辅臣，亲御政事。康熙帝欲废鳌拜御政，当时只能从上三旗中寻找政治力量。其时四辅臣中，鳌拜与遏必隆属满洲镶黄旗，苏克萨哈属满洲正白旗，索尼属满洲正黄旗。鳌拜结党遏必隆，矫旨绞死苏克萨哈后，不仅直接威胁索尼哈达赫舍里氏家族的利益，而且严重影响满洲正黄旗的利益。康熙帝擒捕辅臣鳌拜、遏必隆，便依靠满洲正黄旗哈达赫舍里氏家族的支持。康熙八年（1669），索尼已死，索尼第三子[1]、皇后之叔[2]、一等侍卫索额图，为着其赫舍里氏家族和满洲正黄旗的利益，辅助康熙帝擒捕权臣鳌拜。索额图在客观上打击了以鳌拜和遏必隆为首的满洲镶黄旗贵族保守势力，自应肯定其积极作用；但索额图在本质上，并未脱出满洲正黄旗贵族中保守势力的窠臼。

自康熙帝擒鳌拜御政后，清廷面临着极复杂、多层次的社会矛盾。主要表现为：西方殖民东渐与清朝固疆自围、坚持国家统一与听任地方分裂、崇尚"国语骑射"与吸收汉族文化、继续圈占土地与恢复农业生产、沿袭尊满抑汉与实行重满用汉、君主强化集权与朝臣广结党羽的矛盾等。以上六个方面的重大问题，都需要明确而适时地做出决策。当时康熙帝身边的辅臣索额图与明珠，所起的历史作用并不完全一样。明珠力辅青年君主康熙帝，做出重大正确决策，并组织付诸实施。相反，索额图在协助康熙帝擒鳌拜御政（其积极作用前文已做评述）后，自恃亲贵，因循守旧，怙权贪纵，骄愚恣横，除签订《尼布楚

---

[1] 《清史稿·索额图传》载，"索额图为索尼第二子"，误。
[2] 《清史稿·后妃列传》载，"索尼孙领侍卫内大臣噶布喇"，误。噶布喇为索尼之子。

条约》外，多与明珠政见相左。

明珠利用其历史条件及社会环境，作为康熙帝的辅臣，审时度势，勤敏政事，为开拓一朝新政，做出了重要的贡献。

二

康熙帝在清廷定鼎北京后的第二十六年，逮治鳌拜，御理政事。康熙帝亲政时年仅14岁，明珠则比康熙帝年长19岁。明珠的主要贡献在于，辅佐青年君主康熙帝，力除因循，洗刷积弊，实现清初政策转变，开拓康熙朝新政，为清朝中期的"盛世"奠下基础，是一位杰出的政治家。

从顺治帝定鼎北京至康熙帝亲御政事，清朝经历了三个重要时期：其一为多尔衮摄政时期。多尔衮率军入关，迁鼎燕京，推翻弘光，统一中原，但制定了一些错误的治策。其二为顺治帝亲政时期。顺治帝年纪尚轻，虽力图"清赋役以革横征，定律令以涤冤滥"[1]；但仍未摆脱陈见，施行宏猷大政。其三为四辅臣执政时期。鳌拜等墨守成规，率守旧章，满汉不协，未布新政。以上三个时期，清廷均未能实施重大策略转移，使得积存的问题日多益重。

在康熙朝中，明珠为相。康熙帝称其"凤阁清才，鸾台雅望。典章练达，服勤匪懈于寅恭；器识渊凝，顾问时资于靖献。属在论思之地，参机务之殷繁。每抒钦翼之忱，佐经猷于密勿"[2]。并称赞明珠能"启乃心以沃朕心"。[3]虽然诰封碑文难

---

〔1〕《清史稿》卷五《世祖纪二》，第164页。
〔2〕《明珠及妻觉罗氏诰封碑文》拓片。
〔3〕同上。

避溢美之词，但从中可以看出明珠在辅助康熙帝实现重大政策转变中的特殊作用。这主要表现在：

主撤三藩　明季清初，吴、尚、耿降清后，统兵入关，南进中原，分镇滇、粤、闽。康熙初大规模抗清斗争平息后，三藩拥兵自重，成为政治赘疣。四辅臣柄政时，未能加以割除。清廷最怕汉官结成与满洲贵族相抗衡的军事政治集团，三藩撤与不撤，是摆在康熙帝亲政后御案上最严重的课题。平南王尚可喜疏请撤藩，归老辽东。耿精忠、吴三桂继请。康熙帝召诸大臣征询方略：廷臣多主不可撤，大学士索额图尤力；独兵部尚书明珠、户部尚书米思翰和刑部尚书莫洛等主撤。撤与不撤两议同上，康熙帝以"今日撤亦反，不撤亦反，不若先发"[1]，因诏许明珠等撤藩之议。不久，吴三桂倡反，耿精忠与尚之信同应。索额图以撤藩激变，请诛主议撤藩诸臣，诏不许。康熙帝以明珠力主撤藩称旨，后授其为武英殿大学士。明珠与王熙同掌兵部，日理军机，运筹帷幄，奏报军情，票拟谕旨，为削平三藩做出了重要贡献。

重满用汉　清军入关后，推行剃发、易服、圈地、占房、投充和捕逃六大弊政，满、汉民族矛盾一度紧张。清初在中央衙署中，极力保持满洲贵族特权。六部尚书，概为满员。顺治五年（1648），多尔衮始设六部汉尚书，但部务由满尚书主持，汉尚书"相随画诺，不复可否"[2]。顺治帝亲政后，"各衙门奏事，但有满臣，未见汉臣"[3]。他将主张"留发复衣冠，天下

---

[1]《清史稿》卷二六九《明珠传》，第9992页。
[2] 赵翼《簷曝杂记》卷二，中华书局点校本，1982年。
[3]《清世祖实录》卷七一，顺治十年正月庚午，中华书局影印本，1985年。

即太平"[1]的汉大学士陈名夏处死,是对汉官的一个政治打击。四辅臣秉政时,汉官地位未见改善。其时官缺,分满洲、蒙古、汉军和汉员四种。偌大的汉族,其官缺仅占四分之一,且多非重官要职。到康熙十二年(1673),吴三桂在云南举兵,杨起隆在京师起事,都带有鲜明的民族色彩。康熙帝谕称:"朕于满汉内外,总无异视。"[2]他不仅遣御医为满洲大臣治病,还派侍卫率御医到汉官、礼部尚书龚鼎孳家为其治病[3],以示满汉一体。明珠协佐康熙帝在平定三藩之乱过程中,缓和满汉矛盾,重用汉族官员:开博学鸿儒,修撰《明史》,设南书房,起居注官增加汉员,内阁学士增设汉官等。特别是汉大学士王熙、李霨、冯溥和杜立德,三藩事起,参与机务。王熙专管秘本,"汉臣与闻军机自熙始"[4]。李霨则宿值内阁,"上命将出征,凡机密诏旨,每口授霨起草,退直尝至夜分,或留宿阁中"[5]。明珠秉政时,能体察康熙帝旨意,摆脱满臣傲视汉臣旧习,多结纳汉族士大夫,尽力笼络汉族官员。康熙二十年(1681),吏部题补镶蓝旗张吉午为顺天府尹,因明珠阻谏而罢,后明珠同汉大学士会议由庶吉士出身的汉人熊一潇补缺获准,即是明珠重汉臣、选汉官的一例。虽然索额图门下也不乏南方汉族官员文士,明珠府下亦聚集一批满洲军事贵族,但总的说来,明珠在汉族官员文士中,特别是在南方汉族官员文士中的关系网络,较索额图更广、更密。

---

[1]《东华贰臣传》卷一一《陈名夏传》,国史馆原本,琉璃厂荣锦书坊刻本。
[2]《康熙起居注册》,康熙十一年八月十二日,中华书局影印本,2009年。
[3]《康熙起居注册》,康熙十一年六月二十日。
[4]《清史稿》卷二五○《王熙传》,第9694页。
[5]《清史稿》卷二五○《李霨传》,第9686页。

崇文重教　清崛兴辽左，以武力定中原。满洲重武轻文，崇尚骑射。从努尔哈赤起兵至清军入关，辽东地区的战争已延续了60年。而中原地区的战争，从陕北王二首义至削平三藩之乱，也已55年。尔后至白莲教起义前的一百多年间，战争多发生在边疆，中原腹地几乎没有大的战争。因此，康熙初期的中原地区处于战争向和平转化的时期。早在平定三藩之乱时，康熙帝即指出："今四方渐定，正宜修举文教之时。"[1]虽大多满洲军事贵族不能适应这一转变，明珠却独执先鞭。明珠在满洲正黄旗中，其政治势力与军事实力，均不能同索额图相比。他要在朝中自固，只有扬长避短，以文胜武，学习汉族文化，结交汉族官员。这也是明珠适应时势需要，为康熙帝所信任的重要原因。明珠于康熙十年（1671）二月，充经筵讲官。后他同王熙进讲《书经》中《无教逸欲有邦》之章[2]，正表明其具有高深的经学素养。明珠的府邸，成为当时京师满汉文化交流的一个熔炉。他的长子纳兰性德，交结朱彝尊、姜宸英、顾贞观、严绳孙、陈维崧等文坛名流[3]，所作《纳兰词》成为清代词苑的奇葩。他的次子揆叙，"年八岁，受业于吴江孝廉吴兆骞，读四子经书"[4]。后官翰林院掌院学士，充经筵讲官，仍于退朝之暇，手不释卷，"咿唔不休"[5]。他的三子揆方，广求书籍，无所不读，"穷日夜，废寝食，句栉字比，钩棘锄芜，无剩余而后

---

[1]　《康熙起居注册》，康熙十六年三月十四日，中国第一历史档案馆藏。
[2]　《康熙起居注册》，康熙十二年八月二十二日，中国第一历史档案馆藏。
[3]　《通议大夫一等侍卫佐领纳兰君墓志铭》拓片。
[4]　《皇清诰授文端揆公墓志铭》拓片。
[5]　《皇清诰封一品夫人揆文端公元配永母耿太夫人墓志铭》拓片。

已"[1]。明珠则交接徐乾学、徐元文、高士奇、王鸿绪等博学硕儒。明珠的相府一时成为汉族儒士诗酒文会之所。其子纳兰性德死后,赠哀辞者满洲八旗和蒙古八旗竟无一人,而江南、浙江、山东籍汉人却占84.6%[2]。明珠锾赎流人吴兆骞,士尤称之。以上事实说明,明珠辅助康熙帝裁汰大批满洲旧军事贵族,起用一批满洲新文职官员,为促进满族吸收汉族文化做出了可贵的贡献。

统一台湾 康熙帝削平三藩后,台湾问题又摆在议事日程上。于台湾,廷议有两大争论:第一是,台湾要不要统一。廷议咸谓"海洋险远,风涛莫测,驰驱制胜,难计万全"[3]。康熙帝力排众议,决意命将出师,统一台湾。其时大学士索额图已去职,明珠辅协大政,赞同并执行康熙帝统一台湾的决策。果然,师出告捷,台湾统一。第二是,台湾要不要设官镇守。朝廷中一种意见认为,台湾为弹丸之地,宜"迁其人,弃其地"。但施琅疏称:台湾虽在外岛,实关四省要害[4],"弃之必酿成大祸,留之诚永固边疆"。疏下廷议,仍未能决。大学士李霨奏言:"弃其地,恐为外国所据;迁其人,虑有奸宄生事。"[5]遂允施琅在台湾设官镇守之请。明珠在台湾问题上,筹虑赞画,襄成大业。此外,明珠在康熙帝三次用兵西北中,或参赞军务,或督运军饷,或随驾扈从,均为国家统一不遗余力。

抗御外敌 清军入关后,沙俄军在黑龙江流域不断扰犯。

---

[1] 《皇清诰封和硕额驸纳兰揆公墓志铭》拓片。
[2] 参见拙文《清初满汉文化交流的新篇章》,《北京社会科学》1986年第1期。
[3] 《清史列传》卷九《施琅传》,中华书局,1928年。
[4] 《清史稿》卷二六〇《施琅传》,第9867页。
[5] 《清史列传》卷七《李霨传》,中华书局,1928年。

康熙帝东巡时，谕宁古塔将军巴海曰：于罗刹贼寇，"尤当加意防御，操练士马，整备器械，毋堕狡计"[1]。台湾统一之后，康熙帝命明珠之子、侍卫纳兰性德，随同副都统郎坦等以捕鹿为名，"详视陆路近远，沿黑龙江行围，径薄雅克萨城下，勘其居址形势"[2]。纳兰性德归京后，将雅克萨之行考察实情，详陈相父，面奏庙堂。康熙帝决策，用兵徼北，一举获胜。及雅克萨捷报驰至，康熙帝由京师往避暑山庄行幄，纳兰性德已死六日。康熙帝因其尝有劳于是役，"遣宫使拊其几筵，哭而告之"[3]。明珠身居相位，坚决维护国家主权和领土完整，反抗西方殖民侵略，是位爱国者。

用辅治河　御史郭琇疏劾明珠与靳辅交结，支持靳辅培高家堰，阻挠于成龙浚海口。治河及漕务事关"天庾玉粒"及国民生计，不能稍息。康熙帝尝言："朕听政后，以三藩及河务、漕运为三大事，书宫中柱上。"[4]明珠既主议撤藩，又谏任靳辅治河。早在康熙七年（1668），即康熙帝亲政后第二年，明珠受命阅淮、扬河工，议复兴化白驹场旧闸，凿黄河北岸引河。称旨，授刑部尚书。靳辅于康熙十六年（1677）任河道总督，到任之后，周度水势，博采众议，日上八疏。他堵决口，开中河，使明末清初"决裂之河，八载修复"[5]。但康熙二十四年（1685），靳辅和于成龙就屯田、下河二事，意

---

[1]《康熙起居注册》，康熙十年十月十四日，中国第一历史档案馆藏。
[2]《清圣祖实录》卷一〇四，康熙二十一年八月庚寅，中华书局影印本，1985年。
[3] 纳兰性德《通志堂集》卷一九，上海古籍出版社影印本，1979年。
[4]《清史稿》卷二七九《靳辅传》，第10122页。
[5]《魏源集·筹河篇上》，中华书局校点本，1983年。

见相左，廷辩不决。御史郭琇、陆祖修交章劾辅，并及陈潢，甚至以舜殛鲧相比。靳辅罢职，陈潢坐谴。康熙二十八年（1689），康熙帝南巡视河后谕曰："朕南巡阅河，闻江、淮诸处百姓及行船夫役，俱称颂原任总河靳辅，感念不忘。且见靳辅疏理河道及修筑上河一带堤岸，于河工似有成效，实心任事，克著勤劳。前革职属过，可照原品致仕官例，复其从前衔级。"[1]康熙帝肯定了靳辅治河功绩，纠正了对靳辅的不当处置。后于成龙任河督，仍循靳辅治河方略。康熙帝问于成龙曰："尔尝短靳辅，谓减水坝不宜开，今果何如？"成龙曰："臣彼时妄言，今亦视辅而行。"[2]可见郭琇以靳辅治河事参劾明珠，当属置喙之言。

在康熙朝前期，随着抵御外侵的胜利，国家统一的发展，满汉矛盾的和缓，文教之业的初兴，明珠的政治抱负逐步实现，其官职也同步晋升，"初任云麾使，二任郎中，三任内务府总管，四任内弘文院学士，五任加一级，六任刑部尚书，七任都察院左都御史，八任都察院左都御史、经筵讲官，九任经筵讲官、兵部尚书，十任经筵讲官、兵部尚书、佐领，十一任经筵讲官、吏部尚书、佐领，十二任加一级，十三任武英殿大学士兼礼部尚书、佐领，加一级，十四任今职"[3]。今职即太子太傅、武英殿大学士兼礼部尚书、佐领，加一级。明珠的官职臻于极点。

但是，月盈则亏，物极必反。郭琇弹章一上，明珠即被罢相。

---

[1]《康熙起居注册》，康熙二十八年三月二十一日，中国第一历史档案馆藏。
[2]《清史稿》卷二七九《于成龙传》，第10126页。
[3]《明珠及妻觉罗氏诰封碑文》拓片。

三

郭琇的弹章，康熙的旨意，乾隆的上谕，成为清朝官方对明珠的政治结论。由此瑕瑜互掩，真相难辨，未能予明珠以公正的历史评价。

对明珠功绩的全面否定，始自御史郭琇的劾疏。康熙二十七年（1688），郭琇劾斥大学士明珠罪状八款：指挥票拟，轻重任意；市恩立威，挟取货贿；结党连羽，戴德私门；督抚缺出，辗转贩鬻；学道员缺，取贿预定；交结靳辅，靡费河银；考选科道，订约牵制；柔言甘语，阴行鸷害。[1]此疏的真谛所在，康熙帝虽御门宣示千余言的长谕[2]，也未能加以言明。

诚然，郭琇劾斥明珠贪黩，当为属实。贪黩是封建官员的普遍现象，但有的官员能苦节自砺，一介不取。知府陈鹏年死后，"室如悬磬"[3]，御史龚翔麟归里后，"贫至不能举火"[4]；河督杨方兴"所居仅蔽风雨，布衣蔬食，四壁萧然"[5]；两江总督兼摄江苏、安徽两巡抚事于成龙卒时，室内"惟笥中绨袍一袭，床头盐豉数器而已"[6]。明珠与上述官员相比，显得贪婪、奢靡。但明珠的被劾，主要不是由于贪黩，而是有着复杂的政治背景。

御史郭琇疏参大学士明珠，是康熙朝政治斗争的产物。前

---

[1] 蒋良骐《东华录》卷一四，清木刻本。
[2] 《康熙起居注册》，康熙二十七年二月初九日，中国第一历史档案馆藏。
[3] 《清史稿》卷二七七《陈鹏年传》。
[4] 《清史稿》卷二八二《龚翔麟传》。
[5] 《清史稿》卷二七九《杨方兴传》。
[6] 《清史稿》卷二七七《于成龙传》。

已论及，从康熙十六年（1677）至二十七年（1688），朝廷斗争主要在满洲正黄旗内进行。康熙八年（1669），康熙帝在索额图协助下擒鳌拜御政，旋授索额图为大学士。索额图兄噶布喇为一等公、领侍卫内大臣，其女为孝诚仁皇后，即皇太子胤礽的生母。索额图之弟法保袭一等公，弟心裕为一等伯。又与朝士李光地等相结。哈达赫舍里氏为清初五朝重臣，百年望族，满门勋贵，气势熏灼。左都御史魏象枢值京师大地震之机，密陈索额图怙权贪纵劣迹。康熙帝仅书"节制谨度"榜赐戒。康熙帝以明珠能"佐经猷""抒钦翼"，并为着保持朝廷相位天平的均衡，康熙十六年（1677），授明珠为武英殿大学士。后明珠长子纳兰性德任一等侍卫，"御殿则在帝左右，从扈则给事起居"[1]。次子揆叙任经筵讲官、翰林院掌院学士。三子揆方娶康熙帝第九子允禟之女觉罗氏为妻[2]。明珠因其家族同清皇室有世仇，为同索额图争局，便"务谦和，轻财好施，以招来新进"[3]，并笼络汉族官员文士，与徐乾学等交结。于是，朝中在满洲正黄旗内，逐渐形成以明珠为首的叶赫那拉氏家族同以索额图为首的哈达赫舍里氏家族的角立。

康熙朝的廷争，从始议撤藩至"龙御宾天"，忽隐忽现，时急时缓，前后进行了半个世纪。这场斗争的重要题目是康熙朝的重大治策和皇位继承，始终同明珠与索额图有着密切的关系。康熙朝的廷争在擒鳌拜御政之后，大体上经历了三次浪潮。

正黄旗内，索、明相争，是康熙朝廷争的第一次浪潮。这

---

[1] 福格《听雨丛谈》卷一，中华书局校点本，1984年。
[2] 《皇清册封郡主觉罗氏墓志铭》拓片。
[3] 《清史稿》卷二六九《明珠传》。

次浪潮从康熙十二年（1673）索额图请诛建议撤藩者明珠等为始，至康熙二十七年（1688），明珠被罢去大学士为止，长达15年。康熙朝中满洲正黄旗大臣以权位相尚者，只有索额图与明珠。他们植党竞权，遇事抵牾，互相讦告，暗自争局。特别是索额图集团，在康熙十四年（1675）胤礽被立为皇太子后，朋比徇私，更加贪黩。康熙十八年（1679），魏象枢泣陈索额图罪状后，翌年解索额图大学士任。后夺索额图内大臣、议政大臣、太子太傅，并夺法保一等公及心裕官。康熙四十二年（1703），以索额图"结党妄行，议论国事"罪，命幽禁之。并命严锢党附索额图诸臣，又命诸臣同祖子孙在部院者皆夺官。康熙帝谕称："索额图诚本朝第一罪人也！"[1]以索额图为首的满洲贵族保守势力，受到沉重的打击。但是，康熙帝去掉索额图一翼后，不能保持满洲正黄旗政治权力的平衡。索额图余党更加攻击明珠。讲官德格勒在时值天旱，侍讲《易》时，借机语斥明珠即为一例。前述郭琇弹劾明珠，书载"实由乾学受圣祖密旨"[2]。可见康熙帝罢明珠大学士，其目的之一是保持满洲正黄旗内政治权力的均衡。索额图和明珠罢相后，廷争仍在继续进行。

康熙御前，朝士相争，是康熙朝廷争的第二次浪潮。这次浪潮从康熙二十七年（1688），谕责日讲起居注官徐乾学为始，至康熙四十七年（1708），废皇太子胤礽为止，是索额图同明珠斗争的继续。这个时期廷争的鲜明特点，是廷争在康熙帝身边儒臣中展开。先是李光地依媚索额图，亲附皇太子胤礽，得君

---

[1]《清史稿》卷二六九《索额图传》。
[2] 邓之诚《清诗纪事初编》卷六，上海古籍出版社，1984年。

最专。康熙帝称李光地"朕知之最真，知朕亦无过光地者"[1]。而徐乾学、高士奇、王鸿绪则依恃明珠，入直南书房。徐乾学与弟元文、秉义，先后皆以鼎甲显仕，又轻财好施，交游甚广。时徐乾学、王鸿绪、高士奇三家并称，结亲联谊，通籍词林。"乾学与学士张英日侍左右，凡著作之任，皆以属之"[2]，并值经筵。高士奇以明珠荐，供奉内廷，书写密谕，后为侍读，充起居注官。然而，明珠与索额图所不同的一点是，索额图的羽翼主要为满洲军事贵族（也笼络一些汉族官员文士），明珠在满洲军事贵族中的势力不如索额图，但在朝廷汉族官员文士中，却较索额图有更大的优势。满洲军事贵族害怕汉族朝士结成与其相抗衡的势力集团，严加注视。所以明珠罢相后，徐乾学、王鸿绪、高士奇等先后被劾，解任休致。虽然他们后来以修书竟业，但不能入直禁廷，参与机要。李光地则在索额图罢相后，劾章丛集，后被解任；虽又起复，也不预机务。上述朝士的升免，除了因为他们卷入二相之争外，还有一个时代的原因，就是清廷在削平三藩和统一台湾时，调整政策，重汉崇儒，一批汉儒应运而兴。但在平定三藩和统一台湾后，清廷政权巩固，满洲军事贵族势力重新上升，他们对汉族朝士的显赫地位不满，倾其力以排之。主张重汉崇文的明珠，其宦海浮沉，亦与之相关。然而，前述朝士被挤下政治舞台，同皇储争夺也不无关系。

庙堂之上，皇子相争，是康熙朝廷争的第三次浪潮。这次浪潮从康熙四十七年（1708），废皇太子胤礽为始，至康熙

---

[1]《清史稿》卷二六二《李光地传》。
[2]《清史稿》卷二七一《徐乾学传》。

六十一年（1722），康熙帝死为止。康熙三十七年（1698），分封皇长子胤禔、三子胤祉、四子胤禛、五子胤祺、七子胤祐、八子胤禩等为王、贝勒。受封诸皇子内结亲贵，外招门客，植党暗争，谋夺嗣位。索额图为皇太子派，罢相后活动愈力。明珠则为非皇太子派，罢相后其子揆叙等极力谋废太子胤礽。其他皇子也结派攻击胤礽。康熙四十七年（1708），康熙帝到木兰秋狝，行次布尔哈苏台，宣布废皇太子胤礽，谕称："从前索额图欲谋大事，朕知而诛之，今允礽欲为复仇。朕不卜今日被鸩，明日遇害，昼夜戒慎不宁。"[1]康熙帝且谕且泣，至于仆地。太子既废，仍愤懑不已，六夕不安寝。二阿哥胤礽之废，揆叙与阿灵阿攘为己力。胤礽废后，胤禩谋代立。皇子胤祹、胤䄉、胤禵，大臣阿灵阿、揆叙、王鸿绪等，皆附胤禩。同年冬，诏诸大臣保奏储贰，"鸿绪与内大臣阿灵阿、侍郎揆叙等谋，举皇子允禩"[2]，受到切责。可见明珠及其子揆叙等是皇子胤禩派。胤禩蓄意大位，谋害胤礽，事发后，被锁禁。胤祹、胤禵等入为营救。康熙帝大怒，出佩刀将诛胤禵；赖胤祺跪抱苦劝而止。后康熙帝谕称："日后朕躬考终，必至将朕躬置乾清宫内，尔等束甲相争耳！"[3]上述且谕且泣，愤懑仆地，怒拔佩刀，灵前束甲，这是一幅多么残酷而黑暗的争夺嗣君的图画！后皇太子废而立，立而复废。宰辅、枢臣、朝士、皇子，互相结党，彼此陷害。立太子，弊百端。后乾隆帝谕曰："一立太子，众见神器有属，幻起百端。弟兄既多所猜嫌，宵小且从而

---

[1]《清史稿》卷二二〇《诸王列传六》。
[2]《清史稿》卷二七一《王鸿绪传》。
[3]《清圣祖实录》卷三三五，康熙四十七年十月丙午，中华书局影印本，1985年。

揣测。其懦者献媚逢迎以陷于非,其强者设机媒孽以诬其过,往往酿成祸变。遂致父子之间,慈孝两亏,家国大计,转滋罅隙。"[1]这场斗争至雍正帝即位后,仍余波未息。故雍正后来实行秘密建储之制。

综观同明珠评价攸关的康熙朝廷争,呈现出阶段性、层次性、多元性和复杂性。所谓阶段性,即廷争的第一次浪潮,宰辅明珠与索额图,在削平三藩、满汉关系、修举文教、用人臧否等方面,有所争执,多相角立。就其对待重大治策的态度而言,明珠代表满洲贵族开明派,索额图则代表满洲贵族保守派。廷争的第二次浪潮,与二人相关联的朝士被解任,特别是同明珠相联系的许多朝士被解职。像明珠荐入内廷的高士奇,康熙帝"得士奇,始知学问门径"[2],士奇也被劾解任修书。这些虽然各有其自身的原因,但表明满汉关系出现一个历史回旋。廷争的第三次浪潮,则纯属统治集团内部的储贰之争,于国计,于民生,无大关碍。所谓层次性,即廷争由旗分,而家族,而外朝,而内廷,而东宫,最后连皇帝本人也被牵入,无力自拔,悲愤宾天。所谓多元性,即初由满洲正黄旗内明珠与索额图两派的争局,衍变为包括满洲、汉官、觉罗、宗室在内的纷争,后来胤礽、胤禛、胤禩等各自结党,表现了多元性。所谓复杂性,即廷争的成员,时有变换,更迭组合。今日的朋友,可能成为明日的敌人,而昨日的敌人,又成为今日的朋友。徐乾学初攀明珠得登高位,后见明珠将败便嗾郭琇疏劾明珠就是佳证。

---

[1]《清高宗实录》卷一〇六七,乾隆四十三年九月丁未,中华书局影印本,1986年。
[2]《清史稿》卷二七一《高士奇传》。

综上，明珠作为清康熙朝的名相，在错综复杂的历史条件与社会环境中，初期能小心谨慎，勤敏练达，显露了非凡的政治才干。继而辅佐青年君主康熙帝，顺应历史趋势，调整重大治国之策；抵御外来侵扰，维护中华民族尊严，力削割据势力，发展封建国家统一；摆脱满洲陈见，提高汉族朝士地位；摆脱轻文旧俗，促进满汉文化交流；举荐信用贤能，兴修水利发展生产。罢相后任内大臣二十年，仍备顾问，劳绩西北。尽管明珠有其应劾之过，但是，明珠辅佐康熙帝，开拓康熙朝新政，奠下康雍乾百年"盛世"基石，其功绩是应当肯定的。明珠不愧是中国皇朝社会史上的名相，清代杰出的满族政治家。

（原载《满族研究》1987年第1期）

《明珠及妻觉罗氏诰封碑文》考述

清代杰出的满族政治家明珠（1635—1708），姓那拉氏，字端范，隶满洲正黄旗，叶赫（今吉林省四平市梨树县叶赫满族镇）人。官至太子太傅、武英殿大学士、经筵讲官、礼部尚书、佐领。《明珠及妻觉罗氏诰封碑文》是明珠作为康熙朝政治家的一个重要史证。

一

明珠及妻觉罗氏诰封碑，康熙二十三年（1684）九月二十四日，立于北京海淀上庄村。碑身高206厘米，宽82厘米，镌满、汉文，正书。左为满文，14行，右为汉文，12行，每行65字，共471字。

《清圣祖实录》和《康熙起居注册》，均未载诰封明珠及妻觉罗氏之谕，亦缺录《明珠及妻觉罗氏诰封碑文》。碑文不长，又不易见，兹全录如下：

奉天承运，皇帝制曰：翼亮天工，象协三台之列；弘敷帝载，位居庶职之先。惟懋丕绩以酬恩，道沛新纶而锡爵。尔太子太傅、武英殿大学士兼礼部尚书、佐领、加一级明珠，凤阁清才，鸾台雅望。典章练达，服勤匪懈于寅恭；器识渊凝，顾问时资于靖献。属在论思之地，参机务之殷繁。每抒钦翼之忱，佐经猷于密勿。崇阶早陟，载晋公孤，弘奖申嘉，庸昭宠渥。兹以覃恩，特授尔阶光禄大夫，锡之诰命。于戏！启乃心以沃朕心，尚嘉谟之时告；慎厥位以风有位，期庶绩之咸熙。永劭休声，祇膺荣命。初任云麾使，二任郎中，三任内务府总管，四任内弘文院学士，五任加一级，六任刑部尚书，七任都察院左都御史，八任都察院左都御史、经筵讲官，九任经筵讲官、兵部尚书，十任经筵讲官、兵部尚书、佐领，十一任经筵讲官、吏部尚书、佐领，十二任加一级，十三任武英殿大学士兼礼部尚书、佐领、加一级，十四任今职。

制曰：职在钧衡，元宰树中朝之望；宜其家室，良臣资内助之贤。式播徽音，茂膺宠锡。尔太子太傅、武英殿大学士兼礼部尚书、佐领、加一级明珠妻觉罗氏，柔嘉维则，淑慎其仪。言采蘋蘩，主馈佐和羹之节；克勤丝枲，相夫成补衮之勋。配令德于台司，表休声于壸则。崇褒用逮，懿轨斯扬。兹以覃恩，封尔为一品夫人。于戏！象服是宜，聿著温恭之范；龙章载贲，弘敷雍肃之风。祇服荣恩，益光令善！

康熙二十三年九月二十四日。

上录《**明珠及妻觉罗氏诰封碑文**》，略需加以考述。

二

《明珠及妻觉罗氏诰封碑文》简略，应于明珠的始祖、先世和妻室粗做考议。

明珠的始祖，史有三说。其一为蒙古人说，《清太祖武皇帝实录》载："夜黑国始祖蒙古人，姓土墨忒，所居地名曰张，灭胡笼国内纳喇姓部，遂居其地，因姓纳喇，后移居夜黑河，故名夜黑。"[1]其二为女真人说，《圣武记》载："扈伦国之部四（扈伦亦作呼伦）——曰叶赫、曰哈达、曰辉发、曰乌拉，皆金代部落之遗，城郭、土著、射猎之国，非蒙古行国比也。"[2]《清实录》所记与《圣武记》所载，文字略异，似为相左。其三为蒙古人赘女真之说，《叶赫那兰氏八旗族谱》载："叶赫地方贝勒始祖，原系蒙古人，姓土默特氏。初自明永乐年间，带兵入扈伦国招赘，遂有其地，因取姓曰纳兰氏。明宣德二年，迁于叶赫利河涯建城，故号曰叶赫国。"[3]蒙古与叶赫，土地接壤，贸易往来，男女通婚，不足为奇。蒙古人入赘女真，入其部，有其地，取姓那拉（纳喇、纳兰）氏，后称叶赫部。这并非民族征服，而是民族赘姻。且叶赫有十五部，就总体上看，从历史上说，都是女真人。但其中一部，始祖有蒙古人血统，尔后孳衍繁盛，其子孙为叶赫贝勒。上引《清实录》记载过于疏略，《圣武记》载述亦过于笼统。据《清太祖武皇帝实录》和《叶赫那兰氏八旗族谱》，参酌明清官私记载，似可认为，明珠

---

[1] 《清太祖武皇帝实录》卷一。
[2] 魏源《圣武记》卷一。
[3] 额腾额《叶赫那兰氏八旗族谱》，清道光抄本。

的始祖，即叶赫部的始祖，为蒙古人土默特氏，入赘于海西女真那拉姓部，因姓那拉氏。后部民繁衍，部势日盛，移居叶赫河，故号为叶赫部。在叶赫十五部中，该部贝勒能抚驭部众，势渐强大，居于主导地位，因此，它的始祖也就成为海西女真扈伦四部之一叶赫部的始祖。叶赫部驻居的叶赫河流域，则为其滋盛提供了地理条件。叶赫河（今寇河）发源于大黑山西麓，横贯叶赫部，注入西辽河。沿河丘陵起伏，林木茂密，谷地肥沃，"户知稼穑"[1]——农林牧猎，兼得其利。又接蒙古，近汉族，逼开原，通北关。这里成为明代后期女真经济发达地区之一。它哺育着叶赫部民的生息，促使叶赫部族的兴旺。历史与地理，民族与社会，邻部的强弱，策略的得失，诸种因素，相辅相成，使叶赫部曾一度崛兴，又瞬间败落。但在叶赫史上，闪耀着一些著名人物的光彩，明珠即为其中耀眼的一颗。

明珠的先世，《清太祖高皇帝实录》载，"其始祖星根达尔汉生席尔克明噶图，席尔克明噶图生齐尔噶尼，齐尔噶尼生褚孔格，褚孔格生太杵，太杵生子二——长清佳努，次杨吉努"[2]。前引《族谱》记载太杵有六子，次子清佳努，三子扬佳努（杨吉努）。清、扬兄弟，各称贝勒，驻居叶赫西、东二城后，收服日众，部势强盛。明万历十一年（1583）[3]、十六年（1588）[4]，两遭明军重创，元气大伤。明珠曾祖扬佳努为李成梁诱至开原汉寿亭侯庙中杀死。扬佳努有七子：长喀尔喀

---

[1]《开原图说》下卷。
[2]《清太祖高皇帝实录》卷六，天命四年八月己巳。
[3]《明神宗实录》（内阁文库本）卷一一，万历十一年十二月甲戌。
[4]《明神宗实录》（内阁文库本）卷一六，万历十六年四月壬申。

玛、次纳林布禄、三金台石等。喀尔喀玛与其父同死[1]，纳林布禄继为东城贝勒。纳林布禄死后，弟金台石继为贝勒。万历四十七年（1619），努尔哈赤率兵攻叶赫二城，东城贝勒金台石兵败自焚未死，遭建州兵加害；西城贝勒布扬古[2]开门出降后，被缢杀。自星根达尔汉至金台石、布扬古，"在叶赫地方计一百九十年，共八代，嗣贝勒十一辈（位），至天命三年[3]、明万历之四十八年正[4]乃终"[5]。努尔哈赤灭叶赫部后，"其诸臣军民等一无杀戮，父子、兄弟、夫妇、诸亲等亦无离散，秋毫无犯，俱迁徙而来，给房田粮谷等物，查其无马者千余赐以马匹"[6]。金台石身死部破之后，其妻同其三子——长子德尔格勒[7]、次子倪迓汉、三子沙浑，归降后金，迁往建州。倪迓汉（又作尼雅哈）娶墨尔齐氏为妻，有四子：长子扬武、次子贞泰、三子明珠（又作明住）[8]、四子国立。倪迓汉仅官至佐领，其子明珠则官高位显。

明珠的妻子，为英亲王阿济格之女。阿济格是清太祖努尔

---

[1] 徐乾学《叶赫国贝勒家乘》，清抄本，第3页。
[2] 《清史稿·太祖纪》："叶赫有二城，贝勒金台什守东城，其弟布扬古、布尔杭古守西城。"布扬古与布尔杭古为布寨之子，金台石之侄，并非其弟。
[3] 应作天命四年（1619）。
[4] 应作万历四十七年（1619）。
[5] 额腾额《叶赫那兰氏八旗族谱·序》。
[6] 《满洲实录》卷六，天命四年八月二十二日。
[7] 《清太祖武皇帝实录》作"得儿格里"，《满洲实录》和《清太祖高皇帝实录》俱作"德尔格勒"；但《清史列传·明珠传》和《叶赫那兰氏八旗族谱》俱作"德勒格尔"，待考。
[8] 《清史列传·明珠传》：倪迓汉受"骑都尉世职，顺治三年卒。长子振库袭，明珠其次子也"。《叶赫那兰氏八旗族谱》载明珠为倪迓汉之第三子。宜从后书。

哈赤第十二子，崇德元年（1636）受封为英郡王，顺治元年（1644），从入关败李自成，晋封为英亲王。史称：明珠之"夫人觉罗氏，恩封一品夫人，为太祖高皇帝嫡孙女、英王正妃第五女"[1]。明珠第三子揆方，也联姻王室，娶康亲王杰书之女为妻。杰书为礼亲王代善子祜塞之第三子[2]。据载："郡主讳叔慎，字惠卿，和硕康亲王之第八女，相国明公之第三妇，册封额驸揆方之妻也。郡主以王室懿亲，奉天子之命，下嫁额驸。"[3]这段文字的撰者年羹尧，娶明珠长子纳兰性德之女为妻，故知之甚详。明珠父子联姻王室，可见其权势益显，官运亨通。

三

《明珠及妻觉罗氏诰封碑文》，载述明珠仕途升迁，可补正史传缺误。

任云麾使。云麾，张景阳《七命》"整戎刚、建云髦"，注云：云髦为旌旗之属[4]。后为官名。清制，云麾使隶銮仪卫。《清史稿·明珠传》载："明珠自侍卫授銮仪卫治仪正。"[5]《清史列传·明珠传》所载亦同，俱未记其任云麾使[6]，碑文可补正史

---

[1]《揆叙墓志铭》拓片。
[2]《清史稿》卷二一六《诸王二》。
[3]《皇清册封郡主觉罗氏墓志铭》拓片。
[4]《文选》卷三五。
[5]《清史稿》卷二六九《明珠传》。
[6]《清光绪会典事例·銮仪卫》：顺治十一年定云麾使为正四品，治仪正为正五品。

之遗阙。

任郎中。由云麾使迁内务府郎中。

任内务府总管。康熙三年（1664），由内务府郎中迁内务府总管。

任内弘文院学士。《清圣祖实录》载：康熙五年（1666）四月，"升侍读学士明珠为内弘文院学士"[1]。

任刑部尚书。《清圣祖实录》载：康熙七年（1668）九月，"升内弘文院学士明珠为刑部尚书"[2]。

任都察院左都御史。《清圣祖实录》载：康熙八年（1669）九月，"以原任刑部尚书明珠为都察院左都御史"[3]。但《清史稿》本传误附于康熙七年（1668）。

任经筵讲官。《清圣祖实录》载：康熙十年（1671）二月，命都察院左都御史明珠"充经筵讲官"[4]。此事，《清史列传·明珠传》记年准确，《清史稿·明珠传》则记年舛误。

任兵部尚书。《清圣祖实录》载：康熙十年（1671）十一月，"调左都御史明珠为兵部尚书"[5]。《清史稿》本传载述此条则又错简。[6]后年正月，南苑大阅，八旗甲兵，军容整肃。康熙帝谕兵部尚书明珠曰："此陈列甚善，其永着为令。"[7]是为明珠精明干练的一个例证。

---

[1]《清圣祖实录》卷一八，康熙五年四月丙子。
[2]《清圣祖实录》卷二七，康熙七年九月戊申。
[3]《清圣祖实录》卷三一，康熙八年九月甲寅。
[4]《清圣祖实录》卷三五，康熙十年二月丙戌。
[5]《清圣祖实录》卷三七，康熙十年十一月壬申。
[6]《清史稿·明珠传》载"十一年，迁兵部尚书"，误。
[7]《康熙起居注册》，康熙十二年正月二十日。

任吏部尚书。《清圣祖实录》载：康熙十四年（1675）十月，"转兵部尚书明珠为吏部尚书"[1]。

任武英殿大学士。《清圣祖实录》载：康熙十六年（1677）七月，以吏部尚书明珠为内阁大学士[2]。先是，吴三桂请撤藩，康熙帝召诸大臣询方略，诸大臣皆默然，独明珠、莫洛、米思翰等主撤，诏许之。"三藩"变起，索额图请诛建议撤藩者。康熙帝谕驳之。明珠由是称帝旨，并在平息"三藩之乱"中多有建树。

《清史列传·明珠传》载："时诏重修太祖、太宗实录及编纂三朝圣训、政治典训、平定三逆方略、大清会典、一统志、明史，皆以明珠为总裁官。两遇实录告成，加太子太傅，晋太子太师。"[3]至竖诰封碑时，明珠的官阶与权势臻于顶峰。

四

《明珠及妻觉罗氏诰封碑文》，肯定了明珠的历史功绩。

尽管御史郭琇疏劾大学士明珠八款[4]，康熙帝将明珠革去大学士[5]；但这是康熙中期政治斗争的产物，需要加以分析。明珠有其应劾之过，也有其应评之功。瑕不掩瑜，拙文《明珠论》[6]，重新评价了明珠的历史功绩，兹不赘述。

---

[1]《清圣祖实录》卷五七，康熙十四年十月乙卯。
[2]《清圣祖实录》卷六八，康熙十六年七月甲辰。
[3]《清史列传》卷八《明珠传》。
[4] 蒋良骐《东华录》卷一四，康熙二十七年二月。
[5]《康熙起居注册》，康熙二十七年二月初九日。
[6] 拙文《明珠论》，载《满族研究》1987年第1期。

《明珠及妻觉罗氏诰封碑文》考述

似可以说,《明珠及妻觉罗氏诰封碑文》的价值,不仅在于康熙帝谕定了明珠的功绩,而且在于记述了明珠与康熙帝之间的特殊关系,特别是明珠对康熙帝庙算重大治策时的特殊作用。

第一,明珠精励勤慎,政事敏达。《碑文》褒许他"凤阁清才,鸾台雅望"。明珠在任刑、兵、吏、礼四部尚书和大学士时,熟悉典章,办事谨敏,"抒钦翼","佐经猷",在康熙帝政策的制定与执行、官员的铨选与考核过程中,均发挥了重要作用。他自任刑部尚书到辞世,从政长达40年,其间削平"三藩"、统一台湾、抗御外敌、用兵西北、治河通漕、崇文重教等,都参与其事,功不可没。

第二,明珠参与机务,密勿决策。明珠比康熙帝长19岁。玄烨亲政时14岁,明珠则33岁,一位是青年君主,一位是盛年重臣。明珠以康熙帝经筵讲官与宰辅权臣的双重身份,参与重大治策的谏议与执行。康熙帝在《明珠及妻觉罗氏诰封碑文》中,记述了他同明珠之间微妙而殊异的君臣关系:

> 启乃心以沃朕心,尚嘉谟[1]之时告;慎厥位以风有位[2],期庶绩之咸熙[3]。

明珠的谋议与建言,对康熙帝有着"沃朕心"与"风有位"的作用。从上述康熙帝对明珠的26字称许,可以分析出明珠

---

[1] "嘉谟",《礼记·坊记》:"尔有嘉谟嘉猷,入告尔君于内。"疏云:"尔有善谋善道,则入告尔君于内。"
[2] "有位",《尚书·大禹谟》:"慎乃有位。"传云:"有位,天子位。"
[3] "庶绩咸熙",《尚书·尧典》:"允釐百工,庶绩咸熙。"传云:"允,信;釐,治;工,官;绩,功;咸,皆;熙,广也。"

对康熙帝：需定之策，建言；拟旨之策，谋划；议商之策，陈奏；争议之策，直谏；可行之策，承旨；不当之策，风劝；欠缺之策，补充；既定之策，遵行。当然，明珠同康熙帝的关系，在各个不同的时期，有着不同的特点，这里不做具体分析。

第三，明珠罢相之后，仍膺重任。他任内大臣，三与征噶尔丹之役，奉命赈济流民，叙功复原级，又加二级。康熙四十七年（1708）六月初六日，明珠死奏闻后，命"予故领侍卫内大臣、一等公福善，内大臣明珠，各祭葬如例"[1]。翌月初三日，又颁《明珠谕祭碑文》。

明珠谕祭碑，康熙四十七年（1708）七月初三日，立于北京海淀上庄村。碑身高216厘米，宽81厘米，镌满、汉文，正书。左为满文，6行；右为汉文，6行，每行40字，共155字。

《明珠谕祭碑文》，《清圣祖实录》未载，碑文很短，且不易见，兹全录如下：

> 维康熙四十七年，岁次戊子，七月朔乙亥，越三日丁丑，皇帝遣礼部郎中兼参领瓦哈礼，谕祭正黄旗议政大臣、内大臣、前太子太傅、武英殿大学士兼礼部尚书、佐领、加三级明珠之灵曰：鞠躬尽瘁臣子之芳踪，赐恤报勤国家之盛典。尔明珠性行纯良，擢内大臣敬慎厥职。方冀遐龄，忽焉长逝。朕用悼焉，特颁祭葬，以示悯恻。呜呼！宠锡重垆，庶沐匪功之报；名垂信史，聿昭不朽之荣。尔如有知，尚克歆享。

―――――――――

[1]《清圣祖实录》卷二三三，康熙四十七年六月辛亥。

康熙帝最后对明珠的功绩做出谕定评价。虽不能以钦定是非为是非，但综观明珠的一生，其政绩，其文业，都是应当肯定的。明珠作为中国古代史上的名相，中国满族史上的政治家，《明珠及妻觉罗氏诰封碑文》和《明珠谕祭碑文》提供了两例佐证。

（原载《四平民族研究》1987年第2期）

清代史坛大家孙承泽述论

清初史坛大家孙承泽（1593—1676），《四库全书总目提要》著录其撰述23种，凡400余卷。其插架之作，远多于此数。但近三百年来，因薄其为人，兼及其著述。兹就孙承泽所处的历史条件、宏富著述及学术地位，试做探述与浅论。

一

孙承泽生活在明末清初动荡纷乱的时代，一生经历坎坷。

明朝末年，主昏政暗，赋苛财竭，军事败坏，党争不已，又加连年凶荒，饥民揭竿而起。崇祯元年（1628），陕西频年饥馑，农民"死者枕藉"[1]，义军四起，势如燎原。崇祯二年（1629），后金兵南犯，京师戒严，勤王兵"叛将结流寇"[2]，旬日间众至数万余，转略陕西、山西、河南间[3]。时阶级矛盾与民族矛盾极为尖锐，而孙承泽仍闭门危坐，诵读经书，以求仕进。

---

[1] 夏允彝《幸存录》卷一。
[2] 孙承泽《畿辅人物志》卷一四《梁应泽传》。
[3] 谈迁《国榷》卷九〇。

崇祯三年（1630），孙承泽乡试中举，时年38岁。翌春，又"盛年甲第"，登辛未科进士[1]。据《孙公承泽行状》载：

> 孙承泽，顺天府上林苑采育人，字耳伯，号北海。先世籍山东青州府益都县。明永乐中，其祖明善迁实京畿。七传至公，中庚午顺天举人，辛未进士。[2]

孙承泽中进士后，赴河南，任县令。据县志所载，孙承泽任陈留令，其政绩不著，故志书名宦传阙简[3]。后于崇祯八年（1635），转祥符县令[4]。时农民军屡入河南，孙承泽练兵固守，同农民军顽抗。《祥符县志》载：

> 时督逋甚严，承泽催科有法，不致困民。教民孝弟，恳切诚笃，刻功过格；口讲指画，务积诚感人，民多革心。在任三载，乡农不赌，勾摄悍吏。擢拜给谏，卧辙乞留。[5]

孙承泽在陕北农民起义暂时处于低潮期间，出仕中州，宣孝悌，禁聚赌，刑贪吏，缓催征，也算得明末浑浊官场中的一员清官。

崇祯十年（1637），孙承泽"以卓异，授刑科给事中，历升

---

[1]　《明进士题名碑记》崇祯辛未科，首都博物馆藏。
[2]　王崇简《孙公承泽行状》，《碑传集》卷一〇。
[3]　康熙《陈留县志》卷二一。
[4]　光绪《开封县志》卷三。
[5]　乾隆《祥符县志》卷一三。

户、工左、右给事中,刑科都给事中"[1]。他身居给谏[2],叨叨疏奏[3],如"慎揆席、录建言、释逮系、严保举、明泰卦诸疏,一时传为名谏"[4];又在平台受召,"皆阐道以明理,实植纪而扶纲"[5]。尽管孙承泽在为力挽明社倾危而作舌笔之争,但是明廷已患不治之症,所上药疏石奏,均无补于其一二。

甲申之变,明社倾覆。孙承泽见君崩国亡,矢志愚忠,决意追殉崇祯帝。康熙《顺天府志》记载:

甲申,闯贼陷都。乃自经,佣书者救之;继服片脑,又呕出;继赴井,又为仆救。[6]

孙承泽在解悬、呕药、挽溺之后,为大顺军所执。他先示求速死,但"贼,河南人,夙知公,曰'公有遗德于吾乡',命伪尉守之"[7]。旋用"温言慰藉",并"日以饮食馈送"[8]。大顺取代明朝。孙承泽终于降附大顺,被委任为"四川防御使"[9]。孙承泽受职后,未就任。李自成山海关兵败,旋撤出北京。孙

---

[1] 王崇简《孙公承泽行状》,《碑传集》卷一〇。
[2] 李清《三垣笔记·附识中》。
[3] 《刑科给事中孙承泽等题稿》,《明清史料》辛编,第5本。
[4] 康熙《大兴县志》卷五。
[5] 王崇简《祭孙北海少宰文》,《青箱堂文集》卷九。
[6] 康熙《顺天府志》卷七。
[7] 王崇简《孙公承泽行状》,《碑传集》卷一〇。
[8] 孙承泽《天府广记》卷三四。
[9] 顾炎武《明季实录》,《顾亭林先生遗书》文瑞楼本,第30页;《甲申传信录》卷五作"顺庆防御使",顺庆属四川。

承泽遂"潜回上林,养疴村落"[1]。

孙承泽见用于大顺,被故明缙绅视为"叛逆",也为封建巨儒所不齿。其时,甲申陵谷之变,诸臣录赴吏政,但"一时罣入仕籍者,非必愿仕之臣;其不入仕籍者,亦非尽不愿仕之臣"[2]。所以,不能以是否"槐国衣冠"而定其臧否。孙承泽身为明朝官员,不管出于何种动机,也不论尔后如何剖白,肯于"降贼"受职,终究在客观上与大顺站在同列,在舆论上予农民军以支持。顾炎武作《叛逆奸臣及贼授伪官考》,表忠节,挞降臣。但是,今天看来,明季勋戚文武死节诸臣,忠贞可悯,而不可概予表彰;降附大顺政权诸臣,义节不亏,亦未可一概轻非。

阶级斗争未息,民族纷争又起。李自成率兵退向西安,多尔衮统军进占北京。孙承泽于顺治元年(1644)五月降清后,复官为刑科都给事中,寻转吏科都给事中[3]。孙承泽等上《六科公本揭帖》[4],请肃礼仪、创宏规。旋即升为太常寺少卿、提督四译馆事。[5]尔后,屡经升转。顺治二年(1645)三月,升为通政使司左通政[6];八月,又升为太常寺卿[7]。顺治四年(1647),改为大理寺卿[8]。翌年,升兵部右侍郎[9]。顺治八年

---

[1] 孙承泽《天府广记》清抄本,卷三四。
[2] 钱𰾁《甲申传信录》卷五。
[3] 《清世祖实录》卷六,顺治元年七月甲午。
[4] 《孙承泽等六科公本揭帖》,《明清史料》甲编,第1本。
[5] 《清世祖实录》卷一一,顺治元年十一月庚寅。
[6] 《清世祖实录》卷一五,顺治二年四月戊辰。
[7] 《清世祖实录》卷二〇,顺治二年八月癸卯。
[8] 《清世祖实录》卷三二,顺治四年六月丙戌。
[9] 《清世祖实录》卷三九,顺治五年七月己丑。

（1651），转吏部右侍郎[1]。明年，又改吏部左侍郎，仍兼都察院右都御史[2]。

孙承泽既先降"贼"，清代学人视之为"逆臣"；继又降"夷"，民初学林鄙之为"失节"。由是近三百年来，孙承泽为世人所轻。孙承泽降"贼"，前已略为评述；至于降清，需做历史分析。明清之际，中国社会政治舞台上主要有南明、大顺、清朝三种政治势力。明"至崇祯之时，人心已去"[3]。偏安一隅的南明，是腐败明朝的继续。但南明中能与民众抗清斗争结合的政治势力，其积极作用不宜低估。南明尤不乏坚贞刚烈之士，史可法、张煌言、何腾蛟、瞿式耜和阎应元等，均临危不屈，志决心坚，仗节全贞，正气凛然！

清军入关后，中国经过半个世纪的分裂动乱，乱极思治。南明和大顺都没有力量肩负再造统一的历史重任。在当时的历史条件下，只有清朝能再造国家统一，实现社会安定；也只有清朝能抵御外来侵略，维护领土完整。这是历史发展必然性与偶然性的统一。顾（炎武）、黄（宗羲）、王（夫之）等人，坚持"夷夏之防"，亮节不仕，忠介可嘉；而孙承泽等人，能够审时度势，降附清朝，似无须訾议。对降清明臣视为大节有亏之人，加以斧钺，是在清巩固其统治之后。乾隆四十年（1775），乾隆帝谕令国史馆立《贰臣传》，谕称：

若而人者，皆以胜国臣僚，遭际时艰，不能为其主临

---

[1]《清世祖实录》卷五五，顺治八年三月癸未。
[2]《清世祖实录》卷六七，顺治九年八月壬子。
[3] 顾炎武《亭林文集》卷四。

危授命，辄复畏死幸生，靦颜降附，岂得复谓之完人？即或稍有片长足录，其瑕疵自不能掩。……朕思此等大节有亏之人，不能念其建有功绩，谅于生前；亦不能因其尚有后人，原于既死。今为准情酌理，自应于国史内另立《贰臣传》一门。[1]

孙承泽死后百年，以其为明朝官员降附于清，被列为贰臣，不能与诸臣并登汗简。

孙承泽经历明末阶级斗争、清初民族纷争之后，又陷入统治集团党争的政治旋涡之中。先是，孙承泽初录东林，"逆珰魏忠贤煽虐诳佞者，为建生祠于（上林）苑中，诸生罗拜，承泽独抗不往"[2]。后来，"承泽崇祯庚午乡试，出姚希孟之门；辛未会试，出何如宠之门。故其附东林也甚力"[3]。姚希孟，其座主韩爌，馆师刘一燝，舅父为状元文震孟，两师秉政，甥舅同第。但天启时党祸大作，首辅韩爌遭魏阉忌恨，"削籍除名"[4]；辅臣刘一燝被"削官、追夺诰命、勒令养马"[5]；文震孟虽中天启壬戌科状元，但因得罪魏忠贤，忠贤传旨"廷杖震孟八十"[6]；其甥姚希孟以附东林，也被削籍。崇祯帝即位后，起希孟为日讲官。"希孟雅为东林所推，韩爌等定逆案，

---

[1]《光绪会典事例》卷一〇五〇。
[2] 康熙《大兴县志》卷五。
[3]《四库全书总目》卷六三《益智录提要》。
[4]《明史》卷二四〇《韩爌传》。
[5]《明史》卷二四〇《刘一燝传》。
[6]《明史》卷二五一《文震孟传》。

参其议"[1]。何如宠官礼部右侍郎，阉党言"如宠与左光斗同里友善，遂夺职闲居"[2]。孙承泽在天启朝，"时人目为东林秀才"[3]；至崇祯初，又因师承关系，愈加倾向东林。

入清后，在满洲贵族统治集团两派角逐中，孙承泽被挤下台。顺治七年（1650）十二月，摄政睿亲王多尔衮死[4]。翌年正月，顺治帝亲政。旋命"追论睿王多尔衮罪状"[5]。原为多尔衮"佐理机政"的内院大学士等，被以亲附睿王"结党怀奸"[6]罪论处。礼部尚书谭泰"伏诛"[7]。大学士陈之遴"论斩"[8]。大学士陈名夏之罪状，宁完我劾奏称：

> （名夏）包藏祸心以倡乱。尝谓臣曰："要天下太平，只依我两事。"臣问何事？名夏推帽摩其首曰："留发复衣冠，天下即太平。"[9]

清初旨定："有为剃发、衣冠、圈地、投充、逃人牵连，五事具疏者，一概治罪，本不许封进。"[10]陈名夏以私议清初弊政，党附睿王，被处绞死。而孙承泽又以素附陈名夏被休致。

---

[1]《明史》卷二一六《姚希孟传》。
[2]《明史》卷二五一《何如宠传》。
[3] 王崇简《孙公承泽行状》，《碑传集》卷一〇。
[4]《清世祖实录》卷五一，顺治七年十二月戊子。
[5]《清世祖实录》卷五三，顺治八年二月己亥。
[6] 蒋良骐《东华录》卷七，顺治十一年三月。
[7]《清史列传》卷四《谭泰传》。
[8]《清史稿》卷二四五《陈之遴传》。
[9]《东华贰臣传》卷一一《陈名夏传》。
[10]《清世祖实录》卷二八，顺治三年十月乙酉。

先是，陈名夏掌吏部，孙承泽为吏部右侍郎，又转为左侍郎。陈名夏迁内弘文院大学士后，高尔俨任吏部尚书[1]。顺治十年（1653）二月，孙承泽值吏部尚书高尔俨以疾乞罢之机，疏请由大学士陈名夏分理吏部。此事史载：

"吏部尚书权衡所寄，得人为难。伏见大学士陈名夏在吏部时，颇能持正，请以名夏分理部事，必能仰副澄清之治。"上览奏，谓阁臣曰："朕见承泽此疏，洞其隐微，代为舍愧。彼意允其所请而用名夏，则于彼有利；否则，又将使朕猜疑名夏也！"因以侍郎推举阁臣，有乖大体，责令回奏。[2]

其时，已惩治睿王党羽，陈名夏危若悬卵。孙承泽疏荐陈名夏，顺治帝阅奏后愠怒。承泽览旨，战栗引罪，以两耳重听乞休。同年三月，孙承泽"病免"[3]。时年61岁。

孙承泽初录东林，继降大顺，终入清朝。他鼎易其主，三遇坎坷，晚年闭居，学志弥坚，钩稽历史册籍，专注从事著述。

二

孙承泽致仕后，在北京西山卧佛寺之阴，营筑"退谷"[4]，

---

[1] 《清世祖实录》卷五九，顺治八年八月己酉。
[2] 《清史列传》卷七九《孙承泽传》。
[3] 《清世祖实录》卷七三，顺治十年三月庚寅。
[4] 孙承泽《山居随笔·翁跋》，风雨楼秘笈留真本。

自称"退谷逸叟"[1]。他或居城南书舍[2]，或居退谷草亭，拥书万卷，广征博录，倾力史籍编纂工作。

孙承泽山居之后，着力搜集和记述崇祯朝的史事。私家载述崇祯朝的史籍，述其初政如《崇祯新政记》《今史》，终非全豹；记其季政如《崇祯长编》仅载崇祯十六年（1643）十月起，至翌年三月止，共半年的史事。另如《懿书》，载录崇祯十四年（1641）起以迄明亡之史，亦属断简。他如顺天大兴人王世德撰《崇祯遗录》，书仅一卷。至如文秉著《烈皇小识》，为编年体，记崇祯事，"可备一朝史料"[3]，然较简略，屡有疏误。孙承泽"痛心亡国，追源祸患之由来，援古证今，以昭鉴戒"[4]，著《思陵勤政记》《思陵典礼记》和《山书》等记载前朝史事之专书。

《山书》，记崇祯朝史事，又称《崇祯山书》。它自崇祯元年（1628）正月起，迄十七年（1644）三月止，每年一卷，唯十五年分为两卷，故全书十八卷。《山书》以年为经，以事为纬，按事列条，冠以标题，凡四百零四目，二十余万言，字数比《烈皇小识》多一倍余。孙承泽著《山书》，因文碍时讳，"为乾隆间禁书，传本极罕"[5]，终未雕梓。《山书》不仅记崇祯朝典故，也载政事。如卷一《正法逆恶》，记魏忠贤败死事[6]；卷七《起用旧辅》，载起用何如宠诏谕；卷十一《江南

---

[1] 孙承泽《两朝典故编年考·自序》，清抄本（胶卷）。
[2] 孙承泽故居在今北京市宣武区后孙公园。
[3] 文秉《烈皇小识·自序》。
[4] 孙承泽《山居随笔·邓实题记》。
[5] 谢国桢《晚明史籍考》卷三。
[6] 孙承泽《山书》卷一，清抄十四册本。

复社》，述张溥立复社始末；卷十四《海运便利》，录临清副总兵黄胤上海运图疏等。孙承泽曾居官台谏，葳藏邸抄，所载诏谕、奏疏、政事、典制、科试、漕运、城防、宫闱等，以其笔录闻见，摘节邸报，史料弥足珍贵。记崇祯朝史事之书，孙承泽《崇祯山书》长于掌故，文秉《烈皇小识》多录政事，张岱《石匮书后集》偏重纪传，三著鼎峙，各具所长。

孙承泽不仅记载崇祯朝史事，而且编纂典章制度专著。所撰《学典》三十卷，《四库全书总目提要》称："是书所载，皆历代建学、设官、行礼、讲学、科举之事，自虞迄明，分年编载。"[1]曾任国子监祭酒、礼部尚书的王崇简《致孙北海书》云："《学典》之纂，此昔人所无，奉命校阅，纯粹赅博。"[2]

《学典》内容广博，史料精粹，条理清晰，泾渭分明，是一部专述选举的大著。《学典》之外，又编《典制纪略》，分河道、漕运、盐茶、钱钞等门，"广征博引，颇资考核"[3]。孙承泽纂著的典制巨帙为《元明典故编年考》，又称《两朝典故编年考》，其自序云：

> 《文献通考》为经世致用之书，至宋末而止。后有续者弗备也。山居积料十余篚，拟续成之，以年力日衰而止。择其简要者为编年一书，计百卷，通考编类，欲稽其事。[4]

是知孙承泽病明王圻所纂《续文献通考》驳杂弗备，志欲

---

[1]　《四库全书总目》卷八三《学典提要》。
[2]　王崇简《青箱堂文集》卷二。
[3]　《四库全书总目》卷一三九《典制纪略提要》。
[4]　孙承泽《两朝典故编年考·自序》，清抄本（胶卷）。

重续之。其《学典》《典制纪略》及《元明典故编年考》，皆为续编文献通考之积料，终以年力不继，各自成编。而《元明典故编年考》，始自元太祖，迄于明万历十年，约九十万言。原筹纂至明末，未竟其业。《元明典故编年考》分元、明两代，载录重要典章制度。

《元朝典故编年考》，《四库全书总目》著录与康熙《大兴县志》所载卷本吻合。是书仅元世祖朝即录一百零六目。它与陶宗仪《南村辍耕录》相较，有同异，也有增补。如"修琼华岛"辑自陶书"万岁山"[1]条。但诸多条目为《南村辍耕录》所无。记城阙如"修筑宫城""两京行宫""迁汴宫城"；记教育如"立国子学""蒙古国子学""大都路学"；记水利如"修通惠河""置都水监""开金口河""浚白河"；记经济如"置京畿都漕运使司""户口之数"等。且《元朝典故编年考》以朝为纲，以事为目，比《南村辍耕录》条目清晰。《元朝典故编年考》卷末所录元时秘册，为世所罕睹。"自《永乐大典》以外，惟见于此书"[2]。但《永乐大典》大多散佚，所录大都史料，借其珍存。

《明朝典故编年考》，共九十卷，按朝列事，凡三千六百九十三目，精博宏赡，颇便翻检。如明太祖朝二十卷，九百十二目，诸凡诏谕、官制、城阙、军制、儒学、田令、钱法、财赋、水利、盐茶、驿递、坛壝、礼仪、选举等，广为搜辑，分年缕述。又如"逃人法"，并非满洲贵族所创，明宣德三年

---

[1] 陶宗仪《南村辍耕录》卷一〇。
[2] 《四库全书总目》卷八一《元朝典故编年考提要》。

（1428），户部夏元吉即具疏请《宽逃人之法》[1]。综览私人撰修的元明典制史籍，多分类列目，简述史实。如陶宗仪《南村辍耕录》以卷系目，分目列事；余继登《典故纪闻》列朝摘事，但不标目；王士性《广志绎》以地理方位为序，分述各事；沈德符《万历野获编》则同类相从，按类分目。《元明典故编年考》的学术价值，在于独创体例，以朝为纲，以时为序，列目述事，亦足称便。特别是清代学者于搜辑史料、研究典制取得比较突出的成就，而《元明典故编年考》在这方面较早地做出了贡献。

孙承泽为历史人物作传，留下多种著述。《研山斋图绘集览》为画苑列传，自顾恺之，至邹之麟，共录八十四家，每家先叙本末，后述所见真迹。[2]孙承泽于鉴赏书画，别有专长。先著《研山斋墨迹集览》《研山斋法书集览》，后于顺治十七年（1660），岁次庚子之夏，著《庚子销夏记》[3]八卷。书中列所藏自晋、唐至元、明书画真迹，并附列经眼书画真迹，有品评，也有考据，其"鉴裁精审，叙次雅洁"[4]，为乙部艺术群籍中之鸿爪。孙承泽的《益智录》，起周迄明，凡十二卷，"是书为万历、天启间诸人传尤详"[5]。又著《四朝人物传》[6]，据谈迁《北

---

[1] 孙承泽《两朝典故编年考》卷三八，清抄本（胶卷）。
[2] 《四库全书总目》卷一一四《研山斋图绘集览提要》。
[3] 孙承泽《庚子销夏记·自序》。
[4] 《四库全书总目》卷一一三《庚子销夏记提要》。
[5] 《四库全书总目》卷六三《益智录提要》。
[6] 《四库全书总目·四朝人物略提要》载："《四朝人物略》六卷，国朝孙承泽撰。自汉至唐、宋，为五卷，全袭名臣录之文；明一代总为一卷，皆用刘孟雷所为翊运、硕辅、名卿、正学等传为之。"疑《四朝人物略》与《四朝人物传》并非一书，二书未经目，待考。

游录》载：

> 寻饭于吴太史所。太史同年侍郎孙北海（承泽），撰《四朝人物传》。其帙繁，秘甚。太史恳年余，始借若干首。戒勿泄。特示余曰："君第录之，愿勿著其姓氏于人也。"[1]

孙承泽将《四朝人物传》中"平生企慕"的京畿人物，辑成《畿辅人物志》传世。其自序云：

> 迨其晚季，值一二柄臣，袭亡汉、弱宋之党论，以惑主听。万历而后，畿辅多正人君子，卒无有安其身以行志者，或困死谪戍，或终老罢闲，或忧谗畏讥，一筹莫展，驯至束手殉义，亦可哀矣！[2]

于是，孙承泽据邸抄，搜遗文，寻碑碣，访乡里，"博综前人所载，以及章奏、志表、诸文，或得诸后遗裔之所传说，详论约取"[3]，著《畿辅人物略手稿》，录五十人[4]。后补充修订付梓，成《畿辅人物志》，保存了重要史料。如阉党余孽刑逼某木匠诬袁崇焕为奸细，即为他书所不见[5]。《畿辅人物志》载录128人，比万历《顺天府志》所载明代人物32人（烈女未

---

[1] 谈迁《北游录》。
[2] 孙承泽《畿辅人物志·自序》。
[3] 王崇简《畿辅人物志序》，《青箱堂文集》卷三。
[4] 孙承泽《畿辅人物略手稿》（稿本）。
[5] 孙承泽《畿辅人物志》卷一六《李若珪传》。

计)[1]多三倍。它并为其后康熙和光绪《顺天府志》及京畿各州县志中人物传提供了重要资料。康熙《大兴县志》载录明代人物多袭录此书即是例证。

孙承泽于历史地理学方面亦写出有价值的著述。康熙《大兴县志》载其著有《寰宇志略》《河纪》《水利书》等[2]。《河纪》一书，据《四库全书总目》著录其"记黄河迁徙始末，兼及畿辅水利"[3]。《水利书》当即注《禹贡》之书的《九州山水考》。孙承泽在今存《九州山水考》中，反对"由己饥、由己溺"的"无水不为害者"的观点，提出"无水不为利也，运输之政兴焉，灌溉之泽普焉"这一变水害为水利的见解。它是一部有学术价值之作。

孙承泽毕生史学著述中的精品，是《春明梦余录》和《天府广记》。天府即京城。我国都城史的研究有其发展的过程。最早记载京师及其附近地区历史的《三辅黄图》已佚，后有佚文辑本[4]。至宋代宋敏求撰《长安志》，记述我国封建社会前期政治中心长安的历史与地理。孙承泽借宋敏求以知制诰贬知绛州，述《春明退食录》之典，始著《春明梦余录》，记载明代典章制度，也载述我国封建社会后期政治中心北京的历史与地理，从而成为我国都城史研究中有价值的传世之作。《四库全书总目提要》撰者虽力贬孙承泽，但仍对《春明梦余录》做出了肯定性的评论：

---

[1]　万历《顺天府志》卷五。
[2]　康熙《大兴县志》卷五。
[3]　《四库全书总目》卷七五《河纪提要》。
[4]　陈直《三辅黄图校证·自序》。

于明代旧闻，采摭颇悉。一朝掌故，实多赖是书以存。且多取自实录、邸报，与稗官野史据传闻而著书者究为不同。故考胜国之轶事者，多取资于是编焉。[1]

《四库全书总目提要》撰者侧重于从考据方面去评价《春明梦余录》，对其在典制史、都城史方面的学术价值，尚嫌评价不足。《春明梦余录》"刊行传世，几使洛阳纸贵"[2]，可作为其学术价值及社会影响的一个例证。孙承泽撰《春明梦余录》之后，又著《天府广记》。《四库全书总目》将《春明梦余录》列入子部杂家类，而将《天府广记》列入史部地理类，以示二书之别，似嫌不妥。因为《春明梦余录》带有地方志的色彩，《天府广记》亦重于典章制度。如二书相较，《天府广记》似比《春明梦余录》有如下特点：

第一，引类相从。《天府广记》将《春明梦余录》的七十卷厘定为三十七卷。如卷六含《春明梦余录》之卷六宫阙、卷七正殿、卷八殿门、卷九文华殿、卷十文华旁殿、卷十一武英殿、卷十二文渊阁等七卷。又将其卷二三至二八合并为一卷。再将其卷五四国子监、卷五五府学、卷五六首善书院归并为学校一卷。以上将十六卷合并为三卷，同类条属丝贯，体例更加完备。

第二，修剪枝蔓。《春明梦余录》于《礼部》下先列子目"礼制"，而首以朱熹"仪礼、经传、通解"一条，次以吴澄"三礼考注"一条，再次以朱熹"家礼"一条。以上原不应系于《礼部》，故《天府广记》删之，至若删节奏疏等，多为出于匠

---

[1] 《四库全书总目》卷一二二《春明梦余录提要》。
[2] 孙承泽《天府广记·朱序》，清抄本。

心，剪裁史料，划一体例，并非因碍时讳，惧罹文网。是书成于康熙十一年（1672）[1]，时"三藩之乱"有一触即发之势，清廷注意调整满汉关系，尚未大兴文字之狱。

第三，搜遗拾阙。《天府广记》卷六增补"郊坛"，卷三一缀补"衍圣公府"，卷三三至三四人物、卷四一赋、卷四二至四四诗，均为补缺。《天府广记》从《畿辅人物略手稿》和《畿辅人物志》中，将顺天府属人物六十个列传录入，使其内容较为充实，体例更臻完善。但宛平梁应泽、通州刘廷训、大兴李若琏、京师郭登和马应乾等，皆因牵涉东事而未予收录。

第四，考证诠次。《史记》载：周封尧之后于蓟[2]，封召公奭于燕[3]。蓟与燕之关系，为历来治燕史者所论辩。孙承泽在《天府广记》中，对南燕与北燕详为考证。另如建置，《春明梦余录》于明代先述洪武元年（1368）改大兴府为北平府，次述永乐元年（1403）诏允礼部尚书李至刚请以北平为京师，再述洪武元年改北平府诏，复述永乐朝李时勉上《北京赋》[4]，简牍错置，诠次失序。《天府广记》则将《北京赋》移至卷四一赋中，并对上述史料，以时为序，重加诠次，次第井然。

清代历史编纂学家孙承泽，积二十余年，博采群籍，丝贯革穿，详考明代典章制度，研讨北京历史，撰成被称为"绝大著作"[5]的《天府广记》。其纂述过程，大体可分作三个阶段：

---

[1] 孙承泽《天府广记》，清抄本。
[2] 《史记》卷四《周本纪》。
[3] 《史记》卷三四《燕召公世家》。
[4] 孙承泽《春明梦余录》卷一。
[5] 孙承泽《天府广记·陈跋》，清抄四十三卷本。

第一，分类断代，搜集资料，所辑《学典》及《元明典故编年考》即为例证。第二，按门别类，编纂史料，所撰《畿辅人物志》和《春明梦余录》可作明证。第三，增删考稽，厘定诠选，终于著成《天府广记》。上举数书虽各成专著，但《天府广记》造端宏大，元元长编，实为其集大成之作。《日下旧闻》撰者朱彝尊（竹垞）云：

> 《天府广记》搜采广罗，文献彰著，洵为艺林之大乘，考核家藉此以为据信也。惜乎未及雕梓，而嗜古讨论之士，乃假以传抄，藏诸笥箧，不啻珍璧。余修辑《日下旧闻》，检阅经史子集，凡有系于京华之典故遗文，靡不极力索次。于是引用成书千有余种，然亦有阙佚未尽者焉。且夫京师居北辰之所，惟人文之薮，观其山川，览其形势，四境九衢，甲于省郡。况士大夫退食之暇，登临凭眺，考古证今，是以代有记载，时有述作，皆不若退谷之《天府广记》，致之尽而罗之广也。[1]

孙承泽最有成就、最大价值的史学著作是他的《天府广记》。北京自金代成为皇都，迄《天府广记》成书，历时五百年。其间记述北京历史的专书甚少，即便有之，或散佚，或疏略，或残简，抑或尘封。孙承泽撰著的《天府广记》，是第一部系统翔实地记述北京历史的鸿篇巨制。中国都城史的研究不始于孙承泽，但他的《天府广记》却为开拓世界著名古都北京历史的研究奠下基石。后来的北京都城史研究如朱彝尊的《日下

---

[1] 孙承泽《天府广记·朱序》，清抄本。

旧闻》和于敏中等的《日下旧闻考》，是在它的影响下走上了更广阔的道路。北京史学之兴，孙承泽始开其端。他开创了一条都城史学新路，即发掘、搜纂和研究都城历史文化遗产的新路。

三

孙承泽之所以在史学上取得一定的成就，与其哲学观点、政治思想和治学态度密切关联。

明朝的覆亡，予当世的缙绅鸿儒以极大的震动。他们身历沧桑巨变，为溯源祸患之由来，痛苦地回到经学，去剥取成果，探索殷鉴。孙承泽晚年嗜《易》，"自居退谷，日抱大易，读于荒崖寂寞之宾"[1]。寂寞荒崖，抱《易》诵经，半为送走草亭孤独，半为探求治世之道。他先后著《诗经朱传翼》《尚书集解》《周礼举要》《孔易释文》《春秋程传补》等百余卷。

晚明的学风，心学泛滥，空疏无本。明末清初的巨儒，厌读空疏无本的心学。所以孙承泽在其经学著述中扬宋学、抑王学，"谓守仁立身居家并无实学，惟事智术笼罩，乃吾道之莽懑"[2]。但孙承泽尊扬宋学，也与程、朱有别。他引述朱熹言："太极只是一个理字，未有天地之先，毕竟是先有此理。理动则生阳，亦只是理；静而生阴，亦只是理。因其极至，故名曰太极。"[3]朱熹认为太极是理，是万物的根源："太极只是天地万物之理。在天地言，则天地中有太极；在万物言，则万物中各

---

[1]　孙承泽《孔易释文·自序》。
[2]　《四库全书总目》卷九七《考正晚年定论提要》。
[3]　孙承泽《广字义》上卷。

有太极。未有天地之先,毕竟是先有此理。"[1]孙承泽不赞成上述"理在气先"的命题,他认为:

> 贤希圣,圣希天,天实理也。其行健,其德纯。君子法之,自强其行,以进修其德。后世尊天者,曰太虚、曰太空。六经中无是语。天体固无不虚、无不空,使学者但法其虚、空,遂开异学一路。昊天曰明,及尔出王;昊天曰旦,及尔游衍。无在,非天也;无在,非实理也。学者事天,安敢不谨?自天之下,有形属地。平土,地也;积累而为冈陵,亦地也。自地之上,有气皆天。离地寸许是气,离地寸许是天。人曰在气中、曰在天中也。高高在上者,气之积也。[2]

孙承泽的这种思想,显然受了张载"太虚无形、气之本体"[3]的影响。他明言天理为虚空,实"六经"所不载,斥其为异学。孙承泽提出"天实理""天实气""理实气"的朴素唯物主义命题。他还阐发天"运转不停"[4],即天与理是不断运动、变化的朴素辩证思想。孙承泽在其经学著述中,透露出一鳞半爪的带有唯物主义倾向的见解,可看出他与朱熹的客观唯心主义观点并不完全一致。因此,《四库全书总目提要》撰者,评论孙承泽的哲学观点:"惟假借朱子以自重",并"借朱子之

---

[1] 《朱子语类》卷一。
[2] 孙承泽《砚山斋集》。
[3] 张载《正蒙·太和篇》。
[4] 孙承泽《孔易释文》卷一。

言以攻朱子"[1]。孙承泽在其经学著作中阐述的命题自相抵牾，故被官方哲学斥为"首鼠两端"[2]。

在批判空疏无本的王学时，孙承泽崇实尚变。崇实，使他斥空疏，务实际，勤奋广罗资料，分门别类入簏，进行卷帙浩繁的历史编纂。尚变，则使他识时务，知进退，进而不浮，退而不坠，老骥伏枥，博学有成。

孙承泽不仅在哲学观点上颇有可取之处，而且在政治思想上表露出早期的启蒙思想。封建政治制度的核心是君主专制。黄宗羲著《明夷待访录》，在抨击君主专制时，强调提高相权，以分君权。他认为：天子传子，宰相不传子，天子之子不皆贤，尚赖宰相传贤足相补救；但自明太祖朱元璋罢丞相，明始无善治。他提出宰相设政事堂，并定章奏程序："凡章奏进呈，六科给事中主之；给事中以白宰相，宰相以白天子，同议可否。天子批红，天子不能尽，则宰相批之，下六部施行。"[3]孙承泽则借《周礼》这袭圣王古裳，加以隐身，提出重相权、抑君权的历史课题：

> 余反复读《周礼》一书，见当日挈治平之道，付之六官，又挈五官分任之职，付之冢宰一官，纲举而目斯张，领挈则裘自顺。[4]

孙承泽以《周礼·冢宰》为据，主张天下纲领操之于宰相，

---

[1] 《四库全书总目》卷九七《考正晚年定论提要》。
[2] 《四库全书总目》卷一八《诗经朱传翼提要》。
[3] 黄宗羲《明夷待访录·置相》。
[4] 孙承泽《五经翼》卷一九《周礼举要》。

宰相要总六典：

> 天下大务，统于六典，太宰所任者，治典耳。举教典、礼典、政典、刑典、事典，而又总统焉。

宰相既要总六典，又要统宫闱：

> 人主燕私之际，与之同焉。倘无以统之，则或转移其心志，变易其耳目，窥伺以知其旨，奢靡以中其欲。人主一坠其术，则亦何所不至？此天官所以兼统宫闱，自官正、膳夫、酒正、内宰，无不总统者，内外朝廷一体也。

宰相不仅要总统内外朝廷，而且要摄君治国：

> 有司微职，惟人主是从。何敢与天子论当否、争是非、持予夺？天子知其供而不知其节，是以侈心生、费用大、搜取者广矣。是以悉领之冢宰，得以节制其间，使上无私费，下无擅供，王、后、世子不敢过取。此冢宰所以兼制国用也。

宰相摄制天子、王后、世子，自然会遭到传统君权至上观念的抵抗，他又说：

> 世儒以谓至尊，不可以法数制之，非正论也！[1]

---

[1] 孙承泽《五经翼》卷一九《周礼举要》。

孙承泽与朱熹所谓王者"手握天下之图,身据兆民之上"[1]的君权至高的思想不同,而主张宰相统制国君、国君摄于宰相。这较黄宗羲君权与相权并重的思想更深刻,是对君主专制的挑战。孙承泽在清康熙二年(1663)主张以法数制治国君,实为我国近世君主立宪思想的一株萌芽。

同孙承泽早期启蒙思想相联系的,是其进步的历史观。孙承泽没有留下系统的阐述历史观的著作,但在其文集中曾透露一二:

> 世之有史,犹日月之行天,不可一日无者也。当金源既墟,元遗山筑史亭,日录遗事,著《南冠录》,金赖以有史。元都既陷,危太朴赴崇国寺井,寺僧挽之曰:"公,史才,不可死。"太朴竟负僧言。杨铁崖年已七十,隐居南中,应聘著史,史成作《老客妇吟》,见志放还。[2]

孙承泽不仅以元好问、危太朴、杨铁崖为鉴以自励,并断然不取伯夷、叔齐宁肯饿死也不食周粟的梗顽态度;而且认为历史是发展变化的——"随时变易,以从道也"[3],即要从发展和变化中去研究历史。这个思想前人早已有过,但它帮助孙承泽自立于学林,自强不息地研究历史。

有关孙承泽治学,有几点稍作提示。

第一,搜藏书籍。治史需要大量册籍。其时除中府秘典外,

---

[1] 《朱子大全》卷一五《文集》。
[2] 孙承泽《砚山斋集》。
[3] 孙承泽《孔易释文》卷一。

没有公共图书馆。因此,丰富的藏书成为私家纂史的一个重要条件。孙承泽家玉凫堂藏书七万余卷[1],有"藏书甲天下"[2]之誉。甲申之变,书多散佚。后广汇"天下之奇珍秘籍"[3]。如《大观帖》光彩精美,为稀世之珍,莆田方楷曾以万金求之不可得,后归孙承泽。他搜藏册籍至万余卷,时称退谷万卷楼[4]。"近代藏书惟北平孙北海少宰、真定梁堂村司农为冠"[5]。因为家藏大量图书,借以左鼎彝、右图史,幽居编撰史籍。

第二,闭门纂述。孙承泽退食后,杜门却轨,不问朝事,"不惟红尘扰扰不干其胸次,即门内诸务绝不挂其齿臆间"[6]。他的居处,在天坛北金鱼池有别业[7],在西山卧佛寺有退谷[8]。谷后高山屏障,而卧佛寺、广慧庵环蔽其前,冈阜迥合,竹树深蔚——"谷口甚狭,乔木荫之,有碣曰退谷。谷中小亭翼然,曰退翁亭,亭前水可流觞。东上则石门巍然,曰烟霞窟。入则平台南望,万木森森,小房数楹,其西三楹则为退翁书屋。"[9]孙承泽虽年逾花甲,却没有混迹萝园,游身退谷,赏景移时,虚掷干支,而是一榻一炉一瘿樽,一笔一纸一顶墨,手搦竹管,目不离卷,专心致志地从事撰述。

---

[1] 孙承泽《五经翼·自序》。
[2] 孙承泽《五经翼·严序》。
[3] 孙承泽《庚子销夏记·卢序》。
[4] 朱彝尊《竹垞文集》卷二二。
[5] 《征刻唐宋秘本书启》,《绛云楼书目补遗》光绪刻本。
[6] 王崇简《青箱堂文集》卷一〇。
[7] 孙承泽《天府广记》卷三七。
[8] 冈田玉山等《唐土名胜图会》卷四。
[9] 孙承泽《天府广记》卷三五。

第三，会友切磋。孙承泽在当世博学识[1]，负盛名，居辇毂之区，四方学士多愿从之搜讨。当时名儒顾炎武、朱彝尊等曾亲至其寓，如《顾亭林先生年谱》载："入都，与秀水朱竹垞（彝尊）、嘉定陆菊隐等同在孙侍郎家详定所藏古碑刻。"[2]叶方霭、谈迁等亦往其寓，同堂接茵，主宾研磋。

第四，以史还史。孙承泽借朱熹治经的话来说明治史"如烛笼，添一条骨，则障了一路明；能去其障，使之通体光明乃更好"[3]。治学如烛笼，减其条骨，增其光明，以经还经，以史还史，这是孙承泽治学的基本精神。

以上诸点，在封建史家中是屡见不鲜的，但它却是孙承泽成为清代史坛大家的重要因素。

孙承泽是勤奋笃实的学者。与其有五十年交谊的王崇简说：

> 先生予告归第，闭门养重，拥书万卷，搜讨古人。予时一过之，未尝不相对忘反。复营退谷于西山，当松粒春新，柿林霜老，先生携笈其间，辄经时月，数年如一日也。[4]

清代北京史坛大家孙承泽，以耄耋之年，孜孜矻矻，撰述等身，殊为可鉴。

（原载《故宫博物院院刊》1983年第1期）

---

[1] 吴长元《宸垣识略》卷一六。
[2] 吴应奎《顾亭林先生年谱》。
[3] 孙承泽《藤阴札记》。
[4] 王崇简《青箱堂文集》卷三。

孙承泽生年考

《天府广记》撰者孙承泽的生年,《中国历史人物生卒年表》《历代名人年谱》《宋元明清书画家年表》以及《天府广记·出版说明》等均载为明万历二十年(1592)。但孙承泽的自述和一些文集的记述与上述载录迥异。兹将搜集的有关资料,略为钩稽,粗做考辨。

一、王崇简(敬哉)《孙公承泽行状》载:

> 公中崇祯庚午顺天举人,辛未进士。历任陈留知县,调祥符县。以卓异授刑科给事中,历升户、工左、右给事中,刑科都给事中。大清定鼎,补吏科都给事中,历升太常少卿、翰林院提督四译馆,通政司左、右通政,太常卿,大理卿,兵部左、右侍郎,吏部左侍郎管右侍郎事。寻以都察院右都御史、太子太保,年六十引疾,家食二十余年而殁。[1]

---

〔1〕 王崇简《孙公承泽行状》,《碑传集》卷一〇。

上引史料虽未明言其生卒年，但所志"引疾"之事，或有助于考稽其生年。

二、进缮本《东华贰臣传》中《孙承泽传》详载其乞休事：

> （顺治）十年二月，吏部尚书高尔俨以疾乞罢。承泽奏言："吏部尚书权衡所寄，得人为难。伏见大学士陈名夏在吏部时，颇能持正，请以名夏分理部事，必能仰副澄清之治。"上览奏，谓阁臣曰："朕见承泽此疏，洞其隐微，代为含愧。彼意允其所请而用名夏，则于彼有利；否则，又将使朕猜疑名夏也！"因以侍郎推举阁臣，有乖大体，责令回奏。承泽战栗引罪，自陈愚昧，乞宥。[1]

寻罢之。《清世祖实录》顺治十年三月，亦载记孙承泽乞休事。

三、《清世祖实录》卷七三载：

> 都察院右都御史、管吏部左侍郎事孙承泽，引疾乞休，允之。[2]

由是确知孙承泽于顺治十年（1653）三月"引疾乞休"，获允。是岁孙承泽的年齿，尚需其他材料佐定。

---

[1]《东华贰臣传》卷一二《孙承泽传》。
[2]《清世祖实录》卷七三，顺治十年三月庚寅。

四、王崇简（敬哉）《祭孙北海少宰文》云：孙承泽"年甫六十，营退谷以终老，期老学以自匡"[1]。

前录王崇简（敬哉）两言孙承泽"年六十"休致，是为确指，抑或泛指？如无其他有力材料，仍难以确断其生年。

五、《周礼举要》书中孙承泽自署云：

> 癸卯，著于西山水源头草亭。时退翁年七十有一。[2]

癸卯年，即康熙二年（1663）。是年孙承泽71岁。是为首见孙承泽自记年齿，但孤证难立，尚需参旁证。

六、《九州山水考》书内孙承泽自记曰：

> 余于丙午之春，注《洪范》成，复注《禹贡》，至次年中夏，三易稿而书成。……七十五叟孙承泽，识于南城书舍之桐下。[3]

上文的丙午年，即康熙五年（1666）。其次年的丁未年，即康熙六年（1667），是年孙承泽75岁。同年，孙承泽在《孔易释文》中亦记其年齿，可互相参证。

---

[1] 王崇简《青箱堂文集》卷九。
[2] 孙承泽《五经翼》卷一九《周礼举要》。
[3] 孙承泽《九州山水考》下卷。

七、《孔易释文》书首孙承泽自述云：

> 西川胡公世安，携所著《秀岩易编》，过相订正。余出《孔易》以示。胡跃然兴起，击节不置，慨欲捐赀，为之付梓。余谓："伊川先生七十二而《易传》成，秘不示人。曰：'尚冀少有所进。'余何人，斯敢以自足。"复迟六年，余年七十有五，感胡公之先世逝，重加哀益，刻之家塾。

末署："康熙六年，丁未，秋七月，退谷孙承泽识于城南书舍。"[1]

由上述五、六、七三则史料可知，孙承泽在康熙二年（1663）为71岁，康熙六年（1667）为75岁。

八、《诗经朱传翼》书载孙承泽自叙云：

> 康熙十一年，壬子，夏，六月朔，都门八十老人孙承泽撰。[2]

康熙十一年（1672），孙承泽为80岁，同上述所载年岁推算符合。载录孙承泽80岁的史料，除上引《诗经朱传翼》外，还有下面的材料。

---

[1] 孙承泽《孔易释文》卷首。
[2] 孙承泽《诗经朱传翼》卷首。

九、《天府广记》卷首孙承泽自识云:

> 都门八十老人孙承泽撰。[1]

但是,上引孙承泽的自识并未署纪年。因此,需先确定《天府广记》成书之年,再计算其时之年齿。下面的材料,披露其端倪。

十、《天府广记·成德传》中孙承泽自述其感慨曰:

> 荷蒙再生,以至今日,一筹莫展,老病告休,二十余年,无所补益于世。今见两公手札,从容就义,临危犹辱推反,惭愧欲死。八十之老,行见两公九原,或鉴此区区苦衷也。[2]

这条材料较上条材料稍微具体,即载其休致二十年后,著成《天府广记》,时年已八十矣。载记孙承泽年八十的材料,下面再检一则。

十一、《尚书集解》卷首孙承泽自述言:

> 余旧著《集解》一编。今年届八旬,恐其散逸,重加裒益,刊之家塾。……康熙十一年二月,退谷孙承泽撰。[3]

---

[1] 孙承泽《天府广记》卷首,清抄本。
[2] 孙承泽《天府广记》卷三四。
[3] 孙承泽《尚书集解》卷首。

上列八、九、十、十一凡四条材料表明，康熙十一年（1672）孙承泽为80岁，时距顺治十年（1653）其休致恰为二十年。康熙十一年，八十退谷老翁，二月撰成《尚书集解》二十卷，六月又著成《诗经朱传翼》三十卷，同年还纂成《天府广记》四十四卷等，学士暮年，勤于著述，成果卓异，令人赞叹。

十二、同孙承泽有"五十年之交谊"的王崇简，在《青箱堂文集》中，不仅明言孙承泽之生年，而且确指其出生之月日。他在《少宰孙公七十寿序》中言：

> 少宰孙北海先生，自癸巳致政，至壬寅为今上御极之元年，是岁十有一月七日，为先生七十诞辰[1]。

癸巳年为顺治十年（1653），壬寅年为康熙元年（1662）。康熙元年孙承泽为70岁，康熙十一年（1672）孙承泽恰为80岁。

综上，可以得出结论：孙承泽生于明万历二十一年十一月初七日，即西历1593年11月29日。由此推算，孙承泽于崇祯三年（1630）庚午38岁成举人，翌年辛未39岁中进士，顺治十年（1653）癸巳61岁休致，康熙元年（1662）壬寅为70岁，康熙六年（1667）丁未为75岁，康熙十一年（1672）癸丑为80岁，其文集自述与文献记载吻合。

孙承泽卒于康熙十五年（1676），《清圣祖实录》载：

---

[1] 王崇简《青箱堂文集》卷五。

予故致仕太子太保、都察院左[1]都御史管吏部左侍郎事孙承泽，祭葬如例。[2]

孙承泽生于明万历二十一年（1593），卒于康熙十五年（1676），享年八十四春秋。康熙《顺天府志》载其享年八十三，《宋元明清书画家年表》等载其享年八十五，均系疏误，兹为赘记。

（原载《史苑》1983年第2辑）

---

[1]《清世祖实录》卷五五，顺治八年三月癸未载："转吏部右侍郎高尔俨为左侍郎，仍兼都察院右都御史、内秘书院侍读学士，调兵部右侍郎孙承泽为吏部右侍郎，仍兼都察院右都御史。"卷七三，顺治十年三月庚寅载："都察院右都御史、管吏部左侍郎事孙承泽引疾乞休，允之。"《孙公承泽行状》也作"右都御史"。故知《清圣祖实录》此载"都察院左都御史"之"左"字当为"右"字之误。

[2]《清圣祖实录》卷六一，康熙十五年六月甲寅。

唐英：千年一瓷人

唐英是中国御窑千年史上，既有著作又有精品，既会管理又会匠作，既擅诗文又长书画，既倾心事业又清廉自守，可谓：御窑千年史，唐英第一人。本文以唐英旗分、历史贡献、心灵纠结，分作三节，进行辨述。

一

唐英——千年一瓷人，首应辨明他的旗分与身份，因为这是影响其事业、其人格的一大因素，且存在着应当辨明的学术争议。

唐英隶籍的旗分和身份，是满洲正白旗包衣，还是汉军正白旗人？当下所见论著，多持后者之说。史籍之记载，亦颇有差异。这是一个需要考辨的问题。

唐英（1682—1756），字俊公，又作隽公，自称蜗寄老人，先祖为明末和后金时期辽东沈阳（今辽宁省沈阳市）人。唐英隶籍的旗分和身份，是满洲正白旗包衣，还是汉军正白旗人？史有两说：

其一说，唐英隶籍汉军旗人。持此论者，影响最大的是

《清史稿·唐英传》的记载：

> 唐英，字俊公，汉军旗人。[1]

《清史稿》初刻于民国十七年（1928），虽其流布广、影响大，却非时间早、史实确。此前，说唐英是汉军旗人，也有书载。清人铁保编修、嘉庆九年（1804）成书的《熙朝雅颂集》，采录唐英诗23首，其诗前作者小传云：

> 英，字俊公，一字叔子，晚号蜗寄老人，汉军人，官粤海关监督，有《陶人心语》。[2]

上述记载，似应可信。这或是因为：

第一，作者官高。《熙朝雅颂集》编者铁保（1752—1824），[3] 隶满洲正黄旗，乾隆三十七年（1772）进士，年二十一，历官侍讲学士、侍读学士、漕运总督、都统、广东巡抚、山东巡抚、两江总督、礼部尚书、吏部尚书，并任"八旗通志馆"总裁，可谓位高权重，官宦显赫。

第二，时间较早。《熙朝雅颂集》成书于嘉庆九年（1804），翌年雕梓。其编纂者铁保自称："臣充'八旗通志馆'总裁官，编辑艺文，得满洲、蒙古、汉军诗抄百数十家，篇帙浩繁，未能悉登简册。当于通志内列其名目，其所为诗，拟别辑一书，

---

[1]《清史稿》卷五〇五《唐英传》，中华书局点校本，1977年，第13926页。
[2] 铁保辑、赵志辉校点补《熙朝雅颂集》卷五六，辽宁大学出版社，1992年，第1038页。
[3]《清史稿》卷三五四《铁保传》，第11280—11282页。

以垂久远。"[1]由是，铁保奉旨编纂《熙朝雅颂集》。此集，成书早，影响大。

第三，皇帝钦阅。《熙朝雅颂集》由清嘉庆帝颙琰御制序，云："前此铁保在京供职，曾有采辑八旗诗章之请，经朕允行。兹据奏进诗一百三十四卷，请赐书名。朕几余披览，嘉其搜罗富有，选择得宜，格律咸趋于正，而忠义勇敢之气，往往借以发抒。存其诗实重其人，益仰见列圣培养恩深，蒸髦蔚起，正未有艾。爰统命名《熙朝雅颂集》，并制序冠于简端，以垂教奕祀，非徒赏其渊雅博丽之词也。着将原书发交铁保，付之剞劂，用昭同风盛轨焉。"[2]

第四，影响深远。《熙朝雅颂集》问世后，影响深远。如：

（1）清道光刻本、彭蕴灿编著《历代画史汇传》卷三十载："唐英，字俊公，一字叔子，号蜗寄老人，汉军人，粤海关监督。"[3]

（2）《八旗画录》载唐英"隶汉军正白旗"。

（3）民国《奉天通志》载："唐英，沈阳人，隶汉军正白旗。"[4]

（4）民国年间徐世昌辑《晚晴簃诗汇》载："唐英，字俊公，一字叔子，号蜗寄，汉军旗人，历官内务府员外郎、九江

---

[1]《熙朝雅颂集·前言》，赵志辉文，第2页。
[2]《清仁宗实录》卷一二九，嘉庆九年五月丁未十九日，中华书局影印本，1986年。
[3]彭蕴灿《历代画史汇传》卷三〇，清道光刻本，国家图书馆藏。
[4]翟文选修、王树枏纂《〔民国〕奉天通志》卷二六〇，民国二十三年（1934）铅印本。

关监督。"[1]

（5）今人《景德镇讲义·唐英》载记：唐英"沈阳人，隶属汉军正白旗"。

（6）今人石奎济、石玮编著《景德镇陶瓷词典·唐英条》载述：唐英"隶汉军正白旗"[2]。

（7）今人张发颖编《唐英全集》，其《序》云：唐英"隶汉军正白旗"。[3]

以上所揭，七条资料，均载明唐英所隶籍旗分，为汉军正白旗。上引资料之外，还有其他载述，因书异意同，而不必赘述。

然而，史事的判定，历史的真实，应当遵循下述"四不原则"，即：不以作者的权贵身份而定，不以史料的时间早晚而定，不以君王的钦阅谕旨而定，不以史证的数量多寡而定，应以缜密考证的史实而定。

有关唐英的身世和旗分，早期史料奇缺。经查，唐英及其先祖的资料，《老满文原档》[4]《满文老档》均未查见，《清太祖武皇帝实录》《清太祖高皇帝实录》《满洲实录》《清太宗实录》《清世祖实录》《清圣祖实录》和《清世宗实录》等亦未载录。其后在《清高宗实录》中，唐英史事，凡有七见，如记载唐英为"内务府员外郎"。

---

[1] 徐世昌辑《晚晴簃诗汇》卷六二，民国退耕堂刻本。
[2] 石奎济、石玮编著《景德镇陶瓷词典》，江西人民出版社，2014年，第520页。
[3] 张发颖编《唐英全集·序》，学苑出版社，2008年，第1页。
[4] 《老满文原档》又称《旧满洲档》《无圈点档》《满文原档》《满文老档》等，同指今存台北故宫博物院图书文献处的清初最原始的以无圈点老满文为主撰写的清朝开国编年史料之档案。

其二说，唐英隶籍满洲正白旗包衣，笔者秉持此说。兹据史料，分别缕述，略加分析，以做考证。

第一，雍正《江西通志·陶务叙略碑记》载述：

> 英，关东之沈阳人也。世受国恩，从龙日下，隶籍内务府。幼即供役于养心殿，二十余载。我皇上御极之元年，仰蒙高厚殊恩，拔置郎署。方恐报称无由，乃复于雍正二年秋八月，怡贤亲王口宣天语，命英督监江西窑务。[1]

上述的雍正《江西通志》，为清雍正七年（1729），江西巡抚谢旻奉诏纂修并任监修，开局编辑。[2]雍正十年（1732）刻本，一百六十二卷、首三卷。[3]书中的《陶务叙略碑记》为唐英撰写，其时间应在雍正七年（1729）到九年（1731）之间。这是所见唐英身世的最早文字资料，且确实可信。

上文的唐英"隶籍内务府"，明确表明：唐英并不隶籍于汉军正白旗，因为汉军正白旗不隶籍于内务府；唐英隶籍于内务府与隶籍于八旗汉军正白旗是根本不同的。这是因为：清朝的八旗制度，分为八旗满洲、八旗蒙古、八旗汉军，而又各含镶黄、正黄、正白、镶白、正红、镶红、正蓝、镶蓝八个旗，共二十四个旗。在八旗满洲中，镶黄、正黄、正白三旗，直属

---

[1] 唐英撰《陶务叙略碑记》，谢旻等纂修《[雍正]江西通志》卷一三五，清雍正十年（1732）刻本。
[2] 《四库全书总目》卷六八《江西通志》，中华书局，1965年，第606页。
[3] 庄威凤、朱士嘉、冯宝琳总编《中国地方志联合目录》，中华书局，1985年，第479页。

清帝，隶内务府，又称内务府三旗，或称上三旗。清制的领侍卫内大臣六员，由内务府上三旗中每旗出两员组成。所以，满洲正白旗是隶籍内务府的，汉军正白旗则是不隶籍于内务府的。[1]

第二，乾隆朝纂修的《八旗满洲氏族通谱》，乾隆九年（1744）成书，首见唐英身份为满洲正白旗下包衣。后任八旗满洲正白旗包衣旗鼓佐领，复为八旗满洲正黄旗包衣旗鼓佐领。于此，《八旗满洲氏族通谱》记载：

> 唐应祖，正白旗包衣旗鼓人，世居沈阳地方。来归年分无考。其曾孙唐英，现任员外郎兼佐领。元孙德格，现任八品官；庚保、寅保，俱现系举人；寅年，现系生员。四世孙唐景，亦现系生员。[2]

第三，《厂署珠山文昌阁碑记》亦曰"予家从龙入关，历世五叶，隶旗百载"云云。

第四，《八旗通志·旗分志》记载："以镶黄、正黄、正白为上三旗。余五旗统以宗室王公，居重驭轻，大宗维翰，盖皆创前古所未有，而建诸天地。"[3]

上述康熙、雍正、乾隆三朝文献、典籍、谱牒、档案、碑刻之记载，均清楚地说明：

其一，唐英的先祖籍辽东沈阳，汉人。

---

[1]《钦定八旗通志》卷二四《旗分志二十四》，吉林文史出版社，2002年，第423—437页。

[2]《八旗满洲氏族通谱》卷七八，辽沈书社，1989年。

[3]《八旗通志》卷一《旗分志》，东北师范大学出版社，1985年，第1页。

其二，唐英的曾祖唐应祖，在后金时期归顺后金汗努尔哈赤，后隶属于满洲正白旗包衣旗鼓佐领下之人。

其三，唐英隶籍于内务府，后官内务府员外郎，兼内务府正白旗包衣旗鼓佐领。

其四，唐英之子文保、寅保，时为生员。寅保考中乾隆六年（1741）辛酉科举人，后在时年十九中乾隆十三年（1748）戊辰科进士，后授庶吉士、任编修。唐英的第三子万保，年龄幼小，略而不述。[1]

在这里，要说明同唐英旗分、身份攸关的"正白旗""正黄旗""包衣""旗鼓人"四个概念。

前文已述，清朝的旗人，分作八旗满洲、八旗蒙古、八旗汉军。[2]其中，八旗满洲的镶黄旗、正黄旗和正白旗为"内务府三旗"，称作"上三旗"。

清朝的"包衣"，全称是"包衣阿哈"，其包衣的满文为bao i，汉语意思是"家内的"或"家里的"；"阿哈"的满文为"aha"，汉语意思是"奴仆"。

清初的"旗鼓"，满文写作cigu，为汉语"旗鼓"的音译。古代中原军队有旗鼓、仪仗人，而归顺满洲的汉人，被编为佐领，隶籍旗鼓佐领者，就称为旗鼓人。

清制正白旗有三：一是满洲正白旗，二是蒙古正白旗，三

---

[1] 唐英之第三子万保，生于乾隆五年（1740）八月十八日。《陶人心语》卷三载："庚申中秋后三日，三子生于江州使署。"唐英欣喜作诗云："天上一年光满月，人间六十客添丁。"

[2] 清朝在旗的称旗人，不在旗的称民人。旗人，不能称作旗民，因为"旗"和"民"是两个不同的范畴，不可混淆。

是汉军正白旗。[1]唐英隶籍的不是汉军正白旗，也不是蒙古正白旗，而是满洲正白旗。唐英及其先祖是汉人，不是满洲人，怎么会隶籍于满洲正白旗呢？因为他是满洲正白旗的包衣。

所以，唐英先是隶属于清内务府八旗满洲正白旗包衣旗鼓佐领下的人。据《钦定八旗通志》记载：唐英隶籍于内务府八旗满洲正白旗包衣"第四参领第二旗鼓佐领"。[2]该佐领为康熙三十四年（1695）编立，初以马虎为佐领，而后佐领或故，或转，或革，或调，其第五任旗鼓佐领，命员外郎唐英管理。而唐英怎么又与满洲正黄旗有关系呢？这是因为唐英被免去正白旗之佐领，而被任命为满洲正黄旗包衣旗鼓佐领。《钦定八旗通志》又载：八旗满洲正黄旗包衣第五参领下第四旗鼓佐领，康熙三十四年（1695）分立，而后佐领或故或调，以唐英管理。唐英为该旗包衣第五参领下第四旗鼓佐领的第八任旗鼓佐领。[3]后其子寅保，任满洲正黄旗包衣第五参领下第一旗鼓佐领的第十六任旗鼓佐领。[4]

唐英的旗分与身份，其旗分属于满洲正白旗，其身份为包衣。唐英的旗分属于八旗满洲正白旗，其与八旗汉军的关系，

---

[1] 清八旗汉军，天聪五年（1631）正月，皇太极将满洲八旗中的汉人拨出，另编一旗，后称汉军。崇德二年（1637）七月，分设汉军为二旗。崇德四年（1639）六月，又增设汉军二旗。崇德七年（1642）六月，汉军四旗扩充为八旗，旗色改为与八旗满洲、八旗蒙古相同。从此，清朝八旗实际上有八旗满洲、八旗蒙古、八旗汉军，共二十四旗，但仍统称其为八旗。

[2] 《钦定八旗通志》卷五《旗分志七》，文津阁《四库全书》本，国家图书馆藏。

[3] 《钦定八旗通志》卷五《旗分志五》，吉林文史出版社，2002年，第94页。

[4] 同上书，第93页。

需进一步探讨。

唐英家族首见"汉军"学籍，始自寅保参加科举考试。唐英之子寅保，中乾隆六年（1741）辛酉科举人。此科中举者有汉军12人，其中汉军镶黄旗1人、汉军正黄旗1人、汉军正白旗5人、汉军正红旗2人、汉军镶红旗1人、汉军镶蓝旗2人；在正白旗5名中举者中，有"包衣庆恩佐领"的寅保和包衣四保柱管领的姚文。[1]《钦定八旗通志》中特别标明：寅保和姚文都是隶籍于正白旗的"包衣"。显然，其旗籍隶属于满洲正白旗，其身份则为"包衣"。[2]

而后，寅保考中乾隆十三年（1748）戊辰科第三甲第二名进士。[3]此科，八旗满洲籍8人、八旗蒙古籍1人、八旗汉军籍1人。《钦定八旗通志》记载："汉军，寅保（正白旗一名。）"[4]在北京孔庙进士题名碑上，镌刻着："寅保　正白旗汉军人。"[5]

以上，文献记载与文物碑刻都表明：寅保中举时的学籍身份是"包衣"，中进士时学籍是"汉军"。其时，旗人参加科考，只有三种学籍——满洲、蒙古、汉军，内务府三旗包衣佐领、包衣旗鼓佐领下人，凡原为汉人者，均被列入"汉军"学籍。学籍与旗籍，既有相同之处，更有相异之处。虽寅保的学籍是

---

[1]《钦定八旗通志》吉林文史出版社标点本，第1747页，在人名重排时顺序错简。
[2]《钦定八旗通志》卷一〇六《选举志五》，文津阁《四库全书》清史资料汇刊本，商务印书馆，2006年，第119页。
[3]《明清进士题名碑录索引》，上海古籍出版社，1980年。
[4]《钦定八旗通志》卷一〇四《选举志三》，吉林文史出版社，2002年，第1575页。
[5] 北京孔庙进士题名碑，第183号，北京孔庙和国子监博物馆藏。

"汉军",但其旗分仍隶籍满洲正白旗包衣佐领。铁保《熙朝雅颂集》记载:

> 寅保,字东宾,一字芝圃,汉军人。乾隆戊辰进士,改庶吉士,散馆授编修,改内务府郎中官,杭州织造。有《秀钟堂诗钞》。[1]

上文寅保的"汉军"为科考时的"学籍";他的"旗籍"仍为满洲正白旗包衣。然而,寅保之父唐英,终生未参加科考,依然是八旗满洲正白旗包衣。缘此,《清史稿·唐英传》记载:"唐英,字俊公,汉军旗人。"其根据何在?这或由其子寅保学籍而衍伸其父,或据《熙朝雅颂集》的载述,无论前者或后者,都是值得讨论的。

寅保考中进士时的"汉军",是指广义的汉军,也就是科考时的学籍,并不是说明唐英及其子寅保隶籍于八旗汉军的正白旗,因在《钦定八旗通志》的"旗分志"中,汉军正白旗里查不到唐英及其子寅保旗分的文字记载。

近世以来,所谓汉军有着狭义与广义之分:其狭义,是指八旗汉军;其广义,指后金和清初归附的汉人,被编入汉军和内务府三旗包衣佐领、包衣旗鼓佐领人。后者如唐英,在《八旗满洲氏族通谱》中,被列入内务府满洲正白旗包衣旗鼓佐领人,而不被列入汉军。特别是在官修《钦定八旗通志》的"旗分志"汉军正白旗里,根本找不到有关唐英的记载;但在该书"旗分志"的内务府八旗满洲正白旗包衣佐领或旗鼓佐领下,却

---

[1] 铁保辑《熙朝雅颂集》卷七六,第1283页。

记载着"唐英"。

由上可知，唐英的身份先是内务府八旗满洲正白旗包衣旗鼓佐领下的人，后升为该旗的旗鼓佐领；后又任八旗满洲正黄旗包衣旗鼓佐领。这样的身份，使唐英一直受到宫廷的信任，为宫廷内务府侍奉；同时，尽管职务升迁，官至内务府员外郎，但唐英终生没有洗掉"包衣"的身份。

唐英生活在康熙、雍正、乾隆三朝，其隶籍旗分，未查见改变。

在康熙朝——内廷供役，旗分未变。唐英出生在康熙二十一年（1682）五月初五。7岁入学读书。康熙三十四年（1695），14岁时被编入内务府八旗满洲正白旗包衣第四参领第二旗鼓佐领下人。康熙三十六年（1697），16岁时入养心殿造办处供奉，后任职宫廷画样。[1]唐英忠耿做事，勤奋学习，在内廷见识名器、名书、名画、名家。如他同"四王"之一、《万寿盛典图》总裁官王原祁，系舟峰下，月映篷窗，二人对谈，受其指点：

> 有志斯道者，当于笔外求笔、墨外用墨，丘壑探之冰雪襟怀，结构炼之炉冶造化。趣味在有意无意之间，彩泽含若隐若显之中。……宁古毋今，宁拙无巧，惜墨等兼金，运笔疑鬼斧。兴至，则吮毫舒楮；兴尽，则趺坐闲吟。作画时如万物皆备，置笔后一物不着，乃为身在壶中跳出圈外，此则品高道胜者也。[2]

---

[1]《养心殿造办处各作成做活计清档》，中国第一历史档案馆藏。
[2]《唐英全集·题罗梅仙画山水跋》，学苑出版社，2008年。

唐英虽得到康熙帝的信任，积淀丰厚文化的底蕴；但唐英包衣的身份，使他没有机会潜心读书、精熟经典、参加科考、取得功名，而留下内心的终生伤痛。唐英的旗分和身份，终康熙朝没有得到改变。

在雍正朝——协理陶务，旗分未变。雍正元年（1723），雍正帝即位后，唐英遇到新的转机，被提拔为内务府员外郎。雍正三年（1725），圆明园来帖称：唐英"奉旨画的款式甚好"。他做事勤勉，艺术修养高，受到雍正帝的肯定。雍正帝对唐英的表扬，成为他将要受到重用的信号。先是，明景德镇御器厂，"以中官督造，后改巡道，督府佐司其事，清初因之"[1]。康熙时，景德镇御窑先有臧应选督陶，出现"臧窑"御瓷；而后郎廷极督陶，出现"郎窑"御瓷。雍正时年希尧督陶，出现"年窑"御瓷。雍正六年（1728）八月，时唐英心灵聪慧，书画皆优，为人诚正，做事勤勉，命唐英赴景德镇，驻厂督陶，协助总理陶政的年希尧工作。唐英承旨，出都赴任，于十月间，抵达景德镇御窑厂。这一年，他47岁，是其人生事业的转折点。他到任后，整顿陶务，将烧造瓷器的名目、胎釉、纹饰、尺寸、铭款、工匠、出纳、赏勤、劝惰等，造册奏报，按月核算，归年希尧总管。唐英任事，兢兢业业，一干七年，薪水颇丰厚，年银五百两。[2]然而，唐英的旗分和身份，终雍正朝没有得到改变。

在乾隆朝——创造辉煌，旗分未变。唐英先后管理淮安关、九江关，遥领陶务；又任职粤海关；再回九江关。直到乾隆

---

[1]《清史稿校注》卷五一二《唐英传》，台湾商务印书馆，1999年，第11572页。
[2]《唐英督陶文档·陶务叙略》，学苑出版社，2012年。

二十一年（1756）七月二十七日才获准辞职，同年七月二十九日在署中病故。[1]唐英在乾隆朝，于景德镇御窑的窑务及相关工作，长达近二十年。在有清一代景德镇御窑督陶官中，唐英任事最久，工作最勤，业务最精，贡献最大，烧造出举世闻名的"唐窑"瓷器。然而，唐英的旗分和身份，在乾隆朝至其临终前，没有得到改变。

唐英16岁就进入内务府，并在内务府造办处做画样设计，这对唐英的人生产生了很大的影响：一是养成忠于职敏于行的素质；二是形成既谨慎又敬业的性格；三是培养绘画功底和艺术修养。这为唐英日后在御窑厂督陶期间，揣摩上意，推陈出新，而烧造出精美的"唐窑"瓷器，奠定了良好的基础。其中的一个重要原因，是他身为内务府八旗满洲正白旗包衣的身份——既受到信任，应当勤奋工作；又受到卑视，应当敬慎工作。[2]

总之，辨明唐英的旗分与身份，是了解其奉上、敬上、唯上，为人、做人、待人，任事、勤事、慎事，苦学、实学、真学的重大枢机，也是探索唐英成为中国千年一瓷人的关键所在。

二

唐英——千年一瓷人，做出此评价的依据，是唐英既对中国也对世界烧造瓷器的历史做出了重大贡献。

唐英人生的重大转折点，是在雍正六年（1728）。这一年，

---

[1]《唐英督陶文档·唐英去世江西巡抚代其子寅保折》，第111页。
[2] 阎崇年《御窑千年·唐英督陶》，生活·读书·新知三联书店，2017年。

雍正帝命"唐英着内务府员外郎衔,驻景德镇御窑厂,佐理陶务,充驻御窑厂协理官"。[1]时年希尧总理景德镇御窑陶务。唐英时年47岁,走出内务府,初到御窑厂,对于陶瓷烧造,如他自己所说:"茫然不晓,日唯诺于工匠之意,惴惴焉,惟辱命误公之是惧。"唐英面临着新的形势、任务、工作和责任,是退缩,是应付,是蛮干,还是奋进——放下官员架子,变外行为内行?唐英选择了后者。他说:

> 用杜门,谢交游,聚精会神,苦心竭力,与工匠同其食息者三年。[2]

唐英的做法是:

第一,闭门谢客,不应酬,不唱和,不访客,不出游。

第二,放下架子,与工匠,同吃饭,同劳作,同休息。

第三,刻苦钻研,用三年,学制胎,学色釉,学烧造。

第四,成为内行,会制胎,会彩绘,会釉料,会窑火。

三年之后,到雍正九年(1731),唐英说:"于物料火候、生克变化之理,虽不敢谓全知,颇有得于抽添变通之道。向之唯诺于工匠意旨者,今可出其意旨唯诺夫工匠矣。因于泥土、釉料、坯胎、窑火诸务,研究探讨,往往得心应手。"[3]

一个内府官员,一个八旗画匠——"纸上得来终觉浅,绝知此事要躬行。"(陆游句)唐英,能躬下身来,向工匠学习,

---

[1] 《瓷务事宜示谕稿序》,《养心殿造办处各作成做活计清档》,中国第一历史档案馆藏。

[2] 《唐英督陶文档》,第3页。

[3] 《瓷务事宜示谕稿序》,《唐英全集》第1册,第179页。

变外行，为内行，实在难得，实为可贵。其精神，其实践，言行合一，知行合一，堪称榜样，百世可鉴。

唐英于御窑瓷器，主要有三大贡献：

第一，瓷艺贡献。唐英在28年的御窑管理与烧造过程中，亲自督导和烧造的瓷器，数量大，质量优，精品多，影响广，因而被誉为"唐窑"。从雍正六年（1728）到十三年（1735）的八年间，景德镇御窑烧造瓷器"不下三四十万件"。而一年两季接送京城的盘、碗、钟、碟等圆器，总计57种，其中一年，约8万余件。乾隆二年（1737），正月接旨、五月呈送瓷器59种、47120件。乾隆四年（1739），水陆分运呈交瓷器30375件。乾隆十年（1745）十二月，进呈"洋彩花瓶二千件，圆器五千二百六十四件；次色黄器二千三百二十一件"。乾隆十三年（1748），"进上色琢圆瓷器四千七百三十八件"。有学者估计，在乾隆初期的20年间，唐英督陶，共为宫廷烧造瓷器达50万—60万件。不仅数量庞大，而且新品和精品迭出。唐英既仿古又采今，既是集御窑瓷器艺术之大成者，又是集中华瓷器艺术之大成者。

所谓仿古，就是仿制历代名窑的名器。清朝雍、乾二帝追慕前朝精美瓷器。于是复制宋代名窑及明窑的瓷器，就成为唐英的重要任务。如雍正帝好钧窑，唐英到任不久，就派幕友吴尧圃赴钧窑旧址，调查釉料配置方法。他作《春暮送吴尧圃之钧州》诗，勉励吴君：

此行陶冶赖成功，钟鼎尊罍关国宝。
玫瑰翡翠倘流传，搜物探书寻故老。

吴尧圃不辱使命，查清了钧窑的工艺诀窍。有了扎实的技术储备，唐英的仿制工作极为成功。有诗赞曰："如汝柴官哥定钧，各肖其式繁其伦。"[1]

唐英烧造的仿哥窑金丝铁线纹、仿宋官窑的冰裂纹、仿汝窑的天青釉、仿钧釉等，与宋器非常相似。他仿制的明朝永乐、宣德脱胎白釉、甜白刻花、印花等瓷器，形似神似，可以乱真。

所谓采今，就是开展烧造技艺的研发与创新。乾隆时期的"瓷母"、转心瓶、轿瓶、仿生瓷、西洋画瓷等，创新之例，不胜枚举。在唐英时，釉上彩、釉下彩、颜色釉、粉彩等均有新的突破。在他主持下，景德镇御窑厂创烧颜色釉几十种，其中胭脂红、秋葵绿等是最为著名的颜色釉。

"唐窑"瓷器被公认是御瓷中的珍品，不仅在国内，而且在世界，都达到空前之水平，且集过去瓷器烧造之大成。于瓷器造型设计，圆器和琢器，从尊、鼎、觚、盘礼器，花果、山水、人物、文房，类型繁多，应有尽有；于瓷器颜色装饰，各种色釉57种，色彩斑斓，无所不有；于瓷器烧造技艺，山水、人物、花鸟、鱼虫，皴染之制，极尽所能。唐英能文能诗，善书善画，兼事篆刻，瓷器烧造，尤为精通。由于他潜心钻研瓷务，并且心身力行，积累了丰富制瓷经验，其主持烧造的精美瓷器，深受雍、乾两朝皇帝的赏识，成为中华瓷器艺术的珍品，在中国和世界瓷器史上，写下华彩之章。

清乾隆珐琅彩花卉纹诗句瓶，故宫博物院藏。瓶束颈、溜肩，圈足。通体施白釉，外壁用各色珐琅料，绘月季、蜡梅、

---

[1] 钱陈群《香树斋诗文集》卷八，清乾隆刻本，国家图书馆藏。

翠竹、水仙等花卉。题写"夕吹撩寒馥，晨曦透暖光"。闲章首引"佳丽"，末尾"金成""旭映"，末署"乾隆年制"四字双行款，外围双方框。画工细腻，妩媚娇艳。唐英将制瓷工艺与诗、书、画、印相结合。在陶瓷品类的创新上，后来成书的《景德镇陶录》赞叹道："厂窑至此，集大成矣！"[1]誉称唐英督陶开创"有陶以来，未有今日之美备！"[2]

清雍正珐琅彩锦鸡牡丹纹碗，故宫博物院藏。高6.6厘米，口径14.5厘米，足径6厘米。碗的胎体极薄，内外白釉，匀净光润，洁白如玉。外壁以珐琅彩装饰，用多种色彩绘画牡丹和锦鸡，末署"雍正年制"四字双行款，外围双方框。画诗书印，融为一体。画工细腻，色彩艳丽。

清乾隆多种釉彩大瓶，故宫博物院藏。高86.4厘米，口径27.4厘米，足径33厘米。这件瓷器是唐英等人的一个创造：汇仿古大成、集采今创新——仿宋官、哥、汝、钧等各窑、各釉于一器，施以青花、斗彩、五彩、珐琅彩、粉彩、金彩、洋彩，彩用白、青、蓝、黄、红、绿、紫、酱、金等，窑变、开片、釉下彩、釉上彩，十二面开光、十五种釉彩、十六道纹饰，施以金彩细条隔开。这件瓷器具有大、繁、难、美、精、绝六个特点，其工艺精卓，争奇斗艳，华丽繁缛，巧夺天工，是瓷器史上的一座丰碑，至今无法复制，被誉为"瓷母"。

唐英不仅在瓷艺上有重大突破，而且在学术上也有重大贡献。

第二，学术贡献。唐英悉心钻研陶务，身体力行，不仅实

---

[1] 蓝浦、郑廷桂《景德镇陶录》，黄山书社，2016年。
[2] 《景德镇陶录》卷五，清嘉庆刻本、同治补修本，国家图书馆藏。

践经验丰富，而且进行科学总结，先后编写出《陶务叙略》《陶冶图说》《陶成纪事碑记》《瓷务事宜示谕稿序》等文献。学苑出版社出版的《唐英全集》则是其集大成者。唐英对御窑瓷器烧造及其发展创新，做出了开创性的贡献。

《陶冶图说》。先是乾隆帝命宫廷画师孙祜、周鲲、丁观鹏绘制《陶冶图》二十幅，记录乾隆御窑制瓷工艺过程。据《清宫内务府造办处各作成做活计清档》记载：乾隆八年（1743）闰四月，宫廷造办处将此图送交给唐英，命其按制瓷顺序编排，并为每张图画撰写文字说明。当年五月唐英即以左图右文编成《陶冶图册》，即《陶冶图说》。它图文并茂、完整地记录烧造瓷器的工艺与技术过程。唐英的《陶冶图说》，全文只有4500字，却是对我国古代制瓷工艺技术与实践的总结，是一部瓷器工艺史的经典文献，也是中国第一部系统完整记录景德镇御窑制瓷工艺的、有重大影响的历史性文献。[1]

《陶成纪事碑记》。这是一篇陶瓷工艺学著作，为当时御窑烧造陶瓷产品、工艺的实录。备载经费、工匠解额，胪列诸色瓷釉，仿古采今，有57种。自宋大观，明永乐、宣德、成化、嘉靖、万历诸官窑及哥窑、定窑、钧窑、龙泉窑，西洋、东洋诸器，皆有仿制。其釉色，有白粉青、大绿、米色、玫瑰紫、海棠红、茄花紫、梅子青、骡肝、马肺、天蓝、霁红、霁青、鳝鱼黄、蛇皮绿、油绿、欧红、欧蓝、月白、翡翠、乌金、紫金诸种，并有浇黄、浇紫、浇绿、填白、描金、青花、水墨、五彩、锥花、拱花、抹金、抹银等。名目繁多，不一而足。这

---

[1] 李子嵬《院画本〈陶冶图〉小考》，《督陶官文化与景德镇学术研讨会论文集》，江西美术出版社，2011年，第321页。

是唐英的一项重要学术贡献。景德镇考古工作者在御窑遗址发掘清理出《陶成纪事碑记》残碑，[1]具有重要的文物、历史与学术之价值，由景德镇市陶瓷考古研究所收藏。

今国宝级陶瓷中的唐英作品，无一例外，都是精品。如上海博物馆藏"乾隆五年"大花觚；国家博物馆藏"乾隆六年"大花觚等等。

唐英不仅在学术上有重大业绩，而且在管理制度上也有贡献。

第三，制度贡献。陶务繁杂，千头万绪，督陶官员管理与应付起来颇为吃力，哪顾得上总结经验、反思教训，又怎么想得到建章立制、泽被后人？唐英的过人之处就在于此。在他任内，人事、财务、生产、瓷艺，方方面面，都立规矩，不仅约束下级，而且约束自己。这里着重阐述御窑财务制度，就是《烧造瓷器则例章程册》。

在唐英督陶之前，御窑开支浩大，财务制度不清。钱花了多少、花到哪里去了，缺乏统计；什么钱该花、什么钱不该花，缺乏标准。制度有漏洞，办事人会钻营牟利，朝臣就会议论汹汹，皇帝就会猜疑不止，窑官就会动辄得咎。事情缘起，有过教训。乾隆六年（1741），皇帝朱批唐英，口气十分严厉：

> 不但去年，数年以来所烧者，远逊雍正年间所烧者。且汝从未奏销。旨到，可将雍正十、十一、二、三等年，所费几何、所得几何；乾隆元年至五年，所费几何、所得

---

[1] 江建新《唐英〈陶成纪事碑记〉及其出土残碑遗文校释》，《督陶官文化与景德镇学术研讨会论文集》，第304页。

几何,一一查明造册,奏闻备查,仍缮清单奏闻。[1]

烧造瓷器,不合帝意,皇帝就要查账,怀疑臣属贪腐,实在不好伺候。唐英由此意识到:皇帝信任靠不住,陶官监督靠不住,下属操守靠不住。靠得住的是制度。而后,唐英拟定了《烧造瓷器则例章程册》。

《章程》就是造价标准清单:"将圆、琢瓷器所需泥土、釉料、工饭等项银两,按造法、尺寸,分别贵贱、高次,逐一详查,核造制价则例章程册,呈送核定奏明,永远遵行。"[2]比如,御窑烧造一件映青(影青)大圆盘,应该花多少钱呢?根据《章程》查得,开支分为物料、人工、器具三类:

——物料每尺:泥土银一厘六毫,釉料银七厘,颜料银八厘,柴价银二厘五毫,炭价银四厘五毫。

——人工每尺:做细工饭银五厘七毫,刳削工饭银二分三厘,锥拱工饭银二分四厘,烧炉工饭银八厘,杂用人夫工饭银四厘一毫。坯工工饭银论件计算,每件一钱六分;款字银也按件计算,每件五厘。

——器具每尺:杂项器具家伙银九毫。[3]

章程所列,凡336条;各项开支,有凭有据;标准精到,细至厘毫。有了造价标准,可以核算成本。如果超支,皇帝就可以追究督陶官失察或贪腐的责任;没有超支,工匠心里有了

---

[1] 《清宫瓷器档案全集》卷二,中国画报出版社,2008年,第61页;《遵旨敬谨办理陶务折》,《唐英全集》第4册,第1176页。

[2] 唐英著,铁源、溪明点校《烧造瓷器则例章程册》,《唐英与唐窑——国际学术研讨会论文集》,华龄出版社,2016年。

[3] 傅育红选编《乾隆朝〈烧造瓷器则例章程〉》,《历史档案》2015年第2期。

底细，陶官报销有了依据，大臣非议无以凭据，皇帝疑心可以消去。

唐英在两百年前就实施成本核算，观念超前，制度完备，切实可行，贡献斐然。

为了有效进行御窑厂管理，经唐英奏请，乾隆六年（1741）十二月十一日，乾隆帝派老格到景德镇，[1]先任催总，后任协造，最后赏给七品衔。唐英与老格，二人协合，精勤任事，加之其他有利条件，御窑得以发展，出现乾隆御窑继康熙、雍正之后的新高峰。清代御窑历史说明：御窑管理，要由好的人来建立制度；好的制度，要由好的人来贯彻执行。到乾隆二三十年以后，随着唐英的故去、老格的病休，以及其他种种因素，御窑开始走向衰落。

唐英在"仿古采今"、制造精品，加强制度管理的同时，也有内心的灵动与肺腑的心语。

三

唐英——千年一瓷人，虽有事业的巨大贡献，也有心灵的深邃纠结。打开其心灵之窗，剖析其陶人心语，既有助于了解唐英瓷业贡献之心灵动因，也有益于挖掘唐英瓷艺创作之心灵源泉。

唐英的诗文集《陶人心语》，收录他的主要作品，其诗文，朴素无华，恬淡自然，展现心扉，袒露心声。如他在墨彩云龙三现纹笔筒上，有七律一首："指日春雷震太空，甲麟头角动英雄。乘云带雨飞千里，吸雾呼风上九重。掷杖葛陂仙法大，点

---

[1]《清宫瓷器档案全集》卷二，第63页。

睛僧壁巧人同。思波挑浪溶溶暖，一任遨游四海中。"又云："陶镕一发天地秘，神工鬼斧惊才雄。文章制度虽各别，以今仿古将毋同。"[1]

唐英的人生，自谓"蜗寄"。具体分析，有八个字：任劳、任怨、任贫、任贱。唐英身为督陶官，不仅任劳任怨，而且任贫任贱。

一是任劳。雍正年间，窑务由年希尧统管，唐英只是协理。但年希尧远在淮关，窑务鞭长莫及，一副重担全压在唐英身上。"一切烧造事宜，俱系奴才经营"。[2]雍正帝去世以后，唐英接过统管之职，却很难找到得力的协理之人。他只好不辞辛劳，每年两地奔波，春秋巡厂，督办窑务。

唐英积劳成疾。乾隆元年（1736），唐英短暂卸去窑务，赴淮关履新，却大病一场；乾隆十一年（1746），唐英已65岁，不辞劳苦，巡视窑厂，却患上眼病，在镇上疗养两个月才痊愈。长此以往，不是办法。唐英奏请辞去九江关职务，专管御窑，谕旨不准。后调任粤关，气候不适，患了重病，调回景德镇。乾隆二十一年（1756）七月二十七日，唐英"气血日衰，医药不能奏效"，[3]才准他辞职。唐英寻于当年七月二十九日，在九江关署中病故。[4]

二是任怨。唐英尽职尽责，乾隆帝并不体谅，反而经常指责。瓷器的数量少了、质量差了、破损多了、工期迟了、花钱超了，不管唐英是否有责，都会受到责斥。乾隆六年（1741）

---

[1]《陶人心语》，《唐英全集》。
[2]《陶人心语》，清刻本。
[3]《瓷务事宜示谕稿序》，《唐英全集》，第145页。
[4]《清宫中档·唐英奏折》，台北故宫博物院图书文献处藏。

四月十二日，因瓷器釉水不满意，"着怡亲王寄字申斥唐英"[1]。乾隆十三年（1748），唐英经历了一次连环催逼。四月初十日，乾隆帝命唐英烧造观音瓷像。刚到五月初一日，乾隆帝就问："烧造的观音如何还不得？"唐英据实禀报，皇帝不听，却生气了："想是唐英不至诚，着他至至诚烧造"。[2]六月二十三日，唐英入京觐见，乾隆帝当面叮对了烧造观音之事。才过七天，皇帝就又耐不住了——"着问唐英祭器做得几成，赶得来赶不来？着伊声明回奏。"唐英承诺冬至之前一定造好，这才幸免于难。

除了挨骂，还要挨罚。皇帝对御窑不满意，瓷器照收，罚钱照办。如乾隆元、二两年，"以所烧造瓷器钱釉水、花纹远逊从前，又破损过多，因分条核减，共银二千一百六十四两五钱五分三厘三丝五忽二微，奏令赔补，奉旨依议"[3]。这一笔赔偿金相当于四年多的工资。他上奏说："奴才伏念从前管理淮安关税，与窑厂迢隔二千余里，不能与协造之员及时见面细加讲究，致瓷器未尽妥协，实有鞭长莫及之势。"[4]皇帝不仅不听，后来干脆把赔补变成了制度："次色瓷器变价亏折原制价定以三成，破损瓷件定以二成。倘浮于此数，即着落唐英赔补。"[5]重罚之下，唐英憋屈得要死，却并未"扑责一人、贻误一事"，也没有泄火属下、委责于人，一切委屈，自己忍受。

---

[1]《清宫瓷器档案全集》卷四，第298页。
[2]《清宫瓷器档案全集》卷三，第188页。
[3]《唐英督陶文档·遵旨赔补烧造瓷器损失等事折》，第66页。
[4]《总管内务府事务和硕庄亲王允禄等为议定烧造瓷器章程事奏折》，中国第一历史档案馆。
[5]《清宫瓷器档案全集》卷二，第77页。

三是任贫。历朝历任陶官，督陶都是肥差，因为可以贪占。清人尝谓"御窑所制御用之物，必须加数倍制成，拣选其中毫无斑点痕及裂文者始能进呈；余则谓之赢余，官吏共分，道员实占多数。故凡任九江道数年，赢余磁器甚多"。唐英不仅不损公肥私，还自掏腰包赔补。如多用银、变亏银、釉糙银、破损银等，旨令"着落唐英赔补"。[1]他揣摩上意，试制新器型，生怕皇帝不满意，怪他乱花钱，就用工资垫付烧造费用。所有新样瓷器，"皆奴才自出工本试造进呈"。[2]进项少、开支多，捉襟见肘，自然要穷。唐英曾多次吟诗叹贫："心为情缘热，家随宦况贫""六十五年半贱贫，贱贫琢练老精神"。

四是任贱。督陶官既非朝廷大臣，又非封疆大吏，位卑职低，身为包衣，唐英深知自己的一切都是皇帝给的，也随时可能被剥夺，唯有"冰兢自持"可保平安。半个多世纪的宦海沉浮，唐英"渊深临战栗，冰薄屡彷徨"，从未办过出格事、说过出格话。即使是这样，遇到位高权重之人，他还要"冷热面前赔色笑"，指望对方伸手不打笑脸人。这种低贱卑下身份，必定身心备受煎熬。

风尘学者，冠盖陶人。唐英曾作《书怀》诗云："风尘中学者，冠盖里陶人。"道出了自己内心的憋屈：虽为学者，却染风尘；虽有冠盖，却是陶人。如此纠结，焉不苦恼？

所谓风尘学者，学者之称，唐英当之无愧。他不仅在御窑建功立业，而且工诗、善画、能书、能篆刻，还会制瓷，于戏曲也有贡献。唐英平生最快乐之事，大概是悬赏征诗。他在九

---

[1]《唐英督陶文档·内务府查核唐英乾隆七年分瓷务用度折》，第80页。
[2]《唐英督陶文档·恭进御制诗瓶及自拟新样瓷器奏折》，第66页。

江任职时,捐俸重修纪念白居易之琵琶亭。史载:

> 乾隆中,唐蜗寄英,榷九江,置纸笔于亭上,令过客赋诗,开列姓名,交关吏投进。唐读其诗,分高下以酬之。投赠无虚日,坐是亏累,变产以偿,怡然绝不介意。去官后,过客思之,为建白太傅祠,肖唐像祀其旁。[1]

文人骚客,纷至沓来,真是"一角琵琶亭,千秋翰墨丛。公今既往矣,何人继高风?"[2]。著名文人袁枚曾躬逢其盛,多年后旧地重游,对于当日置酒高会、琴歌酒赋的盛况,仍然记忆犹新:"贱子当年系短桡,也曾援笔赋鷿鹈。"记曰:

> 一纸诗投两手迎,敲残铜钵几多声。
> 姓名分向牙牌记,宾主重申缟纻情。
> 酒赋琴歌听不足,风警晨乌夜秉烛。
> 才子高擎鹦鹉杯,侍儿争进防风粥。[3]

可叹的是,这种乐趣对唐英来说极为奢侈。从文人雅趣之中回到现实,唐英又变得风尘仆仆,甚至灰头土脸。俗雅之间,纠结不已。

所谓冠盖陶人,唐英的艺术成就与高尚品格,在陶人中是翘楚者、佼佼者。他体恤民苦与私免额银,[4]在景德镇,受到

---

[1] 梁绍壬《两般秋雨盦随笔》,上海古籍出版社,1982年,第293页。
[2] 冯询《子良诗存》卷二一,清刻本。
[3] 袁枚《小仓山房诗文集》,清刻本。
[4]《清高宗实录》卷一八六,乾隆八年三月乙丑,中华书局影印本,1985年。

敬重。他从粤海关调回九江关，首次巡视御窑厂，民众诚朴，夹道欢迎："抵镇日，渡昌江，阖镇士民工贾，群迓于两岸，靡不咨嗟指点，叹余之龙钟老耄者，且欢腾鼓舞，颇有故旧远归之意。"[1]唐英感泣万分，赋诗说："青丝染霜回故地，何劳镇民夹道迎。衰翁有负众家恩，关外孑身吾陶人。"[2]

百姓的热情，令唐英感动，却未必惬意。从唐英《陶人心语》来看，他并不甘心终生埋首陶务，却怀有治平天下的宏愿。唐英曾努力证明陶务的重要，发出"孰谓陶为细务"之问。到了晚年，唐英经常有壮志未酬之叹："矍铄宁忘老，生成报未伸。"[3]

既然自己的人生已经定局，唐英就把希望寄托在后辈身上，指盼儿子考功名、走正途、立奇功、成重臣。唐英长子文保，继承父职，在内务府造办处当直供奉。次子寅保，先中举人，寻中进士，仕途一片光明。唐英欣喜万状，以为后辈从此可以摆脱包衣身份，不料乾隆帝却让寅保学习陶务，准备接班。眼看两个儿子都走上自己的老路，唐英黯然神伤。他去世以后，二子寅保任内务府郎中，官至江宁织造，还负责过福建关务，也和唐英一样工诗，人生轨迹确与乃父相似。《八旗通志》谓其诗清思清雅，又工书画。有《秀钟堂诗钞》传世。其《盘山漫兴》诗云：

盘中到处六朝松，夭矫离奇翠盖浓。

---

[1]《重临镇厂感赋志事》，《唐英集》，辽沈书社，1991年，第103页。
[2]《陶人心语续选》，清乾隆古柏堂刻本，第8页。
[3]《陶人心语》续卷二《书怀》，《唐英全集》。

只恐夜阑风雨疾,破空飞处尽成龙。[1]

唐英一生,酷爱读书。他说:"予性喜读书,每漏下四五,披阅不休。"所留诗文,今人编入《唐英全集》。其诗作,据一种版本统计,达590首,实际有600余首。

唐英终其一生,脱不掉包衣旗分,洗不掉俗务风尘,换不掉陶人身份,忘不掉心灵宏愿。雅趣不常有,冠盖实卑微,鸿志未能酬,如寄蜗壳中。他乾隆十四年(1749)大年初一的《元旦试笔》诗曰:"白发青衫兴宛然,江湖时序任推迁。读书人笑寒酸性,教子天成翰墨缘。"白发、青衫、人笑、寒酸,多么悲凉,多么凄苦!

唐英心身如寄于蜗牛壳中,其内心矛盾与情愫郁结,一个自然吐露是他在友人汪南桥所雕石像座后石壁上题写的33个字:"官耶?民耶?陶耶?榷耶?山林耶?城市耶?痴耶?慧耶?贵耶?贱耶?或曰:蜗寄耶?余曰:否,否,石也。"[2]正是这种内心的纠结和潜隐的心痛,才凝化成《陶人心语》,也铸成为瓷艺大师的内动力。

人心有郁结,不得通其道,振奋神志,发愤而为。司马迁《史记·太史公自序》曰:"昔西伯拘羑里,演《周易》;孔子厄陈、蔡,作《春秋》;屈原放逐,著《离骚》;左丘失明,厥有《国语》;孙子膑脚,而论兵法;不韦迁蜀,世传《吕览》;韩非囚秦,《说难》《孤愤》;《诗》三百篇,大抵贤圣发愤之所为作

---

[1] 寅保《秀钟堂诗钞》,清家刻本。
[2] 《唐英心语手稿·题石镌小照小序》,《唐英全集》,第653—654页。其原本由国家图书馆藏。

也。"唐英何尝不是如此？唐英困于包衣身份，内心郁结，发愿砥砺，终成一代瓷艺大家。

"真清真白阶前雪，奇富奇贫架上书。"[1]唐英为官："浮梁城下水，清照使臣心"，"未能随俗惟求己，除却读书都让人"。[2]唐英为人：品正行正，心正器正。[3]唐英功业，灿烂辉煌。在帝制时代的宋元明清时期，纵观瓷器千年史，瓷人优于、胜于、高于、超于唐英者，分解而论——诗书大家有之，绘画大家有之，瓷胎大家有之，色釉大家有之，烧造大家有之，瓷艺大家有之，清廉陶官有之，能干佐贰有之；然而，唐英既有论著又有剧作、既通文史又通艺术、既能画样又能篆刻、既懂管理又懂窑火、既做官员又做工匠、既诚于人又敏于事、既会设计又会烧造、既能仿古又能创今，其高尚精神，其正直品格，其勤慎敬业，其知行合一，其清廉情操，其顽强毅力，其高超瓷艺，其文化涵养，总合而论——"御窑千年史，唐英第一人。"[4]

总而言之，北宋、辽、南宋、金、西夏、元、明、清，八朝千年历史，向世人表明：唐英——千年一瓷人。

---

[1] 《唐英督陶文档·唐英去世》，第209页。
[2] 《陶人心语续选》卷五《暮秋独坐口占其二》，清乾隆古柏堂刻本，第10页。
[3] 《陶人心语·李绂序》云："公之陶政，即公之心为之也，心正则器亦正矣。"
[4] 阎崇年《御窑千年》，第255页。

蒋良骐及其《东华录》

蒋良骐，字千之，一字赢川，又作螺川，广西全州升乡石冈（今全县才湾乡才湾村）人。他撰修的《东华录》，是一部传世之作。

蒋良骐于清康熙六十一年（1722）正月十五日[1]，出生在"诗书之乡"的升乡石冈。广西素有"全州人文，甲于一省"之誉。全州的升乡，明、清以来，文风昌盛。明崇祯朝全州乡试五科94人，其中升乡54人，占全州举人总数的58%；而蒋氏独领23人，占升乡举人总数的42%[2]。清朝定鼎之后，升乡文风尤著。据乾隆三十年（1765）重修《全州志》统计，清初以来全州进士25人，其中升乡10人[3]，占其总数的40%。

蒋良骐不仅出生于"诗书之乡"，而且生长在"书香门第"。其父蒋林，字元楚，一字介庵，幼聪慧，愤攻读，"年二十一，举于乡，明年成进士，选庶吉士"[4]。又授"翰林院检讨，入

---

[1] 《蒋良骐神道碑铭》抄本。
[2] 康熙《全州志》卷六《选举上》。
[3] 乾隆《全州志》卷六《选举上》。
[4] 乾隆《全州志》卷八《人物上》。

直南书房"[1]。其故居门额为康熙帝御书"以静为用,是以永年";大厅楹联为"三世选词林箕裘迭绍,五传襄国政阀阅宏开"。蒋林为人耿介,雍正初,大将军年羹尧贵宠倾朝,重其名,欲延其为幕府。但"公遽请归省,人皆指为迂。未几,羹尧败。在幕下者,多访党籍,人始服公先见。顷之还朝,调户部郎"[2]。乾隆元年(1736),晋长芦盐运使,著有《介庵诗稿》四卷。林季叔肇,康熙四十二年(1703)成进士,为侍讲学士。蒋良骐的伯叔兄弟子侄等,先后有10人中举人,4人成进士[3]。而良骐与父林、兄良翊一门三进士,时传为全州佳话。

蒋良骐出身于书香宦门,奋励笃学,聪敏过人,"才思宏富,倚马千言,为西粤文人之冠"[4]。乾隆十二年(1747),与伯兄良翊丁卯同科乡试中举,时称蒋门"双俊"。乾隆十六年(1751),成辛未科吴鸿榜二甲第六十二名进士[5]。以文学书法殊异,被选为翰林院庶吉士。三年期满御试,又以文义优异被授为翰林院编修[6]。

蒋良骐任翰林院编修后,以弟良骥死,归里省亲。他兄弟五人,长兄良翊,字廷勷,一字补堂,乾隆十九年(1754)成进士,任直隶万全县令[7],远离故里。仲弟良骥,字德甫,乾隆十五年(1750),乡试中举。良骥性虔孝,传记说他"以侍

---

[1]《蒋林神道碑铭》抄件。
[2] 陈黄中《中大夫直隶长芦都转盐运使蒋公林墓志铭》,《碑传集》卷八二。
[3] 嘉庆《全州志》卷六《选举上》。
[4] 嘉庆《全州志》卷八《人物上》。
[5]《清进士题名碑记》乾隆辛未科,首都博物馆藏。
[6]《清词林典故馆选题名》。
[7] 民国《全县志》,第776页。

父母重疾，哀劳过度，羸症而卒"[1]。幼弟良驷、良骍，居于乡里。蒋良骐归里终养老母，训课二弟，抚育孤侄，使其"皆列胶庠"。

蒋良骐在定省之暇，纂修乾隆《全州志》。先是，康熙二十八年（1689），州牧黄志璋等修纂《全州志》，"其纲有八，其目六十有三"[2]，凡八卷。到乾隆二十七年（1762），黄德星任全州知州。他以旧志简陋，时移事迁，议延人开局，撰修新志。黄德星自任总裁，邀揽曾为翰林院庶吉士、原任山西吉州知州谢庭瑜和时任翰林院编修蒋良骐为修纂。他们对康熙《全州志》"删其繁芜，补其缺漏"[3]，并搜集近年史事，采录荒碑断碣，"据实征调，依类而附"，历时半年，全书告竣。重修的《全州志》较旧志体例整严，内容详具，取材精核，文字简赅。乾隆《全州志》不仅承上启下，而且在现存康熙、乾隆、嘉庆和民国四种《全州（县）志》中，是最好的一种。乾隆《全州志》十二卷，实为蒋良骐总纂。志书卷首开列重修《全州志》纂修、采访、编辑、校勘者姓名，尽出蒋氏家族，可见蒋良骐撰志桑梓之劳。

乾隆三十年（1765）十月，清廷为重修国史列传，又在紫禁城东华门内重开国史馆。蒋良骐返里终养和续修州志事毕，赴京复职，充国史馆纂修官，"著《名臣列传》，经手者居多"[4]。他在国史馆，遍览典籍，随时摘录，累月经年，积材宏富。据《东华录·自序》载：

---

[1] 乾隆《全州志》卷八《人物上》。
[2] 康熙《全州志》卷首。
[3] 乾隆《全州志·李序》。
[4] 嘉庆《全州志》卷八《人物上》。

乾隆三十年十月，重开国史馆于东华门内稍北，骐以谫陋，滥竽纂修。天拟管窥，事凭珠记。谨按馆例，凡私家著述，但考爵里，不采事实，惟以实录、红本及各种官修之书为主，遇阁分列传事迹及朝章国典、兵礼大政，与列传有关合者，则以片纸录之，以备遗忘。[1]

蒋良骐在国史馆撮抄实录、红本、官书、文集等，为编撰《东华录》做了资料准备。

蒋良骐在翰林院国史馆，勤敏敬慎，耿介正直，被晋日讲，擢侍御。日讲，即日讲起居注官。先是，清顺治帝设满、汉词臣八人为日讲官，每日为其讲解经书。康熙帝又定满、汉词臣数员备顾问，记起居。雍正朝的记注官，仍兼日讲衔。乾隆时其职重在起居注。蒋良骐任日讲起居注官，逢乾隆帝坐朝及举行典礼时，常要按班随侍左右，为皇帝记言行，载档案，以备编纂起居注册时查考。他性严肃，陈时弊，深受乾隆帝的"恩遇"。

蒋良骐于乾隆四十二年（1777），升为鸿胪寺少卿。后以府丞视学奉天[2]，提督学政。在奉四年，整饬学弊，丕振文风。乾隆四十八年（1783）十一月，以奉天府丞升为太仆寺卿[3]，又受命稽查京师右翼宗学。乾隆五十年（1785）正月，赴"千叟宴"，嘉庆《全州志》载有其《千叟宴恭纪七律四首》[4]。后乾隆帝临辟雍讲学，蒋良骐进呈《辟雍颂》八章，帝览有喜。乾隆五十一年（1786）二月，由太仆寺卿升为通政使司通政

---

[1] 蒋良骐《东华录·序》。
[2] 民国《奉天通志》卷一三三《职官十二》。
[3] 《清高宗实录》卷一一九三，乾隆四十八年十一月乙巳。
[4] 嘉庆《全州志》卷一〇《艺文上》。

使[1]，位列九卿。至乾隆五十三年（1788）罢[2]。同年二月初一日，卒于京师[3]，年六十七。后驿传归梓乡里。

蒋良骐生逢"盛世"，居官勤慎，恪守清正，毁誉不及。他的官绩虽不足称道，但其所撰《东华录》，却为一部史学名著。

《东华录》是一部清代编年体史料长编。它起明万历十一年（1583），迄雍正十三年（1735），记载清入关前后五帝（太祖、太宗、世祖、圣祖、世宗）六朝（天命、天聪、崇德、顺治、康熙、雍正）之史事，计32卷。蒋良骐开创了东华录体清代史料编年长编的先河。光绪间王先谦仿蒋录体例，续抄乾隆、嘉庆、道光三朝实录，并将蒋录增补加详，为《九朝东华录》。而后，王先谦等又辑抄咸丰、同治两朝《东华录》，总称《十一朝东华录》。再后朱寿朋辑录光绪朝史料，成《光绪朝东华录》。共凡845卷。

《东华录》一书，不但具有重要的史料价值，而且反映了蒋良骐的进步社会历史观。他并不像司马光那样，在编年体史书《资治通鉴》中，以"臣光曰"来表述自己的社会历史见解。这是因为乾隆朝文网严酷。但是，透过他对史料颇具匠心的采录与详略、取舍与剪裁，仍可洞见其社会政治观的一斑。例如：

第一，申扬忠直。顺治元年（1644）九月，史可法答多尔衮书，《清世祖实录》不载。蒋良骐据内阁册库原札，全文录取，并附载乾隆帝《御制书明臣史可法复书睿亲王事》云："幼

---

［1］《清高宗实录》卷二四八，乾隆五十一年二月己卯。

［2］《清高宗实录》卷一三〇一，乾隆五十三年三月辛巳。

［3］ 蒋良骐之卒年，据《蒋良骐神道碑铭》。其死在乾隆五十三年二月初一日；其罢通政使在同年三月十九日，是为其死报闻后，由太仆寺卿吉梦熊补通政使之旨授日期。故其死日在先，罢职在后，史籍所载，并无抵牾。

年即羡闻我摄政睿亲王致书明臣史可法事，而未见其文。……而所云可法遣人报书，语多不屈，固未尝载其书语也。夫可法，明臣也；其不屈，正也！不载其语，不有失忠臣之心乎？且其语不载，则后世之人，将不知其何所谓，必有疑恶其语而去之者，是大不可也。因命儒臣物色之书市及藏书家，则亦不可得；复命索之于内阁册库，乃始得焉。卒读一再，惜可法之孤忠，叹福王之不慧，有如此臣而不能信用，使权奸掣其肘，而卒至伦亡也。"[1]通过载录御书，以伸张史可法之正气。又如康熙二十七年（1688），御史参劾权相明珠事，郭琇疏稿，实录未载。蒋良骐遍寻内阁红本无有，便从《华野集》中，全文录取，赞其耿直。

第二，省官宁民。蒋良骐辑录康熙二十一年（1682）八月，右都御史徐旭龄疏言：

> 国家省事，莫如省官。康熙元年以各省监司浮于郡守，酌议冗官尽去。自十三年变乱，添设巡守道二十七员。今天下承平，多一衙门，即多一供应。请将十三年后所添道员，或裁巡归守，或并守归巡，或守巡全裁，亦息事宁人之道也。[2]

他借徐旭龄疏言，敕九卿议行事，指出增设衙署，即增多供应，增加滋扰。因此，要精简机构，裁汰冗员，官吏尽职，息事宁民。

---

[1] 蒋良骐《东华录》卷四，顺治元年七月。
[2] 《东华录》卷一二，康熙二十一年八月。

第三，吏治清廉。蒋良骐的父、兄均为清官。《全州志》载乡贤蒋林，历官杭、严、金华三府，课农桑、办学校、平冤狱、赈饥民，"岁饥，檄长吏开仓，不俟报可，又出俸钱籴米他境，设粥厂，四野饲之。老、疾更给钱、帛、医、药，全活者无算"。《全州志》又载其兄良翊政绩说："仕万全县令，县为极边通衢。君在任七年，席不暇暖。时连年荒旱，残黎孑然。君尽心抚循，每预请资给籽种，及奏请赈恤。且亲历村堡，按户支发，不使中饱，全活无算。……以讳误去职，士民扳辕卧辙者数里不绝。"

上述乾隆和嘉庆《全州志》所载蒋林及其长子良翊克己恤民，赈灾济贫，平反冤狱，劝农兴学，反映了蒋良骐心目中清官的形象。他在《东华录》里记述康熙帝谕大学士等浙江布政使赵申乔"居官甚清"后，特辑赵申乔陛辞奏言："到任不做好官，请置重典。"[1]做官要做好官，做清官，是蒋良骐在《东华录》中反复阐述的一个社会政治观点。

第四，注重经济。蒋良骐的《东华录》，对兴水利、奖垦殖、劝农桑、革苛派、弛海禁、通贸易、平粮价、禁私铸等，均较王录记载为详。如援引河南巡抚兼理河道佟凤彩条陈长达一千二百余言，记载靳辅和于成龙关于治河方略的辩论等都是例证。

第五，隐砭弊政。蒋良骐在《东华录》中，对顺治间言官论圈地、逃人等弊政而获谴者，康熙间陆清献论捐纳不可开而受斥者等均录之，但王录缺载[2]。

---

[1]《东华录》卷一八，康熙四十一年八月。
[2] 孟森《读清实录商榷》，《明清史论著集刊》下册，第620页。

逃人法是清初一大弊政。蒋良骐冒罹文狱之厄，辑录给事中李裀抨击逃人法七弊。疏言："逃人一事，立法过重，株连太多，使海内无贫富、无良贱、无官民，皆惴惴焉莫保其身家，可为痛心者一也。法立而犯者重，势必有以逃人为奇货，纵令索诈，则富家立破，祸起奴婢，则名分荡然，可为痛心者二也。犯法不贷，牵引不原，即大逆不道，无以过此，且破一家即耗朝廷一家之供赋，杀一人即伤朝廷一家之培养，古人十年生之，十年教之，今乃以逃人一事戕之乎？可为痛心者三也。人情安居，何苦相率而逃至三万之多，不以恩义维系其心，而但以法穷其所往，可为痛心者四也。即曰捕获以后，起解质审，道途骚扰，冤陷实烦，滋蔓不已，生齿凋蔽，可为痛心者五也。且饥民流离，地方官以挨查逃人，故闭关不纳，嗟此穷黎，朝廷日捐租煮赈，衣而食之，奈何以酷法苛令迫而毙之乎？可为痛心者六也。妇女彳亍于原野，老稚僵仆于沟渠，强有力者势必铤而走险，今寇孽未靖，何为复驱赤子作贼乎？可为痛心者七也。"[1]旨令会议。未几，将李裀流徙尚阳堡。

《东华录》直书清初酷法苛令，表现出蒋良骐不顾当权者文网，而秉董狐之笔以修史的可贵精神。

第六，重辑桂史。蒋良骐在《东华录》中，尤重广西地方史事的辑录，且多为王录所无。试举二例：

其一，"广西抚金鉷疏言：'桂林府属涝江等处各矿，请召募本地殷实商民，自备资本开采，所得矿砂，以三归公，以七给商。其梧州府之芋英山，产有金砂，请令委员办理。粤西铜器稀少，不足以资鼓铸，如开采得铜，并请价买，以供鼓铸。'

---

[1]《东华录》卷七，顺治十二年正月。

从之"[1]。

其二，"户部议覆广东巡抚范时崇言：'广西全州、灌阳、兴安三州县盐引易销，灵川、旸朔、义宁三县盐引难销，应拨灵川等三县额引于全州等三州县。'从之"[2]。

以上说明蒋良骐对广西、全州的生计、民瘼至为关切，特加书录。而载录鼓励当地商民开矿，则反映出蒋良骐同顽固派力阻采矿相左，具有开明的政治态度。虽然蒋良骐在《东华录》中也表现了他对一些事件的唯心史观，但那是由于历史的局限性，不可苛求。

蒋良骐撰修《东华录》外，还著有《逆臣传》四卷。此外，倘有"《下学录》《京门草》《覆瓿纪游》诸集"[3]，未行于世。在《全州志》中载录其七言古诗《登书堂山》和《登白云庵后山绝顶》以及七律四首、七绝八首、五绝三首。他博通经史，学识渊洽，"尤工小楷，至于青鸟、岐黄，悉精其术"。

蒋良骐在文学、书法、史学诸方面造诣精深，尤于史学留下《东华录》，成为清代著名的历史编纂学家。

附记： 嘉庆《全州志》载蒋良骐传记，全文不足六百字；全县才湾今存其神道碑，碑文八百余字，均不易见。尤于后者，手中抄本复经李笑先生转请才湾村蒋云龙、蒋福姚二同志与原碑校核。兹将两文附录于后。

---

[1] 《东华录》卷二九，雍正六年十二月。
[2] 《东华录》卷二一，康熙四十八年五月。
[3] 梁章钜辑《三管英灵集》卷一五。

嘉庆《全州志·蒋良骐传》

蒋良骐，字千之，一字赢川，升乡石冈人，长芦盐运使林次子。才思宏富，倚马千言，为西粤文人之冠。年二十五，与伯兄良翊同领乾隆丁卯乡荐。辛未，成进士。选庶常，授编修。既而伯兄捷南宫，令万全。仲弟孝廉良骥卒于家，乃以母老终养归。定省之暇，训课幼弟良、良，皆列胶庠。故良伟志晞颜，文章人品，已为公后劲。其抚育孤侄一节，尤为时所称。虽年未老成，大发声望，公之教也。终养事毕，封都复职，充国史馆纂官。著《名臣列传》，经手者居多。晋日讲，擢侍御。性益严肃，问典朝仪，恪恭无失。奏请严拔贡、朝考四条，切中时弊。丁酉，护送太皇太后梓宫，亲行扶披。升鸿胪寺少卿。旋以府丞，视学奉天，本经义以造士者四年，文风丕振。翠华东巡，分校八旗汉军生员，每得佳卷，辄为奖异，锡予者甚厚。迁太仆寺卿，召见热河，天语温飏。复以学问渊邃，稽察右翼宗学。乙巳，与千叟宴，分韵赓飏，赏赐自御制诗章外，其寿杖、如意、朝珠、蟒缎并珍具至三十余色。是年，举行辟雍盛典，进《辟雍颂》八章，授通政使司通政使。公益循分供职，夙夜匪懈，其间乡、会试总裁磨勘，与夫前此之稽察京仓，历署兵科，一皆秉公剔弊，盟之幽独，期无负于朝廷。所以通籍四十余年，独能镇定从容，发抒抱负，毁誉不及，特见风采，其事实载诸国史者甚详。著有《下学录》《京门草》《伤神杂咏》《覆釜纪游》，藏于家。尤工隶书、小楷，至于青鸟、岐黄，悉精其术。年六十七，卒于京。驿传归榇焉。

诰授通奉大夫螺川府君诰封夫人母赵太君墓志

府君讳良骐，字千之，号螺川，行二，直隶长芦盐运使司王父介庵次子。王母周太夫人出。元配母赵氏，系宜乡丕喆公女。府君生而颖异，弱冠举茂才，肄业省城秀峰书院。中丞杨清江先生见而奇之。乾隆丁卯，与伯父补堂公同领乡荐，均出东山李公门下。人曰："东山门下，收双俊矣。"遂偕公车北上，将入都，即闻讣。丁王父艰，匍匐抵里。服阕，复北上。辛未，成进士。选庶常，授编修。次科甲戌，伯父补堂公即捷南宫，令万全。三叔认斋公，领庚午乡荐，未几溘逝。四叔鲁作公、五叔东园公，俱幼。以先祖妣周太夫人侍养乏人，府君乃乞假南归。定省之暇，教同许武，是以两叔均列胶庠，大发声望。终养事毕，赴都供职。晋日讲，擢侍御，转鸿胪寺少卿。视学奉天，提督学政，本经术以造士者四年，文风丕振。翠华东幸，选太仆寺卿。召见热河，赏赐。是年，举行辟雍盛典，得与蟠蟠元老其间，进呈《辟雍颂》八章，天颜有喜，升通政使司通政使。循分尽职，勤慎倍加。自通籍以来，坐镇从容，发抒抱负，有如此。母赵氏，德容贞静，与府君眉案相庄。当府君家居，奉养鸡鸣盥漱，佐潆瀡枏沐之劳。及府君供职京师，家政悉母掌焉。宗族称其贤能。三十余年致府君无内顾忧者，皆母勤之力也。生子一善承，中乾隆庚寅恩科举人，任陕西襄城令；女一，适乾隆丁卯孝廉陈学校公长子州彦，生锡瑀。继娶生母许氏生子四：善启、善同、善瑶暨不肖善陈；女一，适临桂孝廉同安人王仁修公次子，名诒珏。庶母周氏，生子一善殖，早殇。又庶母唐氏，生女一，适临桂孝廉郁林州学正陈兰蔼公长子建殿。呜呼，府君弃不肖已四十年矣，母赵氏去世已四十七年矣，而陈尚未立石。姐丈陈锡璃，半子情殷，竭勤助，而陈汗颜无地，能不命工镌石，以乞志表于二大人之墓成。顾念畴昔之时，诸兄为政，陈以季子，未敢主专。无何，伯兄承卒于官，仲兄启、同、瑶暨六弟殖，均相继殒逝，痛惟我府君有子六人，仅存不肖，迄今六十有五。不孝之道通于天，虽殁喘之苟延，实攫发之难数。谨泣大概，以垂奕祀云。

公生于康熙壬寅年正月十五日子时，殁于乾隆戊申年二月初一日辰时，享寿六十七岁，卜葬本村沙帽岭，与妻赵氏合墓。

道光五年岁次乙酉，季春月，吉日。

（原载莫乃群主编《广西历史人物传》第4辑，1983年）

附录　20世纪的满族历史研究

满族历史的研究,自辛亥革命,历宣统退位,至世纪末,沧桑百年。纵观20世纪的满族历史研究,按其时代背景与自身流变,可以分作四个时期:20世纪上半叶,前25年为发轫期,后25年为发展期;20世纪下半叶,前25年为沉寂期,后25年为繁盛期。回顾满族历史研究的学术成果,略加总结,分析评述,既有利于满族历史研究自身发展,也有利于推促学术进步。

一

满族历史研究的发轫期。20世纪上半叶的前25年,辛亥革命与宣统退位,是中国这一时期最重要的历史事件,对满族历史研究,产生了重大影响。

此期,重大历史事件有:光绪二十七年(1901)签订《辛丑条约》,三十一年(1905)成立中国同盟会,宣统三年(1911)爆发辛亥革命,民国十三年(1924)溥仪迁出宫城。本来在清朝,满洲历史著作,由朝廷钦定,不容学者讨论,《钦定满洲源流考》《钦定皇朝开国方略》就是两例。但是,清朝覆亡,辛亥兴起,满族历史研究开启了一个崭新的阶段。当时出于政治的需要，民族的偏见，不少书文，见解偏颇，野史稗乘，驳杂猥书，弇陋伪著，充斥书肆。这一时期，满洲历史研究的特点是：

其一，重新审视满洲历史。"驱除鞑虏，恢复中华，平均地权，建立民国"的纲领，其正面意义是推翻清朝统治，结束君主专制，取消满洲特权；其负面影响是以"驱除鞑虏"来"恢复中华"，在取消满族特权时出现对满族的歧视。这个口号带有狭隘民族主义的色彩。在辛亥革命前后的满洲历史研究中，出现两种倾向：一种是否定清开国初的历史，如甦民《满夷猾夏始末记》以及"扬州十日""嘉定三屠"的表述等，多被扩大化、政治化。这些著作的一个不幸后果是，满族历史研究中出现民族偏见的倾向。另一种是怀疑清前的历史，主要表现是撩开清帝先世神秘的外衣，还其本来面目。因此，重新审视与客观诠释满洲的历史，正确评价其历史地位，就成为当时清史专家的一个时代学术责任。

其二，廓清满洲先世历史。清朝入主中原后，讳言建州女真臣服明朝史实真相，也讳言满洲先世史实真相，顺治、康熙、雍正三朝忌讳的史事，至乾隆朝则更为讳莫如深。辛亥鼎革，文网解禁，正义学者，著书立说，"胪列发扬，以成正史"，力求辨明清朝皇室先世的历史原貌。此期代表作有章太炎的《清建国别记》，孟森的《清朝前纪》。前书，主要记述自满洲开国至吞并南关哈达的史事。其史料有明朝人严从简《殊域周咨录》、王在晋《三朝辽事实录》、茅瑞征《东夷考》、海滨野史《建州私志》以及日本藏本《清前三朝实录》、朝鲜《李朝实录》等。作者实地考察三姓、黑龙江、赫图阿拉等地，纠正清朝"官书悠谬"。后书，鉴于满洲先世历史，或没有满文记载，或故意隐瞒遮饰，于其早期史迹，原貌已然全非。且清朝文网严密，凡有碍其前代之记载，无不严加焚毁，藏者罪同叛逆。作者收罗明朝、朝鲜、日本、清代的官私载述，爬梳史料，辨伪求真，对满洲先世历史做出开拓性的贡献。此外，还有唐邦治纂辑的《清先世事迹考》、吉里斯的英文著作《满与汉》等。

其三，翻译日人清史著作。清末民初，没有一本可读可信的清朝通史。日本大正三年（1914），稻叶岩吉（号君山）著《清朝全史》，首次阐述满洲历史中的重大问题——女真之迁移、满洲之兴起、清帝之祖先、金国之创业等。此书被誉为"记载有清一代史事为最早之书，且为最有系统之书"。此书在日本问世后，但焘即将其翻译成汉文，由中华书局出版。翌年，杨成能又将稻叶岩吉的《满洲发达史》翻译付梓。这对于民国初年满族史的研究起了一定的催促作用。

其四，扬汉抑满著作问世。有清一代，没有学者为袁督师崇焕撰写专著。为袁崇焕专门立传者，当推梁启超。光绪二十九年（1903），梁启超得世纪之先风，在日本撰著《明季第一重要人物袁崇焕传》，该书分为时代、守宁远、守宁锦、再督师、卫京师、遭冤死等十一节。是书高屋建瓴，大气磅礴，抑满人之意气，扬汉人之精神，有人评其"亦为鼓吹革命而作也"。尔后，光绪三十四年（1908）何寿谦著《袁崇焕督师事略》刊出。再后，学风一变，"纠正清代官书之讳饰"著作不断问世。有人指出："清帝逊国以后，国人以习知清世禁网之密，清记载之难信，于是妄造謷说，流传失实，多诬蔑清室之谈。其灼然诬罔者，因考索及一一加以辩证，总使史书为征信而作，不容造言生事之小说家。"这就出现"史书为征信而作"的新学风。

其五，学人研究之纂述。从民国三年（1914）设立清史馆，始纂修清史，至民国十七年（1928）《清史稿》关内本见书，一些学者值纂修清史在馆期间，利用难得一见的清宫档案，进行满洲历史之研究。唐邦治的《清皇室四谱》是为一例。是书乃作者在清史馆时所辑，分列帝、后妃、皇子、皇女四篇。其史料除《玉牒》《实录》等官书外，还采录《秘档》《官报》《官抄》等。吴昌绶《清帝系后妃皇子皇女四考》，其《自序》称："昌绶与纂清史，仅依《玉牒》《实录》《会典》《通考》诸书，参以列朝御集，略师谈（迁）义例，辑成《清帝系后妃皇子皇女四考》各一卷，附年表一卷。"这又是一例。

其六，清人日积月累之作。如曾在清宗人府供事者牟其汶，熟悉清代掌故，了解皇室世系，编纂《宗室王公与章京爵秩袭次全表》（十卷），此书的价值在于：第一，原有《王公表传》于宗室封爵仅录功封，而于恩封、追封、考封等，一概阙如，此书补之；第二，是书编自光绪二十四年（1898）至二十六年（1900），时"库存陈案，尚属完全"；而后庚子变起，迨经兵燹，册籍散乱，或毁或失，无从查核。史料保存，此书赖之。

其七，学人研究之著述。此期出现一些研究满族历史的学术论集。其中以孟森先生民国五年（1916）六月《心史丛刊》一集、民国六年（1917）九月《心史丛刊》二集和同年十一月《心史丛刊》三集为代表作。其《序》曰："有清易代之后，史无成书。谈故事者，乐数清代事实。又以清世禁网太密，乾隆间更假四库馆为名，术取威胁、焚毁、改窜，甚于焚书、坑儒之祸。弛禁以后，其反动之力，遂成无数不经诬蔑之谈。吾曹于清一代，原无所加甚其爱憎，特传疑传信为操觚者之责，不欲随波逐流，辄于谈清故者有所辩正。偶举一事，不惮罗列旧说，稍稍详其原委，非敢务博贪多，冀折衷少得真相耳。"论集中的《孔四贞考》《董小宛考》《丁香花》（叙奕绘贝勒与顾太清之事）等文，称颂一时，久传不衰。

其八，满洲秘档公之于世。清末民初，没有一位学者探求清宫的大库秘档。《无圈点老档》（又称《旧满洲档》《老满文原档》《满文老档》）及其乾隆朝抄本，清代属于宫廷秘档，外人难得涉览。光绪三十一年（1905），日人内藤虎次郎到盛京崇谟阁，看到了《加圈点字档》（崇谟阁本）"太祖、太宗二代的满文记录二百余卷"。民国元年（1912），内藤虎次郎同羽田亨重到盛京崇谟阁内，将《加圈点字档》（崇谟阁本），全部进行翻拍，并著文《清朝开国期之史料》加以介绍。各册的册脊都书写有白色汉、满两种文字："满文老档/Tongki fuka sindaha hergen i dangse"。从此，由内藤虎次郎定名《满文老档》之称谓，逐渐作为通用的书名通行。内藤虎次郎先生的历史贡献在于：他是20世纪宫廷之外见到并介绍《加圈点字档》（崇谟阁本）的第一人；他阐述《加圈点字档》（崇谟阁本）这一新鲜、珍贵的史料，是清史研究所不可或缺的，应给研究者以自由利用。

此期，《加圈点字档》（崇谟阁本）的解禁，金梁先生亦在盛京开始。《加圈点字档》（崇谟阁本）的汉译，中国早于东瀛。金梁联络一些学者专家，对盛京珍藏《无圈点字档》（崇谟阁本）和《加圈点字档》（崇谟阁本），进行查验，着手翻译。他在《满洲老档秘录·序》中写道：盛京故宫旧藏《满洲老档》，分纪天命、天聪、崇德朝事，见所未见，闻所未闻，诚三百年来之秘史也。经满、汉文学士十余人之手，费时二载，今始脱稿，当分编百卷。以卷帙过多，校刊非易，遂择要摘录，名曰

《满洲老档秘录》，分上下两编，先付缮印。后以《满洲秘档》重印，全一册。后又以《汉译满洲老档拾零》为总题，连载在于《故宫周刊》（见后文）。

总之，在20世纪的第一个25年间，满族历史研究摆脱"钦定"桎梏，重新进行探索，出现一批论著。其中，《加圈点字档》（崇谟阁本）之拂去封尘和公开介绍、进行汉译及广泛流布，是《无圈点老档》及其乾隆抄本演变史，也是满族历史和清朝史研究破天荒的事件，它为满族历史、清史、民族史、民族语文研究带来突破性的进展，也是满族历史研究发轫期的一个重要标志。

二

满族历史研究的发展期。20世纪上半叶的后25年，日本侵华，第二次世界大战爆发，中国内战爆发是这个时期最重要的历史事件，产生了重大影响。

其一，《无圈点老档》之重现。1925年10月，故宫博物院成立，其下设图书馆文献部，后改组为掌故部，1929年成立文献馆。故宫博物院文献馆从1931年1月，开始整理内阁大库档案。2月，文献馆"于内阁大库档案发见清未入关时的《满文老档》"，就是见到了《无圈点老档》即《旧满洲档》《老满文原档》。《文献丛编》最早刊印其书影两幅，并著文简介。《无圈点老档》先重现37册，继重现3册，共40册。至是，始有《无圈点老档》40册之说。《无圈点老档》40册，自乾隆以降二百多年之缺，终于完整重现。其时，又看到《无圈点字档》（内阁本）和《加圈点字档》（内阁本）、《无圈点字档》（草本）和

《加圈点字档》（草本）以及此前重现的《无圈点字档》（崇谟阁本）和《加圈点字档》（崇谟阁本）各52函180册，引起国内外学术界的震动。后因时局变化，故宫博物院珍贵文物南迁，《无圈点老档》几经辗转，1948年冬至1949年春，运到台湾。现藏台北故宫博物院图书文献处。

其二，《加圈点字档》之翻译。先是，日本国内藤虎次郎最早开始翻译《加圈点字档》（崇谟阁本）。他将《加圈点字档》（崇谟阁本）各册满文封面题签及其部分摘要内容加以翻译。神田信夫教授指出：虽其文字简略，却是"第一次把《满文老档》译成日语"，但未竟而止。藤冈胜二从1920年开始，利用东洋文库所藏《加圈点字档》（崇谟阁本）照片上的满文，用拉丁字转写，再译成日语。至1935年2月病逝而止，以未定稿留给后人。其遗稿由他的弟子服部四郎等编辑，以《满文老档译稿》做书名，1939年由岩波书店以原稿胶印三册出版。这是《加圈点字档》（崇谟阁本）的第一部比较完整的日文译本，推动了日本的满族史研究。同期内藤虎次郎教授之女婿鸳渊一及其弟子户田茂喜的《满文老档邦文译稿》，在1937年问世。再后为京都大学羽田亨教授门下今西春秋的《满和对照满文老档》，其特点是：根据之底本为故宫博物院文献馆所藏《加圈点字档》（内阁本），译本首附满文原文拉丁字转写，在日译文后附加注释，对《加圈点字档》（内阁本）书中的黄签也做出翻译。但因时局变化，也是未完之作。此期，日本利用《加圈点字档》资料进行研究，取得一批成果。《舒尔哈齐之死》《褚英之死》等是用《加圈点字档》（崇谟阁本）史料，研究清初满族历史的重要成果。

其三，内阁大库档案之整理。故宫文献馆整理内阁大库档案时，在典籍厅、满本堂发现清代所编书档旧目数十种，组织人员对其进行检点。即所谓"凭藉（借）旧档之轮郭，以援溯库藏之历史"。方甦生因作《清内阁库贮旧档辑刊叙录》，内载库物总说，概述清代内阁大库职掌、应收、已收、焚毁档案等情状，并述其初步整理结果。整理、核查并著录部分典籍厅典藏的红本目录、图籍目录，满本堂典藏的目录共六编。第一编刊录"六科缴送红本"1616册目录、光绪二十五年（1899）"北厅清查光绪间红本档"、宣统元年（1909）"拟焚红本名件总数档"、宣统二年（1910）"调查红本、史书送馆档"四旧目，辑"残存六科缴本册中著录红本件数表"。第二编图籍目录，刊录清代旧目八种（一为典籍厅自编，七为修书各馆收存书目）、存目未刊二种，辑"校勘本书籍表章目录"。第三编为"实录""圣训"目录，存目未刊清代旧目九种，据以辑"实录存佚卷数表"。第四编载"起居注"目录，存目未刊清代旧目五种，据以辑成"起居注存佚册数表"。第五编载六种史书目录，刊录"国史馆调取史书档"旧目一种，存目未刊旧目六种，辑"六科史书存佚对照表"。第六编载杂项目录，刊录清嘉庆十一年（1806）至同治六年（1867）旧目五种，辑"校勘本四柜库贮目录"。"叙录"虽为初步整理之总结，仍为今日推见其时情况之原始材料。鲍奉宽也著《清理红本记》四卷。在清查大库档案基础上，文献馆拟定出《整理内阁大库满文老档之缘起与计划》，纂辑《满文无圈点字典补编》，先影印《无圈点字书》，再以原档与其抄本，逐字校对，抄写卡片，补充缺漏，统一体例，对乾隆朝《无圈点字书》做出补充；编辑《满文老档总目》，编修《满文老档细目》，编纂《选译满文老档》。但因局变，文献南运，上述四项成果，未见公开出版。

其四，《加圈点字档》（崇谟阁本）之汉译。金梁等将《加圈点字档》(崇谟阁本）组织学人进行汉译，以《满洲老档秘录》为书名，于1929年分两册铅印。1933年，他又以《满洲秘档》为书名再印。1933年至1935年，在《故宫周刊》上，复以《汉译满洲老档拾零》为题，分期连载。尽管金梁主持汉译的《满洲老档秘录》或《满洲秘档》和《汉译满洲老档拾零》，存在着缺憾和错误，但《加圈点字档》(崇谟阁本）的汉译与传播，其历史功绩是应当肯定的。第一，金梁是20世纪除宫廷之外亲眼见到并公开介绍《加圈点字档》(崇谟阁本）的中国第一人。第二，金梁及其组织的十余位学人，是将部分《加圈点字档》(崇谟阁本）汉译并出版的第一批学者。第三，金梁给《加圈点字档》(崇谟阁本），定名为《满洲老档秘录》或《满洲秘档》，成为中华史籍中的一个文献版本。第四，金梁等《加圈点字档》(崇谟阁本）汉译稿，后在《故宫周刊》上连载，成为《加圈点字档》(崇谟阁本）第一个较为完整的汉文译本。还有文□汉译、金毓黻移录的《盛京崇谟阁满文老档译本》等。《盛京崇谟阁满文老档译本》的内容，起丁未年(1607)"东海瓦尔喀部费攸城主策穆特黑来谒"，迄天命四年(1619)夺取铁岭。这是一个既颇为简略又很不完整的汉文译本。此外，在美国哈佛大学燕京学社存有满文本的太祖朝"tongki fuka sindaha hergen i dangse"，即《加圈点字档》抄本10册，每半叶7行；并存有其汉文译本的太祖朝《满文老档》10册，每半叶8行。总之，在20世纪的第二个25年间，《无圈点老档》及其贮藏在原内阁大库的四部乾隆抄本，拂去封尘和公开介绍，《加圈点字档》(崇谟阁本）日译本和汉译本的出版，是《无圈点老档》及其抄本演变史、也是满族史和清朝史研究上的大事件，它为满族史、清史研究带来重要的发展契机。同期对《无圈点老档》

及其6种抄本翻译、利用和研究，中国与日本，各有优长。中国对《无圈点老档》及其乾隆抄本做了大量工作。但是，由于时局变化，北平沦陷，南京失守，文物播迁，学人南下，这项研究工作停了下来。中国对《无圈点老档》及其乾隆抄本做了大量工作。

其五，满洲历史研究之深入。研究满族历史，开始理性思考。此期满族历史研究成果较丰，以孟森学术成果为代表。孟森（1869—1937），字莼孙，号心史，江苏武进人，曾任北京大学历史系教授。主要著作有《满洲开国史》、《明元清系通纪》、《心史丛刊》（三集）、《清初三大疑案考实》、《八旗制度考实》等。商鸿逵教授于1959年将其汇成《明清史论著集刊》，1986年又辑成《明清史论著集刊》（续编），均由中华书局出版。《明清史论著集刊》上下册，收文44篇。其中满族史方面《清太祖起兵为父祖复仇事详考》《清太祖杀弟事考实》《清太祖由明封龙虎将军考》《清太祖所聘叶赫老女事详考》《清太祖告天七大恨之真本研究》《八旗制度考实》《清代堂子所祀邓将军考》《清世宗入承大统考实》《建州卫考辨》等。《明清史论著集刊》（续编），收文41篇。其中满族历史方面有《满洲名义考》《女真源流考》《建州卫地址变迁考》《清始祖布库里英雄考》《清太祖死于宁远之战不确》《关于刘爱塔事迹之研究》《太后下嫁考实》《董小宛考》《世祖出家考实》《香妃考实》《海宁陈家》等15篇。商鸿逵教授评论孟森先生道："综观心史师治史之方向及途径，其所专在于明、清两朝，而尤专于满洲开国史，对满洲先世勃兴建国事迹，为其一生精力所注。"其满洲史研究的论著，广征史料，考订史实，爬梳分析，剪裁精当，深入分析，细心论证，受到学界推崇，博得世人好评，实为民国以来满洲史研究的开拓者、奠基者。

其六,建州女真史之研究。明代女真史是清朝兴起史研究的一个焦点,也是一个学术空白。有三部日本学者著作值得一提。第一是园田一龟的《明代建州女直史研究》及续编,本书首开日本研究明代建州女真史的先河,为此间建州女真史研究的重要成果。全书爬梳筛选《明实录》和《李朝实录》中女真史的资料,从永乐年间建州卫的设立叙起,到万历年间建州新兴势力王杲崛兴,以及哈达、叶赫盛衰而发生的南北关之变局。叙述女真各部族的迁徙过程,各部与明及朝鲜关系之演变等。这就使得清崛起之初的建州、海西女真的状况变得清晰,并能够和清朝开国史相衔接。第二是江岛寿雄的《明代清初女真史研究》。这是作者40—60年代发表的24篇论文的结集。第三是后来河内良弘的《明代女真史研究》(1992)。本书以明代女真人为基点,将其置于辽东多极民族—政治—经济关系的中心,考察并说明了女真人的经济生活。作者集中阐述了14世纪元明更替和17世纪明清更替两个历史关节点,并联系此期东亚国际秩序发生的重大转折。书中对此间女真人的政治、外交、贸易、经济、社会的诸多基本问题及其时代背景和社会环境,运用史料,着笔论述。此外,日本对满文资料进行翻译整理,今西春秋《满和蒙和对译满洲实录》便是一例。

其七,清代宫廷史之研究。清代宫廷是清朝帝后治居之所,列为禁地,外人难入。民国以来,宫禁开放,故宫学者,得以著述。除早先官修《日下旧闻考》和《国朝宫史》外,此期重要著作为《清宫史略》《清宫述闻》和《清列朝后妃传稿》。《清宫史略》一书,详述清宫的宫殿、礼仪、宫规、官制、典籍、书画等史事251条,约40万字。《清宫述闻》(正续合编本)一书，章乃炜、王霭人编纂，他们曾在故宫博物院任事，留意宫廷掌故、宫殿建筑、国宝文物、典章制度、宫廷历史等，取清代官修史志、谕旨、奏疏、实录、起居注、御制诗文、典籍档册，以及出入内廷王公师傅、南斋词臣与久居枢密闻见所记，其余私家记载，考校采择而辑成此书。书中所列参考书目达456种，可谓博采宫内秘籍、前贤集记、缁流语录、外使纪闻。本书是依《日下旧闻考》体例，以紫禁城宫殿为脉络，叙述清代帝后起居、宫殿苑囿、内廷机构、典章制度、清宫掌故之作。如武英殿之西有浴德堂，堂内有浴室，俗传为香妃洗浴处，比之为华清池。作者考订，其为故物，早于乾隆，事不足信。初编为三册，1941年5月，由故宫博物院铅印。后将正编与续编合编出版，成为了解与研究清宫历史文化必读之作。《清列朝后妃传稿》一书，张尔田撰，尔田与修《清史稿》，阅览宫中档案，掌握资料，著书多种。其同里同馆吴伯宛"修后妃传辑长编未半，以属君。既削稿，复增吴辑未备者十之三四，归而删定成此书"（陈序）。书中首叙清宫制度，太祖"尚淳朴"，设"福金"，并考证"福金一作福晋，盖'哈屯'二字转音。'哈屯'，契丹语'可敦'，译言'后'也"。太宗乃有东西中宫之建。世祖"官惟求旧，独鉴往败，罢设女司"。顺治十五年（1658）十一月，议定宫闱制度、宫女名数、品级。撰者考案："此制仅见实录，后未实行。"全书分为上下两卷。上卷追叙清肇祖、兴祖、景祖、显祖四代，次叙太祖、太宗、世祖、圣祖、世宗五朝后妃传，下卷叙述高宗、仁宗、宣宗、文宗、穆宗、德宗六朝后妃传。此书特点，人评之曰："叙事独详，尤多考证。"如孝庄太后下嫁之说，撰者认为："张煌言《建夷宫词》'春官昨进新仪注，大礼恭逢太后婚'，实启其端。实则是时摄政王以皇叔父纳继妃,世俗或有太后之称。"全书以朝为纲,序列清朝十五代后妃纪传,眉目清晰,常有新见,未考档案,疏误亦多。

此期,战火连绵,硝烟弥漫,难得静心,研讨学术。到20世纪下半叶,时局方有改观,研究成果亦多。

三

满族历史研究的沉寂期。20世纪下半叶的前25年,中华人民共和国成立与十年"文革",是这一时期最重要的历史事件,对满族历史研究,产生了重大影响。

其一,满族社会历史之调查。中国大陆统一,中原没有战争,社会相对安定,各个民族平等。研究满洲历史的学者,摆脱了清纪"首崇满洲"和民元"驱除鞑虏"的两种民族偏见,满族历史研究可以放在客观的位置上。1949年以后,中国满族历史与文化研究,开始逐步走上科学的、求实的轨道。在这段时期里,开展满族历史的社会调查,编写《满族简史》和《满族简志》,整理编目尘封多年的满文档案,发表许多研究满族历史的论文,出版一批研究专著等。满族历史研究打破前50年的姗缓状态,开始新的学术启动,并出现了一点生机。但是,满族历史研究像其他社会科学的诸多学科一样,它也受到当时社会上"左"的思潮之干扰,甚至某些研究领域被视为禁区。满族历史的发展轨迹,经过"正题—反题—合题"的历程。就是说清朝八旗满洲在各民族中处于特权的地位,而辛亥之后,已如上述,发生了巨变。在清朝肯定的正题、民国否定的反题之后,整合到新中国既否定又肯定的合题。所谓否定,就是否定清朝的皇权专制，否定民国的"驱除鞑虏"，而实行新的民族政策——中华各民族一律平等。所谓肯定，就是肯定满族应有的民族平等地位，反对民族歧视，实行民族平等。

其二，《无圈点老档》译注。此期，《无圈点老档》及其乾隆抄本，先后在东京和台北进行译注、研究，取得重大学术成果。在日本，第二次世界大战结束不久，成立了"满文老档研究会"，荟萃了一批青年满族历史专家学者，开始对《满文老档》进行日文译注。该会主要成员有神田信夫、松村润、冈田英弘、石桥秀雄、冈本敬二、岛田襄平、本田实信等。《满文老档译注》是以内藤博士《加圈点字档》（崇谟阁本）之照片为底本，将满文用拉丁字转写，译成日文，进行注解。《满文老档译注》全书，每页分两栏：上栏是满文拉丁字转写、日文逐句对译；下栏是日文意译。全书共7册，第一至第三册为清太祖卷，第四至第五册为清太宗天聪卷，第六至第七册为清太宗崇德卷，第三册之后和第七册之后各附《注》和《人名索引》《地名索引》《满汉对照表》。自1955年至1963年，先后分7册出版。以神田信夫教授为译注者代表的、"满文老档研究会"的集体学术成果——《满文老档译注》的出版，其重要价值在于：第一，《满文老档译注》是世界上第一部《加圈点字档》（崇谟阁本）用拉丁字转写的、含对译意译的、完整规范的日文译注本；第二，《满文老档译注》是在内藤、羽田、藤冈、鸯渊、今西等先生成就的基础上的一部权威严谨的学术之作；第三，《满文老档译注》使《加圈点字档》（崇谟阁本），被世界众多满族历史家、清史学家、语言学家所了解；第四，《满文老档译注》为战后几代满族历史、清史学者，掌握清入关前史料提供了锁钥；第五，《满文老档译注》的出版，推动满族历史、清史研究出现新的进展；第六，《满文老档译注》的完成，是日本国满族历史、清史群英俊彦锐进合作的结晶。它是日本国满族历史、清史研究发展中的一块学术里程碑。此期，印出羽田亨的《太祖老档译注》和神田信夫、松村润、冈田英弘合作译注的《旧满洲档——天聪九年》二书，今西春秋的《〈满文老档〉乾隆附注译解》和《对校清太祖实录》以及《镶红旗档·雍正朝》等译注性与研究性的著述。

其三，中国台湾的《旧满洲档》影印与译注。由于《无圈点老档》即《旧满洲档》或《老满文原档》庋藏于台北故宫博物院，且台湾在60年代实行开放措施，故此期台湾学术界对于《无圈点老档》即《旧满洲档》或《老满文原档》的译注与研究，其启动时间较大陆略早一些。广禄教授和李学智先生于1962年9月，在台中雾峰北沟故宫博物院的地库里，重新看到《无圈点老档》即《旧满洲档》或《老满文原档》。李先生等于匆忙间仅看到三五册即北返。同年12月，李学智等又到台中，会同有关人士，将其拍摄缩微胶卷，于翌年元月完成，后洗印成放大照片。广禄和李学智将其定名为《老满文原档》，并先后发表多篇论文加以介绍与评价。随之，在台北掀起一股《无圈点老档》即《旧满洲档》或《老满文原档》译注、利用和研究的学术热浪。其主要成果有：第一，出版《旧满洲档》。台北故宫博物院于1969年8月，将珍藏《无圈点老档》即《旧满洲档》或《老满文原档》，以《旧满洲档》为书名，分成十册，影印出版。书前有陈捷先教授撰写的长篇论文——《〈旧满洲档〉述略》，对其做了全面、精辟的论述。李光涛和李学智合编的《明清档案存真选辑》第二辑，检选珍贵满文史料，影印出版。第二，出版汉文译注。1970年3月，广禄、李学智以《清太祖朝老满文原档》为书名,由"中研院"历史语言研究所出版了其"荒"字档的译注,作为第一册。1971年9月,又出版了其"昃"字档的译注,作为第二册。该书将满文用拉丁字转写,逐句对译成汉文,并进行了意译。书末附录有"老满文注释""注""人名索引""地名索引"和"满汉人名对译索引"。这是第一次《无圈点老档》的汉文译注本,体现了译注者的辛劳和学问。李学智还撰印《老满文原档论辑》。总之,在20世纪的第三个25年间,东京《满文老档译注》的出版,台北《无圈点老档》即《旧满洲档》或《老满文原档》的再现,《旧满洲档》的影印出版,《清太祖朝老满文原档》(部分)译注和《旧满洲档译注》(部分)的出版,是满族史也是清史研究上的大事件,它促进了满族史、清史研究的发展。

其四,满族社会变迁史的研究。有关满族古代社会变迁的研究,从50年代后期开始,学术界展开了清军入关前满族社会性质的大讨论。前后时断时续地进行了三十余年,在报刊上发表了大量的论文。郑天挺先生的《清入关前满洲族的社会性质》及其《续探》等收入《探微集》,王锺翰先生的《满族在努尔哈齐时代的社会经济形态》《皇太极时代向封建制的过渡》等收入《清史杂考》。郑先生的《清代皇室之氏族与血系》《清史语解》(18则)、《满族的统一》等后收入《清史探微》,王先生的《清初八旗蒙古考》《雍正夺嫡考实》等后收入《王锺翰学术论著自选集》。虽然至今仍见仁见智,但通过这场论辩加深了对早期满洲社会的认识。其后,顺、康、雍、乾、嘉、道六朝,满族社会的结构与变迁、经济与生活,都有多篇论文做过探述。满族近现代社会的变迁,尤要述及满族社会历史调查。1956年,全国人大常委会民族委员会和国务院民族事务委员会,决定组织若干调查组，对各少数民族的社会与历史进行调查研究。尔后，对满族社会与历史展开调查研究。它涉及北京、辽宁、黑龙江、内蒙古、陕西、甘肃、宁夏、新疆、四川、广东、山东、河北12个省（自治区、直辖市），沈阳、西安、银川、成都、广州、哈尔滨、旅大、抚顺8个地级市，新宾、爱辉、凤城、益都、青龙、易县、兴城7个县以及5个乡村，对其族源、历史、演变、现状和生计、语言、宗教、习俗等做了较详细的调查，并写出19篇调查报告，最后汇编为《满族社会历史调查》一书。至于个人进行的满族社会历史调查，金启孮《满族的历史与生活——三家子屯调查报告》，是群体调查中个体成果的例证。

其五，海外的满洲史研究。此期，同中国大陆满族历史研究沉寂相反，在中国台湾，在日本、美国，满族历史研究出现很多成果，在宏观层面呈现出新兴局面。在中国台湾，陈捷先教授的《满洲丛考》论集，开台湾满洲历史研究之先河。此书共收录《说"满洲"》《清国姓爱新觉罗考》《清景显二祖死难考》《清太祖推刃胞弟考》等10篇论文。本书最大的特点是，运用满文资料，特别是利用《满文老档》（当时还没有找到《旧满洲档》即《无圈点老档》），以及朝鲜资料，参酌汉文文献，进行分析、考证、论述、诠释与阐发，提出并论证诸多新的见解。《满洲丛考》一书，开创台湾学者运用满洲文献研究满学、清史的局面，当时独着先鞭。还有刘家驹著《清朝初期的八旗圈地》等。在日本，和田清教授著《东亚史研究·满洲篇》为日本国满洲史研究领域的代表作。本书是从作者多达250余篇的论文当中挑选出来的18篇有关满洲即东北地区史的论文汇集而成的一部论文集。其《明初之满洲经略》《清太祖之顾问龚正陆》、《建州女真的历史地理及努尔哈赤兴起之初的若干史事》，至今仍为有价值之作。本书以其史料丰富、考证缜密、全面论述、阐发新见，为后来治满洲史地者之必读文献。还有三田村泰助的《清朝前史研究》以及《明清之决战》等。在美国，史景迁教授的《康熙自传》，独具匠意，排列史料，论述康熙大帝个人的生命历程。作者另一部《曹寅与康熙——包衣与主子》，从包衣与主子的特殊角度，分析并论述了曹寅与康熙的关系。

前述满族历史与文化研究大陆的沉寂状态与海外的新兴状态，盖缘于其时之文化氛围。这种文化氛围不改变，它虽可以取得某些成果，但不能出现活跃局面。到20世纪下半叶的后25年，中国文化氛围有了大的改观，故而研究成果有了新的收获。

四

满族历史研究的发展期。20世纪下半叶的后25年，中国拨乱反正与改革开放，是这一时期最重要的历史事件，对满族历史研究，产生了重大影响。

满族历史的研究，此期取得了突破性的进展。这主要表现在满族的源流、人物、八旗、宫苑、社会、宗教、民族、文献等八个方面。

其一，满族的历史源流，是此期满族史研究的一个重点。从60年代初期，满族的源流与历史的研究，被列为国家重点课题，集中大量学者，诸多单位协作，发表和出版了一批学术论著。《沙俄侵华史》一书，对满族源流做了系统的考述。此期出版的《满族通史》是在《满族简史》之后，第一部观点公允、内容系统、资料翔实的鸿篇巨制。近年出版的中国学者所著《女真史》《满族从部落到国家的发展》《清朝开国史研究》《清入关前法律制度史》《清朝开国史略》《清朝通史·太祖朝》《清朝通史·太宗朝》，美国学者魏斐德《洪业——清朝开国史》、日本学者阿南惟敬《清初军事考》等，对满洲先世和早期历史进行了深入的研究。此期还出版多部满族历史论集，《满族史论丛》、《满族史研究集》、《满学研究》（一至七辑）、《满族研究文集》、《满族论丛》、《清前历史文化》等。还有美国弗朗兹·米歇尔的《满族在中国统治的起源》、苏联学者的《满洲人在东北》等。在清史的论文集中，也载有许多研究满族历史的论文。同时，以满学为书名的个人论文集，有金启琮的《爱新觉罗氏三代满学论集》、阎崇年的《满学论集》和日本神田信夫的《满学五十年》等。

台湾彭国栋的《清史开国前记》出书较早。陈捷先是一位研究满族历史的著名学者。在1977—1987年的10年间，先后出版了《清史杂笔》八辑，收录论文49篇，其中多为专论满洲历史、语言和文化的论文。他在1988年，用英文出版了 Manchu Archival Materials 即《满洲档案资料概述》一书。这是第一部用英文论述满洲档案及《旧满洲档》价值的专著。美国司徒琳《明清冲突（1619—1683）——史料编纂及其资料导引》一书，用英文介绍明清之际中国文献特别是满洲文献。美国白彬菊以八年档案功力著《君主与大臣：清朝中期的军机处》一书。《满文清本纪研究》和《满文清实录研究》，为满族历史、清史研究做出了开拓性的贡献。李光涛的《明清档案论文集》主要论述清前史及其相关诸问题。

其二，满族的历史人物，是近25年来满族史研究的一个热点。满族历史人物的研究，为学术目光之所聚，其所展现成果之丰硕，自20世纪以来是空前的。已出版满族历史人物的学术著作有《努尔哈赤传》（阎崇年著）、《清太宗全传》（孙文良、李治亭著）、《皇父摄政王多尔衮全传》（周远廉、赵世瑜著）、《康熙评传》（孟昭信著）、《康熙帝本传》（郭松义、杨珍著）、《康熙思想研究》（宋德宣著）、《雍正传》（冯尔康著）、《乾隆全传》（周远廉著）、《乾隆传》（白新良著）、《乾隆帝及其时代》（戴逸著）、《乾隆皇帝全传》（郭成康等著）、《嘉庆传》（关文发著）、《嘉庆道光评传》（张玉芬著）、《光绪评传》（孙孝恩著）、《慈禧大传》（徐彻著）、《康雍乾三帝统治思想研究》（高翔著），以及《我的前半生》《溥杰自传》等。海外则有《康熙自传》（史景迁著）、《揭开雍正皇帝的隐秘面纱》《杨启樵著》、《慈禧外纪》（英国濮兰德、白克好司著）。吉林文史出版社的《清帝列传丛书》共14册，是近年清代皇帝传记的集中体现。在"光明杯优秀哲学社会科学著作"获奖书目中，满族历史人物传记竟占4部，约占清史获奖著作总数之半。这从一个侧面反映了满族历史人物学术园地里的金色秋实。满族人物传记还有《恭亲王奕䜣大传》《纳兰性德传》等。王思治、张捷夫等主编的《清代人物传稿》，载记了大量满族历史人物。以上编十卷为例，入传者（含合传）608人，其中满族历史人物（含汉军）208人，占其总数的30%。在台湾有庄吉发的《清高宗十全武功研究》、赖福顺的《清高宗十全武功军需之研究》、罗运治的《高宗统治新疆政策的探讨》等。美国柯娇燕《孤军——满洲三代家族与清世界之灭亡》用新的角度，以清开国五大臣之一费英东后裔观成—凤瑞—金梁三代家族的荣辱与沉浮为经，复以其时社会文化环境为纬，阐述了清朝从盛转衰、由危而亡的历程。本书运用多种文字资料（英、汉、满、日、德、俄、法、意），选择广阔历史视角，透过八旗满洲金梁三代家族的动态分析，阐释清朝必然灭亡的历史结局。

其三，《满文老档》的汉译，出现大的突破。"文革"尚未结束，辽宁大学历史系便着手《满文老档》的重译工作。李林等从1974年开始，到1979年，历时五年，初获成果：《重译满文老档》（太祖朝），于1978年由辽宁大学历史系刊印。近年来，国内史学、语言学研究工作进一步深入开展，学术界皆视《满文老档》为重要史料，迫切要求准确译成汉文发行。为此，1978年由中国第一历史档案馆与中国社会科学院历史研究所合作，成立了《满文老档》译注工作组。《满文老档》的汉译，以中国第一历史档案馆收藏的《加圈点字档》（内阁本）为底本，集中十余人，历时12年，以《满文老档》为书名，于1990年由中华书局出版。《满文老档》汉文译注本的价值在于：第一，它是《加圈点字档》（内阁本）之第一个完整的汉文译注本；第二，它的译注反映了满族历史、清史研究的最新成果；第三，它集中满文俊彦，共译同磋，聚众所长，是集体合译的一次尝试；第四，它参考有关史料，吸取前人经验教训，纠正了各种《满文老档》译注本中出现的错误与不妥之处；第五，它为研究清初历史提供了重要的原始性汉文翻译资料；第六，它的出版标志着中国大陆对《无圈点老档》及其乾隆朝抄本的译注和研究，达到了新的水平。此外，《天聪九年档》也于1987年出版。

中国学者对《无圈点老档》及其乾隆朝抄本的研究，有新的建树。这主要表现在：搞清《无圈点老档》和《加圈点字档》乾隆朝所办理抄本的实数为7部：即《无圈点字档》（草本）和《加圈点字档》（草本）、《无圈点字档》（内阁本）和《加圈点字档》（内阁本）、《无圈点字档》（崇谟阁本）和《加圈点字档》（崇谟阁本）以及《加圈点字档》（上书房本）。同时搞清乾隆朝《无圈点老档》办理抄本的具体实情。阎崇年《〈无圈点老档〉

乾隆朝办理抄本始末》一文，就其办理之准备、过程、组织、规程等，做出详细的论述，并搞清现存6种抄本的细节。阎崇年《〈无圈点老档〉及乾隆抄本名称诠释》、关孝廉的《〈满文老档〉原本与重抄本比较研究》、佟永功的《〈满文老档〉收藏、翻译研究与价值述评》等，均详细地论述照写与音写的内阁本和崇谟阁本之名称、版本、特点、收藏与价值。刘厚生的《旧满洲档研究》，是经过长期积累而对《无圈点老档》研究的一部学术专著。

中国台湾张葳等《旧满洲档译注·清太宗朝（一）》和《旧满洲档译注·清太宗朝（二）》分别出版。日本国神田信夫、松村润、冈田英弘率先推出《旧满洲档天聪九年》译注。德国魏弥贤于1987年发表了《〈旧满洲档〉与〈加圈点字档〉索校》（1620—1630），对两者间之差异做出对校。这是欧洲学者研究《无圈点老档》及其抄本的首创之著。

总之，在20世纪的第四个25年间，《加圈点字档》（内阁本）的全文汉译和广泛流布，《无圈点老档》及其乾隆朝7种抄本的全面考察与分析研究，日本、韩国、美国、德国等对《无圈点老档》的利用和《无圈点老档》与《加圈点字档》的比对索校，是《无圈点老档》及其乾隆朝抄本研究，也是满族历史和清朝史研究的大事件，它为满族历史研究带来突破性的进展。

其四，清代的八旗制度，也是此期满族史研究的重要课题。自孟森《八旗制度考实》问世以来，50年代这方面的研究较为冷清。自60年代尤其是80年代以来，先后出版16部有关八旗的著作，在报刊上也发表了相当数量关于八旗研究的文章，都从不同角度，参用八旗驻防志书，查阅满族家谱，进行实地考察，于八旗的源起、衍变、兵额、职官、衙署、旗地、满城、驻防、营房、俸饷等，做出新的探讨，亦有所前进。但是总的说来，没有大的突破。《清代八旗王公贵族兴衰史》则分析与研究了八旗王公贵族兴起、发展和衰落的历史过程，是清代八旗研究中的一项重要成果。还有《清代八旗驻防制度研究》《满族八旗制国家初探》等著作的出版。此外，韩国任桂淳的《清朝八旗驻防兴衰史》、美国欧立德的《满洲之路——八旗与中华帝国晚期的种族认同》是外国学者有关八旗制度研究的代表作。在八旗制度的史料整理方面，有《八旗通志初集》和《钦定八旗通志》的校注问世、日本《八旗通志列传索引》和《镶红旗档》等书的出版。近年先后举行相关的学术研讨会，一次是在沈阳举行的"八旗制度与满族文化"学术研讨会，会后出版《八旗制度与满族文化》论文集；另一次是在北京举行的"国际八旗学术研讨会"，会后结集出版《满学研究》第七辑。就总体而言，国内外学者对八旗制度，就个案研究是有成绩的，而总体研究是较薄弱的。

其五，清代的宫苑，是近25年来满族史研究中新出现的课题。因清代宫廷是帝后治居之所，在一个特定时期内被视为研究的禁区。但是，近25年来清宫文化研究大有改观，出现新的学术局面。《清代宫廷史》《清代宫廷生活》《清皇族与国政关系研究》《清代皇权与中外文化——满汉融合与中西交流的时代》相继问世。清代宫史研究会近年连续举行六次学术研讨会，出版六本论文集。中国紫禁城学会成立并举行三次学术研讨会，出版了三本论文集。于帝后生活研究，有《康熙皇帝一家》《慈禧光绪医方选议》《清宫医案研究》等。于皇家园林研究，《颐和园文化研究》（第一辑）和《颐和园建园250周年纪念文集》，圆明园论文集（五集）、资料集两部和美国霍普·丹比的《圆明园——圆明园及居住在那里的皇帝的历史》；有关承德避暑山庄的论著，木兰围场的著作如台湾罗运治的《清代木兰围场的探讨》、毕雪梅和侯锦郎合著的《木兰图与乾隆秋季大猎之研究》等，有关盛京皇宫、清关外三陵、清东陵与西陵的研究著作，如万依主编的《故宫辞典》等，都是近年来宫廷、苑囿、陵寝研究的集大成之作。此外，李中清和郭松义主编的《清代皇族人口行为和社会环境》一书，用清代皇族宗谱即《玉牒》的有关记载，建立了8万多人的资料库，根据资料库的数据，对其婚姻、生育、死亡等情况进行分析与研究，撰写并出版的论文集。书中作者采用定量分析的方法，注意把微观分析与宏观考察相结合，并力求将皇族人口行为放到所处的社会环境中进行探索。论文集的作者分别来自中国大陆、中国台湾以及美国。此外，香港旅美学者余少华的《十八世纪满洲宫廷非汉族音乐的意义和文化功能》，则是一篇宫廷音乐文化研究的补白之作。

其六，满族的宗教，是近25年来满族文化研究中的一个热门课题。早在50年代，莫东寅的《清初满族的萨满教》（载《满族史论丛》）一文，是20世纪第一篇系统阐述满族早期宗教——萨满教的论文。萨满教是阿尔泰语系诸民族普遍信仰的一种原始宗教。满族因在16世纪已创制文字，故对"萨满神谕""祭祀仪规"有文字记载，甚至有《满洲祭神祭天典礼》钦定文献。因此，探讨满族萨满教对整个东北亚诸族萨满教研究有着特殊的价值。近年在我国举行了萨满教的学术研讨会，报刊上发表了一批研究萨满教的文章。近些年同满族萨满文化有关的著作有38部，其中如《萨满教研究》《神秘的萨满世界》《满族萨满教研究》《满族文化与宗教研究》《满族萨满跳神研究》《满族萨满神歌译注》《〈尼山萨满〉研究》《萨满教与神话》《萨满教与东北民族》，特别是2000年出版的《萨满论》《原始活态文化——萨满教透视》以及《中国北方民族萨满教》三书，是我国学者近年研究萨满教的重要学术成果。吉林省民族研究所编《萨满教文化研究》两辑，是我国近年对满族萨满教研究的新收获。还有《尼山萨满传》原书是满文书写的手稿本，它不仅是探讨北亚民俗和宗教信仰的罕见作品，也是研究满洲语言的珍贵资料。1974年，韩国成百仁教授将满文的《尼山萨满传》的第三手稿本译成韩文，书名题为《满洲萨满神歌》。在《满洲萨满神歌》的序文中，成百仁教授对《尼山萨满传》手稿本发现经过，做了详细的叙述，并将满文原稿影印本附录于书中。庄吉发译注的《尼山萨蛮传》就根据该影印本译成中文。中国大陆赵展亦据此译注《尼山萨满传》。在欧洲，斯达里将其用西文出版，并做了介绍。

其七，满族社会的研究，取得多领域、多层次的成果。有关满族区域史的研究，如《广州满族简史》《内蒙古的满族》《呼和浩特满族简史》《本溪县满族史》《北镇满族史》《广东满族志》《沈阳满族志》等。有关满洲族谱的研究，如李林等著《本溪县满族家谱研究》及其所辑《满族家谱选编》等。有关满洲史迹的考察，稻叶岩吉等的《兴京二道河子旧老城》，抚顺社会科学院的《抚顺清前史迹与人物考察》，都有独到之处。有关满蒙关系的研究，杜家骥的《清朝满蒙联姻研究》、达力扎布的《明代漠南蒙古历史研究》、美国威廉姆·罗兹克的《满洲中的蒙古成分》、保罗·赫伯特的《满蒙关系：一项关于政治结合的研究》以及《汉人在蒙古地区的定居：满洲对内蒙古的政策》等。有关社会生活之研究，有美国韩书瑞的《北京的寺庙与城市生活（1400—1900）》等。此期还出版一些研究满族历史的资料书和工具书。满族入关前之史料，中国人民大学清史研究所编的《清入关前史料选辑》（三辑），辽宁大学历史系编的《清初史料丛刊》（14种），以及《明代辽东档案汇编》、《长白丛书》中的《先清史料》和《海西女真史料》、齐木德道尔吉和巴根那编的《清朝太祖太宗世祖朝实录蒙古史料抄》等，都为满族史的研究付出了值得嘉许的辛劳，亦有力地促进了满族历史研究的深入开展。另有黄润华和屈六生主编的《全国满文图书资料联合目录》、意大利斯达里编纂的《满洲研究——世界联合论著目录》，是两部目前收集最为详尽的满文图书资料目录总集。此外还有《蒙古国乌兰巴托国家图书馆所藏满文书目》等。以上资料、文摘和目录，都成为满族历史之研究资料的载体与信息传播的媒体。

其八，满文档案的译编，近25年来取得很多成果。在60年代，对军机处等重要满文档案七千余件进行了整理。继而翻译和出版了大量满文档案。《清初内国史院满文档案译编》、《满文老档》（译注）、《康熙朝满文朱批奏折全译》、《雍正朝满文朱批奏折全译》、《清代边疆满文档案目录》，这是五部译文数量大、史料价值高的译编巨作。还有《清代内阁大库散佚档案选编》《雍乾两朝镶红旗档》《清雍正朝镶红旗档》《清代中俄关系档案史料编》等。于东北，有《天聪九年档》《崇德三年满文档案译编》《盛京刑部原档》《珲春副都统衙门档案选编》《三姓副都统衙门满文档案译编》《清代鄂伦春族满汉文档案汇编》；于西北，有《满文土尔扈特档案译编》《清代西迁新疆察哈尔蒙古满文档案译编》和《锡伯族档案史料》；于东南，有《康熙统一台湾档案史料选辑》（其中25件选译自满文密本档）、《郑成功档案史料选辑》（其中13件选译自满文秘本档）等；于西南，有《清初五世达赖喇嘛档案史料选编》《六世班禅朝觐档案选编》《中国第一历史档案馆所存西藏和藏事档案目录》。在台北故宫博物院，将宫中档满文或满汉合璧奏折出版，有《宫中档康熙朝奏折》《宫中档雍正朝奏折》《宫中档乾隆朝奏折》《宫中档光绪朝奏折》等。庄吉发译著的《清代准噶尔史料初编》《孙文成奏折》《清语老乞大》《满汉异域录校注》《雍正朝满汉合璧奏折校注》等先后由文史哲出版社等问世。以上满文档案与满文书籍的翻译出版，提供了新鲜史料，扩大了学术视野，为满族历史和清代历史之研究提供了可贵的资料。日本松村润的《清太祖努尔哈赤实录之研究》一书，因《清实录》是清朝的基本史料，使用了满、蒙、汉文等不同文字记录，故而形成满文本、蒙文本、汉文本等多种版本。其中又以清初三朝的史事因曾反复遭到修改，故而版本格外繁杂。作者学术生涯的重点之一放在了对《太祖实录》的潜心研究上，本书即其多年研究所得之荟萃。

总之，在20世纪，第一个25年，清朝灭亡，满族历史研究摆脱"钦定"桎梏，勃发一派生机，出现一批成果。第二个25年，日本侵华战争，二次世界大战，满族历史研究，受到极大影响。第三个25年，国内的极左文化环境，海外有利的学术氛围，形成"沉寂"与"新兴"的极大反差，学术成果，有所不同。第四个25年，中国大陆"拨乱反正"激发新的活力，海外经过战后二十余年学术积累，故而此期形成大量学术成果，出现满学研究世纪高峰。回首过去，展望未来，满族历史、满学研究，将会出现一个崭新的局面。

后　记

　　早在30年前，即1988年的一天，北京燕山出版社新成立不久，刘珂理社长找我，要给我出一本学术论文集。他说："经过反复研究，计划第一批出三位先生的学术著作：一位是北京大学侯仁之教授，一位是故宫博物院单士元副院长，再一位就是您。"我立马说："还是出侯老和单老二位的吧！"他干脆回答："已经商定，您准备吧。"在侯、单二老面前，我是后学，心存仰慕，想拖拖再说。珂理先生非常认真，过些日子就催一遍，过些日子再催一遍，三催四催，盛情难却，即翻检已发论文，做筛选修订，把稿子交了。出版社决定由历史编辑室赵珩主任做责编。书名叫什么？恩师白寿彝先生曾送我一本他的论文集《学步集》。先生"学步"，学生"跟步"，又因在燕京读书、研究，就定名为《燕步集》。赵珩先生请其家父、著名历史学家、中华书局副总编辑赵守俨先生题签。是为我的第一本学术论文集。1989年《燕步集》刚出版，恰逢我应邀到美国讲学，便带上《燕步集》作为与美国同行交流的"见面礼"。在美国耶鲁大学历史学系，应系主任、时任美国历史学会会长史景迁教授之邀，在该校做学术演讲。史景迁教授在台上主持报告会时，有一段开场白："当年钱穆教授就是在这个讲台上做演讲，今天阎崇年教授也是在这个讲台上做演讲。他们不同的是，钱教授穿着长袍、布鞋，阎教授穿着西服、革履。好，现在欢迎阎教授给我们做《清史研究的新资料》的学术演讲。"演讲结束之后，我郑重地将签名本《燕步集》赠给史景迁教授。他高兴地说："我们美国教授以能出版个人学术论文集而骄傲！"

1994年，我的《袁崇焕研究论集》，应台湾文史哲出版社彭正雄社长邀请，在该社出版。是为我的第二本学术论文集。1997年，北京燕山出版社陈文良社长到我家，约我再出一本关于北京史的学术论文集，由赵珩副总编做责编。这样，就有了《燕史集》的出版。是为我的第三本学术论文集。1999年，值满文创制四百周年、举行国际满学大会，我的《满学论集》由民族出版社出版。是为我的第四本学术论文集。2014年，《清史论集》，由中国友谊出版公司出版。是为我的第五本学术论文集。2016年《阎崇年自选集》，由九州出版社李勇副社长策划并出版。是为我的第六本学术论文集。这是零敲碎打地分卷出版论文集阶段。

2014年，一些热心朋友要出版25卷本《阎崇年集》，作为我80年人生著述的一个节点。《燕步集》《燕史集》《满学论集》《清史论集》和《袁崇焕研究论集》列在《阎崇年集》中，使我的学术论文集得以整体出版。于史学研究者而言，能够出版学术论文集，既是学术幸运，也是学术幸福，而能够连续地、集中地出版自己的五卷本学术论文集，我作为历史科学研究者的感受是：始在其难，苦在其中，乐在其后。

最后，感谢关心、支持和鼓励我的生活·读书·新知三联书店，感谢全国政协学习和文史委员会副主任、中国版权协会理事长阎晓宏先生，感谢中国紫檀博物馆陈丽华馆长，感谢我的夫人帮助查核史料、审读书稿和儿子阎天参与策划、讨论，感谢所有的良师益友，谨致敬诚谢意。

谨以上文，作为后记。

阎崇年 著

阎崇年史学论集

清史卷
上

生活·讀書·新知三联书店

Copyright © 2023 by SDX Joint Publishing Company.
All Rights Reserved.

本作品版权由生活・读书・新知三联书店所有。
未经许可，不得翻印。

图书在版编目（CIP）数据

阎崇年史学论集.清史卷/阎崇年著.—北京：
生活・读书・新知三联书店，2023.4
ISBN 978 – 7 – 108 – 07058 – 6

Ⅰ.①阎⋯　Ⅱ.①阎⋯　Ⅲ.①史学–文集②中国历史–清代–文集　Ⅳ.① K0-53 ② K249.07-53

中国版本图书馆 CIP 数据核字（2021）第 007790 号

阎崇年，北京市社会科学院研究员，著名历史学家。从事清史、满学和北京史研究。获得北京市有突出贡献专家、中国版权事业终生成就者等称号，享受国务院特殊津贴。

总　序

拙著《阎崇年史学论集》，经责任编辑从我发表学术论文中，遴选80篇、附录5篇，按类组合，分成五卷——《清史卷》（上）、《清史卷》（中）、《清史卷》（下）、《满学卷》和《燕史卷》，由生活·读书·新知三联书店出版。笔行于此，体会有三。

第一，学习历史的重要。每个人，从出生到离世，生命时间太短，生活空间太窄，亲身阅历太浅，交往师友太少。怎样使自己的生命，时间延长到千年、空间拓展到全球、师友延展到人类？一个好办法，就是读历史。人类在自然、社会和自身演进中，兴与亡、君与臣、官与民、正与邪、胜与败、荣与辱、浮与沉、合与分、喜与悲、健与病等，留下记忆，传给后人。历史上圣人、贤人、智者、勇者之德功言行，既有成功宝典，也有失败殷鉴。茹古涵今，知行知止，淡泊寡欲，平满安流。学习成功者的智慧与修养，鉴戒失败者的贪婪与骄纵。从历史中学知识、长经验、悟智慧、润品德。

第二，历史研究的难点。学术研究，难在其始，苦在其中，乐在其后。历史研究的学术论文，是衡量史学研究者学术水平的重要标尺。一篇具有开创性的论据充分的学术论文，胜过10本平庸之作。学术论文，贵在开创：说别人没有说过的义理，用别人没有用过的资料，写别人没有濡墨的论著，能够经得住时间不断的考问。这才是一篇高水准的学术论文。愚实在不才，却心向往之。

第三，研究历史的方法。史学是一门科学，需遵循科研路径。读书人多算作"士"，许慎《说文解字》"士"云："士，事也。数，始于一，终于十，从一从十。孔子曰：'推十合一为士。'"这里说了读书、做事的两个过程："始一终十"和"推十合一"。我做一个补充，就是"从一贯十"。我治史的体验是，始一终十、推十合一、从一贯十，这可以譬喻治史的三个阶段。第一阶段：始一终十，就是"博"，所研究专题的视野、史料，要"独上高楼，望尽天涯路"。第二阶段：推十合一，就是"约"，研究论题的水平，达到创新专精，为前人世人所未发未解。第三阶段：从一贯十，就是"通"，如《淮南子》所说，在"四方上下""往古来今"中求索，亦如司马迁所说："究天人之际，通古今之变。"从"博"经"约"到"通"——贯天人、通古今。然而，古往今来，众多学者，或在"始一终十"时停步，或在"推十合一"时辍止，而能走完上述全程者，稀矣，少哉！是为治史成功者赞言，亦为自己之不才镜戒！

治史的基本方法，依然是问题、考据、顿悟、论述。

以上赘言，是为总序。

目 录

森林文化之千年变局 ⋯⋯ 1
清朝历史的文化记忆 ⋯⋯ 26
清朝鼎新的八次机遇 ⋯⋯ 52
清代法制绅绎 ⋯⋯ 58

论宁远争局 ⋯⋯ 81
论觉华岛之役 ⋯⋯ 121
宁锦防线与宁锦大捷 ⋯⋯ 141
论大凌河之战 ⋯⋯ 176
辽西争局兵略点评 ⋯⋯ 205

清太宗经略索伦辨 ⋯⋯ 229
顺治继位之谜新解 ⋯⋯ 253

附录　读《中国通史·清时期卷》⋯⋯ 270

森林文化之千年变局

中国的森林文化，从历史学的视角，就其在中华文化演进中的历史变局，兹格物，求致知，同探讨，增共识。

一

白寿彝先生论道："中国的历史，是中华人民共和国国土上现有的和曾经有过的民族共同创造的历史。"[1]研究中国的历史，可以按一朝一代去研究，也可以从文化类型去研究，还可以有其他。中华文化，既统一，又多元，文化类型不同，彼此聚合交融。

在中华文明五千年发展进程中，以其不同生存空间为依托，逐渐形成多种经济文化类型。就其基本特征进行考察，可以概括为五种经济文化类型，即中原农耕文化、西北草原文化、东北森林文化、西部高原文化和沿海暨岛屿的海洋文化等。这五种经济文化，在历史的演进中，既有不平衡性，又有相融合性。在中华文明五千年演进中，从甲骨文算起，以文字记载的历史

---

[1]《白寿彝民族宗教论集·题记》，北京师范大学出版社，1992年。

有三千多年。这三千多年的历史,按千年分段,考察其文化变迁,主要发生了三个千年变局。在中华文化三个千年变局中,于中国大一统皇朝,中原农耕文化、西北草原文化、东北森林文化,都时间或长或短地占据过主导或主体的地位,而高原文化和海洋文化虽都很重要,却没有占据过主导或主体的地位。[1]在占据过主导或主体地位的上述三种文化类型中,中原农耕文化的存在与意义,学界早已取得共识;西北草原文化的存在与意义,学界也已取得共识;至于东北森林文化,就相对比较而言,过去史料少、踏查少、研讨少、著述少、交流少、关注也少,因而从历史学的视角对森林文化进行论述,经过初步检索,至今没有见到专题论文,也没有见到学术专著。

森林文化在中国暨在东北亚空间上是客观存在的,其在不同历史时段、不同地域范围,都影响着中华历史发展,影响着东亚历史格局,也影响着世界历史进程。因此,本文的旨趣在于,阐述森林文化的称谓、舆地、语言、历史、特征、经济、文化、聚合、交融、演变及其在中华一体多元文化中的地位及影响。

森林文化的研究,有从林业学、生态学、人类学、宗教学等学科角度进行的研究,特别是从林业学角度进行研究,已经取得一系列的成果。如郑小贤的《森林文化内涵及其价值》,苏祖荣、苏孝同、郑小贤合著的《森林文化及其在中华文化体系中的地位》[2]等,均着眼于林学研究范畴,不在本文讨论范围

---

[1] 高原文化曾建立过区域性政权,如吐蕃、南诏,未建立过全国统一的中央政权。
[2] 苏祖荣、苏孝同、郑小贤《森林文化及其在中华文化体系中的地位》,载《北京林业大学学报》2007年第3期。

之内。本文是从历史学的视角对森林文化进行探讨和研究。

东北森林文化，因居住人群的生存环境不同，其生活资源、生产方式、获取手段、生活方式、社会组织和文化习俗等也不同。东北的森林文化，范围颇为广泛，不能逐一涉及，本文讨论有六：一是文化称谓，二是历史地图，三是语言特征，四是渔猎经济，五是文化宗教，六是历史传承。兹于下面，分别阐述。

文化称谓　中国在明清盛时，长城以北、大兴安岭以东至大海，外兴安岭到贝加尔湖以南的广袤地域，从有文字记载以来，三千年间，其地域文化特征，如何进行学术称谓？就地方史研究，已见不全资料，主要有十二说：（1）关东文化；（2）东北文化；（3）关外文化；（4）边外文化；（5）松嫩文化；（6）辽海文化；（7）长白文化；（8）北方文化；（9）三江文化；（10）黑水文化；（11）龙江文化；（12）白山黑水文化等。[1]就民族史学、文化史学、社会史学等而言，对其经济文化类型的概括，或为牧猎文化，或为渔猎文化，或为游牧文化，或为草原文化等，存在不同的称谓。

上述人文社会科学的不同概括，虽各有其道理，也各有其优长，但似有其不足——或于生存环境阐述，或于地理区位界定，或于历史时段描述，或于语言文化诠释，均没有突出森林文化的生态环境及其历史文化特征，也没有概括其文化内涵，因此，有待商榷，值得研究。

由是，我将东北地域的文化，总称为"森林文化"。这样称

---

[1]　参见宋德金《东北地域文化三题》，《光明日报》2009年7月14日；田广林《辽海历史与中华文明》，《光明日报》2009年12月29日。

谓的一个理由是，古代森林文化人们的生存环境，东北地区，森林莽莽，树海无际，而东北的"森林"同中原的"农耕"、西北的"草原"相对举，以显现其生存地理环境、地域经济文化类型的特征。当然，任何概括，都有局限，学者各自表述，不必强求划一；但是，大家取得共识，便于学术交流。

历史地图　中国在明清盛时，农耕、草原、森林、高原、海洋文化的地理范围，按生存环境，绘历史地图，虽较粗略，亦欠准确，但做比较，冀求讨论。

中原农耕文化，分布很广，但其重心在长城以南的中原地区，主要地区包括黄河、长江、珠江中下游地带等，其现今面积：北京（1.64）[1]、天津（1.2）、上海（0.63）、重庆（8.24）、河北（18.88）、山西（15.67）、河南（16.7）、山东（15.96）、陕西（20.56）、甘肃（42.59）、宁夏（6.64）、江苏（10.72）、浙江（10.55）、安徽（14.01）、江西（16.69）、福建（12.4）、湖南（21.18）、湖北（18.59）、广东（17.98）、广西（23.76）、四川（48.6）二十一个省区市，共约343.19万平方公里，其中如川西北主要是高原，甘肃南部、青海南部主要为高原文化，其面积近40万平方公里。黄河、长江、珠江流域等地区中原农耕文化核心地域面积300多万平方公里。

西北草原文化，分布极为广阔，其主要地区东起大兴安岭，南临燕山、长城和天山一线，西北迄巴尔喀什湖地带，北达贝加尔湖一线。中国盛清时草原文化的面积：漠南蒙古分布于今内蒙古自治区（118.3），漠北喀尔喀蒙古分布于今蒙古国（156.65），以上内外蒙古面积共近275万平方公里。还有天山

---

[1] 括号内的数字，以万平方公里即万平方千米为单位，下同。

以北漠西的厄鲁特蒙古（西蒙古）、天山以西伊犁河到巴尔喀什湖50万余平方公里，贝加尔湖以南布里亚特蒙古地区等。总之，中国盛清西北草原文化区域的面积，合计为300多万平方公里。

东北森林文化，分布极为辽阔，中国盛清时主要范围，包括大兴安岭以东，长城一线以北，东达大海，北到贝加尔湖、外兴安岭、库页岛一线的广阔地域。它包括今辽宁省（14.8）、吉林省（18.74）、黑龙江省（47.3），共80.84万平方公里；明清盛时乌苏里江以东至滨海地区约为40万平方公里，黑龙江以北、外兴安岭以南约60万平方公里，还有贝加尔湖以东以南地域等，其面积总数亦为300多万平方公里。

西部高原文化，主要包括今西藏（122.84）、青海（72）、云南（39.41）、贵州（17.62），总面积共251.87万平方公里，还有川西高原等；另从高原地域看，青藏高原（250）、云贵高原（50），总面积亦约为300万平方公里。

东南海洋文化，明清盛时的地理范围，包括今黑、吉、辽、冀、津、鲁、苏、沪、浙、闽、粤、桂、琼十三个省区市沿海及岛屿，即从鄂霍次克海、鞑靼海峡、日本海、渤海、黄海、东海到南海的沿海地域及今台湾岛（3.6）、海南岛（3.39）、香港（0.11）、澳门（0.00329），以及南海诸岛屿——东沙群岛、西沙群岛、中沙群岛、南沙群岛等，直至曾母暗沙。海岸线长约2万公里。海岛及沿海的海洋文化，其领土与海疆的面积，本文不做统计。[1]海洋文化虽非常重要，却从来没有在中央政权占据主导或主体的地位，而农耕文化、草原文化、森林文化、

---

[1] 盛清时新疆约215万平方公里（今新疆166.49万平方公里）土地的地域文化类型，有学者认为：北疆为草原文化，东疆和南疆为农耕文化。

高原文化又缺乏海洋文化基因，海洋文化是中国两千年皇朝史上的文化短板，成为后来西方列强从海上打来中国屡次遭到失败的一个重要文化原因。

由上可见，就其历史地图而言，森林文化在中华历史文化中的重要分量与重要地位，可谓是：举足轻重，牵动华夏。

语言特征 森林文化地域居民的语言，基本上属于阿尔泰语系满-通古斯语族。中华民族语言文化圈，南部主要属于汉藏语系等，北部主要属于阿尔泰语系等。汉藏语系主要包括汉语族、藏缅语族、苗瑶语族、壮侗语族等；阿尔泰语系主要包括突厥语族、蒙古语族和满-通古斯语族。蒙古语族主要分布在西北草原文化地域，包括今蒙古语、达斡尔语、布里亚特语、土族语、东乡语、裕固语（东部）等；满-通古斯语族则主要分布在东北森林文化地域，包括满语、锡伯语、鄂温克语、鄂伦春语、赫哲语等。蒙古语族与满-通古斯语族的地理界限，大致以大兴安岭为界（语言分区不是绝对的）——大兴安岭以东到海、外兴安岭以南到长城，主要是满-通古斯语族的森林文化范围。他们彼此之间的语言虽有差异，但彼此基本可以听懂。有人经常问：皇太极的一后四妃都是蒙古族人，他们怎么沟通、怎样交流呢？他们的语言都属于阿尔泰语系，语法相同，借词亦多，彼此之间，大体能够听懂。总之，东北森林文化的语言，主要属于阿尔泰语系的满-通古斯语族。当然，也不是那样纯粹单一。

渔猎经济 森林文化的早期居民，居住地的选择是：面朝河湖，背靠山林，主要的生活资源——衣、食、住、行、用、贡，多取自森林与河湖。其衣，以兽皮或鱼皮缝制，所以他们被称为"鱼皮鞑子"；其食，吃鱼肉、兽肉或野果，也是来自森林、河溪；其住，撮罗子，以桦木和桦树皮为主要建筑材料；

其行，爬犁是木结构的；其用，碗筷、器皿、摇车、渔猎器具也多是木制品；其贡，主要朝贡楛矢、人参、貂皮、明珠等，都是木制、采集和渔猎的产品。所谓"使犬部""使鹿部"，也是森林文化的产物。随着其经济文化的发展和跟外域经济文化的交流，森林经济逐渐多元化，包括采集、渔猎、畜牧、农耕等。但在明清时期，森林文化的基本经济形态是渔猎经济，这是同草原文化以游牧为主、农耕文化以耕织为主的重大区别。直到满洲崛兴之初，《满洲实录》记载："本地所产，有明珠、人参、黑狐、元狐、红狐、貂鼠、猞狸狲、虎、豹、海獭、水獭、青鼠、黄鼠等皮，以备国用；抚顺、清河、宽甸、叆阳四处关口，互市交易，以通商贾，因此满洲民殷国富。"[1]这说明森林文化之采集、捕鱼、狩猎仍是满洲的重要经济基础。

文化宗教 森林文化的一个特征是对森林、对大木的崇拜。《后汉书·东夷列传》记载："常以五月田竟祭鬼神，昼夜酒会，群聚歌舞，舞辄数十人相随踏地为节。十月农功毕，亦复如之。诸国邑各以一人主祭天神，号为'天君'。又立苏涂，建大木，以县（悬）铃鼓，事鬼神。"[2]这里的"大木"，《晋书·四夷》记载，肃慎氏视之为"神树"。[3]直到清朝皇族的堂子祭祀，仍然是"堂子立杆大祭"。《满洲祭神祭天典礼》记载："每岁春、秋二季，堂子立杆大祭，所用之松木神杆……砍取松树一株，长二丈，围径五寸，树梢留枝叶九节，余俱削去，制为神杆。"[4]从其

---

[1]《满洲实录》卷二，中华书局影印本，1986年，第37页。
[2]《后汉书》卷八五《东夷列传》，中华书局点校本，1965年，第2819页。
[3]《晋书》卷九七《四夷·肃慎氏》，中华书局点校本，1974年，第2534页。
[4]《钦定满洲祭神祭天典礼》卷三，台湾商务印书馆影印文渊阁《四库全书》本，1986年，第18页。

堂子祭祀图可见，就像是一幅森林的画图。《钦定满洲源流考》也记载："我朝自发祥肇始，即恭设堂子，立杆以祀天。"〔1〕甚至在北京大内坤宁宫前也立神杆以祭神祭天。而在古代的日本，森林覆盖大地，寺庙祭祀的是"御柱祭"，这里的"御柱"就是树木，象征着森林。日本的寺庙，有的没有神，只有树木。有书记载："日本的神社里有森林。在日本，可以有没有森林的寺庙，不可能想象神社里会没有森林。"〔2〕森林文化的宗教，同草原文化等一样，阿尔泰语系诸族在古代都信奉萨满教，鲜卑、突厥、契丹、女真、蒙古、达斡尔、鄂温克、鄂伦春、赫哲、满洲等皆然。其教名"萨满"就是从满语"saman"的音译而来的。阿尔泰语系的满－通古斯语族，从晚明至清，其文字为满文，明万历二十七年（1599），由努尔哈赤主持、额尔德尼和噶盖创制。〔3〕满文系借用蒙古文的字母，来拼写满语。满文为拼音文字，同汉文方块字不一样。西方人学满文，因都属拼音文字，比汉人学满文更容易一些。汉语则属于汉藏语系，二者在语言与文字上有较大的差异。

  历史传承 森林文化，历史悠久。考古资料表明，早在一万年前，新石器时代，东北森林文化就已经产生。《后汉书》首列《东夷列传》，记载中原王朝与四周民族的关系，特别记载中原王朝与肃慎的关系："及武王灭纣，肃慎来献石砮、楛矢。"〔4〕先秦

---

〔1〕 《钦定满洲源流考》卷一八，商务印书馆影印文津阁《四库全书》本，2005年，第1页。
〔2〕 梅原猛著《森林思想——日本文化的原点》，卞立强、李力译，中国国际广播出版社，1993年，第34、129页。
〔3〕 《满洲实录》卷三，中国第一历史档案馆藏，第2页。
〔4〕 《后汉书》卷八五《东夷列传·挹娄传》，第2808页。

时肃慎、秦汉时挹娄、魏晋时勿吉、隋唐时靺鞨、宋辽金时女直、元明时女真，以及清初的满洲，文脉相承，连绵不断。

综上所述，中国东北森林文化作为一个历史文化范畴，既然有其自身的文化特点，则应有其学术文化的称谓，从而有利于学术研究。

二

中国东北森林文化的历史，在有文字记载以前的考古资料和口碑传说，本文不做讨论；在中国有文字记载的三千多年历史演进中，其兴盛衰亡、分合迁徙的文明史，从殷商到清末（1911），大体分作三个阶段，发生三个千年变局。

第一个千年 主要是商、周。这段历史的一个特点是最高君主称王，如殷纣王、周文王、周武王等。东西周，八百年，加上殷商，大数算一千多年。我把这段千年历史称作王制或王国时期的历史。这个时期的政治中心，虽然诸侯名义上共尊周天子为国君，但西周天子在镐京、东周天子在洛阳。春秋五霸、战国七雄等，"尊王攘夷"，各自为政，相互兼并，彼此杀伐，实际上是政治多中心的。

这个时期文化发展的主要特征是，中原地区农耕文化的内部关系，在争变中融合，在融合中争变。中原的农耕文化，以农作为食，以桑麻为衣，农桑为衣食之源。虽然还有畜牧业、手工业等多元经济，但是以农耕经济为主。

商周活动的中心区域，殷主要在今河南，周主要在今陕西、甘肃地域。周先祖名弃，号后稷，《史记》记载：弃好耕农，种稼穑，被帝尧举为农师。殷与周，两大文化板块进行碰撞与交汇。周武王会八百诸侯于河南孟津，讨伐殷纣王。牧野之战，双方各发兵七十万，结果殷兵大败。纣登鹿台，赴火而死。[1] 殷亡周兴，崛起于西北的周族，进入中原，确立统治。"周虽旧邦，其命维新。"[2]周朝初期，封诸侯、建藩国、行世袭、食采邑，社会的权力与财产，既照顾先朝旧贵族的利益，更扩张当朝新贵族的权益，更新调整，重新分配。

周从殷纣灭亡，到周平王东迁，周的都城，因在西部，史称西周。西周末年，社会动荡，内乱外祸，政局不安，迁都到洛阳。从平王东迁，到秦的统一，周的都城，因在东部，史称东周。从此，周朝政治中心东移，文化中心也随之东移。在东周时期，春秋也好，战国也罢，既是社会经济大发展的时期，也是社会文化大融合的时期。这段历史时期的特点是：强凌弱，众暴寡，战争频繁，动荡不安。春秋五霸，各国之间，今日为盟邦，明日则为敌国。战国七雄，或合纵，或连横，"七雄虓阚，龙战虎争"。[3]春秋五霸，战国七雄，其立国自存，其图强争霸，关键所系，文化之争。

从文化来说，第一个千年历史，主要是中原农耕文化内部的交融。西周的战乱，东周的纷争，主要是八个文化圈，即北方的齐鲁文化、燕赵文化、河洛文化、秦晋文化，南方的吴越文化、楚湘文化、巴蜀文化、南粤文化，在冲突、融合、对话、交流。上千年的交融，出现一个结果：秦统一六

---

[1]《史记》卷四《周本纪》，中华书局点校本，1959年，第124页。
[2]《诗经·大雅·文王》，宋本十三经注疏本附校勘记本，中华书局影印本，1980年。
[3]《汉书》卷一〇〇上《叙传上》，中华书局校点本，1962年，第4227页。

国,"六王毕,四海一",[1]车同轨,书同文,中原农耕文化一统,成为中华文化的主体与核心。新统合的民族本应称为秦族,嬴秦短祚,刘氏立汉,且秦皇焚书坑儒,得罪儒生,而儒生又有话语权,中原人始不称秦人,而自称汉人,标志着汉民族形成。

这一千年,殷商甲骨文、周朝钟鼎文、商周青铜器、西周石鼓文等,都是这个时期的华夏珍宝。孔子的《论语》、老子的《道德经》、《诗经》的情志、《周易》的智慧、《孙子兵法》、屈原《离骚》,诸子百家,竞相争鸣,思想精华,令人惊叹!这不仅在中国,而且在世界,放射出人类文明史上的一道光华。但是,在这场文化大交融中,也付出了沉重代价。周殷牧野之战,"血流漂杵"。[2]秦赵长平之战,秦武安君白起斩级、坑杀赵军降卒四十五万人,[3]可谓惨烈至极!这段历史,极不平静。付出与收获,碰撞与融合,阴阳交替,相辅相成。司马迁在《报任安书》中说:"盖文王拘,而演《周易》;仲尼厄,而作《春秋》;屈原放逐,乃赋《离骚》;左丘失明,厥有《国语》;孙子膑脚,兵法修列;不韦迁蜀,世传《吕览》;韩非囚秦,《说难》《孤愤》;诗三百篇,大氐圣贤发愤之所为作也。"[4]中原农耕文化融汇的艰难历程表明:历史在曲折演进,欢歌伴随着悲怆。

---

[1] 杜牧《阿房宫赋》,载《樊川文集》,上海古籍出版社,2009年,第1页。
[2] 《尚书》卷一一《武成》,宋本十三经注疏附校勘记本,中华书局影印本,1979年,第184页。
[3] 《史记》卷七三《白起列传》,第2335页。
[4] 司马迁《报任安书》,《昭明文选》卷四一,世界书局影印本,民国二十四年,第578—579页。

这个时期，东北森林文化的肃慎，已同中原王朝有往来。《尚书》《大戴礼记》《国语·鲁语》《山海经》《竹书纪年》《汉书·五行志》等都有"肃慎"或"息慎"同中原王朝来往的记载。《尚书》里说："武王既伐东夷，肃慎来贺。王俾荣伯作《贿肃慎之命》。"[1]《史记·五帝本纪》尽管有传说的元素，但有肃慎的传说和记载。书里的"息慎"，其"集解"引郑玄曰："息慎，或谓之肃慎，东北夷也。"[2]肃慎又称稷慎，《周书·王会解》曰："西面者正北方，稷慎大麈。"孔晁注："稷慎，肃慎也。"《史记》和《汉书》虽都留下美妙动人的故事，[3]却没有为肃慎立传，直到《后汉书》才出现《挹娄传》。这说明此期森林文化在中华文化圈里，虽有交往、屡见记载，却因山河阻隔，尚处边缘状态。

第二个千年　从秦始皇二十六年（前221），到后梁贞明二年即辽太祖神册元年（916），共1138年，大数算也是千年。这个千年间，除中原地区继续农耕文化交融外，农耕文化与草原文化交融——秦汉与匈奴、隋唐与突厥的交融是一个突出的文化现象。这个时期文化冲突，一个重要特点是农耕文化与草原

---

[1]《尚书》卷一八，宋本十三经注疏附校勘记本，中华书局影印本，1979年，第236页。

[2]《史记》卷一《五帝本纪》，第43页。

[3]《史记·孔子世家》记载："有隼集于陈廷而死，楛矢贯之，石砮，矢长尺有咫。陈湣公使使问仲尼。仲尼曰：'隼来远矣，此肃慎之矢也。昔武王克商，通道九夷百蛮，使各以其方贿来贡，使无忘职业。于是肃慎贡楛矢，石砮，长尺有咫。先王欲昭其令德，以肃慎矢分大姬，配虞胡公而封诸陈。分同姓以珍玉，展亲；分异姓以远方职，使无忘服。故分陈以肃慎矢。'试求之故府，果得之。"（《史记》卷四七，点校本二十四史修订本，中华书局，2013年，第2317页）

文化的冲突，前期对匈奴，后期对突厥——都是汉藏语系文化与阿尔泰语系突厥语族和蒙古语族间的文化冲突与融合。

这个千年，《史记》有《匈奴列传》（上、下两卷），《汉书》有《匈奴传》《西域传》共列51节，《后汉书》则有《西域传》《南匈奴传》，这些说明匈奴与西域在此期历史上的重要地位。

此期有个历史现象值得注意：出现西汉、东汉、西晋、隋和唐五个统一的朝代。当朝的政治中心，秦在咸阳，西汉在长安，东汉在洛阳，都城的变迁，沿着黄河中游、渭河干流地域而东西摆动，但摆动的重心在长安（今西安）。

秦始皇联结六国长城而为万里长城，派蒙恬率30万大军守长城，又派长子扶苏监军，主要是防匈奴。秦亡的直接原因是农民军的揭竿而起，间接原因则是劳民修长城、重兵防匈奴。否则，蒙恬率大军对付陈胜、吴广，而扶苏在始皇身侧，那么，陈胜之兵与赵高之谋，均恐难以遂其所愿，历史会是另种局面。所以，从某种意义上说，秦亡于匈奴。秦亡汉兴，亦有悲歌："高祖忍平城之耻，吕后弃慢书之诟。"[1]这说明当时农耕文化与草原文化冲突之激烈。西汉，汉武帝时卫青、霍去病大战匈奴；东汉，"匈奴尝以万骑入渔阳（今北京郊区），（张）堪率数千骑奔击，大破之，郡界以静"[2]。汉设立西域都护府，唐设立安西都护府和北庭都护府，都是农耕文化与草原文化交融的政治之果。

这一千年，文化繁荣，气势博大，世人震撼。万里长城、阿房宫殿、秦陵兵马俑、汉墓马王堆、司马迁的《史记》、司马相如的汉赋、王羲之的书法、阎立本的绘画、李杜的诗篇、大

---

[1]《后汉书》卷九〇《乌桓鲜卑列传》，第2992页。
[2]《后汉书》卷三一《张堪传》，第1100页。

唐的宫殿、敦煌壁画、龙门石窟、张骞出使西域、玄奘西天取经，都向世界展示：中华文化，盛大光明，东西交流，景况空前。这不仅在中国，而且在世界，放射出人类文明史上的又一道光华。但是，在这场文化大交融中，也付出了沉重代价。王昭君的出塞和亲、蔡文姬的《胡笳十八拍》、木兰从军的传说、文成公主的故事，既奏着民族融合的乐章，也含着贵门闺秀的悲歌。东晋时的衰微，南北朝的离乱，也都是这场融合的记忆。

中原农耕文化与蒙古草原文化经过千年的文化冲突、聚合，草原文化冲突风浪虽暂时相对平静，同森林文化的冲突、聚合却波澜又起。

早在汉代，史有记载："挹娄，古肃慎之国也。在夫余东北千余里，东滨大海，南与北沃沮接，不知其北所极。土地多山险，人形似夫余，而言语各异。有五谷、麻布，出赤玉、好貂。无君长，其邑落各有大人。"[1]今黑龙江双鸭山地区，挹娄村落遗址，村屯房屋，星布遍地。几乎每个小山丘，就是一个村落。[2]虽文献记载不足，但可以看出一个森林文化发展的脉络来，就是从肃慎、挹娄、勿吉、靺鞨、女真、满洲，这条文脉承续下来的。

此期，两汉、三国、魏晋南北朝、隋、唐、五代十国，有大量的记载，如《淮南子》《三国志·魏书》《北齐书》《隋书》等。这个时期，由于森林文化的重要，相继在《后汉书·挹娄传》《三国志·魏书·挹娄传》《晋书·肃慎传》《魏书·勿吉传》

---

[1]《后汉书》卷八五《东夷列传》，第2812页。
[2] 黑龙江省文物考古研究所《黑龙江省双鸭山市滚兔岭遗址发掘报告》，载王学良主编《荒原觅古踪》，双鸭山市文物考古资料汇编委员会印本，2008年，第11—24页。

《北史·勿吉传》以及《隋书·靺鞨传》《旧唐书·渤海靺鞨传》《新唐书·黑水靺鞨传》等均有专门记载。

这个千年,森林文化与农耕文化的交融,三件大事,值得关注:

其一,慕容儁在蓟城建都。鲜卑人居于大兴安岭到辽河流域,当属森林文化。西晋时,曾封鲜卑慕容部酋长为将军、都督。慕容部人皮肤细白,晋士族多买其妇女做婢妾,就连东晋明帝司马绍的母亲荀氏也是慕容部人。东晋永和六年(350),前燕主慕容儁从龙城(今辽宁朝阳)向南进兵,夺得幽州,攻入蓟城。元玺元年(352),慕容儁即皇帝位,定蓟城为国都,并修宫殿、建太庙、册皇后、立太子,是为北京史上少数民族首次在北京建都,史称"前燕"。慕容儁想组成一支150万人的大军,南进争雄,未果身死,在位11年。[1]蓟城作为前燕国都,仅6年。鲜卑人慕容儁迁都蓟城,是森林文化民族第一次在关内北京建都。这是东北森林文化进入中原政治舞台的历史信号。

其二,大祚荣建立渤海政权。粟末靺鞨部首领大祚荣,唐初时,率众徙居营州(今辽宁朝阳)。武则天时,又率部北居古挹娄之地。唐圣历元年(698),在今吉林敦化地区,自立政权,初称震(一作振)国,后称渤海。后都上京龙泉府(今黑龙江省宁安市渤海镇)。唐先天二年(713),唐遣使册拜大祚荣为左骁卫大将军,并册封为渤海郡王。祚荣遣子入侍,后每岁遣使朝贡,[2]辖区盛时达五京,十五府,六十二州。渤海政

---

[1]《晋书》卷一一〇《慕容儁载记》,中华书局点校本,1974年,第2842页。
[2]《旧唐书》卷一九九上《渤海靺鞨传·大祚荣传》,中华书局点校本,1975年,第5360—5363页。

权，书载："渤海诸王，受唐封号，朝贡不绝。"[1]辽天显元年（926）被契丹所灭。渤海政权雄居一隅，存在214年，表明森林文化内涵力量之强大所在。

其三，安禄山以范阳为东都。唐天宝十四载（755），任范阳、平卢、河东三镇节度使的安禄山，从范阳（幽州）起兵反唐，揭开了东北方少数民族登上中国政治舞台的序幕。安禄山起兵范阳，拥15万众，号20万，步骑南进，烟尘千里，所过州县，望风瓦解。不久占领东京洛阳。第二年，安禄山自称大燕皇帝，年号圣武，以范阳为东都。安禄山分兵攻入西京长安，唐玄宗偕杨贵妃仓皇出逃。安禄山次子安庆绪杀安禄山后，自立为燕帝。唐军收复长安，东击洛阳。安庆绪败弃洛阳后，被安禄山部将史思明所杀。史思明自立为大燕皇帝，并以范阳为燕京。史思明夺取洛阳后，又被其长子史朝义所杀。史朝义再自立为燕帝，兵败后退回范阳。广德元年（763），史朝义的范阳守将李怀仙等降唐，史朝义兵败途穷，"缢死医巫闾祠下"。[2]历时八年安史之变的战火，由范阳点燃，又在范阳熄灭。此后，藩镇割据，直至唐亡。

鲜卑人慕容儁建南燕，发其端；靺鞨人大祚荣建渤海政权，继其后；营州柳城胡人安禄山建大燕，破长安。森林文化，跨越黄河，抵达长安，影响深远。

以上慕容儁、大祚荣、安禄山发出的三个历史信号表明：东北森林文化要进入中原，同中原农耕文化进行较量、聚合与交融。

---

[1] 金毓黻编著《渤海国志长编》上册，《社会科学战线》杂志社，1982年，第149页。

[2]《新唐书》卷二二五上《史思明传附朝义传》，中华书局点校本，1975年，第6434页。

三

第三个千年 从北宋、辽、南宋、金、西夏到元、明、清，历经八代九十帝，共996年，大数算也是千年。中原农耕文化、西北草原文化继续融合，东北森林文化登上中原历史舞台。清朝的建立，标志着森林文化在中原文化中取得主导或主体的地位。先是森林文化的契丹、女真，占有半壁山河。而后，蒙古崛起，铁骑劲旅，驰骋欧亚，入主中原，建立大都。朱元璋以"驱逐胡虏，恢复中华"相号召，建立了明朝，后又衰落。努尔哈赤举着"七大恨"告天的旗帜起兵，满洲崛兴，定鼎燕京，则是这次文化大碰撞的集中展现。这个时期，政治中心，南北摆动，但以北京为重心。北宋都汴梁（今开封）、南宋都临安（今杭州），辽都上京（今内蒙古巴林左旗），金都先在上京（今黑龙江哈尔滨市阿城区）后迁中都（今北京），元先在上都（今内蒙古锡林郭勒盟正蓝旗境）后迁大都（今北京），明初都金陵（今南京）后迁都北京，清初都盛京（今沈阳）后迁都北京，中国两千多年皇朝历史政治中心的摆动，先是东西摆动，后是南北摆动，从而呈现大"十"字形摆动的特点。

千年文化，发生巨变。大碰撞，大融合，大代价，大发展，活字印刷，天禄琳琅，《册府元龟》《永乐大典》《古今图书集成》《四库全书》《皇舆全览图》《乾隆京城图》，宋元善本古籍，内阁大库档案，《清明上河图》《富春山居图》《千里江山图》《姑苏繁华图》，万里长城、京杭运河、明清宫殿、"三山五园"、避暑山庄、木兰围场、两宋美瓷、元青花瓷、明宣德炉、清珐琅彩瓶、苏州刺绣、扬州漆器、江宁云锦、杭州丝绸等，争奇斗艳，竞放奇葩。同时，为此也付出了沉重的代价："文天祥之丹心，朱元璋之义旗，袁崇焕之磔死，史可法之壮烈，顾炎武之气节，张煌言之英魂，以及'扬州十日''嘉定三屠'之悲剧，还有《桃花扇》之血泪，都是这段悲壮历史的血泪实录。"[1]

历史是胜利者与失败者、融化者与被化者共同参与、共同创造的。中华文化是中国各民族共同创造的。中国各个民族之间，中原农耕文化与西北草原文化、东北森林文化，汉藏语系与阿尔泰语系，多元文化，相互交融，中原核心，一统政体，出现了中华大一统局面。具体映现，略举五例：

第一，国家版图一统。中华版图出现汉、唐、元、明、清等朝的大一统局面。其中，汉唐时期的千年，主要是农耕文化与草原文化的交融，森林文化或短暂或局部地登上中华历史舞台一隅，但未在全国政治舞台上占主体或主导地位。元明时期虽然也有草原文化参与，但总体说来，处于过渡状态，就是农耕文化与草原文化、农耕文化与森林文化的交替、过渡阶段。清代森林文化登上中华文明舞台，出现版图大一统的新局面。

清朝时期，中华农耕文化、草原文化、森林文化的大融合，中华版图空前大一统，并由中央政府有效控制。版图大致是：东起大海，东北到库页岛，北自外兴安岭、贝加尔湖一线，西北到巴尔喀什湖，西达萨雷阔勒岭，西南到喜马拉雅山，南至曾母暗沙，东南到台湾及其以东岛屿，南北跨纬度约50°，东西跨经度约70°，总面积约为1400万平方公里，比欧洲还大些。中央政权对所辖版图任命官员、驻扎军队、征收赋税、科

---

[1] 阎崇年《大故宫》第3册，长江文艺出版社，2013年，第316页。

举取士、定期朝觐等，都是大一统的例证。

第二，民族多元一体。清朝民族认定，比较粗疏。大凡现今中华56个民族，清朝时都生息在中华大地上。清廷的民族与宗教政策，在中华皇朝史上，是比较得当的，各民族更加聚合、交融。

早在汉代，中原地域，农耕民众，称谓汉族。经过魏晋南北朝，到隋唐重新统一，出现中华的新概念。如唐太宗说："自古皆贵中华，贱夷、狄，朕独爱之如一，故其种落皆依朕如父母。"[1]

匈奴、蒙古的历史难题，一直困扰中原王朝的君主。元朝短暂统一，不久退回大漠。明朝蒙古强大时，正统己巳和嘉靖庚戌，两度叩打京师大门，又饮马鸭绿江，游牧天山西。其时女真人也受蒙古贵族的统治或奴役。森林文化主导中华大地后，天命和崇德时期的漠南蒙古，康熙时期的喀尔喀蒙古，乾隆时期的厄鲁特蒙古，繁难蒙古问题，得到较好解决。康熙帝说："昔秦兴土石之工，修筑长城。我朝施恩于喀尔喀，使之防备朔方，较长城更为坚固。"[2]明朝修长城为防御蒙古，清朝蒙古则成为抵御外来侵略的长城。"明修长城清修庙"。康熙帝说："柔远能迩之道，汉人全不理会。本朝不设边防，赖有蒙古部落为之屏藩耳。若有变动，或在中国，蒙古断无此虑。"[3]

---

[1]《资治通鉴》卷一九八，贞观二十一年五月条，中华书局点校本，1956年。
[2]《清圣祖仁皇帝实录》卷一五一，康熙三十年五月初七日，中华书局影印本，1985年。
[3]《康熙起居注册》，康熙五十六年十一月二十六日丙子，中华书局影印本，2009年。

清末民初，蒙古地区有人要闹独立，蒙古贤达指出："蒙古疆域，向与中国腹地，唇齿相依，数百年来，汉蒙久成一家……我蒙同系中华民族，自宜一体出力，维持民国，与时推移。"[1]

新疆虽自西汉张骞通西域，唐朝设安西都护府，但清朝先设伊犁将军，实行军府管辖，继设新疆省，同内地一体管辖，用制度维系多民族的一体化。

西藏至晚于元已然归属朝廷，继明之后，清廷册封达赖喇嘛、班禅额尔德尼，设驻藏大臣，在西藏驻军，实行金奔巴瓶掣签制，藏民融入华庭。

其他西北、西南、东南诸少数民族，经"改土归流"，行文化融合，也都融冶在多元一体的中华大家庭中。

总之，中国各个民族，尽管语系不同、民族不同、地域不同、生态不同、历史不同、宗教不同、文化不同、习俗不同，但是经过三千多年的三个时期的变局，到清末民初，已经形成统一的中华民族。

第三，语言两系一构。前已述及，中华56个民族，主要分属于两大语系，即汉藏语系和阿尔泰语系——突厥语族、蒙古语族、满-通古斯语族，在清代随着森林文化的入主中原，不同语系、不同语族的旗民，都生活在大中华之内，彼此交融，相互影响。乾隆时编修的《五体清文鉴》，即满文、藏文、蒙古文、维吾尔文、汉文五种文字对照合编，就是一个多民族文化融会的佳证。[2]

---

[1]《西盟会议始末记》，商务印书馆，民国二年（1913），第43页。
[2]《五体清文鉴》，民族出版社影印本，1957年。

第四，文化多元融合。满洲入主中原后，极力学习汉文化，促进满汉文化融合。由于都城文化是中华文化的一个展示台，所以多民族文化融合集中表现在都城文化上，下举四例，以做证明。

第一例，蒙古都城规划特色。元建大都，把蒙古草原文化带到大都，并体现在大都城的规划上。其一，太液为主，宫殿为客。大都城的布局，中心是太液池，其东岸为大内（皇宫），西岸南为隆福宫、北为兴圣宫，三组宫殿环围太液池而鼎足布设。这种格局的文化原因是，对游牧民族来说，"不待蚕而衣，不待耕而食"[1]，随四时迁徙，逐水草移居，所以蒙古人视水草如生命，蒙古包选地也多在水边。明朝农耕文化的北京宫殿则相反：宫殿为主，太液为客。将皇宫用高墙围成紫禁城，西苑只是作为帝后游憩、娱乐之地。其二，宫殿建筑，取围帐式。蒙古人居住的蒙古包，有单体式、集合式和院心式等类型。王公贵族居住的蒙古包，呈院心式——中心设大帐，环列设小帐，再外有围垣。这种建筑形式映现在宫廷主要建筑上，宫与殿之间，加筑围廊和角楼，形成周庑角楼制。[2]史载：大明殿"周庑一百二十间，高三十五尺，四隅角楼四间，重檐"；延春阁"周庑一百七十二间，四隅角楼四间"。[3]这表明元代主要宫殿都有周庑及角楼。大都宫殿周庑角楼之制，既是中原农耕文化宫阙廊庑传统的继承，又是蒙古草原毡帐行止在宫殿建筑上的反映。其三，建筑装饰，崇尚绿色。如紫檀殿，"草色髹漆"；

---

[1]《元史》卷九三《食货志一》，中华书局校点本，1974年，第2354页。
[2] 朱偰《元大都宫殿图考》，北京古籍出版社，1990年，第4页。
[3] 陶宗仪《南村辍耕录》卷二一《宫阙制度》，中华书局，1959年。

宫殿丹墀，种植青草；兴圣宫"丹墀皆万年枝"，就是种松树；典型的是今北京北海万岁山（今称琼华岛），山绿、水绿、树绿、草绿、石绿、殿绿，成为一片绿色世界——这是蒙古草原文化在大都宫苑建筑色彩的鲜丽体现。

第二例，满洲改变宫殿规制。以皇宫坤宁宫为例。坤宁宫在明代是皇后寝居的正宫，共九间。清将其按照盛京（沈阳）清宁宫的格局加以改建，使中部和西部成为萨满祭神的场所。正门开在偏东一间，其东北角隔出一小间，里面安置煮肉的三口大锅，外面有杀猪、打糕（供品）的用具；宫内东边两间暖阁留作皇帝大婚临时居住的洞房；中间四间为祭神场所，北、西、南三面有连通大炕；西边一间存放佛像、神像、祖宗板子及祭祀用品；两端各有通道一间。窗户改明代菱花格窗为满洲式直棂吊窗，窗纸糊在窗外。门前有祭天神杆（索罗杆子）。祀日，在宫内杀猪、煮肉、献礼。奉猪颈骨及猪胆、肉、米于索罗杆顶的斗内。礼成，帝、后等坐在炕上受胙肉。宫殿的西暖殿后墙外，按关外习俗，竖立起烟囱，为煮祭肉时出烟之用。

第三例，兴建皇家园林。清朝开国帝王，长期生活在关外，过着森林文化生活。他们喜动不喜静，耐寒不耐热。摄政王多尔衮曾说过：北京春秋尚可，暑夏溽热难耐。[1]他要在塞外建避暑的喀喇城，既能避暑，又能狩猎。但是，事未成，身先死。顺治帝在位时间较短，常在南苑狩猎，或到京东游幸。到康熙、雍正、乾隆三朝，社会比较安定，府库财力充裕，造园经验丰富，满洲崇尚骑射，兴建避暑、狩猎、游乐、理政的皇家园林，

---

[1]《清世祖实录》卷四九，顺治七年七月乙卯，中华书局影印本，1986年。

从而使京师皇家园林有新的开拓，尤其是"三山五园"的建设，成为中国古典园林史上的明珠。承德避暑山庄，则成为清代多民族文化融合的一个政治象征。

第四例，整合中华文化。以军事征服文化者，而被其文化所征服。满洲入主中原，提供新的实例。满洲以弓马得天下，又被农耕文化所融合。清康、雍、乾、嘉等朝，集中全国文萃，汇集京师，整理编纂册籍，敕撰百余种，10万余卷。其中，辞书《佩文韵府》（444卷）、志书《一统志》（500卷）、《全唐诗》（900卷）、《全唐文》（1000卷）、《古今图书集成》（10000卷），还有《满文大藏经》《四库全书》《皇舆全览图》《乾隆京城全图》《五体清文鉴》等。

整理《无圈点老档》（又称《满文老档》《旧满洲档》《满文原档》）。其原本40册，现藏台北故宫博物院。清廷敕编《八旗通志》《钦定满洲源流考》《钦定满洲祭神祭天典礼》等。

这样，中原农耕文化与西北草原文化、东北森林文化经过三千年交融，其汉藏语系与阿尔泰语系进一步交融，出现中华大一统的局面。

但也有冲突。满洲文化推崇"国语骑射"，也推行满洲服装与发型。这就发生"留头不留发、留发不留头"的文化冲突。所以满汉文化有融合面也有冲突面。开始努尔哈赤是强力推行满洲文化，遇到强烈反抗，如往井里投毒、暗杀、民变。皇太极时做了一些调整，多尔衮时矛盾再次突出。康熙时再逐渐缓和。有人说：世界四大文明古国，只有中国文明没有中断、得以延续，清朝的文化政策有其积极的一面。

第五，经济多元一主。满洲能够在中原站住脚，跟其文化四元性特点有关。满洲的渔猎经济，在黑龙江中下游地区融合赫哲、鄂伦春等民族，并建立起巩固的统治；满洲的牧业经济，跟蒙古有共同的文化基础，还属于共同语系，建立起满蒙婚姻、军事、政治与文化的联盟；满洲的农耕经济，到了中原地区跟汉族农耕文化结合，始能稳住，后能巩固，长达268年。

中国到清朝"康雍乾"时代，出现农耕文化、草原文化、森林文化、高原文化和海洋文化的中华文化空前大融合。在明清盛时，中原农耕文化核心地区面积约400万平方公里，而草原文化、森林文化、高原文化其面积也各约300万平方公里。再加上沿海地区及岛屿，还有其他地区，展现了总面积达1400多万平方公里的大中华版图。中华文化以强大的包容性，融汇了上述五种文化形态，"你中有我，我中有你"，既保证了中华文化绵延五千年而未中断，也为与世界其他文化交流储存了丰富的中华元素。万里长城、大运河、明清故宫则是中华文化分别在三个千年变局中，向世界文明贡献的三大厚礼。伟大的中国人，自强不息，厚德载物——中华文化将多种文化的江河，汇聚成为中华文化的海洋。

总之，中国有文字记载的三千多年历史，经过三个千年大变局，进行三次文化大交融——第一次主要是农耕文化内部的交融，森林文化处于边缘状态；第二次主要是农耕文化与草原文化的交融，森林文化发出进入中原的历史信号，同时农耕文化内部也在交融；第三次主要是森林文化入主中原，农耕文化与森林文化、草原文化、高原文化的大交融。农耕文化、草原文化、森林文化在两种语言体系交融中，亦霸道、亦王道、亦友好、亦争斗，友好并不排斥争斗存在，争斗也不阻隔交汇融合，呈现着文化的包容性、吸纳性、多元性和创新性，开出中华文化之花，结出中华文化之果。三个千年变局的实质是由变而合,由合而大,最终统合为大中华文化,生生不息,骎骎健行。三个千年变局所形成统一多民族的持久稳固的中华文化共同体,屹立于世界民族文化之林。

[原载《辽宁大学学报(哲学社会科学版)》2014年第1期,收入本书时个别文字稍有改动]

清朝历史的文化记忆

本文就从努尔哈赤建元天命（1616），到溥仪宣统三年（1911）296年的全清史，按文化演变、文化自信和文化纠结三个方面，举其纲，择其要，分别阐析，略作论述。

一 清朝历史的文化演变

有一次在台湾佛光山，我和星云大师对谈。星云大师问：阎教授，清史太复杂，怎样理出个头绪？我答：清史，说复杂很复杂，说简单也简单。星云大师问：简单，怎讲？我答：说清史简单，可概括为"兴、盛、衰、亡"四个字。清朝十二帝，三帝一阶段，正好对应清史兴、盛、衰、亡四个时期。

人们常问：清朝四个时期总共有多少年？清朝的时间，有三种算法：

第一种，从天命元年（1616）到宣统三年（1911），共296年。我们讲全清史，就是讲清朝296年兴盛衰亡的历史。

第二种，从崇德元年（1636）到宣统三年（1911），共276年。因崇德元年皇太极改金为清，所以有人主张清朝以此为始。

第三种，从顺治元年（1644）到宣统三年（1911），共268

年。这是通史的算法,是通行的算法,也是大家有共识的算法。

下面就清朝兴、盛、衰、亡的历史和文化演变,分开阐析。

兴,"天天顺",就是天命(努尔哈赤)、天聪和崇德(皇太极)、顺治(福临)三代。其中,皇太极改年号天聪为崇德,所以"清朝十二帝"却有"清宫十三朝"的说法。

清朝兴起花了多少年的时间?有四种说法:

一是28年说,就是从天命元年(明万历四十四年,1616),到清崇德八年(崇祯十六年,1643),共28年(1616—1643)。

二是60年说,就是从明万历十一年(1583)努尔哈赤起兵,到崇德八年(明崇祯十六年,1643),共60年(1583—1643)。

三是80年说,就是从明万历十一年(1583)努尔哈赤起兵,到清顺治十八年十二月初三日(1662年1月22日)南明永历帝被俘,"永历既获,疆圉底定",[1] 共80年(1583—1662)。

四是100年说,就是从明万历十一年(1583)努尔哈赤起兵,到清康熙二十二年(1683)统一台湾,共100年(1583—1683)。

我主张60年说,因为从努尔哈赤起兵,创建八旗、建立政权,到清军入关、定鼎中原,取得全国政权,基本稳定下来,标志着清朝兴起,共60年。

盛,"康雍乾",就是康熙、雍正、乾隆三朝。康熙61年、雍正13年、乾隆60年,合计134年(1662—1795)。清朝经过开国60年的兴起、奠基,进入巩固、强盛的时期。康熙朝处在

---

[1]《清圣祖实录》卷六,康熙元年三月甲戌,中华书局影印本,1985年。

清朝历史承前启后的关节点上。康熙帝之前，清朝实际上是努尔哈赤、皇太极、多尔衮、福临四代，康熙帝实为大清帝国的第五代君主。康熙帝的重大历史贡献是开启了清朝强盛的局面。

清朝强盛的主要标志是：（1）国家空前统一；（2）疆域空前广大；（3）民族空前协和；（4）文化空前融合；（5）人口空前众多；（6）经济空前发展；（7）社会空前安定；（8）万国空前来朝。

衰，"嘉道咸"，就是嘉庆、道光、咸丰三朝。嘉庆25年、道光30年、咸丰11年，合计66年（1796—1861）。"嘉道咸"三朝由盛转衰的主要标志是：嘉庆朝的民变，外有五省白莲教大规模的农民起义，内有天理教民攻入紫禁城；道光朝的鸦片战争，西方殖民侵略者第一次从海上叩开中华帝国的大门，中国第一次同外国签订不平等的中英《南京条约》，从此一步步地沦为半殖民地国家；咸丰朝内有太平天国攻占南京，外有英法联军攻入中华帝国首都北京。这些都足以表明大清帝国衰落了！

亡，"同光宣"，就是同治、光绪、宣统三朝。同治13年、光绪34年、宣统3年，合计50年（1862—1911）。且这三位皇帝均是年幼即位，同治6岁，光绪4岁，宣统3岁，一个比一个年幼，这也是大清帝国日薄西山、后继无人的衰象。其间，虽有短暂"同治中兴"，但载淳早亡、"叔嫂"不和，而昙花一现，未扭转颓势。在此期间，甲午海战失败，外有八国联军侵入北京，内有戊戌变法破产、辛亥革命成功——大清帝国覆亡，中华民国建立。

当然，清朝历史也有其文化自信的一面。

二 清朝历史的文化自信

清朝经过开国 60 年的历史积累,到康雍乾,臻于鼎盛。清朝历史的文化自信,主要标志是什么呢?主要标志是版图统合、民族协和、文化融合。

第一,版图统合。我国自秦始皇到宣统帝的帝制时期,共 2132 年。其中国祚满 200 年的大一统皇朝,只有西汉(214 年)、唐(289 年)、明(276 年)、清(268 年)四个朝代。谈论版图,皇朝版图与中华版图既有联系,又有区别,应当将皇朝版图与中华版图加以区别。中国版图,在上述四朝中,哪朝最大?有说汉,有说唐,有说明,也有说清。汉、唐虽大,但稳固控制、实际管辖的时间较短;明朝虽大,但对新疆、蒙古地区基本上不能实行完全有效、长期稳固的控制,如《明史》就将《鞑靼传》和《瓦剌传》列为外国传。这并不表明鞑靼和瓦剌属于外国,而是表征明朝并不能完全对其控制。清朝的疆域,既继承元明版图,又进行实际管辖。清朝的一大贡献是将满、蒙、疆、藏、台地域,完全有效地置于中央政权管辖之下。清朝盛时版图,同历代相比,列入版籍、实际控制、长期管辖、有效统治之面积最大。"康雍乾"强盛时期的版图,北自库页岛、庙街(今尼古拉耶夫斯克)、外兴安岭山脊、贝加尔湖、唐努乌梁海、铿格尔图喇等一线,东起大海,西北到巴尔喀什湖,西到帕米尔高原,西南到喜马拉雅山,南达曾母暗沙,总面积约 1400 万平方公里。因此,就纵向来说,在上述四个大一统皇朝中清朝版图是最大的;就横向来说,在当时的世界上,中华版图是最大的。康熙朝时,俄国并没有完全控制西伯利亚,美利坚合众国还没有诞生，英国还未成为"日不落帝国"，法国没有发生大革命，德意志没有实现统一，日本更没有出现明治维新，这些国家的国土面积当时都不算大。

清朝强盛时的版图，如新疆面积约215万平方公里，[1]而现在英国（24.4万平方公里）、法国（55万平方公里）、德国（35.7万平方公里）、意大利（30.1万平方公里）、奥地利（8.3万平方公里）、西班牙（50.6万平方公里）、葡萄牙（9.2万平方公里）七国面积的总和为213.3万平方公里。清朝盛时新疆面积比今英、法、德、意、奥、西、葡七国面积之总和还要大一些。在清朝，森林文化的东北满洲地域等约300万平方公里，草原文化的西北地域等约300万平方公里，高原文化的西部藏区等约300万平方公里，以上森林、草原、高原文化三大部分就有约900万平方公里。其时，中国版图总面积约1400万平方公里，不仅是中国历史上四大统一皇朝中最大的，而且是当时世界各国中版图最大的。

康熙时有一项文化工程，就是测绘并编修《皇舆全览图》。先在各地，按照近代方法，进行实测绘图，再作全省地图，最后整合成为全国的地图，名《皇舆全览图》。这是当时世界上第一份经过实测绘制出来的全中国疆域地图，雍正、乾隆加以调整、订正、补充、丰实。后来亚洲地图的基础就是康熙时的《皇舆全览图》。世界地图的中国部分也是以这个地图为基础的。

---

[1] 清朝盛时新疆面积包括：今新疆面积166.49万平方公里，加上同治三年（1864）被割去的44万平方公里，再加上光绪七年（1881）被割去的11万平方公里，共221万平方公里，但需减去今阿勒泰地区原属乌里雅苏台将军辖区的约61748平方公里，所以其时新疆总面积约215万平方公里。

《皇舆全览图》后来用铜版印刷，一直传承至今。清朝盛时的版图，以北京为中心，往北到黑龙江入海口的庙街约5000公里，往南到曾母暗沙也约5000公里，也就是说中华版图南北的距离是10000公里。东西的距离，仅从今江苏连云港到新疆霍尔果斯是5000公里，还有其迤西的一段。

版图属于国家核心利益，尺土不让，寸土必争。早在康熙帝曾祖努尔哈赤时，叶赫向建州索要土地，清太祖努尔哈赤回答叶赫贝勒纳林布禄说："土地非牛马比，岂可割裂分给？"[1] 康熙朝，在清朝全权代表索额图赴尼布楚与俄国议和代表谈判行前，康熙帝在乾清门御门听政时指示说："朕以为尼布潮（尼布楚）、雅克萨、黑龙江上下，及通此江之一河一溪，皆我所属之地，不可少弃之于鄂罗斯。……否则尔等即还，不便更与彼议和矣。"[2] 然而，后来清朝衰落，列强枪炮威逼，道、咸、光三朝，割给俄国土地150多万平方公里。民国时期又失去外蒙古156.65万平方公里。这些历史教训，后人应当铭记。

第二，民族协和。清朝一个巨大的文化成就是取得了处理民族问题的宝贵经验。我国现有的56个民族，当时都生活在这块版图上。在帝制时代，清朝的民族问题是处理得比较好的，也可以说是历代皇朝历史上最好的。不仅我们自己这样说，外国学者包括美国、日本的学者，都认为这个时期中国民族问题处理得比较好。清朝处理民族问题的经验，继承了从周朝以来2000多年的处理民族问题的经验。

---

[1] 《清太祖高皇帝实录》卷二，辛卯年（万历十八年）正月戊戌朔，中华书局影印本，1986年。

[2] 《清圣祖实录》卷一三五，康熙二十七年五月癸酉，中华书局影印本，1985年。

中国历代民族问题，以时间的纵向来看，非常之重要。从秦始皇到清朝，历朝兴衰分合的一个关键就是民族问题。秦朝灭亡的原因，历史教科书说是陈胜、吴广起义。这没有错。但研究历史，不仅要研究历史人物、历史事件产生、演变的原因，还要研究其原因之原因，更要探究其原因的原因之原因。秦始皇联结六国长城而为万里长城，命蒙恬带领30万军队戍守长城，又派公子扶苏前去监军，结果他自己在东巡途中死了。如果公子扶苏当时在场，胡亥就不能即位，赵高"指鹿为马"的故事也就不会发生；如果没有修长城等烦苛徭役，陈胜、吴广可能不会揭竿而起，即使陈胜、吴广揭竿而起，秦有蒙恬指挥的30万正规军在咸阳附近，集中对付揭竿而起的农民，陈胜、吴广很难抵抗并取胜。所以，秦朝灭亡应有深层原因，其中之一便是匈奴问题。这也应了那句谶言："亡秦者胡也！"[1]西汉、东汉、魏晋南北朝还是这个问题。汉高祖刘邦在平城（今山西大同）被围七天七夜，汉武帝刘彻派卫青、霍去病出征西域，都是因匈奴问题。唐朝衰落也是这个问题，开始是突厥，后来是安禄山（胡人）起兵叛乱，唐朝从此一蹶不振。后来就是五代十国。至于宋朝，北宋与契丹建立的辽朝，南宋与女真建立的金朝，南北对峙，未能统一，只是半壁山河。蒙古灭了南宋，还是民族问题。朱元璋"驱逐胡虏，恢复中华"[2]的旗帜就是明证。明朝灭亡最根本的问题，既是李自成、张献忠起义，也是满洲崛起——60年的战争消耗，把它掏空、拖垮。所

---

[1] 胡，有两解：一是胡人，即匈奴；一是胡亥。这里取前解。
[2]《明太祖实录》卷二六，吴元年（元至元二十七年）十月丙寅，台北"中研院"史语所校勘本，1962年。

以，从秦始皇算起，到清朝的2000年间，最重要而令中央政权最头疼的政治难题之一，就是处理民族问题。

中国历代民族问题，以空间的横向来看，非常之重要。以地理而言，举满、蒙、疆、藏四个地域为例。清朝盛时之疆域：满洲发祥地的东北地区，约300万平方公里；蒙古，今内蒙古118.3万平方公里、今蒙古国156.65万平方公里，共274.95万平方公里，还有天山以北、唐努乌梁海地域等蒙古地区，贝加尔湖以南地域布里亚特蒙古地区，整个蒙古地区地域面积总数也约300万平方公里；新疆在清朝盛时版图约215万平方公里；今西藏122.84万平方公里；以上共约938万平方公里。再加上青海的海南、甘肃的甘南等地的藏区，云南、贵州的少数民族地区，总面积约在1000万平方公里以上。[1]这样算起来，在清代盛时，中原农耕文化核心地域约300万平方公里。满、蒙、疆、藏四地约1000万平方公里，其他地域约100万平方公里。从这个数字可以看出，清代的民族问题有多么重要！

由此可见，民族地域的管理，非同小可，值得重视。所以，中国历代，尤其是清代处理民族问题的经验值得研究。中华人民共和国成立66年，从历史长河看，时间还不算长。据笔者粗算，清朝从万历十一年（1583）努尔哈赤起兵，到康熙二十二年（1683）台湾统一，花了100年的时间，国家才真正稳定下来。从康熙二十二年（1683）开始，到乾隆80岁的时候，大

---

[1] 中国清代满、蒙、疆、藏四地，包括今辽宁省（15）、吉林省（19）、黑龙江省（46）、内蒙古自治区（118）、新疆维吾尔自治区（166）、西藏自治区（123）六省区，共487万平方公里，约占中国34个行政单位（包括台、港、澳）面积总和的51%。另有喀尔喀蒙古即今蒙古国（156.65万平方公里）未计。还有其他。这是不能、不应也不该忽视的事实。

致算来又是100年，也就是说，清朝积累边疆民族宗教的管理经验，大体上花了近200年的时间。所以，新中国只用60多年的时间，就使民族与边疆形势相当稳定，远远超过了他们。我们还要不断地积累经验，不断地完善民族的理论、民族的政策、民族的管理、民族的协和。

乾隆时清朝总结了2000年历代处理民族问题的经验和教训，也总结了从努尔哈赤到乾隆200年的经验和教训，比较丰富，比较完善。中国1949年之后，民族问题怎么处理？旧的东西不能完全用，新的东西自己没有经验，怎么办？

有人照搬苏联做法。我个人觉得，学习、照搬苏联的民族理论、民族政策、民族管理、民族措施，是有一定问题的，因为苏联跟我们国情不一样，历史不一样，文化不一样，宗教也不一样，照搬苏联历史经验肯定会吃亏。况且历史证明，苏联的民族政策有问题。苏联解体的一个重要原因，就是民族问题没有处理好。

有人说要学习美国。我说美国的历史、文化、宗教等国情也跟中国不一样，他们有些经验我们可以参考，但是不能完全照搬，更不能完全套用。

那么，怎么办？就是要研究我国历史上治理民族、宗教、边疆方面的经验。凡是已成功的经验，应尽量借鉴，凡是不成功的教训，应尽量汲取。

清朝处理民族问题的经验，是今天应当认真研究、酌情参考的。承德避暑山庄和外八庙，提供的文物和案例，是一个历史经验的范本。总的说来，清朝处理民族关系时，实行分层次、分区域、分类型、分特点的管理，采取了许多措施，诸如册封、赐爵、俸禄、赏赉、联姻、编旗、朝觐、围猎、划地、年班、建寺、兴学、赈济、优恤等。清廷颁布《蒙古律例》《回部则例》《番部则例》等，礼法并行，恩威兼施，加强对各民族的管理。清朝管理民族工作的政策、经验，有六点值得后人重视、思考和借鉴。

其一，重教尊俗。重视宗教信仰，尊重民族风习。在清朝，藏族、蒙古族都是全族信奉藏传佛教的，维吾尔族、回族都是全族信奉伊斯兰教的，既有久远历史，又有深厚根基。世界是复杂的，历史是多元的，宗教信仰应当尊重，既不要盲目干预，更不要强加于人。清朝的满洲信奉什么教？信奉萨满教。清入关之后，如何对待其他民族的宗教信仰？摆在清帝面前的对策：一个办法是在全国推行萨满教，要求所有民族都必须信奉萨满教，凭借满洲是统治民族，满洲的文化具有主体地位，君主掌握皇权，皇帝掌控八旗，强行推，武力推，全面推，举国推，轻率对待，鲁莽妄行，但他们没有这么做。清廷面临萨满教、伊斯兰教、佛教、道教等宗教系统，怎样处理其间的关系？清廷在宗教问题上尊重民族宗教信仰，并实行了二元政策：

一方面，在皇宫里尊奉萨满教，如坤宁宫设萨满煮肉大锅，每天宰猪祭祀，这完全是萨满教典礼；满洲贵族，在北京设堂子，祭祀萨满；在满洲八旗家庭，庭院东南角设立索罗杆子，进行萨满祭祀。整个满洲——从皇室到贵族再到平民，都信奉萨满教。同时，在旗人中强调"国语骑射"，保持满洲的语言、骑射、宗教、习俗，保留自己民族的文化传统。

另一方面，对其他民族，尊重其原有的宗教信仰。宗教问题和民族问题是直接关联的，比如汉族信奉汉传佛教、道教，藏族、蒙古族信奉藏传佛教，维吾尔族、回族信奉伊斯兰教，等等。历史表明，从努尔哈赤到乾隆帝，都非常尊重各民族的宗教信仰。康熙帝、雍正帝、乾隆帝信不信藏传佛教？我看过他们的御制文集，看过他们的谕旨，我认为清朝皇帝尊奉藏传佛教，第一是尊崇，第二是敬奉。

举一个例证，就是孝庄太皇太后说要修《龙藏经》，钱从哪里来？当时国库拮据，太皇太后用私房钱、变卖陪嫁品；不够，就跟娘家兄弟、侄子等筹集，大家捐牛羊驱赶入关卖了资助；还不够，康熙帝把私房钱捐出来，后妃宫眷也捐出私房钱；仍不够，有一部分王公大臣主动捐了一点，钱凑够了，书修成了，名《内府泥金写本藏文龙藏经》，简称《龙藏经》，是藏传佛教三宝之一，在僧人和信众中有崇高的地位。每函300—500页，共108函，5万页，10万面，重约50公斤。经的全书，分为10层：一是磁青笺经页，二是内护经板，三是外护经板，四是五色黄、红、绿、蓝、白经帘，六是哈达，七是黄绢经衣，八是七彩捆经带，九是五彩捆经绳，十是保护全函的黄棉袱包。每函镶嵌宝石133颗，共14364颗，有彩绘佛像756尊。[1]这部《龙藏经》充分体现出皇家气派，富丽辉煌，精美至极，实乃书籍之最，现藏台北故宫博物院。这部《龙藏经》修出来后，对西藏、蒙古，影响极大。雍正帝学过佛经，编著《御选语录》，煞费心思，在佛光山图书馆可以看到。乾隆帝精通满文、蒙古文、藏文、汉文，逐字逐句逐段斟酌、审定佛经满、蒙、藏文的翻译，所以可知他精通佛经文义。

2013年，我在西藏拉萨布达拉宫西大殿东壁上，看了壁画《五世达赖喇嘛觐见顺治帝图》，在布达拉宫殊胜三界殿内看了

---

[1]《精彩一百 国宝总动员》，台北故宫博物院，2011年。

供奉的长生牌位,用汉、藏、满、蒙四体文书写的"当今皇帝万岁万万岁"。"当今皇帝"指的是康熙皇帝。这不是个简单的牌位,而是个政治性标志。布达拉宫珍藏着顺治帝给五世达赖喇嘛、康熙帝给六世班禅额尔德尼的金册、金印、敕诰等。这些说明西藏达赖喇嘛、班禅额尔德尼,都是大清国的臣民,西藏是中国的一部分,西藏完全属于清朝。清朝满洲信奉萨满教,但是也尊重别人的宗教,藏族、蒙古族的藏传佛教也好,维吾尔族、回族的伊斯兰教也好,汉族的汉传佛教、道教也好,都受到了应有的尊重。这一点,值得体察,认真反思。

重俗,就是尊重民族的文化传统和风俗习惯。如伊斯兰教,雍正帝时,署安徽按察使鲁国华上奏说伊斯兰教戴白帽、做礼拜,还把斋,请"严行禁革"。雍正帝御批:"回民之在中国,其来已久。伊既为国家编氓,即皆为国家赤子也。朕临御天下,一视同仁,岂忍令回民独处德化之外?……至回民之自为一教,乃其先代相沿之土俗,亦犹中国之大,五方风气不齐,习尚因之各异,其来久矣。历观前代,亦未通行禁约,强其画一也。"雍正帝以鲁国华此奏,"欲惑乱国政,着将鲁国华交部严加议处"[1]。试想,雍正帝如采纳鲁国华建议的话,回族一律不许戴白帽子、不许把斋、不许做礼拜,会发生一定范围的社会动荡,甚至社会动乱。

但在此前,清摄政睿亲王多尔衮占领北京后,被胜利冲昏头脑,不尊重汉族习俗,强力推行"剃发易服"政策,出现了"留头不留发、留发不留头"的现象,演出了"扬州十日""嘉定三屠"的历史悲剧,留下无穷的后患。

---

[1]《清世宗实录》卷九四,雍正八年五月甲戌,中华书局影印本,1985年。

其二，多元管理。清朝盛时，民族管理，不一刀切，具体情况，具体对待。清朝18个省所辖府、州、县正式行政区，归中央政府直接治理。这是清朝最主要、最基本的行政区。但是，对边疆民族地区或其他有少数民族的地区进行管理，既统一，又多元，因为"一个国家实行多种体制制度，有益于中央政府对边疆的治理和疆域的稳定，有益于对少数民族政策的落实，它的前提是承认、尊重少数民族的传统与习惯，这是它的历史意义之所在"[1]。有清一代，于民族地区的管辖，如满、蒙、疆、藏、台等地域的管理，举例如下：

于东北地区，东北地区是满洲的崛兴之地，实行军府、八旗、民政、部落等多元管理制。如盛京，既有将军、副都统、协领等军事驻防系统，又在部分地区有府、州、县、厅等民事管理系统。吉林、黑龙江则不设州、县，由将军下辖的都统、副都统、参赞大臣、办事大臣等兼管民事。在乌苏里江、黑龙江下游以及库页岛等地区，实行部落酋长、族长、姓长、屯长制。光绪三十三年（1907），分别设奉天省、吉林省、黑龙江省，行政区划与内地统一。

于蒙古地区，漠南蒙古49旗，其东部如科尔沁等部分，编入八旗蒙古，实行八旗制，管理如同八旗满洲；其西部如"六盟"地区，多实行盟旗制，由理藩院直接管辖。漠南蒙古的察哈尔部，编为八旗，进行管理。喀尔喀蒙古设立定边左副将军，驻乌里雅苏台，维护喀尔喀蒙古各部的安定。实行札萨克制，盟长、旗札萨克由皇帝任命，直属于理藩院。厄鲁特（卫拉特）蒙古，另行管理，详见下文。

---

[1] 冯尔康《清代历史的特点》，载《明清史研究》（韩国）第33辑，2010年。

于新疆地区，设立伊犁将军，实行军府制，下辖都统、参赞大臣、办事大臣、协办大臣、领队大臣等，但又实行多元体制：有北疆伊犁地区八旗制（如满洲营、锡伯营、索伦营、厄鲁特营和察哈尔营等）；有厄鲁特蒙古地区的盟旗制和札萨克制；有混合地区的军府制；有东疆巴里坤等地区的府厅州县制；有南疆地区的伯克制，任命维吾尔族大小首领为伯克（官名），不能世袭，政教分离，"各率其属，不相兼并"，[1]各地伯克的任职，分别照例回避；[2]制定《回疆条例》。但是，到清光绪十年（1884），清廷颁布谕旨，设立新疆省，[3]授刘锦棠为第一任新疆巡抚。从此，实现了天山南北行政体制的划一，也实现了新疆同内地省份行政体制的划一。

于西藏地区，在前藏（卫）、后藏（藏）、康（喀木）、拉里（喇里）等地区的管理，既一元，又区别。如前藏册封达赖喇嘛、后藏册封班禅额尔德尼，设驻藏大臣与达赖喇嘛、班禅额尔德尼等共同管理前后藏；凡涉外事、活佛转世等由驻藏大臣上报朝廷决策；其内部事务实行达赖喇嘛、班禅额尔德尼为政教首领的政教合一制，驻藏大臣不干涉前藏和后藏的相关事务，管理有所区别。在西藏驻军，设驻藏大臣，实行金瓶掣签制度，颁行《西藏善后章程》，实行长期而有效的管辖。

于台湾地区，实行府县制，但对"生番"和"熟番"区别对待，如"熟番"设土官，由朝廷任命。光绪十一年（1885）

---

[1]《清高宗实录》卷六三二，乾隆二十六年三月丙午，中华书局影印本，1985年。
[2]《清高宗实录》卷六六九，乾隆二十七年八月戊午。
[3]《上谕档·新疆设省谕旨》，光绪十年九月三十日，第1377—2号，中国第一历史档案馆藏。

九月，正式建立台湾行省，刘铭传为第一任台湾巡抚。在台湾开科取士，清代台湾进士有33名。[1]

于青海地区，设西宁办事大臣，区别管理：青海厄鲁特蒙古等29旗，与内蒙古的盟旗制相同；玉树等40土司，与西南土司制大体相同。

于西南地区，对云、贵、川、湘西等民族地区也不一样，用土司制和流官制两种办法：有的实行土司制，有的实行流官制。

总之，清朝对边疆民族实行统一多元的管理，包括八旗制、府县制、军府制、盟旗制、札萨克制、政教合一制、伯克制、流官制、土司制、土官制、部落制、番民制等，至少有12种管理形式。这种多元管理体制的根本因素在于，既继承历史传统，又加以文化损益——历史、文化、民族、宗教、地域、习俗不同，实行的管理体制也不同。在清代，对满洲，管理有别；对蒙古，区别对待；对新疆，多元管辖；对西藏，也有区别。蒙古的漠南蒙古、喀尔喀蒙古、厄鲁特蒙古管理不一样，就是漠南蒙古的东部与西部、东部的各部也不完全一样，新疆的蒙古又不一样。具体问题，具体分析，这是辩证法的灵魂。对待民族地区的管理，不同情况，区别对待，忌单一化，这样才有利于民族的管理，有利于社会的安定。

其三，权益平衡。就是维护权力与利益的均衡。如西藏的前藏和后藏，新疆的南疆和北疆，蒙古的漠南蒙古、喀尔喀蒙古和厄鲁特蒙古等，都是区别不同情况，进行不同管理。在满、蒙、疆、藏四个区域，清朝皇帝怎么去平衡权力与利益？

---

[1]《清代台湾进士碑帖图鉴》，北京台湾会馆编辑出版，2016年，第2页。

西藏有问题了，借助蒙古和维吾尔来平衡；维吾尔有问题了，这边是藏，那边是蒙，互相制约，控制平衡；蒙古有问题了，用藏、维、蒙（其他部）来平衡；喀尔喀蒙古的四个部中一个部有问题了，用其他三个部去平衡，总体上保持一个地域权力与利益的平衡，也保持此地域与彼地域之间的平衡。中央的职责是调动各个方面力量，保持不同地区、不同民族、不同宗教、不同部门之间权力与利益的平衡。不平衡的地方要力求平衡，朝廷在必要时，派出八旗军队，平息地方叛乱，维护国家统一。

其四，分支直属。喀尔喀蒙古，先是三个部——土谢图汗部、车臣汗部、札萨克图汗部，雍正三年（1725），从土谢图汗部中析分出赛因诺颜部，成为土谢图汗部、车臣汗部、札萨克图汗部和赛因诺颜部，"喀尔喀有四部，自此始"[1]。在喀尔喀蒙古，四部之间，各自独立，互不统属，直隶中央。明朝治理东北女真族的策略是"分其枝，离其势，各自雄长，不相统属"，清朝治理蒙古也借鉴了这条经验，又加以发展。这样做有利于分别管理，有利于各部发展，有利于中央集权，有利于社会安定。

其五，恩待"双首"。就是施恩善待政、教的首领。蒙古、新疆、西藏历史上问题太复杂了，康熙、雍正、乾隆诸帝怎么解决？

首先是宗教首领。重点恩待四大活佛。这四大活佛是：达赖喇嘛、班禅额尔德尼、章嘉呼图克图、哲布尊丹巴呼图克图。

达赖喇嘛。通过各个方面、采取各种措施，处理好中央与达赖喇嘛的关系，通过达赖喇嘛及驻藏大臣、驻军等其他元素，

---

[1] 祁韵士《皇朝藩部要略》卷五，浙江书局刻本，光绪十年，第1页。

来处理西藏的问题，保持西藏的稳定。

班禅额尔德尼。乾隆帝对六世班禅到避暑山庄给自己70岁生日祝寿之重视，是为了处理和六世班禅的关系——一块儿念经、一起修行，三天三夜探讨，既谈佛经，又谈管理，促使达赖喇嘛、班禅额尔德尼心悦诚服地归附清朝，归附中国，以维护一片国土、保护一方平安。

章嘉呼图克图。青海地区（包括海南、甘南地区）等的活佛首领就是章嘉呼图克图。章嘉呼图克图和乾隆皇帝是亦君亦臣、亦师亦友、亦僧亦俗的关系，正式朝觐的时候要君臣有别，私下里章嘉呼图克图是乾隆帝的禅师，教他佛法、佛教经典，但又是师友、喝茶、作诗，关系非同一般地融洽。乾隆帝给章嘉呼图克图以奏事权，使其成为参议、顾问，通过章嘉呼图克图控制、管理青海的海南、甘肃的甘南等藏区及内蒙古等。善用别人智慧，化为自己智慧，这是乾隆皇帝的高明之处。

哲布尊丹巴呼图克图。哲布尊丹巴呼图克图关系到解决喀尔喀蒙古四部之间的问题。哲布尊丹巴呼图克图受笼络了，就有利于解决喀尔喀蒙古的问题。

清朝用了很大的精力、财力、时间和智慧，来处理皇帝与四大活佛的关系，他们的关系处理好了有助于稳定前藏、后藏、青海、喀尔喀蒙古、内蒙古的问题。牵牛不去牵牛鼻子，而去牵牛尾巴，这不是高明的办法，而是愚蠢的办法。总之，清帝对各地民族行政首领，也是一个首领、一个首领地做工作。清廷处理民族首领的关系，从下面康熙帝对蒙古土谢图汗"棋看四步"的故事中可见一斑。

其六，棋看四步。举一个史例。当时喀尔喀蒙古有三个部——土谢图汗部、车臣汗部、札萨克图汗部，他们都是成吉思汗的后裔。三部之间闹矛盾，其中土谢图汗察珲多尔济将札萨克图汗沙喇杀了，两部战争，一触即发。康熙帝没有采取支持正义方的做法，而是把三部首领和哲布尊丹巴呼图克图请到内蒙古多伦诺尔（今多伦）举行会盟。康熙帝带领理藩院尚书、兵部尚书等官员及八旗官兵前去赴盟。康熙帝痛责土谢图汗，土谢图汗认罪。康熙命其撰认罪书。康熙将认罪书展示给被杀的札萨克图汗之亲弟策旺扎卜，策旺扎卜认为土谢图汗之认罪书虽情辞恳切，但是兄长横死，仅认罪无法平复部落民之愤怒。康熙当即册封策旺扎卜继承汗位，才解决了此次危机。之前准备工作做得充分、细致，然后大家坐在一块儿会盟。在会上，土谢图汗部首领先念检讨书，很诚恳，双方和解。接着就宴会喝酒，封赐颁赏，文艺表演，骑马射箭。康熙帝亲自弯弓射箭，十射九中，威武风采。康熙帝令各王骑射，那些蒙古王多年不打仗，吃得肥胖，扶着上马，几王骑射都一箭没中，惭愧地跪下给康熙帝叩头。尔后是八旗军大检阅，阵容整齐，气势昂扬。通过多伦会盟，喀尔喀蒙古诸部都诚心诚意地归附清朝，一直到清朝统治结束，喀尔喀蒙古没闹过独立，各部之间和平相处。

"棋看四步"是说康熙帝颇有远见，在选择政教"双首"时，不是看一步、两步，而是看三步、四步。他认为喀尔喀蒙古三部——土谢图汗部、车臣汗部、札萨克图汗部，关键是位置居中、实力最强的土谢图汗部。为此，着手解决喀尔喀蒙古三部政教首领事宜，一要解决该部汗位传承问题，二要解决哲布尊丹巴呼图克图转世问题。康熙帝在会盟时看到土谢图汗察珲多尔济年老，他的儿子噶勒丹多尔济岁数较大，便着眼培养他的孙子敦多布多尔济，再寄望于其重孙子。这就是四代！怎么培养呢？康熙帝把自己亲生女儿四公主（恪靖公主），下嫁给察珲多尔济汗的孙子敦多布多尔济，时额驸 16 岁、公主 13 岁。[1]公主府建在今呼和浩特（今呼和浩特市博物馆址），这是清朝仅存的一座完整的公主府。后察珲多尔济病逝，其子噶勒丹多尔济也病逝，孙子敦多布多尔济继位。敦多布多尔济就是康熙帝的额驸。这位额驸的儿子后来做了哲布尊丹巴呼图克图。由是，土谢图汗敦多布多尔济是康熙帝的额驸，哲布尊丹巴呼图克图则是康熙帝的外孙，政和教巧妙地黏合在一起。康熙帝棋看四步，即爷爷、儿子、孙子、重孙四代。其时，在喀尔喀蒙古，康熙帝的政治布局：一个是土谢图汗部行政首领，一个是喀尔喀蒙古宗教首领，将其政、教两个首领选定抓住，就在总体上稳定了喀尔喀蒙古的大局，并影响到新疆和西藏的军政大局。

此外，清廷，特别是康雍乾三帝，在抚绥民族地区之时，对于少数民族上层个别分裂分子勾结外境势力、挑起武装叛乱、扰害社会安定、破坏居民生存，则先行招抚，继之以武力，措施果断，加以平定，既有利于国家统一，也有利于人民生计。

总之，中国 2000 年来帝制时代没有解决的匈奴、突厥、蒙古难题，在清朝得到解决。康熙帝说："昔秦兴土石之工，修筑长城。我朝施恩于喀尔喀，使之防备朔方，较长城更为坚固。"[2]民谚说："明修长城清修庙。"清朝不修长城。在清朝，由原来长城是防御蒙古的，变为以蒙古作为中国北部防御外来侵略的长城。可以说，秦始皇以降 2000 多年没有解决的匈奴、蒙古问题，清朝解决了！这是一个重大的历史功绩，也是一个重要的历史经验。

---

[1] 郭美兰《明清档案与史地探微》，辽宁民族出版社，2012 年，第 214—215 页。
[2] 《清圣祖实录》卷一五一，康熙三十年五月壬辰。

历史经验表明，民族问题始终是中原皇朝最伤脑筋、最为头痛的一道难题。近千年来，唐玄宗的民族问题没有处理好，发生"安史之乱"。唐朝虽然将变乱平息，却从此一蹶不振，后裂变为五代十国。宋太祖赵匡胤民族问题没有处理好，后出现北宋与辽、南宋与金的对峙局面，大宋朝始终是半壁山河，而没有金瓯一统。元朝灭亡金和南宋统一天下之后，民族问题没有处理好，被朱元璋"驱逐胡虏，恢复中华"所推翻。明朝又是民族问题没有处理好，努尔哈赤以"七大恨"告天起兵，最后取代明朝。清朝虽然将满洲同其他少数民族关系处理得较好，但同汉族的关系没有处理妥帖，重满抑汉、地域封禁、旗民隔离、分城居住等政策与措施，凸显了民族问题，最后被孙中山以"驱除鞑虏，恢复中华"[1]为号召所推翻。历史启示：中国民族问题是国家与民族兴衰分合的一大枢机。

第三，文化融合。在世界四大文明古国中，古印度文明中断了，古埃及文明中断了，古巴比伦文明中断了，只有中华文明没有中断，从甲骨文到现在没间断过，一直延续下来。我们国内保存的公藏古籍善本就达3700万册，为全世界古籍最丰富、最繁多、最系统、最完整的国家。中国编年的历史从公元前841年到现在，近3000年不间断，全世界只有中国是这样。

清朝建立，满族入关，成为主体民族，其文化成为主导文化，对待其他文化采取什么政策？清廷有三种选择：

第一种选择，完全满化，排斥儒家文化。强调"国语骑射"

---

[1]《中国同盟会总章》第二条，载中国史学会主编《中国近代史资料丛刊·辛亥革命（二）》第2册，上海人民出版社、上海书店出版社，2000年，第7页。

即满语满文、骑马射箭唯一、独大，排斥、限制其他文化。

第二种选择，完全汉化，放弃"国语骑射"。这样做的结果是满洲文化完全被融化，满洲八旗丧失森林文化渔猎民族的进取锐气，吸纳农耕文化小农经济的保守观念，就难以出现后来疆域大一统的康雍乾强盛局面。

第三种选择，实行"一主多元"的文化政策，就是以中华传统文化为主，各民族多元文化并存、融合。满洲的语言是满语，文字是满文，满语属阿尔泰语系，和汉藏语系的汉语不是一个语系。清朝规定：官方语言文字是满语满文、汉语汉文。在其他民族聚居地区，还兼行该民族的语言或文字。

首先，清朝从努尔哈赤就开始了满汉文化融合的过程。努尔哈赤的师父是浙江绍兴汉人龚正陆，他用汉文起草文书，别人再翻译成蒙古文。努尔哈赤让这个汉人老师给他的儿子们教汉语。努尔哈赤创制满文，是对满、蒙、汉文化融合的一大贡献。皇太极就更明确了，皇子既要学满语满文，又要学汉语汉文。开始举行科举考试，凡是汉人儒生给八旗贝勒家为奴的，一律可以参加考试，合格者给官做。皇太极规定，考取的汉人，再给该贝勒家补上一人。这样考取了一批秀才、举人，后来又考进士，成立了内秘书院（翰林院）。

其次，清入关之后加快了文化融合的进程。范文程给睿亲王多尔衮上书："治天下在得民心。士为秀民，士心得，则民心得矣！"[1]多尔衮采纳，实行科举考试。康熙时开博学鸿词科。山西傅山（字青主）很有名望，不来应试，抬着他来，抬到大清门前，他躺在地上不走。后来送回去，给他一个官员待遇，让他有

---

[1]《清史稿》卷二三二《范文程传》，中华书局点校本，1977年，第9353页。

饭吃、有尊严。康熙帝自己带头读儒家原典——《大学》《中庸》《论语》《孟子》,去曲阜祭孔,去绍兴祭大禹。康熙帝祭孔不是个仪式、姿态,而是国家政策的转变,所以他写了"万世师表"匾,全国、全世界孔庙里面的"万世师表"匾都是康熙帝御笔。在台湾,台南、台北的孔庙一律悬挂康熙帝的御匾。

满族比较虚心地吸纳了汉族文化,自己民族文化也得到了提升,这是个非常重要的历史经验。康熙帝有虚心学习、勤奋读书的习惯,使得中华五千年的文明没有在清朝中断。应当说,康熙朝在这个文化融合问题上,决策正确,执行有力。康熙大帝在延续中华传统文化、满汉文化融合问题上算是英明!

再次,清朝文化融合的文化工程。康熙帝及其以后诸帝,汉文化修养都不错。康熙帝写诗1147首,乾隆帝写诗43630首,这比唐朝289年两千多位诗人所写诗的总和还多。尽管诗的水平不算太高,人人能记住的诗几乎一首也没有,但表明其是融合满汉文化的。有人认为乾隆帝的诗是别人代笔的。最近在故宫博物院仓库里,发现乾隆帝诗作的朱笔手稿若干箱。这说明乾隆御制诗是他亲力亲为的。清朝巨大的文化工程《全唐诗》900卷,《全唐文》1000卷,《古今图书集成》10000卷,《四库全书》收入书3461种、79309卷,[1]《皇舆全览图》《十三经刻石》等都是中华文化融合的实证。

复次,清朝对汉、蒙、藏、维、回等族的语言文字、民族文化,一律尊重。乾隆时纂修了《五体清文鉴》《满文大藏经》等,都是例证。

总之,中华传统文化在清朝不仅没有中断,而且吸收国内各

---

[1]《四库全书总目·出版说明》,中华书局,1964年。

族、域外多国的文化营养——农耕文化的仁义智略、草原文化的博大高远、森林文化的勇敢进取、高原文化的吃苦耐劳等，出现中华文明大融合的新时期，从而丰富、发展了中华传统文化。

三 清朝历史的文化纠结

清朝由兴起到覆亡296年的历史，有些什么文化纠结，值得后人思考和鉴戒呢？清朝值得鉴戒的文化症结很多，择其要，举三点。

第一，八旗制度，虽是创造，但不改革，终成顽疾。清朝为什么能够取代明朝？为什么又能够巩固统治？主要原因，列举三条：一是八旗制度，二是满蒙联盟，三是文化统合。在这里简析八旗制度。八旗制度是清太祖努尔哈赤的一个创造，前世未有，后世也无。八旗制度是亦兵亦猎、且耕且战的兵民合一、军政合一的社会制度。八旗制度创立于战争时期，适合于战争需要。清朝在全国确立统治后，如何使八旗制度适应新的社会形态，并具有可持续性，是一个重大课题。八旗制度像一把双刃剑——清朝兴也八旗，清朝亡也八旗。我在《正说清朝十二帝》中说过："清太祖努尔哈赤既播下了康乾盛世的种子，也埋下了光宣哀世的基因。"这个基因是什么？主要是八旗制度。清朝多尔衮（顺治）、康熙、雍正、乾隆四代，倡廉反贪、处理大案，做了许多工作，也颇有成效，但对八旗制度的弊端——如定旗分、定土地、定钱粮、定世袭，不务农、不做工、不经商、不做事等，坚持"首崇满洲"[1]的祖制，没有进行大胆切实的改革，以至于积重难返，终

---

[1]《清世祖实录》卷七二，顺治十年二月丙午。

成顽疾，结果八旗子弟异化，出现大清覆亡悲剧。

第二，民族协和，卓有成效，也有问题，后成死结。中国历史上的民族问题，对汉族君主来说，主要是处理同少数民族的关系；对少数民族君主来说，主要是处理同汉族的关系。清朝的民族问题，一方面是满族同其他少数民族的关系，另一方面是满族同汉族的关系，前者虽有成效，也有问题，后者虽有问题，也有成效——"按下葫芦，浮起了瓢"。清朝的民族问题，关键在于处理满汉关系，特别是对待汉族的问题，没有完全处理好。诸如"首崇满洲"、地域封禁、旗民分居、优待八旗等，都逐渐加剧了民族矛盾。以清廷核心人员组成来说，我做过统计，康熙朝有一段时间大学士全是满人，汉人一个没有；满人又全属上三旗，下五旗的一个也没有；领侍卫内大臣六人，全是满洲上三旗的，处理满汉关系没有摆平。后来的大学士、军机大臣，大体上说，三人时满洲人占其二，五人时满洲人占其三，七人时满洲人占其四，九人时满洲人占其五，且首辅大学士、首席军机大臣都是满洲人。有清一代，皇帝之下，位最高、权最重的"五大臣"——首辅大学士、首席军机大臣、内务府总管大臣、领侍卫内大臣、御前大臣全是满洲人。最后，孙中山以"驱除鞑虏，恢复中华"相号召，在民族问题上大做文章，把清朝推翻了。

第三，海洋文化，是条短板，大清之败，败在海上。中国帝制时代，有五种基本经济文化类型，即中原农耕文化、西北草原文化、东北森林文化、西部高原文化、沿海及岛屿海洋文化，但其发展并不平衡。农耕、草原、森林三种文化，都或长或短地建立过全国性的政权，高原文化只建立过区域性政权（如吐蕃、南诏），海洋文化则连区域性政权也没有建立过。中国农耕、草原、森林、高原文化的执政集团,都缺乏海洋文化的基因。他们既不懂也不重视海洋文化。近世以来,鸦片战争、英法联军、甲午海战、八国联军、日军侵华,都是从海上打来的,中国力不能敌,结果吃了大亏。研究清史、近代史的学者,多从清朝统治腐败等方面去找原因,这是对的,但不全面。我们或可变换一下视角,从文化上去探究原因。康熙帝晚年说过:"海外如西洋等国,千百年后,中国恐受其累。此朕逆料之言。"他告诫:"国家承平日久,务须安不忘危。"[1]康熙帝的预见很可贵,但遗憾的是他既没有在理论上、制度上做出创新思考,也没有在政策上、措施上做出具体安排。

有人惋惜地说:如果康熙帝再往前走一步,像彼得大帝一样,中国就可能走向资本主义。康熙帝不可能在海洋文化的路上再往前走,是因为历史时代的局限,更因为海洋文化基因的缺失,决定了他迈不出走向海洋文化这一步。

其实,中国古代历朝的执政君主,都缺乏海洋文化的基因。下面以元、明、清三朝为例。

元世祖忽必烈在至元十八年(1281)派右丞范文虎等统率10万大军,不识风候,不懂海潮,乘船航海,进攻日本。八月初一日,遭遇飓风,"暴风破舟"。[2]"十万之众得还者三人耳。"[3]

明朝君主也缺乏海洋文化基因。有人以郑和为例做反证。郑和七下西洋是人类航海史上的伟大创举。然而,郑和下西洋是为寻找建文帝下落、为宣扬大明皇威、为进口香料等物品,

---

[1] 《清圣祖实录》卷二七〇,康熙五十五年十月壬子。
[2] 《元史纪事本末》卷四《日本用兵》,中华书局校点本,1979年,第27页。
[3] 《元史》卷二〇八《日本传》,中华书局校点本,1976年,第4629页。

而不是为打通海道、进行贸易、建立基地、御守海权。

清朝君主更缺乏海洋文化基因，既没有海洋意识，也没有海权观念。清朝盛时东北地区有三个入海口，即黑龙江入海口、图们江入海口、鸭绿江入海口，后来全都丢了。

到了民国时期，虽建立海军，但不够强大，无法在海上同日本侵略军相抗衡。如"到二次大战爆发时，日本海军总吨位为九十八万吨，拥有十艘航空母舰。此时中国海军全部舰船总吨位只有五万九千吨，还没有日本一艘'大和'号战列舰的吨位（六万五千吨）大"[1]。著名的淞沪决战，本来国民军占优势，但日军从海上增援，在杭州湾登陆，海陆夹攻，国民军失利。淞沪之战，从某种意义上说，中国军队还是败在海上。

人类历史开始了在天上和海上开拓与发展的新纪元。中国历史上海洋文化短板的启示是：发展海洋文化，建立强大海军，建设海上强国，制定海洋方略，这既是中国历史的教训，也是中华发展的需要，更是世界奔腾的潮流。汲取优秀传统文化，总结历史经验教训，实现民族伟大复兴，建设现代富强中华。

[原载《辽宁大学学报（哲学社会科学版）》2015年第6期。收入本集时，文字略有修订]

---

[1] 刘亚洲《精神》，长江文艺出版社，2015年，第60页。

清朝鼎新的八次机遇

顺治元年（1644），清迁都北京，入主中原，中国历史开始了一个新的皇朝时代。几乎同时，1649年（顺治六年），英格兰发生资产阶级革命，世界历史开始了资本主义工业化、资产阶级民主化的新时代。清朝面对世界国际化、工业化、民主化的大潮，虽有"康乾盛世"，出现一段辉煌，却仍恪守祖制，未能革故鼎新，错过了八次图强维新的历史机遇。

第一次，在顺治朝。清朝入关之初，底定中原，稳固政权，是朝廷当务之急。然皇太后和顺治帝礼遇汤若望，为清帝了解西方开启了一扇窗户。汤若望是德国人，耶稣会士，明末被征参与天文推算，设馆于今北京宣武门内南堂。顺治初，汤若望掌管钦天监事，受命修成《时宪历》并颁行。他因此获得太常寺少卿衔，后成为清朝命官。皇太后尊汤若望为义父，顺治尊称其为"玛法"（满语"爷爷"的意思）。顺治帝向汤若望学习天文、历法、宗教等知识，以及治国之策。顺治帝曾24次亲到汤若望馆舍，或召汤若望入宫，君臣畅谈，竟至深夜；汤若望向顺治帝先后呈递三百多件奏帖，陈述建言。皇太后懿意立皇三子玄烨，征询汤若望的意见。他以玄烨出过天花，支持皇太后的旨意。顺治帝便"一言而定"玄烨继承皇位。史书说汤若望"直陈万世之大计"。陈垣说："吾尝谓汤若望之于清世祖，犹魏征之于唐太宗。"顺治帝24岁病故，不久汤若望遭杨光先评告下狱，后死于羁所。中西文化交流的窗户刚打开便被关上。是为第一次。

第二次，在康熙朝。此时期，西方耶稣会士不断来到中国，将西方科学技术最新成果送到清朝的宫廷。其时康熙帝学习西方数学、天文、物理、化学、医药、地理、生物、农艺、解剖学等科学技术是热忱而认真的。康熙帝对欧洲国家的社会、历史、地理、人文、科技等有所了解。那个时候测绘的《皇舆全览图》，可以作为一例明证。畅春园的"蒙学馆"被西方学人誉为清朝的皇家科学院。康熙帝在吸纳西学方面所做的努力与所取得的成果，是令人敬佩的。然而，康熙帝之吸纳西学，仅为个人的兴趣、需要，而没有像俄国彼得大帝一样再往前迈一步，使之成为国家政策、政府行为的有机组成部分。康熙帝死后，人亡而政息。是为第二次。

第三次，在雍正朝。当时，全国天主教堂约300座，受洗教徒约30万人。天主教与儒家传统发生冲突。雍正初年，驱赶内地耶稣会士到澳门，封禁天主教堂改其为"天后宫"。浙江巡抚李卫在雍正帝支持下，撰写《天主教改为天后宫碑记》说：我皇上"去荒诞狂悖之教，而移以奉有功德于苍生之明神，不劳力而功成，不烦费而事集，此余今日改天主堂为天后宫之举也"。如果说将天主堂改为学宫，尚有普及教育的正面作用；而将天主堂和天后宫，两者都供奉"明神"，并没有本质的不同！显然，雍正帝最关心的是"天主"与"人主"的矛盾，是"一国之中宁有二主耶？"他还是为维护帝王的皇权专制。雍正帝驱赶天主教徒、封禁天主教堂，在维护中华传统文化的同时，顺手把通往西方科技文化的窗户关上了。是为第三次。

第四次,在乾隆朝。乾隆五十八年(1793),英国使臣乔治·马戛尔尼等一行92人来到中国。英国使团的使命是"交使通商",乾隆帝却以为是来向他进贡祝寿的,旨称英使为"贡使"、礼品为"贡品",并在其车船上插着"英国特使进贡"的旗子。马戛尔尼等来到北京并在圆明园稍事休息后,前往承德避暑山庄,参加乾隆帝83岁寿辰庆典。途经万里长城,马戛尔尼等对之颇为震惊和钦佩。乾隆两次会见马戛尔尼,一次是在八月初六日万树园欢迎宴会上,当时英国使节行英国礼节;另一次是八月十三日,在澹泊敬诚殿正式举行乾隆万寿典礼时。双方最大的分歧是英使会见乾隆的礼仪问题。在避暑山庄澹泊敬诚殿的万寿庆典上,英使会见乾隆帝的礼仪成为争论的焦点。清朝要求马戛尔尼行三跪九叩礼——"一到殿廷齐膝地,天威能使万心降"。下跪表示英国的"归降";马戛尔尼只同意行单膝跪礼。

马戛尔尼在向乾隆祝寿时,递交了英王两份表文:一份是英文,另一份是法文(今存中国第一历史档案馆)。表文要求同意英国派代表常驻北京。乾隆为此大为恼火。乾隆认为,此与天朝体制不合,断不可行。马戛尔尼回到北京,多次见和珅,递交信件,要求允许英国商船在珠山(今舟山)、宁波、天津等处经商,允许英国商人在北京设一个洋行买卖货物,并在珠山、广州附近划一个小岛为英国商人存放货物,还请求对英商货物实行免税或减税,允许英国人在华传教等八项。对此,乾隆帝敕谕说:"天朝物产丰盈,无所不有,原不借外夷货物以通有无。……今尔国使臣于定例之外,多所陈乞,大乖仰体天朝加惠远人、抚育四夷之道。且天朝统驭万国,一视同仁,即在广东贸易者,亦不仅尔英吉利一国,若俱纷纷效尤,以难行之事,妄行干渎,岂能曲徇所请!"(《清高宗实录》卷一四三五,乾隆五十八年八月己卯)乾隆向英王发出敕谕,对英国的八项要求,逐条驳复,断然拒绝,交马戛尔尼带回。这标志着马戛尔尼使团访华失败。清政府催令英国使团迅速回国,并传令沿途官员严加防范。乾隆五十八年九月初三日(1793年10月7日),乾隆任命侍郎松筠为钦差大臣,专门护送英国使团一行起程离京。使团沿运河南下,到达广州,于当年十二月初七日(1794年1月8日),由广州起航回国。

乾隆高傲自大,故步自封,陶醉于天朝上国的迷梦之中。他看不到世界发展的潮流和工业科技的进步,完全拒绝了英国的要求,堵塞了交流的渠道,失去了一次对西方借鉴、学习和吸纳的机会。是为第四次。

第五次,在嘉庆朝。嘉庆二十一年(1816),英王第二次派遣以罗尔·阿美士德为正使的访华使团,再次向中国提出通商的要求。嘉庆帝以"蕞尔小国",前来"输诚",而"勉从其请"。这次还是因为英使拒绝向嘉庆皇帝行三跪九叩礼,而被降旨:"该贡使等即日返回,该国王表文亦不必呈览,其贡物一一发还。"嘉庆皇帝的谕旨下达,英国使臣被驱逐出境。清朝堵塞了中西交流的渠道,失去了向西方借鉴、学习和吸纳的机会。是为第五次。

第六次,在道光朝。清政府在鸦片战争中吃了败仗,签订丧权辱国的《南京条约》。道光帝面临前代所没有遇到的历史课题:"遭阳九之运,躬明夷之会。"然而,失败并不可怕,可怕的是不从失败中汲取教训,继续封闭,狂妄自大。本来应当在鸦片战争后,总结教训,卧薪尝胆,奋发图强,弃旧维新,进行改革，消除伏患；道光皇帝却以穿带补丁的裤子显示节俭，捡芝麻而丢西瓜，拒不汲取教训，拒绝改革图新。是为第六次。

第七次，在同治朝。恭亲王奕䜣主持总理各国事务衙门，实行同治新政，派出留学生，引进新机器，创办新工厂，开始有了一股维新图强的新鲜空气。同治三年（1864），清军"江宁克复"，第二年奕䜣被"罢议政王及一切职任"。后命奕䜣"仍在内廷行走"，只让做事，不给职权。七年（1868），捻军威逼京畿，又命奕䜣节制各路大军。同治亲政，奕䜣"降郡王"。奕䜣的军机大臣三任三罢，同治新政夭折。后来以剪辫子等理由调回留美学生。日本恰在同年实行"明治维新"，走上富国强兵之路。清朝再次梗塞了中西交流的渠道。是为第七次。

第八次，在光绪朝。光绪帝实行戊戌变法。这是历史给清朝最后一次图强维新的机会。然而，慈禧集团以权力与恩怨为重，以社稷与民意为轻。以慈禧皇太后为首的顽固派发动戊戌政变，将这场维新变法葬送。是为第八次。

在分析清朝历史上图强维新八次机遇的过程中，我们也必须看到：清朝同中国历史上其他皇朝所处时代不同。其时，英、美、法、德等西方列强，已经资本主义工业化、资产阶级民主化；日本、俄国也经过变革而逐渐强大。清朝面临生死存亡的问题。当然，清朝也做过一些改革，但对其基本制度——皇位继承制度、八旗制度等没有做实质性的改革，却是"以不变应万变"。《清史稿》论曰：大清帝国"因循废堕，可谓极矣"！清朝皇室，自残自戕，堵塞鼎新道路，错过维新机会。宣统初，清政府虽曾想做一点改良，但为时已晚。革命派已经对清朝的改革失去信心和耐心，辛亥革命将冥顽不化的清帝赶下历史舞台。历史做出抉择：被给予八次历史机会而不肯进行改革鼎新的清朝，终被历史淘汰出局。

清朝鼎新的八次机遇之历史给人们以启示——历史应当受到敬畏：为什么要"敬"？因为吸取前人经验会得到宝贵的智慧；为什么要"畏"？因为重蹈前人错误要受到历史的惩罚。所以，对待清朝的历史，应取敬畏的态度，正视以往的辉煌，总结历史的教训，既不要忘却历史的耻辱，更不要抹去历史的辉煌。

（本文原题《清朝错失八次革故鼎新的历史机遇》，初为中央电视台《百家讲坛》讲稿，后收入《正说清朝十二帝》一书，又转载于《北京日报·理论周刊·史事考辨》2005年2月28日第19版）

清代法制绅绎

清朝是中国历史上最后一个封建王朝。有清一代法制，值古近绝续之交。清代的刑法，参酌盛京旧例，损益明朝例律，成一代法制。但清律与明律相比，同异昭然。于清代的刑法，溯其法源，述其特征，明其制度，绅绎成篇。

一

清在建州崛兴后，明万历十五年（1587），在佛阿拉"定国政，凡作乱、窃盗、欺诈，悉行严禁"[1]。其时尚未创制满文，此为不成文法。朝鲜南部主簿申忠一目睹建州刑法云："奴酋（努尔哈赤）不用刑杖，有罪者，只以鸣镝箭，脱其衣而射其背，随其罪轻重而多少之，亦有打腮之罚。"[2]刑罚残酷，除打腮、贯耳、箭射之外，还有刺鼻、头顶热锅、脚踩红火炭、两手钉横木，以及碎尸八段分旗悬挂示众等。[3]天命三

---

[1]《满洲实录》卷二，丁亥年（万历十五年）六月二十四日。
[2] 申忠一《建州纪程图记》，图版十八。
[3]《满文老档·太祖》卷三四，天命七年正月二十四日。

年（1618），后金汗颁布《法令》，规定甲喇额真（参领）不将《法令》宣谕于众，"罚甲喇额真及本牛录额真，马各一匹；若谕之不听，即将梗令之人论死"[1]。是为清最早见于记载的《兵律》令文。天命十一年（1626），后金汗制定《督捕例》："凡逃人已经离家，被执者处死；其未行者，虽首告勿论。"[2]这是清最早见于记载的《刑律》令文。天命朝法律不完整，犯罪之后，依据罪情，随罪随议，比附定谳。天命后期，后金汗命译《明会典》，要巴克什将明朝各种法规律例，写在文书里呈上，抛弃其不适当的条文，而保留其适当的条文。[3]

天聪朝逐渐颁行一些成文法。《兵律》较前完善。天聪三年（1629）十月，颁布《兵律》七条：俘获之人，勿离散其父子夫妇、勿淫人妇女、勿掠人衣服、勿拆庐舍祠宇、勿毁器皿、勿伐果木、勿违令杀降，违犯者处以鞭、斩等刑罚。[4]天聪五年（1631），制定《户律》，如《土地例》："我皇上立法，每丁分田五日，一家衣食，凡百差徭，皆从此出。"[5]《债权例》："凡以粮食贷人者，止许取利一年；虽年久，亦不得于利上加利。"[6]《纵畜入田罚例》："羊入人田者，计每只罚银二钱，骆驼、牛、马、驴、骡入人田者，计每匹头罚银一两；仍偿其禾。"[7]《身份例》：议定《离主条例》规定，凡告主行私采猎、隐匿出征所获、擅杀人命、

---

[1]《清太祖高皇帝实录》卷五，天命三年四月辛丑。
[2] 光绪《大清会典事例》卷八五五。
[3]《清太宗实录稿》清抄本。
[4]《清太宗实录》卷五，天聪三年十月辛未。
[5]《天聪朝臣工奏议》上卷。
[6]《清太宗实录》卷九，天聪五年七月癸巳。
[7] 同上。

奸淫属下妇女、冒功滥荐、威钳属下不许申诉等，如所告属实，原告奴仆准其离主。[1]天聪七年（1633）十月，后金汗遣国舅阿什达尔汉等往外藩蒙古宣布《钦定法令》，时所谓《盛京定例》。

崇德朝又陆续因时立制，颁行律条。崇德元年（1636），皇太极称帝，援用《明律》中"十恶"的规定，颁布"十恶"条款："犯上，烧毁宗庙、山陵、宫阙，逃叛，谋杀、故杀，蛊毒、魇魅，盗祭天器物、御用诸物，杀伤祖父母、父母，兄卖弟，妻告夫，内乱，强盗。"[2]皇太极还派官参酌《明会典》，制定《登基（极）后议定会典》。它的前二十条，规定和硕亲王、多罗郡王、多罗贝勒、固山贝子、固伦公主、和硕公主、多罗格格、固山格格等的等级名号。它还包括刑事法规，禁止私卖武器、禁止跳神算命等。

清入关前，局处一隅，"参汉酌金"，因时定例，但没有形成一部系统完备的成文法典。入关定鼎之后，清代的法制日趋完善。

顺治元年（1644）五月，清睿亲王多尔衮率军占领北京。六月，命依《明律》治罪[3]。八月，多尔衮命详译《明律》，参酌时宜，集议允当，裁定成书，颁行全国[4]。十月，清世祖福临在北京即皇帝位。同月，刑部左侍郎党崇雅奏，乞暂用《明律》。命"在外仍照《明律》以行"[5]；旗人沿袭盛京旧例断狱。其时，旗民同罪不同律。二年（1645）二月，从刑科都给事中李士焜奏，命修律官参酌满、汉条例，分别轻重等差，纂

---

[1]《清太宗实录》卷九，天聪五年七月庚辰。
[2]《清太宗实录》卷二八，崇德元年四月丁亥。
[3]《清世祖实录》卷五，顺治元年六月甲戌。
[4]《清世祖实录》卷七，顺治元年八月丙辰朔。
[5]《清世祖实录》卷一〇，顺治元年十月乙亥。

修律例[1]。三年（1646）六月，刑科给事中杨璜以律令久未颁行，旗民刑不划一，疏言："龙飞三载，更定律令，尚未颁行，天下无所遵守，不但犯法者不知其得罪之由，而用法者不免乘一时之意。乞敕所司，刊定颁示。"[2]命刑部尚书、宗室吴达海等"详译《明律》，参以国制，增损剂量，期于平允"，书成奏进。四年（1647）三月，颁行《大清律集解附例》，又称为《大清律》[3]，是为清代第一部完整的成文法典。《大清律集解附例》凡10卷，共458条。其篇目及分门，完全沿袭《明律》，律条亦无大出入。如内有依《大诰》减等——明初曾颁行《大诰》，犯者呈《大诰》服罪可减一等，清初未尝作《大诰》，故时人称"《大清律》即《大明律》改名也"[4]。此评未免过当，但说明《大清律》修纂时限甚短，袭录《大明律》甚多。十二年（1655）十二月，颁行满文《大清律》[5]，是为《大清律集解附例》的满文本[6]。但是，新律颁布后，许多条文并未执行。刑科给事中胡进美疏言："今律例久颁，未见遵行。"[7]

康熙九年（1670），命大学士管理刑部尚书事对喀纳等，将律文的满、汉文义，复行校正。十八年（1679），更改刑部条例，别自为书，称作《现行则例》，凡二百九十条[8]，翌年颁

---

[1]《清世祖实录》卷一四，顺治二年二月己未。
[2]《清世祖实录》卷二六，顺治三年六月癸巳。
[3]《清世祖实录》卷三一，顺治四年三月乙丑。
[4] 谈迁《北游录·纪闻下·大清律》。
[5]《清世祖实录》卷九六，顺治十二年十二月乙丑。
[6]《清史稿·刑法志一》："十三年，复颁满文《大清律》。"其颁行时间误载，应作顺治十二年十二月乙丑（十五日）。
[7]《清世祖实录》卷五四，顺治八年闰二月癸亥。
[8]《清史稿》卷一四二《刑法志一》。

行。二十八年（1689）八月，广西道试监察御史盛符升，以律例须归一贯，请"将律例之分别者合之，新旧之不符者通之，轻重之可议者酌之，务期尽善"[1]。后经九卿议复，准将《现行则例》附入《大清律》条例内。同年十月，开馆纂辑，将原有律例与《现行则例》，逐款校阅，参酌考订，于每篇正文之后，创用总注，疏解律义。缮写满、汉文各40册，于四十六年（1707）六月进呈，留中未发。至六十一年（1722），纂辑新增定例115条，迄未刊刻颁发。

雍正元年（1723），命大学士朱轼等为总裁，将《大清律集解附例》和《现行则例》，"逐条考正，重加编辑"[2]，以轻重有衡，析异归同。三年（1725），书成，称为《大清律集解》。六年（1728），颁行[3]。《大清律集解》总计分为7类，29门，律文436条，附例824条，律末附比引律30条，共计1290条。其律文为：《名例律》46条；《吏律》职制14条，公式14条；《户律》户役15条，田宅11条，婚姻17条，仓库23条，课程8条，钱债3条[4]，市廛5条；《礼律》祭祀6条，仪制20条；《兵律》宫卫16条，军政21条，关津7条，厩牧11条，邮驿16条；《刑律》贼盗28条，人命20条，斗殴22条，骂詈8条，诉讼12条，受赃11条，诈伪11条，犯奸10条，杂犯11条，捕亡8条，断狱29条；《工律》营造9条，河防4条。《大清律集解》的律例门类条款附表如下：

---

[1]《大清律集解》卷首。
[2]《大清律集解·朱轼奏疏》。
[3]《清世宗实录》卷七六，雍正六年十二月丙申。
[4]《清史稿·刑法志一》中《户律》疏漏"曰钱债三条"。

门别	名例律	吏律			户律						礼律		兵律				
		职制	公式	户役	田宅	婚姻	仓库	课程	钱债	市廛	祭祀	仪制	宫卫	军政	关津	厩牧	邮驿
律文	46	14	14	15	11	17	23	8	3	5	6	20	16	21	7	11	16
附例	100	52	16	23	15	9	45	23	8	11	12	33	3	20	25	9	16
小计	146	66	30	38	26	26	68	31	11	16	18	53	19	41	32	20	32
总计	146	96			216						71		144				

门别	刑律											工律		小计	律末比附引律	总计
	贼盗	人命	斗殴	骂詈	诉讼	受赃	诈伪	犯奸	杂犯	捕亡	断狱	营造	河防			
律文	28	20	22	8	12	11	11	10	11	8	29	9	4	(29)	—	—
附例	116	48	31	3	44	17	25	10	14	13	71	6	6	436	30	466
小计	144	68	53	11	56	28	36	20	25	21	100	15	10	824	—	824
总计	562											25		1260	30	1290
														1260	30	1290

律首列《六赃图》《五刑图》《狱具图》《丧服图》等八图。书中《原例》为历朝旧例，《增例》为康熙年间的《现行则例》，《钦定例》为"上谕"及批红条奏。

乾隆五年（1740），对《大清律集解》重加修订，删除总注，逐条详校，折中损益，纂成后称为《大清律例》，律文凡436条，附例增至1409条。十一年（1746）定"条例五年一小修，十年一大修"[1]，纂修律例馆附于刑部。乾隆朝先后纂修《大清律例》八九次，删除《原例》《增例》诸名目。

嘉庆以降，经道光、咸丰，迄同治，附例迭经修改，纂入新例，而例益繁，增至1892条。清代定制，有例不用律，律多成虚文，而例愈发繁碎。或因例破律，或前后抵触，参差歧异，高下不分。光绪、宣统两朝，考察西法，改订清律。宣统二年（1910），全书奏定，称为《大清现行刑律》，分为30篇，389条，附例1327条。翌年，宣统朝被推翻，《刑律》亦未施行。

清代又编纂《会典》，凡五次：康熙二十九年（1690）、雍正十年（1732）、乾隆二十七年（1762）、嘉庆十七年（1812）和光绪二十五年（1899）。各《会典》体例相同，而后典删修增补前典，收录行政法规，具有综合法典的性质。光绪《大清会典事例》，正文100卷，附事例1220卷，是中国封建社会最系统、最完备的行政法典。

此外，清代行政法规有户、礼、工各部的《则例》，以及吏、兵各部的《处分则例》等，进一步完善了清代的法律体系。

---

[1]《增修律例统纂集成·白山常德序》。

二

《清律》与《明律》的类、门、律、例，虽大多雷同，但同中有异。在旗人身份、民族身份、官人身份和奴贱身份等方面，《清律》有着明显的特点。

旗人身份，刑罚有殊。自周以来，身份不同，刑罚也不同。诸如官人、亲属、夫妻妾、良贱及主奴等，各依其不同身份，而刑罚有所加减。《礼记·曲礼》有"礼不下庶人，刑不上大夫"[1]；《周礼·秋官》"八辟"即八议（亲、故、贤、能、功、贵、勤、宾）之制[2]，都是对身份的规定。后汉始有八议之说，于议者在处罚上享浴恩典。至《唐律》更为详备，讫止《清律》，历代相沿不渝。《清律》规定，旗人身份于刑罚上优渥恩典，则为前代所无。

宗室、觉罗为旗人中之尊贵者。清显祖（塔克世）本支为宗室，系黄带；旁支为觉罗，系红带。宗室、觉罗犯罪，享优渥议亲之典。其"所犯笞、杖、枷号，照例折罚责打；犯徒，宗人府拘禁；军、流、锁禁，俱照旗人折枷日期，满日开释"；死刑，"宗人府进黄册"[3]。但实际上，雍正帝谕称："向例宗室犯罪，止分别折罚圈禁。"[4]雍正六年（1728），雍正帝谕八议之不可为，云：

> 夫刑法之设，所以奉天罚罪，乃天下之至公至平，无容

---

[1]《礼记》卷三《曲礼上》，《十三经注疏》本。
[2]《周礼》卷三五《秋官》，《十三经注疏》本。
[3]《清史稿》卷一四四《刑法志三》。
[4] 光绪《大清会典事例》卷七二五。

> 意为轻重者也。若于亲、故、功、贤等人之有罪者，故为屈法以示优容，则是可意为低昂，而律非一定者矣，尚可谓之公平乎！且亲、故、功、贤等人，或以效力宣劳为朝廷所倚眷，或以勋门戚畹为国家所优崇。其人既异于常人，则尤当制节谨度，秉礼守义，以为士民之倡率，乃不知自爱而致罹于法，是其违理道而蹈愆尤，非蚩蚩之氓无知误犯者可比也。倘执法者又曲为之宥，何以惩恶而劝善乎！[1]

这虽为着打击宗室内的政敌，却宣谕八议之不足为训。乾隆四十三年（1778），以宗室与常人同为共犯罪之人，而刑罚轻重悬殊，未为公当，欲所爱而适以害之；命在审理此类案件时，"其曾系黄、红腰带与否，竟不必论"[2]。嘉庆二十四年（1819），谕"嗣后宗室犯事到案，无论承审者何官，俱先将该宗室摘去顶带，与平民一体长跪听审"[3]。道光五年（1825），《钦定例》规定：嗣后宗室不安本分而犯笞、杖、军、流、徒等罪，即照科条分别枷责实发；于人命案，"先行革去宗室，照平人一律问拟斩、绞，分别实、缓"[4]。宗室、觉罗的身份犯，其优渥范围逐渐萎缩，减刑节级日趋压缩。

满洲、蒙古和汉军八旗，除"国初勋臣，皆给庄田，以代廪禄，寻即按品级给禄"[5]外，原例规定旗人犯罪可依例减等换刑，笞、杖可换鞭责，徒、流可折枷号。

---

[1]《清世宗实录》卷六七，雍正六年三月丙子。
[2] 光绪《大清会典事例》卷八〇八。
[3]《清仁宗实录》卷三五八，嘉庆二十四年五月己卯。
[4]《清宣宗实录》卷八六，道光五年七月辛亥。
[5]《清朝通志》卷七一《职官略八》。

凡旗下人犯罪，笞、杖各照数鞭责，军、流、徒免发遣，分别枷号。徒一年者，枷号二十日，每等递加五日，总徒、准徒亦递加五日。流二千里者，枷号五十日，每等亦递加五日。充军附近者，枷号七十日；边卫者，七十五日；边远、极边、烟瘴、沿海、边外者，俱八十日；永远者，九十日。[1]

死罪斩立决，可减为斩监候。犯盗窃罪，免于刺字；重囚必须刺字时，则刺臂不刺面。八旗官兵犯徒、流罪，免于监禁和发遣，止于鞭责而已。其至亲阵亡者，或本人出征负有重伤，援天命朝"免死牌"[2]先例，均可免普通死罪一次。旗人犯罪不下普通监狱，而下内务府监所，或圈入八旗高墙之内。旗人的诉讼，也与民人不同（后面另述）。但是，后来旗人犯罪的特殊身份与民人犯罪的普通身份日渐接近。雍正四年（1726）议准，嗣后汉军旗下人犯军、流、徒罪，包括应发极边及烟瘴充军者，均"按其所犯，照例编发"[3]。乾隆二十七年（1762），定汉军旗下人犯，"无论军、流、徒罪，俱即斥令为民，照所犯定例发遣，不必准折枷责，着为例"[4]。从此，八旗汉军犯徒、流罪者，销除旗档，照例发遣。此后，旗人身份特殊范围继续缩小。三十九年（1774），定满洲八旗和在京及在外省驻防之食钱粮而犯徒、流罪者，除系寻常事故照例枷责完结外，其余均"削去户籍，依律发遣"；在京畿及在直省居住庄屯旗人并庄

---

[1]《大清律集解附例》卷一。
[2]《满文老档·太祖》第69册，天命十年。
[3] 光绪《大清会典事例》卷七二七。
[4]《清高宗实录》卷六六四，乾隆二十七年六月丁酉。

头等,"其流、徒罪名,俱照民人一例发遣,着为例"[1]。于是,旗人身份大体按照先汉军后满洲,满洲中则先乡屯后城镇,城镇中则先另户后正户,正户中则先正身后贵胄的顺序,而逐渐取消其在刑罚上所享有的特殊恩典。

民族身份,刑罚有别。《大清律·名例律》踵袭《明律》,载"化外人有犯"例。《明律集解》纂注:"化外人即外夷来降之人及收捕夷寇、散处各地方者皆是。"[2]所谓归化人,就是指归化中央王朝的边疆少数民族。清对归附少数民族的人犯,因俗制宜,颁定律例。在蒙古族聚居地区制定《蒙古律例》,在新疆维吾尔族地区制定《回疆则例》,在苗族聚居地区制定《苗人例》,在西藏地区制定《番例》等。

蒙古人犯,"隶理藩院者,仍依《蒙古律例》拟断"[3]。蒙古人犯笞、杖罪,各照数鞭责;犯罚刑罪,按"九数"(即马二、犍牛二、乳牛二、牛[4]二、牛[5]一)计,凡蒙古人犯罪在应罚牲畜而申言无有者,"一九"以上在佐领前设誓,"三九"以上在旗内大臣前设誓,均免实罚[6]。蒙古人犯死罪而不招承又无证据者,令设誓完结。凡在蒙古地方发生抢劫案件,如俱为蒙古人,专用《蒙古律例》;俱为民人,专用《刑律》;如蒙古人与民人伙同抢劫,则依重刑律例问拟。凡蒙古人在内地犯事,照《刑律》办理;民人在蒙古地方犯事,则照《蒙古律例》办理。凡在蒙汉杂

---

[1] 光绪《大清会典事例》卷七二七。
[2] 《明律集解》卷一。
[3] 《大清律集解附例》卷一。
[4] 牛,为三岁之牛。
[5] 牛,为二岁之牛。
[6] 《蒙古律例》卷一二。

居承德府属地方发生抢劫案件,不论赃犯是蒙古人或是民人,如事主为蒙古人,专用《蒙古律例》;如事主为民人,则专用《刑律》[1]。蒙古人犯的量刑,一般较民人轻,略同旗人。乾隆二十六年(1761)议准,于蒙古逃人犯,"俱照旗逃例,一体办理"[2]。

苗人等犯,按《苗人例》拟断。苗人犯罪,区别办理:"熟苗、生苗若有伤害人者,熟苗照民例治罪,生苗仍照《苗人例》治罪。"[3]苗人犯罪量刑,较民人轻,略与旗人相当。苗人杀抢犯,"免其刺字,照旗下人枷号杖责"。苗人特殊案件,专设条例审断。苗人伏草捉人、枷肘在巢勒银取赎犯,初犯为首者斩监候,为从者俱枷号三个月、责四十板、臂膊刺字。并规定按发生案件起数,将土知府、百户、寨长各罚银有差。苗人犯的诉讼审理程序,也与民人不尽相同(后另叙述)。《苗人例》还将苗民通婚、使用武器等均做出规定。瑶、壮、黎等族人犯,俱参照《苗人例》审理定谳。

回人犯,乾隆二十五年(1760),谕照《回疆则例》办理。但对驻新疆各城官兵酗酒滋事犯等,按《刑律》断案,配给回人为奴;累犯加重,"即行正法"[4]。这比内地同罪刑罚为重,其原因是为着加强对边疆地区的统治。

藏人犯,由驻藏大臣参酌《番例》四十一条办理。《番例》规定:争斗打架犯、告理者,按曲直,罚银钱。男女奸情犯,止罚银钱,亦或责释。偷窃财物犯,将其全家锁拿监内追比,并将正犯挖目、割鼻、砍手。殴斗致命犯,有钱者罚银钱充公,

---

[1] 光绪《大清会典事例》卷七三九。
[2] 光绪《大清会典事例》卷八五七。
[3] 光绪《大清会典事例》卷七三九。
[4] 《钦定回疆则例》卷七。

并给尸亲念经或给尸亲银钱与牛羊若干；无钱者则缚弃于水中，并籍没其家。抢夺劫杀犯，"不分首从，皆问死罪；或缚于柱上，以枪打箭射，较射饮酒，死则割头悬示；或送珞瑜野人食之，或活缚送曲水蝎子洞，令蝎子食之"[1]。上述《番例》内容不难看出，同罪之刑罚，有的藏人比汉人轻，如奸情犯；有的则藏人比汉人重，如偷窃犯。即在藏人同罪犯中，其身份之富与贫、贵与贱亦不同刑。《番例》比《刑律》照顾到藏人的民族习俗、历史缘延和社会情俗，但总的说来，西藏的《番例》比内地的《刑律》残留着浓重蛮暴的痕迹。

官人身份，较明有别。官员犯罪区分为公罪与私罪，公罪为缘公事致罪而无私曲，即行政犯；私罪为不缘公事而私自犯，即刑事犯。官员犯罪依官职和官品，享有处罚上的特权。《明律》官人分为两级：五品以上有犯，奏闻请旨，不许擅问；六品以下，所司取问拟议，奏闻区处。《清律》则不分级，凡在京、在外大小官员，有犯公私罪者，所司实封奏闻，不许擅自勾问。如旨准推问，依律拟处，奏闻区处，仍候复准，方许判决。所以清朝官员在处罚上的特权，较明扩大。《清律》对官人罪做出明确规定，如专擅选官或私自铨选亲戚，斩监候；滥设官吏，额外添设一人，杖一百；擅离职役（在官应值不值），笞二十；官员赴任过限，无故过限一日，笞一十；擅勾属官，无故稽留三日者，笞二十；交结朋党或上言大臣德政，斩监候[2]；嘱托公事，笞五十；罢闲官吏在外干预公事，杖八十；现任处所置买田宅，笞五十、解任、田宅入官等。但清代官人

---

[1] 光绪《大清会典事例》卷七四二。
[2] 《大清律集解附例》卷二。

犯罪，因袭故明旧制，用除免当赎法，即免除官职，赎刑代真刑。《大清律·名例律》规定，官员犯笞、杖罪，则分别公私，代以罚俸、降级、降调，至革职而止。其罚俸，公罪——文武官，犯该笞者，一十罚俸一个月，二十罚俸两个月等；私罪——犯该笞者，一十罚俸两个月，二十罚俸三个月等。

官人贪赃，清律尤严。官员贪赃，《钦定例》：百两以上者，绞决；三百两以上者，斩决。[1]凡监临主守自盗仓库钱粮者，一两以下杖八十、小臂膊刺"盗官钱（或粮或物）"三字；四十两，斩。贪赃官人除科以生命刑（绞、斩）和身体刑（笞、杖）外，还处以财产刑。顺治十二年（1655），顺治帝谕刑部："贪官蠹国害民，最为可恨。向因法度太轻，虽经革职拟罪，犹得享用赃资，以致贪风不息。嗣后内外大小官员，凡受赃至十两以上者，除依律定罪外，不分枉法、不枉法，俱籍没其家产入官，着为例。"[2]明科罚贪墨，计赃论断，罪止杖一百、流三千里；清则罪止处斩。清初力除明季积弊，惩贪至严。顺治元年（1644）规定，"凡官吏犯赃审实者，立行处斩"。八年（1651）又谕："治国安民，首在惩贪；大贪罪至死者，遇赦不宥。"[3]《清律·刑律·受赃》规定：凡官吏受财、坐赃致罪，事后受财、官吏听许财物、有事以财请求、在官求索借贷人财物、家人求索、风宪官吏犯赃，因公科敛、克留盗赃、私受公侯财物等，按枉法、不枉法与坐赃，给以刑罚。官吏受财与坐赃致罪的赃罪刑罚，列表如下。清对流官犯赃，更加重惩处。云南、贵州、

---

[1]《大清律集解附例》卷七。
[2]《清世祖实录》卷九五，顺治十二年十一月丁亥。
[3] 光绪《大清会典事例》卷八二〇。

广西、广东、四川、湖广等处流官，擅自科敛土官财物、贪取兵夫征价、遣兵骚扰逼勒、强卖货物牟利者，"较内地之例，应加倍治罪"[1]。

		一两以下	一至五两	十两	十五两	二十两	二十五两	三十两	三十五两	四十两	四十五两	五十两	五十五两	八十两	一百二十两	五百两
官吏受财（有禄人）	枉法赃	杖七十	杖八十	杖九十	杖一百	杖六十、徒一年	杖七十、徒一年	杖八十、徒一年半	杖九十、徒二年	杖一百、徒三年	杖一百、流二千里	杖一百、流二千五百里	杖一百、流三千里	实绞、监候		
	不枉法赃	杖六十	杖七十	杖八十		杖九十		杖一百		杖六十、徒一年		杖九十、徒二年半		实绞、监候		
坐赃致罪		笞二十		笞三十		笞四十		笞五十		杖六十		杖七十		杖一百		杖一百、徒三年

奴贱身份，律定严明。《清律》中有关奴婢（奴仆）和贱民的规定，大致与《明律》相同。清代奴贱的法定地位，多系半人半物——其人格方面，旗民故杀奴婢（奴仆）时，亦予处罚；强盗杀伤人者，奴婢亦同良人，私贱被放为民后其主仍压之为贱时，可自理诉，如侵害财物，则略同常人犯法。其为物方面，罪主籍没时，财产与奴入官；杀一家非死罪三人，奴婢不在其内；

---

[1] 光绪《大清会典事例》卷八二一。

买卖及质债奴婢，并不为罪，妄认或错认奴婢，视同妄认或错认他人财物。清还对良贱与主奴之间相婚、相奸、相养，均以其身份不同而在处罚上亦不相同。总之，清初奴贱在法律上的地位比明朝低下。《清律》规定可以买卖奴婢（奴仆）："各旗买人，俱令赶市买卖"，其"在京者于大、宛两县五城兵马司用印，在外者于各州、县用印"[1]。京师"顺承门内大街骡马市、牛市、羊市，又有人市，旗下妇女欲售者丛焉"[2]。奴仆的售价，雍正年间每口银十两。[3]因奴婢（奴仆）不堪其苦，大量逃亡。《清律》设《督捕例》，凡108例，386条。清严惩逃人滥觞于关外。天命十一年（1626）定，凡逃人已经离家，被捕获者处死。清入关后，既严惩逃人，又重惩窝主。《清律》对于窝逃，分为十类，如移寓窝逃、驻防窝带逃人、游牧处所窝隐逃人、宁古塔水手窝逃、营伍窝逃、运粮船窝逃、军船与商船窝逃、官员家人窝逃、妇人窝逃和官员窝逃等，规定细密具体，超越历代刑律。顺治五年（1648）题准，逃人窝家正法，妻子家产，籍没给主。十三年（1656）又题准，凡逃一次者面上刺字，二次者正法。十四年（1657）又定，窝犯免死，责四十板，面上刺字，家产、人口给予八旗穷兵。康熙七年（1668）复准，三次逃者，绞监候。二十二年（1683）又复准，三次逃者免死，发往宁古塔予穷兵为奴。乾隆八年（1743）定，不知为逃人误行容留者，六个月内免议。嘉庆六年（1801）又定，三次逃人发往黑龙江等处当差。对逃人及窝主的惩罚，日益宽弛。

---

[1] 光绪《大清会典事例》卷八五七。
[2] 谈迁《北游录·纪闻下·人市》。
[3] 《清雍正朝镶红旗档》黄字十二号。

清朝贱民的身份，比明朝有所提高。雍正元年（1723）四月，销除山西、陕西教坊乐籍，准改业为良民。[1]九月，除豁浙江绍兴惰民丐籍，改贱为良。[2]五年（1727）四月，开豁徽州伴当、宁国世仆为良，停其世代受主役使、停其主仆名分。[3]七年（1729）五月，以广东疍户为良民，准许上岸居住，与齐民一同编列保甲。[4]八年（1730）五月，销除江苏常熟、昭文二县丐户贱籍，列为平民。[5]至于雇工，乾隆三十二年（1767）条例，受雇于普通农民之从事耕作雇工，其身份同于常人，法律上的人身依附地位有所改变。

《清律》较《明律》不同之处尤多，上举四端，可见清代旗人、官人、民族和奴贱的身份，与明代有所不同。

三

清代的诉讼与刑名，沿袭明制，但有所更易。

清代的司法，在入关以前，实行公议制，以加强法制，防止司法权力分散。明万历四十三年（1615），建州设理政听讼大臣五人，扎尔固齐（即理事官）十人。凡听断之事，先经扎尔固齐审问，然后言于五大臣；五大臣再加审问，然后言于众贝勒；众议既定，犹恐冤抑，由汗鞫问。对于私诉于家者，"俱

---

[1]《清世宗实录》卷六，雍正元年四月戊辰。
[2]《清世宗实录》卷一一，雍正元年九月丙申。
[3]《清世宗实录》卷五六，雍正五年四月癸丑。
[4]《清世宗实录》卷八一，雍正七年五月壬申。
[5]《清世宗实录》卷九四，雍正八年五月丙戌。

罚以规定之罪"[1]。天聪七年（1633），设刑部承政、参政、启心郎等官，专司听讼。其听讼、鞫讯、断狱、刑罚等均有规定。顺治帝入关后，承袭明制，在中央及地方均设置司法机关。

中央司法机关，主要有大理寺、刑部及都察院，又称三法司。大理寺掌审谳、平反刑狱，于死刑案件，参与九卿会审。都察院掌纠劾百司，辨明冤枉。所属京畿、河南、江南、浙江、山西、山东、陕西、湖广、江西、福建、四川、广东、广西、云南、贵州十五道御史，分理本省及所属的刑名（如河南道御史掌本省刑名并稽察吏部、詹事府、步军统领及京师五城）。刑部总理全国的法律刑名，所属十七清吏司各掌其分省各属刑名，兼理属旗文移。凡全国的刑狱，先由刑部审理；审讫，送都察院纠察；然后，经大理寺驳正。三法司互相制约，彼此监督。刑部所审的死刑案件，送大理寺复审，然后定拟以闻。大理寺与刑部拟谳的死刑案件，许两议，听旨裁。

地方司法机关，有州、县，有府，有省，各掌该管内的行政、司法事务。县由知县决讼断辟，主簿掌缉捕，典史稽狱囚。府设推官（后由通判），佐理刑名。省有提刑按察使司，按察使秋审充主稿官，知事佐察刑名，司狱掌检系囚。但清按察使司不似明代为地方最高司法机关，而隶属于总督、巡抚。清代省常设督、抚，按察使受督、抚的管辖。

清代的审判机关，分级管辖。第一级审判机关为县（属州、县）。县正印官为裁判官，采用独任制。县令多不通晓律例，而另聘幕友（师爷），佐其审理案件，草拟判稿。此级审判权限，受理民事与刑事案。于刑事案，笞、杖犯罪自理，并审理上级批

---

[1] 光绪《大清会典事例》卷八六一。

发的案件。于杀人等要案，须加勘验，呈报上司。第二级审判机关为府（直隶州、厅）。府正印官为裁判官，判决县自理案件中的上诉案件，复审上解的徒罪案件，裁决民事上诉案件，审理上司发交的案件。但在亲辖的地方，府则为第一级审判机关。第三级审判机关为按察使司。按察使为裁判官，掌管复审并申报徒罪（非命案者）案和审理发交的案件等。第四级审判机关为总督、巡抚，是地方刑名的总汇。督、抚批结按察使呈送的徒罪案件（非命案者），负责有关人命的徒罪及军、流罪案件咨部核复，死罪案件定拟后具题并咨部，审理刑部移咨案件和钦命案件并咨复和奏报。总督、巡抚的裁判事务，独立的巡抚与总督略同，受总督管辖之巡抚或并置总督与巡抚之省，审判事务的上奏，须总督与巡抚会奏。第五级审判机关为刑部，全国刑名的总汇。刑部的案件，先由司官书稿，然后经尚书和侍郎等合议而决，称为堂议。刑部审结寻常徒、流、军、遣等罪，并须送大理寺复核，受都察院监督；审理奉旨的京控案件；批结京师由五城兵马司及步军统领审判的徒罪案件；死刑的案件，由三法司及九卿（六部与大理寺、通政使司、都察院的长官）等会审。

死刑案件，大理寺委派寺丞，都察院委派御史，至刑部本司会审，称为会小法。狱成之后，大理寺卿（或少卿）、左都御史（或左副都御史），携同属员赴刑部，同刑部尚书（或侍郎）等会审，称为会大法。定谳之后，会稿题奏。旨定绞或斩立决，行刑。绞或斩监候，京师列入朝审，直省则入秋审。

秋审和朝审是复核监候死罪犯的最高会审。秋审是复核各省监候死罪犯的会审，因审期在每年秋季而得名。每年限七月十五日前，直省督、抚将人犯提解省城会勘，审拟情实、缓决、可矜、留养承祀者，具题咨部。刑部将原案贴黄及法司勘语并督、抚勘语，刊刷招册，进呈御览，另送九卿、詹事、科道备阅。八月内在天安门前金水桥西，会同详核。无异议，会同将原拟具题；有异议，则奏上听裁。经御笔勾决者，咨文直省，将死刑情实人犯于霜降日后、冬至日前正法。朝审与秋审的组织和程序相同；但因监候死罪犯在京，所以会审时，九卿、詹事、科道等入座，刑部将监内应死人犯提至当堂，由吏朗读其罪状及定拟节略，后再核审。朝审和秋审组织周密，可以减少死刑案件的失误，加强皇帝对司法权的控制。皇帝行使朝审和秋审的最高审判权，特别是死刑案件，经朝审和秋审后，由其勾决正法。

清代的特别审判机关，主要有特殊行政区域的审判机关和对特殊身份人的审判机关。前者如京师和盛京。在京师，笞、杖及无关罪名诉讼，内城由步军统领，外城由五城巡城御史审结，徒以上送部，重则奏交。在京大小官员犯罪，实封奏闻请旨，不许擅自勾问。在盛京，"盛京向例，将军管辖旗人，奉天府府尹管理民人"[1]。盛京民人的田土、婚姻等普通案件，由州、县自行审理；旗民交涉命盗重案及军、流、徒罪案，由盛京刑部审拟解部；死罪报部秋审。后者如旗人案件和民族案件。

旗人的审判机关，源自入关前后金社会、军事和法律基本单位的牛录，牛录额真（佐领）有初级审判权。天聪五年（1631）谕令，牛录额真（佐领）有权审结一般民事案件；但"事有大于此者，送部审理"[2]。入关后，旗人的审判机关更臻完备。京师普通旗人的案件，由步军统领衙门审理，笞、杖以下可自行完结。内务府管辖的旗人案件，由内务府慎行司审理，

---

[1] 光绪《大清会典事例》卷八六一。
[2] 《清太宗实录》卷九，天聪五年七月癸巳。

徒罪以上移送刑部，也承审奉旨交办的案件。宗室、觉罗的案件，归宗人府审理。如佐领觉罗常永，将饲养的官马私卖，侵吞空额钱粮；查验时又租赁辕马并在马额上盖印顶替。命"将佐领觉罗常永革职，交宗人府严加治罪"[1]。盛京旗人案件，上已述及，由盛京将军审理，一般案件由旗管理。直省驻防旗人案件，由将军和副都统审理，笞、杖等罪移旗发落，流罪以上案件呈报审结。八旗的民事、地亩案件，由户部现审处审理；刑讯案件，则须会同刑部进行。

民族案件的审判，蒙古人案件由内外札萨克王公、台吉、塔布囊及协理台吉承审，不决再报盟长审理，仍不决复报理藩院定案。罪至发遣人犯，报理藩院会同刑部裁决。死罪由盟长核报理藩院，会同三法司奏定。在京蒙古人犯死罪，刑部审后会同理藩院等奏定。盛京法库以外蒙古案件，乾隆二年（1737）定，由盛京刑部侍郎会同该旗札萨克等办理，其人命案照例定拟具题。苗人案件由"土官将犯罪之苗解送道厅"，再由"两厅会同土官审明发落"。重大案件依定例审理。此外，回人、藏人的案件审判程序，"其习俗既殊，刑制亦异"[2]，不另叙述。

清代的刑罚，承袭《明律》，主刑为五刑，即笞、杖、徒、流、死。笞刑，五等：十至五十（以十为差）。杖刑，五等：六十至一百（以十为差）。笞、杖用小竹板，顺治时笞、杖以五折十；康熙《现行则例》改为四折除零，即笞、杖十折四板，笞、杖二十以上则以五板为等次，折板有零数则勾销。所以，笞、杖二十为五板，三十为十板，四十为十五板，五十及六十

---

〔1〕《清雍正朝镶红旗档》张字三号。
〔2〕《清史稿》卷一四二《刑法志一》。

均为二十板，迄一百为四十板。徒刑，五等：一年至三年（以半年为差）；并科以杖刑，六十至一百（以十为差）。流刑，三等：二千里至三千里（以五百里为差）；并科以杖刑，皆各加杖一百。死刑，二等：绞与斩。五刑共有二十等次，以笞十为最轻，斩首为最重。主刑又称正刑，其外的枷号、迁徙、充军、发遣、凌迟、枭首、戮尸等刑，为随时所加，皆非正刑。主刑之外，有从刑，如籍没家产、刺字等。五等的笞、杖、徒、流、死，加于身体、生命，是为真刑。罪人以财物或官爵赎代真刑，是为赎刑。清代赎刑有四：纳赎——无力照例决配，有赀照律纳赎；收赎——老幼废疾、天文生及妇女折杖，照律收赎；例赎——官员正妻等，照律例赎；捐赎——官员犯罪，或认工或运粮等，照例捐赎。雍正三年（1725），定《纳赎诸例图》，列五刑赎银数目。后刑部设赎罪处，专司犯人赎锾之事。至清末，"绞、斩则收赎银四十两"[1]，可谓赎刑更滥矣。

清代的监狱与明代的监狱相同，狱中多留禁未决的犯人。犯人定罪后，笞、杖刑罚，折责后释放；徒、流、军、遣，定罪后发配。监禁较久的为绞、斩监候犯。监狱分为内监，系禁死囚；外监，囚禁流、徒以下犯人；女监，幽禁女犯。徒罪以上，监内锁收；杖以下，散禁。

但是，清代的特殊监狱，旗人有高墙拘禁之制。清入关前的监狱，初不设高墙。济尔哈朗等四位贝勒因分财物获罪，后金汗命他们穿上女人的衣裙，画地为牢，监禁三天三夜[2]。入关之后，设有高墙之禁。镶红旗满洲富昌佐领下原四川布政使

---

[1]《清史稿》卷一四三《刑法志二》。
[2]《满文老档·太祖》第28册，天命六年十一月初一日。

罗寅泰，亏空贪污布政司库正项钱粮，将其囚于"旗高墙之内"[1]，即是例证。乾隆以后，旗人高墙拘禁之例逐渐废除。

清代的法制，内容丰富，上面所述，遗漏恐多，诸如诉讼程序等，则均从略。

（原载《燕步集》，北京燕山出版社，1989年）

---

[1]《清雍正朝镶红旗档》张字二十五号。

论宁远争局

有关明朝与后金的宁远争局，学者们已经发表论文多篇。但是，论者只论宁远之役而未论觉华之役，只论明朝宁远大捷而未论其觉华兵没，只论后金宁远兵败而未论其觉华大胜。这既未能全面地阐述此次争局的特质与全貌，又未能客观地阐析此次争局的意义与后果。故撰著本文，就宁远争局之态势与对抗、兵略与影响，分蘖六端，稽考史料，匡失补阙，总观论析。

一

宁远争局的历史活剧，演出于17世纪20年代的中国辽西地区。其时，后金崛兴，满洲八旗攻势凌厉；明廷衰朽，辽东明军败不能支；而东西两翼——朝鲜与蒙古，惧金疏明，亦难策应。宁远争局就是在这种态势下进行的。

满洲八旗所向披靡。辽东明军的劲敌是天命汗努尔哈赤统率的满洲八旗劲旅。努尔哈赤不仅是满洲民族杰出的首领，而且是明末清初伟大的统帅。万历十一年（1583），努尔哈赤以其父祖"遗甲十三副"起兵，相继整合了环围的女真各部。万历四十四年（1616），努尔哈赤建立后金，登极称汗。[1]他缔造了一支"攻则争先，战则奋勇，威如雷霆，势如风发，凡遇战阵，一鼓而胜"[2]的八旗军。天命汗努尔哈赤依靠这支军队，于万历四十六年即天命三年（1618），以"七大恨"告天，向明朝宣战，计袭抚顺[3]，智破清河[4]，旗开得胜，明廷震惊。庙堂决策攻剿，以杨镐为经略，调集12万兵马，分兵四路合击后金都城赫图阿拉，结果被努尔哈赤率军逐路击破。这就是著名的萨尔浒之战。[5]以此为标志，辽东战局发生了根本性的变化：明辽军由战略进攻转为战略防御，后金军则由战略防御转为战略进攻。尔后，满洲八旗军频仍进击，势如破竹，下开原，占铁岭，取沈阳，陷辽阳，结束了明廷对辽东的统辖。继而进兵辽西，占领广宁，形成同明军争局宁远的态势。

明朝辽军逐节败退。在努尔哈赤八旗军的猛烈攻势面前，辽东明军丢城失地，损兵折将。尤在萨尔浒之败以后，明军更加溃不能支。明朝辽东经略王在晋概括其时形势道："东事离披，一坏于清、抚，再坏于开、铁，三坏于辽、沈，四坏于广宁。初坏为危局，再坏为败局，三坏为残局，至于四坏——捐弃全辽，则无局之可布矣！"[6]明朝辽军由驻镇全辽、布局分

---

[1]《满文老档·太祖》第5册，天命元年正月，中华书局译注本，1990年。
[2]《满洲实录》卷四，中华书局影印本，1986年，第184页。
[3]《李朝光海君日记》卷一二七，十年闰四月甲戌，日本学习院东洋文化研究所影印本，1959年。
[4] 黄道周《博物典汇》卷二〇，明崇祯八年（1635）刻本，第18页。
[5] 阎崇年《努尔哈赤传》（修订本）第八章《萨尔浒大战》，文史哲出版社，1992年。
[6] 王在晋《三朝辽事实录》卷八，天启二年三月，江苏省立国学图书馆据私藏本影印，1931年。

守，而变为丢弃全辽、无局可布之局面，其直接原因在于，武备废弛，兵伍腐败。这主要表现在：其一，主帅频移，方略屡变。明自抚顺失陷后的八年之间，先后七易主帅。战守方略，因人而异。经略、总兵，或战死，或贬谪，或去职，或落狱。与此相反，后金却形成以努尔哈赤为首的稳定帅将群体。其二，将骄兵惰，漫无纪律。军官上下欺诳，左右盘结，骄奢淫逸，占田贪饷。兵无粮饷，生活失计，竟至"辽卒不堪，胁众为乱"[1]，哗变围署，搥楚长官。与此相反，后金却诸将骁勇，兵强马壮，训练严格，军纪整肃。其三，军械缺损，后勤混乱。萨尔浒战前誓师演武场上，大将屠牛祭纛，刀锋不利，"三割而始断"[2]，官将驰马试槊，木柄蠹朽，槊头坠地。甚至出现操场阅兵，雇夫顶替，着布衫持木棍的杂乱局面。与此相反，后金"兵所带盔甲、面具、臂手，悉皆精铁，马亦如之"[3]；出征之军，"盔甲鲜明，如三冬冰雪"[4]。所以，明朝辽军势颓兵弱，退守关门，形成了面临后金军进攻而孤守宁远争局的态势。

漠南蒙古离明靠金。漠南蒙古诸部，驻牧于明朝与后金之间，又在宁远左翼。其倾向于某一方，必使另一方腹背受敌。自隆、万以降，明廷采取和议、岁币、修墙、盟约等方式，同蒙古的关系得到调整；同时漠南蒙古诸部也在衰变分合，未再重演正统己巳、嘉靖庚戌因蒙古内犯而导致的京师危机。在满洲兴起后，明朝、后金、蒙古三方关系发生了新的变化。努

---

[1]《明史》卷七七《食货志一》，中华书局点校本，1974年，第185页。
[2] 王在晋《三朝辽事实录》卷一，万历四十六年七月。
[3] 徐光启《辽左陷危已甚疏》，《明经世文编》第6册，中华书局影印本，1962年，第5381页。
[4]《满洲实录》卷四，中华书局影印本，1986年，第165页。

尔哈赤以"蒙古与满洲,语言虽各异,而衣饰风习,无不相同"[1],为兄弟之国,并通过联姻、会盟、尊教、赏赐等策略,使科尔沁、内喀尔喀诸部臣服。明朝以增加岁币和缔结盟约,着力争取察哈尔部,实行"以西虏制东夷"之策。但是,明辽东巡抚王化贞驻守广宁,图借蒙古兵力,抵御后金进犯,结果企盼落空,痛哭弃城,狼狈而逃。尔后,漠南蒙古诸部,益加背明降金。《明史·鞑靼传》论道:"明未亡,而插先毙,诸部皆折入于大清。国计愈困,边事愈棘,朝议愈纷,明亦遂不可为矣!"[2]明廷未能"抚西虏"以"制东夷",形成了宁远争局更为严峻的态势。

朝鲜李朝惧金疏明。朝鲜不同于蒙古,它自洪武以降同明朝保持着友好关系。女真—满洲东邻朝鲜,朝鲜不愿其势力强大。朝鲜曾三次大规模出兵建州,袭攻女真。第一次是宣德八年(1433),朝鲜出兵建州,追袭建州首领李满住及其部民,致李满住"身被九创"[3]。第二次是成化三年(1467),明朝与朝鲜,兵分两路,东西合击,攻袭建州,朝鲜军攻至建州首领董山屯寨,"焚其巢寨房屋一空"[4],董山亦被明朝杀害。第三次是万历四十七年即天命四年(1619),朝鲜派元帅姜弘立统领万余兵马,参加明经略杨镐攻剿赫图阿拉之役,全军覆没,元帅被俘。此战以后,朝鲜更加惧怕天命汗努尔哈赤,又不得不接

---

[1]《满文老档·太祖》第10册,天命四年六月,中华书局译注本,1990年。
[2]《明史》卷三二七《鞑靼传》,第8494页。
[3]《李朝燕山君日记》卷一九,二年十一月甲辰,日本学习院东洋文化研究所,1959年。
[4]《明宪宗实录》卷四七,成化三年十月壬戌,台北"中研院"史语所校勘本,1962年。

济明东江总兵毛文龙部[1]，依违于明朝与后金之间。明廷意在联络朝鲜，牵制后金，使辽军同"丽兵声势相倚，与登、莱音息时通，斯于援助有济"[2]。努尔哈赤则意在：一方面实行"结好朝鲜之策"，往来贸易，互通有无；另一方面切断朝鲜与明朝的联系及其对毛文龙部的济援，以除后顾之忧。后来皇太极两次出兵朝鲜，结成所谓"兄弟之盟"。朝鲜虽可称为明朝患难之盟友，后金肘腋之隐忧，但因其惧于后金而疏于明朝，形成了宁远争局微妙的态势。

明廷中枢紊乱失衡。明朝辽东的局势是：八旗日盛，辽军日衰，蒙古不助，朝鲜不援。其根本原因在于朝廷腐败，使得宫内案起，朋党纷争，阉竖专横，内臣监军，文武失协，经抚不和。朝廷纪纲紊乱与机制失衡，所殃及辽事的明显事例，是孙承宗的去职和熊廷弼的冤死。熊廷弼在明军萨尔浒之败后，受命经略辽东。他整顿军队，修城治械，疏陈方略，布兵御守，迫使天命汗努尔哈赤将兵锋转向叶赫与蒙古。然而仅一年零三个月，熊廷弼便在党争中被罢免，其治辽方略亦随之夭折。明失陷沈、辽后，京师戒严，举国震惊，熊廷弼被再次起用。他虽建"三方布置策"，但终因朋党之争，经抚不和，含冤而死，"传首九边"。[3]颇有建树之大学士、辽东经略孙承宗，虽曾为天启帝侍讲，主持筑守宁远，整饬关外防务，颇有守辽成效，但因阉党排陷，而遭劾去职。兵戎大事，慎之又慎。如此翻云覆雨，岂能制敌御辽？

---

[1] 《东江疏揭塘报节抄》卷二，浙江古籍出版社，1986年，第12页。
[2] 《明熹宗实录》卷一三，天启元年八月庚午，台北"中研院"史语所校勘本，1962年。
[3] 叶向高《蘧编》卷一二，第2页，美国国会图书馆藏本。

综上，宁远争局的攻方为天命汗努尔哈赤，亲自统率，身先士卒，屡战屡胜，志在必克；守方为宁前道袁崇焕，官小秩微，初历战阵，督率军民，誓守孤城。因此，宁前道袁崇焕在朝廷腐败、面对强手、后无援兵、两翼失助、婴守孤城的情势下，同天命汗努尔哈赤进行了一场中国古代史上著名的宁远之战。

二

努尔哈赤率兵进攻宁远，袁崇焕统军死守孤城，于是展开了激烈的宁远争局。宁远争局的主战场在宁远城。

先是，天启五年即天命十年（1625）八月，明山海总兵马世龙偷袭后金，兵败柳河。阉党乘隙起衅，以谄附阉党之兵部尚书高第，代孙承宗为辽东经略。高第上任伊始，便推行不谋进取、只图守关的消极防御策略，令弃关外城堡，尽撤关外戍兵。

袁崇焕主张固守，据理力争，具揭言："兵法有进无退。锦、右一带，既安设兵将，藏卸粮料，部署厅官，安有不守而撤之（理）？万万无是理。脱一动移，示敌以弱，非但东奴，即西虏亦轻中国。前柳河之失，皆缘若辈贪功，自为送死。乃因此而撤城堡、动居民，锦、右动摇，宁、前震惊，关门失障，非本道之所敢任者矣！"[1]辽东经略高第撤防命令传至宁、前，宁前道袁崇焕斩钉截铁地说道：

宁前道当与宁、前为存亡！如撤宁、前兵，宁前道必

---

[1] 王在晋《三朝辽事实录》卷一五，天启五年十月。

不入，独卧孤城，以当虏耳！[1]

于是，锦州、右屯、大凌河等城自行毁弃，守兵与屯民后退入关，广宁至山海关，四百里地域，仅余袁崇焕统兵防守之宁远孤城。

经略高第撤防之报，传至后金都城沈阳。后金攻陷广宁之后，已经蛰伏四年未动。努尔哈赤得知高第昏弱、辽军撤防的探报，认为时机已到，机不可失，便告天誓师，统率八旗，西渡辽河，进攻宁远。

天启六年即天命十一年（1626）正月十四日，善握时机的努尔哈赤，亲率六万精兵，号称二十万，挥师西进，往攻宁远。十六日，至东昌堡。十七日，渡辽河。随后，连陷右屯、大凌河、小凌河、松山、杏山、塔山和连山等七座空城，直扑宁远。

袁崇焕得报强敌临逼，后无援兵，部署守城：

第一，以城为依，坚壁清野。撤宁远城外围之中左所、右屯卫等处兵马及宁远城外守军，进入宁远城内防守；令尽焚城外房舍，转移城厢商民入城；粮仓龙宫寺等之贮粮，好米运至觉华岛，余皆焚毁；宁远城外不留一卒一民，使可用之兵民，全部集于城内；不剩一舍一粮，使后金八旗兵，无法持久作战。

第二，划城分守，布设大炮。宁远城守兵万余人，由宁前道袁崇焕任全局指挥，设令于钟鼓楼上；派满桂守东面并提督全城，祖大寿守南面，左辅守西面，朱梅守北面，各将划地分守，相机应援。撤城外之西洋大炮入城，将十一门西洋大

---

[1] 周文郁《边事小纪》卷一，《玄览堂丛书续集》本，南京国立中央图书馆影印本，民国三十六年，第19页。

炮[1]，制作炮车，挽设城上，备置弹药，教习演放。

第三，兵民联防，运送粮药。袁崇焕令通判金启倧，按城四隅，编派民夫，供给守城将士饮食。派卫官裴国珍，带领商民，鸠办物料，运矢石，送火药。命同知程维模率员稽查奸细，派诸生巡查街巷路口。所以，在辽东诸城中，"宁远独无夺门之叛民、内应之奸细"[2]。

第四，激励士气，严明军纪。袁崇焕将宁远军民"结连一处，彼此同心，死中求生，必生无死"[3]。他"刺血为书，激以忠义，为之下拜，将士咸请效死"[4]。又通令对阵前退缩者，径于军前诛之；溃而逃跑者，亦执而杀之。全体军民，同仇敌忾，与宁远共存亡！

二十二日。袁崇焕守城部署甫定。翌日，努尔哈赤统率八旗军，穿越首山与窟窿山之间隘口，直薄宁远城下。

二十三日。八旗军进抵宁远后，努尔哈赤命距城五里，横截山海大路，布阵置兵安营，并在城北扎设汗帐。在发起攻城之前，努尔哈赤谕释被虏汉人回宁远，传汗旨，劝投降；但遭到袁崇焕的严词拒绝。袁崇焕答道："宁、锦二城，乃汗所弃之地，吾恢复之，义当死守，岂有降理！"[5]并命罗立等向城北后金军大营燃放西洋大炮，"遂一炮歼虏数百"[6]。努尔哈赤旋移大营而西，谕备战具，明日攻城。

---

[1] 《明熹宗实录》卷六八，天启六年二月戊戌。
[2] 同上书，天启六年二月乙亥。
[3] 王在晋《三朝辽事实录》卷一五，天启六年正月。
[4] 《明史》卷二五九《袁崇焕传》，第6709页。
[5] 《清太祖武皇帝实录》卷四，北平故宫博物院印本，1932年，第8页。
[6] 茅元仪《督师纪略》卷一二，北京图书馆善本部藏，第14页。

二十四日。后金兵推楯车，运钩梯，步骑蜂拥攻城，万矢齐射城上。雉堞箭镞如雨注，城上悬牌似猬皮。后金集中兵勇攻打城西南角，左辅领兵坚守，祖大寿率军援应。明军用矢石、铁铳和西洋大炮下击。后金兵死伤惨重，又移攻南城墙。天命汗令在城门角两台间火力薄弱处凿城。明军掷礧石，发矢镞，投药罐，飞火球。后金兵前仆后继，冒死凿墙，前锋凿开高二丈余大洞三四处，宁远城受到严重威胁。时"袁崇焕缚柴浇油并搀火药，用铁绳系下烧之"[1]；又选十名健丁缒下，用棉花火药等物烧杀挖城的后金兵。是日，后金官兵攻城，自清晨至深夜，尸积城下，几乎陷城。

二十五日。后金兵再倾力攻城。城上施放火炮，"炮过处，打死北骑无算"[2]。后金兵害怕西洋大炮，畏葸不前，其"酋长持刀驱兵，仅至城下而返"[3]。后金兵一面抢走城下尸体，运至城西门外砖窑焚化，一面继续鼓勇攻城。不能克，乃收兵。两日攻城，后金史称："共折游击二员，备御二员，兵五百。"[4]这应是被掩饰而缩小了的数字。

二十六日，努尔哈赤派兵继续攻城，袁崇焕则督兵奋勇坚守。袁崇焕军放西洋大炮，击伤后金军大头目。据辽东经略高第奏报："奴贼攻宁远，炮毙一大头目。用红布包裹，众贼抬去，放声大哭！"[5]张岱《石匮书后集》亦载："炮过处，打死

---

[1]《明熹宗实录》卷六七，天启六年正月辛未。
[2] 张岱《石匮书后集》卷一一，中华书局点校本，1959年，第91页。
[3]《明熹宗实录》卷七〇，天启六年四月辛卯。
[4]《清太祖武皇帝实录》卷四，台北故宫博物院藏本，广文书局影印，1970年，第24页。
[5]《明熹宗实录》卷六八，天启六年二月丙子。

北骑无算，并及黄龙幕，伤一裨王。北骑谓出兵不利，以皮革裹尸，号哭奔去。"[1]

努尔哈赤兵攻宁远，遭到惨败，遂怀愤恨："帝自二十五岁征伐以来，战无不胜，攻无不克，惟宁远一城不下，遂大怀忿恨。"[2] 天命汗努尔哈赤一向刚毅自恃，誓以洗雪宁远军败之辱。他决心以攻泄愤，以焚消恨，以胜掩败，以戮震威。这正如明朝蓟辽总督王之臣所分析："此番奴氛甚恶，攻宁远不下，始迁戮于觉华。"[3]

于是，爆发了激烈的觉华争战。

三

觉华岛之役是后金军宁远城下兵败而衍化成的一场更为残酷的争战。宁远争局的主战场在宁远城，其分战场则在觉华岛。

觉华岛以其位置冲要、囤储粮料和设置舟师，而为明辽军所必守，亦为后金军所必争。

第一，觉华岛位置冲要。觉华岛[4]悬于辽东湾中，同宁远城互为掎角，居东西海陆中逵，扼辽左水陆两津。满洲勃兴后，大学士孙承宗出关巡视觉华岛，其奏报称：

> 又次日，向觉华岛，岛去岸十八里，而近过龙宫寺，

---

[1] 张岱《石匮书后集》卷一一，第91页。
[2] 《清太祖武皇帝实录》卷四，中华书局影印本，1986年，第9页。
[3] 《明熹宗实录》卷七〇，天启六年四月辛卯。
[4] 觉华岛，辽金时岛上高僧法名觉华，因以名岛。后因岛上菊花闻名，而改称菊花岛。今为辽宁省兴城市菊花岛乡。

地濒海而肥，可屯登岸之兵。次日，遍历洲屿，则西南望榆关在襟佩间，独金冠之水兵与运艘在。土人附夹山之沟而居，合十五沟，可五十余家。而田可耕者六百余顷，居人种可十之三。盖东西中逵，水陆要津，因水风之力，用无方之威，固智者所必争也。其旧城遗址，可屯兵二万。臣未出关，即令龙、武两营，分哨觉华。而特于山巅为台，树赤帜，时眺望。时游哨于数百里外，以习风汛曲折。[1]

孙承宗充分认识到觉华岛的军事地理价值，从而奏报："失辽左必不能守榆关，失觉华、宁远必不能守辽左。"其奏报得到旨允。于是，孙承宗既经营宁远城之兴筑与戍守，又经营觉华岛之囤粮与舟师。

第二，觉华岛囤储粮料。先是，明在辽东防务，向置重兵。其兵粮马料、军兵器械，或置于坚城，或储于海岛。笔架山、觉华岛为明辽东海上囤积粮料之重地。明失陷广宁后，城守重在宁远，粮储则重在觉华。觉华岛有一主岛和三小岛——今称磨盘岛、张山岛、阎山岛，共13.5平方公里，其中主岛12.5平方公里。主岛"呈两头宽、中间狭、不规整的葫芦状，孤悬海中"[2]。岛呈龙形，"龙身"为山岭，穿过狭窄的"龙脖"迤北，便是"龙头"。"龙头"三面临海，地势平坦，北端有天然码头，称靺鞨口，停泊船只。在"龙头"的开阔地上，筑起一座囤储粮料之城。这座囤粮城，笔者踏勘，简述如下：

---

[1]《明熹宗实录》卷四〇，天启三年闰十月丁亥朔。
[2] 安德才主编《兴城县志》，辽宁大学出版社，1991年，第67页。

> 觉华岛明囤粮城，今存遗址，清晰可见。城呈矩形，南北长约五百米，东西宽约二百五十米，墙高约十米，底宽约六米。北墙设一门，通城外港口，是为粮料、器械运道之咽喉；南墙设二门，与"龙脖"相通，便于岛上往来；东、西墙无门，利于防守。城中有粮囤、料堆及守城官兵营房的遗迹，还有一条纵贯南北的排水沟。[1]

岛上所储的粮料，天启二年即天命七年（1622）二月初一日，据杨嗣昌奏疏入告称：

> 照得：连日广宁警报频叠，臣部心切忧惧。盖为在辽兵将平日贪冒，折色不肯运粮，以致右屯卫见积粮料八十余万石，觉华岛见积粮料二十余万石。……今边烽过河，我兵不利，百万粮料，诚恐委弃于敌，则此中原百万膏髓涂地，饷臣百万心血东流。[2]

时后金军占广宁，陷右屯，并从右屯运走粮食五十万三千六百八十一石八斗七升[3]，余皆焚毁。但觉华岛囤储之二十万石粮料，因在海岛，赖以犹存。

第三，觉华岛设置水师。明朝于觉华岛，在广宁未陷前，"独金冠之水兵与运艘在"。后孙承宗采纳阎鸣泰之议，以"觉

---

〔1〕 这是笔者同解立红女士、安德才主任等实地踏查与亲自测量的记录。
〔2〕 杨嗣昌《杨文弱先生集》卷四，抄本，北京图书馆善本部藏，第12页。
〔3〕 《满文老档·太祖》第48册，天命八年三月二十四日，中华书局译注本，1990年。

华岛孤峙海中，与宁远如左右腋，可扼敌之用"[1]，便命祖大寿驻觉华。其任务有三：一为抚练归辽之人，以辽人守辽土；二为护卫岛上囤储之粮料、器械，供应陆上辽军所需；三为相机牵制南犯的后金军。后祖大寿被调至宁远，由游击金冠统领觉华岛之水师。时觉华岛与望海台两支水师互为掎角，牵制后金：

> 或妄意及海，则觉华岛之驻师，与望海台之泊船相控，而长鲸必授首于波臣；又或下关臣之精甲，进图恢复，则水师合东，陆师合北，水陆之间，奇奇正正，出没无端。[2]

觉华岛水师的作用：一是守卫岛上之粮料、器械；二是配合陆师进图恢复；三是策应宁远之城守，"以筑八里者筑宁远之要害，更以守八里之四万当宁远之冲，与觉华岛相掎角，而寇窥城，则岛上之兵，傍出三岔，烧其浮桥，而绕其后，以横击之"[3]。

觉华岛以其位置冲要、囤储粮料和设置舟师，故必然引发一场血腥的争战。

觉华争战是一场历史的悲剧。[4]

第一，觉华岛战前形势。先是，天启六年即天命十一年（1626）正月二十五日，努尔哈赤攻宁远城不下，见官兵死伤惨重，便决定移师攻觉华岛。是夜，努尔哈赤一面派军队彻夜攻

---

[1] 孙铨《孙文正公年谱》卷二，天启三年九月初八日，清乾隆年间孙尔然师俭堂刻本。
[2] 谈迁《国榷》卷八六，中华书局影印本，1958年，第5258页。
[3] 王在晋《三朝辽事实录》卷一〇，天启二年七月。
[4] 以往论者，忽略此役。查《中国近八十年明史论著目录》和《清史论文索引》，均无著录觉华岛之役的专题论文。

城，一面将主力转移至城西南五里龙宫寺一带扎营。其目的：一则龙宫寺距觉华岛最近，便于由陆地涉冰登岛；二则龙宫寺囤储粮料，佯装劫粮，声东击西。此计确实迷惑了明军，经略高第塘报可以为证：

> 今奴贼见在西南上，离城五里龙官[1]寺一带扎营，约有五万余骑。其龙官（宫）寺收贮粮囤好米，俱运至觉华岛，遗下烂米，俱行烧毁。讫近岛海岸，冰俱凿开，达贼不能过海。[2]

上述塘报，判断错误：后金军主力移动，以虚为实；龙宫寺粮囤无米，笑敌空扑；觉华岛凿冰设濠，敌骑无奈；明辽军指挥若定，静待捷音。但是，觉华岛明参将姚抚民等军兵，受到后金骑兵严重威胁。时值隆冬，环岛凿冰濠，长达十五里，阻挡后金骑兵突入，守卫岛上囤储粮料。然而，天气严寒，冰濠凿开，旋即冻结，复穿复合。姚抚民等率领官兵，"日夜穿冰，兵皆堕指"[3]。明辽军凿冰御守，后金军佯虚为实，双方都在为一场新的厮杀准备着。

第二，觉华岛争战残酷。二十六日，努尔哈赤一面派少量兵力继续攻打宁远城；一面命精锐骑兵突然进攻觉华岛。后金军由骁将武讷格率领满洲及蒙古骑兵突然袭击觉华岛，《清国史·武讷格传》载：

---

[1] 孙承宗于天启三年闰十月丁亥奏报巡历关外情形记为"龙宫寺"，下同，不注。
[2] 《明熹宗实录》卷六七，天启六年正月辛未。
[3] 王在晋《三朝辽事实录》卷一五，天启六年正月。

武讷格，博尔济吉特氏，其先居叶赫。太祖高皇帝初，以七十二人来归。后隶蒙古正白旗。武讷格有勇略，通蒙古及汉文，赐号"巴克什"。癸丑年，从征乌拉有功，授三等男。天命十一年，大军围明宁远未下，命分兵攻觉华岛。[1]

武讷格率蒙古骑兵及满洲骑兵，约数万人[2]，由冰上驰攻觉华岛。后金军涉冰近岛，"见明防守粮储参将姚抚民、胡一宁、金观[3]、游击季善、吴玉、张国青，统兵四万[4]，营于冰上。凿冰十五里为濠，列阵以车楯卫之"[5]。辰时，武讷格统领的后金骑兵，分列十二队，武讷格居中，扑向位于岛"龙头"上的囤粮城。岛上明军，"凿冰寒苦，既无盔甲、兵械，又系水手，不能耐战，且以寡不敌众"[6]；不虞雪花纷飞，冰濠重新冻合。故后金军迅速从鞑鞨口登岸，攻入囤粮城，浓烟蔽岛，火光冲天。旋即，转攻东山，万骑驰冲；巳时，并攻西山，一路涌杀。

---

[1]《清国史》第5册，卷三《武讷格传》，嘉业堂抄本，中华书局影印本，1993年，第142页。
[2] 后金军出师觉华岛之兵数，《清太祖高皇帝实录》作"吴讷格率所部八旗蒙古、更益满兵八百"；《明熹宗实录》作"奴众数万"，又作四万，亦作"五万余骑"；《明史·袁崇焕传》作"分兵数万，略觉华岛"。但是，天启二年即天命七年（1622）后金始设蒙古旗，至崇祯二年即天聪三年（1629）已有蒙古二旗，又至崇祯八年即天聪九年（1635）始分设蒙古八旗，故其时并无八旗蒙古。
[3]《满洲实录》作"金冠"，"冠"为是，而"观"为误，且金冠时已死。
[4] 觉华岛明军之兵数，《清太祖高皇帝实录》作"四万"；《明熹宗实录》作四营、七千余人。应以后者为是。
[5]《清太祖高皇帝实录》卷一〇，天命十一年正月庚午。
[6] 王在晋《三朝辽事实录》卷一五，天启六年正月。

后金军的驰突攻杀，受到明守岛官兵的拼死抵抗：

> 且岛中诸将，金冠先死，而姚与贤等皆力战而死。视前此奔溃逃窜之夫，尚有生气。金冠之子，会武举金士麒，以迎父丧出关。闻警赴岛，遣其弟奉木主以西，而率义男三百余人力战，三百人无生者。其忠孝全矣！[1]

经一昼夜激战，二十七日，后金军全部回师。

第三，觉华岛争战结局。觉华争战的结局是：明守岛军覆没，后金骑兵全胜。此役，明朝损失极为惨重，四份资料可为史证：

其一，经略高第塘报：觉华岛"四营尽溃，都司王锡斧、季士登、吴国勋、姚与贤，艟总王朝臣、张士奇、吴惟进及前、左、后营艟百总，俱已阵亡"[2]。

其二，同知程维椟报："虏骑既至，逢人立碎，可怜七八千之将卒，七八千之商民，无一不颠越靡烂者。王鳌，新到之将，骨碎身分；金冠，既死之椟，俱经剖割。囤积粮料，实已尽焚。"[3]

其三，总督王之臣查报："贼计无施，见觉华岛有烟火，而冰坚可渡，遂率众攻觉华，兵将俱死以殉。粮料八万二千余（石）及营房、民舍俱被焚。……觉华岛兵之丧者七千有余，商民男妇杀戮最惨。与河东堡、笔架山、龙宫寺、右屯之粮[4]，无不焚毁，其失非小。"[5]

---

[1]《明熹宗实录》卷七〇，天启六年四月辛卯。
[2] 王在晋《三朝辽事实录》卷一五，天启六年正月。
[3] 同上。
[4]《明熹宗实录》天启六年正月庚午条载："右屯储米三十万石。"
[5]《明熹宗实录》卷七〇，天启六年四月辛卯。

其四,《清太祖高皇帝实录》载:"我军夺濠口入,击之,遂败其兵,尽斩之。又有二营兵,立岛中山巅。我军冲入,败其兵,亦尽歼之。焚其船二千余,并所积粮刍高与屋等者千余所。"[1]

此役,觉华岛上明军七千余人和商民七千余人俱被杀戮;粮料八万余石和舟船二千余艘俱被焚烧;主岛作为明关外后勤基地亦被破坏。同时,后金军亦付出代价,明统计其死亡二百六十九员名。[2]

四

宁远城之役,宁前道袁崇焕率军民固守关外宁远孤城,击败天命汗努尔哈赤统领的八旗军队的强攻,明称之为"宁远大捷"。宁远之役,明军获胜,其因诸多,拙著《努尔哈赤传》,已经做过详细的探讨。但是,袁崇焕自己总结为"以守胜也"[3]。明朝守军,获胜要诀,在于"守"字,守之要略,兹举九端,试做讨论。

守略——"守为正着,战为奇着,款为旁着"[4],守、战、款相互制约,而立足于守。这是正确分析彼己态势后的积极防守战略。其时,"夷以累胜之势,而我积弱之余,十年以来站立不定者,今仅能办一'守'字,责之赴战,力所未能"[5]。明朝与后金,交战十载,溃不成军,元气大伤,无喘息之时,乏还手之

---

[1]《清太祖高皇帝实录》卷一〇,天命十一年正月。
[2]《明熹宗实录》卷七〇,天启六年四月辛卯。
[3] 同上书,天启六年四月己亥。
[4]《明熹宗实录》卷八一,天启七年二月辛酉。
[5]《明熹宗实录》卷八四,天启七年五月甲申。

力,即使重整旗鼓,只能立足于守。而防守可扬己之长,制敌之短。后金亦有人在《奏本》中分析,虽野地浪战明朝不如后金,但坚守城池后金不如明朝;其所占城池,必计袭智取,即里应外合[1]。这从侧面证明袁崇焕婴城固守战略之正确。他取婴城固守之策还有一个原因,即明朝与后金火器之差距。明自洪武、永乐起,军队便装备铳炮类火器,嘉靖、万历间两次引进西方先进火器,如佛郎机等,使军队装备水平得到飞跃。之后明军火器占到装备总量的一半以上,技术性能良好,运作方法简便。明军以坚固城池,合理布兵,完备设施,先进火器,得当指挥,必具有强大的防守能力。明朝中期于谦保卫北京之战已为明证。然而,后金八旗军以铁骑驰突为优势,其军械全部为冷兵器,如刀、弓、镞等。这类冷兵器用于骑兵野战,可借其强大冲击力而优胜于明朝步兵,但在坚城和大炮之下,实难以施展威力。

论及袁崇焕之守略,必然涉及守、战、款三者的关系。守、战、款三者,包含着防御与进攻、战争与议和这两组既相区别又相关联的范畴。以防御与进攻而言,正如袁崇焕所说,辽兵"战则不足,守则有余;守既有余,战无不足。不必侈言恢复,而辽无不复;不必急言平敌,而敌无不平"[2]。二者都是重要的作战形式,其选择,依时间、空间和交战双方力量对比而定。另以战争与议和而言,二者只是实现政治目标的不同手段。袁崇焕能依具体条件,不泥成法,将守、战、和加以巧妙地运用,可防则守,可攻则战,可和则议,表现出其军事策略思想的主动性与灵活性。

---

[1] 参见《满文老档·太祖》,天命十一年三月十九日,中华书局译注本,1990年。
[2] 《东莞五忠传》上卷,《东莞县志》,民国十六年(1927)铅印本,第21—22页。

守地——不设在近榆关之八里铺，也不设在近沈阳之广宁城，而设在距关门不远，离沈阳不近之宁远。部署以宁远、锦州二城为支撑点的宁锦防线，从而"守关外以御关内"。其时，坚守之地选于何处，是关乎辽东全局乃至明朝生死存亡之要事。先是，经略熊廷弼建"三方布置策"，主张重点设防广宁，部署步骑隔辽河而同据沈阳之后金对垒；巡抚王化贞则力主沿辽河设一字形防线，而重点防守广宁。不久，后金兵不血刃地获取广宁，熊廷弼壮志未酬兵败身死，王化贞亦身陷囹圄[1]。此时，经略王在晋又议在山海关外八里处筑重城，以守山海。时为宁前兵备佥事的袁崇焕，以其为非策，争谏不得，便奏记首辅叶向高。明廷派大学士孙承宗行边，孙承宗同王在晋"推心告语，凡七昼夜"[2]，王不听。承宗驳筑重城议，集将吏谋应守之地。阎鸣泰主觉华，袁崇焕主宁远，孙承宗支持袁崇焕之议。寻，孙承宗镇关门，决守宁远。

宁远地处辽西走廊中段，位于明朝重镇山海关和后金都城沈阳之间，恰好挡住后金军入关之路。史称其内拱严关，南临大海，居表里中间，几为天然形胜。且宁远背山面海，地域狭窄，形势险要，易守难攻。袁崇焕主守宁远之议得到督师孙承宗支持后，天启三年即天命八年（1623）春，他受命往抚蒙古喀喇沁诸部，收复原为其占据的宁远迤南二百里地域。继而手订规划，亲自督责，军民合力，营筑宁远，使这一荒凉凋敝的宁远，变为明朝抵御后金南犯的关外重镇。

守城——守城之要，先在修城。孙承宗初令祖大寿筑宁远

---

[1] 王化贞后于崇祯五年（1632）"始伏诛"。
[2] 孙铨《孙文正公年谱》卷二，天启二年。

城，大寿且疏薄，不中程。于是，"崇焕乃定规制：高三丈二尺，雉高六尺，址广三丈，上二丈四尺"[1]。城墙加高增厚，坚固易守耐攻。城有四门：曰远安、永清、迎恩、大定，有城楼、瓮城，亦有护城河。城中心建钟鼓楼，两层，可居中指挥，凭高瞭望。袁崇焕修筑宁远城的创新在于：城墙四角各筑一座附城炮台，其三面突出墙外，既便于放置大型火炮，又可以扩大射角，其射界能达到二百七十度。它消除了以往城堡凡敌至城下而铳射不及之缺陷，可远轰奔驰而来之骑敌，亦可侧击近攻城墙之步敌，从而充分发挥火炮之威力。

《兵法》曰："上兵伐谋，其次伐交，其次伐兵，其下攻城。攻城之法，为不得已。"[2]袁崇焕凭借坚城，逼迫后金采用攻城下策，便不战而先胜后金汗一局。同时，坚城深堑，兵在城上，火器洋炮，婴城固守，恰是明辽军之长；驱骑攻城，刀弓剑戟，拥楯凿城，攻坚作战，则是后金军之短。因而，凭坚城与用大炮，这是袁崇焕积极防御方略的两件法宝。

守器——固守宁远不仅使用常规械具、火铳，而且运用红夷大炮。新型红夷大炮是袁崇焕赖以守卫宁远城之最锐利的武器。袁崇焕固守宁远，正值西方伴随着工业革命而实行火炮重大改良之时。英国新研制的早期加农炮即红夷炮，具有"身管长、管壁厚、弹道低伸、射程远、命中精度高、威力大、安全可靠等优越性"[3]。随着西学东渐，以徐光启为代表的有识之士，最先认识到西洋火炮的价值。他于泰昌元年即天命五年

---

[1]《明史》卷二五九《袁崇焕传》，第6708页。
[2] 吴九龙主编《孙子校释》，军事科学出版社，1990年。
[3] 王兆春《中国火器史》，军事科学出版社，1991年，第228页。

（1620），派张焘赴澳门向葡萄牙当局购买红夷大炮，尔后购进三十门西洋制造的红夷大炮。其中有十一门运送至关外宁远城。徐光启提出"以台护铳，以铳护城，以城护民"[1]的原则。袁崇焕在宁远实行城设附台、台置大炮、以炮卫城、以城护民，与徐光启的上述原则相契合。同时，经葡萄牙炮师训练的火器把总彭簪古，也被调到宁远培训炮手。

在宁远之役中，袁崇焕不仅是中国第一个将红夷大炮用于守城作战的明辽军官将，而且独创了卓有成效的守城新战术。在努尔哈赤指挥后金军推着楯车蜂拥攻城时，彭簪古等率领火炮手在"城上铳炮迭发，每用西洋炮则牌车如拉朽"[2]。尔后在宁锦之战中，红夷大炮亦取得同样的效应。袁崇焕防守宁远、锦州的成功，使红夷大炮声名大噪。明廷因此封一门红夷炮为"安国全军平辽靖虏大将军"[3]，"管炮官彭簪古加都督职衔"[4]。这种红夷大炮，被誉为"不饷之兵，不秣之马，无敌于天下之神物"[5]。它后来得到大规模的仿造和更广泛的使用。在后金方面，鉴于努尔哈赤在宁远之战和皇太极在宁锦之战两度受挫，也于天聪五年即崇祯四年（1631），仿造成第一门红衣大炮[6]，"自此凡遇行军，必携红衣大将军炮"[7]。可见，袁崇焕固守宁远率先使用西洋大炮，不但创造了别具一格的守城新战术，而

---

[1] 徐光启《徐光启集》上册，中华书局，1963年，第175页。
[2] 《明熹宗实录》卷七〇，天启六年四月辛卯。
[3] 《明熹宗实录》卷六九，天启六年三月甲子。
[4] 同上。
[5] 李之藻《为制胜务须西铳乞敕速取疏》，《徐光启集》上册，第178页。
[6] 红夷大炮，后金讳"夷"字而易之为"衣"字，故称"红夷大炮"为"红衣大炮"。
[7] 《清太宗实录》卷八，天聪五年十月壬子，中华书局影印本，1985年。

且推进了古代火炮的发展，对以后战争产生了重要的影响。

守军——不用从关内招募之油滑兵痞，而"以辽人守辽土"，征辽兵，保家乡。即重新组建并训练一支以辽民为主体、兵精将强、含多兵种之守城军队。先是，大学士孙承宗提示"出关用辽人"，袁崇焕着力实施之。因为历史表明，自辽事以来，外省调募之兵将，出戍数千里以外，"兵非贪猾者不应，将非废闲者不就"[1]，或延期误时，裹足不前；或一触即溃，扰乱边事。正如袁崇焕所言，"宁远南兵脆弱，西兵善逃"[2]。而辽人正处于水深火热之中，熟谙地形，同仇敌忾，誓保乡土。袁崇焕敢于陈其弊，破成议，疏请撤回调兵，而招辽人填补，以得两利，奉旨允行。据袁崇焕统计，至崇祯元年即天聪二年（1628），"实用之于辽者，合四镇官兵共计一十五万三千一百八十二员名，马八万一千六百零三匹"[3]。这支经过整编而新建的辽军，以辽人为主体，含步兵、骑兵、车兵、炮兵和水兵等多兵种。袁崇焕于宁锦之捷后指出："十年来，尽天下之兵，未尝敢与奴战，合马交锋；今始一刀一枪拼命，不知有夷之凶狠剽悍。"[4]连朝廷也首肯辽兵冲锋陷阵之英勇气概。

所以，宁远之捷表明，宁远城守军确是经过严格训练，敢于誓死拼杀，能够战胜后金铁骑的军队。尔后，宁锦和京师两捷再次表明，辽军确是明末的一支铁军。直至明亡，辽军都被公认是明军中唯一兵精将强的劲旅。

---

[1]《明熹宗实录》卷七九，天启六年十二月丁未。
[2]《明熹宗实录》卷六八，天启六年二月戊戌。
[3]《崇祯长编》卷二五，崇祯元年八月乙亥，台北"中研院"史语所校勘本，1962年。
[4] 王在晋《三朝辽事实录》卷一七，天启七年六月。

守饷——不仅依靠朝廷调运之粮料，而且实施"以辽土养辽人"之明策，安民乐土，垦荒屯田，兴农通商，裕粮助饷。明廷为解决关外粮饷，决定加派辽饷，后数额高达白银六百余万两，成为社会的沉重负担和朝廷的一大弊政。天启六年即天命十一年（1626），袁崇焕陈奏，守城同时，实行屯田，就地取饷，以省转输。尔后，袁崇焕又上疏屯田，陈明"以辽土养辽人"，行则有"七便"[1]，否则有"七不便"[2]，奏请在辽军中实行且战且屯、且屯且守、以战促屯、以屯助守之举措。袁崇焕的上述主张实施后，辽西经济形势为之一变。至崇祯元年即天聪二年（1628），朝廷解拨辽东饷银，由通支本折色共六百余万两，减为四百八十余万两，实省饷银一百二十余万两。而辽军

---

[1] "七便"："计伍开屯，计屯核伍，而虚冒之法不得行，便一。兵以屯为生，可生则亦可世，久之化客兵为土著，而无征调之骚扰，便二。屯则人皆作苦，而游手之辈不汰自清，屯之即为简之，便三。伍伍相习，坐作技击，耕之即所以练之，便四。屯则有草、有粮，而人马不饥困，兵且得剩其草干、月粮，整修庐舍，鲜衣怒马，为一镇富强，便五。屯之久而军有余积，且可渐减干草、月粮以省饷，便六。城堡关连，有浍有沟，有封有植，决水冲树，高下纵横，胡骑不得长驱，便七。"见《明熹宗实录》卷七八，天启六年十一月乙未。

[2] "七不便"："今日全辽兵食所仰藉者，天津截漕耳，国储外分，京庾日减，一不便。海运招商，那移交卸，致北直、山东为之疲累，二不便。米入海运，船户、客官沿海为奸，添水和沙，苫盖失法，米烂不堪炊，贱卖酿酒之家，而另市本色，有名无实，三不便。辽地新复，土无所出，而以数十年之坐食，故食价日贵，且转贩而夺蓟门之食，蓟且以辽窘，四不便。今调募到者，俱游手也，不以屯系之，而久居世业，倏忽逃亡，日后更能为调募乎？五不便。兵不屯则身无所，既乏恒产，安保恒心？故前之见贼辄逃者，皆乌合无家之众也，六不便。兵每月二两饷，岂不厚？但不屯无粟，百货难通，诸物尝贵，银二两不得如他处数钱之用，兵以自给不敷而逃亡，七不便。"见《明熹宗实录》卷七八，天启六年十一月乙未。

饷银充裕、粮料盈余，宁远被围，无缺粮饷之虞，锦州久围得解后，城中尚剩米三万数千石。

袁崇焕在辽东实施的屯田，分为军屯与民屯两种。军屯，且守且屯，所得粮料，以助军用；民屯，垦荒屯种，收取田租，以充军饷。实行屯田，军民两利。袁崇焕"以辽土养辽人"之策，足衣食，稳军心，安民情，坚守念，为其固守宁远、获取大捷奠定了物质基础。

守纪——严肃军纪，奖勇惩怯，率先示范，励众固守。袁崇焕所训练的辽军，尚勇敢，羞怯懦，纪律严明，部伍整肃。在平日操练时，即严格要求；在激烈战事中，更申明军纪。袁崇焕还破除"割级报功"之陈规。明军九边遇战，兵士争割首级，上报官长请赏，甚且杀民冒功。袁崇焕深鉴割级陋规，于未战之先，与诸将士约，唯尽歼为期，不许割首级，故将士得一意冲杀。废除"割级报功"的旧规，提高了军队的群体战斗力。

袁崇焕素重守纪之成效，在宁远大战中得以充分展现。在临战前，他滴血誓盟，激以忠义，死生与共，同城存亡。在激战中，他身赴阵前，左臂负伤，不下火线，以之鼓励将士。为惩戒懦者，"檄前屯守将赵率教、山海守将杨麒，将士逃至者悉斩"[1]，军心稳定。为奖励勇者，置银于城上，对"有能中贼与不避艰险者，即时赏银一定（锭）。诸军见利在前，忘死在后，有面中流矢而不动者，卒以退虏"[2]。在战事后，他按军功大小，奏请叙赉；亦依怠怯轻重，实行惩处。后在京师保卫战中，袁督师统率的五千明辽军与后金军骑兵鏖战，后金军十一

---

[1]《明史》卷二五九《袁崇焕传》，第6709页。
[2]《明熹宗实录》卷七〇，天启六年四月己亥。

月二十七日,"攻外罗城南面,城上下炮矢击退之。辽将于永绶、郑一麟营,炮药失火,兵立火中不敢退。公当即给赏,每人二十金"[1]。此役,他还令将一偷食民家饼者斩首示众,以肃军纪。

守民——收集流民,卫土保家,兵民联防,盘查奸细。袁崇焕在固守宁远之实践中,善于收集流离失所的辽民,众志成城。在他经营下,辽西宁锦地区商民辐辏,恢复到数十万人。宁远城及其附近兵民达到五万家。这就巩固和充实了辽军御守宁远的民众基础。

在宁远之役中,实施兵民联防。战前,袁崇焕将城外百姓全部迁入城内,既使其得到守军保护安全住居,又使其处于与守军同生死共患难的境地。战中,宁远百姓参战,或登城拼杀,或运弹送饭,或巡逻街巷,或盘查奸细。当后金军攻城时,百姓拿出柴草、棉花,送兵士点燃投下城去焚烧敌人;献出被褥,给兵士装裹火药去烧杀敌军。由于兵民联防,巡城查奸,所以《明熹宗实录》载述道:在辽东争战诸城中,独宁远"无夺门之叛民,内应之奸细"[2]。袁崇焕作为中国17世纪20年代的军事家,能够看到并组织民众力量,兵民联防,共同御守,夺取胜利,实属难能可贵。

守将——戚继光《练兵实纪》言:"将者,腹心也;士卒者,手足也。"[3]作战,兵士是躯体,官将是灵魂。选将、命将、练将、用将,是袁崇焕争局宁远的重要法宝。他选用的赵率教、满

---

[1] 周文郁《边事小纪》卷一,《玄览堂丛书续集》本,南京国立中央图书馆影印本,民国三十六年。
[2] 《明熹宗实录》卷六八,天启六年二月乙亥。
[3] 戚继光《练兵实纪》卷九,《练将》,明万历刻本,北京图书馆善本部藏。

桂、何可纲、祖大寿四员大将，都是其时一流将材。如赵率教固守锦州，袁崇焕固守宁远，取得"宁锦大捷"。赵率教曾驻守关门，兼统蓟镇八路兵马。挂平辽将军印，在北京保卫战中，千里驰援，身死疆场。《明史》本传称"率教为将兼勇，待士有恩，勤身奉公，劳而不懈，与满桂并称良将。"满桂，蒙古族人，形貌威壮，忠勇绝伦，不好声色，与士卒同甘苦。袁崇焕向孙承宗申请，满桂到宁远，与其协心筑城，屹然成重镇。在宁锦之战中，率领骑兵，打开城门，背依城墙，面对强敌，奋勇拼搏，获取胜利。而在京师保卫战中，御守永定门，死在战阵中。何可纲，袁崇焕向朝廷推荐："可纲仁而有勇，廉而能勤，事至善谋，其才不在臣下。臣向所建竖，实可纲力，请加都督佥事，仍典臣中军。"在坚守大凌河城危难之时，拒不投降，被掖出城外而杀，但"可纲颜色不变，亦不发一言，含笑而死"。祖大寿，宁远人，袁崇焕用他"以辽人守辽土"。袁崇焕身后，明辽军中坚就是祖大寿，直至明亡，清军不能、不敢越宁远，进关门。为明辽军干城，但后投降清军，杀何可纲，为其污点。

宁远之役是满洲兴起以来，后金军与明辽军最激烈、最壮观的一场攻守战。攻方指挥努尔哈赤，自二十五岁起兵，戎马生涯长达四十四年，可谓久经沙场，征战必胜。他"在作战指挥艺术上，对许多军事原则——重视侦察、临机善断、诱敌深入、据险设伏、巧用疑兵、驱骑驰突、纵向强攻、横向卷击、集中兵力、各个击破、一鼓作气、速战速决、用计行间、里应外合等，都能熟练运用并予发挥"[1]。他统率八旗军，先后取得古勒山之役、哈达之役、辉发之役、乌拉之役、抚清之役、萨

---

[1] 阎崇年《论天命汗》，《袁崇焕研究论集》，文史哲出版社，1994年。

尔浒之役、叶赫之役、开铁之役、沈辽之役和广宁之役十次大捷，史称其"用兵如神"[1]，是一位优秀的军事统帅。但是，努尔哈赤率倾国之师进攻宁远城，却败在袁崇焕手下。

在宁远城攻守战中，明辽军获胜，后金军失败，原因固多，其中要者，是有袁崇焕这样杰出将领的指挥。袁崇焕以超卓的智慧、先进的火器、正确的兵略、精心的组织，击中敌军之要害，夺得争战之胜利。宁远之役的事实证明，袁崇焕的智慧比努尔哈赤的智慧，略高一品；袁崇焕的指挥比努尔哈赤的指挥，技高一筹。袁崇焕是努尔哈赤的克星。袁崇焕固守宁远，在八年之间，方寸之地，精心任事，励节高亢，将"守"字做活，从而展现出一代军事家之雄才伟略，使其生命价值放射出斑斓光辉。

五

宁远争局的分战场，觉华岛之役，是古代战争史上因势而变、避实击虚、释坚攻脆、出奇制胜的典型范例。觉华岛之役，明辽兵全军覆没，后金兵大获全胜。其胜之因，其败之由，略举四端，试做讨论。

第一，天命汗释坚攻脆。从已见史料可知，努尔哈赤此次用兵，亲率倾国之师，长驱驰突，围攻宁远，志在必克。然而，事与愿违，围城强攻，兵败城下。天命汗蒙受自起兵以来最惨重的失败。但是，努尔哈赤在极端不利的困境里，在极度恼怒的情绪中，不馁不躁，沉着稳重，因敌情势，察机决断，释坚

---

[1]《李朝光海君日记》卷一四四，十一年九月甲申。

攻脆，避实击虚，扬长抑短，克敌制胜。《孙子兵法》云：

> 夫兵形象水，水之行，避高而趋下；兵之胜，避实而击虚。水因地而制行，兵因敌而制胜。故兵无成势，（水）[1]无恒形。能因敌变化而取胜者，谓之神。[2]

努尔哈赤从多年戎马经历中，深知《孙子兵法》中的上述用兵之道：水流必避高趋下，兵胜要避实击虚；水因地之倾仄而制其流，兵因敌之虚懈而取其胜；水无常形，兵无常势，临敌机变，方能取胜。他其时面临着两个可供选择的攻击点：一个是宁远城，另一个是觉华岛。宁远城明军城坚、炮利、将强、死守；觉华岛明军则兵寡、械差、将弱、虚懈。于是，努尔哈赤在宁远城作战失利的态势下，依据情势，临机决断，避其固守坚城之宁远城，捣其防守虚懈之觉华岛，突然驱骑驰

---

[1]《孙子兵法》各本作"兵无常势，水无常形"。但银雀山汉墓竹简《孙子兵法》，即汉简本《孙子兵法》作"兵无成执（势），无恒刑（形）"。吴九龙《孙子校释》曰："汉简本此句以'兵'为两'无'之主语，言兵既无常势，又无常形。唯上文一言'水之行，避高而趋下'，又言'水因地而制行'，汉简本皆作'行'而不作'形'。故此句之'形'无'水'字，而将'行'字属之于'兵'。故今依汉简本，且删'水'字。"此注臆断也，因为：第一，银雀山汉简本《孙子兵法》，仅为汉代《孙子兵法》之一种版本，虽实属珍贵，却屡有衍、脱，此为一例，故不能据此孤证定谳。第二，各本俱有"水"字，不宜轻率删削之。第三，"形"与"行"字在古汉语中，同音通假，故"形"字属之于"水"。第四，此段话凡四句：首句"水"与"兵"骈列，以"水"喻"兵"；次句亦"水"与"兵"骈列，亦以"水"喻"兵"；再句首为"故"字，即此句承上二句小结，亦应"水"与"兵"骈列；末句为结论。所以，"水"字砍删不当。

[2] 吴九龙主编《孙子校释》，第102—103页。

击，猛捣虚懈之敌。时人指出：其"共扎七营，以缀我军，不知其渡海也"[1]。甚至袁崇焕当时也做出"达贼不能过海"[2]的错误判断。然而，后金军统帅努尔哈赤利用严冬冰封的天时，又利用海岛近宁远海岸的地利，复利用官兵满腔愤恨的士气，再利用骑兵驰疾猛突的长技，乘觉华岛明军防守虚懈、孤立无援的境遇，出其不意，乘其之隙，围城袭岛，避实捣虚，集中兵力，铁骑冲击，硬打死拼，速战速决，全歼守军，获取全胜。

第二，后金军鼓勇驰击。明大学士孙承宗认为，后金劲旅不会从水上攻觉华岛："盖大海汪洋，虽可四达，而辽舟非傍屿不行。虏固不以水至，即以水亦望此心折。"[3]孙承宗断言后金不会以舟师从水上攻觉华岛，却未料后金会以骑师从冰上攻觉华岛。然而，经略王在晋虽误主建关外八里重城之议，但正确地指出觉华岛守军不能遏制陆路骑兵："岛驻兵止可御水中之寇，弗能遏陆路之兵。"[4]后金陆上之骑兵，速度快，极迅猛，机动灵活，冲击力大。因此，岛上之明朝水兵，对抗后金骑兵，是注定要失败的。后金骑兵巧用火攻——纵火焚烧粮囤、料堆、舟船；岛上守军未用火守——环岛沿冰濠线堆放柴木，设置火器，紧急之时，纵火燃柴，施放火器，化冰为濠，以阻敌军。结果，后金之兵，杀戮商民，烟火冲天，尸横遍岛。《明史·袁崇焕传》记载后金军登岛烧杀情状言：

---

[1] 王在晋《三朝辽事实录》卷一五，天启六年正月。
[2] 《明熹宗实录》卷六七，天启六年正月辛未。
[3] 《明熹宗实录》卷四〇，天启三年闰十月丁亥。
[4] 王在晋《三朝辽事实录》卷一〇，天启二年七月。

> 我大清初解围，分兵数万，略觉华岛，杀参将金冠等及军民数万。[1]

上述记载，疏误两处：其一，金冠已先死，非后金兵所杀。《明熹宗实录》"岛中诸将，金冠先死"[2]；《三朝辽事实录》"金冠，既死之槔，俱经剖割"[3]，可为实证。其二，杀死岛上"军民数万"，张饰也，实际上杀戮兵民各七千余人。

第三，明觉华防守虚懈。明失广宁后，议攻守策略，应以守为主，无论城池，抑或岛屿，均应主守，而后谈攻。明廷赋予觉华岛水师的使命，着眼于攻，攻未用上，守亦虚懈。先是，广宁之役，频传警报，前车之鉴，应引为戒：

> 照得：河西警报频闻，山海防守宜急。臣等业经处备粮料，具疏入告矣。昨接户科抄出户科都给事中周希令一疏，内言觉华等岛粮食，宜勒兵护民，令其自取无算，余者尽付水火。未出关小车与天津海运，不可不日夜预料速备等因。奉圣旨：该部作速议行。[4]

上引杨嗣昌疏稿为天启二年即天命七年（1622）二月初六日，而后金军已于上月二十三日占领广宁，但兵锋未到觉华岛。同年十二月，岛上有游击金冠水兵1276员名，参将祖大寿辽兵875

---

[1]《明史》卷二五九《袁崇焕传》，第6710页。
[2]《明熹宗实录》卷七〇，天启六年四月辛卯。
[3] 王在晋《三朝辽事实录》卷一五，天启六年正月。
[4] 杨嗣昌《杨文弱先生集》卷四，第13页。

员名[1]，共2151员名。后祖大寿及其辽兵调出，又增加水兵，达七千余员名。这些水师，应重于防守，却防守虚懈。其主要表现为：一是觉华岛设防疏陋，守军力量薄弱，火器配置缺乏，后金骑兵强攻，不能拒敌坚守。二是囤粮城守军布置不当，守兵集于岛上山巅——东山与西山，距离囤粮城较远。驻兵虽可居高瞭望与下击，却不利于急救囤粮城之危。三是迷信于觉华天设之险，只虑及后金骑兵不能从水上来攻，而未料及后金骑兵会从冰上进攻；只虑及封海时可凿冰为濠，而未料及隆冬季节穿冰复合。四是觉华岛守军孤立无援，明廷制敌之策只设计岛上水师在城遇急时，出船兵，绕其后，截击取胜；未设计陆上步骑在岛遇急时，急救援，做策应，配合获胜。在后金骑兵攻岛之时，经略高第、总兵杨麒，坐视山海，拥兵失援。近岛之宁远，"崇焕方完城，力竭不能救也"[2]。由上，觉华岛防守虚懈，孤立无援，难以抵御后金军之突击。明军既侥幸于广宁之役觉华岛免遭兵火，又迷信于宁远之役觉华岛天设之险。然而，宁远不是广宁，历史不再重演。后金骑兵避宁远城之实，而击觉华岛之虚，致使觉华岛明军覆灭。

第四，明庙堂以胜掩败。胜败乃兵家常事，但吃一堑，需长一智。明觉华兵败之后，蓟辽总督王之臣疏报称：

> 此番奴氛甚恶，攻宁远不下，始迁戮于觉华。倘宁城不保，势且长驱，何有于一岛哉！且岛中诸将，金冠先死，而

---

[1]《明熹宗实录》卷二九，天启二年十二月丙戌。
[2]《明史》卷二五九《袁崇焕传》，第6710页。

>   姚与贤等皆力战而死，视前此奔溃逃窜之夫，尚有生气。[1]

诚然，奏报明军固守宁远之功绩，褒扬觉华死难官兵之英烈，昭于史册，典谟有据。但是，胜败功过，理宜分明，既不能以胜掩败，也不能以功遮过。王之臣身为蓟辽总督，对觉华岛兵败，未做一点自责。大臣既搪塞，朝廷则敷衍。明廷旨准兵部尚书王永光疏奏：

>   皇上深嘉清野坚壁之伟伐，酬报于前；而姑免失粮弃岛之深求，策励于后。[2]

于是，满朝被宁远大捷胜利气氛所笼罩，有功将士，著绩封赏；伤亡军丁，照例抚恤；内外文武，增秩赐爵；厂臣阉宦，权位提升。但是，于明军觉华岛之败，朝廷、兵部、总督、经略、巡抚以至总兵，未从整体上进行反思，亦未从战略上加以总结，汲取教训，鉴戒未来。对待失败的态度，是吸收殷鉴，还是掩盖搪塞，这是一个王朝兴盛与衰落的重要标志。明廷失辽沈，陷广宁，杀熊廷弼，逮王化贞，只作个案处置，并未深刻反省。因而，旧辙复蹈，悲剧重演，一城失一城，一节败一节。结果，江山易主，社稷倾覆[3]。

总之，明朝与后金，宁远与觉华，其胜其败，影响深远。

---

[1]《明熹宗实录》卷七〇，天启六年四月辛卯。
[2]《袁崇焕资料集录》上册，广西民族出版社，1984年，第28页。
[3] 阎崇年《论觉华岛之役》，《清史研究》1995年第2期。

六

宁远之争局，于明朝和后金，于当时和历史，产生了正负两面的深远影响。

打败后金进攻，影响历史进程 袁崇焕击败后金骑兵，守住宁远孤城。宁远之役结束后，山西道御史高弘图疏言：

> 奴酋鸷伏，四年不动，一朝突至，宁远被围，举国汹汹。一重门限，岂是金汤？自袁崇焕有死地求生、必死无生之气，则莫不翕然壮之。然自有辽事，用兵八年不效，固未敢逆料其果能与贼相持、与城俱存否也。是以深轸圣怀，时切东顾。甫采盈庭之方略，辄得马上之捷书。然后知从前无不可守之城池，而但无肯守之人与夫必守之心。今崇焕称必守矣！况且出奇挫锐，建前此所未有，则又莫不翕然贤之。[1]

此役，由明廷得报，宁远被围，举国汹汹；及捷报驰至，京师全城，空巷相庆。宁远之捷是明朝从抚顺失陷以来的第一个胜仗，也是自"辽左发难，各城望风奔溃，八年来贼始一挫"[2]的一场胜仗。此役，清初人评论道："我大清举兵，所向无不摧破，诸将罔敢议战守。议战守，自崇焕始。"[3]这个评论并不过分。与其相反，宁远之役是努尔哈赤用兵四十四年来最为惨痛之失败。他虽获觉华岛之全胜，却不能掩饰其内心的悲

---

[1] 《明熹宗实录》卷六八，天启六年二月丁丑。
[2] 同上书，天启六年二月乙亥。
[3] 《明史》卷二五九《袁崇焕传》，第6710页。

愤，《无圈点老档》和清太祖三种《实录》，都沉痛地记载了天命汗的这一场悲剧。天命汗随之昼夜踌躇，辗转反思："吾思虑之事甚多：意者朕身倦惰而不留心于治道欤？国势安危、民情甘苦而不省察欤？功勋正直之人有所颠倒欤？再虑吾子嗣中果有效吾尽心为国者否？大臣等果俱勤谨于政事否？又每常意虑敌国之情形。"[1]袁崇焕是努尔哈赤的克星。一代天骄努尔哈赤，同年便在败辱悲愤中死去。明取得宁远之捷后，翌年又取得宁锦之捷，袁崇焕连获宁远与宁锦两捷，并经始与经营了宁锦防线。先是，明在辽东失陷辽阳镇，在辽西失陷广宁镇后，其陆路防御体系被后金军完全破坏。觉华岛兵败后，其海上防御体系也受到重大损失。明为阻遏后金军南犯，需在关外辽西走廊建立一道防御系统，这就是宁锦防线[2]。宁锦防线可概括为"一体两翼"。"一体"即纵向，南起山海关，北至大凌河城，中间以前屯路城为后劲，宁远卫城为中坚，锦州卫城为前锋，又以所城、台堡做联络，负山阻海，势踞险要；配以步营、骑营、车营、锋营、劲营、水营诸兵种；置以红夷大炮、诸火炮等守具，备以粮料、火药；并屯田聚民，亦屯亦筑，且战且守，相机进取；从而形成沿辽西走廊纵深五百里之串珠式防御体系，遏敌南进，保卫辽西，御守关门，以固京师。"两翼"即横向，其左翼为蒙古拱兔等部，采取"抚西虏以拒东夷"的策略；其右翼为东江毛文龙部，整顿部伍，以扰敌后。袁崇焕部署的宁锦防线，其"两翼"虽未完全实现，但明军依其"主体"，堵御后金军不得逾越南进，长达二十二年之久。"在袁崇焕身后，祖

---

[1]《清太祖武皇帝实录》卷四，第25页。
[2] 阎崇年《宁锦防线与宁锦大捷》，《袁崇焕研究论集》。

大寿得以其余威振于边，辽军守御的宁锦防线仍坚不可破。直到崇祯十五年〔即崇德七年（1642）〕锦州才被攻陷；而宁远、关门，则几于明祚同终。"[1]

固守宁远要略，丰富兵坛智慧 袁崇焕固守宁远之要略，有别于马林之守而不防，袁应泰之守而不固，熊廷弼之守而不成，王在晋之守而不当，孙承宗之守而不稳；更不同李永芳之通敌失守，李如桢之玩忽于守，贺世贤之出城疏守，王化贞之攻而拒守，高第之弃而不守。袁崇焕之固守战略，保证了宁远城以至山海关屹然不动，直至明祚灭亡。袁督师既创造了重点城池防守的新型战术，又部署了关外完整的防御体系。尤其是他提出"凭坚城以用大炮"[2]，即以炮守城，以城护炮的新型战术，这是中国古代守城战术的新突破。他顺应历史发展之趋势，及时将兵器进化的新成果应用于实战，从而为火器与冷兵器并用时代的城池攻防，提供了行之有效的独特战法，发展了中国古代战术学理论，是中国古代军事思想宝库中的新财富。上述战术由于已经受到宁远实战之检验，因而被普遍接受和采用。尔后在清朝前期战争中，利用火器强攻硬守之战屡见不鲜，使战争艺术呈现出新局面。

在固守宁远之役中，袁崇焕的表现堪称雄胆卓识之典范。雄胆卓识，独立品格，是中华文明史上杰出政治家、军事家和民族英雄的宝贵品质。袁崇焕的胆识，一见于其单骑阅塞，国难请缨；二见于其夜行赴任，四鼓入城[3]；三见于其揭驳经略，主守

---

[1] 阎崇年《论袁崇焕》，莫乃群主编《袁崇焕研究论文集》，广西民族出版社，1984年。
[2] 《明熹宗实录》卷七九，天启六年十二月庚申。
[3] 《明史》卷二五九《袁崇焕传》，第6707页。

宁远；四见于其严拒非议，坚守孤城。此役，天命汗率师进攻，明军御守之策大端有二：经略高第主守榆关，兵部阎鸣泰则主守首山。高第虽主守城，城却不在宁远，而在榆关。此策得遂，则关外辽西之地，尽为后金据有。榆关失去屏障，京师愈加危急。此将演为有明二百五十年来空前之危机。而正统己巳、嘉靖庚戌两役，仅蒙古骑兵悬军塞内，明廷尚有辽东完瓯。署兵部右侍郎阎鸣泰同高第相左，虽主在关外御守，却议将宁远城主力部署于首山。首山在宁远城东北，为护卫宁远孤城之蔽障，亦为控扼自沈阳来敌通道之咽喉。鸣泰划策坚守首山之疏言：

> 首山左近如笔架、皂隶等山险隘之处，俱宜暗伏精兵、火炮，以待贼来，慎勿遽撄其锋，惟从旁以火器冲其胁，以精兵截其尾；而觉华岛又出船兵遥为之势，乘其乱而击之，此必胜之着也。[1]

得旨："俱依拟着实举行。"此策如果得遂，则关外孤城宁远，必为后金据有。在萨尔浒之役中，杜松吉林崖兵败，刘綎阿布达里冈身殁，都是史证；在沈辽之役中，沈阳的贺世贤，辽阳的袁应泰，出城迎敌，堕计丧锐，亦是史证。这种以己之长为己之短，变彼之短为彼之长，而以己之短制彼之长——似可断言，必败无疑。袁崇焕既拒从辽东经略高第退守榆关之策，又拒依旨准兵部阎鸣泰出守首山之策。他不守山，而守城；守城不守榆关，而守宁远。凭坚城，用大炮，以己长，制彼短，孤城孤军，终获大胜。这是袁崇焕雄胆卓识、独立品格的节操之

---

[1]《明熹宗实录》卷六七，天启六年正月丁卯。

胜。袁督师雄胆卓识之智慧，丰富了中华思想之宝库。

征抚漠南蒙古，绕道攻打燕京　天命汗努尔哈赤军事触角南向宁远受挫缩回沈阳后，又将军事触角西向蒙古。派其子率兵过西拉木伦河征讨蒙古喀尔喀等部，先后共"获人畜五万六千五百"[1]。同年，努尔哈赤死，其子皇太极即汗位。皇太极于天聪元年即天启七年（1627），兵攻宁、锦，又遭失败。皇太极愤愧言："昔皇考太祖攻宁远，不克；今我攻锦州，又未克。似此野战之兵，尚不能胜，其何以张我国威耶！"[2]皇太极南进宁锦之役失败后，转注于漠南蒙古未服诸部。同年，他一面将供养的蒙古人等几万人口，因辽东大饥而"送去吃朝鲜的米谷"[3]；一面同蒙古敖汉部、奈曼部首领琐诺木杜棱、衮出斯巴图鲁等会盟[4]。次年（1628）二月，皇太极率军至敖木轮地方，击败察哈尔所属多罗特部；九月，率军征察哈尔"至兴安岭，获人畜无算"[5]。天聪六年（1632）四月，再率军征察哈尔，后师至黄河，林丹汗走死青海大草滩。九年（1635），后金军三征察哈尔，获"传国玉玺"，察哈尔部亡，统一漠南蒙古。后金统一漠南蒙古，摧毁了明朝自洪武以来经营二百多年的全辽西部防线，并使其政治和军事实力得到壮大，又为其绕道蒙古入关准备了条件。

后金两汗先后两次吞下败于宁锦防线的苦果后，皇太极总结

---

[1]《清太祖高皇帝实录》卷一〇，天命十一年四月丙子至五月壬寅朔。
[2]《清太宗实录》卷三，天聪元年五月癸巳。
[3]《旧满洲档译注》（太宗朝一），天聪元年十二月，台北故宫博物院印本，1977年。
[4]《清太宗实录》卷三，天聪元年七月己巳。
[5]《清太宗实录》卷四，天聪二年九月丁丑。

经验教训道:"彼山海关、锦州,防守甚坚,徒劳我师,攻之何益?惟当深入内地,取其无备城邑可也。"[1]由是,他在自身武器装备改善之前,不再正面强攻宁、锦,而是绕过宁锦防线,取道蒙古,破塞入内。崇祯二年即天聪三年(1629),天聪汗皇太极率军绕道蒙古,从大安口、龙井关入塞,攻打北京。[2]崇祯七年即天聪八年(1634),后金军入塞,蹂躏宣府、大同。崇祯九年即崇德元年(1636),清军[3]耀兵于京畿。崇祯十一年即崇德三年(1638),清军兵至山东,攻占济南,翌年还师。崇祯十五年即崇德七年(1642),清军再入山东,大肆掳掠而归。以上俱间道蒙古,破墙入犯,肆虐关内。与此同时,皇太极还进行火器研制和军制改革。

仿造红衣大炮,变革八旗军制 天命汗努尔哈赤和天聪汗皇太极两败于宁、锦,原因之一是受红衣大炮所制。先是,后金军已缴获不少明军火器,因骑兵携带不便,又缺乏熟练炮手,而未能发挥其作用。宁锦败后,皇太极决心仿造西洋大炮。崇祯三年即天聪四年(1630),谕令汉官仿造红衣大炮。翌年正月,后金仿造的第一批红衣大炮,共十四门,在沈阳造成,定名为"天佑助威大将军"[4]。从此,满洲正式有了自制的红衣大炮。同年八月,皇太极用红衣大炮打援、围城、破堡,大炮所向,尽显神威,攻克大凌河城,降明将祖大寿,且缴获明军含

---

[1]《清太宗实录》卷六,天聪四年二月甲寅。
[2] 阎崇年《论明代保卫北京的民族英雄袁崇焕》,北京史研究会编印《北京史论文集》,1980年。
[3] 皇太极于崇祯九年即崇德元年(1636),改元崇德,建国号清,故拙文于崇德元年始称清军,此前则称后金军。
[4]《清太宗实录》卷八,天聪五年正月壬午。

红衣大炮在内的大小火炮三千五百门[1]。后金制成红衣大炮，用之装备八旗军，引起军制变革。

后金第一批红衣大炮仿造成功后，满洲八旗设置新营，其名为"ujen cooha"，其音译为"乌真超哈"，意译为"重军"，即使用火炮等火器之炮兵。这些红衣大炮的督造官佟养性，被任命为昂邦章京，是为后金第一位炮兵将领。乌真超哈的建立，标志着八旗军制史上的一次重要变革：

> 乌真超哈的建立，是满洲八旗军制的重要变革。在这之前，八旗以骑兵为主，兼有步兵；而建立乌真超哈，标志着后金军队已经是一支包括骑兵、炮兵和步兵的多兵种军队。就作战而言，既擅野战，又可攻坚，炮兵的火力与骑兵的冲击力、机动性得到良好结合；就训练而言，亦由单一的骑兵训练而为骑兵与炮兵、步兵合成训练。因而，乌真超哈的建立，标志着满洲八旗摆脱了旧军制的原始性，是一项重大进步。[2]

以上四条讨论可以看出，宁远争局对于明朝与后金、明辽军与八旗军所产生的影响是双向而深远的。

综上，明清甲乙之际，双方争局宁远。斯胜斯败，乃盛乃衰，都产生了极为深远的历史影响。但是，宁远争局的历史价

---

[1]《兵部呈为王道题报大凌河之役明军损失情形本》（崇祯四年闰十一月十九日），《历史档案》1981年第1期；另见《清太宗文皇帝实录》卷一〇，天聪五年十一月癸酉。

[2] 解立红《红衣大炮与满洲兴衰》，《满学研究》第2辑，民族出版社，1994年。

值,留给后人的精神财富,不仅是攻坚与守城的打拼场景,不仅是焚烧与厮杀的悲壮画面,不仅是仇恨与愤怒的民族卷轴,也不仅是庆功与升赏的宫廷宴图;统观宁远争局,论其历史价值——袁崇焕坚守孤城、凭城用炮的胆识与兵韬[1],努尔哈赤因敌制变、释坚攻脆的智谋与兵略,均超越了时间和空间、民族和政治,充实了中华兵坛之经纶,丰富了人类思想之宝库。

[原载《故宫博物院院刊》(建院七十周年特刊),1995年]

---

[1] 阎崇年《抗御后金名将袁崇焕——在台湾淡江大学历史系的演讲稿》,《袁崇焕研究论集》。

论觉华岛之役

天启六年即天命十一年（1626），明朝与后金展开了著名的宁远之战，其主战场在宁远城，分战场则在觉华岛。论者注目宁远城之役，重笔浓墨，阐述详尽；对觉华岛之役，则轻描淡写，略语带过。其实，觉华岛之役是明清之际，明朝与后金的一次剧烈的军事冲撞，产生了重要的影响。兹对觉华岛之役，钩稽史料，粗做探论。

一

觉华岛之役是历史发展之必然，由于其时觉华岛具有军事冲要、囤积粮料和设置舟师三重价值而为明辽军所必守，亦为后金军所必争。

觉华岛位置冲要 觉华岛[1]悬于辽东湾中，与宁远城相为犄角，居东西海陆中途，扼辽西水陆两津。早在唐代，觉华岛就已开发，其北边海港，称为"靺鞨口"，已为岛上要港，成为海岛

---

[1] 觉华岛，今辽宁省兴城市菊花岛乡。民国十一年（1922），因岛上菊花闻名，而改称菊花岛。

咽喉。辽金时代，岛上更为开发，住户日多，且有名刹。其时岛上高僧，法名觉华，因以名岛，称为觉华岛。金亡元兴，塞外拓疆，辽西走廊，更为重要。明初北元势力强大，朱棣几次率军北征，关外地区，屡动干戈。后蒙古势力，犯扰辽东，明军粮料，储之海岛，觉华岛成为明朝的一个囤积粮料的基地。满洲崛兴后，觉华岛的特殊战略地位，日益受到重视。天启二年即天命七年（1622），明失陷辽西重镇广宁后，辽东明军主力，收缩于山海关，"止有残兵五万，皆敝衣垢面"[1]。明军的山海关外防线，经略王在晋议守八里铺，佥事袁崇焕议守宁远城，监军阎鸣泰则主守觉华岛。大学士孙承宗出关巡阅三百里情形，以便奏决守关之大略。由是，孙承宗巡视觉华岛。据孙承宗巡觉华岛之奏报称：

> 又次日，向觉华岛，岛去岸十八里，而近过龙官寺，地濒海而肥，可屯登岸之兵。次日，遍历洲屿，则西南望榆关在襟佩间，独金冠之水兵与运艘在。土人附夹山之沟而居，合十五沟，可五十余家。而田可耕者六百余顷，居人种可十之三。盖东西中迻，水陆要津，因水风之力，用无方之威，固智者所必争也。其旧城遗址，可屯兵二万。臣未出关，即令龙、武两营，分哨觉华。而特于山巅为台，树赤帜，时眺望。时游哨于数百里外，以习风汛曲折。[2]

从孙承宗奏报全文中，可见觉华岛成为明军必守之地，有

---

[1]《明熹宗实录》卷一九，天启二年二月己丑，台北"中研院"史语所校勘本，1962年。

[2]《明熹宗实录》卷四〇，天启三年闰十月丁亥朔。

其军事地理之优越因素：第一，岛在辽东湾中，控四方水陆津要；第二，岛距岸十八里，严冬冰封，既便冰上运输粮料，又可凿冰为濠御守；第三，岛距宁远三十里，犄角相依，互为援应；第四，岛上有旧城址，有耕田、民居、淡水，可囤粮屯兵；第五，岛北岸有天然港口，可泊运艘，亦可驻舟师；第六，岛上山巅树赤帜、立烽堠，便联络、通信息；第七，岛上较为安全，可做新招辽兵训练之地；第八，岛港便于停靠从旅顺、登莱、天津驶来的运艘。

孙承宗充分认识到觉华岛军事地理形势，从而奏报"失辽左必不能守榆关，失觉华、宁远必不能守辽左"。其奏报得到旨允。于是，孙承宗既经营宁远城之筑城与戍守，又经营觉华岛之囤粮与舟师。

觉华岛囤积粮料　先是，明在辽东防务，向置重兵。其兵粮马料、军兵器械，为防备蒙古与女真骑兵抢掠，或置于坚城，或储于海岛。笔架山、觉华岛为海上囤积粮料之重地。笔架山与锦州城水陆相峙，虽"锦州系宁远藩篱"[1]，但近于广宁，易受骚扰；笔架山虽位于海上，且有一条礁石栈道同岸相通，潮涨虽隐，潮落则显，亦不安全。故明广宁失陷后，城守重在宁远，粮储则重在觉华岛。觉华岛有一主岛和三小岛——今称磨盘岛、张山岛、阎山岛，共13.5平方公里，其中主岛12.5平方公里。主岛"呈两头宽、中间狭、不规整的葫芦状，孤悬海中"[2]，即岛呈龙形，"龙身"为山岭，穿过狭窄的"龙脖"迤北，便是"龙头"。"龙头"三面临海，地势平坦，北端有天然

---

[1] 沈国元《两朝从信录》卷二九，天启六年正月，清刻本。
[2] 安德才主编《兴城县志》，辽宁大学出版社，1991年，第67页。

码头，停泊船只。在"龙头"的开阔地上，筑起一座囤积粮料之城。这座囤粮城，笔者踏勘，简述如下：

> 觉华岛明囤粮城，今存遗址，清晰可见。城呈矩形，南北长约五百米，东西宽约二百五十米，墙高约十米，底宽约六米。北墙设一门，通城外港口，是为粮料、器械运道之咽喉；南墙设二门，与"龙脖"相通，便于岛上往来；东、西墙无门，利于防守。城中有粮囤、料堆及守城官兵营房的遗迹，还有一条纵贯南北的排水沟。[1]

觉华岛囤储的粮料，既有来自天津的漕运之米，又有征自辽西的屯田之粮。岛上的储粮，天启二年即天命七年（1622）二月初一日，据杨嗣昌具疏入告称：

> 照得：连日广宁警报频叠，臣部心切忧惧。盖为辽兵将平日贪冒，折色不肯运粮，以致右屯卫见积粮料八十余万石，觉华岛见积粮料二十余万石。……今边烽过河，我兵不利，百万粮料，诚恐委弃于敌，则此中原百万膏髓涂地，饷臣百万心血东流。[2]

此时，辽左形势陡变，明军危在眉睫。天命汗努尔哈赤率兵进攻广宁，正月十八日自沈阳出师，二十日渡辽河，二十一日取西平，二十二日下沙岭，二十四日占广宁。杨嗣昌

---

[1] 笔者实地踏查记录。
[2] 杨嗣昌《杨文弱先生集》卷四，第12页，抄本，北京图书馆善本部藏。

上疏时，明朝已经失陷广宁。占领广宁的后金军，乘胜连陷义州、锦州、右屯卫等四十余座城堡，且从右屯卫运走粮食五十万三千六百八十一石八斗七升[1]，余皆焚毁。但是，觉华岛囤储之二十万石粮料，因在海岛，赖以存留。可见明朝储粮海岛，后金没有舟师攻取，明人自觉安全稳妥。然而，囤积大量粮料的觉华岛，对缺乏粮食的后金而言，虽没有一支舟师，亦必为死争之地。

觉华岛设置水师　明朝于觉华岛，在广宁失陷前，"独金冠之水兵与运艘在"。孙承宗出关前，如上所述，"即令龙、武两营，分哨觉华"。旋有"查国宁督发水兵于觉华"[2]。先是，"守觉华岛之议，始于道臣阎鸣泰之呈详"[3]。至是，经略孙承宗采纳阎鸣泰之议，以"觉华岛孤峙海中，与宁远如左右腋，可扼敌之用"[4]，便命游击祖大寿驻觉华。其时，孙承宗令总兵江应诏做了军事部署：

公即令应诏定兵制：袁崇焕修营房；总兵李秉诚教火器；广宁道万有孚募守边夷人采木，（督）辽人修营房；兵部司务孙元化相度北山、南海，设奇于山海之间；游击祖大寿给粮饷、器械于觉华，抚练新归辽人。[5]

---

[1]《满文老档·太祖》第48册，天命八年三月二十四日，中华书局译注本，1990年。
[2]《明熹宗实录》卷四〇，天启三年闰十月丁亥朔。
[3] 王在晋《三朝辽事实录》卷一〇，天启二年七月，江苏省立国学图书馆据私藏本影印，1930年。
[4] 孙铨《孙文正公年谱》卷二，天启三年九月初八日，清乾隆年间孙尔然师俭堂刻本。
[5] 孙铨《孙文正公年谱》卷二，天启三年九月初三日。

由上可见，祖大寿驻军觉华岛之任务有四：一为抚练新归辽人，以辽人守辽土；二为护卫岛上囤储之粮料、器械；三为以岛上存贮粮械供应辽军所需；四为相机牵制南犯的后金军。时阎鸣泰升任辽东巡抚，使祖大寿居觉华岛膺此重任，经略孙承宗亦允之。至于祖大寿之略历，史载：

> 祖大寿者，旧辽抚王化贞中军也。王弃广宁走关门，寿归觉华岛。盖其家世宁远，觉华有别业焉。阎抚军使据岛，仍以金冠将千余人佐之。至是有以陷虏人回岛者报，故公资给之，亦欲因觉华，以图宁远耳。[1]

上引周文郁《边事小纪》之文，同《清史稿·祖大寿传》载祖大寿"佐参将金冠守岛"相抵牾；时阎鸣泰亦奏称祖大寿为参将、金冠为游击。故应以《边事小纪》所载为是。后因宁远事关重大，采纳袁崇焕的建议，将祖大寿调至宁远。明觉华岛之水师，仍由游击金冠领之。

关外重城宁远的戍守，以觉华岛与望海台之水师为犄角。时茅元仪至，筹划水师事宜："向所遣募舟师副将茅元仪至，公因令酌议舟师营制。"[2]孙承宗调茅元仪来筹置舟师，以使觉华岛与望海台两处在海上发挥作用，从而牵制后金。

> 或妄意及海，则觉华岛之驻师，与望海台之泊船相控，

---

[1] 周文郁《边事小纪》卷一，《辽西复守纪事》，《玄览堂丛书续集》本，南京国立中央图书馆影印本，民国三十六年（1947）。
[2] 周文郁《边事小纪》卷一。

而长鲸必授首于波臣；又或下关臣之精甲，进图恢复，则水师合东，陆师合北，水陆之间，奇奇正正，出没无端。[1]

觉华岛水师的作用：一则守卫岛上之粮料、器械；二则配合陆师进图恢复；三则策应宁远之城守——"以筑八里者筑宁远之要害，更以守八里之四万当宁远之冲，与觉华岛相犄角，而寇窥城，则岛上之兵，傍出三岔，烧其浮桥，而绕其后，以横击之"[2]。

由上，觉华岛地位重要、囤积粮料和设置水师，故明辽军与后金军之争局是必然的。但后金军于何时、从何地、以何法，同明辽军争战觉华，则为历史之偶然。这个历史偶然现象的爆发点，是天命汗努尔哈赤的宁远城兵败。

二

觉华岛之役是后金军宁远城下兵败，而衍化为一场残酷的争战。

觉华争战的动因是天命汗宁远兵败。先是，天命汗努尔哈赤攻陷广宁后，顿兵四年，未图大举。他在等待时机，夺取孤城宁远。天启六年即天命十一年（1626）正月，努尔哈赤以为攻取宁远时机已到，亲率六万大军，往攻宁远，志在必得。是役，正月二十三日，后金军薄宁远城下，两军交火，互做试探。二十四日，后金军攻城，或推楯车冒矢石强攻，或拥楯车顶严

---

[1] 谈迁《国榷》卷八六，中华书局影印本，1958年，第5258页。
[2] 王在晋《三朝辽事实录》卷一〇，天启二年七月。

寒凿城。城上明军近则掷礌石、飞火球，远则以红夷大炮击之。据《明熹宗实录》记载：

> 二十四日，马步、车牌、勾梯、炮箭一拥而至，箭上城如雨，悬牌间如猬。城上铳炮迭发，每用西洋炮，则牌车如拉朽。当其至城，则门角两台攒对横击。然止小炮也，不能远及。故门角两台之间，贼遂凿城高二丈余者三四处。于是，火球、火把争乱发下，更以铁索垂火烧之，牌始焚，穴城之人始毙，贼稍却。而金通判手放大炮，竟以此殒。城下贼尸堆积。[1]

是日，激战至二更，后金军方退。二十五日，争战最为激烈，兹引下面四条载述。其一，蓟辽总督王之臣查报："又战如昨，攻打至未、申时，贼无一敢近城。其酋长持刀驱兵，仅至城下而返。贼死伤视前日更多，俱抢尸于西门外各砖窑，拆民房烧之，黄烟蔽野。"[2]其二，兵部尚书王永光奏报："虏众五六万人，力攻宁远。城中用红夷大炮及一应火器诸物，奋勇焚击。前后伤虏数千，内有头目数人，酋子一人。"[3]其三，辽东经略高第疏奏："奴贼攻宁远，炮毙一大头目，用红布包裹，众贼抬去，放声大哭。"[4]其四，张岱《石匮书后集》亦载："炮过处，打死北骑无算，并及黄龙幕，伤一裨王。北骑谓出兵

---

[1] 《明熹宗实录》卷七〇，天启六年四月辛卯。
[2] 同上。
[3] 《明熹宗实录》卷六八，天启六年二月甲戌朔。
[4] 同上书，天启六年二月丙子。

不利，以皮革裹尸，号哭奔去。"[1]

上述四例，可以看出，天命汗努尔哈赤兵攻宁远，遭到惨败，遂怀愤恨——"帝自二十五岁征伐以来，战无不胜，攻无不克，惟宁远一城不下，遂大怀忿恨。"[2]努尔哈赤一向刚毅自恃，屡战屡胜，难以忍受宁远兵折之耻，誓以洗雪宁远兵败之辱。天命汗决心以攻泄愤，以焚消恨，以胜掩败，以戮震威。这正如明蓟辽总督王之臣所分析："此番奴氛甚恶，攻宁远不下，始迁戮于觉华。"[3]

觉华争战的过程是一场历史的悲剧。先是，二十五日，努尔哈赤攻宁远城不下，见官兵死伤惨重，便决定攻觉华岛。是夜，天命汗一面派军队彻夜攻城，一面将主力转移至城西南五里龙宫寺一带扎营。其目的：一则龙宫寺距觉华岛最近，便于登岛；二则龙宫寺囤储粮料，佯装劫粮。此计确实迷惑了明军，高第塘报可以为证：

> 今奴贼见在西南上，离城五里龙宫寺[4]一带扎营，约有五万余骑。其龙宫寺收贮粮囤好米，俱运至觉华岛，遗下烂米，俱行烧毁。讫近岛海岸，冰俱凿开，达贼不能过海。[5]

---

[1] 张岱《石匮书后集》卷一一，中华书局点校本，1959年，第91页。
[2] 《清太祖武皇帝实录》卷四，台北故宫博物院藏本，广文书局影印，1970年，第25页。
[3] 《袁崇焕资料集录》上册，广西民族出版社，1984年，第27页。
[4] 孙承宗于天启三年闰十月丁亥奏报巡历关外情形记其为"龙宫寺"，下同，不注。
[5] 《明熹宗实录》卷六七，天启六年正月辛未。

但是，觉华岛明参将姚抚民等军兵，受到后金骑兵严重威胁。时值隆冬，海面冰封，从岸边履冰，可直达岛上。姚抚民等守军，为加强防御，沿岛凿开一道长达十五里的冰濠，以阻挡后金骑兵的突入。然而，天气严寒，冰濠凿开，穿而复合。姚抚民等率领官兵，"日夜穿冰，兵皆堕指"[1]。

二十六日，天命汗一面派少部分兵力继续攻打宁远城；一面命精锐骑兵突然进攻觉华岛。后金军由骁将武讷格率领，史载：

> 武讷格，博尔济吉特氏，其先居叶赫。太祖高皇帝初，以七十二人来归。后隶蒙古正白旗。武讷格有勇略，通蒙古及汉文，赐号"巴克什"。癸丑年，从征乌拉有功，授三等男。天命十一年，大军围明宁远未下，命分兵攻觉华岛。[2]

武讷格率蒙古骑兵及满洲骑兵，约数万人[3]，由冰上驰攻觉华岛。后金军涉冰近岛，"见明防守粮储参将姚抚民、胡一宁、金

---

[1] 王在晋《三朝辽事实录》卷一五，天启六年正月。
[2] 《清国史》第5册，卷三《武讷格传》，中华书局影印嘉业堂抄本，1993年，第142页。
[3] 后金军出师觉华岛之兵数，《清太祖高皇帝实录》作"吴讷格率所部八旗蒙古、更益满兵八百"；《明熹宗实录》作"奴众数万"，又作四万。但是，天启二年即天命七年（1622）后金始设蒙古旗，至崇祯二年即天聪三年（1629）已有蒙古二旗，又至崇祯八年即天聪九年（1635）始分设蒙古八旗，故其时并无八旗蒙古。

观[1]，游击季善、吴玉、张国青，统兵四万[2]，营于冰上。凿冰十五里为濠，列阵以车楯卫之"[3]。辰时，武讷格统领的后金骑兵，分列十二队，武讷格居中，扑向位于岛"龙头"上的囤粮城。岛上明军，"凿冰寒苦，既无盔甲、兵械，又系水手，不能耐战，且以寡不敌众"[4]；不虞雪花纷飞，冰濠重新冻合。故后金军迅速从鞑靼口登岸，攻入囤粮城北门，攻进城中。后金骑兵驰入乱斫，岛上水兵阵脚遂乱。后金军火焚城中囤积粮料，浓烟蔽岛，火光冲天。旋即，转攻东山，万骑驰冲；已时，并攻西山，一路涌杀。后金军的驰突攻杀，受到明守岛官兵的拼死抵抗：

> 且岛中诸将，金冠先死，而姚与贤等皆力战而死。视前此奔溃逃窜之夫，尚有生气。金冠之子，会武举金士麒，以迎父丧出关。闻警赴岛，遣其弟奉木主以西，而率义男三百余人力战，三百人无生者。其忠孝全矣！[5]

觉华争战的结局是明军覆没而后金军全胜。此役，明朝损失极为惨重，四份资料可为史证：

其一，经略高第塘报：觉华岛"四营尽溃，都司王锡斧、

---

[1]《满洲实录》作"金冠"，"冠"为是，而"观"为误，且金冠时已死。
[2] 觉华岛明军之兵数，《清太祖高皇帝实录》作"四万"；《明熹宗实录》作四营、七千余人。应以后者为是。
[3]《清太祖努尔哈赤实录》卷一〇，天命十一年正月庚午，北平故宫博物院印本，1931年。
[4] 王在晋《三朝辽事实录》卷一五，天启六年正月。
[5]《明熹宗实录》卷七〇，天启六年四月辛卯。

季士登、吴国勋、姚与贤，艟总王朝臣、张士奇、吴惟进及前、左、后营艟百总，俱已阵亡"[1]。

其二，同知程维楧报："虏骑既至，逢人立碎，可怜七八千之将卒，七八千之商民，无一不颠越靡烂者。王鳌，新到之将，骨碎身分；金冠，既死之榇，俱经剖割。囤积粮料，实已尽焚。"[2]

其三，总督王之臣查报："贼计无施，见觉华岛有烟火，而冰坚可渡，遂率众攻觉华，兵将俱死以殉。粮料八万二千余（石）及营房、民舍俱被焚。……觉华岛兵之丧者七千有余，商民男妇杀戮最惨。与河东堡、笔架山、龙宫寺、右屯之粮[3]，无不焚毁，其失非小。"[4]

其四，《清太祖高皇帝实录》载："我军夺濠口入，击之，遂败其兵，尽斩之。又有二营兵，立岛中山巅。我军冲入，败其兵，亦尽歼之。焚其船二千余，并所积粮刍高与屋等者千余所。"[5]

此役，觉华岛上明军七千余员名和商民七千余丁口俱被杀戮；粮料八万余石和船二千余艘俱被焚烧；主岛作为明关外后勤基地亦被摧毁。同时，后金军亦付出代价，明统计其死亡269员名[6]。

尔后，觉华岛经过辽东巡抚袁崇焕的经营，仍发挥一定作用：

第一，岛上驻扎水师。至天启六年即天命十一年（1626）

---

[1] 王在晋《三朝辽事实录》卷一五，天启六年正月。
[2] 同上。
[3] 《明熹宗实录》天启六年正月庚午条载："右屯储米三十万石。"
[4] 《明熹宗实录》卷七〇，天启六年四月辛卯。
[5] 《清太祖高皇帝实录》卷一〇，天命十一年正月，中华书局影印本，1986年。
[6] 《明熹宗实录》卷七〇，天启六年四月辛卯。

四月，岛上有船四十艘、兵二千余人："岛上尚有残船四十只。都司佥书陈兆兰、诸葛佐各领兵千人，或扬帆而出其后，或登岸而乱其营。"[1]六月，岛上水师扩充为中、左、右三营。[2]

第二，连接海上贡道。先是，明制朝鲜使臣贡道"由鸭绿江，历辽阳、广宁，入山海关，达京师"[3]。但是，后金占领辽沈地区，"时辽路遽断，赴京使臣，创开水路"[4]，即由辽东半岛南端航海至山东登州，再陆行至京师。尔后，贡道经由觉华岛，"中朝改定我国贡路，由觉华岛，从经略袁崇焕议也"[5]，即经觉华岛，在宁远登陆，过山海关，抵达京师。由是，觉华岛成为朝鲜使臣海上贡道中停泊的岛屿。

第三，转输东江军饷。崇祯二年即天聪三年（1629）三月，"袁崇焕奏设东江饷司于宁远，令东江自觉华岛转饷"[6]，以供应毛文龙，得到旨许。

三

觉华岛之役是古代战争史上因势而变、避实击虚的典型范

---

[1]《明熹宗实录》卷七〇，天启六年四月己亥。
[2]《明熹宗实录》卷七二，天启六年六月甲戌。
[3]《明会典》卷一〇五，中华书局影印本，1989年。
[4]《李朝光海君日记》卷一六四，十三年四月甲申，日本学习院东洋文化研究所影印本，1959年。
[5]《李朝仁祖实录》卷二〇，七年闰四月丙子，日本学习院东洋文化研究所影印本，1959年。
[6]《崇祯实录》卷二，崇祯二年三月，台北"中研院"史语所校勘本，1962年。参见《崇祯长编》卷二〇，崇祯二年四月甲辰，台北"中研院"史语所校勘本，1962年。

例。仅就后金军之得与明辽军之失，略做几点探讨。

第一，天命汗释坚攻脆。从已见史料可知，努尔哈赤此次用兵，亲率倾国之师，长驱驰突，围攻宁远，志在必克。然而，事与愿违，围城强攻，兵败城下。天命汗蒙受四十四年戎马生涯中最惨重的失败、最惨痛的悲苦。但是，天命汗努尔哈赤能在极端不利的困境里，在极度恼怒的氛围中，因敌情势，察机决断，释坚攻脆，避实击虚。《孙子兵法》云：

> 夫兵形象水，水之行，避高而趋下；兵之胜，避实而击虚。水因地而制行，兵因敌而制胜。故兵无成势，（水）[1]无恒形。能因故变化而取胜者，谓之神。[2]

努尔哈赤从多年戎马经历中，深知《孙子兵法》中的上述用兵之道：水流必避高趋下，兵胜要避实击虚；水因地之倾仄

---

[1]《孙子兵法》各本作"兵无常势，水无常形"。但银雀山汉墓竹简《孙子兵法》即汉简《孙子兵法》作"兵无成执（势），无恒刑（形）"。吴九龙《孙子校释》曰："汉简本此句以'兵'为两'无'之主语，言兵既无常势，又无常形。唯上文一言'水之行避高而趋下'，又言'水因地而制行'，汉简本皆作'行'，而不作'形'。故此句之'形'无'水'字，而将'行'字属之于'兵'。故今依汉简本，且删'水'字。"此注臆断也，因为：第一，银雀山汉简本《孙子兵法》，仅为汉代《孙子兵法》之一种版本，虽实属珍贵，却屡有衍、脱，此为一例，故不能以此定谳。第二，各本俱有"水"字，不宜轻率删削之。第三，"形"与"行"字在古汉语中，同音通假，故"形"字属之于"水"。第四，此段话凡四句：首句"水"与"兵"骈列，以"水"喻"兵"；次句亦"水"与"兵"骈列，亦以"水"喻"兵"；再句首为"故"字，即此句承上二句小结，亦应"水"与"兵"骈列；末句为结论。所以，"水"字砍削不当。

[2] 吴九龙主编《孙子校释》，军事科学出版社，1990年，第102—103页。

而制其流，兵因敌之虚懈而取其胜；水无常形，兵无常势，临敌机变，方能取胜。他其时面临着两个可供选择的攻击点：一个是宁远城，另一个是觉华岛。宁远城城坚、炮利、将强、死守，觉华岛则兵寡、械差、将弱、虚懈。于是，天命汗努尔哈赤在宁远城作战失利态势下，依据情势，临机决断，避其固守之宁远城，捣其虚懈之觉华岛。他以少部分兵力围宁远城，佯作攻城，以迷惑守城之敌；而以大部分兵力攻觉华岛，突然驱骑驰击，猛捣虚懈之敌。致明人指出：其"共扎七营，以缀我军，不知其渡海也"[1]。甚至袁崇焕当时也做出"达贼不能过海"[2]的疏忽判断。然而，后金统帅努尔哈赤既利用严冬冰封的天时，又利用海岛近岸的地利，复利用官兵愤恨的士气，再利用骑兵驰突的长技，乘觉华岛明军防守虚懈、孤立无援之机，出其不意，乘其之隙，围城袭岛，避实攻虚，集中兵力，驰骑冲击，速战速决，大获全胜。天命汗努尔哈赤转宁远城之败，释攻其坚；为觉华岛之胜，转攻其脆——可谓释坚攻脆，乘瑕则神。这是战争史上避实击虚之战例典范。

第二，明水师攻守错位。明失广宁后，议攻守策，应以守为主，无论城池，抑或岛屿，均应主守，而后谈攻。明廷赋予觉华岛水师的使命，着眼于攻，攻未用上，守亦未成。觉华岛明军应当主守，是其时关外双方军力对比与岛上水师特质所规定的。以后者言，岛上明朝水师登岸，不能对抗后金骑兵。登岸之水兵，舍舟船，无辎重，失去依恃，弃长就短；陆上之骑兵，速度快，极迅猛，机动灵活，冲击力大——登岸之明朝水

---

[1] 王在晋《三朝辽事实录》卷一五，天启六年正月。
[2] 《明熹宗实录》卷六七，天启六年正月辛未。

兵对抗陆上之后金骑兵，是注定要失败的。但是，明廷重要官员对此缺乏认识。先是，大学士孙承宗纳阎鸣泰主守觉华之议后，言"边防大计"为"曰守、曰款、曰恢复"，其"进图恢复，则水师合东，陆师合北，水师（陆）之间，奇一正一，出没无端"[1]，赋予觉华岛水师以进图恢复之水上重任。他认为，后金骑兵不会从水上攻岛，岛上水师又负重任，故应加强海岛之地位：

> 而又于岛之背设台，以向其外，则水道可绝。盖大海汪洋，虽可四达，而辽舟非傍屿不行。虏固不以水至，即以水亦望此心折。且三门之势，若吸之应呼，无论贼不能从水旁击，即由陆亦多顾盼也。[2]

孙承宗断言，后金不以舟师从水上攻觉华岛，却未料后金会以骑师从冰上攻觉华岛。王在晋和孙承宗相左，看到觉华岛水师之局限：

> 若谓觉华岛犄角，岛去岸二十里，隔洋之兵，其登岸也须船，其开船也待风。城中缓急，弗能救也；水步当骑，弗能战也。岛驻兵止可御水中之寇，弗能遏陆路之兵。[3]

时至天启六年即天命十一年（1626）正月二十三日，署协

---

[1]《明熹宗实录》卷三九，天启四年二月丁亥，台北"中研院"史语所校勘本，1962年。

[2]《明熹宗实录》卷四〇，天启三年闰十月丁亥朔。

[3] 王在晋《三朝辽事实录》卷一〇，天启二年七月。

理京营戎政兵部右侍郎阎鸣泰仍无视王在晋的上述意见,谏言宁远制敌之策:

> 制敌之策,须以固守宁远为主,但出首山一步即为败道。而首山左近如笔架、皂隶等山险隘之处,俱宜暗伏精兵、火炮,以待贼来,慎勿遽撄其锋,惟从旁以火器冲其胁,以精兵截其尾;而觉华岛又出船兵遥为之势,乘其乱而击之,此必胜之着也。[1]

阎鸣泰此策,得旨"俱依拟着实举行"。此策得遂,明朝关外孤城宁远必为后金据有,萨尔浒之役杜松吉林崖兵败和刘绖阿布达里冈身殁,沈辽之役沈阳贺世贤和辽阳袁应泰出城应敌失其精锐而城破身亡,俱是例证。而觉华岛出水师以击敌,此亦非必胜之着。此策着眼于攻,疏失于守,攻守错位,致攻未出师,而守亦败没。

第三,觉华岛防守虚懈。觉华岛之功能,主要是作为明军关外囤储粮料、器械的后勤基地,应以此作为重点而进行防御部署。先是,广宁之役,频传警报,前车之鉴,应引为训:

> 照得:河西警报频闻,山海防守宜急。臣等业经处备粮料,具疏入告矣。昨接户科抄出户科都给事中周希令一疏,内言觉华等岛粮食,宜勒兵护民,令其自取无算,余者尽付水火。未出关小车与天津海运,不可不日夜预料速

---

[1]《明熹宗实录》卷六七,天启六年正月丁卯。

备等因。奉圣旨：该部作速议行。[1]

上引杨嗣昌疏稿，为天启二年即天命七年（1622）二月初六日，而后金军已于上月二十三日占领广宁，但兵锋未至觉华岛。同年十二月，岛上游击金冠水兵1276员名，参将祖大寿辽兵875员名[2]，共2151员名。后祖大寿及其辽兵调出，又增加水兵，达七千余员名。这些水师，责在防守。如将觉华岛作为水师基地，应时出击，或做策应，则不现实。因为觉华岛不具备水师基地的地理条件；且岛上水兵用于对付后金骑兵，不宜登陆作战，即使登陆绕击，失去所长，暴露所短，以短制长，兵家所忌。觉华岛的水师应重于防守，却防守疏漏。有如囤粮城守军集于岛上山巅——东山与西山，距离囤粮城较远。驻兵虽可居高临下，却不利于急救囤粮城之危。这就使得囤粮城防守虚懈，难以抵御后金军之突击。后金骑兵骤至，守军营于冰上，凿冰为濠，摆车列阵，布设官兵，以作防卫。但时逢隆冬，所凿冰濠，开而复封。致使后金骑兵横行无阻，直捣囤粮城。明军既侥幸于广宁之役觉华岛免遭兵火，又迷信于宁远之役觉华岛天设之险。然而，宁远不是广宁，历史不再重演。后金骑兵避宁远城之实，而击觉华岛之虚。觉华岛明军覆灭，吞下防守虚懈之苦果。

第四，明庙堂以胜掩败。胜败乃兵家常事，但吃一堑，需长一智。明觉华岛兵败之后，蓟辽总督王之臣疏报称：

---

[1] 杨嗣昌《杨文弱先生集》卷四，第13页，抄本，北京图书馆善本部藏。
[2] 《明熹宗实录》卷二九，天启二年十二月丙戌。

> 此番奴氛甚恶，攻宁远不下，始迁戮于觉华。倘宁城不保，势且长驱，何有于一岛哉！且岛中诸将，金冠先死，而姚与贤等皆力战而死，视前此奔溃逃窜之夫，尚有生气。[1]

诚然，奏报明军固守宁远之功绩，褒扬觉华死难官兵之英烈，昭于史册，完全应当。但是，胜败功过，理宜分明，既不能以胜掩败，也不能以功遮过。王之臣身为蓟辽总督，对觉华岛之败，未做一点自责。大臣既搪塞，朝廷则敷衍。朝廷旨准兵部尚书王永光疏奏：

> 皇上深嘉清野坚壁之伟伐，酬报于前；而姑免失粮弃岛之深求，策励于后。[2]

于是，满朝被宁远大捷胜利气氛所笼罩，有功将卒，加官晋爵；伤亡军丁，照例抚恤；内外文武，论功升赏；庙堂之上，掩悲为喜。但是，于明军觉华岛之败，朝廷、兵部、总督、经略、巡抚以至总兵，未从整体上进行反思，亦未从战略上加以总结，汲取教训，鉴戒未来。对待失败的态度，是吸收殷鉴，还是掩盖搪塞，这是一个王朝兴盛与衰落的重要标志。明廷失辽、沈，陷广、义，杀熊廷弼，逮王化贞，只作个案处置，并未深刻反省。因而，旧辙复蹈，悲剧重演，一城失一城，一节败一节。结果，江山易主，社稷倾覆。

觉华岛之役，明朝军变宁远之胜为觉华惨败，后金军化宁

---

[1]《明熹宗实录》卷七〇，天启六年四月辛卯。
[2]《袁崇焕资料集录》上册，广西民族出版社，1984年，第28页。

远之败为觉华全胜,实为历史之偶然。但是,偶然之中,蕴含必然。觉华岛之役表明,后金在失败中升腾,明朝则在胜利中降落。这一偶然的觉华岛之役,应是明朝与后金多年争斗结局之历史征兆。

(原载《清史研究》1995年第2期)

宁锦防线与宁锦大捷

明末抗御后金将领袁崇焕，建成关外宁锦防线，并取得宁锦大捷。宁锦防线是宁锦之战的防务依托，宁锦大捷则使宁锦防线得以巩固。本文就宁锦防线、宁锦大捷及其相关诸问题，粗做分析，进行探论。

一

宁锦防线之建立，其过程曲折，内涵复杂，价值重大。

明军失陷广宁后，在辽西建立宁锦防线，阻遏后金军渡河西进，卫守关门，以固京师。宁锦防线经过初建、重建和再建三个历程。

其初建之宁锦防线，始于天启二年即天命七年（1622）。正月，后金军占领广宁，辽东经略王在晋认为关外无局可守，只能扼守关门。山海监军佥事袁崇焕议主守宁远，与王在晋相左。大学士孙承宗主崇焕议。翌年，缮治宁远城，设兵驻守。天启四年，袁崇焕偕将士东巡，请即修复锦州、右屯诸城。经略孙承宗以时未可，其议遂浸。翌年"承宗与崇焕计，遣将分据锦州、松山、杏山、右屯及大、小凌河，缮城郭居之。自是宁远且为内地，开疆复二百里"[1]。寻修复锦州、右屯和大凌河三城，其他要塞亦设具屯兵。于是，以宁远为中坚关城[2]，锦州为先锋要塞，诸城堡为联防据点，而御守山海的串珠式宁锦防线初步建成。可见，袁崇焕是明末山海关外宁锦防线的经始者。但是，高第代承宗为经略，谓关外必不可守，乃尽撤锦州、右屯、大凌河、小凌河及松山、杏山、塔山守具，尽驱屯兵入关，自毁宁锦防线，导致次年正月后金军兵犯宁远。赖袁崇焕抗命不撤，率兵婴守孤城宁远，夺取宁远之捷。宁远之捷表明，宁远孤城尚可挫败后金汗的南犯，宁锦防线更能抵御后金军的强攻。由是，袁崇焕因宁远之功升任辽东巡抚后，着手重建被高第自毁的宁锦防线。

重建宁锦防线，始于天启六年即天命十一年（1626）四月。其时，宁远迤北诸城堡，或被后撤的明辽军所自毁，或被败退的后金军所焚毁。辽东巡抚袁崇焕在同月疏陈战守布置大局中，报告修缮山海四城——榆关、前屯、中后、中右为始。此四城为宁锦防线的南段，分作两期整修。其第一期为同年四月至七月中，刚缮之城受到雨灾的冲毁："淫雨为灾，山海关内外，城垣倒塌，兵马压伤。宁远、前屯、中后等城修筑者，既成复坏"[3]。于是又进行第二期修缮，自雨季过后至同年末，山海四城缮筑完工。宁锦防线北段四城——宁远、中左、锦州[4]、大凌河[5]，自同年九月进行酝酿，袁崇焕奏报此事言："适内臣刘

---

[1]《明史》卷二五九《袁崇焕传》。
[2]《明熹宗实录》卷四〇，天启三年闰十月丁亥朔载：宁远"南从望海台，北接首山，其与崆珑山相夹处，当大道之冲，可立关城"。
[3]《明熹宗实录》卷七四，天启六年七月丁亥。
[4] 锦州城，又称广宁中屯卫城。
[5] 大凌河城，又称大凌河中左千户所城，其位置在今锦县大凌河镇。

应坤、纪用至宁远，遂与镇臣赵率教四人，并马历锦、右、义、广而东。其诸城堡向臣经灰烬之余，尚见颓垣剩栋，今止白骨累累，残冢依稀而已。"[1]锦州、右屯、义州、广宁一片残垣白骨，需要修城戍兵聚民。自七年正月至五月，即后金军进攻宁、锦之前，宁远与锦州两城修缮基本完工，其他二城及诸堡城多未修完[2]。在此期间，袁崇焕遣使持书，前往后金议和，以和缓彼，借机修城。及彼探知，城已缮竣，负山阻海，固若金汤。袁崇焕在修城之同时，又遣将、派军、治具、备粮、屯民。经过紧张而有序的部署，重建之宁锦防线基本完成，保障了宁锦之战的胜利。但是，宁锦大捷后，宁锦防线部分遭到毁坏或削弱。关外明辽军与后金军对峙，需要再建宁锦防线。

其再建之宁锦防线，始于袁崇焕升任蓟辽督师之后。先是，宁锦大捷之后，崇焕辞职归里。崇祯元年即天聪二年（1628）五月，后金军南犯，"明兵弃锦州，遁往宁远"[3]。后金军南进略锦州、松山，遂"坠锦州、杏山、高桥三城，并毁十三站以东墩台二十一处"[4]。宁锦防线因袁崇焕辞职与后金军南犯而受到削弱或破坏，因而产生再建宁锦防线之举措。宁锦防线的再建，以袁崇焕被重新起用，任兵部尚书兼督师蓟辽，并抵关、赴宁远，整顿关外防务为始。然而，再建宁锦防线不属本文论述范围，故从略。

---

［1］《明熹宗实录》卷七六，天启六年九月戊戌。
［2］《清太宗实录》卷三，天聪元年五月乙亥载：后金军前队兵执明哨卒讯之，知"右屯卫以兵百人防守；小凌河、大凌河修城未竣，亦以兵驻防；锦州城缮修已毕，马步卒凡三万人"。
［3］《清太宗实录》卷四，天聪二年五月辛未。
［4］同上书，天聪二年五月癸未。

明军建立的宁锦防线，是一个复杂的关外军事防御系统。先是，明在辽东陆路设镇、路、卫、所、堡防御体系[1]。明在辽东失陷辽阳镇，在辽西失陷广宁镇后，其陆路防御体系被后金军完全打破。明为阻遏后金军南犯，需在关外辽西走廊建立一道防御系统，这就是宁锦防线。宁锦防线南起山海关，北至大凌河城，中间以前屯路城为后劲，宁远卫城为中坚，锦州卫城为前锋，又以所城、台堡做联络，负山阻海，势踞险要；配以步营、骑营、车营、锋营、劲营、水营诸兵种，置以红夷大炮、诸火炮等守具，备以兵粮、马料、火药；并屯田聚民，亦屯亦筑，且守且战，相机进取；从而形成沿辽西走廊纵深五百里之串珠式坚固防御体系，遏敌南进，保卫辽西，御守关门，以固京师。宁锦防线的内涵，以宁锦之战前为例，略析如下：

　　第一，指挥。天启六年即天命十一年（1626）三月，袁崇焕升任辽抚后，因满桂与和议二事，同经略王之臣生隙。前者乞终制，后者则请引避。庙堂谕言："始因文、武不和，而河东沦于腥膻；继因经、抚不和，而河西鞠为蓁莽：覆亡之辙，炯然可鉴。"[2]于是，决定王之臣加衔回部，而命袁崇焕兼制调度关门兵马。但是，事过一月，庙堂改变主意："还着阎鸣泰任关内，袁崇焕任关外，照地方分抚，以便责成。"[3]袁崇焕专管关

---

[1]　刘谦《明辽东镇长城及防御考》（文物出版社，1989年）第48页：明在辽东设镇城两座（辽阳、广宁），路城三座（前屯、义州、开原），卫城九座（宁远、锦州、海州、沈阳、铁岭等），所城十二座（中前、中后、塔山、沙河、松山、大凌河、蒲河、懿路、泛河、抚顺），堡城一百二十一座（瑷阳等）。此数与实际数字不完全相符，且有更置变化。

[2]　《明熹宗实录》卷八一，天启七年二月癸卯。

[3]　《明熹宗实录》卷八二，天启七年三月癸酉。

外,旨设内臣监军:"忠贤又矫诏遣其党太监刘应坤、陶文、纪用镇山海关,收揽兵柄。"[1]此议受到兵部尚书王永光及言官的抗疏:"迩者宁远一捷,中外稍稍吐气。当事者且议裁经略、裁总兵,专任袁崇焕,以一事权。而随以六内臣拥聚斗大一关,事权不愈棼乎?万一袁崇焕瞻回顾望,致误封疆,则此罪崇焕任之乎?内臣任之乎?"[2]袁崇焕亦具疏言:"兵,阴谋而诡道也,从来无数人谈兵之理。臣故疏裁总兵,心苦矣。战守之总兵且恐其多,况内臣而六员乎?"[3]疏上,不允。袁崇焕便极力善处同内监之关系,同其并马巡历锦右地带残垣白骨,"内臣见所未见,感倍于臣。遂邀镇臣与祝于北镇山神,誓图所以恢复者"[4]。袁崇焕专管关外并谐和内臣关系的同时,遣将划城分守诸重要关城。于山海关,崇焕纳之臣言,获帝旨允,"命(满)桂挂印,移镇关门"[5]。于前屯,以其系辽东南路前屯路城[6],合宁远卫城,而称为宁前路。它南护关门,北济宁远,西连蒙古桑昂寨,并以中后归其汛地,故由"总兵赵率教尽带关内兵马,出壁前屯,以捍关门,以援宁远"[7],精密坚饬,乘间击惰。于宁远,袁崇焕在《战守布置大局疏》中,做出周详而切实的部署,甚至对城上设置西洋炮及司炮官员、对街道牌甲和守兵饮食等都做了料理,并将中右所划入宁远防守汛地,

---

[1]《明史》卷三〇五《魏忠贤传》。
[2]《明熹宗实录》卷六九,天启六年三月己酉。
[3] 同上书,天启六年三月癸亥。
[4]《明熹宗实录》卷七七,天启六年十月庚子朔。
[5]《明史》卷二七一《满桂传》。
[6] 前屯卫城,今辽宁省绥中县前卫乡。
[7]《明熹宗实录》卷七〇,天启六年四月己亥。

还对觉华岛水师策应做出安排。袁崇焕则驻守宁远,并率总兵满桂(后移镇关门),副总兵王牧民、左辅、刘永昌、朱梅,参将祖大寿、中军何可纲等分信协守。于锦州,由太监纪用和总兵赵率教(后移镇于此)镇守。后督师袁崇焕擢祖大寿为前锋总兵官,"挂征辽前锋将军印,驻锦州"[1]。以上诸将,所守之城,即为信地,专责其成,战则一城援一城,守则一节顶一节,信守不渝,死生与共。

第二,筑城。后金与明朝的战史表明,后金骑兵长于野战,明步兵凭有形之险。"虏利野战,惟有凭坚城以用大炮一着。"[2]大炮,需要架设在城上;筑城,成为御守之凭借。故辽东巡抚袁崇焕将缮筑城池作为建立宁锦防线的重要一着。在宁远和宁锦两次战争期间,辽军进行紧张的修城工程。天启六年即天命十一年(1626)春,宁远之捷后,即着手修治被战火毁坏的宁远、毁于火灾的中后所及前已毁损的前屯卫、中右所、中前所五座城垣。调用班军,责期完工,有违制者,分别处治。[3]修城工程尚未告竣,关内外遭到雨灾:

> 山海内外,官舍民居,倒塌无算;军马路处,死病相连;中前禾黍,狼藉波涛。前屯、中、后、右复然。粮草三军命脉,皆飘荡如洗。阶苔积滑,灶已产蛙。[4]

淫雨为灾严重,城垣修而复坏。宁远、前屯、中后等城,

---

[1]《清史稿》卷二三四《祖大寿传》。
[2]《明熹宗实录》卷七九,天启六年十二月庚申。
[3]《明熹宗实录》卷七一,天启六年五月辛亥。
[4] 沈国元《两朝从信录》卷一三,天启六年七月。

新葺之垣，遭雨倒塌。同年秋，又调秋班军复行修葺城池。至年末，山海诸城，焕然一新。兵部尚书冯嘉会题复辽东巡抚袁崇焕疏，总结秋季修城工程成绩称："山海四城，业已鼎新，诚所谓重关累塞矣。"[1]次年春季，进行宁远迤北诸城的修治。袁崇焕奏请："修松山等处扼要城池，以四百里金汤，为千万年屏翰，所用班军四万，缺一不可。"[2]明廷决定调派去年秋班与今年春班，共合四万班军，修缮中左[3]、锦州、大凌河诸城，期于一年，"并力修举，通期竣工"[4]。锦州城工刚竣，后金骑兵进围；其他二城，未及完工。此期三季，修治八城[5]。其军事价值，袁崇焕题云：

> 慨自河西失陷，缩守关门。无论失地示弱，即关门亦控扼山溪耳，何能屯养十三万兵马？虽进而宁前四城，金汤长二百里，但北负山，南负海，狭不三四十里，屯兵六万、马三万、商民数十万于中，地隘人稠，犹之屯十万兵于山海也。地不广则无以为耕，资生少具一靠于内地供

---

[1]《明熹宗实录》卷八〇，天启七年正月戊寅。
[2]《明熹宗实录》卷七九，天启六年十二月庚申。
[3] 辽西中左所城有三：塔山中左千户所城、松山中左千户所城和大凌河中左千户所城。此处中左似应指松山中左千户所城。因为，其一，袁崇焕于天启六年十二月庚申疏言："今山海四城鼎新，重关累塞。又修松山等处扼要城池，……所用班军四万，缺一不可。"其二，十八日后即七年正月戊寅，兵部题复："山海四城，业已鼎新，诚所谓重关累塞矣。由此而中左、而锦州、而大凌河，皆系扼要之区"云云。由上，似知此中左既非塔山，亦非大凌河，而是松山中左千户所城。它位于今锦县松山乡所在地，因其地有松山而得名。
[4]《明熹宗实录》卷八〇，天启七年正月戊寅。
[5] 八城为山海关、前屯、中后、中右和宁远、中左（松山）、锦州、大凌河。

给。贫瘠而士马不强,且人畜错杂,灾沴易生。故筑锦州、中左、大凌三城,而拓地一百七十里之不可以已也。自中左所以东渐宽,锦州、大凌南北而东西相方,四城完固,屯兵民于中,且耕且练,贼来我坐而胜,贼不来彼坐而囷〔困〕。此三城之必筑者也。……锦州三城若成,有进无退,全辽即在目中。乘彼有事东江,且以款之说缓之,而刻日修筑,令彼掩耳不及。待其警觉,而我险已成。三城成,战守又在关门四百里外。[1]

上引题疏,重在阐明:在宁锦防区缮修南四城,尤其是缮治北四城,可屯兵屯民,恃城耕练,开疆拓地,凭城御守,战守北推二百里,坐操制敌之胜券。

第三,整军。袁崇焕曾任关外监军而掌练兵事,又经历战阵,故熟知辽兵之弊。他在建立宁锦防线过程中,重新组建一支辽军。而在宁远与宁锦两战期间,他注重对辽军进行了整顿与建设——裁冗、选将、编制、治械和备饷等。于裁冗,袁崇焕疏请撤回调兵,招补辽人。明之辽军,多从关内调募,"兵非贪猾者不应,将非废闲者不就"[2]。先是,袁崇焕为改变上述状态,议用乡兵即粤东之步兵和粤西之狼兵[3],但未能实现。时袁崇焕奏言以新募辽兵取代部分调兵:"意欲稍破成议,撤回调兵,即招辽人以填之。"[4]兵部议复称:此议"卓识深谋,迥出

---

[1] 王在晋《三朝辽事实录》卷一七,天启七年四月。
[2] 《明熹宗实录》卷七九,天启六年十二月丁未。
[3] 袁崇焕《天启二年擢佥事监军奏方略疏》,《袁督师事迹》道光伍氏刻本。
[4] 《明熹宗实录》卷七八,天启六年十一月甲申。

流辈，且选辽兵实辽伍，养辽人守辽地，智者无以易此"[1]。疏经旨允，裁汰调募冗兵四千余员，而以辽民精壮者补之。客军官疲兵猾是困扰辽东多年，并成为辽军之积弊，朝廷内外，未得良策。袁崇焕疏议的上述办法，策划周全，着实可行。"辽人守辽"之说始自李成梁之子如桢[2]，经大学士孙承宗疏议，至袁崇焕而实现之。这于明辽军之兵源、素质，均有极大意义。于选将，袁崇焕先前重血缘关系，疏荐其叔袁玉佩、其至戚林翔凤等，称"其招之练之督之而战，始终臣与臣叔及林翔凤三人"[3]，但又未能实现。时袁崇焕变将由远选而为"将则近取"[4]，即由并肩在战火中烤炼过的军官中选拔。遴选"猷略渊远、著数平实"[5]的赵率教、"辽人复辽，此其首选"[6]的祖大寿以及不受私馈、韬钤善谋的何可纲等为股肱之将。天启六年即天命十一年（1626）五六月间，袁巡抚疏准营伍调补将领共26员[7]，即为一例。于编制，整顿其时关上与关外、南兵与北兵、招募与家丁等编制混乱、互不相属，而难以发挥整体战斗力的状况。经过整编，核实为92231员名，其序列：分战兵与守兵。战兵为机动作战部队，分为步营、骑营、锋营、劲营、水营，含步兵、骑兵、车兵、水兵等兵种；守兵为戍城守堡部队，按其所戍城堡大小，分为屯守、马援、台烽等不同编制；

---

[1]《明熹宗实录》卷七九，天启六年十二月丁未。
[2] 熊廷弼《敬陈战守大略疏》，见《熊经略集》卷一，载《明经世文编》卷四八〇。
[3] 袁崇焕《天启二年擢佥事监军奏方略疏》，《袁督师事迹》道光伍氏刻本。
[4]《明熹宗实录》卷七一，天启六年五月庚申。
[5] 同上。
[6]《明祯长编》卷一二，崇祯元年八月丙辰。
[7]《明熹宗实录》卷七一，天启六年五月丙寅；卷七二，天启六年六月甲戌。

另有镇军、驿骡、拨马，以警卫、驿传和哨探。辽军整刷编制后，明章程，严法度，分屯束伍，齐肃训练[1]。于治械，添置火炮，整修器械，查盔甲，点守具，分数明白，焕然一新。于备饷，屡疏户部，催运粮饷；并奏准"于关外另设饷司，与关内分收分发"[2]。后锦州被围近月，城内粮食尚且盈余。经过整顿的辽军，战有良将，守有精兵，上下协调，彼此呼应，提升了辽军整体战斗力。

第四，屯田。建立宁锦防线有两个相关的难题：辽军粮饷难驰解，辽东流民难安置。筹措粮饷，安置流民，以辽土养辽人，以辽人守辽土，办法之一，便是屯田。先是，明初辽东屯田，日久生弊，屯法大坏。辽事以来，熊廷弼、孙承宗亦主屯田，人去而屯废。时宁远战火刚熄，袁崇焕急请银四十五万两，"外解不至，内库匮乏，计臣攒眉无措。且先议二十万，而户、工二部，彼此争执，延至四十日尚不决。虽有旨派定分数，而工部六万尚不知何处措办；户部止有四万：其十万又迟之外催"[3]。形势迫使袁崇焕上《请屯田疏》，极言不屯之七不便与兴屯之七便，全引如下：

> 臣敢补牍，请先言不屯之害：今日全辽兵食所仰藉者，天津截漕耳，国储外分，京庾日减，一不便。海运招商，那移交卸，致北直、山东为之疲累，二不便。米入海运，船户、客官沿海为奸，添水和沙，苦盖失法，米烂不堪

---

[1]《明熹宗实录》卷七一，天启六年五月庚申。
[2]《明熹宗实录》卷八一，天启七年二月壬子。
[3]《明熹宗实录》卷六九，天启六年三月己未。

炊,贱卖酿酒之家,而另市本色,有名无实,三不便。辽地新复,土无所出,而以数十年之坐食,故食价日贵,且转贩而夺蓟门之食,蓟且以辽窘,四不便。今调募到者,俱游手也,不以屯系之,而久居世业,倏忽逃亡,日后更能为调募乎?五不便。兵不屯则着身无所,既乏恒产,安保恒心?故前之见贼辄逃者,皆乌合无家之众也,六不便。兵每月二两饷,岂不厚?但不屯无粟,百货难通,诸物尝贵,银二两不得如他处数钱之用,兵以自给不敷而逃亡,七不便。

请更端而言屯之利:计伍开屯,计屯核伍,而虚冒之法不得行,便一。兵以屯为生,可生则亦可世,久之化客兵为土著,而无征调之骚扰,便二。屯则人皆作苦,而游手之辈不汰自清,屯之即为简之,便三。伍伍相习,坐作技击,耕之即所以练之,便四。屯则有草、有粮,而人马不饥困,兵且得剩其草干、月粮,修整庐舍,鲜衣怒马,为一镇富强,便五。屯之久而军有余积,且可渐减干草、月粮以省饷,便六。城堡关连,有洽有沟,有封有植,决水冲树,高下纵横,胡骑不得长驱,便七。[1]

上言,将屯田、御守、争战结合,使民安、兵强、镇富相联系,从而促进了宁锦防线的重建及其强固。至于宁锦防线的价值,将在后文论述。

明辽东巡抚袁崇焕重建的宁锦防线,以其精明之指挥,坚固之城池,勇劲之军旅,有效之屯田,以守为主,以战为奇,

---

[1]《明熹宗实录》卷七八,天启六年十一月乙未。

凭城用炮，以屯护城，使这条防线在宁锦激战中，发挥着坚不可摧的作用。

二

宁锦之战，其战场，锦州与宁远；其方式，议和与兵戎；其争锋，守城与出战——呈现出极为纷繁的局面。

战前之准备。宁远鏖战结束之日，就是宁锦激战准备之始。明朝与后金，都在为未来的大战进行全面而紧张的准备。

后金方面，宁远兵败之后，即冀图再攻明军。明廷得到塘报称：后金"造车修器，意图再逞"[1]。但是，后金兵败宁远，心有余悸，未敢轻举。后金图攻明朝，需做战略准备，剪弱明军两翼——征抚蒙古，兵服朝鲜。正如袁崇焕所分析："我欲合西虏而厚其与，彼即攻西虏而伐我之交；我藉鲜为牵，彼即攻鲜而空我之据。"[2]天启六年即天命十一年（1626）四月，八旗军西渡辽河，攻蒙古巴林部，杀囊奴克贝勒。[3]兵锋至西拉木伦河。十月，八旗军再攻扎鲁特部和巴林部，获胜而归。[4]次年二月，皇太极遣使致书察哈尔之奈曼部洪巴图鲁，欲与讲和，并欲联结敖汉部，以破坏明廷"抚西虏以拒东夷"策略的实现。天启七年即天聪元年（1627）正月，皇太极发兵攻朝鲜，先后下义州、占平壤。朝鲜国王李倧逃出王京，避居江华岛。三月，

---

[1] 《明熹宗实录》卷六八，天启六年二月癸卯。
[2] 《明熹宗实录》卷八四，天启七年五月辛卯。
[3] 祁韵士《皇朝藩部要略》卷一《内蒙古要略一》，天命十一年四月。
[4] 《清太宗实录》卷一，天命十一年十月己酉、癸丑。

朝鲜国王李倧与后金贝勒阿敏"焚书盟誓"[1]，双方订立"城下之盟"。后金此举，一石三鸟：降服朝鲜，侧敲东江，解除攻明的后顾之忧。

明朝方面，宁远兵胜之后，即防御后金西犯。袁崇焕为抵御后金西犯，集中精力重建宁锦防线（前文已述）。因而，他既绥抚蒙古，又讲款后金，以协调力量，争取时间。明朝对蒙古，联蒙抗金，守卫宁、锦。作为辽东巡抚的袁崇焕，他重抚赏，即以厚赏抚款，联手蒙古，以"一意防奴"[2]。明又命袁崇焕分抚关外，从而便于责成行赏。他重安置，时内喀尔喀部民受后金攻逼，纷投明边，遂安置之、厚存之。他重联合，为防后金军从宁、锦虚脆之后溢出，约林丹汗遣其领兵台吉桑昂寨将十万东行，并约内喀尔喀"亦西来合营"[3]。他重宣谕，锦州有事即遣人令察哈尔部领赏臣贵英哈"率拱兔、乃蛮各家从北入援"[4]，并督林丹汗所属诸营"扬旗于锦州之地"[5]。以上举措，维系了明朝与蒙古的联盟，使"西不与东合"，为抗御后金军西犯准备了条件。明朝对后金，天启六年即天命十一年（1626）九月，袁崇焕以吊丧为名，通使讲款，探彼虚实；皇太极遂遣使回报。袁崇焕见其来使，并遗书后金汗，云不便奏闻。次年正月初八日，天聪汗一面出兵朝鲜，一面遣使通款。袁崇焕则提出退还侵占辽地、送还所掠辽民、撤还侵朝之师[6]；并

---

[1]《旧满洲档》天聪元年三月初三日，台北故宫博物院影印本。
[2]《明熹宗实录》卷七二，天启六年六月戊子。
[3]《明熹宗实录》卷七〇，天启六年四月己亥。
[4]《明熹宗实录》卷八四，天启七年五月甲申。
[5] 沈国元《两朝从信录》卷三四，天启七年五月。
[6]《明清史料》丙编，第1本。

以通款相缓之,为借机修缮锦州等城。于此,袁崇焕说道:"锦州三城若成,有进无退,全辽即在目中。乘彼有事东江,且以款之说缓之,而刻日修筑,令彼掩耳不及。待其警觉,而我险已成。"[1]然而,袁崇焕借讲款、缮城池之动机,被皇太极所识破。皇太极致袁崇焕书称:你派人来假装讲和,却乘机修缮城郭!不愿和平,而愿战争![2]

所以,后金与明朝的战争,势不可免,一触即发。触发明朝与后金宁锦之战的直接原因是:其一,后金得报明军要修缮锦州、大凌河、小凌河城,并屯田耕种[3];其二,后金大饥,谷一斗,银八两,至有食人肉者[4]。因此,后金汗皇太极为毁坏明正在修葺的锦州等城,驱赶屯民,夺取粮食,为巩固汗位,便发动了宁锦之战。

锦州之激战。天启七年即天聪元年(1627)五月初六日,后金汗皇太极率数万军队,谒堂子,出沈阳,向西进军。初十日,至广宁。十一日,后金军分三路——皇太极亲率两黄旗和两白旗骑兵居中直趋大凌河城,莽古尔泰率正蓝旗骑兵为左翼直奔右屯卫城,代善、阿敏、硕托率两红旗和镶蓝旗骑兵为右翼直驰锦州城。大凌河与右屯卫两城未竣,守军逃遁。后金军轻取两城后,当夜三路会师于锦州,距城一里外处驻营。

锦州城,即广宁中屯卫城,位于小凌河左岸,北依红螺山,南临辽东湾,地处险要,势踞形胜,为明宁锦防线之前锋要塞。同年春,袁崇焕遣官督班军缮竣锦州城,城周围六里一十三步,

---

[1] 王在晋《三朝辽事实录》卷一七,天启七年四月。
[2] 《旧满洲档》天聪元年四月初八日。
[3] 《旧满洲档》天聪元年五月初六日。
[4] 《旧满洲档》天聪元年六月二十三日。

池深一丈二尺、阔三丈五尺、周围七里五百七十三步[1]。锦州城由内监纪用和总兵赵率教统总兵左辅、副总兵朱梅为左、右翼，统兵三万，凭城坚守。

十二日，纪太监和赵总兵派官至后金军营中，商谈议和。先是，明军对后金来犯，备中有虞。所谓备，即缮城整军，治械储粮；所谓虞，即夏季敌犯，出乎预料。辽东巡抚袁崇焕在锦州被围九天前疏称"无奈夹河沮洳，夏水方积，未可深入，而夷且聚兵以俟也；水潦既退，禾稼将登，况锦州诸城一筑，又东虏之必争"[2]云云。即认为后金必定来攻，但约在秋稼登场、水潦退后的秋冬季。因而，后金军突然围城，诸多准备颇不足。遂遣官议和，以待援兵。至是，皇太极对锦州城中来使强硬地表示："尔愿降则降，愿战则战！"[3]并让其带回复书，称：天聪皇帝谕锦州二太监，今董率三军，亲至城下，尔等坐困孤城，外援莫至，将待势穷力屈、俯首就戮耶，抑事识机先、束身归命耶？今或以城降，或以礼议和，惟尔太监酌而行之耳！[4]后金汗皇太极让锦州来使带回复书后，即令预备攻城器械，尔后便下令开始攻城，锦州激战终于爆发。

同日，锦州攻守激战。此战，明总兵赵率教奏报：后金军

---

[1]《全辽志》卷一载："锦州城，本辽锦州，元永乐县旧址，洪武二十四年，指挥曹奉修筑，周围五里一百二十步，高二丈五尺。成化十二年，都指挥王锴增广南北四十五丈，东西九十五丈。弘治十七年，参将胡忠、备御管升并城南关，周围六里一十三步，形式若盘，俗谓之盘城。池深一丈二尺，阔三丈五尺，周围七里五百七十三步。门四：东宁远，南永安，西广顺，北镇北。钟、鼓二楼，并建于卫治之通衢。"

[2]《明熹宗实录》卷八四，天启七年五月戊辰。

[3]《旧满洲档》天聪元年五月十二日。

[4]《清太宗实录》卷三，天聪元年五月丁丑。

"分兵两路，抬拽车梯、挨牌，马步轮番，交攻西、北二面。太府纪用同职及总兵左辅、副总兵朱梅，躬披甲胄，亲冒矢石，力督各营将领，并力射打。炮火矢石，交下如雨。自辰至戌，打死夷尸，填塞满道。至亥时，奴兵拖尸，赴班军采办窑，（以）木烧毁。退兵五里，西南下营"[1]。此战，《旧满洲档》记载：后金汗让明使带回复书，便"准备云梯、挨牌。至午刻，开始进攻锦州城之西面。城将攻克，列阵于城其他三面之明兵来援，射箭、放炮、投石、掷火药。遂致无法进攻，便命攻城之军退回，于城对面五里外处扎营"[2]。上引明官书与清官书之记载比对，后金军攻城时间与攻城方向，有两点差异。似可做如下解释：于攻城时间，后金军辰时后做小股攻击，既作火力侦察，又待和谈结果；自午刻始，进行大规模地猛烈攻城。于攻城方向，后金军分兵两翼，进攻西城与北城，而以西城为主攻点，且攻城垂克，故而详记之。但是，清官书《太宗实录》与《旧满洲档》此战所载亦略异：前书载"是日，整理攻具。午刻，攻锦州城西隅"[3]；后书载"（明使）持书而去，便准备云梯、挨牌。至午刻，开始进攻锦州城之西面"。在议和与攻城之关系上，前书似使人感觉，明使赍书归，汗等无回音，便令攻城；后书则明言，明使持书返，即预备器具，午刻攻城。前书曲显时间差，应以后书所记为实。是日，后金军攻城不下，即遣官往调沈阳援兵。城里与城外，议和与兵锋，尔来我往，交替进行。

和战之交替。后金军攻城不下，已围城两日。十五日，皇

---

[1] 王在晋《三朝辽事实录》卷一七，天启七年五月。
[2] 《旧满洲档》天聪元年五月十二日。
[3] 《清太宗实录》卷三，天聪元年五月丁丑。

太极"遣使至明锦州太监纪用处,往返议和者三"[1];纪用亦遣使随往,提出后金派使至城中面议。皇太极命绥占、刘兴治往议,但锦州城闭门不纳。次日,纪用遣官又至皇太极帐下,言"昨因夜晦,未便开城延入,今可于日间来议"[2]。皇太极再遣前二人随明使回锦州城,但明仍闭城不纳。且赵率教凭城堞高喊:"汝若退兵,我国自有赏赉!"皇太极令明使者带回书[3]曰:

> 尔敢援天,出大言乎!我惟上天所命,是以沈阳、辽东、广宁三处,俱属于我。若尔果勇猛,何不出城决战。乃如野獾入穴,藏匿首尾,狂嗥自得,以为莫能谁何!不知猎人锹镢一加,如探囊中物耳。想尔闻有援兵之信,故出此矜夸之言。夫援兵之来,岂惟尔等知之,我亦闻之矣。我今驻军于此,岂仅为围此一城?正欲俟尔国救援,兵众齐集,我可聚而歼之,不烦再举耳!今与尔约,尔出千人,我以十人敌之,我与尔凭轼而观,孰胜孰负,须臾可决。尔若自审力不能支,则当弃城而去,城内人民,我悉纵还,不戮一人;不然,则悉出所有金币、牲畜,饷我军士,我即敛兵以退。和好之事,不妨再议。尔云"赏赉",我岂尔所属之人耶!若欲二国和好,宜结为兄弟,互相馈遗可也![4]

---

[1]《清太宗实录》卷三,天聪元年五月庚辰。
[2] 同上书,天聪元年五月辛巳。
[3]《旧满洲档》作"派其使节带回之信"云云,《清太宗实录》则作"乃谕其使曰"云云,两书抵牾,兹从前书。
[4]《清太宗实录》卷三,天聪元年五月辛巳。

后金汗此书，意在激纪太监和赵总兵，派军出城野战，以决雌雄；打消其等待援兵解围之冀望；进而劝其弃城而去；抑或罄城中财物给后金，以还报之解围撤军。城中纪、赵二镇，断然予以拒绝。又次日，皇太极收缩对锦州的包围，聚兵于城西二里处结营，以防来援之兵。另次日即十八日，后金汗急不可耐，"上命系书于矢，射入锦州城中"[1]，再次劝降。锦州城中的纪太监和赵总兵，坚守城池，对其劝降，不予理睬。后金军自十一日至二十五日，已围城十五日。其间，明军三次出援，同后金军交锋。

出援之交锋。"锦州危困，势在必援"[2]。这是因为，明朝京师以山海为门户，山海以宁远为藩篱，宁远又以锦州为前锋。若锦州失陷，则宁远困危，关门动摇，京师震动。因而，后金攻围锦州，明朝调集援兵。明廷征调援兵，逐节实行顶替：调宣府、大同兵马，"移扎蓟镇，以资防守"[3]；调蓟门三协等，兵马南移，为"关门策应"[4]；调关门兵马，移向宁远，强化后劲[5]。尽管其时驻守宁远的辽抚袁崇焕，请求率师援锦，拼死殉敌，"则敌无不克"[6]；但是，总督蓟辽兵部尚书阎鸣泰题奏："今天下以榆关为安危，榆关以宁远为安危，宁远又以抚臣为安危，抚臣必不可离宁远一步。"此奏，得旨："宁抚还在镇，居中调度，另选健将，以为后劲。"[7]遂布置满桂、尤世禄、祖

---

[1]《清太宗实录》卷三，天聪元年五月癸未。
[2]《明熹宗实录》卷八四，天启七年五月辛卯。
[3] 同上书，天启七年五月辛卯"得旨"。
[4] 同上书，天启七年五月甲申。
[5] 其时兵力调动，瞬间变动甚大，不及细述。
[6]《明熹宗实录》卷八四，天启七年五月辛卯。
[7] 同上书，天启七年五月癸巳。

大寿率分支援兵，传令声息，"四出以疲贼应接，杀其专向锦州之势"[1]。

十六日，明山海总兵满桂率援兵往锦州，过连山[2]、登笊篱山，同后金往卫运粮偏师相遇。《清太宗实录》载："大贝勒莽古尔泰，贝勒济尔哈朗、阿济格、岳托、萨哈廉、豪格率偏师，往卫塔山运粮士卒"[3]，与明军相遇。后金军由六贝勒率领，是一支很强的骑兵。两军稍作交锋，各略有死伤，后金军回至塔山，明援军回至宁远。明军援锦州，有实有虚。后者，袁崇焕计诳皇太极便是一例。同日，《清太宗实录》记载：后金捕捉宁远信使，截获袁崇焕给纪太监、赵总兵的"密信"。信称"调集水师援兵六七万，将至山海；蓟州、宣府兵亦至前屯；沙河、中后所兵俱至宁远；各处蒙古兵已至台楼山。我不时进兵"[4]云云。皇太极误信，即收缩围锦兵力，聚于城西，以防明援师。十九日，辽抚袁崇焕设奇兵四支援锦：其一，募死士二百人，令其直冲敌营；其二，募川、浙死卒，带铳炮夜警敌营；其三，令傅以昭舟师东出而抄敌后；其四，令王喇嘛往谕蒙古贵英恰等从北入援。[5]以上诸措施，俱未见实效。二十二日，总兵满桂、尤世禄再率军出宁远往援锦州，于笊篱山遇后金额驸苏纳所部，受其两路夹击，略有损失，退回宁远。[6]

---

[1]《明熹宗实录》卷八四，天启七年五月甲申。
[2]《明熹宗实录》卷八四，天启七年五月癸巳："贼在连山等处，去宁远不过三、五十里。"
[3]《清太宗实录》卷三，天聪元年五月辛巳。
[4] 同上。
[5]《明熹宗实录》卷八四，天启七年五月甲申。
[6]《明熹宗实录》卷八四，天启七年五月丁亥；《清太宗实录》卷三，天聪元年五月丁亥；《崇祯长编》卷四，天启七年十二月乙卯。

后金汗皇太极围锦州城已十五日，其间：以军事手段攻城，不克；以政治手段议款，不议；诱其出城野战，不出；布设奇兵打援，不获。时值盛暑，后金官兵，暴露荒野，粮料奇缺，援兵未到，士气低落。二十五日，后金"固山额真博尔晋侍卫、固山额真图尔格副将，率援兵来至行营"[1]。次日，后金军一面部署留兵继续围困锦州城，其时"虏凿三重濠于锦州城外，留兵困之"[2]；一面准备分兵，往攻宁远。

宁远之出战。二十七日，后金汗皇太极率大贝勒代善、阿敏、莽古尔泰和诸贝勒等八旗官兵[3]，往攻宁远。次日黎明，后金军驰至宁远城北冈。时辽东巡抚袁崇焕偕内镇太监驻守，以"副将祖大寿为主帅，统辖各将，分派信地，相机战守"[4]。又有总兵满桂、尤世禄率军援应。宁远城坚、池深、炮精、械利，诚谓"宁城三万五千人，人人精而器器实"[5]。袁崇焕此次固守宁远，除"凭坚城以用大炮"外，还布兵列阵城外，同后金骑兵争锋。他先遣车营都司李春华，率领车营步兵一千二百人，"掘壕以车为营，列火器为守御"[6]。皇太极率军至宁远北冈后，见此车营，即亲率诸贝勒将士，面城列阵，准备冲杀。皇太极令满洲营兵及蒙古兵，冲其车阵，攻其步卒。明军则用红夷炮、木龙虎炮、灭虏炮等火器奋力攻打。此战，明朝军报称："打死

---

[1]《旧满洲档》天聪元年五月二十五日。

[2] 谈迁《国榷》卷八八，天启七年五月丙戌。

[3]《清太宗实录》卷三，天聪元年五月壬辰载：后金军"三千人"；《三朝辽事实录》卷一七载：二十八日一役，"打死夷贼约有数千"。故后金攻宁远之兵数待考。

[4]《明熹宗实录》卷八四，天启七年五月庚辰。

[5] 同上书，天启七年五月辛卯。

[6]《清太宗实录》卷三，天聪元年五月癸巳。

贼夷约有数千，尸横满地"[1]；后金档案载："瞬间攻破其营阵，而尽杀之。"[2]明辽军给后金军以杀伤，后金军予明车营以重创。时满桂率九营官兵，撤进濠内周围安营。明车营马步官兵，不畏强敌，安营如堵，且"鳞次前进，相机攻剿"[3]。

　　同日，袁巡抚列重兵，阵城外，背依城墙，追击强敌。总兵满桂、副将尤世威和祖大寿等率精锐之师，出城东二里结营，背倚城垣，排列枪炮，士气高涨，严阵待敌。皇太极见满桂军逼近城垣，难以驰骋纵击，便命军队退依山冈，以观察明军动向。贝勒阿济格欲进军驰击，大贝勒代善、阿敏、莽古尔泰"皆以距城近不可攻"而谏止。天聪汗怒道："昔皇考太祖攻宁远，不克；今我攻锦州，又未克。似此野战之兵，尚不能胜，其何以张我国威耶！"[4]言毕，皇太极亲率贝勒阿济格与诸将、侍卫、护军等，向明满桂军驰疾进击。后金军与明辽军两支骑兵，在宁远城外展开激战。两军矢镞纷飞，马颈相交。总兵满桂身中数箭、坐骑被创，尤世威的坐骑亦被射伤；贝勒济尔哈朗、萨哈廉及瓦克达阿哥俱受伤。两军士卒，各有死伤。明骑兵战于城下，炮兵则战于城上。袁崇焕亲临城堞指挥，命以城上红夷炮、灭虏炮猛轰后金军。参将彭簪古以红夷大炮碎其营大帐房一座，其他大炮则将"东山坡上奴贼大营打开"[5]。至午，皇太极以其三员骁将"受伤，退兵，至双树堡驻营"[6]。次

---

[1]　王在晋《三朝辽事实录》卷一七，天启七年五月。
[2]　《旧满洲档》天聪元年五月二十八日。
[3]　王在晋《三朝辽事实录》卷一七，天启七年五月。
[4]　《清太宗实录》卷三，天聪元年五月癸巳。
[5]　谷应泰《明史纪事本末》卷五《宁锦战守》。
[6]　《旧满洲档》天聪元年五月二十八日。

日,后金汗皇太极率军撤离双树堡,退向锦州。

守城者,以全城为上;攻城者,以不克为下。宁远一战,明军背城而阵,凭城用炮,以车营拒敌,以骑兵野战,打退敌军,终于获胜。辽东巡抚袁崇焕欣喜地奏道:"十年来尽天下之兵,未尝敢与奴战,合马交锋[1]。今始一刀一枪拼命,不知有夷之凶狠剽悍。职复凭堞大呼,分路进追。诸军忿恨此贼,一战挫之,满镇之力居多。"[2]由上,是战,皇太极攻城,而不克;袁崇焕守城,而全城——这就是明朝与后金宁远激战之历史结论。

全城之结局。二十九日,皇太极卒军撤离双树堡。翌日,至锦州城下。先是,宁远激战的二十八日,锦州城守军乘后金军主力南下,出城攻击,阵杀后金"游击觉罗拜山、备御巴希"[3],之后,复入城坚守。至是,皇太极"至锦州,向城举炮、鸣角,跃马而前。令军士大噪三次,乃入营"[4]。以后数日,后金军继续围困锦州城。白天,以万骑往来,断城出入;夜晚,则遍举薪火,示警干扰。六月初三日,后金军列八旗梯牌,陈火器攻具,相视形势,预备攻城。次日,后金汗设大营于教场,命数万官兵攻打锦州城南隅,卯刻进兵,辰刻攻城,顶冒挨牌,蜂拥以战。明军从城上用火炮、火罐与矢石下击,后金军死伤众多。且城高池深,气候炎热,攻城不下,遂撤回营。《清太宗实录》记载:"攻锦州城南隅,因城壕深阔,难

---

[1] 十年以来,明军在萨尔浒之战中的杜松、刘𫟹,沈辽之战中的贺世贤、童仲揆,广宁之战中的罗一贵等,皆为先例。似应作"广宁失陷以来"云云。
[2] 王在晋《三朝辽事实录》卷一七,天启七年六月。
[3] 《旧满洲档》天聪元年五月二十八日。
[4] 《清太宗实录》卷三,天聪元年五月乙未。

以骤拔,时值溽暑,天气炎蒸,上悯念士卒,乃引军还。"[1]《旧满洲档》更少讳饰:"此次攻打时,兵士死亡很多,大军遂还。"[2]可见皇太极撤军的三个因素——城壕深、天气热、死伤多,"死伤多"是其主要的原因。明太监纪用奏报则另一说法:"于焚化酋长尸骸处,天坠大星如斗。其落地如天崩之状,众贼惊恐终夜。至五鼓,撤兵东行。"[3]初五日,皇太极自锦州撤军(十二日回至沈阳)。初六日,辽东巡抚袁崇焕上《锦州报捷疏》言:

> 仰仗天威,退敌解围,恭纾圣虑事:准总兵官赵率教飞报前事,切照五月十一日,锦州四面被围,大战三次三捷;小战二十五次,无日不战,且克。初四日,敌复益兵攻城,内用西洋巨石炮、火炮、火弹与矢石,损伤城外士卒无算。随至是夜五鼓,撤兵东行。尚在小凌河扎营,留精兵收后。太府纪与职等,发精兵防哨外。是役也,若非仗皇上天威,司礼监庙谟,令内镇纪与职率同前锋总兵左辅、副总兵朱梅等,扼守锦州要地,安可以出奇制胜!今果解围挫锋,实内镇纪苦心鏖战,阁部秘筹,督、抚、部、道数年鼓舞将士,安能保守六年弃遗之瑕城,一月乌合之兵众,获此奇捷也。为此理合飞报等因到臣。臣看得敌来此一番,乘东江方胜之威,已机上视我宁与锦。孰知皇上中兴之伟烈,师出以律,厂臣帷幄嘉谟,诸臣人人敢死。

---

[1] 《清太宗实录》卷四,天聪元年六月己亥。
[2] 《旧满洲档》天聪元年六月初四日。
[3] 王在晋《三朝辽事实录》卷一七,天启七年六月。

大小数十战，解围而去。诚数十年未有之武功也。[1]

宁锦之战，后金军攻城，明辽军坚守，凡二十五日，宁远与锦州，以全城而结局。明人谓之"宁锦大捷"，载入中国战争史册。

三

宁锦之役，是明清兴亡史上一次极为重要的争局。兹就宁锦防线与宁锦大捷攸关的四个问题，探讨如下。

宁锦之战——三个明显特征。后金与明朝进行的宁锦之战，后金军进攻的不仅是锦州城和宁远城，而且是坚固的宁锦防御体系；同样，明辽军防守的不仅是锦州城和宁远城，而且是坚固的宁锦防御体系。先是，自后金崛兴而向明朝攻夺城池以来，所陷抚顺、清河、开原、铁岭、瑷阳、海州、蒲河、懿路、汛河、沈阳、辽阳、广宁和义州[2]等，虽各有其因，但均为孤城。即使后金军攻打沈阳与辽阳时，两城各自为守，而未彼此援应。后金军进攻以上诸城，皆各个击破。但是，宁锦之战不同，后金军攻打锦州、宁远时，受到顽强对抗的，既是锦州和宁远两城中的守城军队，又是整个宁锦防御体系的军事力量。明天启初，宁锦防线初建，便受到宁远战火的烤炼。袁崇焕指挥明辽军，打破后金军的进攻，获宁远之捷。至天启末，宁锦

---

[1] 袁崇焕《天启七年六月初六日锦州报捷疏》，《袁督师事迹》道光伍氏刻本。
[2] 十三城中，镇城有辽阳和广宁，路城有开原、义州和瑷阳（路城同堡城合在一处），卫城有沈阳、铁岭和海州，所城有抚顺、蒲河、懿路和汛河，还有堡城清河等。

防线重建,又受到宁锦战火的烤炼。袁崇焕指挥明辽军,打败后金军的进攻,获宁锦大捷。因而,以宁锦防线对抗后金军的夺城之攻,是为宁锦之役的一个明显特征。

明辽西宁锦防线,对抗后金军的进攻,以榆关、宁远、锦州为三个支撑点,关、宁、锦互通声息,南、中、北互相应援。在抵御皇太极率军犯宁、锦时,由辽东巡抚袁崇焕统一指挥,分信责成,确保无虞。其官兵的调发、接应、援守、犒赏、行粮等,一切俱由辽抚或疏奏请旨,或相机行事。朝廷旨派总镇内臣与辽抚在此役中,尚能和衷共济,契合应敌。故未重蹈"始因文、武不和,而河东沦于腥膻;继因经、抚不和,而河西鞠为蓁莽"[1]的覆辙。在宁锦之役中,辽抚袁崇焕统一事权,锦、宁、关联为一气,北、中、南穿成一线。锦州困危,总督镇守辽东太监刘应坤,自关门"提兵三千余名,出关援锦州"[2];总兵满桂率兵一万自后劲关门,至中坚宁远,简四千为奇兵,由满桂、尤世禄带领,北援前茅锦州。从而显示出锦州—宁远—关门是一道完整的防御体系,各城之间,相互联络,彼此支援,"战则一城援一城,守则一节顶一节,步步活掉,处处坚牢"[3]。是为宁锦之役的又一个明显特征。

明辽西宁锦防线,对抗后金军的进攻,采取守、战、款兼用的兵略。天启七年即天聪元年(1627)初,袁崇焕疏称"守为正着,战为奇着,款为旁着"[4]的兵略,得到旨允。这于明季之时,辽西之地,以明朝疲弱之军,对后金累胜之师,是正

─────
[1]《明熹宗实录》卷八一,天启七年二月癸卯。
[2]《明熹宗实录》卷八四,天启七年五月庚寅。
[3]《明熹宗实录》卷七〇,天启六年四月丁亥。
[4]《明熹宗实录》卷八一,天启七年二月辛酉。

确的兵略。所谓守，即"凭坚城以用大炮"[1]，宁远之捷得到验证。但是，袁崇焕所说的守，"有别于马林之守而不防，袁应泰之守而不固，熊廷弼之守而不成，王在晋之守而不当，孙承宗之守而不稳；更不同于李永芳之通敌失守，李如桢之玩忽于守，贺世贤之出城疏守，王化贞之攻而拒守，高第之弃而不守"[2]。在宁锦战中，任凭天聪汗的激将、叫阵，均不出城浪战，而坚持"守为正着""凭城用炮"之典则。所谓战，即以守为正，以战为奇，避锐击惰，相机拼杀。此战，宁远与锦州，背依坚城大炮，面对后金骑兵，两城出战，马颈相交，刀来枪去，拼力厮杀；且两城之间，遥相支援。此战，关门、宁远援兵，北上驰救锦州。上文明军三用奇兵说明，"战为奇着"在宁锦之役中有新的创造，并出现凭城用炮而野战交锋、拼杀获胜的战绩。所谓款，即战中议和，议中作战，边战边款，亦款亦战。宁锦战前，以讲款争取时间，缮治锦州城，得以成为宁锦防线之前茅要塞；宁锦战中，又以讲款拖延时间，疲彼而待援，终以守住宁锦防线之前锋堡垒。守、战、款兼用，是为宁锦之役的另一个明显特征。

宁锦之战——明朝福兮祸伏。宁锦战后，明为胜方，捷报驰京，举朝相庆。先是，锦州被围，朝野惊恐，"万一锦不存，而宁必受兵"[3]；宁若受围，则关门震动。"守者以全城为上"[4]，明辽军守住锦州城和宁远城，因而获胜。于锦州守军，

---

[1] 《明熹宗实录》卷七九，天启六年十二月庚申。
[2] 阎崇年《袁崇焕固守宁远之扬榷》，罗炳绵、刘健明主编《明末清初华南地区历史人物功业研讨会论文集》，香港中文大学历史系，1993年。
[3] 《明熹宗实录》卷八四，天启七年五月丙戌。
[4] 同上书，天启七年五月甲申。

朝廷嘉奖其兵将曰："力挫奴锋，屏障宁远，忠义之气，贯日干云。"[1]这番嘉奖，同样适用于坚守宁远之兵将。所以，宁锦大捷使朝廷上下极大振奋。宁锦之役的一个结果是，宁锦防线不仅经受着战火的考验，而且得到了朝廷的认可。

宁锦防线，几经争议。宁远之筑守，遭到非难；宁远一捷，才算平息。锦州之筑守，亦遭物议；宁锦大捷，方获旨准。宁锦战后一月，督臣阎鸣泰疏云："锦州之守，原属非策；今既误矣，岂容再误。锦即有得失，不系安危，惟一意以固守宁远为主。"[2]疏上，兵部复疏："锦州一城，为奴所必争。内镇臣所云'轻兵以防，小修以补，贼至则坚壁清野以待'，即督臣所谓'虚着活局'之意。臣部以为，锦城已守有成效，决不当议弃。"得旨："关门之倚宁远，宁远之倚塔山、锦州，皆层层外护，多设藩篱，以壮金汤。"[3]驻锦州总兵尤世禄亦言锦城不可居。廷臣疏言："锦州不可不守。夫全辽疆土，期于必复，咫尺锦州，岂可异议！况向以修筑未完之日，尚能据以挫贼；今乘此战守已胜之余，何难凭以自固！且尤世禄定为信地，增兵奉有明旨，宜一意修葺城垣，整顿兵马，料理刍粮，为有进无退之计可也。"[4]新任督师王之臣亦认为："各师信地已定，自当有进无退，岂得移易。"[5]以上议守锦州之疏，皆得旨准。由是，袁崇焕大胆经始、苦心经营、浴血守卫的宁锦防线，经受了宁远、宁锦两次大战的考验，终于得到朝廷坚意支持，并得

---

[1]《明熹宗实录》卷八四，天启七年五月乙未。
[2] 王在晋《三朝辽事实录》卷一七，天启七年七月。
[3]《明熹宗实录》卷八六，天启七年七月壬申。
[4] 同上书，天启七年七月癸未。
[5] 王在晋《三朝辽事实录》卷一七，天启七年七月。

以巩固。袁崇焕凭借"宁锦防线,堵御后金军八年之久不得逾越南进,其功不可泯。在袁崇焕身后,祖大寿得以余威振于边,辽军守御的宁锦防线仍坚不可破。直至崇祯十五年(1642)锦州才被攻陷;而宁远、关门,则几于明祚同终"[1]。宁锦防线支撑着明朝与后金(清)在辽西对峙,长达二十二年之久,而后金(清)终究未能突破这道防线。明末的宁锦防御体系,宁远卫守关门,锦州又护卫宁远,终明之世,关门未破。后来乾隆帝谕:

> 山海关,京东天险。明代重兵守此,以防我朝。而大军每从喜峰、居庸间道内袭,如入无人之境。然终有山海关控扼其间,则内外声势不接;即入其他口,而彼得挠我后路。故贝勒阿敏弃滦、永、遵、迁四城而归。太宗虽怒谴之,而自此遂不亲统大军入口。所克山东、直隶郡邑,辄不守而去,皆由山海关阻隔之故。[2]

从清人的视角,从后来的事实,可以证明宁锦防御体系之至要。

宁锦大捷,阉党得益。天启间,辽疆胜败之事,俱同党争攸关。先是,广宁兵败,以熊廷弼案,东林要员赵南星等遭斥,阉党势力渐起。天启五年即天命十年(1625),阉党借柳河兵败,逼经略孙承宗去职,而以其党高第代之。兵败如是,兵胜

---

[1] 阎崇年《论袁崇焕》,莫乃群主编《袁崇焕研究论文集》,广西民族出版社,1984年。
[2] 魏源《圣武记》卷一《开国龙兴记三》,中华书局,1984年,第32页。

亦如是。六年，宁远之捷后，魏忠贤借此宣扬厂臣之功，更提升其权位。时"其同类尽镇蓟、辽，山西宣、大诸阨要地"[1]，并矫诏遣其党刘应坤为总督镇守辽东太监，陶文、纪用等为镇守辽东太监，收揽兵柄，控制辽事，进而出现"内外大权，一归忠贤"的局面。七年，宁锦大捷后，兵部议叙宁、锦之功并获旨准者，共6461人，魏忠贤以"筹边胜算、功在帷幄"获头功，刘应坤、纪用等以"拮据战守、绩著疆场"而位列其次，内臣孙成等十人位列又其次，阉党崔呈秀等若干人位列复其次。甚至魏忠贤的从孙鹏翼被封为安平伯、良栋被封为太子太保，时"鹏翼、良栋皆在襁褓中，未能行步也"[2]。而宁锦大捷之总指挥、辽东巡抚袁崇焕仅位列第107位，且仅"加衔一级，赏银三十两，大红纻丝二表里"[3]。战后，辽抚袁崇焕去职，锦州以尤世禄代赵率教，宁远以杜文焕代祖大寿。宁锦大捷报闻京师，阉党权势达到顶峰。与阉党对立的东林党，则遭到完全失败。天启朝之腐败政治，至此达于极点。

宁锦之战——辽抚因捷遭怨。辽东巡抚袁崇焕是宁锦大捷的指挥者。其指挥获胜之因：一是借助讲款争取时间，重建宁锦防线；二是主持筑守锦州城；三是统筹关、宁、锦之战守布置大局；四是后金兵围锦州而派师出援，致其分兵宁远，锦州守兵得以出城战杀；五是坚守宁远并出兵背城野城，予敌以重创，如宁不保则锦孤城难守；六是总兵赵率教用袁崇焕兵略，带领将士守住锦州；七是迫使皇太极先虑宁授锦而转攻宁，后

---

[1]《明史》卷三〇五《魏忠贤传》，第7822页。
[2] 同上书，第7824页。
[3]《明熹宗实录》卷八七，天启七年八月乙未。

顾锦出击断其后路而回攻锦,辗转被动,无奈退兵。但是,袁崇焕仍遭到阉党嗾使李应荐的攻讦。

御史李应荐讦奏:"袁崇焕假吊修款,设策太奇。顷因狡虏东西交讧,不急援锦州。"得旨:"袁崇焕暮气难鼓,物议滋至,已准其引疾求去。"[1]讦奏中所谓"修款",拙文《袁崇焕"谋款"辨》[2]已论之,《今史》亦论:

> 李喇嘛、方金纳之遣,权党主之,内镇守奉行之,崇焕因而委蛇其间,以修宁、锦之备,其用意原与他人不同。[3]

且"圣旨"未提此事,故不再论述。讦奏中所谓"不急援锦州"云云,此为不实之词。因为,其一,锦州围危,崇焕驰疏:"且宁远四城,为山海藩篱,若宁远不固,则山海必震,此天下安危所系,故不敢撤四城之守卒而远救,只发奇兵逼之。"得旨:"宁远四城,关门保障,该抚不轻调援,自是慎重之见。"[4]袁崇焕不从宁远抽调援兵既获旨允,便谋求他策。其二,派出四支奇兵——舟师抄后、蒙古西援、死士袭营和勇卒夜警,以援助锦州。其三,请亲率"三万五千人以殉敌,则敌无不克"[5]。但此议受到总督和兵部的疏止,得旨:"援锦之役,责成三帅,宁抚只宜在镇居中调度,战守兼筹,不必身在

---

[1] 《明熹宗实录》卷八六,天启七年七月丙寅。
[2] 阎崇年《袁崇焕"谋款"辨》,《光明日报·史学》1984年6月6日。
[3] 佚名《今史》卷三,崇祯元年四月十三日,《玄览堂丛书》本。
[4] 《明熹宗实录》卷八四,天启七年五月甲申。
[5] 同上书,天启七年五月辛卯。

行间。"[1]其四,袁崇焕调发满桂、尤世禄、祖大寿率军北援锦州。可见"袁崇焕不援锦州为暮气"是魏忠贤对他的忌恨。

魏忠贤在宁远之捷后,派太监刘应坤、纪用等出镇辽东,监督袁崇焕,并控制兵权。但袁崇焕尽量善处同其关系,或并马出巡,或共同谋战,甚至违心地为魏忠贤建生祠。"生祠之建,刘应乾〔坤〕、纪用主之,诸将士赞成之,崇焕亦因而逶迤其间,以剂中制怒。"[2]袁崇焕先是疏拒内监出镇辽东,已触怒魏忠贤;至是尽管同其"虚与委蛇以便于辽东抗后金"[3];结果因其座师与奥援俱为东林党魁,且其性格关系,而不为魏忠贤所喜,还是受到阉党之打击。袁崇焕被迫"引疾乞休",且仅加衔一级。署兵部尚书[4]霍维华不平,疏乞"以畀微臣之世荫,量加一级,以还崇焕";遭到"移荫市德,好生不谙事体"[5]的旨斥。袁崇焕因捷遭责,深恨阉党。后袁崇焕斩毛文龙,指毛当斩之一罪是:"辇金京师,拜魏忠贤为父,塑冕旒像于岛中"[6],指斥毛文龙勾结阉党。袁崇焕获宁锦大捷后,不仅受到阉党的怨恨,而且遭到后金的仇恨。后金汗努尔哈赤父子先后两次败在袁崇焕手下,宁锦防线不能破,山海关门不得进,

---

[1] 《明熹宗实录》卷八四,天启七年五月癸巳。
[2] 佚名《今史》卷三,崇祯元年四月十三日。
[3] 罗炳绵《天启朝袁崇焕人际关系的变化》,罗炳绵、刘健明主编《明末清初华南地区历史人物功业研讨会论文集》,香港中文大学历史系,1993年。
[4] 霍维华上此疏时,为"兵部署部事、都察院右副都御史"。但八月初二,加升为兵部尚书,旨批时为八月初九日。其上疏当在八月初二日之前,故为署兵部尚书。
[5] 《明熹宗实录》卷八七,天启七年八月壬寅。
[6] 《明史》卷二五九《袁崇焕传》。

便设计陷害他。后崇祯帝中皇太极反间计，将袁崇焕下狱，后磔示[1]。崇祯帝为后金而自毁长城。

宁锦之战——后金祸兮福伏。后金汗皇太极兵败宁、锦，因其犯下兵家之"五忌"。一为天时不合。先是后金军攻沈阳、辽阳在三月，占广宁在正月。至是于五月出兵，六月还军，时值溽暑，天气燥热，官兵长期暴露荒野，犯兵家所忌。二为地利不占。后金军长途远袭，兵入彼境，无险可恃，以劳击逸，兵粮马料，野无所获。三为火器不精。宁远战后，明军运储大量多种火器，而后金军的武器无所改进，其冷兵器在红夷大炮等所形成射程宽远火力网下相形见绌。四为准备不够。明军重缮锦州、宁远等城池，且兵、马、粮、炮俱已有备。后金军远征异邦朝鲜于四月二十日始回至沈阳，至五月初六日便发兵攻明锦州，仅隔十四天，兵马未歇，粮械未备，打一场毫无准备之大仗。五为指挥不当。皇太极先率师攻围锦州，不克；又未扬长避短，围城打援；却南攻宁远，劳师远袭；再回救锦州，以动制静。这就反主为客，兵多势分，失去主动，终至失败。以上五点，已具其一，即为兵家所忌，何况五端并举！其实，明兵部尚书王之臣在刚接到后金军来攻的塘报时即做出预断：

> 溽暑行兵，已犯兵家之忌。我惟明烽远哨，坚壁清野，以逸待劳，以饱待饥，如向年宁远婴城固守故事。且河西粮石，俱已搬运锦州。千里而来，野无所掠，不数日必狼

---

[1] 阎崇年《论明代保卫北京的民族英雄袁崇焕》，《北京史论文集》第1辑，1980年。

狈而回。[1]

果然，皇太极不出王之臣所料，率军败归。皇太极宁、锦兵败表明，后金军的武器装备及其战术思想，远较明军落后。但是，皇太极能吸取教训，化祸为福。其新举措，兹举四端：

第一，转攻西翼蒙古。皇太极攻锦州受挫后，转注于漠南蒙古未服诸部。他回至沈阳后，于七月同蒙古敖汉部、奈曼部首领琐诺木杜棱、衮出斯巴图鲁等会盟。[2]次年二月，皇太极率军至敖木轮地方，击败察哈尔所属多罗特部。同年九月，率军征察哈尔"至兴安岭，获人畜无算"[3]。六年四月，再率军征察哈尔，后师至黄河，林丹汗走死于青海大草滩。九年，后金军三征察哈尔，得"传国玉玺"，察哈尔部亡，统一漠南蒙古。次年，改元崇德，建国号清，黄衣称帝。

第二，绕道蒙古入关。皇太极两次尝到败于宁锦防线的苦果后曰："彼山海关、锦州，防守甚坚，徒劳我师，攻之何益？惟当深入内地，取其无备城邑可也。"[4]由是，他在自身武器装备改善之前，不再正面强攻锦、宁，而是绕过宁锦防线，取道蒙古，破塞入内。崇祯二年即天聪三年（1629），后金汗率军绕道蒙古，从大安口、龙井关入塞，攻打北京。崇祯七年即天聪八年（1634），后金军入塞，蹂躏宣府、大同。崇祯九年即崇德元年（1636），后金耀兵于京畿。崇祯十一年即崇德三年（1638）；后金军兵至山东，攻占济南，翌年还师。崇祯十四年

---

[1]《明熹宗实录》卷八四，天启七年五月己卯。
[2]《清太宗实录》卷三，天聪元年七月己巳。
[3]《清太宗实录》卷四，天聪二年九月丁丑。
[4]《清太宗实录》卷六，天聪四年二月甲寅。

即崇德七年（1641），后金军再入山东，大肆掳掠而归。以上俱间道蒙古，破墙入犯，肆虐关内。

第三，制造红衣大炮。皇太极两败于袁崇焕，原因之一是受西洋大炮所制。先是，后金军已缴获不少明军火器，因骑兵携带不便，而未发挥其作用。宁锦败后，皇太极下令仿造西洋大炮。崇祯三年即天聪四年（1630），皇太极命汉官仿造红衣大炮。翌年正月，后金仿造的第一批红衣大炮，共十四门，在沈阳造成，定名号为"天佑助威大将军"[1]。满洲终于有了自制的红衣大炮。同年八月，皇太极派军用红衣大炮攻围大凌河城。此役，八旗军用红衣大炮打援、围城、破堡，大炮所向，尽显神威，攻克大凌河城，降明将祖大寿，且缴获明军含红夷大炮在内的大小火炮三千五百位[2]。后金制成红衣大炮，用之装备八旗，引起军制变革。

第四，后金变革军制。皇太极命于第一批红衣大炮仿造成功后，满洲八旗设置新营。其名为 ujen cooha，音译为"乌真超哈"，意译为"重军"，即使用火炮等火器之炮兵。这些红衣炮的督造官佟养性被命为昂邦章京，是为后金之第一位炮兵将领。乌真超哈的建立，标志着八旗军制的重要变革：

> 乌真超哈的建立，是满洲八旗军制的重要变革。在这之前，八旗以骑兵为主，兼有步兵；而建立乌真超哈，标志着后金军队已经是一支包括骑兵、炮兵和步兵多兵种的

---

[1]《清太宗实录》卷八，天聪五年正月壬午。
[2]《兵部呈为王道直题报大凌河之役明军损失情形本》（崇祯四年闰十一月十九日），《历史档案》1981年第1期；另见《清太宗实录》卷一〇，天聪五年十一月癸酉。

军队。就作战而言,既擅野战,又可攻坚,炮兵的火力与骑兵的冲击力、机动性得到良好结合;就训练而言,亦由单一的骑兵训练而为骑兵与炮兵、步兵合成训练。因而,乌真超哈的建立,标志着满洲八旗摆脱了旧军制的原始性,是一项重大进步。[1]

是为由制造和使用红衣大炮及诸火器而建立的乌真超哈,进而引起八旗军制变革的灼见之言。

以上四点讨论,从中可以看出:宁锦之战对于明朝与后金,产生了正负两面、双向深远的影响。

宁远与宁锦两役,明恃宁锦防御体系,使后金两汗受挫。明乘宁远与宁锦两捷之威,依宁锦防御体系之固,迫使皇太极在位十七年而不得近关门一步。直至皇太极死后,明朝国祚灭亡,吴三桂引清兵入关,清得以迁鼎燕京,入主中原。明清之际的历史表明,袁崇焕夺取宁远与宁锦两捷,建立宁锦防御体系,丰富了兵坛智慧宝库,建树了伟烈历史功勋。

(原载《袁崇焕研究论集》,文史哲出版社,1994年)

---

[1] 解立红《红衣大炮与满洲兴衰》,《满学研究》第2辑,民族出版社,1994年。

论大凌河之战

天聪五年即崇祯四年（1631）七月二十七日，到十一月初九日，后金与明朝在辽西进行的大凌河之战[1]，后金获得战略性的胜利，明朝遭到战略性的失败。此战的导因、过程、特点及其影响，兹作阐述，略加讨论。

一

在大凌河之战以前，后金与明朝都发生了重大的政治变局。后金天命汗死，皇太极继位；明朝天启帝死，朱由检继位。两位登极新君，都在庙堂上，施展新政；也都在战场上，力图进取。后金与明朝政局的突变，影响着其军事局势的变化。因此，大凌河之战的爆发，既有其历史延续之必然性，也有其时局引发之偶然性。

后金方面　天命十一年即天启六年（1626）正月，后金军

---

[1] 明人称大凌河城（今辽宁锦州大凌屯），或大凌城、凌城。此役之战场，包括城外广大地域。此战全称为大凌河城之战，今约定俗成而称为大凌河之战。

进攻宁远，遭到惨重失败。同年八月，天命汗努尔哈赤死去。皇太极继承汗位，改元天聪。天聪元年即天启七年（1627）正月，皇太极派二大贝勒阿敏等率军东攻朝鲜。后金过鸭绿江，破义州，陷平壤。同朝鲜先订"江华之盟"，后订"平壤之盟"。后金同朝鲜结为"兄弟之盟"。朝鲜由明朝的盟友，而变为后金的"兄弟"。同年五月，皇太极为洗雪先父宁远兵败之辱，并借军事胜利巩固新汗权位，兼乘进兵朝鲜获胜之锐气，发动宁锦之战。后金军先攻锦州，祖大寿坚守，不克；继攻宁远，袁崇焕固守，又不克。明军采取"凭坚城以用大炮"[1]的战术，获得"宁锦大捷"。皇太极愤然道："昔皇考太祖攻宁远，不克；今我攻锦州，又未克。似此野战之兵，尚不能胜，其何以张我国威耶！"[2]

努尔哈赤、皇太极先遭宁远之败，继遭宁锦之败，对明关宁锦防线，产生畏惧情绪。后金遇到明朝铁将袁崇焕和祖大寿，明军铁城宁远和锦州，攻之不克，战之不胜。由是，皇太极改变直接攻明辽西关宁锦防线的战略，而大胆采取避开宁、锦，迂道蒙古，破墙入塞，直捣明都的兵略。天聪三年即崇祯二年（1629）十月，皇太极亲率大军，从大安口和龙井关突破长城，陷遵化，略通州，攻北京。袁崇焕率军驰援，"士不传餐，马不再秣"，在北京广渠门、左安门战败后金军的进攻。但皇太极采用范文程奏献的"反间计"[3]，陷害袁崇焕。崇祯帝中其计，将袁崇焕下诏狱。翌年，后金军从北京回师，占领永平等四城。

---

[1]《明熹宗实录》卷七九，台北"中研院"史语所校勘本，1962年，第19页。
[2]《清太宗实录》卷三，中华书局影印本，1985年，第16页。
[3] 阎崇年《袁崇焕研究论集》，文史哲出版社，1994年，第181页。

明督师孙承宗统军向永平等四城发起反攻。后金二大贝勒阿敏等不敌，弃守永平。明军收复永平、滦州、迁安、遵化四城。皇太极虽借机将其政敌阿敏严惩，却从此不再亲自统兵进入中原。时后金已制成红衣大炮。后金贝勒诸臣力劝皇太极，趁大凌河城垣尚未完工之时，派军前往，摧毁其城，以免其成为宁远、锦州之东的又一座坚城。

后金军进攻锦州受挫，转攻关内又受挫，再调整策略——伺机进攻明朝辽西关宁锦防线的前锋堡垒大凌河城。

明朝方面 崇祯帝登极后，惩治阉党，赐魏忠贤死，起用东林党人，朝政为之一新。但"己巳之变"，京师被围，庙社震惊。崇祯帝将兵部尚书王洽下狱论死，又将蓟辽督师袁崇焕凌迟处死。天聪五年即崇祯四年（1631），督师孙承宗指挥军队，收复永平等四城。崇祯帝仍希望以新的辽东胜利，振奋朝野，鼓舞军心。孙承宗冀图整顿辽西防务，加固关宁锦防线，筑驻右屯，渐图失疆。孙承宗驻镇山海关，重新整顿关宁锦防线。在这段时期，修筑大凌河城。时明辽军与后金军在辽西攻守的堡垒是大凌河城，大凌河城为明辽西关宁锦防线的前锋要塞，先后三次，遭到毁弃。

先是，宣德三年（1428），建大凌河中左千户所城。[1]城南距锦州四十里，以近大凌河而名。大凌河"城周围三里十三步，阔一丈。嘉靖癸亥（1563）巡抚王之诰包筑，高二丈五尺，门一，四角更房各一"[2]。明朝自有辽事[3]之后，关宁锦防线北

---

[1] 顾祖禹《读史方舆纪要》卷三七，上海书店出版社，1998年，第36页。

[2] 李辅《全辽志》卷一《图考》，《辽海丛书》本，1984年，第13页。

[3] 王在晋在《三朝辽事实录》中，将天命三年即万历四十六年（1618）"奴儿哈赤计袭抚顺"，作为"辽事"之起端。

段，重点为宁远、右屯、锦州、大凌河四城。天命七年即天启二年（1622）正月，后金夺占辽西广宁城。经略熊廷弼、巡抚王化贞，带领军民撤退到山海关内。后金军进至中左所。是为大凌河城第一次遭到弃毁。

继是，孙承宗替代王在晋任辽东经略，时"自王化贞弃广宁后，关外八城尽空"[1]。孙承宗与袁崇焕议，重点建立宁远、右屯、锦州、大凌四城，缮城驻守，进图恢复。天命十年即天启五年（1625）夏，阉党借柳河兵败，劾及孙承宗，奏劾章疏，凡数十上。孙承宗被迫去职，以高第代为辽东经略。高第命尽撤锦州、右屯、大凌河诸城军民。时通判金启倧呈照："锦、右、大凌三城，皆前锋要地，倘收兵退，既安之民庶复播迁，已得之封疆再沦没！"[2]高第不听，下令撤退，死亡塞路，哭声震野。翌年正月，努尔哈赤值明朝辽东经略易人之机，大举进攻宁远。明军虽获得"宁远大捷"，但后金军撤退时焚毁觉华岛囤粮城，并毁坏大凌河城。是为大凌河城第二次遭到弃毁。

再是，明军获得"宁远大捷"后，后金天命汗努尔哈赤死。明辽东巡抚袁崇焕借给努尔哈赤吊丧之机，派员往后金"讲和"，以拖延时间，修缮大凌河城，加强前锋防守。天聪元年即天启七年（1627），明军虽获"宁锦大捷"，但后金撤军时，再毁大凌河城。是为大凌河城第三次遭到毁弃。

综上，自天命三年即万历四十六年（1618）后金军进攻抚顺，到大凌河之战以前，十四年之间，后金与明朝，发生八次大战——抚清、萨尔浒、开铁、沈辽、广宁、宁远、宁锦和京

---

[1]《明史》卷二五七《张凤翼传》，中华书局点校本，1974年，第6631页。
[2]《明史》卷二五九《袁崇焕传》，第6708页。

师之战。双方争战结局，后金六胜二负。后金对宁远、宁锦两战，虽遭失败，却不甘心。皇太极要寻找机会，进攻明朝。而明朝对丢失抚顺、清河、开原、铁岭、沈阳、辽阳、广宁、义州八城，也不甘心。崇祯初政，力图复辽。明朝与后金在辽西争局，时势所趋，不可避免。明军在大凌河城已经三毁的基址上重新筑城，受到后金的密切注视。明朝修复已毁的大凌河城，成为大凌河之战的直接导因。

先是，明辽东巡抚毕自肃在宁远兵变中遇害后，遂废辽东巡抚。后明兵部尚书梁廷栋举荐丘禾嘉为辽东巡抚。而修复大凌河城的动议，同梁廷栋、丘禾嘉等有直接关系，但孙承宗对此不负主要责任。《明史·孙承宗传》记载：

> 禾嘉巡抚辽东，议复取广宁、义州，右屯三城。承宗言广宁道远，当先据右屯，筑城大凌河，以渐而进。兵部尚书梁廷栋主之，遂以七月兴工。

孙承宗的意思是：第一，广宁、义州暂且不修。第二，右屯重要，距海较近，便于运粮，应先筑守。第三，为保右屯，还要修小凌河城与大凌河城，以成为掎角。第四，大凌、小凌、右屯、锦州、松山、杏山、连山、宁远诸城，关锦纵串连接，加强防御体系。第五，孙承宗已经预见，明筑右屯，敌军必至；而筑大凌，敌更必争。然而，《明史·孙承宗传》所记含糊：既说督师孙承宗筑城大凌河，又说兵部尚书梁廷栋主之——营筑大凌河城，是孙承宗的主意，还是梁廷栋的主意，抑或是他人的主意？《崇祯长编》记载原任兵科给事中孙三杰的疏言，道出其中的关系：

（周）延儒首据揆路，欲用其私人孙元化、丘禾嘉而无术，则属梁廷栋借破格用人之说，以为先资。明知元化、禾嘉无功，而冒节钺，不足服人，则设为复广宁，图金、复、海、盖之议。既而一事无成，惧干严谴，于是密主大凌之筑，聊以塞责。奉举国之精锐，付之一掷。第罢枢辅孙承宗以结其案，而丘禾嘉忽焉山、永，忽焉京卿矣！延儒之脱卸作用，何其神也！[1]

上引奏言，清楚说明：首辅周延儒密主营筑大凌河城，授意兵部尚书梁廷栋，并由巡抚丘禾嘉执行之。时孙承宗主张修筑右屯城。

天聪五年即崇祯四年（1631）正月，孙承宗已届七十高龄，抱病出山海关，巡视辽西防务，抵松山、锦州。时辽东巡抚为丘禾嘉。禾嘉，贵州人，万历四十一年（1613）举乡试，好谈兵。崇祯元年（1628）以其知兵，为兵部主事。后金军攻打北京，禾嘉监纪马世龙军。明复永平四城，禾嘉有功。兵部尚书梁廷栋举荐，破格任命丘禾嘉为辽东巡抚。[2]

时辽东巡抚丘禾嘉等主张收复广宁、义州、右屯三城。兵部尚书梁廷栋以此举重大，咨询孙承宗。孙督师复言：广宁，海运、路运皆难；义州，地偏僻。因此，必须先占据右屯，集聚官兵，积蓄粮秣，方可逐进，逼近广宁。承宗又言："右屯城已隳，修筑而后可守。筑之，敌必至。必复大、小凌河，以

---

[1]《崇祯长编》卷六二，台北"中研院"史语所校勘本，1962年，第6页。
[2] 明以举人而官至巡抚者，隆庆朝只海瑞，万历朝只张守中、艾穆，天启朝无，崇祯朝则丘禾嘉等。

接松、杏、锦州。"奏入。"廷栋力主之,于是有大凌筑城之议。"[1]孙承宗依据时势,不主张复义州,更不主张复广宁,而力持修复右屯城。

由是,营筑大凌河城,经崇祯帝旨准,首辅周延儒授意,兵部尚书梁廷栋主之,巡抚丘禾嘉执行,督师孙承宗勉从,总兵祖大寿督责。在筑大凌河城工程中,巡抚丘禾嘉讦告总兵祖大寿,大寿也揭发禾嘉贿私。督师孙承宗不愿以武将去文臣,而密奏请改调丘禾嘉任他职。五月,命丘禾嘉任南京太仆寺卿,以孙毂代之。禾嘉尚未离任,兵部传檄,催促甚急。其城池修筑,相关史料,引为参酌:"刻下十月,计丈计尺,先筑土胎。土胎一就,先包城门二座,腰台二座。其所用砖石,察有兴水废堡,折〔拆〕运包砌",不敷砖、石、灰另筹。"其挑河一事,工程浩大,且本镇营兵,尚须责以战守,不能独力办此。当蚕题班军,以正月到信,二月兴工,监管催督,另委能官,则亦可克期竣事矣。班军挑筑,行粮盐菜,自有往例,而筑城筑台,一切物料,费用不赀,朝廷当三空四尽之时,不敢数数控请,或念边隅寒苦,工作辛勤"[2]云云。

祖大寿督工,以军兵四千,发班军四千,共同修筑大凌河城;并以四川石砫土兵万人护卫。城工接近完成,兵部尚书梁廷栋罢去。廷议大凌河城荒远,筑城非策,乃令尽撤班军,赴蓟镇为守。丘禾嘉心惧,尽撤防兵,仅班军万人,给粮万石。孙承宗乃议以粮散军,委城而去,勿使资敌。但丘禾嘉违背督师意旨,

---

[1]《明史》卷二六一《丘禾嘉传》,第6770页。
[2]李光涛《明清档案论文集》,联经出版事业股份有限公司,1986年,第494—495页。

与祖大寿及其弟大弼，纵马上城东望，并叹道，孙经略当年，以枢辅守边，有支持袁崇焕欲守宁远之勇气；今却欲委此大好城池丢弃，难道今无如袁崇焕之人乎？抑人官高而胆自薄耶？祖大弼闻言，目视其兄；祖大寿见状，亦正视其弟。于是，祖大寿、祖大弼兄弟二人，愿率四千精兵，与万余戍兵，共守此城。

时大凌河城工，城基、墙垣、敌楼已粗完工，而城上雉堞，仅完成其半。城中明军有总兵祖大寿及副将何可纲等八员，参将、游击等约二十员，马兵七千、步兵七千，夫役、商人约万人，共有三万余人。[1]守将祖大寿所部皆精锐，配备大炮，防守甚坚。但该城动工兴建时间较短，雉堞仅修完一半，城中粮秣储备少。大凌城工甫竣，后金大军突至。

二

大凌河之战，有鲜明特点。

第一，守城与围城。后金军同明辽军作战，骑兵攻坚破城，都是速战速决，长期围城攻坚，自大凌河城始。

后金得到明军修筑大凌河城的探报，诸贝勒大臣奏道："臣等愚见，此次出兵，彼若出战则已，倘彼遁入锦州，我兵不可引还。恐往返之间，徒疲马力，非计也。且彼以畏我，不战而退，我又何为还军？凡遇城池，务围困之，方为得计。倘蒙允行，则宜令多备糗粮，以充军实。至围城之事，秋不如夏之便也。"[2]上述意见，其要点是：第一，对凌城明军，加以围困；

---

[1]《兵部呈为王道直题报大凌河城之役明军损失情形本》，《历史档案》1981年第1期。
[2]《清太宗实录》卷九，中华书局影印本，1985年，第2页。

第二，明军出战，冲突驱杀；第三，明军弃城，加以截杀；第四，多备军粮，且要充足；第五，进兵时间，夏季为便；第六，骑兵攻城，火炮兼用。皇太极为慎重起见，再派原任总兵官纳穆泰等领兵前去探察。后金经三个月，凡十四次探察，得到明军修筑大凌河城的实情。皇太极决心进兵，攻打大凌河城。他说："闻明总兵祖大寿与何可刚〔纲〕等副将十四员，率山海关外八城兵，并修城夫役，兴筑大凌河城。欲乘我兵未至时竣工，昼夜催督甚力，因统大军往征之。"[1]

天聪五年即崇祯四年（1631）七月二十七日，皇太极率军西发，运载红衣大炮，并征调蒙古兵，往攻大凌河城。八月初六日，后金军进抵大凌河城郊。明朝得报，兵部尚书熊明遇上言："昨闻东兵六万，谋分三股来侵。"[2]翌日，皇太极鉴于宁远、锦州攻城失败的教训，不再驰骑攻坚，而是围城打援："攻城恐士卒被伤，不若掘壕筑墙以困之。彼兵若出，我则与战；外援若至，我则迎击。"[3]

皇太极将后金军队，按照大凌河城四周，城上炮火不及之处，四方八隅，部署围城：城南面——正蓝旗兵围正南面，镶蓝旗兵围南面之西，蒙古武讷格兵围南面之东，贝勒莽古尔泰、德格类等率护军在后策应。祖大寿突围回锦州必全力从南面突破，而明朝援军亦从南而来，因之，城南面是双方攻守的重点，两蓝旗承担最繁重、最艰难的围城任务。城北面——正黄旗兵围北面之西，镶黄旗兵围北面之东，贝勒阿巴泰率护军在后策

---

〔1〕《清太宗实录》卷九，第12页。
〔2〕《崇祯长编》卷四九，台北"中研院"史语所校勘本，1962年，第14页。
〔3〕《清太宗实录》卷九，第14页。

应。城东面——正白旗兵围东面之北，镶白旗兵围东面之南，贝勒多铎和多尔衮率护军在后策应。城西面——正红旗兵围西面之北，镶红旗兵围西面之南，蒙古鄂本兑兵围正西面，大贝勒代善、贝勒岳托率护军在后策应。蒙古诸贝勒，各率所部兵，围其隙处。总兵官额驸佟养性，率旧汉兵载红衣炮等火器，当锦州大道而营。诸将各守汛地，勿纵一人出城。

后金军四面八方布兵后，环城浚壕筑墙，图持久以困之。皇太极命环城四面掘壕筑墙：第一道，掘壕深宽各丈许，壕外筑墙高丈许，墙上加以垛口；第二道，在墙外距五丈余地掘壕，广五尺、深七尺五寸，壕上铺秫秸，覆以土；第三道，在各旗营外周围挖掘深宽各五尺的拦马小壕。防守既固，城内、城外之人，遂不能通出入，大凌河城与外界完全隔绝。后金军在围困大凌河城的同时，又分兵设伏，往截援兵。各赴汛地，挖掘壕堑。经过三天战备，围城任务，初步完成。

第二，突围与夹击。皇太极使其兵诈为明兵之来援者，以诱祖大寿出战而攻之。大寿察觉，复退城内。初九日，大凌河城守军，少量骑兵出城，做试探性出击。

初十日，祖大寿第一次突围。明军五百余骑出战，初做出城突围冲击。后金骑兵迎击，明军退回城内。

十二日，祖大寿第二次突围。他先派小股部队，从西面出城诱敌，后金正红旗图赖率军迎战；继派重兵从南面突围，同两蓝旗军遭遇。后金图赖率先冲入，额驸达尔哈率军继进，其他各军驰骑配合。两蓝旗兵进抵城壕，舍骑步战，明兵入壕。时壕岸与城上的明军，骤然配合，矢炮齐发。两蓝旗兵，力不能敌，死伤惨重，仓皇败退。皇太极得知败报，非常气愤，对前往看视图赖伤势的阿巩岱等"唾其面"而羞辱之。莽古尔泰向皇太极流露怨言："昨日之战,我属下将领被伤者多。"[1]皇太极不悦,兄弟二人发生冲突。后皇太极以此为导火索,夺莽古尔泰和硕贝勒,降为多罗贝勒等。后莽古尔泰及其胞弟德格类俱"以暴疾卒"[2]。

三十日,祖大寿第三次突围。后金正红旗固山额真和硕图、镶红旗固山额真叶臣、正蓝旗固山额真色勒、镶蓝旗固山额真篇古、镶白旗固山额真图尔格及蒙古兵,一齐出营,进行夹攻。明军不敌,奔入城内。后金军追至城壕,城上炮火齐下,后金军队,退回大营。

九月十九日,祖大寿第四次突围。祖大寿率军从城西南隅突出。后金军在南面之西的镶蓝旗固山额真篇古、西面之南的镶红旗固山额真叶臣,以及西面的蒙古固山额真鄂本兑和蒙古贝勒明安,共合四军,进行围堵。明军失利,退回城内。祖大寿闭城,自此以后,不再突围,等待援兵。

大凌河城被围,态势极为严重。《明纪》记载:"凌城出兵,悉败还。承宗闻之,驰赴锦州,禾嘉亦至。承宗遣总兵官吴襄、宋伟与禾嘉合兵往救。"明军要解围凌城,后金军则要打援,双方战斗,异常激烈。

第三,解围与打援。大凌河城被围,京师朝野震动。吏科给事中宋玫上言:"榆关外控,惟宁、锦八城。而八城厚势,惟祖大寿一旅。毋论战守进退,凤将劲卒不可弃,实国家大势所关也。且大寿撄新造之版筑,即使其超轶绝伦,力能溃阵启行,势亦必借助外援。此又事理之必然者。倘文武将吏不及今并力

---

[1]《清太宗实录》卷九,第19页。
[2]《清史列传》卷四《冷僧机》,中华书局,1928年,第33页。

速为声救，而漫视为可弃可存之着，俾大寿一旦力穷智索，则军声一跌，势难复振……倘敌人久缀大凌，阴谋间道，祸又不在己巳下矣。伏祈亟批御敕，谕辽抚、道、将，协图退敌，保全大凌城。"[1]朝廷采纳宋玫等奏言，决定派师往援。后金实行堵截与伏击的战术，既正面歼击来援之明军，又设伏截堵逃遁之明军。明朝先后四次出兵，以解凌城被困之围。

八月十六日，明军第一次增援大凌河城。明派松山军二千人，出援大凌，被后金阿山、劳萨、图鲁什等军击败。二十四日，总兵官宋伟统兵马五千前赴宁远。[2]

二十六日，明军第二次增援大凌河城。时明督师孙承宗闻警紧急，驰赴锦州。先是二十三日，皇太极派贝勒阿济格及硕托，率领精兵五百、蒙古兵五百，前往锦州、松山间，邀截明自锦州来的援军。在后金军扎设大营、布设埋伏三天后，援大凌的明军自锦州而来。是日，"卯刻，明锦州副将二员，参将、游击十员，率兵六千，来攻阿济格营。时大雾，人觌面，不相识。及敌将至，忽有青气，自天冲入敌营，雾中开如门。于是，阿济格、硕托列阵以待。顷之，雾霁。阿济格等进击之，大败敌兵。追杀至锦州城，生擒游击一员，获甲胄二百十九、马二百有六、旗纛十五"[3]。明少量援军，出师不利，遭到失败。

九月十六日，明军第三次增援大凌河城。皇太极率亲随护军并贝勒多铎所部护军二百、营兵一千五百，佟养性所部旧汉兵五百，往击锦州方向来的明军援兵。皇太极见锦州城南尘土

---

[1]《崇祯长编》卷五〇，第6页。
[2]《明清史料》乙编，第1本，"中央研究院"历史语言研究所刊印本，1936年，第70页。
[3]《清太宗实录》卷九，第23页。

飞起，遂遣前哨图鲁什率兵前往侦察。皇太极命众军停止行进，率亲随护军与多铎等同往，缘山潜行。时锦州兵七千出城，逐图鲁什等至小凌河岸。明军前锋突近皇太极马前。皇太极擐甲弯弓，随行护军渡河直冲。明援军拼力冲杀，不敌溃遁；后金军奋力追击，至锦州城外。是战，多铎在交锋中坠马，其战马跑到明军阵中，幸有护从查符塔，将自己坐骑给多铎换乘。多铎危中逃出，险些被获。后金还军时，明兵复出击。明军步兵列车楯、大炮于城壕外，骑兵随其后，距里许而阵。皇太极督兵将向前冲杀，明军遭到攻击，奔回壕内。后金军斩明副将一员、官兵多人。[1]此战，明巡按王道直奏报："大清数千骑，分列五股，直逼锦城。两镇张左右二翼迎击，接刀于教场，连战十余阵不胜，入城固守。"[2]

二十四日，明军第四次增援大凌河城。是日，明监军道张春、山海总兵宋伟、团练总兵吴襄，率诸将张弘谟等百余员、马步兵四万余，由锦州城出，往援大凌城。二十五日，明军渡小凌河，即掘壕堑，环列车楯，布设枪炮，阵列严整。二十六日，皇太极欲更番迎击，因分军为二，先亲率其半挺进，逼近明军，亦列车楯，两军对峙。皇太极见明军壁垒森严，不宜轻战，决定暂退，"欲俟彼军起行前进，乘隙击之"[3]。于是，皇太极引兵远走大凌以诱之。其实，明朝庙堂、兵部早已预料："贼夷久顿，不得野战，屡移营，以诱我。伪举火，以误凌，显属狡谋。"[4]明总兵宋伟、吴襄还是耐不得性子，急着

---

[1]《清太宗实录》卷九，第25页。
[2]《崇祯长编》卷五〇，第11页。
[3]《清太宗实录》卷九，第28页。
[4]《明清史料》乙编，第1本，第81页。

前行解围。二十七日,明军见后金军不战而退,以为怯懦,四更起营,距城十五里,阵于长山口。宋伟、吴襄分立两营,排列枪炮,互为犄角。祖大寿在大凌河城遥望大军,恐为敌之诡计,不敢轻易突围。皇太极统率满洲、蒙古、旧汉兵一万五千挺进。后金分兵为三:皇太极亲率两翼骑兵,直冲明军大营;以另一部精锐兵,埋伏于明军归路;以车兵行动迟缓殿后。明军坚峙不动,严阵以待。皇太极乃率两翼劲骑,先冲向宋伟大营。两军接战后,"火器齐发,声震天地,铅子如雹,矢下如雨"[1]。后金军左翼避枪炮,未迎敌冲入,随右翼军后而进。宋伟营中,火器齐发,殊死力战;后金军纵骑冲锋,前锋兵多死伤。皇太极指挥左翼军趋吴襄军营,逼攻其大营;并以佟养性炮兵,自东向西,发大炮,放火箭,轰击其营。吴襄营毁,失利先走。宋伟与吴襄,不能配合,各自为战。吴襄军败走,宋伟营势孤。后金左右两翼军合兵,配合以汉兵火炮,猛攻宋伟营,冲入大营,明军遂败,奔溃逃遁。后金军"善伏善诱"[2],预设伏兵,截吴襄军与宋伟军归路。明军四万,尽被歼灭,副将杨廷耀、张继绂、汪子静[3]等被斩。监军张春、副将张弘谟等三十三人被擒,部卒死者无算。明朝记载是:"总兵宋伟、吴襄及参将祖大乐……祖大弼,俱逃回。夷将桑昂那木、气七庆、归正黑云龙[4]、道臣张春、参将薛大湖

---

[1]《满文老档·太宗》册Ⅴ,东洋文库本,1961年,第566页。
[2]《明清史料》乙编,第1本,第79页。
[3]《清太宗实录》卷九,第29页。"张继绂"误作"张吉甫","汪子静"误作"王之敬","海参代"误作"海三代"。
[4]《清太宗实录》卷九记载:时"大雨滂沱,前阵获总兵黑云龙乘隙单骑而逃"。

俱被拘。"[1]明军本占数量优势，临战却"彼众我寡，彼聚我分"[2]。明援军以合为分，以分对合，溃败；后金军以分为合，以合对分，获胜。时被擒明军各官，见天聪汗皆跪拜，独监军张春直立不跪。皇太极大怒，援弓欲射之。代善谏曰："我前此阵获之人，何尝不收养？此人既欲以死成名，奈何杀之以遂其志乎！"张春未被杀，不剃发，着明装，拘隐于沈阳城外长兴寺中[3]。后"不失臣节而死"[4]。

第四，守堡与用炮。后金同明军的大凌河之战，皇太极第一次使用红衣大炮。皇太极从血的教训中认识到，后金军必须拥有红衣大炮。天聪五年即崇祯四年（1631）正月，红衣大炮在沈阳制造成功，并任命佟养性为昂邦章京，组成旧汉兵（八旗汉军前身）。红衣大炮在大凌河之战中，《清史稿·佟养性传》记载："八月，上伐明，围大凌河城。养性率所部载炮，越走锦州道为营。击城西台，台兵降。又击城南，坏睥睨。翼日，击城东台，台圮，台兵夜遁，尽歼之。"[5]又载：九月，"明监军道张春合诸路兵援大凌河，夜战，上督骑兵击破之。方追奔，明溃兵复阵。上命养性屯敌垒东，发炮毁敌垒。十月，攻于子章台，发炮击台上堞，台兵多死者"[6]。十月初九日，后金遣官八员，率兵五百人，及旧汉兵，运载红衣大炮六门、将军炮

---

[1]《崇祯长编》卷五〇，崇祯四年九月戊戌，第17页。

[2]《明清史料》乙编，第1本，第67页。

[3]《李朝仁祖实录》卷二五，日本学习院东洋文化研究所影印本，1959年，第51页。

[4]《明史》卷二九一《张春传》，第7464页。

[5]《清史稿校注》卷二三八，台湾商务印书馆，1999年，第8064页。其"翼"字，《清史稿·佟养性传》（中华书局点校本）作"翌"。

[6]《清史稿》卷二三一《佟养性传》，中华书局标点本，1977年，第9324页。

五十四门，往攻大凌河城附近的于子章台。此台，垣墙坚固，储粮甚丰。后金军向于子章台，连攻三日，守军顽抗。后金军以红衣大炮，击坏台垛，死者多人。台内守兵，孤立无援，无力御守。十二日，明守台参将王景，带领男女六百七十八人，开门出台，投降后金。于子章台被攻陷后，对其周围台堡的影响："是台既下，其余各台，闻风慑恐，近者归降，远者弃走，所遗粮糗充积，足供我士马一月之饷。"后金军取得一石三鸟之效——攻破敌台、获取粮食、使用大炮。而红衣炮起着独特作用。史载：

> 至红衣大炮，我国创造后，携载攻城自此始。若非用红衣大炮击攻，则于子章台，必不易克。此台不克，则其余各台，不逃不降，必且固守。各台固守，则粮无由得。即欲运自沈阳，又路远不易致。今因攻克于子章台，而周围百余台闻之，或逃或降，得以资我粮糗，士马饱腾。以是久围大凌河，克成厥功者，皆因上创造红衣大将军炮故也。[1]

后金军用红衣大炮等火器，"其严困大凌，又散攻小堡"[2]，围城破堡，毁台打援，取得卓效。

同期，红夷大炮虽由西方传入，明朝与后金制造的红夷（衣）大炮，却与西方相仿。后金军组成重军，即以火炮为主的炮兵之兵种。而法国国王路易十四于1690年（即康熙

---

[1]《清太宗实录》卷一〇，第3—4页。
[2]《明清史料》乙编，第1本，第66页。

二十九年）建立世界上第一所炮兵学校[1]，清的火炮在这方面有了落差。

第五，困危与招降。皇太极此战的两个目标是：招降祖大寿，摧毁大凌城。先是，八月十一日，皇太极命系书于矢，射入大凌河城内，对城内的蒙古兵民夫商劝降，是为皇太极第一封招降书。招降书之后，是一场恶战。十四日，皇太极发出第二封招降书。是书从袁崇焕派李喇嘛吊丧说起，语气和缓，劝其投降。两封招降书之后，进行了两场激战。九月十八日，皇太极发出第三封招降书。三封招降书后，进行长山之战，明总兵宋伟、吴襄四万援军败溃。十月初七日，皇太极派阵获明军千总姜桂，携带分别给总兵祖大寿、副总兵何可纲和张存仁的三封招降书。是为第四次发出招降书。祖不许姜入城，而在城关内见他，并说："尔不必再来，我宁死于此城，不降也！"遂遣姜桂还。初九日，皇太极第五次向祖大寿发出招降书。此书致祖大寿、何可纲、张存仁、窦承武四位将军，书称："姜桂还，言尔等恐我杀降，故招之不从。"皇太极表示："若杀尔等，于我何益？何如与众将军，共图大业。"并做出承诺：双方盟誓，"既盟之后，复食其言，独不畏天地乎！幸无迟疑，伫俟回音"[2]。

时大凌河城内缺粮绝薪：例一，"城中谷穗半堆，以汉斛约计之不过百石，原马七千，倒毙殆尽，尚余二百。其堪乘者，止七十匹。夫役死者过半，其存者不过以马肉为食耳。柴薪已

---

[1] 黄一农《红夷大炮与明清战争——以火炮测准技术之演变为例》，《清华学报》新26卷第1期，1996年。
[2] 《清太宗实录》卷一〇，第3页。

绝，至劈马鞍为爨"[1]。例二，"城中粮绝，夫役、商贾悉饥死。见存者，人相食"[2]。例三，"军士饥甚，杀其修城夫役及商贾、平民为食，析骸而炊。又执军士之羸弱者，杀而食之"[3]。例四，"大凌自八月初六日受围，直至十一月初九日始溃，百日之厄，炊骨析骸，古所未有"[4]。例五，总兵祖大寿疏奏："被围将及三月，城中食尽，杀人相食。"[5]而祖大寿的解决办法：一是突围，但四次突围，均遭失败；二是待援，但四次增援，亦遭失败。祖大寿突围不成，援兵不至，弹尽粮绝，面临绝境。大凌城内危机，后金加紧劝降。十四日，皇太极再遣阵获参将姜新，复往招降祖大寿。是为皇太极第六次招降祖大寿。大寿遂遣游击韩栋与姜新，同往觐见皇太极。是晚，皇太极遣达海与姜新，复送韩栋入大凌城。二十三日，皇太极命系书于矢，射入大凌城内，是为第七次招降。此书重申："或因误听尔官长诳言，以为降我亦必被杀。夫既降我，即我之臣民，何忍加以诛戮！况诱杀已降，我岂不畏天耶！"[6]祖大寿当夜三更密同张存仁到南门城楼内，只有二人，密议投降。祖大寿降志始决，由张存仁撰写回书。[7]二十五日，祖大寿令其义子泽润，以书二函，系之于矢，自城内射出。请皇太极令副将石廷柱前往，亲与面议。次日，后金副将石廷柱、巴克什达海等往城南台下，

---

[1]《清太宗实录》卷九，第27页。
[2]《清太宗实录》卷一〇，第3页。
[3]《清太宗实录》卷一〇，第4页。
[4]《兵部呈为王道直题报大凌河城之役明军损失情形本》，《历史档案》1981年第1期。
[5]《崇祯长编》卷五二，第3页。
[6]《清太宗实录》卷一〇，第6页。
[7]《清太宗实录》卷六〇，第4页。

遣姜桂入城。既而姜桂偕城内游击韩栋至。韩栋言："我祖总兵欲石副将过壕，亲告以心腹之语。"经过一番周折，商定唯石廷柱一人过壕，与祖大寿相见。祖大寿提出："惟惜此身命，决意归顺于上。然身虽获生，妻子不能相见，生亦何益？尔等果不回军，进图大事，当先设良策，攻取锦州。倘得锦州，则吾妻子亦得相见。惟尔等图之。"于是后金派石廷柱等，祖大寿派祖可法等，就其降后"锦州或以力攻，或以计取"事宜，进行密商。二十七日，祖大寿遣使告知皇太极："我降志已决！"要求"誓诸天地"。他还提出："我亲率兵，诈作逃走之状何如？"二十八日，大凌城内各官，皆与祖大寿同谋归降，独副将何可纲不从。祖大寿做了一件对不起生死与共同僚的歉疚之事：

　　大凌河城内各官，皆与祖大寿同谋归降，独副将何可刚（纲）不从。大寿执之，令二人掖出城外，于我诸将前杀之。可刚（纲）颜色不变，不出一言，含笑而死。城内饥人，争取其肉。[1]

对何可纲之死，他们编造材料上报朝廷："初未溃前一日，凌城食尽。副总兵何可纲语大寿曰：子可出慰阁部，我当死此！自为文以祭，遂死之。"[2]后明廷略明迹象：直隶巡按王道直疏奏："凌河之困，独副总兵何可纲，大骂不屈，死无完肤。其正气万夫不惴，而忠心千古为昭。"[3]

――――――――
〔1〕《清太宗实录》卷一〇，第10页。
〔2〕《崇祯长编》卷五一，第33页。
〔3〕《崇祯长编》卷五三，第16页。

祖大寿杀死副将何可纲后，遂遣副将四员、游击二员到后金军大营。皇太极同诸贝勒对天盟誓。誓曰：明总兵官祖大寿，副将刘天禄、张存仁、祖泽润、祖泽洪、祖可法、曹恭诚、韩大勋、孙定辽、裴国珍、陈邦选、李云、邓长春、刘毓英、窦承武等，"今率大凌河城内官员兵民归降。凡此归降将士，如诳诱诛戮，及得其户口之后，复离析其妻子，分散其财物、牲畜，天地降谴，夺吾纪算。若归降将士，怀欺挟诈，或逃或叛，有异心者，天地亦降之谴，夺其纪算"。祖大寿等誓曰："祖大寿等，率众筑城，遇满洲国兵，围困三月，军饷已尽，率众出降，倾心归汗。"[1]盟誓天地后，皇太极请祖大寿急言：当用何策，以取锦州？祖大寿向皇太极进图锦州之计。此事，史载："大寿言妻子在锦州，请归设计，诱降守者，遂纵归。"[2]天聪汗皇太极许之。祖大寿依计献城投降，留其义子祖可法为人质。

　　二十九日夜，皇太极命贝勒阿巴泰、德格类、多尔衮、岳托，率梅勒额真八员、官四十员、兵四千人，俱作汉装，偕祖大寿及所属兵三百五十人，作溃奔状，袭取锦州。漏下二鼓，大凌河城内，炮声不绝。祖大寿等从城南门出，率兵起行。阿巴泰等亦率军前往。时天降大雾，觌面不相识，军皆失伍，遂各收兵。及明，而还。是夜，锦州明兵，听到炮声，以为大凌河人得脱，分路应援，被后金军击败。祖大寿等出城后，跑到白云山，时天有大雾。翌日（初一日）二更，祖大寿带领从子祖泽远及从者二十六人，进入锦州城。[3]

---

[1]《清太宗实录》卷一〇，第11页。
[2]《通鉴辑览》卷一一四，湖南崇文书局重刊本，光绪壬申年，第8页。
[3]《崇祯长编》卷五二，第3页。

祖大寿自凌城"突围"还锦州。后金破大凌河城。时城中存者只11682人，马32匹。祖大寿去而未归，亦未内应。皇太极向诸贝勒解释说："朕思与其留大寿于我国，不如纵入锦州。令其献城，为我效力。即彼叛而不来，亦非我等意料不及而误遣也。彼一身耳，叛亦听之。"[1]皇太极以此自解。

三

大凌河之战，明金得失及其影响，略作申论。

后金天聪汗皇太极于十一月初九日，下令将大凌河城摧毁，降人剃发，并派军悉毁大凌河至广宁一路墩台。后金军携大小火炮三千五百门，并鸟枪火药铅子等战利品，班师。皇太极从七月二十七日离开沈阳，到十一月二十四日回到盛京，其间一百一十五天。大凌河城中军民，从八月初六日被围，到十月二十九日祖大寿出降，其间八十三天。

明朝在大凌河之战中，官兵守城，失陷；派兵解围，溃败；城守总兵，投降。其中原因，值得探讨。第一，明朝庙堂，小胜而骄。明朝收复永平等四城后，其在辽西战场的兵略，是凭城用炮固守，还是贸然筑城进取？这里有两个重要因素，一是关内形势，二是关外形势。于关内，西北民变蜂起，明朝将关内军队主力投到西北地区。以《国榷》为例，崇祯四年（1631）四月至十月的大凌河战事期间，纪事总数为一百四十条，其中有关西北民变事七十三条，占总数的百分之五十二；辽事七条，占总数的百分之零点五。这说明庙堂的专注点在于镇压西北民变，而没有实

---

[1]《清太宗实录》卷一〇，第13页。

力在辽西拓展。于关外，明督师孙承宗收复永平等四城，将后金军赶出山海关后，不顾年迈，亲赴辽西，整顿关宁锦防线，重振辽军朝气。但一些廷臣，头脑发胀，热衷进取，忽略固守。山东登莱巡抚孙元化，建议撤海岛之兵，移驻山海关外，并规复广宁、金州、海州、盖州。辽东巡抚丘禾嘉则"议复取广宁、义州、右屯三城"[1]。丘巡抚的后台是枢部梁廷栋和首辅周延儒，其城大凌、取义州、图广宁的设想，得到他们或隐或显的支持。于是，明朝以锦州为基地，修大凌城，派兵驻守，逐节推进。其时，摆在督师孙承宗、巡抚丘禾嘉面前有两个问题：大凌河城该不该修？大凌河城该不该守？

大凌河城该不该修？首辅、兵部、督师、巡抚、总兵的看法并不一致。关于大凌河城的兴筑，意见纷纭，前文已述。大凌河城失守后，追查责任："曩时凌城之筑，枢辅鲁主其议。今即不必为既往之追咎，顾安所辞于就事论事之责任哉！"[2]一些大臣将主张修筑大凌河城的责任推到孙承宗身上。大凌河城该不该守？如该守，应派军驻守；不该守，应敌来即撤。明军大凌河之败的悲剧在于：虽获取小胜，却骄傲轻敌。明军对大凌河城：固守，而未备粮储，不像固守；撤守，而没有离退，不像撤守。本来，大凌河城的官兵、班军、夫役、商民，主要任务是筑城。朝廷没有边筑边守，更没有长期固守的方略。明军疏于哨探，对后金军的突袭，是守，还是撤，决策犹疑，判断错误。明朝既没有部署固守，也没有及时撤退。其结果只能是：凌城被围，城陷兵败。

---

[1]《明史》卷二五〇《孙承宗传》，第6476页。
[2]《崇祯长编》卷五〇，第15页。

第二，指挥不力，临战易抚。天启、崇祯年间，皇帝、首辅、兵部、经略、巡抚、总兵，指挥辽东军事，运作机制不灵。其中，以枢臣、经略、巡抚三者，分别掌握辽事大计，其庙堂决策与临阵指挥，未能相辅相依，也未能协和一致。而枢部、经略、巡抚，三臣争讧，互相侵权，或则筑守分歧，或则战守不一，或则彼此掣肘，或则不受节制，造成上下不协、运作失灵的局面。崇祯帝既刚愎自用，又缺乏辽事方略。且对辽西重臣疑虑，滥杀无辜忠臣良将。袁崇焕死后，孙承宗老病，巡抚不受督师节制，属下抗命，相互猜忌。以孙承宗为例，他于天聪五年即崇祯四年（1631）四月初三日"以病衰求退"，二十日又以"病剧不能督师复请罢职"，俱"优旨不允"[1]。孙承宗以"骑坐不便"而"暂住宁远"指挥。孙督师以年迈抱病之躯，协调战守，但遭疏劾："枢辅孙承宗，荷累朝荣宠，受皇上恢复全辽之委。顷者大凌之筑，谁开衅端？长山之溃，孰为谋主？顾以数万甲兵，委之飘风，而竟翩然衣锦也。误封疆而背君父，罪孰甚焉！"[2]孙承宗、熊廷弼、袁崇焕之任辽事，皆为盖世之雄才，堪称能胜任其职者。他们三人所用之将，能委身许国，而效死不屈。只以阉竖宵小当朝，阴相排挤，暗设机关，又使文墨者流，从中横议。熊廷弼尝言："朝堂议论，全不知兵。"袁崇焕也说："以臣之力，制全辽有余，调众口不足。一出国门，便成万里。忌能妒功，夫岂无人？即不以权力掣臣肘，亦能以意见乱臣谋。"[3]他们三人，结局悲惨：孙承宗遭到劾斥，

---

[1]《崇祯长编》卷四六，第26页。
[2]《崇祯长编》卷五三，第6页。
[3]《明史》卷二五九《袁崇焕传》，第6713页。

熊廷弼传首九边，袁崇焕罹受磔刑。明朝君主，自毁长城。至于辽西大将，赵率教被拒之遵化城外，野战而死；祖大寿力屈被招降；何可纲惨遭主帅杀害。大凌河之战，明军失去辽东最后一员勇将，丧失辽西最后一支劲旅。

大凌河城的修筑与固守，皇帝、首辅、兵部、督师、巡抚、总兵，对大凌河城之战守，缺乏整体明确战略。尤在危急时刻，调动辽东巡抚，犯兵家大忌。先是，丘禾嘉与祖大寿不协，巡抚讦告总兵，总兵揭赃巡抚。督师孙承宗无奈，密奏于朝，禾嘉他调。《明纪》记载："先是，调禾嘉南京太仆寺卿，以孙毂代，未至而罢。改命谢琏，琏惧，久不至。兵事急，召琏驻关外。禾嘉留治事。及是移驻松山，图再举。"[1]崇祯帝谓："急援凌城与饬备毖防，已有严旨。丘禾嘉倚任方切，当鼓励图功。谢琏到日，令暂驻关外料理，俟事平议代。"[2]大凌激战正酣，又改任刘宇烈[3]。辽东巡抚，数月之间，先后四人，大员之任免，竟视同儿戏。辽西烽火前线，巡抚忽而禾嘉，忽而孙毂，忽而谢琏，忽而宇烈，已经任职者拨弄是非，新命调任者怕死抗旨，再次任命者尚未到任。封疆大吏，尚且如此，守城官兵，何能取胜？

第三，互不配合，坐失良机。在大凌河之战中，明朝枢督不协、督抚抵牾、总兵拒不互援、将领自相残杀，是明军失败的重要原因。孙承宗为解大凌之围、带抱病之躯，驰赴宁远城，遣总兵吴襄、宋伟往救。但巡抚不听督师意见，禾嘉屡易师期，

---

[1] 陈鹤《明纪》卷五三，《庄烈纪二》，清刻本。
[2] 《崇祯长编》卷五〇，第7页。
[3] 《崇祯长编》卷五一，第10页。

错过出援良机。言者追论丧师辱国之责，孙承宗"极言禾嘉军谋抵牾之失"。这表明督师与巡抚之间的嫌隙。而总兵与总兵之间的矛盾，则表现为互相观望，拒不支援。长山之战，明援军四万人，凌城军一万五千人；而后金军，明朝说三万人，《清太宗实录》说近两万人，《满文老档》则说实际上为一万五千人。后金军先攻明援军宋伟营，未见奏报吴襄军援救；后金军攻宋伟营受挫而转攻吴襄营，也未见奏报宋伟军援救。明军四万人的优势，分为二营，化众为寡，互不援应，以分对聚，结果被后金军各个击破。同时，大凌河城内，守军、班军等三万人，祖大寿未能乘机突围，里应外合，夹击破敌；却丧失良机，坐以待毙。更有甚者，总兵祖大寿亲自杀死副将何可纲。明朝锦州、大凌及附近百座台堡，总计七八万人，有辽西关锦防线做后盾，有连串八城做奥援，却援军溃败，而大凌失陷。

明援军长山之败，《明史·孙承宗传》论道："禾嘉屡易师期，伟与襄又不相能，遂大败于长山。"此战，巡抚丘禾嘉没有起到指挥协调作用，"救凌之师，以轻入溃败"[1]。两位总兵，不相援助，责任更大。直隶巡按王道直以长山之败，疏参总兵吴襄、宋伟："临阵退缩，战溃偷生，为军纪所不宥。"陕西道御史周堪赓劾言："总兵宋伟、吴襄，不能奋身遏敌，徒惜身命，致长山之役，丧师辱国。"[2]明两路援军，意志不一，暮气沉沉，各自为战，轻敌冒进，腹背受击，自速取败。事后有人总结辽东指挥体系的矛盾。蓟辽总督曹文衡上言："长山一战败绩，未始不由抚臣不总督师之权故也。臣熟审机宜，谓于关外

---

[1]《崇祯长编》卷五一，第15页。
[2]《崇祯长编》卷五三，第7页。

抚臣，必加督师之衔，巡抚辽东。"[1]就是说，督师与巡抚的矛盾，除个人品质与素养因素外，还要从体制上加以解决，督师与巡抚，一人而兼之。

明朝经大凌河之战，损失惨重，关外劲旅，丧失殆尽。王师疲于奔命，虽能固守关门，但内地之民变，从此四方蜂起。关外既无宁日，关内宁日也无。

天聪汗皇太极在指挥大凌河之战中，将围城、和谈、攻坚、打援结合，是中国古代军事史上围城打援、亦战亦款的成功战例。皇太极运用兵法"攻其无备，出其不意"[2]之典则，既攻敌之"不备"，又出敌之"不意"——不意迅速反攻之、不意长久围困之、不意用炮轰击之，不意以款招降之。在大凌河之战中，八旗军攻大凌城，占领；围城打援，胜利；纳款祖大寿，招降。其中得失，值得探讨。

第一，不善把握作战时机。皇太极指挥此战，虽获重大军事与政治之成果；却拖延时间过长，付出代价过大。后者原因之一，是作战时机选择不当。皇太极自继承汗位并亲自主持重要战役以来，一个重大缺失，是不善于把握作战时机。他即位后亲自指挥的宁锦之战，之所以失败，其原因之一是时机不利。因为略早一些，锦州城未筑完；略晚一些，则袁崇焕去职。他却选在这两个时机之间，于己不利。他亲自指挥的北京之战，之所以失利，其原因之一，也是时机不利。因为略早一些，袁崇焕尚未任命、阉党尚未铲除、东林内阁亦未形成；略晚一些，阉党重新控制阁部，也会是另一番局面。他恰在阉党失势、东林内阁执政这

---

[1]《崇祯长编》卷五三，第10页。
[2]《孙子·计篇》，中华书局校点本，1986年，第18页。

个于己不利的时间进兵。他亲自指挥的大凌河之战，在作战时机选择上，也是慢了半拍。皇太极发动大凌河之战，主要是不让明军筑城，而逼其退回锦州。要是天聪汗进攻大凌河城，时间提早一个月，即在明军筑城未完之时，那么驱赶筑守大凌城的明朝军夫会容易得多，不至于费时四个月，也不至于伤亡那么多的官兵。其实，皇太极早在天聪五年即崇祯四年（1631）四月，就先后两次派员往明边境捉生。很快得到探报："明人修筑大凌河城，基址已完，灰池亦备。"[1] 五月初六日，诸贝勒大臣举行会议奏报："明人若果修城，我兵即当速往，不知皇上庙算如何？"大凌河城距沈阳并不远，三万军夫筑城驰探也并不难。皇太极却三番五次地派人前去探察。直至七月二十七日，皇太极才率军出征。中间整整拖了三个月。以上三例说明：皇太极在指挥重大战役决策时，选择战机，犹豫迟疑，缺乏睿断。这给后金及其军队，造成重大而惨痛的损失。

第二，后金改变攻明兵略。在大凌河之战中，就天聪汗与众贝勒来说，招降总兵祖大寿，摧毁明朝大凌城，得到良将精兵，缴获军械火器，收获可谓良多矣。然而，后金军的士卒没有掠到财富，也没有抢到金银。后贝勒阿济格奏言：

> 先我兵围大凌河，四阅月，尽获其良将精兵。在皇上与诸贝勒大臣，固有得人之庆；但部下士卒，及新附蒙古等，一无所获，皆以为徒劳。[2]

---

[1]《清太宗实录》卷九，第2页。
[2]《清太宗实录》卷一四，第13页。

正红旗固山额真和硕图也奏言：

> 向荷天佑，得大凌河。皇上与贝勒大臣，无不忻然；以下士卒，则皆不乐。[1]

后金军官兵，自备马匹、器械，带干粮、衣物，抛下妻妾儿女，冒着生命危险，却没有从大凌河之捷中得到实惠，一无所获，牢骚抱怨。大凌河之战，对皇太极改辽西攻城战为入关掠夺战，产生重要影响，起着重大作用。从此，后金调整对明兵略，将同明关外八城逐城争夺战，转变为入关掠夺战，六派大军，绕道蒙古，深入内地，掳掠财富，残毁中原。

第三，后金组成八旗汉军。后金军宁远与宁锦两败，究其原因，从武器说，就是没有红衣大炮。皇太极经历两次血的失败教训后，终于觉醒：要制造红衣大炮，应组建炮兵部队。于是，后金在天聪五年即崇祯四年（1631）正月，自制红衣大将军炮成功。[2]从此，后金开始自己制造红衣大炮。八月，皇太极在大凌河之战中，第一次使用红衣大炮获得成功，并招降"祖家军"官兵。后金总结红衣大炮的作用是："久围大凌河，克成厥功者，皆因上创造红衣大将军炮故也。自此凡遇行军，必携红衣大将军炮。"[3]红衣大炮，用于实战。在大凌河之战中，八旗军用红衣大炮围城、打援、突袭、破堡，大炮所向，尽显神威。后满洲通过仿造、缴获等手段，获取大量红衣大炮，

---

[1]《清太宗实录》卷一四，第18页。
[2]《清初内国史院满文档案译编》上册，光明日报出版社，1989年，第9页。
[3]《清太宗实录》卷一〇，第4页。

使八旗军如虎添翼。有新的武器，必有新的军制。后金变革军制，建立乌真超哈，组建八旗汉军，将昔日防范之敌人，变成后金军队之劲旅。用红衣大炮装备八旗军，既引起攻城战术的变化，也引起八旗军制的变革。乌真超哈向八旗汉军的演变，体现出后金炮兵由小到大、逐步趋向正规化的过程。实际上它还是炮兵、骑兵、步兵及辎重运输兵之混合编制。

大凌河之战，明朝大凌城失陷，祖大寿投降，"祖家军"瓦解，关外精锐，丧失殆尽；后金更加强盛，后建八旗汉军，六入塞内，掳掠财富，残毁中原。大凌河之战，后金获得战略性的胜利，明朝遭到战略性的失败——加速了明亡清兴的历史进程。

（原载《清史研究》2003年第1期）

辽西争局兵略点评

明清之际,争局辽西。在 22 年之间,于宁锦狭短地带,明与后金—清双方集结二十余万军队,进行了中国古代史上最激烈、最残酷、最集中、最精彩的争战。争局双方,施展谋略,极尽聪慧才智。其结果,明清争局双方,不是平局言和,而是一胜一败——胜者太和金殿登极,败者退出历史舞台。乃胜乃败,原因固多。揭橥其要,首在兵略。谋略巧拙,成败系焉。兵略高下是明清辽西争局胜败的一大枢轴因素。本文讨论,旨趣在于,就其兵略,加以点评。

一

明清辽西军事之争的第一局,主要是攻守广宁。此局谋略集中表现于双方军事统帅的争战谋划及其实施。明方统帅主要为熊廷弼和王化贞,后金统帅主要为努尔哈赤。

先是,天启元年即天命六年(1621)三月,后金军在 9 天之内,连下沈阳、辽阳,明在辽河以东的统治宣告结束。河东,辽镇腹心;辽左,京师肩背。明朝丢掉沈、辽,辽镇腹心失,京师肩背摇。明廷为着力挽危局,重振社稷,任命熊廷弼为辽东经略、王化贞为辽东巡抚,熊、王提出新的兵略。

熊廷弼以辽东经略,遭谗去职,回籍听勘,重被起用。天启元年(1621)六月初一日,廷弼建三方布置策:"广宁用马步列垒河上,以形势格之,缀敌全力;天津、登莱各置舟师,乘虚入南卫,动摇其人心;敌必内顾,而辽阳可复。"[1]八月初一日,又疏言:"三方建置,须联合朝鲜。……我兵与丽兵声势相倚,与登、莱音息时通。"[2]诚然,熊廷弼在驳疏王化贞部署时,提出"分兵防河、先为自弱,大兵悉聚、固守广宁"这一正确的兵略。时朝议多右化贞,而左廷弼。俟广宁兵败、廷弼斩首之后,物议则反之。民元以来学者所论,多赞三方布置之策。笔者盖谓不然。熊经略"三方布置策"之失:

其一,着眼于攻,疏失于守。他奏明此策之指归是:"为恢复辽左,须三方布置。"[3]时明军总的态势是,先败没于萨尔浒,继败溃于沈辽,唯战唯微,唯局唯危。在战略上已无力进攻,仅能做一个"守"字,恢复辽阳,如同化城[4]。

---

[1]《明史》卷二五九《熊廷弼传》,中华书局点校本,1974年,第6696页。

[2]《明熹宗实录》卷一三,天启元年八月庚午朔,台北"中研院"史语所校勘本,1962年。

[3]《明熹宗实录》卷一一,天启元年六月辛未朔载:"为恢复辽左,须三方布置:广宁用骑步对垒于河上,以形势格之,而缀其全力;海上督舟师,乘虚入南卫,以风声下之,而动其人心;奴必反顾,而亟归巢穴,则辽阳可复。"

[4] 阎崇年《清净化城塔名辨正》一文,据《妙法莲华经·化城喻品第七》诠释:"化城"出自佛典。化城,是指一时化作之城郭。其寓意是,一切众生成佛之所为清净宝所,到此宝所,路途遥远险恶,为恐众生疲倦退却,于途中变化一座城郭,舍宅庄严,楼阁高耸,园林葱葱,渠流淙淙,使之在此止息。众生到此止息,即灭幻化之城。文载《燕步集》,北京燕山出版社,1989年。

其二，沿河列垒，兵家大忌。河窄水浅，履冰可涉；兵多堡少，难容马步；布防河岸，兵分力散；彼骑强渡，力不能支；一营失守，诸营俱溃。

其三，天津舟师，难能入卫。在中国古代军事史上，尚无天津水师入辽败敌复土之先例。疏请天津设立巡抚，只能加强粮料补给；水师渡海作战辽南，必遭后金骑兵围歼。

其四，登莱水师，无力出击。登州与莱州的舟师，可运输、通声息，可牵制、张声势，既无力登陆攻城略地，也无助恢复辽左寸土。

其五，风声下辽，化城而已。熊经略设计筹划天津、登州、莱州之舟师，从海上登岸，乘明军风声，下辽南诸卫，遂顺风前进，可光复辽阳。这种"化城"，海市蜃楼，虚幻而已。

其六，朝鲜之兵，难助声威。朝鲜军在萨尔浒之役，兵没帅俘，剧痛犹新。熊廷弼在疏议中，冀望朝鲜"尽发八道之师，连营江上，助我声势"，纸上谈兵，虚泛之见。

由上可见，熊经略三赴辽东，其前功可奖，忠心可嘉，雄心可钦，冤死可悯；但其鸿猷硕略，未料彼己，浮幻不实，断难操作。如按其策行，无化贞掣肘，辽阳必不复，广宁亦必不保。

王化贞乘危时，以微功，受命为广宁巡抚。化贞进士出身，素不习兵，刚愎自用，狂言娱上。他的御敌兵略是："部署诸将，沿河设六营，营置参将一人，守备二人，画地分守。西平、镇武、柳河、盘山诸要害，各置戍设防。"[1]时人已有疏驳其议者，御史方震孺即上言防河"六不足恃"——"河广不七十步，

---

[1]《明史》卷二五九《熊廷弼传附王化贞传》，第6697页。

一苇可航，非有惊涛怒浪之险，不足恃者一；兵来，斩木为排，浮以土，多人推之，如履平地，不足恃者二；河去代子河不远，兵从代子径渡，守河之卒不满二万，能望其半渡而遏之乎？不足恃者三；沿河百六十里，筑城则不能，列栅则无用，不足恃者四；黄泥洼、张叉站冲浅之处，可修守，今地非我有，不足恃者五；转眼冰合，遂成平地，间次置防，犹得五十万人，兵从何来？不足恃者六。"[1]所驳六条，确中肯綮。王化贞兵略的错误在于：其一，错估形势，攻守错位。明自萨尔浒败后，就军事态势而言，已显被动，转呈守势。而辽阳失陷后，三岔河西，四百余里，人烟断绝，军民尽逃，文武将吏，谈敌色变。明军已处被动局面，实无恢复辽阳之力。其二，沿河设防，甚属荒唐。河窄水浅，隆冬冰合，骑兵驰驱，瞬间可渡。后金骑兵，奋疾蛮冲，明军防线，必溃无疑。其三，无险可凭，反主为客。河滩平地，列栅无用，筑城不能，面对敌骑，失去所依，以弱迎强，野战之败，殷鉴在前。其四，兵分力弱，"泰极否来"。明军兵力，多于后金。但临战时，长线布防，兵力分散，反强为弱。后金军队，每逢作战，兵力集中，化弱为强。如按其策行，无经抚不和，辽阳必不复，广宁亦必不保。

同熊廷弼的"三方布置策"、王化贞的"沿河布防策"相反，努尔哈赤的兵略是：集中兵力，纵骑驰突，里应外合，速战速决。具体说来，其一，集中兵力。后金与明朝，兵员的总数，后者居于绝对优势，前者则处于绝对劣势。仅就双方军队数量而言，天命汗努尔哈赤在战略上虽为劣势，在战术上却为优势。广宁之战是继萨尔浒之战后，天命汗"集中兵力、各个

---

[1]《明史》卷二四八《方震孺传》，第6428—6429页。

击破"的又一典型战例。其二,纵骑驰突。后金军队,骑兵为主,速度迅猛,冲击力大。明军如不凭城据守,而是旷野列阵争锋,难以抵挡后金骑兵强攻。熊经略的海上舟师、王巡抚的沿河布兵,均是纸上游戏,不堪实战。其三,里应外合。举兵之要,上智用间。堡垒是最容易从内部攻破的。后金骑兵攻城,城坚池深,难以奏效。但天命汗巧于从对方营垒中寻找叛降者。孙得功降,广宁城陷,是天命汗继降抚顺李永芳之后,里应外合的又一典型实例。其四,速战速决。后金军队攻明,远离后方,孤军出击,长途跋涉,野外宿营,缺乏粮秣,不利久战。后金军出辽阳、渡辽河,在西平、镇武、闾阳激战获胜,进向广宁。孙得功以城降,后金军矢未离弦、兵不血刃地占领明朝辽西重镇广宁。从兵略上说,明朝广宁之失,在于主帅兵略错误;而后金广宁之得,在于统帅兵略正确。

或谓:广宁之失在于经、抚不和。诚然,经略与巡抚不和,是明朝丧失广宁的一个重要因素。但是,熊廷弼太自负,也太愚忠。《尉缭子》曰:"夫将者,上不制乎天,下不制乎地,中不制乎人。故兵者,凶器也;将者,死官也!"[1]将帅统兵与敌争战,胜则庙堂受赏,升官晋爵;败则降官受罚,甚至身死。将者既为死官,则应预为己置于身死之地,尔后方可不死。设如熊经略临危出关,身守广宁,胜或功罪相抵,败或捐躯殉国——七尺之躯,死得壮烈,庙堂受谥,名垂千古!何至传首九边,罪及妻孥。古今之人,皆悯廷弼;但于昏君,应用"昏着"!

广宁争战,明辽军失败的原因固多,诸如朝廷腐败、戎部

---

[1]《孙子·谋攻》,杜牧注,广益书局,1922年。

昏聩、经抚不和、化贞虚妄等，但一次独立战役的胜败，主帅的谋略是争战演化否泰的枢轴。所以，熊廷弼作为广宁之役明辽军的主帅，其兵略"三方布置策"空浮虚泛，咎不容辞。论者不能以怜悯熊廷弼的个人悲剧结局，而对其"三方布置策"做非理性的批评。

二

明清辽西军事之争的第二局，主要是攻守宁锦。此局谋略集中表现于双方军事统帅的争战谋划及其实施。明方统帅主要为高第和袁崇焕；后金统帅主要为努尔哈赤和皇太极。先是，天启二年即天命七年（1622）正月，后金军在数天之内，外攻内谋，里应外合，未加一矢，占领广宁。明在辽河以西统治，处于风雨飘摇之中。明廷为着力挽危局，守御山海，稳固京师，任命王在晋为蓟辽经略。王在晋在明军连失沈阳、辽阳、广宁三城后，被后金军的进攻吓破了胆。他提出辽东"无局可布"的悲观论调："东事离披，一坏于清、抚，再坏于开、铁，三坏于辽、沈，四坏于广宁。初坏为危局，再坏为败局，三坏为残局，至于四坏——捐弃全辽，则无局之可布矣！"[1]王在晋主张尽弃关外城池寨堡土地，退守山海关的消极防御兵略。王在晋的消极防御谋略，遭到了巡边大学士孙承宗的批评。王在晋虽经孙承宗"推心告语，凡七昼夜"的规劝，仍冥顽不化。孙承宗只好上奏朝廷，免在晋职，出任督师。孙督师上任

---

[1] 王在晋《三朝辽事实录》卷八，天启二年三月，江苏省立国学图书馆据私藏本影印，1931年。

后,一方面支持袁崇焕营守宁远、整顿防务,另一方面遣总兵马文龙谋袭耀州,兵败柳河,而遭劾去职。孙承宗的柳河兵败,是明朝重攻轻守兵略的再现。孙督师的去职,既表明朝中阉党气焰的嚣张,又表明辽军主攻兵略的抬头。所以,王在晋和孙承宗都在辽东重守慎攻兵略上犯下了错误;但二者在动机、性质、程度和效果上是有区别的。孙承宗去职后,高第为经略、袁崇焕守宁远。高第任经略后,提出比王在晋更加消极的防御兵略。高第进士出身,性格"怔怯"[1],较王在晋畏敌如虎更为甚之。他出任辽东经略,驻镇山海关,即谓关外必不可守,令全"撤锦州、右屯、大小凌河及松山、杏山、塔山守具,尽驱屯兵入关,委弃米粟十余万。而死亡载途,哭声震野,民怨而军益不振"[2]。显然,高经略的退却防御兵略,如果得以实施,必定导致失败。但是,宁前道袁崇焕,敢于抗上,忠于职守,坚持凭城固守的兵略。

袁崇焕亦进士出身,但他的性格是"敢走险路,敢犯上司,敢违圣颜"[3]。先是,作为宁前兵备佥事的袁崇焕,对作为辽东经略的王在晋,薄其无远略;但人微言轻,争辩不得,便奏记首辅,后得到支持,营守宁远。至是,又同经略高第相争:引金启倧上书"锦、右、大凌三城,皆前锋要地,倘收兵退,既安之民庶复播迁,已得之封疆再沦没,关内外堪几次退守耶!"他力争不可,便坚持固守:"兵法有进无退,三城已复,安可轻撤?锦、右动摇,则宁、前震惊,关门亦失保障。今但择良将守之,必无他虑。"高第不听,他则誓言:"我宁前道也,官此,

---

[1] 《明史》卷二五七《王洽传附高第传》,第6626页。
[2] 《明史》卷二五九《袁崇焕传》,第6709页。
[3] 阎崇年《袁崇焕"死因"辨》,《历史档案》1995年第4期。

当死此，我必不去！"[1]袁崇焕不仅有胆识，而且有兵略。他的兵略是：主固守，慎野战，凭坚城，用大炮。

同袁崇焕"主固守，慎野战，凭坚城，用大炮"的兵略相反，天命汗操"集中兵力，纵骑驰突，里应外合，速战速决"的兵略，终被袁崇焕打败。天命汗号称二十万大兵的进攻，换取了宁远兵败。天命汗努尔哈赤在宁远之战中，兵略错误，具体说来：

其一，不明敌人之将。明军宁远城的守将袁崇焕，不同于守而不防的马林、守而不固的袁应泰、守而不成的熊廷弼、守而不当的王在晋、守而不稳的孙承宗；也不同于通敌失守的李永芳、玩忽于守的李如桢、出城疏守的贺世贤、攻而拒守的王化贞、弃而不守的高第。[2]袁崇焕坚持固守宁远城，以城相守，以炮相守，以军相守，以谋相守，岿然不动，终得完城。结果，后金军统帅努尔哈赤在宁远之战中，不明敌人之将，集中兵力，以不能击能，死伤惨重，兵败城下。

其二，不明敌人之器。明军守将袁崇焕固守宁远城，不仅使用了辽东其他城镇之常规械具——弓箭、火铳、佛郎机炮，而且运用了新式武器——西洋大炮。西洋大炮即红夷大炮，是英国新制造的早期加农炮，具有射程远、精度高、威力大等优长。天启初，明朝从澳门向葡萄牙购进西洋大炮，其中11门运至宁远城御守。袁崇焕在宁远城设附台，台置洋炮，以台护炮，以炮护城。同时，经葡萄牙炮师训练的火器把总彭簪古也被派到宁远。彭簪古又培训了袁崇焕从邵武带来的仆从罗立等为炮

---

[1] 此三则引文，均见《明史·袁崇焕传》，笔者对标点略有改动。
[2] 阎崇年《论宁远争局》，《故宫博物院院刊——建院七十周年纪念专刊》，紫禁城出版社，1995年。

手。在宁远之战中，袁崇焕第一次将西洋大炮用于实战。后金军统帅努尔哈赤，对袁崇焕使用新式武器西洋大炮及其性能一无所知。结果，天命汗努尔哈赤在宁远之战中，不明敌人之器，以纵骑驰突对西洋大炮，死伤惨重，兵败城下。

其三，不明敌人之军。后金军统帅努尔哈赤在历次征战中，其赖以制胜的法宝：一是纵骑驰突，二是里应外合。但袁崇焕所指挥的军队，歃血为誓，纪律严明，拒不野战，绝无内奸。努尔哈赤愈是诱其出城交锋，袁崇焕愈是凭坚城、勿野战；努尔哈赤愈是收买内奸，袁崇焕愈是查奸细、无叛民。所以，《明熹宗实录》载述：在辽东争战诸城中，独宁远"无夺门之叛民、内应之奸细"[1]。在宁远之战中，守军既闭城不出、绝不野战，又内无奸细、夺门叛民。这就使天命汗的两大法宝黯然失辉。结果，后金军统帅努尔哈赤在宁远之战中，不明敌人之军，以短击长，以正制奇，死伤惨重，兵败城下。

其四，不明敌人之谋。宁前道袁崇焕守卫宁远的谋略是：主固守，慎野战，凭坚城，用大炮。但是，后金军统帅努尔哈赤没有针对彼之谋略，制定己之兵略。两军相争，谋略为上。在战前，应多算——多算胜，少算不胜，何况无算乎？天命汗努尔哈赤忘记兵法的一条基本规则：己有备，敌无备，则胜可知；己有备，敌有备，则不可为；己无备，敌有备，则败可知。努尔哈赤在宁远之战中，不明袁崇焕之谋，以老兵略、老经验、老武器、老战法，去对付袁崇焕的新兵略、新手段、新武器、新战法。结果，后金军统帅努尔哈赤在宁远之战中，不明敌人

---

[1] 《明熹宗实录》卷六八，天启六年二月乙亥，台北"中研院"史语所校勘本，1962年。

之谋,以暗制明,以愚制智,死伤惨重,兵败城下。

天命汗努尔哈赤在宁远之战中,不明敌人之将,不明敌人之器,不明敌人之军,不明敌人之谋,唯欲恃强,唯欲求胜,幸其成功,反而失败。所以,在宁远之战中,努尔哈赤"集中兵力,纵骑驰突,里应外合,速战速决"的兵略,被袁崇焕"主固守,慎野战,凭坚城,用大炮"的兵略所克。袁崇焕的兵略是努尔哈赤兵略之克星。

天命汗努尔哈赤于宁远城兵败后不久身死,吞下其攻打宁远城兵略错误的苦果。其子皇太极未从其错误兵略中汲取教训,于天启七年即天聪元年(1627),再率倾国之师,进攻宁、锦。皇太极先攻锦州不克,再攻宁远又不克,复攻锦州仍不克。此役,后金军攻城,明辽军坚守,凡二十五日,大战三次,小战二十五次,明辽军以全城奏捷,后金军以失败告终。宁锦之战,从实质上说,是袁崇焕兵略之胜、皇太极兵略之败。皇太极犯下了兵家"五忌"[1],且比其父多吞了两枚苦果:一枚是兵不贵分——"先攻锦州、再攻宁远、复攻锦州"分兵的苦果;另一枚是兵不贵久——顿兵野外、攻坚不下、未释而避、迁延师老的苦果。

宁锦争战,后金军失败的原因固多,诸如缺乏充分准备、缺少西洋大炮、新汗地位不稳、暑热出师不利等,但一次独立战役的胜败,主帅的谋略是争战否泰演化的枢轴。所以,努尔哈赤、皇太极分别作为宁远和宁锦之战后金军的统帅,其兵略

---

[1] 皇太极在宁锦之战中犯下的兵家"五忌"是:一为天时不合,二为地利不占,三为火器不精,四为准备不够,五为指挥不当。参见阎崇年《宁锦防线与宁锦大捷》,载《袁崇焕研究论集》,文史哲出版社,1994年。

之错误，是难辞其咎的。论者不能在以情感肯定努尔哈赤、皇太极之历史功绩时，而对其错误兵略做非理性的批评。

三

明清辽西军事之争的第三局，主要是攻守塞内。此局谋略集中表现于双方军事统帅的争战谋划及其实施。明方统帅主要为张凤翼[1]等，后金统帅主要为皇太极。

先是，天命汗努尔哈赤攻宁远兵败；继而，天聪汗皇太极攻宁、锦又兵败。皇太极愤恨地说："昔皇考太祖攻宁远，不克；今我攻锦州，又未克。似此野战之兵，尚不能胜，其何以张我国威耶！"[2]其时，明辽东巡抚袁崇焕建成以锦州为前锋、松山为重城、宁远为后劲的宁锦防线，并在辽西地区坚壁清野。于是，皇太极改变谋略。他对蒙古和朝鲜用兵，剪除明朝左右两翼，免去南进后顾之忧。随之，皇太极制定南进中原的新兵略：避开宁锦，绕道蒙古，插入塞内，七掠中原。

第一次是崇祯二年即天聪三年（1629），皇太极亲自统兵，绕过宁远、锦州和山海关，用蒙古人做向导，并取道漠南蒙古，发动第一次入口之战。后金军攻破龙井关和大安口，兵临燕京，京师戒严。后金军在德胜门、广渠门、永定门同明军激

---

[1] 此间明兵部尚书先后有：王洽、申懋用、梁廷栋、熊明遇、张凤翼、杨嗣昌、傅宗龙和陈新甲。其中清兵第一次入口时王洽在任并因此下狱死，第二和第三次入口时张凤翼在任，第四次入口时杨嗣昌在任，第五次入口时陈新甲在任，梁廷栋、熊明遇、申懋用、傅宗龙各次入口时不在任且在职时间甚短。

[2] 《清太宗实录》卷二，天聪元年五月癸巳，中华书局影印本，1985年。

战，但因北京城高池深、京都勤王之师奔集，皇太极只好牧马南苑、祭祀金陵，掳掠人口牲畜，翌春北归沈阳。留二贝勒阿敏据守永平、遵化、滦州、迁安四城，屠戮官民，掠夺财富，孤立无援，不久败归。第二次是崇祯五年即天聪六年（1632），皇太极出征林丹汗在回师途中，破塞攻明，进行掳掠。第三次是崇祯七年即天聪八年（1634），皇太极又亲自统兵，绕过宁远、锦州，远袭宣府、大同。史载其"蹂躏宣、大逾五旬，杀掠无算"[1]。第四次是崇祯八年即天聪九年（1635），皇太极为解决后勤补给，破塞攻明，肆行掳掠。第五次是崇祯九年即崇德元年（1636），清军入塞，耀兵京畿，饱掠而归。第六次是崇祯十一年即崇德三年（1638），皇太极派岳托、多尔衮为大将军，分左右翼，破墙入塞，掠京畿，躏冀南，渡运河，陷济南，历时半年多，俘获人畜462300余、黄金4039两、白银977460两。肆行残毁，翌年回师。第七次是崇祯十五年即崇德七年（1642），皇太极派阿巴泰统兵入山东，俘获人口36万余、获牲畜32万余，翌年而归，因不在本文讨论范围之内而从略。

皇太极耀兵塞内，对崇祯皇帝、对中原人民是一大历史悲剧。史载：后金—清军所过，"遍蹂畿内，民多残破"，"一望荆棘，四郊瓦砾"，"畿南郡邑，民亡什九"，"荒草寒林，无人行踪"。后金—清军所过，重创明军，俘获人畜，贝勒将士，暴发致富。这对皇太极是喜悦，还是悲哀？抛开政治的、民族的、经济的、心理的因素不说，仅从兵略来说，皇太极纵兵入口作战，不是成功范例。因为：

其一，兵贵据城。用兵的目的，在于夺取城镇。城镇是彼

---

[1]《明史纪事本末·补遗》卷六，《东兵入口》，中华书局点校本，1977年。

方地域之行政、经济和文化的重心，占有它就占有或控制一方土地。后金—清军至明城堡，或则仅为空城，如崇祯十一年即崇德三年（1638），清军攻至遵化，遵化"守城之卒，不战自溃，时得空城三座"[1]；或则仅为屯堡，即零星镇屯和分散寨堡。后金—清军所抵明朝城镇，尽管明军腐败，也不乏兵民之抵抗者。以其第二次入口为例，所攻多不能克，劫掠小城堡，盘桓两月多，遭到明军堵截。明宣府巡抚焦源清奏本称："奴贼步步受亏，始不敢存站。……奴贼连年大举入犯，似未见如此番之踉跄者。"[2]清军扫荡州、府、县城后，旋即离开，没有占据通衢大城和边塞要隘，达不到军事争战之政治目的。

其二，兵贵得民。得到土地和人民，就得到实际控制权，也得到获取贡赋的权力。后金—清军扫荡州、府、县城后，掳掠大量人口，回到盛京沈阳，男人作耕农、奴仆，女人作妻妾、奴婢。这虽可补充其劳力困乏，但演出了汉民背井离乡、家破人亡的惨剧。其所掠牲畜、财帛，虽可缓解其经济之困难，但不能促进其经济之发展，达不到军事争战之经济目的。用兵之法：全国为上，其次破国，其次伐兵，其次攻城，掳掠最下。皇太极多次派兵入口，屠城、杀戮、焚毁、抢掠，这是兵略中之最下者。

其三，兵贵攻坚。宁远和锦州是后金—清军要攻夺关门的障碍，皇太极两次受挫之后，不是愈挫愈奋，巧计攻坚，而是绕开坚难，入塞远袭。以其第六次入口作战为例，八旗军分作

---

[1]《沈馆录》卷一，《辽海丛书》本，辽沈书社影印本，1985年。
[2]《明清史料》甲编，第1本，中央研究院历史语言研究所，1930年，第785页。

两大部，一部入边袭扰，另一部进攻锦、宁。其入边军队，先分作两翼，复析为八道，西至太行，东沿运河，逼燕京，陷济南。此路清军，虽俘获大量人口、牲畜，却达不到战略目的。其辽西军队，抵中后所，同祖大寿军激战。清军"土默特部落俄木布楚虎尔及满洲兵甲喇章京翁克等，率众先奔。护军统领哈宁噶，甲喇章京阿尔津、俄罗塞臣等，且战且退"[1]。而由豫亲王多铎率领之先锋五百人，亦被祖大寿军"四面围住，扑战良久后，稍开一路，则十王仅以百余骑突阵而出"[2]。由是，清军统帅皇太极率领郑亲王济尔哈朗、豫亲王多铎等败退。可见，皇太极既定锦州、宁远为坚难，却用兵分散，以寡击众，以弱敌强，造成失利。

其四，兵贵争时。在一切财富中，时间是最宝贵的财富，时间在两军争战中更是最宝贵的财富。皇太极从天聪三年（1629）到崇德四年（1639），共费时十年，占其帝位生涯十七年的近三分之二的时日，而未能夺取锦州一城，是不能耶，抑不为耶？自袁崇焕死后，皇太极已于崇祯四年即天聪五年（1631）制成红衣大炮。同年八月，皇太极用红衣大炮攻围明将祖大寿据守的大凌河城。此役，八旗军用红衣大炮攻城、破堡、打援，克大凌河城，降明将祖大寿（寻归明），并缴获明军含红夷大炮在内的大小火炮三千五百多位。实事求是地说，其时，皇太极如采取大凌河之役用红衣大炮、围城打援的战法，完全有可能较早地攻破并夺取锦州城。乘胜前进，再接再厉，亦有望攻取宁远城。

综上，清崇德帝皇太极对明朝总的战略是：攻破山海关，占

---

[1]《清太宗实录》卷四四，崇德三年十一月己未朔。
[2]《沈馆录》卷一，第19页。

领北京城。于此,他经常思忖:"大兵一举,彼明主若弃燕京而走,其追之乎?抑不追而竟攻京城,或攻之不克,即围而守之乎?彼明主若欲请和,其许之乎、抑拒之乎?若我不许,而彼逼迫求和,更当何以处之?倘蒙天佑,克取燕京,其民人应作何安辑?"[1]为着实现皇太极上述战略目标,汉人降附生员杨名显、杨誉显等条奏急图、缓图和渐图三策:急图之策——先攻燕京,燕京乃天下之元首,天下乃燕京之股肱,未有元首去而股肱能存者;缓图之策——先取近京府县,府县乃京都之羽翼,京都乃府县之腹心,未有羽翼去而腹心能保者;渐图之策——拓地屯田,驻兵于宁、锦附近地方。耕其田土,时加纵掠,使彼不得耕种,彼必弃宁、锦而逃矣,宁、锦一为我有,山海更何所恃,山海既得,我自出入无阻。[2]以上三策,虽有道理,但有隙阙,均不完善。回顾历史,看得更清。皇太极第一次入口作战,千里绕袭,避实击虚,出其不意,攻其不备,破墙入塞,直捣京师,可谓"实有超人之创意"[3]。此举,或可称为急图之策。但明朝京师,城高兵众,国力雄厚,后金攻打,并非"如石投卵之易"。皇太极后三次缓图之攻,均在关内,站不住脚,纵掠而归,燕京亦非"不攻而自得"。皇太极第四次既派兵入口,又带兵攻宁、锦:于前者,仍蹈旧辙;于后者,兵挫而归。所谓渐图之策,明军不会自弃锦州,更不会自弃宁远;清军则不会"不劳而收万全者也"。所以,以上急图、缓图、渐图三策,书生之见,不中用也。那么,清军统帅皇太极正确的兵略应如何呢?

---

[1]《清太宗实录》卷二二,天聪九年二月戊子。
[2]《清太宗实录》卷二二,天聪九年二月己亥。
[3]《中国历代战争史(十五)》(修订一版),黎明文化事业股份有限公司,1979年,第205页。

皇太极应于崇祯四年即天聪五年（1631），在大凌河取胜之后，集中兵力，乘威南进，筑城屯田，长久计议，以施红衣炮、围城打援的战术，围锦州，攻宁远，奋力拼打，逐个击破，但此机错过。崇祯十四年即崇德六年（1641）七月至崇祯十五年即崇德七年（1642）四月，皇太极取得松锦大战的全胜。他如乘己之锐、趁彼之虚，用"围锦打松"之兵略，围攻宁远，逐节推进，兵叩关门；那么，攻破山海关，问鼎北京城，登上金銮宝殿者，可能是皇太极，而不是李自成。但是，主帅的谋略是争战否泰演化的枢轴。乃父乃子宁远两次兵败的"魔影"，始终笼罩在皇太极的头上。因而，皇太极松锦大捷后第七次派大军入口，继续其错误之兵略。由是，皇太极与紫禁城的金銮宝座，庄田有缘，失之交臂。

尽管，皇太极"入口作战"的兵略，清史研究者多加以肯定；但余盖不以为然，从战略上说，皇太极"入口作战"的兵略，是其军事谋略艺术中的败笔。

四

明清辽西军事之争的第四局，主要是攻守松锦。此局谋略集中表现于双方军事统帅的争战谋划及其实施。明军统帅为洪承畴，清军统帅为皇太极。

清崇德帝皇太极的八旗军，在十年之间，曾七次入塞，虽予关内明军以重大杀伤，但对关外辽西明军未做决战。乾隆帝在总结历史教训时曾谈道："山海关，京东天险。明代重兵守此，以防我朝。而大军每从喜峰、居庸间道内袭，如入无人之境。然终有山海关控扼其间，则内外声势不接；即入其他口，而彼得挠我后路。故贝勒阿敏弃滦、永、遵、迁四城而归。太宗虽怒谴之，而自此遂不亲统大军入口。所克山东、直隶郡邑，辄不守而去，皆由山海关阻隔之故。"[1]其实，早已有智者疏谏，先取山海关后夺北京城的兵略。皇太极未撷取其合理的内核，而以"未协军机"[2]拒之。至是，十年时间耗过，锦州未下，宁远未破，榆关未攻，从军事地理说，可谓寸土未进。此时，皇太极始采取十年前应行的战略：夺取锦州、兵叩关门、问鼎燕京、入主中原。于是，皇太极决定围困辽左首镇锦州。锦州总兵祖大寿告急，明廷派洪承畴率军解围，这就爆发了明清松锦之战。明军总督洪承畴与清军统帅皇太极，在松锦会战的军事舞台上，各以其兵略奇正，导致各自的胜败。

洪承畴，万历进士，崇祯帝以其知兵，命为兵部尚书、督关中军务。洪承畴同农民军作战，屡战辄胜。李自成潼关兵败，仅十八骑走商洛。后清军屯筑义州，围困锦州。明廷命洪承畴为兵部尚书、总督蓟辽，调集八总兵、十三万步骑、四万马匹并足支一年粮料于宁远，以解祖大寿锦州之围。明军与清军展开松锦会战，结果——洪承畴兵败被俘，皇太极获得全胜。明军是役失败的原因，论者或谓"庙堂趣兵速战"，或谓"将领不听调遣"，皆轻论洪承畴兵略之失。洪总督议用持久之战，从宁远到锦州建立一条饷道，以救援锦州。有学者概括其兵略为"步步为营，且战且守，待敌自困，一战解围"[3]。上述兵略，何

---

[1] 魏源《圣武记》卷一《开国龙兴记三》，中华书局点校本，1984年，第32页（参见《清高宗纯皇帝实录》乾隆四十三年九月丁亥朔）。
[2] 《清太宗实录》卷一八，天聪八年五月丙申。
[3] 李新达《洪承畴》，王思治主编《清代人物传稿》上编，第2卷，中华书局，1986年，第300页。

得何失？且看清汉军固山额真石廷柱给崇德帝皇太极的条奏："明援兵从宁远至松山，带来行粮，不过六七日，若少挫其锋，势必速退，或犹豫数日，亦必托言取讨行粮而去。我军伺其回时，添兵暗伏高桥，择狭隘之处，凿壕截击，仍拨锦州劲兵尾其后，如此前后夹攻，糇粮不给，进退无路，安知彼之援兵，不为我之降众也！"[1]皇太极采纳了石廷柱的建议。洪承畴的兵略，落入皇太极之彀中。洪承畴在松锦会战中，兵略之失，条析如下：

其一，轻进顿师，设计失律。兵贵拙速，不贵巧久。速虽拙，可迅胜；久虽巧，斯生患。洪承畴于崇祯十二年即崇德四年（1639）正月，受命为蓟辽总督。翌年五月，洪总督简锐集饷，出山海关。崇祯十四年即崇德六年（1641）三月二十一日，洪承畴会八镇——宁远总兵吴三桂、大同总兵王朴、宣府总兵李辅明、密云总兵唐通、蓟州总兵白广恩、玉田总兵曹变蛟、山海总兵马科、前屯卫总兵王廷臣的兵马于宁远。宁远距锦州，逶迤百多里。洪总督设谋：建立饷道，步步为营，边战边运，济援锦州。但是，时不我待。同月二十四日，清济尔哈朗等克锦州外城。[2]清军又于锦州内城，环城而营，深沟高垒，重兵紧围，绝其出入。时锦州内外交困，亟待解救。直至七月二十八日，洪承畴援锦之师，才驻营松山。宁远距松山，才百余里，而拖宕时日，四个多月。其时，承畴出关，用师年余，宁远会师，亦逾四月，顿兵耗饷，锦围未解。作为崇祯皇帝、兵部尚书，见到锦州求援急报，趋洪进师，当无大错。洪承畴旨在解围，却计设巧久，轻进顿兵，延缓时间，劳师糜饷。

---

[1]《清太宗实录》卷五六，崇德六年七月丁酉。
[2]《清太宗实录》卷五五，崇德六年三月壬寅。

其二，部署失误，决战失机。洪总督亲自率兵六万先进，以诸军居后继之；大军抵松山，却布兵分散：以骑兵绕列松山城之东、西、北三面，步兵在乳峰山至松山道中，分屯为七营，并卫以长壕。明军到位后，即同清军激战。据《清太宗实录》记载：清军右翼郑亲王济尔哈朗失利，山顶两红、镶蓝三旗驻营之地为明军所夺，"人马被伤者甚众"[1]。又据《李朝仁祖实录》记载："九王阵于汉阵之东，直冲汉阵，不利而退。清人兵马，死伤甚多。"[2] 是役，清军失利，几至溃败。宜乘彼困待援，鼓锐奇突救锦。其时，祖大寿数次督兵突围。洪总督如组织松山军同锦州军南北夹击，战局便会主动。时赞画马绍愉建议："乘锐出奇"，夺取大胜；兵道张斗也建议：防敌抄后，以免被动。将之智者，机权识变。但洪承畴不通机变，轻蔑地说："我十二年老督师，若书生何知？"[3]智者不后时，谋者不留缺。洪承畴在松山会战的关键时刻，"阵有前权，而无后守"[4]，既后时，又留缺，错过决战机会，留给敌人空缺。

其三，帅才不周，战必隙缺。皇太极在清军松山失利，态势紧急危难之时，以"行军制胜，利在神速"，不顾病患[5]，急点兵马，亲率援军，疾驰五日，自沈奔松，立营待战。八月十九日，清军统帅皇太极在松山附近戚家堡驻营后，即举行诸王贝勒大臣

---

[1]《清太宗实录》卷五六，崇德六年七月乙酉。
[2]《李朝仁祖实录》卷四二，十九年十月庚戌，日本学习院东洋文化研究所影印本，1959年。
[3] 谈迁《国榷》卷九七，中华书局影印本，1958年，第5903页。
[4] 计六奇《明季北略》卷三八，《洪承畴降清》，中华书局，1984年。
[5]《清太宗实录》卷五七，崇德六年八月壬戌："上行急，鼻衄不止，承以碗，行三日，衄方止。"

会议，共议攻守之策。皇太极的军事重点是：围困锦州，打击松山。其兵略是：围城打援，横堑山海，断彼粮道，隘处设伏，邀其退路，纵骑驰突。翌日，皇太极指挥并完成穿越松杏通道，直至海角大壕，置明军于包围之中；切断明军粮源，阻隔明军饷道；并在明军从杏山撤往宁远通路之要隘——高桥和桑噶尔寨堡设伏，候其通过，扼险掩杀。洪总督未以己之长，悉锐决战，速解锦围；反以己之短，予彼机会，批亢捣虚。皇太极利用洪承畴的短缺，断其粮食之源，置其于死亡之地。

其四，自断粮料，反资于敌。洪总督由宁远进军松山时，命将粮料储于塔山附近海面的笔架山上，但未设重兵御守。军兵自带行粮，仅够数日食用。他忘记了"赤眉百万众无食，而君臣面缚宜阳"的惨痛历史教训。粮食为军中命脉，切不可等闲视之。愚将，粮资于敌；智将，粮取于敌。清军统帅皇太极则采取派军断其粮道、夺其粮仓的釜底抽薪之计。二十日，皇太极派阿济格率军攻塔山，夺取了明军在笔架山存储的粮料十二堆，并令各牛录派甲士运取之。粮未运锦州，反资于敌食。松山之粮，不足三日。明军储粮被夺，所带行粮将罄。欲野战，则力不支；欲坚守，则粮已竭：全军将士，一片恐慌。

其五，事权不专，号令不一。清军断粮包围，明军极度惊慌。大敌当前，堑垒困围，岂有退师就食之理？二十一日，洪承畴决定次日突围，诸将不愿拼战。洪氏未能专号令、临机果断，斩懦将、稳住阵脚；而左顾右盼、计无所出，自乱其军、自去其胜。当夜，总兵王朴先遁，顿时步骑大乱。尔后，吴三桂、唐通、马科、白广恩、李辅明等五总兵带所部沿海迭退。总兵曹变蛟率军直突清军御营，中创遁还松山城，同洪承畴、王廷臣带兵万人困守。冲围的各部明军，遭到清军的追击、截击、伏击和横击。清军纵骑，横扫明军。明军官兵，或被逼涉海、尽没于潮，或遭践躏、不可胜计。二十六日，退到杏山的吴三桂和王朴，率余部冲出，欲奔向宁远。退至高桥，中伏，溃败。短短六天，松山一带，十万官兵，覆没殆尽。遍野死伤狼藉，海上浮尸蔽涛。所余败兵，部分逃入松山城，部分遁向宁远城。

其六，不谙彼己，敌何自困？洪承畴作为明辽军总指挥，既不料己，内部出现叛将，夏成德密约清军登城，松山城陷；又不料彼，清军后方辽阔，筑城屯田义州，围困锦州经年。锦州外城已陷，内城被围数重。洪承畴何以将明军拖疲，甚至拖垮？明军不去解围，清军不会自困。洪总督所谓"待敌自困，一战解围"之议，大言媚上，自欺欺人。明军松山败后，洪承畴率败兵万余，缩守松山城。松山、锦州、杏山、塔山，四座重城，均被围困，援兵无望，粮食且绝。翌年二月，松山城陷，洪氏降清。三月，锦州守将祖大寿举城投降。四月，杏山与塔山，亦相继失陷。洪承畴的错误兵略，使明军丧失辽左四城，损失约十五万军队[1]。松锦之捷，是皇太极一生军事艺术中最精彩的杰作，也是中国军事史上围城打援的范例。松锦之败，既是明朝在辽西损失了最大的一支精锐军队，也是明朝在关外损失了最后一支精锐军队。从而，双方长达二十年之久的辽西军事僵局就此打破，清军开始了新的战略进攻。

其七，合兵解围，合而未齐。史学家谈迁总结辽东两大决

---

[1] 明军八镇总兵数13万余人，被困在锦州者约2万余人，总计约15万人。清军的总兵数，计六奇《明季北略·洪承畴降大清》说有24万人，实际上没有这么多；《清太宗实录》没有记载其兵数；据估算，是役清军总数包括满洲、蒙古、汉军八旗以及征调的蒙古兵马等约十二三万人。双方投入的总兵力接近30万人。

战明军失败原因时说:"自辽难以来,悬师东指,决十万之众于一战,唯杨镐与洪氏。镐分兵而败,洪氏合之亦败。"[1]杨经略分兵之败,原因在于:兵分四路,彼此分隔,分而未合,各被击破;洪总督合兵之败,原因在于:兵会八镇,合而不齐,前众后寡,有正无奇。虽有八镇之兵会合,但合而不能齐一。虽有步兵立营、骑兵列阵,但无后援机动、奇着制胜。两军对垒,兵力相当,布设奇伏,智者之优。前述笔架山粮食被劫,是一例证;吴三桂、王朴率败兵自杏山奔宁远,皇太极先于高桥、桑噶尔寨堡设伏兵,果然吴、王中伏,两员总兵,仅以身免,是又一例证。洪承畴不得不吞下统兵时兵合而不相齐、首尾而不相及和布阵时无奇兵、无后守的苦果。

其八,进退失时,尤怨庙算。洪总督在进军时,兵部尚书陈新甲以"师老财匮"而令其尽速进兵;所派监军郎中张若麒亦报请"密敕趣战"。洪承畴总督出关,用师年余,费饷数十万,锦围却未解。况且,其顿兵宁远达数月之久,却不速解锦州燃眉之急,趣之促之,情理宜然。这不能成为其失败的遁词。兵部尚书、总督蓟辽洪承畴,身为松锦之战的明军统帅,当有权临机决断。《孙子》曰:"将能而君不御者胜。"李筌注曰:"将在外,君命有所不受者胜,真将军。"《孙子》又曰:"战道必胜,主曰无战,必战可也;战道不胜,主曰必战,无战可也。"张预注曰:"苟有必胜之道,虽君命不战,可必战也;苟无必战之道,虽君命必战,可不战也。与其从令而败事,不若违制而成功。"[2]此役,洪总督并不是"真将军"。洪承畴谋

---

[1] 谈迁《国榷》卷九七,第5904—5905页。
[2] 《孙子·谋攻》《孙子·地形》,广益书局,1922年。

略不周，轻进顿师，进不能突围，退不能善后，刚愎自负[1]，拒纳善谏，兵败疆场，垂辫降北。

由上可见，明清松锦之战，明朝方面——总督成擒，全军败殁；清朝方面——连克四镇，获得大胜。就兵略而言，其关键在于明军统帅洪承畴兵略之错误，清军统帅皇太极兵略之正确。一次独立战役的胜败，主帅的谋略是争战否泰演化的枢轴。所以，洪承畴作为松锦之役明军的统帅，其兵略之错误，是难辞其咎的。所谓松锦兵败"主要并非洪承畴的过失"和"败是正常的，不败是不可能的"之论断，颇有商榷余地。洪承畴在《明史》中无传，在《清国史》中也无传，在《清史列传》中才有传。清人在其传记中多有讳饰，论者多未对其错误兵略做理性的批评。洪承畴的松锦兵败，产生了深远的历史影响。明朝与后金—清自万历四十六年即天命三年（1618）于抚顺第一次交锋，至崇祯十七年即顺治元年（1644）清军入关前，近三十年间，曾发生大小百余次争战，但对明清兴亡产生极其深远影响的主要是三大战役，这就是萨尔浒之战、沈辽之战和松锦之战。萨尔浒之战是明清正式军事冲突的开端，标志着双方军事态势的转化——明辽军由进攻转为防御，后金军由防御转为进攻；沈辽之战是明清激烈军事冲突的高潮，标志着双方政治形势的转化——明朝在辽东统治的终结，后金在辽东统治的确立；松锦之战是明清辽东军事冲突的结束，标志着双方辽西军事僵局的打破——明军顿失关外的军事凭借，清军转入新的战略进攻，为定鼎燕京、入主中原奠下基础。

---

[1]《李朝仁祖实录》卷四二，十九年九月甲午："军门洪承畴，年少自用，不听群言，以至于败。"

明清辽西争局的历史事实表明，熊廷弼在广宁之战中的"三方布置策"，是一个空泛的兵略，它是导致明军广宁之败的重要因素。努尔哈赤在宁远之战中的"硬拼蛮冲"，是一个鲁莽的兵略，它造成了天命汗宁远兵败、病发身死。皇太极在入口诸战中的"远袭掳掠"，是一个野蛮的兵略，它使崇德帝失去中原民心，错过燕京登极机会，铸成其终生之憾。洪承畴在松锦之战中的"轻进顿师"，是一个愚驺的兵略，从而导致明军松锦兵败。

由是，可以得到历史的启示：在帝制时代，一支军队，一个民族，一个国家，其胜败，其荣辱，其盛衰，虽原因复杂，但并不多极。一个军队的兵略，一个民族的政略，一个国家的方略，对这个军队的胜败，对这个民族的荣辱，对这个国家的盛衰，有着极其重要的意义。但是，军队的兵略、民族的政略、国家的方略，在很大程度上取决于这支军队的统帅、这个民族的领袖、这个国家的君主。因此，要取得军事的胜利，就要有一个优秀的统帅及其好的兵略；要取得民族的繁荣，就要有一个杰出的领袖及其好的政略；要取得国家的强盛，就要有一个英明的君主及其好的方略。在这里，民众的巨大力量不容忽视，但需要有一定的条件，这个历史条件，本文不做讨论。

（原载《故宫博物院院刊》1997年第2期）

清太宗经略索伦辨

清太宗皇太极经略索伦,是清初统一东北地区的重大军政举措。在天聪、崇德年间,皇太极先后四次出兵索伦,其中两次用兵于博穆博果尔[1]。论者谓此为平叛战争。本文就清太宗经略索伦事略及相关问题考辨——皇太极用兵索伦,其性质是建立在索伦地区的统治,而不是平定索伦博穆博果尔的叛乱。

一

明朝末年,后金天命时期,在黑龙江中上游地带,贝加尔湖以东,精奇里江(今结雅河)两岸,统称为索伦地区,居住着索伦部落群体。各部落以血缘为纽带,地缘为基地,分散聚居,互不统属。天命、天聪、崇德时期,努尔哈赤与皇太极父子采取"慑之以兵,怀之以德"[2]的策略经略索伦,武功空前,各部居民归属于清。

先是,天命汗在同明争夺辽东的同时,除向海西女真用兵

---

[1] 博穆博果尔又作奔博果尔、奔波果尔、博穆古里、博穆波果尔等,兹从《清太宗实录》。
[2] 《清太宗实录》卷二〇,天聪八年十月庚戌,中华书局影印本,1985年,第25页。

外,还向东海女真、黑龙江女真用兵,取得巨大胜利,但黑龙江流域地区没有完全被天命汗绥服。皇太极继承汗位之后,加紧经略,三方用兵。

东指朝鲜 天聪元年(即天启七年,1627年)正月,皇太极命大贝勒阿敏等统率大军三万余骑,东征朝鲜,过鸭绿江,下义州(今朝鲜新义州),陷平壤。与朝鲜先订"江华之盟",后订"平壤之盟"[1]。皇太极谕曰:"天佑我国,平服朝鲜,声名宣播。"[2]后金同朝鲜,订立"兄弟之盟"。崇德二年(即崇祯十年,1637年),清同朝鲜又订立"君臣之盟"。

南指明朝 天聪元年(1627),皇太极乘平服朝鲜的锐气,亲自统率大军,发动宁锦之战,以雪其先父宁远兵败之耻。但事与愿违,再次兵败城下。他说:"昔皇考太祖攻宁远,不克;今我攻锦州,又未克。似此野战之兵,尚不能胜,其何以张我国威耶!"[3]后皇太极于天聪三年、八年、十年,或亲自统军,或遣贝勒统兵,先后三次,迂道入塞,攻打、残毁明朝,抢劫、掳掠财富。同期,制成红衣大炮,并取得大凌河之战的胜利。

西指蒙古 天聪年间,皇太极对蒙古的征抚,取得巨大的成功。天聪汗不仅绥服奈曼、敖汉、喀喇沁、内喀尔喀等部,而且三征察哈尔。皇太极对蒙古的主要成绩是,逼迫林丹汗西迁走死。随之,林丹汗的三位遗孀、子额哲及其众臣、部民,归降了后金。这标志着天聪汗皇太极统一了漠南蒙古。

---

[1] 阿敏"平壤之盟"《誓书》载于《清太宗实录》卷二,第19页。但仅以《誓文》誊本于三月二十一日送朝鲜国王,故朝鲜《李朝仁祖实录》及《承政院日记》等朝鲜官方文书所缺载。

[2] 《清太宗实录》卷三,天聪元年四月辛亥,第7页。

[3] 《清太宗实录》卷三,天聪元年五月癸巳,第16页。

皇太极对朝鲜、明朝、蒙古三个强敌,都取得重大胜利。为此,皇太极具文上告清太祖之灵曰:"迩者,朝鲜素未输诚,今已称弟纳贡。喀尔喀五部,举国来归。喀喇沁、土默特以及阿禄诸部落,无不臣服。察哈尔兄弟,其先归附者半。后察哈尔汗携其余众,避我西奔,未至汤古忒部落,殂于西喇卫古尔部落打草滩地。其执政大臣,率所属尽来归附。今为敌者,惟有明国耳。臣躬承皇考素志,踵而行之,抚柔震叠,大畏小怀。未成之业,俱已就绪。伏冀神灵,始终默佑,式廓疆圉,以成大业。"[1]

其时,努尔哈赤、皇太极父子军政之影响,远达索伦地区。到天命末年、天聪初年,有些索伦等部落首领率众朝贡,到达沈阳。据《清太宗实录》记载:

天命十一年(1626)十二月二十四日,"黑龙江人来朝,贡名犬及黑狐、元狐、红狐皮、白猞猁狲、黑貂皮、水獭皮、青鼠皮等物"。

天聪元年(1627)十一月十八日,"萨哈尔察部落六十人来朝,贡貂、狐、猞猁狲皮"。

天聪五年(1631)六月二十一日,"黑龙江地方伊扎纳、萨克提、伽期纳、俄力喀、康柱等五头目,来朝"。七月初二日,"黑龙江地方虎尔哈部落,托思[2]科、羌图礼、恰克莫、插球,四头目来朝,贡貂、狐、猞狸狲等皮"。

天聪七年(1633)六月二十四日,"东海使犬部落额驸僧格,偕其妻,率五十二人来朝,贡方物"。十一月初四日,"萨

---

[1]《清太宗实录》卷二〇,天聪八年十月庚戌,第25—26页。
[2]《沙俄侵华史》第1卷第5页,作"黑",疏误。

哈尔察部落之头目费扬古、满代，率四十六人来朝，献貂皮一千七百六十九张。赐布二千六百三十匹"。

天聪八年（1634）正月初三日，"黑龙江地方羌图里、嘛尔干，率六姓六十七人来朝，贡貂皮六百六十八张"。五月初一日，"黑龙江地方头目巴尔达齐，率四十四人来朝，贡貂皮一千八百一十八张"。十月初九日，"索伦部长京古齐、巴尔达齐、哈拜、孔恰泰、吴都汉、讷赫彻、特白哈尔塔等，率三十五人来朝，贡貂、狐皮"。十月十八日，"阿禄毛明安部落来归，见上。设大宴，宴之。杨古海杜棱、胡棱都喇尔、吴巴海达尔汉巴图鲁、巴特玛额尔忻戴青、东卓尔台吉、阿布泰台吉等，献貂裘、马、驼，酌纳之"。十二月初六日，"黑龙江地方杜莫讷、南地攸、贾尔机达、喀拜、郭尔敦，率从者六十九人；松阿里地方摆牙喇氏僧格额驸、喇东格，率从者五十人，来朝，贡貂皮"。

皇太极认为，尽管黑龙江地带许多部落首领到沈阳朝贡，但是还有不少部落不向金国朝贡称臣，应准备向黑龙江地区大规模进兵。皇太极在汗宫中殿宴请嘛尔干等一行时，透露出上述信息。史载，皇太极谕之曰："虎尔哈慢不朝贡，将发大兵往征。尔等勿混与往来，恐致误杀。从征士卒，有相识者，可往见之。此次出师，不似从前兵少，必集大众以行也。"谕毕，对嘛尔干、羌图里等进行赏赐。[1]

本来，皇太极可以在第二次迂道攻明得胜之后，旋即用兵索伦。然而，天聪八年（1634）五月，发生突然事件。皇太极在率军第二次入塞攻明前，派伊拜等前往科尔沁噶尔珠塞特

---

[1]《清太宗实录》卷一七，天聪八年二月己巳，第23页。

尔等部落调兵，但噶尔珠塞特尔等拒从，并声言要征讨索伦部，收取贡赋，以便自给。皇太极闻报，采取三项措施：一是争取科尔沁部众。遣巴克什希福及伊拜，往谕科尔沁土谢图济农等曰："法律所载，叛者必诛。尔科尔沁贝勒，若获噶尔珠塞特尔等，欲诛则诛之，若不诛而欲以之为奴者听。"[1] 二是派兵前往追击。调科尔沁兵土谢图济农巴达礼、扎萨克图杜棱、额驸孔果尔等，率兵前往追击。三是命巴尔达齐带兵阻击。巴尔达齐从命，"恐见袭急归，护其国"[2]。此役出兵，获得胜利。十月初九日，巴尔达齐在噶尔珠塞特尔等被击败后，再次到盛京朝贡，"索伦部长京古齐、巴尔达齐、哈拜、孔恰泰、吴都汉、讷赫彻、特白哈尔塔等，率三十五人来朝，贡貂、狐皮"[3]。

时在索伦地区，有已朝贡者，有未朝贡者，亦有观望者。皇太极为了完全控制索伦地区，避免蒙古势力渗入，获取大量兽皮，俘降更多人口，决定对黑龙江流域诸部，特别是上游索伦地区，征抚兼施，慑服诸部，宣扬国威，实现统一。

二

清太宗皇太极先派军远征黑龙江地域，拉开经略索伦诸部的序幕。

天聪八年即崇祯七年（1634）十二月初十日，皇太极命梅

---

[1]《清太宗实录》卷一八，天聪八年五月戊申，第23页。
[2] 黄维翰《黑水先民传》卷一一《巴尔达齐》，崇仁黄氏刻本，1923年，第4页。
[3]《清太宗实录》卷二〇，天聪八年十月壬辰，第21页。

勒章京霸奇兰、甲喇章京萨穆什喀等,"率章京四十一员[1]、兵二千五百人,往征黑龙江地方"[2]。大军出行前,皇太极发布谕旨,明确指出:第一,攻心为上。攻略之时,向其宣明:"尔之先世,本皆我一国之人,载籍甚明。尔等向未之知,是以甘于自外。我皇上久欲遣人,详为开示,特时有未暇耳。今日之来,盖为尔等计也。"第二,讲求策略。"俘获之人,须用善言抚慰。饮食甘苦,一体共之。则人无疑畏,归附必众。"[3]第三,重用向导。请当地屯长喀拜、郭尔敦等为引路向导,"经行道路,询彼自知",而"其应略地方,须问乡导人"[4]。第四,严明纪律。此次远征,"奋力直前,慎勿惮劳,而稍怠也"。大军往返索伦地方,必须"结队而行,不可分散"。第五,规定路线。选择最佳进军与返回的路线,以免路遇不测。第六,意义重大。天聪汗派军征抚索伦,主要是宣扬汗威,拓展疆土,增加人口,获取兽皮。魏源在《圣武记》中言:"夫草昧之初,以一城一旅敌中原,必先树羽翼于同部。故得朝鲜人十,不若得蒙古人一;得蒙古人十,不若得满洲部落人一。族类同,则语言同,水土同,衣冠、居处同,城郭、土著、射猎、习俗同。"[5]

皇太极谕毕,命贝勒萨哈廉、杜度等官,送霸奇兰、萨穆什喀等于二里外。按旗分列,简选士卒,阅器械,壮军威。而后,向出征诸将,宣读敕谕。出征大军,拔营起行。

---

[1] 《清太宗实录》,天聪九年五月丙辰作"章京四十四员"。
[2] 《清太宗实录》卷二一,天聪八年十二月壬辰,第9页。
[3] 《清太宗实录》卷二一,第10页。
[4] 《清太宗实录》卷二一,第11页。
[5] 魏源《圣武记》卷一,第9页,上海中华书局据古微堂原刻本校刊线装本。

由右翼五旗主帅霸奇兰、左翼五旗主帅萨穆什喀等，统领章京四十余员、兵二千五百人，以索伦部屯长喀拜、郭尔敦等人为向导，跋山涉水，进展顺利。许多屯寨，纷纷归附。后金军取得首次进兵索伦地区的初步胜利。天聪九年（1635）四月十四日，霸奇兰等将领派官赍书奏捷云："收服编户壮丁二千四百八十有三，人口共七千三百有二。所有牲畜，马八百五十六、牛五百四十三、驴八。又俘获妇女、幼稚一百十六人，马二十四、牛十七，及貂皮、狼皮、狐皮、猞狸狲皮，并水獭、骚鼠、青鼠、白兔等皮三千一百四十有奇，皮裘十五领。"[1]五月初六日，霸奇兰等回到盛京，举行庆典。天聪汗御殿，凯旋诸臣、将士朝见。次招降二千人叩见。次索伦部落朝贡头目巴尔达齐等叩见。然后，举行较射，并设大宴。大军班师之后，叙出征诸臣功。初七日，皇太极对招降的七千三百人，俱赐房屋、田地、衣食、器皿等物。如此厚待，于归附者，备受感召，作用巨大。

是役，史称"黑龙江之役"。皇太极在给朝鲜国王李倧的文书中，称"黑龙江之役，收获万余"[2]。皇太极派军队到索伦地区，进行黑龙江之役，取得重要收获，产生重大影响。后金出兵索伦的征抚，巴尔达齐的投顺，索伦地区的塞布奇屯、噶尔达苏屯、戈博尔屯、额苏里屯[3]、阿里捞屯、克殷屯、吴鲁苏屯、榆尔根屯、海轮屯、固浓屯、昆都轮屯、吴兰屯等先后朝

---

[1]《清太宗实录》卷二三，天聪九年四月癸巳，第5页。
[2]《清太宗实录》卷二三，天聪九年六月甲午，第22页。
[3] 额苏里屯，位于今爱辉（瑷珲）黑龙江北岸西北八十余里处，今俄罗斯境内。见《盛京吉林黑龙江等处标注战迹舆图》第四排之四（和田清据大连满铁图书馆藏影印本，1935年）。

贡，归顺后金。

黑龙江之役以后，该地方部落首领纷纷到盛京朝贡。崇德二年（1637）二月十七日，黑龙江地方额苏里屯内，俄伦扎尔固齐等率九人至盛京，奏言："额苏里屯东，约六日程，有从未通我国者三十九屯，今欲来贡，不知纳贡礼仪，求我等同皇上使臣一人至彼，即备方物，随使臣入贡。为此特遣人来，其所献之物，貂、狐皮二百有六，貂、狐衣服七领。"[1]十二月初一日，黑龙江地方羌图礼等122人，到盛京贡貂皮。同日，遣黑龙江地方扈育布禄、纳尔开、巴尔达齐弟额讷布等，60人返归部落。崇德三年（1638）正月二十日，赐黑龙江朝贡羌图礼等114人，蟒衣、帽靴、鞓带等物，有差。四月二十二日，席北地方阿拜、阿闵来朝，贡貂皮。

七月二十三日，皇太极派兵征伐额赫库伦地方。十月十二日，初未入贡的黑龙江精格里河（精奇里江）浑秦屯内居住扈育布禄，亦率5人到盛京朝贡，献貂皮。十一月二十二日，索伦部落透特等3人，到盛京朝贡貂皮。

三

索伦是黑龙江上中游诸部的一个泛称，是索伦（鄂温克）、达斡尔（达呼尔）、虎尔哈、毛明安（茂明安）、鄂伦春等部族的总称。许多部落世代居住黑龙江地域，其"不问部族，概称索伦。而黑龙江人，居之不疑，亦雅喜以索伦自号。说者谓

---

[1]《清太宗实录》卷三四，崇德二年二月丁亥，第10页。

'索伦骁勇闻天下，故借其名以自壮'"[1]。随着后金实力不断强大，归附的部落，陆续到盛京。皇太极在崇德年间进一步经略索伦，绥服不坚定的部落首领，拓展疆域，降服人口，收纳兽皮，巩固统治。

在黑龙江索伦部诸首领中，最为著名的是两位头人：一位是巴尔达齐，另一位是博穆博果尔。他们由于对待清朝皇帝态度的差异，得到的结果，却完全相反。

巴尔达齐，天聪朝时，四次朝贡。天聪八年（1634）五月和十月，黑龙江萨哈尔察地方索伦头目巴尔达齐，两次率人到达盛京，贡献貂皮。天聪九年（1635）四月二十三日，黑龙江索伦部落头目巴尔达齐，率22人来朝，贡貂、狐皮等物。皇太极命礼部承政满达尔汉，迎于五里外，设宴宴之。巴尔达齐在盛京住留一个多月。六月初九日，皇太极"赐萨哈尔察部落来贡貂狐皮头目巴尔达齐、额内布、萨泰等三人，蟒缎、朝服、衣帽、玲珑鞓带、鞍马、缎布有差。其从役六十三人，各衣一袭"。巴尔达齐于皇太极，"倾心内附，岁贡方物"[2]。皇太极对巴尔达齐的归顺，十分重视，倍加宠信。天聪汗皇太极以联姻的手段，笼络来归的巴尔达齐。天聪十年（1636）初，皇太极将皇室格格给巴尔达齐为妻，索伦头目巴尔达齐成为后金的额驸。同年四月初六日，"索伦部落萨哈尔察地方额驸巴尔达齐，率十四人来朝，贡貂皮"[3]，是为巴尔达齐被招为额驸后，首次到盛京。巴尔达齐归附后金，受到皇太极的信赖，后来成了清

---

〔1〕 何秋涛《朔方备乘》卷二，宝善书局石印本，光绪七年，第1页。
〔2〕《一等阿思哈番巴尔达齐碑》拓片，北京市文物研究所藏。
〔3〕《清太宗实录》卷二八，天聪十年四月庚辰，第11页。

朝索伦各部落的大首领。[1]索伦部首领巴尔达齐在清军同博穆博果尔的斗争中，起了特殊重要的作用。

额驸巴尔达齐，在崇德朝时，四次亲自朝贡，四次遣官朝贡。崇德二年（1637）十月十二日，"黑龙江地方巴尔达齐，率五十七人，贡貂皮。俱令礼部官迎宴之"。十月三十日，"黑龙江地方额驸巴尔达齐，遣六十二人，来贡貂皮"。十二月初一日，"遣巴尔达齐弟额讷布等，六十人归国。赐宴，遣之"。崇德三年（1638）五月初五日，"遣萨哈尔察部落额驸巴尔达齐，偕所尚公主归。赐衣帽、玲珑撒袋、弓矢、鞍辔、驼马、帐房等物。仍设宴，饯巴尔达齐于礼部"。十一月二十二日，"黑龙江额驸巴尔达齐弟萨哈连等五十一人来朝，贡貂皮。遣官迎于演武场，赐宴，入城"。崇德五年（1640）十月十五日，"萨哈尔察部落额驸巴尔达齐，率三十六人来朝，贡貂、狐等物"。崇德六年（1641）正月初一日，皇太极率诸王贝勒等祭堂子，赐大宴，额驸巴尔达齐行庆贺礼。二月二十日，"遣额驸巴尔达齐及所尚格格，并额讷布、钟嫩等三十三人还。赐各色衣服、帽靴、被褥、银器，随侍女子、帐房、鞍马、甲胄、彩缎、文绮等物，仍赐宴于馆舍"。十二月十三日，"萨哈尔察部落额驸巴尔达齐遣喇库等，来贡貂皮。赐宴，赏衣帽、缎布等物有差"。崇德八年（1643）五月十一日，"黑龙江额驸巴尔达齐来朝，遣礼部官迎至北演武场。赐宴，入城"。七月三十日，"赐黑龙江额驸巴尔达齐、公主及其从人，宴六次。仍各赐鞍马、蟒服、

---

[1]《沙俄侵华史》第1卷第55页载："巴尔达齐城的遗址恰好位于从托木河口至结雅河口中途的谢米奥杰尔克村附近。见《阿穆尔州考古图资料》，载《阿穆尔州地志博物馆与方志学会论丛》第3册，第24页。"

缎衣、帽靴、缎布、银器等物有差"。巴尔达齐不仅成为皇家之亲戚，而且成为清朝之干城。博穆博果尔则与巴尔达齐不同。

博穆博果尔，是索伦部乌鲁苏穆丹屯长，精于骑射，骁勇善战，才干超群，势力强大。时乌鲁苏穆丹、杜拉尔、敖拉、墨尔迪勒、布喇穆、涂克冬、纳哈他等部落，形成部落联盟，其首领就是博穆博果尔。[1]

先是，崇德二年（1637）闰四月十二日，博穆博果尔到盛京，向清廷朝贡。《清太宗实录》记载："黑龙江索伦部落博穆博果尔，率八人来朝，贡马匹、貂皮。"[2]是为博穆博果尔向清廷朝贡之始。博穆博果尔受到崇德帝皇太极的隆重款待，驻留盛京，时近两月。六月初五日，博穆博果尔等离别盛京，返还故乡。行前，皇太极予博穆博果尔"赐以鞍马、蟒衣、凉帽、玲珑鞓带、撒袋、弓矢、甲胄、缎布等物有差"[3]。这些贵重物品，在当时算是最高一级的赏赐。

崇德三年（1638）十月十七日，博穆博果尔等再次到盛京朝贡。《清太宗实录》记载："黑龙江博穆博果尔、瓦代、噶凌阿等来朝，贡貂皮、猞猁狲等物。"[4]是为博穆博果尔第二次到盛京朝贡。同年十二月初五日，博穆博果尔受到崇德帝与七位贝勒的分别宴请。这八次盛宴，是博穆博果尔受到的最高礼遇。参加此宴者，有黑龙江地域各部落首领九十二人。《清太宗实录》记载："黑龙江额驸巴尔达齐弟萨哈莲、户尔布尔屯费扬古、俄勒屯吴地堪、吴鲁苏屯莽古朱等五十一人，索伦部落博

---

[1]《黑龙江志稿》卷五四，《博穆博果尔传》，黑龙江人民出版社，1992年。
[2]《清太宗实录》卷三五，崇德二年闰四月庚戌，第3页。
[3]《清太宗实录》卷三六，崇德二年六月壬寅，第8页。
[4]《清太宗实录》卷四四，崇德三年十月丙午，第10页。

穆博果尔、透特等九人，虎尔哈部落克宜克勒氏达尔汉额驸等十一人，虎习哈礼氏纳木达礼等十人，巴牙喇氏满地特喀下二人，布克图礼等五人，赖达库等四人，朝见。赐宴。仍命七家，各宴一次。"[1]

索伦部落重要首领博穆博果尔，两年之间，两到盛京朝觐崇德帝，并贡献方物。博穆博果尔在盛京沈阳，既看到清帝的权势与威严，也窥到清廷的内情与虚实。于是，博穆博果尔对皇太极产生若附若离、亦亲亦疏的复杂心理。皇太极为巩固对黑龙江地域的控制，也为完全降服博穆博果尔，"虑其势盛，不可制"，便对索伦部发动军事征讨。

崇德四年（1639）十一月初八日，皇太极命索海、萨穆什喀等，率领官属兵丁，往征索伦部落。[2] 多罗贝勒多铎、固山额真多罗额驸英俄尔岱，传崇德帝谕曰："尔等师行，所经屯内，有已经归附纳贡之屯，此屯内又有博穆博果尔取米之屯。恐尔等不知，误行侵扰。特开列屯名、数目付尔，毋得违命，骚扰侵害。行军之际，宜遣人哨探于前，防护于后。加意慎重，勿喧哗，勿参差散乱，勿忘纪律。尔等此行，或十八牛录新满洲，或添补缺额牛录之新满洲，各固山额真、梅勒章京、甲喇章京、牛录章京，详加查阅。视其有兄弟及殷实者，令从征。尔等亦应亲加审验。左翼主将萨穆什喀、副将伊孙，右翼主将索海、副将叶克书，或两翼分行，则各听该翼将令；或同行，则总听两翼将令。凡事俱公同酌议行之。"[3]

---

[1] 《清太宗实录》卷四四，崇德三年十二月癸巳，第24页。
[2] 魏源《圣武记·开国龙兴记一》作"五年，遣穆什哈等征索伦"云。误，应作崇德四年十一月辛酉（初八日）。
[3] 《清太宗实录》卷四九，崇德四年十一月辛酉，第7—8页。

清朝出兵黑龙江索伦部落，从皇太极的"谕旨"及作战经过进行分析，可以看出：

第一，出师目的。清军在黑龙江索伦地域，主要征附"已经归附纳贡之屯"中那些"博穆博果尔取米之屯"。

第二，区别对待。清军所到索伦地带、所经村屯，分为两类：一类是"已经归附纳贡之屯"，另一类是"博穆博果尔取米之屯"。清军要严加区别，而不要误行侵扰"已经归附纳贡之屯"。

第三，明确指挥。清军分为左右两翼大军，两翼同行之时，由两翼主将共同指挥；两翼分行之时，由各该翼主将指挥。重大事宜，共同议商。

第四，加意谨慎。清军远离后方，深入索伦地区，应当"哨探于前，防护于后"，加意慎重，严守纪律。

索海、萨穆什喀等"领旨"之后，统率清军，经过四个月的艰苦行军与顽强作战，取得一些战果。崇德五年（1640）三月初八日，萨穆什喀、索海等遣官呈送军报。清军进入索伦地区后，主要在雅克萨、铎陈、乌库尔、阿萨津、多金[1]诸城堡及村屯，同博穆博果尔所属军民争战。清军在忽麻里河（今呼玛尔河）分兵，分道前进，行四十日，而后会攻。清军首战雅克萨城，用火攻，克其城。二战兀库尔城，力战一日，遂克取之。三战博穆博果尔，其兵六千，兵锋甚锐，突袭正蓝旗；索海等见敌众己寡，布设伏兵，杀敌甚众；攻破博穆博果尔大营，博穆博果尔逃遁。四战铎陈、阿萨津二城，强攻不下，设伏打援，略得小

---

[1] 雅克萨城，《盛京吉林黑龙江等处标注战迹舆图》第五排之四：位于黑龙江北岸。今名阿尔巴津，在俄罗斯境内。阿萨津（阿撒津）、铎陈二城，在黑龙江北岸，今俄罗斯境内；乌库尔、多金两城，在黑龙江南岸，今中国一侧。

胜。五战挂喇尔屯木栅，败屯栅内索伦兵五百。清军共获6704名口。[1]此次战果，战报疏云："共获男子三千一百五十四人、妇女二千七百一十三口、幼小一千八十九口，共六千九百五十六名口；马四百二十四、牛七百有四。又先后获貂、猞狸狲、狐、狼、青鼠、水獭等皮共五千四百有奇，貂、猞狸狲、狐、狼皮等裘共二十领。"[2]后将所获，分隶八旗。

此次皇太极进兵索伦地区，得到额驸巴尔达齐的内应与支援。当黑龙江"南北各城屯俱附"博穆博果尔之时，巴尔达齐"审废兴，明去就，怀忠不二，以庇其族"[3]。巴尔达齐率领所属村屯人马，"坚壁待王师"，寻找时机，配合清军。《清太宗实录》记载："额驸巴尔达齐，于三月十八日来会云：惟我多科屯人，未曾附逆。"[4]黑龙江萨哈尔察额驸巴尔达齐，为清军统一索伦，起了积极作用，做出一定贡献。

此次出征，没有实现作战目标，没有统一索伦地区，也没有擒获博穆博果尔。皇太极为此，于七月四日惩处相关官员。[5]

四

皇太极对索伦博穆博果尔地区用兵，虽取得一定战果，但博穆博果尔未擒获。皇太极决定再次出兵索伦，二征博穆博果尔。

崇德五年（1640）七月二十七日，皇太极遣席特库、济席

---

[1]《清太宗实录》卷五一，崇德五年三月己丑，第8—10页。
[2]《清太宗实录》卷五一，崇德五年三月乙巳，第14—15页。
[3]《黑水先民传》卷一一《巴尔达齐》，第5页。
[4]《清太宗实录》卷五一，崇德五年三月己丑，第10页。
[5]《清太宗实录》卷五二，崇德五年七月癸未，第7—12页。

哈等，率护军并征外藩蒙古官属兵丁，北征索伦部落。[1]行前，皇太极派内大臣巴图鲁詹、理藩院参政尼堪、副理事官纽黑，传谕外藩蒙古："所征之官属兵丁，俱会于内齐所居地方。悉令较射，选其壮勇者，令席特库等，将之以行。其从征官属兵丁之数，敖汉、奈曼、吴喇忒、吴本下巴克巴海、内齐、桑噶尔下穆章，及四子部落兵，共二百四十名。令益尔公固、图哈纳、绰隆为向导。其从役官属兵丁，驼马、甲胄、器械、糗粮等物，俱命细加检阅，遣之。"[2]

此次出兵，特点鲜明：第一，满官统领。派八族满洲梅勒章京席特库、济席哈为统帅，及护军四十人充机动。第二，用蒙古兵。征调蒙古敖汉、奈曼、吴喇忒、扎鲁特、四子部落等官属兵丁。第三，精选壮勇。蒙古兵240名，先行较射，优者选壮，壮者选勇，勇者选精。最后选取外藩蒙古兵350人，另有满洲护军40人，共390人。第四，选择路线。从蒙古北边，绕路包抄，往追击之。第五，派出向导。以益尔公固、图哈纳、绰隆熟悉路径，派为向导。第六，做好后勤。诸如驼马、甲胄、器械、军粮等，认真准备，细加检查。第七，师行机密。此次行军计划，就是郑亲王济尔哈朗、睿亲王多尔衮、肃亲王豪格、英郡王阿济格、颖郡王阿达礼、贝勒多铎等，都在事后与闻，其先均不预知。第八，巧施妙计。事后，皇太极说："彼时朕已定计，欲令其北遁，以便擒获。故阳言我军将于黑龙江地方牧马，必擒博穆博果尔。"[3]皇太极用"声东击西"之谋，虚张声势，网开一面，诱使博穆博果

---

[1] 魏源《圣武记·开国龙兴记一》作"六年，并征蒙古兵，征已降复叛之索伦博木果"云。误，"征蒙古兵"事在崇德五年七月丙午（二十七日）。
[2]《清太宗实录》卷五二，崇德五年七月丙午，第22页。
[3]《清太宗实录》卷五三，崇德五年十二月庚申，第21页。

尔"北遁",以便被席特库等伏兵截击。

清军在席特库、济席哈统领下,没有直线指向索伦,而是从蒙古北边往追之。博穆博果尔闻讯,率众"北遁",恰中皇太极之计。席特库、济席哈等北行两个月零十三日,到达甘地,追获博穆博果尔之弟及其家属。又前行十四日,到达齐洛台(今俄罗斯赤塔)地方,追获博穆博果尔及其妻子家属。十二月十三日,出征索伦部落席特库、济席哈遣官报捷:"于甘地,获男子一百七十四名,斩十一人,死者七人,逃一人。于齐洛台地方,获博穆博果尔,及男子八十人,斩二人,死者二人,共计见存二百三十一人,见在妇女、幼稚共七百二十五名口。二处共得马七百一十七匹(今只存六百五十匹)、牛一百二十七头。"[1]此事,《清太宗实录》记载:"命席特库、济席哈,率外藩蒙古兵三百五十人,从蒙古北边,往追击之。席特库等越两月十三日,至甘地,获其弟及家属。又越十四日,至齐洛台地方,遂获博穆博果尔,及其妻子家属。共男妇幼稚九百五十六名口,马牛八百四十四。"[2]

崇德六年(1641)正月十六日,席特库、济席哈率八旗护军及外藩蒙古兵,带着博穆博果尔[3]等,凯旋盛京,受到欢迎。翌日叙功,赏赉有差。[4]

黑龙江上游地区,除索伦部落外,还有毛明安部落等。皇

---

[1]《清太宗实录》卷五二,崇德五年十二月己未,第20页。

[2]《清太宗实录》卷五三,崇德五年十二月庚申,第21页。

[3]《清太宗实录》崇德六年四月甲寅记载萨穆什喀以获罪辩奏:"臣率兵五十人,实曾战败博穆博果尔。方战之时,伏兵适至。索海、谭布、拜等同党,言系伊等所击败,而以臣为败奔,加之以罪。今有博穆博果尔,请加质问。"据此,知博穆博果尔已被带到盛京。

[4]《清太宗实录》卷五四,崇德六年正月癸巳,第10页。

太极统一索伦部前后，又收服毛明安部落。毛明安部落住居于贝加尔湖以东、额尔古纳河以西，今满洲里以北，东邻索伦，在赤塔和尼布楚（今涅尔琴斯克）一带石勒喀河及其支流地方。早在天聪八年（1634）十月十八日，"阿禄毛明安部落来归，见上。设大宴宴之。杨古海杜棱、胡棱都喇尔、吴巴海达尔汉巴图鲁、巴特玛额尔忻戴青、东卓尔台吉、阿布泰台吉等，献貂裘、马、驼，酌纳之"[1]。崇德二年（1637）五月初二日，阿赖达尔汉追毛明安下逃人，直追至使鹿部落喀木尼汉地方，获男子十八人、妇女十一口而归。崇德三年（1638）三月二十四日，毛明安部落巴特玛同蒙古亲王、额驸等，受到皇太极赏赐，被赐"鞍马、貂裘、衣服等物。仍赐宴，遣归"[2]。毛明安部归附清朝后，许多壮丁被编入八旗。崇德七年（1642）九月，叙攻克塔山功，"毛明安下吴尔齐台吉""毛明安下阿敏台吉"等都受到皇太极的赏赐。

综上，皇太极对黑龙江上游地区发动大规模的军事进攻，主要有四次：第一次，天聪八年（1634）十二月初十日，天聪汗皇太极命梅勒章京霸奇兰、甲喇章京萨穆什喀等，率军进攻黑龙江地域，其原因是索伦等"慢不朝贡"，其导火索是蒙古噶尔珠塞特尔等"声言要前往征讨索伦部，收取贡赋，以便自给"。其结果是，后金军大胜，朝贡者益众。第二次，崇德四年（1639）十一月初八日，皇太极命索海、萨穆什喀等，率领官属兵丁，往征索伦部落，主要打击博穆博果尔。第三次，崇德五年（1640）七月二十七日，皇太极命席特库、济席哈等，率

---

[1]《清太宗实录》卷二〇，天聪八年十月辛丑，第23页。
[2]《清太宗实录》卷四一，崇德三年三月丁亥，第7页。

护军并征外藩蒙古官属兵丁，东征索伦部落，擒获博穆博果尔，取得征抚索伦的胜利。第四次，崇德八年（1643）三月十七日，皇太极命护军统领阿尔津、哈尔噶等，率将士往征黑龙江虎尔哈部落[1]，获得村屯、人口、貂皮、马牛等。索伦部落、毛明安部落等臣服清朝表明，贝加尔湖以东、额尔古纳河以西、大兴安岭以南广大地区，都归于清朝版图。

五

皇太极远征索伦博穆博果尔之战，历来学者普遍认为：这是一场平叛战争，博穆博果尔是索伦叛乱之首。这个"叛"字，最早见于《清太宗实录》载皇太极谕旨："博穆博果尔，自叛后抗拒我军。彼时朕已定计，欲令其北遁，以便擒获。"[2]魏源在《圣武记》中论道：崇德"六年[3]并征蒙古兵，征已降复叛之索伦博木果"[4]。何秋涛的《朔方备乘》[5]、萧一山的清史著作[6]，均踵袭此说。《简明清史》中认为皇太极"坚决反对博穆博果尔的叛乱行径"[7]。《清代全史》也认为"崇德四年，博穆

---

[1] 黑龙江虎尔哈、索伦常混称，这里也包括索伦。
[2] 《清太宗实录》卷五三，崇德五年十二月庚申，第20页。
[3] 魏源此处记载错误。皇太极二征博穆博果尔，是在崇德五年七月（丙午）二十七日发兵，同年十二月（己未）十三日获捷，翌年正月（壬辰）十六日大军凯旋。
[4] 魏源《圣武记》卷一，中华书局据古微堂原刻本校刊线装本，1920—1936年，第8页。
[5] 何秋涛《朔方备乘》卷二，宝善书局石印本，光绪七年，第4页。
[6] 萧一山《清代通史》上卷，商务印书馆，1923年，第42页。
[7] 戴逸主编《简明清史》第1册，人民出版社，1980年，第93页。

果尔发动武装叛乱"[1]。《清朝开国史略》认为皇太极用兵索伦是"镇压博穆博果尔反叛"[2]。

本文经过考辨史实后认为：皇太极用兵索伦，其性质是建立在索伦地区的统治，而不是平定索伦博穆博果尔的叛乱。

第一，博穆博果尔的索伦本不属于清。索伦"本辽裔，游牧精奇尼江"[3]。索伦有悠久的历史，是黑龙江上游地域的一个"洞兕虎、迹禽兽"，骁勇强悍、娴于骑射的部落。后隶金、元、明，在明朝索伦隶属于奴儿干都司。清朝兴起后，其势力远播于精奇里江索伦部。由是，清朝同索伦开始发生政治、经济、军事、贸易的关系。

第二，博穆博果尔曾同皇太极合作。在《清太宗实录》中，首见博穆博果尔的记载，是在崇德二年（1637）闰四月十二日："黑龙江索伦部落博穆博果尔，率八人来朝，贡马匹、貂皮。"[4]同年六月初五日，皇太极赏赐来朝的博穆博果尔等人："是日，遣来朝索伦部落博穆博果尔、褚库尼等还，赐以鞍马、蟒衣、凉帽、玲珑鞓带、撒袋、弓矢、甲胄、缎布等物有差。"[5]这说明当时博穆博果尔同皇太极的关系是正常而友善的。

第三，博穆博果尔予皇太极以支持。清军在索伦地区追击喀木尼汉部落叶雷时，博穆博果尔予以协助。据记载：清军托果代追捕叶雷"至博穆博果尔处，率博穆博果尔追之。行一月

---

[1] 李洵、薛虹主编《清代全史》第1卷，辽宁人民出版社，1991年，第323页。
[2] 李鸿彬《清朝开国史略》，齐鲁书社，1997年，第233页。
[3] 《黑水先民传》卷一〇《博穆博果尔》，第7页。
[4] 《清太宗实录》卷三五，崇德二年闰四月庚戌，第3页。
[5] 《清太宗实录》卷三六，崇德二年六月壬寅，第8页。

追及，留博穆博果尔，离一程地驻宿。尔率十人，乘夜步行潜入，驱出叶雷散马，并所系马十三匹，袭而取之，共获马一百七十四而还。行二十日，复至博穆博果尔处。托果代已率左翼七人先返。尔又率十人，往约会之地，历十七昼夜，追及吴巴海、席特库，同行至温多河，追获逃人叶雷等，皆杀之"[1]。这表明博穆博果尔同清军不是敌对的。

第四，博穆博果尔两次到盛京朝贡。博穆博果尔于崇德二年（1637）四月十二日，首次到盛京朝贡，六月初五日返还。崇德三年（1638）十月十七日，第二次到盛京朝贡。十二月初五日，博穆博果尔在崇政殿受到接见，三十日受到赏赐。但第二年十一月，皇太极就发兵远征索伦。其间不到一年，不能由此说博穆博果尔"拒绝归顺清廷，不再来沈阳朝贡"。所谓博穆博果尔"已降复叛"，此条理由，没有史据。

第五，博穆博果尔征收官屯之米。索伦部落已经朝贡清朝，而在其诸屯中，"又有博穆博果尔取米之屯"。博穆博果尔向清纳贡仅两年，仍有向其"取米"的传习。皇太极可以将此作为征讨博穆博果尔的理由，但不足以成为其"叛乱"的依据。事实上，博穆博果尔的确感到自己力量强大，显然有"不驯"之表现。

第六，博穆博果尔所谓"发动叛乱"。博穆博果尔到盛京朝贡，或是贸易行动，或是友善往来，抑或兼而有之。博穆博果尔流露出他对清廷的轻视和不驯。皇太极在其第一次派军队出征前的谕旨中，并没有宣谕博穆博果尔有"叛乱"的罪名。他在第二次派军队出征前的谕旨中，说"叛后抗拒我军"是给出征博穆博果尔一个政治理由。但从大量史料可知，没有博穆博

---

[1]《清太宗实录》卷三六，崇德二年六月辛丑，第6页。

果尔叛乱的史实。

第七，皇太极发兵索伦是因为：其一，在已经归附纳贡之屯中，不许有"博穆博果尔取米之屯"。博穆博果尔向其所属村屯"取米"，就是征收"贡赋"。而征收"贡赋"，就是管辖或统治权力的象征。其二，皇太极对博穆博果尔，"虑其势盛，不可制"[1]，而发兵征讨，以显示皇威。其三，皇太极已经在对朝鲜、蒙古、明朝作战中取得胜利，更要将黑龙江流域（包括索伦部）完全置于清朝管辖之下。

第八，博穆博果尔并不对清构成威胁。皇太极出兵征讨博穆博果尔，是因为博穆博果尔"雄于诸部"，且"势散而力不厚"[2]，既有征讨之必要，又有取胜之可能。皇太极出兵索伦之前，索伦并未臣服于后金—清。天聪八年（1634），后金军远征索伦之后，巴尔达齐与博穆博果尔等都到盛京朝贡。他们二人有所不同：巴尔达齐——既向皇太极朝贡称臣，又将其所属村屯向清"纳贡"；博穆博果尔——既向皇太极朝贡，又在其所属村屯"取米"。所以，皇太极出兵索伦，主要不是"平叛"，而是令其"纳贡"，也就是建立统治。此举遭到博穆博果尔等索伦大小头领的反抗，皇太极派兵平息博穆博果尔的反抗。第一次出兵，有得有失，没有擒获博穆博果尔，恐怕留下祸根。第二次出兵，捉获博穆博果尔，事态平息。

清太宗皇太极两次用兵远征索伦部落，其旨在于确立在黑龙江上游地域对索伦部的管辖。统一索伦，确立统治，正面意义，十分重大。魏源评论道："天命间，大兵虽一度黑龙江下游

---

[1]《黑龙江志稿》卷五四，《博穆博果尔传》，黑龙江人民出版社，1992年。
[2]《黑水先民传》卷一〇《博穆博果尔·论曰》，第7页。

（即混同江），未尝至索伦。天聪、崇德，始臣绝域，际东北海。于是，辽、金部落，咸并于满洲矣！"[1]

至此，清完成对黑龙江上游索伦地区的统一。皇太极对黑龙江广大地域实行有效的、有特色的管理。第一，迁民盛京。第二，编入八旗。第三，设官镇守。第四，定期朝贡。第五，貂皮贸易。第六，派官管理。

皇太极统一黑龙江上游索伦地区的战略意义在于：其一，黑龙江上游地区，完全纳入清朝版图。这是继辽、金、元、明以来，对黑龙江上游地区（索伦、毛明安等）实行最为有效的管辖。其二，索伦诸部归附人口，均被编入满洲八旗，扩充了兵源，增强了军力，成为清军一支劲旅。其三，拓展了清朝在东北的基地范围，增强了同明朝对抗的实力。其四，索伦地区成为日后顺治、康熙朝抗御沙俄入侵的前沿阵地，并为后来雅克萨保卫战和签订《尼布楚条约》准备了条件。后来何秋涛在《朔方备乘·圣武述略》中曰："索伦诸部既平，而俄罗斯国，亦以是时略地而东。遂于顺治年间，窃据雅克萨地，侵扰索伦等部，垂四十年。赖我圣祖仁皇帝，庙谟先定，筑城运粮，屡奏克捷。察罕汗上书请和，立石定界。索伦诸部，遂得并臻清谧。而黑龙江之建为省会，肇基于此。"[2]

努尔哈赤、皇太极父子在统一东北的整个过程中，取得前无古人的业绩。崇德七年（1642）六月初三日，皇太极致崇祯帝书曰："予缵承皇考太祖皇帝之业，嗣位以来，蒙天眷佑，自

---

[1] 魏源《圣武记》卷一，中华书局据古微堂原刻本校刊线装本，1920—1936年，第8页。

[2] 何秋涛《朔方备乘》卷一，第1页。

东北海滨，迄西北海滨，其间使犬、使鹿之邦，及产黑狐、黑貂之地，不事耕种、渔猎为生之俗，厄鲁特部落，以至斡难河源，远迩诸国，在在臣服。"[1]

皇太极上述的这段话，概括地说明了清初的东北疆域。这表明，经过努尔哈赤、皇太极父子两代半个世纪奋争，终于把原属明朝的奴儿干都司、辽东都司以及漠南蒙古管辖区域，东北起库页岛（今萨哈林岛），东临鄂霍次克海，西北迄贝加尔湖，南至长城（辽西到宁远），西南到宣府、大同边外，西达青海，北跨外兴安岭[2]，全部置于清朝管辖之下。

天命、天聪、崇德时期，前后五十年，努尔哈赤、皇太极父子逐步统一了黑龙江流域及其支流乌苏里江以东沿海地区，继辽、金、元、明之后，重新统一了这一广大地区并对其建立军政之有效管辖。而经略[3]索伦地区，主要是在崇德年间。魏源在《圣武记》"开创"篇里论道："崇德而后，与东北之鄂伦春，奔走疏附，后先御侮，是为黑龙江之兵。自索伦骑射闻天下，于是后编八旗之达瑚尔（达斡尔）、鄂伦春等部，世皆'索伦'呼之。而吉林一军，则但知为新满洲矣。'女真兵满万不可敌'。况倾东北海之精锐，殚两神圣之训练，夫何敌于天下！"[4]

---

[1]《清太宗实录》卷六一，崇德七年六月辛丑，第3页。
[2] 俄罗斯学者格·瓦·麦利霍夫的《满洲人在东北》一书中说，黑龙江流域及滨海地区各部落，"既不是满洲国的藩属，也不是它的臣民"云云。此没有史据，实属臆断。
[3]《晋书·袁乔传》："夫经略大事，故非常情所具，智者了于胸心，然后举无遗算耳！"
[4] 魏源《圣武记》卷一，中华书局点校本，1984年，第9页。

天命汗努尔哈赤、崇德帝皇太极父子，以整个东北地区为基地，以八旗满洲为骨干——囊括东北黑龙江地域"索伦"之悍勇精锐，编制八旗蒙古之铁骑劲旅，创设八旗汉军之火器重军，合成八旗满洲、八旗蒙古、八旗汉军，与明朝争雄，同农民军角逐[1]，为最终定鼎中原创造了条件。

（原载《历史档案》2004年第2期）

---

[1] 朱诚如主编《清朝通史》第3卷《太宗朝》，紫禁城出版社，2003年，第581页。

顺治继位之谜新解

清太宗皇太极因患中风而猝死之后,皇位继承在肃亲王豪格同睿亲王多尔衮之间角逐,结果皇位却由第三者——六岁的福临继承。福临继位,谁是经始议者?这是个清朝历史之谜。既往论者,多认为出自睿亲王多尔衮之首议。笔者提出另一粗浅看法,试做顺治继位之谜新解。

一

当代清史学界关于福临继位首议者的论述,王思治教授在《清代皇位继承制度嬗变与满洲贵族间的矛盾》一文中阐述,多尔衮在议立皇位继承的关键时刻,提出让皇九子福临继承皇位。他论述道:

> 索尼与鄂拜进入殿内,首先发言,声称定立皇子,多尔衮命其暂时退下,阿济格、多铎劝多尔衮即帝位。多尔衮犹豫未允,多铎即毛遂自荐说:"若不允,当立我,我名在太祖遗诏。"多尔衮不同意,说:"肃亲王(豪格)亦有名,不独王也。"代善提出:豪格"帝之长子,当承大统"。以代善

的地位和两红旗的支持,豪格以为大局已定,辞让表示谦恭,等待劝进,虎口(豪格)曰:"福小德薄,非所堪当!"这颇像乃父皇太极当年被议立时所说"吾凉德,惧不克负荷也"。待众人"坚请不已,然后从之"。其所言显系故套。旋即"固辞退去"故作姿态,以效乃父。豪格离去后,多铎又提出:"不立我,论长当立礼亲王。"代善说:"吾以帝(皇太极)兄,常时朝政,老不预知,何可参于此议乎?"又说:"睿亲王若允,我国之福,否则当立皇子。我老矣!能当此位耶?"代善的话是面面俱到,但其倾向于立皇子之意则甚明。会上各执一词,各有所立,"定策之议,未及归一。帝之手下将领(黄旗大臣)之辈佩剑而前,曰:'吾属食于帝,衣于帝,养育之恩与天同大,若不立帝之子,则宁死从帝于地下而已!'"以武力胁迫多尔衮拥立皇子,否则将以死相拼。八旗中除多尔衮兄弟所将两白旗支持自己外,两黄旗之重要带兵将领、代善(两红旗)都明确支持豪格,镶蓝旗济尔哈朗内心实则支持拥立皇子。力量对比不利于多尔衮的严峻形势,如若强自为君,势必爆发满洲贵族内部的大厮杀。多尔衮当机立断,立福临,由己摄政,而黜政敌豪格。[1]

王思治先生认为:"多尔衮当机立断,立福临,由己摄政,而黜政敌豪格。"于是,睿亲王多尔衮的"这一方案为众人接受"。

周远廉教授在《顺治帝传》专著中,关于福临继位问题,有一段论述:

---

[1] 王思治《清代皇位继承制度嬗变与满洲贵族间的矛盾》,《满学研究》第3辑,民族出版社,1996年。

这时聪睿绝顶的睿亲王多尔衮迅速地思考对策。形势已很明显，自己若要坚持登基，白黄四旗必然火并。胜负很难预料，且即使侥幸战胜对方，四旗将士将大量死于血泊之中，八旗劲旅必然元气大伤，十几年来拼死厮杀争取到的即将进军中原的有利局面便会彻底丧失，代价太大了。但若屈服于黄旗大臣的压力，尊豪格为君，自己多年以来梦寐以求的要夺回被兄长太宗抢走的君汗之位，就毁于一旦，又太可惜了。怎样才能两全其美，既不致引起白黄四旗火并，又不影响掌权的利益？他突然从"必立皇子"四字中找到了解决问题的关键，立即宣布：黄旗大臣的建议，是正确的。肃王既然退让，"无继统之意"，那就立先帝之子福临，不过他年龄还小，"八高山军兵，吾与右真王分掌其半，左右辅政"，待幼君年长之后，"当即归政"，众赞同，遂定议。[1]

周远廉先生也认为：睿亲王多尔衮首先找到了解决问题的关键，立先帝之子福临，自己与济尔哈朗，左右辅政，众皆赞同，由是定议，福临继位。

李洵、薛虹教授在《清代全史》第一卷里，论述皇太极遗位继承的大衙门会议时，就福临继位问题阐述道：

选定皇位继承人问题，经过一番纷争之后，结果是出现了一种类似折衷〔中〕的方案。即选定皇太极的第九子，年仅六岁的福临继位。同时决定，由济尔哈朗与多尔衮二

---

〔1〕 周远廉《顺治帝传》，吉林文史出版社，1993年。

人辅政。这个方案基本上是由多尔衮提出的。[1]

李、薛二位先生做出了福临继位始议者的论断:"这个方案基本上是由多尔衮提出的。"

李鸿彬教授在《孝庄文皇后》一文中,也认为是多尔衮提出让福临继位:

> 当时在诸王中有力量争夺皇位的是睿亲王多尔衮和皇太极的长子肃亲王豪格,两者之间斗争激烈。最后多尔衮感到势单力薄,暂时作了让步,提出立年方六岁的福临为帝。"八高山(即固山)军兵,吾与〔右〕真王(即济尔哈朗)分掌其半,左右辅政,年长之后,当即归政。"[2]

李鸿彬先生的结论是:"最后多尔衮感到势单力薄,暂时作了让步,提出立年方六岁的福临为帝。"

此外,李格在《关于多尔衮拥立福临问题的考察》中认为:多尔衮于皇太极死后满洲贵族集团面临分裂的紧急关头,"断然决策,拥立福临"[3];张玉兴在《多尔衮拥立福临考实》中也认为:皇太极突然逝世,由谁来继位,成了大问题;多尔衮随机应变,"而成为拥戴元勋"[4]。上述两篇关于福临继承皇位的专题论

---

[1] 李洵、薛虹主编《清代全史》第1卷,辽宁人民出版社,1991年。
[2] 李鸿彬《孝庄文皇后》,王思治主编《清代人物传稿》第1卷,中华书局,1984年。
[3] 李格《关于多尔衮拥立福临问题的考察》,《清史论丛》第2辑,中华书局,1980年。
[4] 张玉兴《多尔衮拥立福临考实》,《故宫博物院院刊》1984年第1期。

文都认为：福临之所以继承皇位，睿亲王多尔衮是拥戴的元勋。

以上六例，充分说明：当代清史界比较普遍地认为，拥立福临继位之议，出自睿亲王多尔衮。

二

按照清太祖努尔哈赤规定的皇位继承《汗谕》，由满洲八旗贵族共议嗣君。时亲王、郡王共有七人：礼亲王代善、郑亲王济尔哈朗、睿亲王多尔衮、肃亲王豪格、英郡王阿济格、豫郡王多铎和颖郡王阿达礼。那么，拥立福临继位的首议出自谁呢？

第一，出自多尔衮之议辨析。认为福临继位之议，出自多尔衮的学者，其主要依据是朝鲜《沈阳状启》或《沈馆录》中的一段记载。为了便于分析，全文征引如下：

> 秘密状启，十四日，诸王皆会于大衙门，大王发言曰："虎口，帝之长子，当承大统云。"则虎口曰："福少德薄，非所堪当！"固辞退去。定策之议，未及归一。帝之手下将领之辈，佩剑而前，曰："吾属食于帝，衣于帝，养育之恩与天同大，若不立帝之子，则宁死从帝于地下而已。"大王曰："吾以帝兄，常时朝政，老不预知，何可参于此议乎？"即起去。八王亦随而去。十王默无一言，九王应之曰："汝等之言是矣。虎口王既让退出，无继统之意，当立帝之第三（应作九）子。而年岁幼稚，八高山军兵，吾与右真王，分掌其半，左右辅政，年长之后，当即归政。"誓天而罢云。[1]

---

[1]《沈馆录》卷六，《辽海丛书》本，辽沈书社影印本，1985年；《沈阳状启》，辽宁大学历史系刊印本，1983年。

上述《秘密状启》，时间记为癸未年即崇德八年（1643）八月二十六日，就是大衙门[1]秘密会议后的第十二天。文中的"大王"为礼亲王代善，"虎口"为肃亲王豪格，"八王"为英郡王阿济格，"九王"为睿亲王多尔衮，"十王"为豫郡王多铎，"右真王"即"兀真王"，为郑亲王济尔哈朗，"帝之第三（应作九）子"为福临。

在上述的引文中，有两句重要的话，不应该被忽视，而应当受重视。这就是："九王应之曰"和"汝等之言是"十个字。在

---

[1] 大衙门，多书文作崇政殿。金毓黻先生在《沈馆录·叙》中认为："大衙门为清帝朝会治事之所，盖即后来之大政殿，原称为笃恭殿，《盛京通志》谓崇政殿旧名笃恭殿，此殊不然。《东华录》天聪十年（1636）四月丁亥，定宫殿名大殿为笃恭殿，正殿为崇政殿。笃恭殿盖为大政殿之旧名。"查《清太宗实录》记载，天聪十年四月丁亥，定宫殿名：正殿为崇政殿，大殿为笃恭殿。皇太极于崇德八年八月庚午（初九日）死。辛未（初十日）其梓宫奉安在崇政殿。诸王贝勒大臣等朝夕哭临三日。七日又哭临祭奠。崇政殿连续斋戒七昼夜。蒙古诸王、三顺王等，也到崇政殿焚香致哀。大衙门会议在皇太极死后第五天举行，时皇太极死后未满七日，尚在昼夜斋戒之期内。严肃而机密的诸王大臣皇位继承会议，在崇政殿大殿举行，既与史实不符，也与情理不合。《清史稿·索尼传》记载：皇太极死后五日即十四日，"黎明，两黄旗大臣盟于大清门，令两旗巴牙喇兵张弓挟矢，环立宫殿，率以诣崇政殿。诸王大臣列坐东西庑"云云。2001年9月22日，值纪念沈阳故宫博物院建院七十五周年之际，笔者由冯秋雁副研究馆员陪同，重新察看了崇政殿及其庑殿。崇政殿五间、三进，其东西分别为左翊门、右翊门各三间、一进。其东侧原为一层、三间庑殿，西侧原为二层、七间庑殿。乾隆八年（1743）将东西庑殿加以改建——东为飞龙阁、西为翔凤阁，均为两层、五间、三进。其时崇政殿正中安设宝座，一侧安放皇太极梓宫灵堂，另一侧无法举行诸王大臣最高军国机要会议。是知议商皇太极遗位继承的大衙门会议不是在崇政殿的大殿，而是在崇政殿的庑殿，诸王大臣列坐举行。八月二十六日，顺治帝登极大典则是在笃恭殿即大政殿前举行。

整段文字中，"九王应之曰"——此前为议论，此后为结论；"汝等之言是"——承上而启下，接前而转后。其中包含了三层意思：

其一，"九王应之曰"，就是说在九王多尔衮发表当立帝之第九子福临以前，诸王们有一番议论，而被《秘密状启》的作者，或出于重点在启报新君为谁而省略繁文，或对当时秘议不甚了了而断简缺载，不管出于何种原因，其前都有一番争论。因是最高机密会议，外人不可得知其详，这段记载，十分可贵，有所罅漏，不必苛责。

其二，"汝等之言是"，就是说在九王多尔衮发表当立帝之第九子福临以前，诸王们有人提出立福临，故多尔衮才"应之""是之"，否则何应之有、何是之言！上述《秘密状启》，记于当时盛京。《状启》记载疏略，"汝等之言"断简，于是给人一种信息误导，似乎福临继位是由多尔衮提出的。睿亲王多尔衮权势倾朝，功劳归于己，罪祸嫁于人，这样，多尔衮就"翊戴拥立，国赖以安"[1]，把拥立福临的功劳归于自己。

其三，"九王应之曰"与"汝等之言是"，萧一山先生《清代通史》在转述上面引文时，做了通俗节录："睿亲王多尔衮曰：诸将之言是也。豪格既退让无续继意，则当立帝之三子福临，若以为年稚，则吾与郑亲王济尔哈朗分掌其半，以左右辅政，年长之后，再当归政。因誓天而散，福临方六岁云。"[2]这里虽省略"九王应之曰"，却将"汝等之言是"诠释为"诸将之言是也"。

---

[1]《清世祖实录》卷九，顺治元年十月甲子，中华书局影印本，1985年。
[2] 萧一山《清代通史》上卷，商务印书馆，1923年。又，"帝之三子福临"，"三"应作"九"。

上面"九王应之曰"和"汝等之言是"中，其"应"的是什么？其"是"的又是什么？细加分析，共有四点：一是，豪格退让，无意继统；二是，拥立福临，嗣承皇位；三是，福临年幼，郑、睿辅政；四是，幼主年长，当即归政。

由上可见，福临继位之议，出自多尔衮，直接史料，未见一条[1]；所引《沈阳状启》之记载，含糊其词，且存疑点。

第二，出自代善之议解析。皇太极死后，各旗力量都在或明或暗地进行活动。此事，《清史列传·索尼传》和《清国史·索尼传》均缺载，而《清史稿·索尼传》有详述："太祖崩后五日，睿亲王多尔衮诣三官庙，召索尼议册立。索尼曰：'先帝有皇子在，必立其一，他非所知也。'是夕，巴牙喇纛章京图赖诣索尼，告以定立皇子。黎明，两黄旗大臣盟于大清门，令两旗巴牙喇兵张弓挟矢，环立宫殿，率以诣崇政殿。"在崇政殿配殿议商册立的大衙门会议，由礼亲王代善主持。会上，英郡王阿济格、豫郡王多铎劝其胞兄睿亲王多尔衮即帝位，多尔衮犹豫未允，豫郡王多铎曰："若不允，当立我。"睿亲王不允。多铎又曰："不立我，论长当立礼亲王。"礼亲王代善曰："睿亲王若允，我国之福。否则当立皇子，我老矣，能胜此耶！乃定议奉世祖即位。"[2]礼亲王代善是议商嗣君诸王会议的重要政治力量。因为代善是清太祖努尔哈赤次子（长子褚英已死），春秋六十一，花甲老翁，在宗室中年龄最长、有着家长的地位，此其一。代善在皇太极崇德朝为大贝勒、和硕礼亲王，被朝鲜称

---

[1]《清世祖实录》卷五六，顺治八年四月戊午载冷僧机奏言"两旗大臣原誓立肃亲王为君，睿王主立皇上"云云，只能说明多尔衮曾主张立福临，而不能证明多尔衮首议立福临。

[2]《清史稿》卷二四九《索尼传》，中华书局点校本，1976年。

为"大王",此其二。代善为正红旗的旗主贝勒,有军事实力,此其三。代善的子孙掌镶红旗,此其四。代善召集诸王大臣会议,议立嗣君,此其五。代善率领诸王、大臣、贝勒等以福临继位盟誓告天,此其六。所以,代善在议立嗣君的诸王会议上有着举足轻重的影响。但是,代善知己知彼,圆融平和,进退有度,主动谦让,以"我老矣,能胜此耶",或"常时朝政,老不预知,何可参于此议"而坚辞。所以,定议奉福临之继位,并非出自代善首议。从代善坚决辞让、圆融建言、退席避锋与未行摄政四事可以反证,其并未首议福临继位。

第三,出自豪格之议诠析。肃亲王豪格继承皇位的有利条件是,豪格为皇太极长子,三十五岁(比多尔衮年长三岁),正值壮年,有文韬武略,也有显赫战功,此其一。豪格的十一位弟弟中,有七位在世:四阿哥叶布舒十七岁[1],五阿哥硕塞十六岁[2],六阿哥高塞七岁,七阿哥常舒七岁,九阿哥福临六岁,十阿哥韬塞五岁,十一阿哥博穆博果尔三岁,六、七、九、十、十一阿哥都年龄较小,此其二。豪格人才出众,史称他"容貌不凡、有弓马才","英毅、多智略",此其三。豪格在太祖时因军功被封为贝勒,太宗即位后又因军功被晋为和硕贝勒,崇德元年(1636)皇太极即皇帝位后,再被封为和硕肃亲王兼摄户部事,此其四。豪格有两黄旗贝勒大臣的支持,其父皇太极生前亲掌正黄、镶黄和正蓝三旗,而两黄旗和正蓝旗大臣拥护豪格继位,此其五。豪格有济尔哈朗支持,还有众大臣拥护,

---

[1] 中国第一历史档案馆藏《玉牒》第118册载:清太宗第四子叶布舒,生于天聪元年十月十八日子时,即1627年11月25日。
[2] 中国第一历史档案馆藏《玉牒》第118册载:清太宗第五子硕塞,生于天聪二年十二月二十四日亥时,即1629年1月17日。

如开国五大臣中额亦都、费英东、扬古利的子弟侄孙多是两黄旗的勇将,都拥戴豪格,此其六。但是,肃亲王豪格既不善上(故作虚套),也不善让(真正辞让),或者说既不知上,也不知让,"因王性柔,力不能胜众"[1]。大清皇位,失之交臂。从豪格或因故套谦恭或由愤懑退席与未行摄政两事,可以反证其并未首议福临继位。

第四,出自其他诸王之议考析。参加大衙门会议的其他诸王还有英郡王阿济格、豫郡王多铎和颖郡王阿达礼。前已分析,英郡王阿济格主张立胞弟多尔衮,豫郡王多铎也主张立胞兄多尔衮。史载英郡王阿济格、豫郡王多铎等"跪劝睿王,当即大位"[2]。甚至说:"若立肃王,我等俱无生理!"豫郡王多铎还提出"当立我"即立自己,他们兄弟不会也没有提出拥立福临继位,至于多罗颖郡王阿达礼,为代善第三子萨哈廉(萨哈璘)之长子,以父死袭郡王,萨哈廉多军功,与议政,掌礼部,同多尔衮亲近。阿达礼多有战功,附多尔衮,管礼部,与议政。阿达礼在皇太极死后,谋立多尔衮继位。阿达礼、硕托(代善次子)往来于代善、多尔衮、济尔哈朗之间,谓"众已定议,立和硕睿亲王矣!"[3],结果阿达礼以"扰政乱国"罪,被当夜"露体绑缚""即缢杀之"[4]。阿达礼之母、硕托之妻,也同时被缢杀。

此事《清史稿·萨哈璘传附阿达礼传》载:"太宗崩,(阿

---

[1]《清世祖实录》卷四,顺治元年四月戊午朔。
[2]《清世祖实录》卷六三,顺治九年三月癸巳。
[3]《清世祖实录》卷一,崇德八年八月丁丑。
[4]《沈阳状启》,癸未年八月二十六日。

达礼）坐与硕托谋立睿亲王，谴死。"[1]这件事发生在礼亲王代善会集诸王贝勒等为福临继位而"共立誓书、昭告天地"之后两天，所以就排除多罗颖郡王阿达礼首议福临继位之可能。

除上之外，剩下的就是郑亲王济尔哈朗。

三

拥立福临继承皇位之议，出自郑王济尔哈朗，依据史料，阐述如下。

第一，四大亲王态度。当时最有影响的四位和硕亲王——礼亲王代善抱明哲保身态度，以年老多病为由，不想卷进这场政治旋涡里面；肃亲王豪格与睿亲王多尔衮角立，互不相让，双方僵持；郑亲王有特殊地位。崇德七年（1642）十月二十日，皇太极"圣躬违和，肆大赦"。二十七日，皇太极原躬自裁断的机务，"今后诸务可令和硕郑亲王、和硕睿亲王、和硕肃亲王、多罗武英郡王会议完结"[2]。郑亲王济尔哈朗位居睿亲王多尔衮、肃亲王豪格和多罗武英郡王阿济格之上。郑亲王济尔哈朗是努尔哈赤胞弟舒尔哈齐之子。在这场宫廷斗争中扮演着重要的政治角色，比较超脱而能起协调作用。因为：一则，济尔哈朗虽是舒尔哈齐之第六子，但自幼为伯父努尔哈赤养育宫中；二则，济尔哈朗小皇太极七岁，两人情谊如同胞；三则，阿敏被夺旗后，济尔哈朗成为镶蓝旗的旗主贝勒；四则，济尔哈朗屡经疆场，军功显赫；五则，济尔哈朗年四十五，序齿仅亚于代善，比多尔衮年长十三

---

[1]《清史稿》卷二七六《诸王二》，第8990页。
[2]《清太宗实录》卷六三，崇德七年十月甲子。

岁；六则，济尔哈朗受清太宗信任倚重，被封为和硕郑亲王；七则，济尔哈朗位居"四王会议"之首；八则，济尔哈朗既是多尔衮的兄长，又是豪格的叔辈，便于两方协调；九则，济尔哈朗表面憨厚而内心机敏，在关键时刻提出重要政议。所以，郑亲王济尔哈朗在大衙门议商皇位继承而陷于僵局之时，提出了一个折中方案——让既是皇子又不是豪格的福临继位。

第二，济尔哈朗辅政。郑亲王济尔哈朗因倡立福临继位之功，而得到担任辅政王的政治回报，且其位次在睿亲王多尔衮之前，辅政[1]亲王的政治地位，较和硕亲王更高一层。当时为何不由代善、豪格，而由济尔哈朗辅政？显然，代善在这场严重而激烈的政治斗争中，没有做出有利于胜利一方的贡献。豪格则与多尔衮对立，如二人同时辅政，会出现两虎相争的局面。至于济尔哈朗，有学者解释说，多尔衮拉济尔哈朗辅政，是因为他"非属皇室直系，当然无法与多尔衮并肩，也决不会与之争夺权势"。在宫廷激烈斗争态势下，济尔哈朗出任辅政王，既不是情愫之事，也不是因其弱势，而是政治势力角逐的结果。愚以为，济尔哈朗之所以为辅政王，主要原因是：一则，原有"谋立肃王为君，以上（福临）为太子"之私议，当肃亲王继位受阻，退而求其次就是拥立福临。二则，他提出了福临继位这一折中方案，侄子继统，皇叔辅政，理所当然，众王接受。三

---

[1] 崇德八年（1643）八月乙亥（十四日）大衙门会议上，公议由皇九子福临继承皇位，而由郑亲王济尔哈朗和睿亲王多尔衮辅政。但是《清世祖实录》卷二崇德八年十二月乙亥（十五日）记载"摄政和硕郑亲王济尔哈朗、和硕睿亲王多尔衮定议"云云。这是《清世祖实录》出现"摄政王"之始。后来多尔衮和济尔哈朗由辅政王而成为摄政王。

则,他因私下表示拥立豪格[1],而为两黄旗大臣所认同。四则,他同代善父子无恶,而为两红旗王大臣所认允。五则,他非帝统血胤,对多尔衮兄弟构不成政治威胁,而为两白旗三王及其大臣所接受。六则,他执掌镶蓝旗并同正蓝旗有历史渊源。而能够为两蓝旗大臣所服从。综上所述,可以说,济尔哈朗是当时皇位继承矛盾对立两方最合适的协调者。史载,肃亲王豪格派何洛会、杨善传话给郑亲王,说:"定立我为君,尚须尔议。"济尔哈朗回答道:睿亲王多尔衮"尚未知,待我与众商之"[2]。这说明郑亲王济尔哈朗同争位角力的两方都能对话,他不仅有可能,而且实际上提出协调矛盾双方的方案,而首议拥立福临继位。在这里,附论立福临的一个理由。皇太极死时,除其长子豪格和九子福临外,还有六位阿哥在世:四阿哥叶布舒十七岁、五阿哥硕塞十六岁,均已成年,若立为君,无须辅政;六阿哥高塞和七阿哥常舒虽均比福临年长一岁,但其生母皆为庶妃;十阿哥韬塞不仅年幼,且其生母氏族不明,地位更低;十一阿哥博穆博果尔虽生母为麟趾宫贵妃,但年仅三岁,又太幼小。然而,皇九子福临在年龄长幼与生母身份方面均占优势:福临年龄不算太大(太大不便摄政),也不算太小;其生母博尔济吉特氏既是孝端文皇后之侄女,又是永福宫庄妃。所以,仅从当时年龄与其生母身份来说,拥立福临当是皇子中除豪格之外的最佳选择。但是,济尔哈朗拥立福临后,于顺治四年(1647)二月被多尔衮罢其辅政王,一年后又被多尔衮降为郡王。这是多尔衮对济尔哈朗不拥立自己而拥戴福临的一个政

---

[1]《清国史》卷三七《索尼传》,中华书局影印本,1993年。
[2]《清世祖实录》卷三七,顺治五年三月己亥。

治报复，也是多尔衮独揽朝纲的一项举措。

第三，睿王权衡利弊。睿亲王多尔衮在两黄、两红和两蓝六旗不支持的情势下，若自己强行登极，只有两白旗支持，明显不占优势，还势必引起两白旗与两黄旗的火拼，其后果可能是两败俱伤。解决皇位继承难题的途径不外三条：一是强自为君，得不到两红、两蓝旗的赞同，还会引发两黄旗的强烈反对；二是让豪格登极，自己既不甘心，还怕遭到豪格报复；三是让年幼的皇子福临继位，而自己同济尔哈朗辅政，可收一石三鸟之利——打击豪格、摄政掌权、避免内讧。显然，在上述三种解决办法中，以第三种解决办法比较切实可行，两黄、两白、两红、两蓝各方都可以接受。睿亲王多尔衮，能识时务，聪睿机智，权衡利弊后回应说：我赞同黄旗大臣"立皇子"的意见，而肃亲王豪格既然没有继统之意，所以就立先帝第九子福临；但他年龄还小，由郑亲王和我辅政，待新君年长之后"当即归政"。众赞同，议遂定。

第四，顺治帝的肯定。福临当时尚在冲龄，不了解继位政争内幕，后来逐渐知道当年的故事。待多尔衮病死，自己亲政之后，即对皇叔济尔哈朗表彰其当年功绩，赐予其金册金宝。对此，《清世祖实录》记载：

> 我太祖武皇帝肇造鸿基，创业垂统，以贻子孙。太宗文皇帝继统，混一蒙古，平定朝鲜，疆围式廓，勋业日隆。及龙驭上宾，宗室众兄弟，乘国有丧，肆行作乱，窥窃大宝。当时尔与两旗大臣，坚持一心，翊戴朕躬，以定国难。……睿王心怀不轨，以尔同摄朝政，难以行私，不令辅政，无故罢为和硕亲王。及朕亲政后，知尔持心忠义，

不改初志，故锡以金册、金宝，封为叔和硕郑亲王。[1]

上面顺治帝福临明确谕示：济尔哈朗在诸王议立自己为帝时，有首议之功。福临的这番话，说出了当时的内情。郑亲王之功，在拥立福临。细分析，有八则。一则，册文中清楚地说：当太宗皇帝去世国丧之时，"宗室众兄弟，乘国有丧，肆行作乱，窥窃大宝"。这显然指的是皇叔睿亲王多尔衮、英郡王阿济格、豫郡王多铎和皇侄颖郡王阿达礼。二则，在这宗社危难之时，是谁站出来翊戴福临继位呢？册文里没有提代善，没有提豪格，也没有提多尔衮，与会的四大亲王除前三人外，剩下的只有济尔哈朗。三则，册文又清楚地说："当时尔与两旗大臣，坚持一心，翊戴朕躬，以定国难。"在这里，"尔"即济尔哈朗，在大衙门议立嗣君的最高贵族会议上，倡言"翊戴朕躬，以定国难"。四则，在上文，"两旗大臣"即两黄旗大臣。他们没有出席大衙门议立嗣君的最高贵族会议，索尼与鳌拜虽与会，但会议刚开始不久因抢先发言就被多尔衮勒令退席，只能在会外起策应作用。五则，郑亲王济尔哈朗翊戴福临的倡言，得到礼亲王代善、肃亲王豪格等赞同。六则，睿亲王多尔衮才"应之"、才赞同，即《沈阳状启》中"九王应之曰"和"汝等之言是"的记载。七则，至于顺治元年（1644）十月，为多尔衮"建碑立绩"，那是摄政睿亲王自我表彰所为。八则，顺治帝对其他的亲王、郡王，在决定自己继位的功绩上，都没有进行过表彰，只对济尔哈朗表彰此事。这就透露出当时重要的政治机密：在大衙门议立嗣君的最高贵族会议上，济尔哈朗首先"翊戴朕躬，以定国难"。总之，顺治帝亲自给摄政郑亲王济尔

---

[1]《清世祖实录》卷六三，顺治九年二月庚申。

哈朗金册、金宝，封他为皇叔和硕郑亲王，对其为自己继位的功绩进行表彰，这从一个侧面证明济尔哈朗在大衙门诸王贝勒会议上拥立福临继位的特殊历史功勋。

第五，王公大臣同誓。礼亲王代善、郑亲王济尔哈朗、睿亲王多尔衮、肃亲王豪格、英郡王阿济格、豫郡王多铎、颖郡王阿达礼等十九位王公共同誓书、昭告天地："不幸值先帝升遐，国不可无主，公议奉先帝子（福临），缵承大位，嗣后有不遵先帝定制，弗殚忠诚，藐视皇上幼冲，明知欺君怀奸之人，互徇情面，不行举发，及修旧怨，倾害无辜，兄弟谗搆，私结党羽者，天地谴之，令短折而死。"[1]八旗大臣阿山等也立誓要竭诚事君。郑、睿二王，特立誓词："今公议以济尔哈朗、多尔衮，辅理国政。我等如有应得罪过，不自承受，及从公审断，又不折服者，天地谴之，令短折而死。"以上两份誓词，都有"公议"二字，表明是经过王贝勒大臣会议集体决定的。济尔哈朗拥立福临继承皇位之议，最后得到诸亲王、郡王、贝勒等王公大臣的认同。

综上所述，郑亲王济尔哈朗在大衙门诸王皇位继承会议上，鉴于豪格与多尔衮争夺皇位陷于僵局，能从大局出发，平衡各旗利益，提出折中方案，首议由福临继承皇位，得到多尔衮的回应，也得到诸王贝勒公议。清太宗皇太极遗位争夺的结果，既不是角力一方的肃亲王豪格，也不是角力另一方的睿亲王多尔衮，而是由第三者——六岁的福临继承。福临缵承皇位，是当时政治与军事、帝胤与血缘、智谋与达变、明争与暗斗，诸种因素相互斗争与相互均衡的结果。这个方案与结果，对于四

---

[1]《清世祖实录》卷一，崇德八年八月乙亥。

位和硕亲王来说：于礼亲王代善无利无弊，于睿亲王多尔衮有利有弊，于肃亲王豪格无利有弊，于郑亲王济尔哈朗则有利无弊。所以，皇太极遗位由福临继承，得益最大的四个人是：福临、孝庄太后[1]、济尔哈朗和多尔衮。

从此，在清代史、满洲史上开了一个幼童继承皇位的先例。由此，清朝皇位与皇权，产生分离的状态。其后有八岁的康熙、六岁的同治、四岁的光绪和三岁的宣统继承皇位，在清入关后的十帝中竟占了五位，也都是皇位与皇权分离。稚童继位，或为亲贵摄政辅政，或为皇太后垂帘听政，论其影响，可谓深远！

《清史稿·诸王列传》论曰：大清皇朝，亲贵用事，"以摄政始，以摄政终"。六龄稚童福临继位，二王摄政，燕京定鼎；三龄幼童溥仪继位，醇王摄政，清祚覆亡。"论者谓有天焉，诚一代得失之林也。"[2]

（原载《历史月刊》2003年12月号）

---

[1] 高阳《清朝的皇帝（一）》载"世祖可能为多尔衮的私生子"，"至于选立六岁的福临继承皇位，自然是由于孝庄太后之故"云云，此为小说家言。
[2] 《清史稿》卷二一五《诸王一·景祖诸子传》，第8936页。

附录　读《中国通史·清时期卷》

白寿彝先生任总主编、周远廉和孙文良教授为清代卷主编的《中国通史·清时期卷》，百余万言，已经出版。我作为读者，读后的思考，分作四点，略述如下。

一

中国是一个历史悠久、地域辽阔、民族复杂、人口众多的国家。撰写一部高水平的、有特色的中国通史，需有远卓的史识、睿智的史才、深厚的学力。白寿彝先生主编的《中国通史》，在本世纪出版的中国通史著作之林中，贡献巨大，别具特色，清代史卷，即是一例。

中国有个修史的传统，就是下代修上代的历史。公正地说，下代修上代的历史，其优长之处是资料散失较少，其缺憾之处则是时代局限较大。以清史而言，清朝是中国自秦以降两千多年来，最后一个帝制王朝。虽然清廷编了许多当朝史书，编年体如《实录》，纪传体如《列传》，纪事本末体如《方略》，典制体如《三通》等。但在清代，严格说来，清史学不是一门学问，清史学也不是一个学术问题。这是因为在有清一代，私人不准

附录　读《中国通史·清时期卷》

撰写国史，只能论述具体问题。清朝的国史，是当朝官学，其开馆，其宗旨，其编纂，其雕梓，谕从内出，盖由钦定，既不容学人置喙，更不许学者研讨。

辛亥鼎革，清朝覆亡。清史从神圣的殿堂走下，开始成为中国史学的一部分。清史的研究，在20世纪，依其自身演变特点，可以分作四个时期：

发轫期。20世纪上半叶的前二十五年，时代变局，地覆天翻。这段时间，主要是辛亥前为推翻清朝而做舆论准备和辛亥后已推翻清朝而巩固新政权。所以，这个时期清史的研究与编纂，带有鲜明的政治色彩。这主要表现在两个方面：一方面是，辛亥革命党人以"驱除鞑虏，恢复中华"相号召，凸显反满的民族色彩。较早出版的《清史讲义》《清史纂要》《清史纲要》等，突出清之覆亡，咎在民族压迫，即以反满作为清史研究的主线。另一方面是，清遗老等纂修的《清史稿》，故宫博物院邀集专家评其有着忠于前朝、鼓励复辟、反对汉族、诽谤民国的倾向，请列为禁书。以上反满和颂满的两种倾向，均不能给清代中国史以客观的、公中的论述。

拓展期。20世纪上半叶的后二十五年，清史编研，有新拓展。这个时期清史的编纂与研究，向着综合与深入两方面发展。前者主要代表为萧一山先生，后者主要代表为孟森先生。萧一山先生的《清代通史》上卷于1933年出版，中卷和下卷于此期出版。他自称："所述为清国史，亦即清代之中国史，而非清朝史或清室史也。"这就在清史编纂中力求避免反满和颂满的两种倾向。孟森先生对清史中许多重大难题，依据新看到的《李朝仁祖实录》、内阁大库档案以及文集笔记等资料，爬梳分析，缜密考证，做出开拓性的研究。其主要论文汇聚于《明清史论著集刊》

（三集）。但是，此期"九一八"事变后，日军侵华，民族危机。学者动荡，珍档南迁，使清史的研究与编纂，受到很大的影响。

沉寂期。20世纪下半叶的前二十五年，极左思潮，影响深广。这段时间，中国大陆清史研究的鲜明特点是以马列主义为指导，围绕所谓的"五朵金花"进行讨论。但对其中清代的农民战争、资本主义萌芽、封建土地所有制、满洲族形成和清入关前满族社会性质等问题，开展社会调查，发掘新的资料，争辩不同见解，研讨有所深入。此期，由于"干部下放""文化大革命"等干扰，真正清史的学术研究与通史编纂，受到极大的负面影响。而台湾在这段时间，较大陆开放略早些，《旧满洲档》又存于台北故宫博物院，台湾学者利用满文资料，进行清代早期历史的研究，取得了一批重要的学术成果。

繁荣期。20世纪下半叶的后二十五年，改革开放，生机盎然。这段时间，正如书中所分析的，此期我国清史研究有五大特点：人员众多、思想明确、史料丰富、领域开拓、成果累累。再加上文化环境更为宽松、国际学术交流更为密切，因而清史的研究与编纂，取得了本世纪以来成果最大、最多与水平最新、最高的可贵收获。书中分作八个方面，详列各项研究成果（从略）。

综上，由白寿彝先生任总主编、周远廉和孙文良教授为清代卷主编的《中国通史·清时期卷》，就是在上述文化氛围中产生的。它既摆脱了辛亥时期革命党人的反满民族倾向，又摆脱了民国初期故清遗民的颂满情绪，还摆脱了"文革"时期极左思潮的教条羁绊，从而使这部清史卷的研究与编纂，不仅吸收了20世纪清史研究的总成果，而且体现出20世纪90年代的新水平。

附录　读《中国通史·清时期卷》

二

《中国通史·清时期卷》在编修的体例上，有大的突破。史书体例，至关重要。刘知几说过："夫史之有例，犹国之有法。国之无法，则上下靡定；史之无例，则是非莫准。"中国通史的编纂，传统的体例是纪传体、编年体、纪事本末体和典制体等。本世纪以来，有些学者要突破传统的修史体例，尝试按历史时期、分成章节来论述历史，这就是平常所说的章节体。上述诸种体例，虽各有所长，也各有所短。

二十四史之首的《史记》，太史公以本纪、表、书、世家、列传的体裁，论述历史。在《史记》130卷中，本纪、世家、列传共占112卷，表与书合计仅占18卷。这表明《史记》虽以八书为脉络、十表为附录，但以纪传为本体，也还是人物为主、兼顾其他。一部清时期的中国史，用什么体例能包举大端地、多层面地诠叙这段历史的全貌？这是本世纪以来历史编纂学家长久思索的问题。近半个世纪海内外学者撰著的诸部中国通史，多为时经事纬，述事则以政治、经济、文化、军事等几大块内容填充其间。《中国通史·清时期卷》却不然，它在编纂体例上，分为《序说编》《综述编》《典志编》和《传记编》共四编。这是通史体例的新开拓、新尝试。本书体例的创新，既是时代前进的要求，也是史学发展的进步。

全书的上册，依次分为《序说编》《综述编》和《典志编》三编，共584000字，占全书总字数的45.07%。

《序说编》是个创例，包括《编写旨趣》《研究概述》和《基本史料》三章。

其《编写旨趣》之章，由白寿彝先生亲自撰写，这既是全书的主旨纲要，也是全书的点睛之笔。"旨趣"于清史提出新的论断，指出：清朝属于封建社会的衰老时期，"我们说衰老，不说衰落，不说解体，这是因为衰老还含有一定的生命力，有时在某些方面还可以表现一定程度的坚强"。这给处于封建社会衰落时期的清朝，在某些方面、某些领域有发展、有繁荣，做出理论上的解释，是一个深刻的历史哲学理念。清朝处于封建社会的衰老期，之所以能够统一华夏、拓疆固边，出现"康乾盛世"局面，主要原因有三。其一，衰老的清朝，表现出一定的生命力和坚强性；其二，新兴的满族，表现出一定的蓬勃朝气和进取精神；其三，满汉的联合，满族尚武筋骨同汉族文化血肉相媾和，表现出一定的博大武勋和伟观文业。于清朝民族问题，指出："清朝往往被称为'满清'，清的统治有时被说成是'民族牢狱'，其实并非如此。清的统治是以满族贵族为首的、同时也是各民族上层所共同认可的政权。这是一个在历史上的统一的多民族国家体制的继续。清有民族压迫的一面，有时压迫得很残酷；同时也有增进民族联系、发展民族关系的一面。从历史的长河上看，后者自然是历史的主流。"于资本主义萌芽问题，鉴于史学界对此争辩热烈，有的学者把这种萌芽说成几乎是影响全面社会的新生产力，有的学者却根本不承认这种萌芽的存在；指出："我们认为这种萌芽是有的，但只存在于个别地区的某些生产部门，还只是停留在萌芽状态。对于这个问题的表述要有分寸，不要夸大，也不要缩小，能说多少说多少，不要过分地推论。"于清朝外交问题，其时一方面中国在封建制度内蹒跚前进，另一方面西方列强已完成资产阶级革命和产业革命，急剧向外扩张、频叩中国大门，指出："保守的清王朝不识时务，不能采取相应的对策，以至国际地位日益低落，终于沦为半殖民地半封建的国家。"最后于清史的研究,指出:"当前清史研究的工作还处在一个新的起步阶段。对于某些历史问题,尚不能做出明确的论断,但我们希望本卷从总的方面为清史勾画出一个大致的轮廓。"这就表现出恢宏的史学襟怀和博达的史家通识、高度的科学精神和严肃的求实态度。

其《研究概述》之章,总结了辛亥革命以来,清史研究的倾向、成就和问题。本文上节已就清史研究的倾向和问题做出评述。20世纪以来,特别是近五十年来,清史研究取得了大量学术成果。通史方面,有6部;典制方面,有7部;军事方面,有4部;经济方面,有14部;民族方面,有7部;外事方面,有2部;学术文化方面,有7部;人物方面,有12部;论文集方面,有14部(种)等,以上共73部。如加上未被统计和近十年来新出版的著作,当不下200部。历史学同其他任何学科一样,其发展不能脱离它的根基,并从它以往成果中汲取营养,以对已有成果进行超越。《研究概述》之章便于读者鸟瞰本世纪清史研究的全貌,把握清史研究动态,有助于史识的提升。

其《基本史料》之章,既是编书者征引的图书文献,也是读者所应掌握的重要著述。书中略列编年体如《满文老档》、纪传体如《清史稿》、纪事本末体如《皇清开国方略》、政书如《清三通》、方志如《大清一统志》、边疆史地如《皇朝藩部要略》、类书如《古今图书集成》、丛书如《四库全书》、文集如《鹿州初集》、笔记如《广东新语》以及档案、契据文书、文物、谱牒等凡11类约141种图书。书中不仅将档案、契书等作为一般史料介绍,而且举例详析其珍贵史料价值,为几至微,摘伏究隐,表明了研究的深度与精核,给有心读者以教益和导引。

《综述编》包括后金兴起、清朝确立、入主中原、康乾盛世、嘉道渐衰、农民起义、天地会、少数民族、台湾开发和中俄关系共十章。论述了自1583年清太祖含恨起兵至1840年清宣宗鸦片战争，二百多年间的政治、经济、军事、外交、民族、社会等各个方面的重大问题。这十章的内容，提纲挈领，简明清晰，读后掩卷，匪思冥索，全编确实是"从总的方面为清史勾画出一个大致的轮廓"。

《典志编》包括两方面的内容：一方面是社会生产范围的，农业如《农学和农业技术》，手工业如《手工业技术及有关的工程》《手工业与资本主义萌芽》，商业如《商人·商业·商镇》，以及生产关系如《土地制度和阶级关系》。另一方面是典章制度，对传统纪传体史书中的选举志、兵志、刑法志、礼志做了变通，而形成《政权机构及其职能》《军制和法制》《礼俗》等。

综上，仅就本书上卷的《序说编》《综述编》和《典志编》，概述拙见，试做简说。下卷的《传记编》，将在后面评述。就本世纪已出版的百万字以上的清朝通史而言，在《中国通史·清时期卷》之前有三卷（五册）的《清代通史》，之后有十卷的《清朝全史》，虽前者附《清代大事年表》等七表，后者专列三卷经济史，于体例上都有新意；但其总的体例框架，基本上还是传统的"普通史例"即章节体例。然而，《中国通史·清时期卷》全书，在总体架构上，在总的体例上，有创新，有突破。

三

《中国通史·清时期卷》的下册，为《传记编》。纵观本世纪以来，已出版的百万字以上的清代通史共有三部，即《清代通史》《清朝全史》和《中国通史·清时期卷》。萧一山先生的《清代通史》，389万余字，是至今字数最多的一部清代通史，且以个人之力，穷毕生心血完成。该书为弥补章节体例而无人物列传的缺憾，特设《清代学者著述表》，载录其姓名、籍贯、生年和著述，凡969人。仅录著述，不做评价，此为史表，而非史传。《清朝全史》334万字，历时八年，杀青告竣，也没有传记篇。而《中国通史·清时期卷》，通史体中，传记设编。此编712000字，占全书总字数的54.3%。通史体吸纳纪传体之长，设传记专编，既是本书的一个特点，也是本书的一个创造。

《传记编》或按人物列传，或按学科立传。

其人物传记，皇帝有太祖努尔哈赤、太宗皇太极、顺治帝福临、康熙帝玄烨、雍正帝胤禛、乾隆帝弘历、嘉庆帝颙琰、道光帝旻宁共八人。亲王有礼亲王代善、睿亲王多尔衮共二人。民族英雄有郑成功一人。名臣有范文成、鳌拜、明珠、索额图、汤斌、李光地、鄂尔泰、傅恒、阿桂共九人。思想家有黄宗羲、顾炎武、王夫之、颜元和李塨、戴震共六人。文学艺术家有蒲松龄、郑板桥、吴敬梓、曹雪芹共四人。学者有钱大昕、赵翼、章学诚、阮元共四人。科学家有王锡阐、梅文鼎、王清任、吴其浚共四人。水利学家有靳辅一人。军事统帅有图海、兆惠共二人。清官有于成龙、张伯行共二人。农民起义首领有李定国、王聪儿、李文成共三人。此外，有佞臣和珅一人，"贰臣"吴三桂一人。以上总计，传主共48人。

其科学传记，学科有数学、天文学、物理学、地理学、化学、生物学、医药学共七个学科。

《传记编》的特点是：第一，入传人物，均同对待。除颜元和李塨因师生、王聪儿和李文成因事同而合传外，按人立章，平等相待。第二，自然科学，专门设传。重视自然科学，为其设章树传，这是通史体例中的一个创举。第三，囿于篇幅，突出重点。在数以万计的清代历史人物中，仅选取48人，要中选精，精中拔萃。第四，力求详尽，充分阐述。在48位传主中，论述三万字者一人，二万字以上者七人，一万字以上者30人，在通史体中个人传记能用这么多的字数论述，表明该编在全书中的突显地位。第四，文字简练，语言晓畅。在用电脑写作日兴的时代，史作之文，日伤繁富。全书文字，诸位作者，拨浮华，采朴实。第六，以时为序，重新整合。在旧纪传体中，按本纪、诸王、后妃、世家、勋臣、儒林、忠义等分类入传，此书依照历史阶段，按人设章，分列传纪，以历史人物来反映该段历史时期的社会面貌。

《传记编》在学术方面，有新的突破。主要举例，以下四点。

第一，人物评价，不徇陈见。以对八位皇帝的评价为例。书中体例没有本纪，但八位皇帝都入列传，这就兼采本纪与纪传之长，而避"清室史即清朝史"之短。透过论述清太祖、太宗、世祖、圣祖、世宗、高宗等皇帝所建树的历史功绩，客观地评价诸帝的过错，进而探讨了少数民族上层人物作为统治集团的统治政策之形成、变化、发展及其影响，揭示封建王朝不可避免地走向衰亡的必然性。于努尔哈赤，在肯定其丰功伟绩的同时，也指出他的过错及其危害："努尔哈赤晚年犯的这些错误，严重地破坏了辽东生产。甚至出现'人食人'的悲惨局面。"于皇太极，作者并没有用过多笔墨描绘其汗位之争，而是着重论述新汗针对前弊所采取的重大措施及其带来的社会进步。于福临,过去人们说他执政时间不长,英年早逝,无所建树;但作者肯定他亲政后锐意进取、力图治安,蠲减租赋、免除加派,惩贪除霸、迭诛婪臣,用兵南方、统一全国,亲蒙縻藏、册封达赖,驱走俄兵、保卫领土,为"康乾盛世"出现奠定基础,是有作为的守成兼创业的明君。于玄烨,作者肯定其"天资英武,雄才大略,成就了一代伟业,是亘古少见的英明君主","堪称是历代帝王的典范和楷模"。于胤禛,争论焦点是其夺位与死因,作者在掌握大量史料和学术信息的基础上,指出:"康熙朝的储位之争是统治者内部最高层次的权力争夺,凡参与者手脚都不会干净,都不那么高尚,所以雍正帝或他的弟兄允禩、允禵等人,即使康熙帝指定的继承人,谁上台都有谋夺的成分,都有可指责之处,但是过往较多的评论,赞扬允禩,贬责胤禛,同情允禵,这未必公允。"又指出:雍正帝是"中风死去"还是"中毒而死",作者只引各家所说,不下结论,留待验证。其他诸帝之传,多有新见,略不赘述。

第二,民族人物,论述精当。清代中国史是中华各民族的历史,在全书中展现各少数民族,特别展现作为主导民族——满族的历史贡献,是在情理与逻辑之中。这在《传记编》里得到充分的体现。在48位传主中,满族19人(汉军旗人未计),占入传总人数的40%。这是清代历史人物传记的一个特点,也是主编重视民族历史的一个表现。亲王入传的仅有代善和多尔衮二人,以多尔衮为例。作者提出自己的见解:多尔衮率领清军入关,移鼎中原,开国立制,奠定二百多年清朝各项政策的基本格局。正确的蒙藏政策,有利于边疆版图的确定。其恶政(剃发、易服、圈地、捕逃、投充)又产生严重后果,加深和延长了清初社会的动乱和经济的凋敝。多尔衮在满族社会发展史和清初历史上做出了重大贡献，是清朝一位杰出的政治家和军事家；但顺治八年（1651）清世祖将其追夺封典，毁墓掘尸，是很不公正的。另以鳌拜为例。在九位满族名臣传主中，鳌拜是争议较多的人物。传统看法是他既率守旧章，又专横跋扈；为着肯定康熙，便要否定鳌拜。历史是复杂的，不能套用"非此是彼"的简单公式。作者对鳌拜肯定其前半生是"身经百战的巴图鲁"，后半生是"有所作为的辅政大臣"的功绩；也批评其诸多弊政，但他"并非是极其危险的巨奸大憝"。最后做出鳌拜"功过参半"的公中论断。

第三，科学技术，位置凸显。我国传统的史学，虽《史记》有《扁鹊仓公列传》，但总体说来科学技术未占应得的一席之地。20世纪科学技术取得突飞猛进的发展，21世纪将是科学技术更加影响人类发展与命运的时代。站在时代高度，重新审视历史，科技历史与科技人物，理应在本书中得到充分反映。综览全书《传记编》，科学与文化占有相当大的比重，文化与科技的传记共24篇（其中含"博学鸿儒"名臣二篇），占传记总篇数的44.4%；而科学与技术所占比重尤大，科学与技术的传记共12篇，占科学与文化总篇数的50%。清代是中国科技发展史上一个非常特别的时期，是由古典科技向近代科技的转型时期，也是西方科技传入和吸收的时期。以数学为例，作者论道："这一时期，数学研究是相当活跃的，就数学家和有关专著的数量而言，超过了以往的任何时代。虽然当时中国数学的整体水平已落后了，与正在兴起和迅速发展的西方近代数学相比差距越来越大，但中国的数学家刻苦钻研和不懈努力，在发掘、整理、继承和发扬中国传统数学，以及消化、吸收和深入研究引进西方数学等方面，仍然取得了不少重要的和具有独创性的

附录　读《中国通史·清时期卷》

成果，做出了令人瞩目的贡献，并且逐渐完成了由常量数学到变量数学和由初等数学到高等数学的演变。"其他各科，大体类似，都在从传统学科体系缓慢演化为近代学科体系。诸篇对该学科发展历史、引进西方科技、杰出科学家、学科成就、重要著作以及管理制度等方面，都做出精当的论述。

　　第四，撰稿群体，学者俊彦。一部洋洋20巨册的《中国通史》，就像一个交响乐队，既要有一流的指挥，也要有一流的乐手。作文著书，只有拼上心血和性命，才会有所贡献。撰稿者的学识素养和学术水平，最终决定这部著作的学术质量。《中国通史·清时期卷》的130万字（其鸦片战争后近代部分百余万字未计），由63位学者俊彦，历时十年，方告完成。在作者及其撰述中，白寿彝先生亲自撰写的《题记》和《旨趣》，是全书的总纲和主旨。《综述编》由撰著《清朝开国史研究》和《清代八旗王公贵族兴衰史》的周远廉教授撰写《后金兴起》、撰著《康雍乾三朝史纲》的朱诚如教授撰写《康乾盛世》。《典志编》由撰著《清史治要》的黄冕堂教授撰写《土地制度和阶级关系》，撰著《明清四川井盐史稿》的冉光荣教授撰写《四川井盐业中资本主义的萌芽》，撰著《清朝的状元》的宋元强教授撰写《学校与科举》；在少数民族之章中，撰著《藏族史要》的王辅仁教授撰写《藏族篇》，撰著《蒙古奴隶制研究》的高文德研究员撰写《蒙古族篇》，撰著《凉山彝族奴隶社会形态》的胡庆钧研究员撰写《彝族篇》，撰著《北方民族原始社会形态》和《鄂温克族》的吕光天研究员撰写《鄂温克、达斡尔、鄂伦春篇》，回族史专家马寿千教授撰写《回族篇》。《传记编》由撰著《清太宗全传》的孙文良教授撰写《太宗皇太极》，撰著《皇父摄政王多尔衮全传》（同周远廉教授合著）的赵世瑜教授撰写《多尔衮》，撰著《南明诸帝》的张玉兴研究员撰写《顺治帝福临》，撰著《吴三桂大传》的李治亭研究员撰写《康熙帝玄烨》，撰著《雍正传》的冯尔康教授撰写《雍正帝胤禛》，撰著《乾隆传》的白新良教授撰写《乾隆帝弘历》，撰著《紫禁城之变》的李尚英教授撰写《王聪儿·李文成》，主编《黄宗羲论：国际黄宗羲学术讨论会论文集》并点校《黄宗羲全集》的吴光研究员撰写《黄宗羲》，撰著《准噶尔的历史与文物》的中国历史博物馆历史文物专家刘如仲研究员撰写《文物篇》，等等。还有撰写自然科学家传记和自然科学学科传记的作者，则是中国科学院自然科学史研究所和大学的专家、教授。上述作者都是当今中国研究其所编写清史领域的学术权威。因此，优秀的作者队伍，不仅保证了本书的学术质量，而且体现出当代中国清史界一流的学术水平。

综上，《中国通史·清时期卷》的《传记编》，同其他各编一样，以其鲜明的特色，学术的创见，权威的作者，通畅的语言，而秀于清代通史著作之林。

四

明月之珠，或有微瑕。《中国通史·清时期卷》可探讨之处，略陈管见，以供讨论。

第一，编年的体例。编年史书，始于《春秋》。这种编年体史书的记事，"以事系日，以日系月，言春以包夏，举秋以兼冬"。将历史人物与历史事件，以时为序，年经事纬，错综诠次，加以编织，纵向地对历史进行叙述。太史公司马迁修《史记》，创"本纪"，虽主要记叙天子的事功，但还是继承编年体的《春秋》之长。《中国通史·清时期卷》体例的四大块即《序说》《综述》《典志》和《传记》，于其前之纪传体、纪事本末体、典志体和章节体，均取其所长而避其所短。但是，中国传统的编年体史书之长，怎样吸纳与处理？这是一个需要思考和探讨的问题。愚想：如果《中国通史·清时期卷》加上《纪年编》，将清代自1583年至1840年的大事，粗略勾画，列纲举要，于编写体例会有所补充，于广大读者也会有所裨益。

第二，满族的处理。在《综述编》第八章《少数民族》中，第一节为《蒙古族》，第二节为《藏族》，第三节为《彝族》，第四节为《回族》，第五节为《维吾尔族》，第六节为《鄂温克、达斡尔、鄂伦春族》。这种安排是经过周密考虑的。但是，满族是否要单列一节？可能会有不同的看法。我的意思是，满族应当专列一节。这是因为：其一，满族在清朝居于各民族中主导民族的地位，位列各少数民族之首；其二，书中虽对满族历史人物花了许多笔墨，但对满洲民族未做专门阐述；其三，满族的形成、文化、特点、演变以及满汉关系等，需立专节，加以论述。

第三，八旗的问题。清代典制同中国历朝典制最显著的一个区别是八旗制度。书中《典志编》的第八章《军制和法制》，分为两节：一节讲军制，另一节讲法制。于军制又分为两半：一半讲八旗，另一半讲绿营。八旗虽在书中占有一定篇幅，但分量显得轻些。似应给予八旗制度以更重要的位置。八旗制度既是军事制度，也含有政治、经济、法律、宗族等诸制度的因素。八旗制度是清朝独有的、具满洲特色的、带根本性的制度。应当说，不阐明八旗制度的产生、发展、演变、衰落、特点、影响，清史的许多问题都说不清楚。

第四，校对的疏误。本书的校对工作是上乘的，很少出现疏误。但疏失之处，兹略举数例。如上册开篇的第三页："刘如仲同志，中国历史博物馆研究员，写综述部分第一章第十一节。"查书中《综述编》第一章没有第十一节，而《序说编》第一章的第十一节为《文物》，这里"综述"似为"序说"之误。又如开篇第四页："吕尧天同志，中国社会科学院民族研究所研究员，撰写了综述部分的第八章第六节。"这段文字中的"吕尧天"似为"吕光天"之误。另如下册《目录》第二页和正文第八十六页的小标题——"九洲干戈　开国定制"，"洲"为误，"州"为正。再如下编第二十三章《颜元·李塨》、第三十四章《王清任》、第四十五章《吴其濬》的作者，漏做介绍。

综上所述，白寿彝先生任总主编、周远廉和孙文良教授为清代卷主编的《中国通史·清时期卷》，是高水准的学术巨著，体现了20世纪国内外清史研究的新成果与新水平。《中国通史·清时期卷》以其总论之宏旨与卓识，体例之创新与突破，学术之严谨与新见，语言之晓畅与朴实，而为广大读者奉献出一部新的历史教科书，并为尔后清朝通史编修、断代历史撰修、中国通史纂修，提供了一种可资参酌的楷则。

（原载《史学史研究》1998年第2期）